Behördlich autorisiert.
Staatlich beeidet.
Im Nationalsozialismus verfolgt.

Behördlich autorisiert.

Die Geschichte der österreichischen
Ingenieurkammern und Ziviltechniker:innen 1860–1957

Staatlich beeidet.

Herausgegeben von
Ingrid Holzschuh und Alexandra Wachter

Im Nationalsozialismus verfolgt.

Bundeskammer der
Ziviltechniker:innen

Birkhäuser
Basel

| Vorwort | 12 |
| Einleitung | 14 |

I. Vorgeschichte 1860–1938

Inge Korneck, Ingrid Holzschuh, Alexandra Wachter

I.1	Entstehung des Ziviltechnikerwesens	21
	I.1.1 Gesetzliche Grundlagen des „Instituts der Civilingenieure"	21
	I.1.2 Technische Hochschulen – Ausbildungsstätten der Ziviltechniker	27
I.2	Gründungsgeschichte der Ingenieurkammern	32
	I.2.1 Erste Interessenvertretungen	32
	I.2.2 Errichtung der Ingenieurkammern (1913)	35
I.3	Die Ingenieurkammern in der Ersten Republik	42
	I.3.1 Novellen der Ziviltechnikerverordnung in der Zwischenkriegszeit	42
	I.3.2 Ziviltechniker in der Dollfuß-Schuschnigg-Diktatur	44

II. Die österreichischen Ziviltechniker im Deutschen Reich

Alexandra Wachter, Ingrid Holzschuh

II.1	Die österreichischen Ingenieurkammern im Nationalsozialismus	57
II.1.1	Austausch von Leitungspersonen	57
II.1.2	Ingenieurkammern in Liquidation	60
II.1.3	Bestehende und neue Befugnisse	68
II.1.4	Verordnung über die Ziviltechniker in den Alpen- und Donau-Reichsgauen vom 30. Juli 1942	70
II.1.5	Österreichische Ziviltechniker im NSBDT	75
II.2	Die Eingliederung der Architekten in die Reichskulturkammer	80
II.2.1	Die neue Reichskulturkammer in Deutschland (1933)	80
II.2.2	Die Konsolidierung der Reichskulturkammer in der „Ostmark"	81
II.2.3	Architekten als Funktionäre der Reichskammer der bildenden Künste in der „Ostmark"	84
II.2.4	Die Sonderregelung für Architekten	88
II.2.5	Die Liquidierung der Reichskulturkammer	89
II.3	Karrieren unter dem Hakenkreuz – die Rolle der Ziviltechniker im Nationalsozialismus	92
II.3.1	Die österreichischen Ingenieure feiern den „Anschluss"	92
II.3.2	Großprojekte	93
II.3.3	Planen für das NS-Regime	98
II.3.4	Funktionäre in politischen Ämtern	101
II.3.5	Karrieren im Bildungsbereich	103
II.3.6	Ariseure und Profiteure – ein Fallbeispiel	103

III. Ausschluss, Verfolgung und Widerstand

Alexandra Wachter

III.1	Ausschluss aus Berufsleben und Ingenieurkammern	107
	III.1.1 Aufnahmestopp	107
	III.1.2 „Vorläufige Untersagung" – erster Versuch einer gesetzlichen Regelung	111
	III.1.3 Die Rolle der Ingenieurkammern und „freiwillige" Zurücklegung der Befugnis	113
	III.1.4 „Entjudung" des Ziviltechnikerstandes: Enthebungen aus „rassischen" Gründen (§§ 8 und 3 BBV)	125
	III.1.5 Ruhestandsversetzungen aus politischen Gründen (§§ 8 und 4 BBV)	131
III.2	Vermögensentzug und Vertreibung	133
	III.2.1 Vermögensanmeldungen	134
	III.2.2 „Entjudung" der Wiener Wirtschaft	137
	III.2.3 Vertreibung	138
III.3	Deportation und Ermordung	152
	III.3.1 Opferbiografien	153
	Ghetto Litzmannstadt	154
	Siegmund Katz / Richard Freund	
	Riga (Ghetto und Lager)	156
	Richard Grann / Arnold Ticho	
	Transit-Ghetto Izbica	157
	Jakob Fleischmann / Siegmund Georg Weys	
	Maly Trostinec, Hinrichtungsstätte Blagowschtschina	158
	Max Dutka / Friedrich Fischer / Camillo Resek	

	Ghetto Theresienstadt
	    Samuel Bauer / Otto Hönigsberg / Friedrich Fröhlich /
	    Jacques Loeb / Emil Rudoll / Rudolf Schmahl / Leo Steinitz /
	    Eugen Weiss
		160

	Konzentrations- und Vernichtungslager Auschwitz Georg Mondolfo	170
	Durchgangslager Drancy → Auschwitz Richard Wassermann / Moritz Leopold Pollak	171
	Unbekanntes Lager in Jugoslawien Otto Korn	172
	III.3.2 Ungeklärte Todesfälle und Suizide	173
III.4	Liste der als jüdisch verfolgten Ziviltechniker	176
III.5	Widerstand von Ziviltechnikern?	194

IV. Wiedererrichtung der Ingenieurkammern und Entnazifizierung nach 1945

Inge Korneck, Ingrid Holzschuh, Alexandra Wachter

IV.1	Wiedererrichtung der Ingenieurkammern	201
	IV.1.1 Provisorische Kammerorganisation	201
	IV.1.2 Aufnahme neuer Mitglieder	204
	IV.1.3 „Wiederaufleben" entzogener, unter Zwang zurückgelegter und erloschener Befugnisse	206
IV.2	Entnazifizierung der Ziviltechniker	213
	IV.2.1 Registrierung von Nationalsozialist:innen (Verbotsgesetz 1945)	213
	IV.2.2 „Belastete" und „minderbelastete" Ziviltechniker (Nationalsozialistengesetz 1947)	220
	IV.2.3 Volksgerichtsverfahren	222
IV.3	Konsolidierung der Kammer und Ziviltechnikergesetz 1957	226

V. Ziviltechnikerinnen und deren erste Sichtbarmachung 1982

Ingrid Holzschuh

V.1	Pionierinnen	231
	Lucia Pietsch-Rappos	231
	Liane Zimbler	234
V.2	Erste Anträge von Frauen ohne technisches Studium (Verordnung Nr. 61/1937)	235
	Hilda Döring-Kuras	235
	Rosa Weiser	235
	Gertrud Nagel	236
V.3	Verspätete Bearbeitung in der NS-Zeit – abgelehnt aus „rassischen Gründen"	236
	Renée Vago	236
V.4	Selbstständige Technikerinnen im Nationalsozialismus	238
	Martha Bolldorf-Reitstätter	238
	Herta Rottleuthner-Frauneder	238
V.5	Erste Ziviltechnikerinnen in der Nachkriegszeit	240
	Helene Koller-Buchwieser	240
	Lionore Regnier	240
	Maria Petter	240
	Elisabeth Hofbauer-Lachner	240
	Adelheid Gnaiger	241
	Margarete Schütte-Lihotzky	242
V.6	Erste Sichtbarmachung der Ziviltechnikerinnen 1982	245

Anhang

Präsidenten der Ingenieurkammern 1913–1950	253
Anmerkungen	254
Abkürzungsverzeichnis	283
Archivverzeichnis	284
Literatur- und Quellenverzeichnis	285
Abbildungsverzeichnis	293
Personenregister	297
Autorinnen	301
Danksagung	302
Impressum	303

Als Ausdruck einer gendersensiblen Schreibweise wurde der Gender-Doppelpunkt für Untersuchungszeiträume gewählt, in denen Frauen der Weg zu einer Befugnis als Ziviltechnikerin offenstand. Da die nationalsozialistische Kategorisierung als „jüdisch" nicht immer mit dem Selbstverständnis verfolgter Personen übereinstimmte, wurden sie genauso mit Anführungszeichen gekennzeichnet wie Ausdrücke, die eindeutig die Ideologie des Nationalsozialismus widerspiegeln.

Vorwort

Die vorliegende Studie wurde von der Bundeskammer der Ziviltechniker:innen in Auftrag gegeben, um die Vergangenheit zu beleuchten. Denn die eigene Vergangenheit zu kennen heißt, sich selbst zu kennen und sich gestärkt der Zukunft widmen zu können.

Vor diesem Hintergrund geht es auch um eine fundierte und erstmalige Betrachtung der historischen und politischen Entwicklung der Ziviltechniker:innen-Kammern in Österreich seit 1860. Im Fokus steht dabei vor allem die Zeit des Nationalsozialismus: Nach Meinung des Vorstandes der Bundeskammer ist es unsere Aufgabe, uns der Rolle der Kammern gerade in diesen Jahren zu stellen, um die vielen Opfer dieser grausamen Schreckensherrschaft zu ehren.

Ziviltechniker:innen agieren kraft öffentlichen Glaubens frei und unabhängig und vertreten die Anliegen ihrer Auftraggeber:innen auf der Grundlage ihrer ethischen Standards sowie der geltenden Gesetze. Diese Berufsgrundsätze nehmen die Ziviltechniker:innen in die Verantwortung. Mit ihrem ganzheitlichen und interdisziplinären Know-how sind sie dafür da, hochkomplexe Dienstleistungen zu erbringen, die nicht selten über die Sicherheit von Leib und Leben entscheiden. Heutzutage geht es für unsere Berufsgruppe auch darum, flüchtigen ökonomischen Interessen entgegenzuwirken und für eine nachhaltige Baukultur einzutreten. Dies geschieht sowohl in unserer täglichen Arbeit als auch durch die Kammern der Ziviltechniker:innen, die die Interessen der Ziviltechniker:innen gegenüber Politik, Wirtschaft und Öffentlichkeit vertreten.

Der seit 1860 bestehende Berufsstand hat viele Veränderungen erlebt, Widrigkeiten und Krisen getrotzt und leider auch – in der dunkelsten Stunde der Menschheit, zur Zeit des Nationalsozialismus – Fehler gemacht. Heute ist es unsere Pflicht, diese Fehler anzuerkennen und in der Zukunft zu verhindern.

Während die Studie auf die Zeitspanne von 1860 bis circa 20 Jahre nach dem Ende des Zweiten Weltkrieges beschränkt ist, liegt es in unser aller Verantwortung, uns auch spätere, höchst beschämende Kapitel der Kammer als Mahnung für die Zukunft in Erinnerung zu rufen: In diesem Sinne distanzieren wir uns auf Schärfste von den Aussagen des von 1990 bis 1992 amtierenden Bundeskammerpräsidenten Walter Lüftl, der 1992 in einem Gutachten den Massenmord in den Gaskammern einzelner Konzentrationslager bestritten hat. Diese Aussagen müssen uns eine Warnung sein, die hohe Verantwortung, die wir Ziviltechniker:innen gegenüber der Gesellschaft tragen, niemals zu unterschätzen und dafür Sorge zu tragen, dass keinerlei menschenverachtende Ideologie in unserem Berufsstand Platz greifen kann.

Der Vollzug der Industrialisierung und der Wiederaufbau nach dem Zweiten Weltkrieg sind Beispiele, bei denen Ziviltechniker:innen die gebaute Umwelt und damit die Zukunft unserer Gesellschaft maßgeblich mitbestimmt haben. Heute haben wir die Chance, wichtige Transformationen in den Bereichen Mobilität, Energieversorgung, Wasserversorgung, Kreislaufwirtschaft, Städte, Wohnen unter der Prämisse Baukultur mitzugestalten.

Nicht zuletzt aufgrund der großen gestalterischen Wirkungsmacht, die die Tätigkeit von Ziviltechniker:innen mit sich bringt, stehen diese seit vielen Jahrzehnten für Weltoffenheit und Innovation durch Vielfalt und Diversität. Vor den großen globalen Herausforderungen wie Klima-, Umwelt- und Wirtschaftskrisen ist es unerlässlich für Ziviltechniker:innen, interdisziplinär zu denken und Heterogenität von Mensch und Umwelt zu würdigen, um komplexe Lösungsansätze entwickeln zu können.

Um diesen Weg konsequent fortsetzen zu können und die Gestaltung der Zukunft in diesen und vielen weiteren Bereichen verantwortungsvoll wahrzunehmen, ist ein Blick in die eigene Geschichte förderlich.

Wir möchten den Autorinnen des vorliegenden Buches dafür danken, dass sie es uns ermöglichen, die gemeinsame Vergangenheit als Berufsgruppe zu beleuchten und zu verstehen.

Architekt DI Daniel Fügenschuh
Präsident der Bundeskammer
der Ziviltechniker:innen

Einleitung

Als die Bundeskammer der Ziviltechniker:innen im Jahr 2018 mit der Idee einer historischen Studie an uns herantrat, folgte sie dem Beispiel anderer Institutionen, ihre Geschichte wissenschaftlich aufzuarbeiten. Ziel war es, die Entstehung und Weiterentwicklung des österreichischen Ziviltechnikerwesens ab 1860 sowie die Geschichte der vier österreichischen Ingenieurkammern seit ihrer Gründung 1913 zu rekonstruieren. Gleichzeitig sollte anhand von biografischen Fallbeispielen untersucht werden, welche Rolle die österreichischen Ziviltechniker in der Zeit des Nationalsozialismus einnahmen. Ein besonderes Augenmerk wurde dabei auf die Erforschung der Schicksale jener Ziviltechniker gelegt, die als jüdisch verfolgt, beraubt, vertrieben, deportiert und ermordet wurden.

Tatsächlich war die Geschichte der österreichischen Ingenieurkammern bis auf einige verkürzte Darstellungen in Festschriften bis zu diesem Zeitpunkt so gut wie unerforscht. Insbesondere die Zeit des Nationalsozialismus wurde, wenn überhaupt, nur sehr vereinfacht dargestellt. Die Darstellung beschränkte sich meist auf einen kurzen Hinweis, dass die Kammern aufgelöst worden seien – was nach genauerer Recherche nicht bestätigt werden kann. Die Geschichte der „rassisch" oder politisch verfolgten Mitglieder wiederum stellte, mit Ausnahme einiger prominenter Biografien, einen weißen Fleck in der Kammergeschichte dar.

Indem das Unrecht, das in der Zeit des Nationalsozialismus an ihren ehemaligen Mitgliedern begangen wurde, erstmals sichtbar und der Erinnerung zugänglich gemacht wird, übernimmt die Bundeskammer als Dachorganisation aller Länderkammern eine wichtige Verantwortung. Sich als Institution zu einer wissenschaftlichen Herangehensweise zu bekennen und klar zu positionieren ist notwendig, um Tendenzen des Vergessens, Vertuschens, Beschönigens und Leugnens entgegenzutreten, die auch vor dem Berufsstand der Ziviltechniker:innen nicht haltmachen. Unrühmlichstes Beispiel hierfür ist der Skandal um den sogenannten „Lüftl-Report", der von dem revisionistischen Bauingenieur Walter Lüftl während seiner Präsidentschaft der Bundeskammer (1990–1992) verfasst wurde. Die „Studie" stellt die technische Machbarkeit des Massenmords im Konzentrations- und Vernichtungslager Auschwitz in Frage, wurde von ihrem Autor an Politiker:innen und Journalist:innen geschickt und in neonazistischen Medien auszugsweise veröffentlicht. Nach der Einleitung von Voruntersuchungen wegen des Verdachts des Verstoßes gegen das Verbotsgesetz musste Lüftl von seiner Präsidentschaft zurücktreten, und die Kammer distanzierte sich.

Die Geschichte einer Institution lässt sich nicht außerhalb des politischen Kontextes darstellen, und dies trifft in besonderem Maße auf Ziviltechniker:innen zu, die vom Staat bestellt bzw. denen staatliche Aufgaben übertragen wurden. Die wichtigsten Schritte zur Einrichtung der „Institution der Civilingenieure" oder Privat-Techniker, wie sie damals auch genannt wurden, und der Gründung der österreichischen Ingenieurkammern wurden in der Zeit der Monarchie gesetzt. Hintergrund war die Neuorganisation des Staatsbaudienstes, die im Jahr 1860 von Kaiser Franz Joseph I. besiegelt und in eine gesetzliche Form gegossen wurde. Um die Staatsbau-Organe zu entlassen, sollten deren Aufgaben auf das „streng Nothwendige" beschränkt werden. Dies legte den Grundstein für eine neue Berufsgruppe von Technikern, die einerseits selbstständig und unabhängig agierten, deren Pläne, Akten und Gutachten aber jenen staatlicher Behörden gleichgestellt wurden.

Als gesetzliche Grundlage für das österreichische Ziviltechnikerwesen gilt die Staatsministerialverordnung vom 11. Dezember 1860, die im Laufe der Jahre durch Abänderungen ergänzt und modifiziert wurde. Gesetzlich geregelt wurden unter anderem die Voraussetzung für die Erlangung einer Befugnis, die zuständigen Behörden und die Art der Befugnisse. Zu den anfänglich drei Kategorien (Civil-Ingenieure für alle Baufächer, Architekten und Geometer) kamen 1886 zwei weitere (Maschinenbauingenieure und Kulturtechniker) hinzu, 1913 waren es bereits neun, 1924 zehn und im Jahr 1938 schließlich 23 Befugnisse, die erlangt werden konnten. Die wichtigsten gesetzlichen Änderungen und damit verbundenen Entwicklungen werden im ersten Teil der Publikation nachgezeichnet.

Wichtige Zäsur ist das Jahr 1913, das Gründungsjahr der Ingenieurkammern. Die österreichischen Ziviltechniker setzten sich von Anfang an für eine eigene Standesvertretung nach Vorbild etwa der Rechtsanwaltskammer (gegründet 1849) ein. Gesetzlich verankert wurde sie schließlich in dem noch vom Kaiser abgesegneten „Gesetz vom 2. Jänner 1913, betreffend die Errichtung von Ingenieurkammern". „Zum Zwecke der Vertretung des Standes der behördlich autorisierten Privattechniker und Bergbauingenieure, zur Förderung der Interessen und zur Wahrung der Standesehre dieser Berufskreise" konnten zehn Ingenieurkammern gegründet werden, die sich auf zentrale Städte in den Kronländern der Monarchie verteilten: Brünn, Czernowitz, Graz, Innsbruck, Lemberg, Linz, Prag, Teplitz-Schönau, Triest und Wien. Das gleiche Jahr brachte mit der Ziviltechnikerverordnung vom 7. Mai 1913 eine wichtige Modifizierung der gesetzlichen Grundlagen.

Kurz später brach der Erste Weltkrieg aus, der auch das Ende der Monarchie einläutete. Als sich Österreich 1918 als Kleinstaat neu formierte, blieben auf österreichischem Gebiet noch vier Kammern übrig, die – mit kurzer Unterbrechung während der NS-Herrschaft – bis heute existieren.

Die Zwischenkriegszeit war geprägt von politischen Unruhen, zunehmendem Extremismus und der Wirtschaftskrise. Auch Ziviltechniker hatten mit ökonomischen Schwierigkeiten zu kämpfen. Manche nahmen Aufträge im Ausland an oder radikalisierten sich und traten der NSDAP bei – bis 1933 legal, ab der Ausschaltung des Parlaments 1933 und dem Parteienverbot illegal. Diese sogenannten „Illegalen" konnten während der Dollfuß-Schuschnigg-Diktatur nicht offen für ihre politischen Überzeugungen eintreten, bereiteten sich aber auf den „Umsturz" vor und bildeten Netzwerke. Entnazifizierungsakten der Nachkriegszeit zeugen davon, dass unter ihnen auch etliche Ziviltechniker waren.

Judenfeindschaft und Antisemitismus waren bereits in der österreichischen Gesellschaft des späten 19. Jahrhunderts und den Jahrzehnten bis 1938 verbreitet und kamen in unterschiedlichen Erscheinungsformen zum Ausdruck, von diffamierenden Karikaturen in Zeitungen bis zu gewalttätigen Ausschreitungen. Antisemitische Parolen und Wahlreden der christlichsozialen Partei, die den Ausschluss jüdischer Mitbürger:innen aus dem öffentlichen Leben forderte, trafen auf Zustimmung breiter Bevölkerungskreise. Rechtlich waren diese seit 1867 anderen Staatsbürgerinnen bzw. Staatsbürgern gleichgestellt, das heißt, sie konnten alle Berufe ausüben und sich frei im Land bewegen. Jüdinnen und Juden aus allen Teilen des Reiches – in erster Linie aus Böhmen, Mähren und Galizien – wählten vor allem Wien als neuen Wohnort. Nach dem Ersten Weltkrieg wuchs die Zahl der jüdischen Bevölkerung Wiens auf circa 200.000. Viele zukünftige Ziviltechniker jüdischer Herkunft studierten an der Technischen Hochschule Wien und blieben nach der Erlangung einer Ziviltechnikerbefugnis in der Hauptstadt. Der zunehmende Antisemitismus machte jedoch keinen Halt vor den österreichischen Hochschulen und veranlasste viele Jüdinnen und Juden dazu, zum Christentum überzutreten. Auch etliche Ziviltechniker gingen diesen Weg – in der Hoffnung auf bessere berufliche Aussichten.

In der Zwischenkriegszeit wurden Verordnungen erlassen, die nicht nur die Einteilung der Ziviltechniker in beratende und ausführende Ingenieure regelten, sondern auch Reformen in der Architektenausbildung auf dem Weg brachten. Die daraus folgende Sektionierung der Kammern wurde 1930 bis 1931 – mit Ausnahme der Tiroler Kammer – durchgeführt. Kurz vor der nationalsozialistischen Machtübernahme wurde eine weitere wichtige Abänderung des Ziviltechnikergesetzes beschlossen: Durch die Verordnung Nr. 61/1937 vom 2. März 1937 erweiterte sich der Kreis antragsberechtigter Personen beträchtlich, da der bis dato notwendige Nachweis von Fachstudien durch eine langjährige Praxis ersetzt werden konnte. Es folgte eine regelrechte Flut an Anträgen – die meisten davon von Architekten und erstmals auch von Architektinnen –, deren Bearbeitung jedoch durch den „Anschluss" Österreichs an das Deutsche Reich jäh unterbrochen wurde.

Da es in Deutschland kein Pendant zum österreichischen Ziviltechnikerwesen gab, herrschte über die Zukunft der Ingenieurkammern von Anfang an Uneinigkeit. Aus deutscher Sicht wurden sie nicht benötigt, denn alle Techniker sollten im Nationalsozialistischen Bund Deutscher Technik (NBDT) vereint sein, „ostmärkische" Sonderregelungen waren nicht vorgesehen. Die österreichischen Vertreter der Ziviltechniker und die für sie zuständigen Stellen in den Ministerien sahen das anders. Ihnen schwebte im Gegenteil eine Ausweitung des österreichischen Systems auf Deutschland vor, was eine Fehleinschätzung der Machtverhältnisse bedeutete. Die vom NS-Regime eingesetzten kommissarischen Leiter der Kammern unter der Federführung des prominenten Wiener Zivilingenieurs für das Bauwesen Franz Visintini wehrten sich gegen die Auflösung der Kammern. Sie konnten schließlich erwirken, dass nur jene in Innsbruck, Graz und Linz aufgelöst bzw. mit der Wiener Kammer zur „Ingenieurkammer in Liquidation in Wien" vereint wurden.

Ab Inkrafttreten der „Verordnung über die Ziviltechniker in den Alpen- und Donau-Reichsgauen vom 30. Juli 1942" (1943) durften keine neuen Befugnisse mehr vergeben werden, bestehende Befugnisse blieben aber aufrecht, und die Mitglieder wurden weiterhin von der Wiener Kammer unter der Führung von Franz Visintini betreut. Wäre das „Tausendjährige Reich" nicht nach bereits sieben Jahren untergegangen, hätte dieser Kompromiss bedeutet, dass das österreichische Ziviltechnikerwesen auf „natürliche" Weise ausgelaufen wäre. Sonderfälle bildeten sowohl die Fachgruppe der Architekten, deren Berufsausübung an die Pflichtmitgliedschaft in der Reichskammer der bildenden Künste gebunden war, als auch die Ingenieurkonsulenten für Vermessungswesen bzw. Geometer, die für die weitere Berufsausübung eine Zulassung als „Öffentlich bestellte Vermessungsingenieure" beantragen mussten. Keine Möglichkeit zur Berufsausübung gab es für all jene Ziviltechniker, die „rassisch" oder politisch nicht dem Normativ der deutschen „Volksgemeinschaft" entsprachen.

In Österreich wurden nach unseren Recherchen 150 Kammermitglieder als jüdisch eingestuft, die überwiegende Mehrheit davon lebte und praktizierte in Wien. Als die Nationalsozialist:innen im März 1938 die Macht in Österreich übernahmen, ahnten manche Ziviltechniker jüdischer Herkunft, in welcher Gefahr sie sich befanden, oder erkannten, dass es unter dem neuen Regime keine berufliche Zukunft für sie gab. Andere glaubten sich kraft ihres Amts, ihres Ansehens und ihrer Expertise in Sicherheit; viele beriefen sich darauf, dass sie im Ersten Weltkrieg für Österreich gekämpft hatten. Einigen kostete diese Fehleinschätzung ihr Leben.

Die österreichischen Ingenieurkammern legten kurz nach dem „Anschluss" aktuelle Mitgliederlisten vor, auf denen die Namen ihrer vermeintlich jüdischen Mitglieder durchgestrichen und Parteimitgliedschaften „arischer" Mitglieder hervorgehoben waren. Erstaunlich ist, wie lange sich dennoch der Entzug der Befugnisse und damit auch die Ausschlüsse aus den Kammern hinzogen. Gründe lagen in der gesetzlichen Sondersituation der österreichischen Ziviltechniker sowie in der Uneinigkeit des Gesetzgebers darüber, welche Gesetze dafür anzuwenden seien. Die meisten Befugnisse wurden schließlich im April 1939 unter Bezug auf die Berufsbeamtenverordnung (BBV) entzogen. Etliche Ziviltechniker hatten ihre Befugnis zu diesem Zeitpunkt unter dem wachsenden ökonomischen und gesellschaftlichen Druck allerdings bereits „freiwillig" zurückgelegt und waren – unter Beraubung ihres Eigentums – ins Ausland geflüchtet. Manchen gelang es, in ihrem Zufluchtsland beruflich noch einmal Fuß zu fassen, von anderen verliert sich die Spur. Anträge an den Hilfs- und Vergeltungsfonds aus der Nachkriegszeit zeugen von teilweise äußerst prekären Lebensumständen. Wer nicht flüchten konnte oder seine Heimat nicht verlassen wollte, wurde in „Sammelwohnungen" umgesiedelt und ab 1941 Opfer des Holocausts. Nur wenigen als jüdisch verfolgten Ziviltechnikern gelang es, den Nationalsozialismus in Österreich zu überleben.

Die Bilanz der nationalsozialistischen Verfolgung zeigt für die 150 betroffenen Ziviltechniker, die zum Zeitpunkt der nationalsozialistischen Machtübernahme eine aufrechte Befugnis hatten, eine etwas höhere Vertriebenenquote als im österreichischen Schnitt (etwa zwei Drittel) – was sich mit Kenntnissen über den Zusammenhang zwischen höherer Mobilität und höheren Bildungsabschlüssen deckt. Mindestens 103 Personen wurden vertrieben, eine Person emigrierte vor dem „Anschluss", mindestens zwei überlebten in Österreich und fünf unter ungeklärten Umständen. Mindestens zehn begingen Suizid, vier starben im Spital der IKG Wien und eine Person unter ungeklärten Umständen in Oranienburg. Von zwei „rassisch" Verfolgten fanden sich keine Hinweise auf ihr Schicksal. Eine Person wurde an ihrem Zufluchtsort Ungarn unter ungeklärten Umständen „erschlagen", eine Person wurde nach Dachau deportiert und starb nach der Entlassung in Wien, 21 wurden aus Österreich oder Frankreich in Ghettos oder Konzentrations- und Vernichtungslager deportiert und ermordet. Dem Andenken dieser ermordeten Ziviltechniker ist ein eigener Abschnitt im Buch gewidmet, der den Lebensweg jedes einzelnen kurz nachzeichnet.

Beschämend ist, dass weder von politischen Vertretern der Zweiten Republik noch von den wiedererrichteten Ingenieurkammern aktive Versuche unternommen wurden, die vertriebenen Ziviltechniker zu kontaktieren und ihnen eine erleichterte Rückkehr oder Entschädigungen anzubieten. Rückkehrwillige, die selbst initiativ wurden, erhielten zwar die Befugnis zurück und wurden wieder in die Ingenieurkammern aufgenommen, eine persönliche Einladung oder gar offizielle Entschuldigung blieb jedoch aus. Auch den Angehörigen von ermordeten Ziviltechnikern kamen keine proaktiven Gesten zu. In diesem Sinne ist die vorliegende Publikation eine – wenn auch späte – Anerkennung der Verbrechen und des Unrechts, das begangen wurde.

Das Kapitel der Nachkriegszeit widmet sich neben der Wiedererrichtung der Ingenieurkammern hauptsächlich der Frage des Umgangs mit ehemaligen Nationalsozialist:innen im eigenen Berufsstand. Die Anzahl der Parteimitglieder unter den Ziviltechnikern war bis 1945 gegenüber 1938 deutlich angestiegen – ein Ergebnis, das nicht überrascht und die Lage in der allgemeinen Bevölkerung widerspiegelt. Im Gegensatz zu den Staatsbediensteten waren Ziviltechniker:innen, die der NSDAP angehört hatten, von dem im Verbotsgesetz von 1945 geregeltem Berufsverbot ausgenommen und konnten weiterhin ihren Beruf ausüben. Die Entscheidung, wer als Kammermitglied bestätigt wurde und wer nicht, lag damit bei den provisorisch eingerichteten Ingenieurkammern und dem Bundesministerium für Handel und Wiederaufbau. Als Folge der Novelle des Verbotsgesetzes 1947 wurden die ehemaligen Parteimitglieder in Gruppen von „Belasteten" und „Minderbelasteten" eingeteilt. Ersteren wurde die Ausübung ihres Berufes vorerst untersagt, Zweitere konnten um eine vorläufige Zulassung ansuchen, die in den allermeisten Fällen auch gewährt wurde. Es gab jedoch für beide Gruppen Möglichkeiten, gegen die Entscheidung Einspruch zu erheben, wovon auch ausgiebig Gebrauch gemacht wurde. Spätestens ab 1951 war die politische Entnazifizierung abgeschlossen, und damit konnten alle, die wollten, ihre Befugnis wieder beantragen bzw. ausüben.

Der letzte Teil der Studie befasst sich mit der Geschichte der weiblichen Kammermitglieder, die aufgrund der späten Öffnung des Studiums an den Technischen Hochschulen und an der Akademie der bildenden Künste für Frauen erst im Jahr 1932 begann. Aufgrund der Ausbildungsvoraussetzungen blieb vielen Pionierinnen der Architektur, die an der Kunstgewerbeschule studierten, der Zugang zur Befugnis vorerst verwehrt. Erst auf Basis der neuen Verordnung Nr. 61 aus dem Jahre 1937 war es auch Personen ohne technisches Fachstudium möglich, diese zu erlangen. Damit war auch für Frauen wie der Architektin Margarete Schütte-Lihotzky der Zugang in den Berufsstand der Ziviltechniker:innen geöffnet. Ausgewählte Beispiele zeichnen Biografien der Pionierinnen, der Technikerinnen im Nationalsozialismus sowie der ersten Ziviltechnikerinnen nach dem Zweiten Weltkrieg nach. Nur langsam stieg der Mitgliederanteil der Frauen in den Ingenieurkammern. 1982 wurde dieser erstmals sichtbar gemacht und den Ziviltechnikerinnen eine eigene Publikation gewidmet.

Forschungsprojekte werfen immer auch neue Fragen auf und müssen andere aufgrund von Schwerpunktsetzungen unbeantwortet lassen. Wir denken dennoch, dass die vorliegende Publikation wesentliche Lücken geschlossen hat, und hoffen, dass viele Mitglieder sie mit Interesse lesen werden. Wir möchten dem Vorstand der Bundeskammer der Ziviltechniker:innen für den Vertrauensvorschuss danken, der eine unabhängige Forschung ermöglichte. Unser besonderer Dank gebührt dem Initiator des Projektes, Architekt Prof. Mag. Manfred Resch (1939–2022), sowie Architekt Mag. Fritz Schöffauer für ihre Unterstützung in der Realisierung.

Ingrid Holzschuh, Alexandra Wachter
Herausgeberinnen

I.
Vorgeschichte 1860–1938

Inge Korneck, Ingrid Holzschuh, Alexandra Wachter

I.1	Entstehung des Ziviltechnikerwesens	21
	I.1.1 Gesetzliche Grundlagen des „Instituts der Civilingenieure"	21
	I.1.2 Technische Hochschulen – Ausbildungsstätten der Ziviltechniker	27
I.2	Gründungsgeschichte der Ingenieurkammern	32
	I.2.1 Erste Interessenvertretungen	32
	I.2.2 Errichtung der Ingenieurkammern (1913)	35
I.3	Die Ingenieurkammern in der Ersten Republik	42
	I.3.1 Novellen der Ziviltechnikerverordnung in der Zwischenkriegszeit	42
	I.3.2 Ziviltechniker in der Dollfuß-Schuschnigg-Diktatur	44

I.1
Entstehung des Ziviltechnikerwesens

I.1.1
Gesetzliche Grundlagen des „Instituts der Civilingenieure"

In der zweiten Hälfte des 19. Jahrhunderts erlebte der Berufsstand der österreichischen Ingenieure einen Aufschwung. Obwohl die Modernisierung gemessen an anderen westeuropäischen Ländern wie etwa England langsam vor sich ging,[1] war die wirtschaftliche und technische Entwicklung auch in der österreichisch-ungarischen Monarchie von Industrialisierung und dem Ausbau von Infrastruktur wie dem Eisenbahn- und Straßennetz und der Wasserwege geprägt. Die Semmeringbahn, die Donauregulierung in Wien und der Bau der Ringstraße sind nur einige der großen Projekte, die damals in Angriff genommen wurden.

Dieser Modernisierungsschub ging mit einer Neuorganisation der Baubehörden einher, deren Aufgabengebiet stetig wuchs. Um dem Mangel an technisch qualifizierten Beamten entgegenzutreten, wurden 1859 von Vertretern des Berufsstandes der Ingenieure Verhandlungen über einen besonderen Status von staatlich autorisierten Technikern aufgenommen.[2] Wie Advokaten und Notare wurden Ingenieure „und andere Personen, welche von der Behörde für gewisse Geschäfte besonders bestellt und in Pflicht genommen sind", von der Gewerbeordnung 1859[3] ausgenommen, für sie sollten „besondere Reglementierungen" gelten.[4] Am 6. Oktober 1860 genehmigte der Kaiser die „Grundzüge für die Organisirung des Staatsbaudienstes",[5] die zwei Monate später, am 8. Dezember 1860, per Verordnung des Staatsministeriums kundgemacht wurden.
→ Abb. I/1

Mit Paragraf 27 dieser „Grundzüge" wurde auch der Grundstein für ein künftiges Ziviltechnikerrecht gelegt,[6] denn dieser besagt, dass die Aufgaben der Staatsbau-Organe auf das „streng Nothwendige", das heißt, auf jene Angelegenheiten zu beschränken seien, die den Staat unmittelbar berühren und unter seiner direkten Einwirkung ausgeführt werden. Für alle anderen „in das technische Fach einschlägigen Angelegenheiten der Gemeinden, Corporationen und des Publikums" sollten „Civil-Ingenieure",[7] auch als Privattechniker bezeichnet, bestellt werden. Im Bedarfsfall sollten diese auch für Staatsbau-Geschäfte herangezogen werden. Die Regelung dieses „Instituts für Civilingenieure" sollte durch eine „besondere Vorschrift" erfolgen.[8]
→ Abb. I/2

Tatsächlich wurden die Details zu der damit neu geschaffenen Berufsgruppe, die ein österreichisches Spezifikum darstellt, bereits wenige Tage später in der Staatsministerialverordnung vom 11. Dezember 1860, Z. 36.413 festgelegt und in mehreren Kundmachungen und Verordnungen der Statthaltereien und Landesbehörden veröffentlicht.[9]
→ Abb. I/3

Die Staatsministerialverordnung sah drei Kategorien von „behördlich autorisirten Privat-Technikern" vor: a) „Civil-Ingenieure für alle Baufächer", b) „Architekten" und c) „Geometer". Den Zivilingenieuren für alle Baufächer wurden in Paragraf 2 die umfangreichsten Befugnisse eingeräumt, darunter die Durchführung von geometrischen Messungen, Erstellung von Plänen für Hoch- und Tiefbauten, Ausführung von Bauten, Schätzungen von Gebäuden, wissenschaftliche Untersuchungen zum Thema Baukunst sowie Gutachten zu Plänen.[10]

Den Architekten wurden diese Befugnisse nur für den Bereich Hochbau eingeräumt. Die Geometer waren berechtigt, Messungen, Aufnahmen und geometrische Berechnungen durchzuführen, Pläne anzufertigen und „innerhalb ihres Fachbereiches die im §. 2, f) den Civil-Ingenieuren und Architekten im weiteren Umfange eingeräumten Befugnisse auszuüben".[11] Es wurde ihnen erlaubt, das Baumeister-Gewerbe mit der Befugnis als Zivil-Geometer zu kombinieren.[12] Die von den Zivilingenieuren für alle Baufächer und Architekten erstellten Pläne, Akten und Gutachten wurden den Dokumenten staatlicher Behörden gleichgestellt, das heißt, auf ihrer Grundlage konnten zum Beispiel Baubewilligungen erteilt werden.

Voraussetzung für die Erlangung der Befugnis waren ein technisches Studium, eine fünfjährige technische Praxis und eine Fachprüfung in praktischer Geometrie, Mechanik und Maschinenlehre, Hoch-, Straßen- und Wasserbaukunde und „den dazu gehörigen Hilfswissenschaften". Die Fachprüfungen wurden bei den Landesverwaltungen vor einer Kommission, bestehend aus Staatsbeamten, Professoren mathematischer und naturwissenschaftlicher Fächer sowie praktizierenden Architekten oder Zivilingenieuren, abgelegt. Anwärter für die Befugnis eines Zivilingenieurs mussten mindestens 24 Jahre alt, unbescholten und österreichische Staatsbürger[13] sein. Nach der erfolgreich absolvierten Fachprüfung und der Ablegung eines Eids wurde dem Anwärter die Befugnis erteilt.[14] Die Bescheide wurden von der zuständigen Landesverwaltung

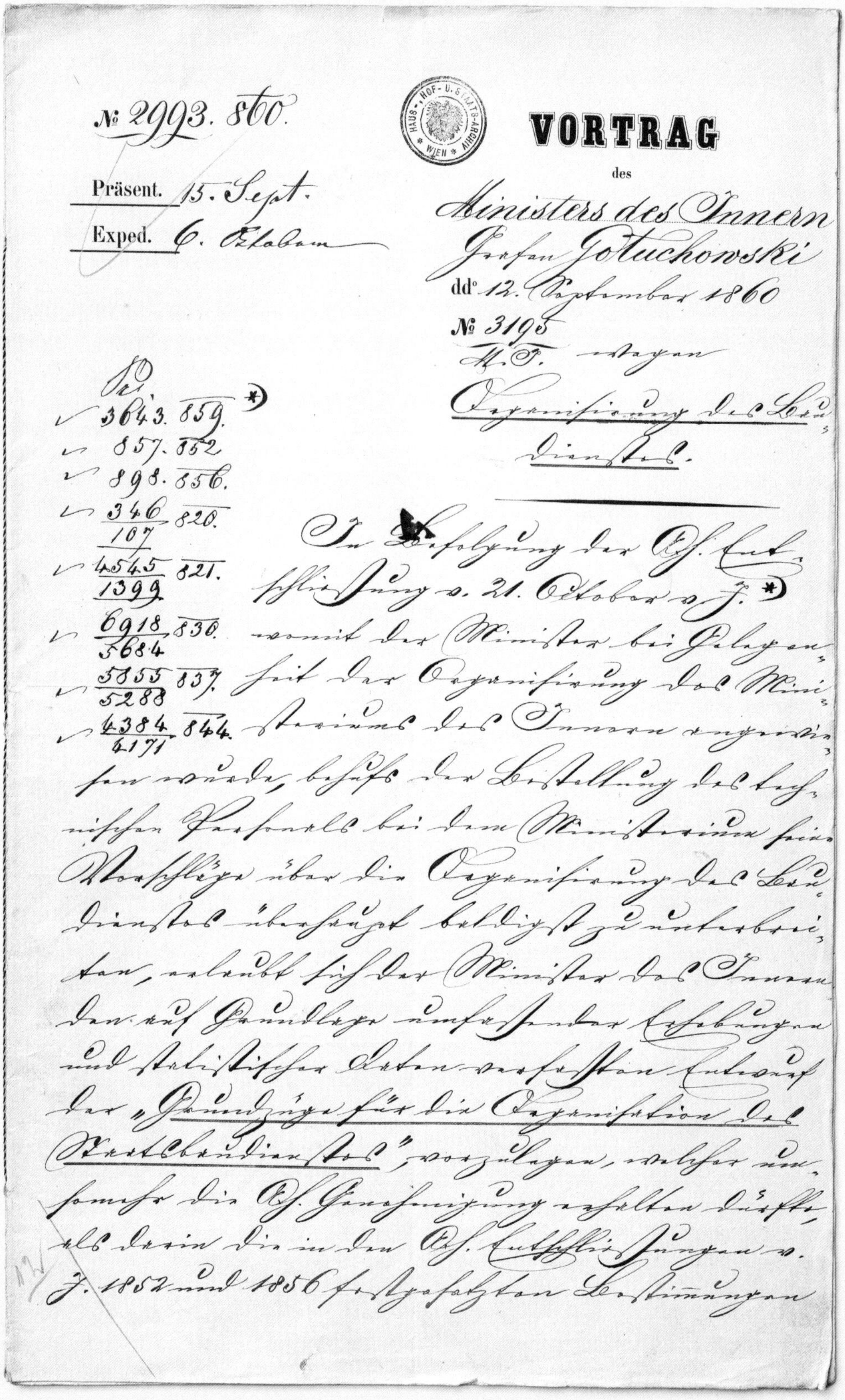

№ 2993. 860.

HAUS-, HOF- U. STAATS-ARCHIV WIEN

VORTRAG

des

Ministers des Innern
Grafen Goluchowski

dd° 12. September 1860

№ 3195
M. J. wegen

Organisirung des Baudienstes.

Bei
3643. 859. *)
857. 852
898. 856.
346/107 820.
4545/1399 821.
6918/5684 830.
5855/5288 837.
4384/4171 844.

Präsent. 15. Sept.
Exped. 6. Oktober

In Befolgung der Ah. Entschließung v. 21. October v. J. *) womit der Minister bei Gelegenheit der Organisirung des Ministeriums des Innern angewiesen wurde, behufs der Bestellung des technischen Personals bei dem Ministerium seine Vorschläge über die Organisirung des Baudienstes überhaupt baldigst zu unterbreiten, erlaubt sich der Minister des Innern den auf Grundlage umfassender Erhebungen und statistischer Daten verfaßten Entwurf der „Grundzüge für die Organisation des Staatsbaudienstes", vorzulegen, welcher umsomehr die Ah. Genehmigung erhalten dürfte, als darin die in den Ah. Entschließungen v. J. 1852 und 1856 festgesetzten Bestimmungen

Abb. I/1 Erste Seite des „Vortrages des Ministers des Innern", in dem der Kaiser die „Grundzüge für die Organisirung des Staatsbaudienstes" genehmigt, 6.10.1860.

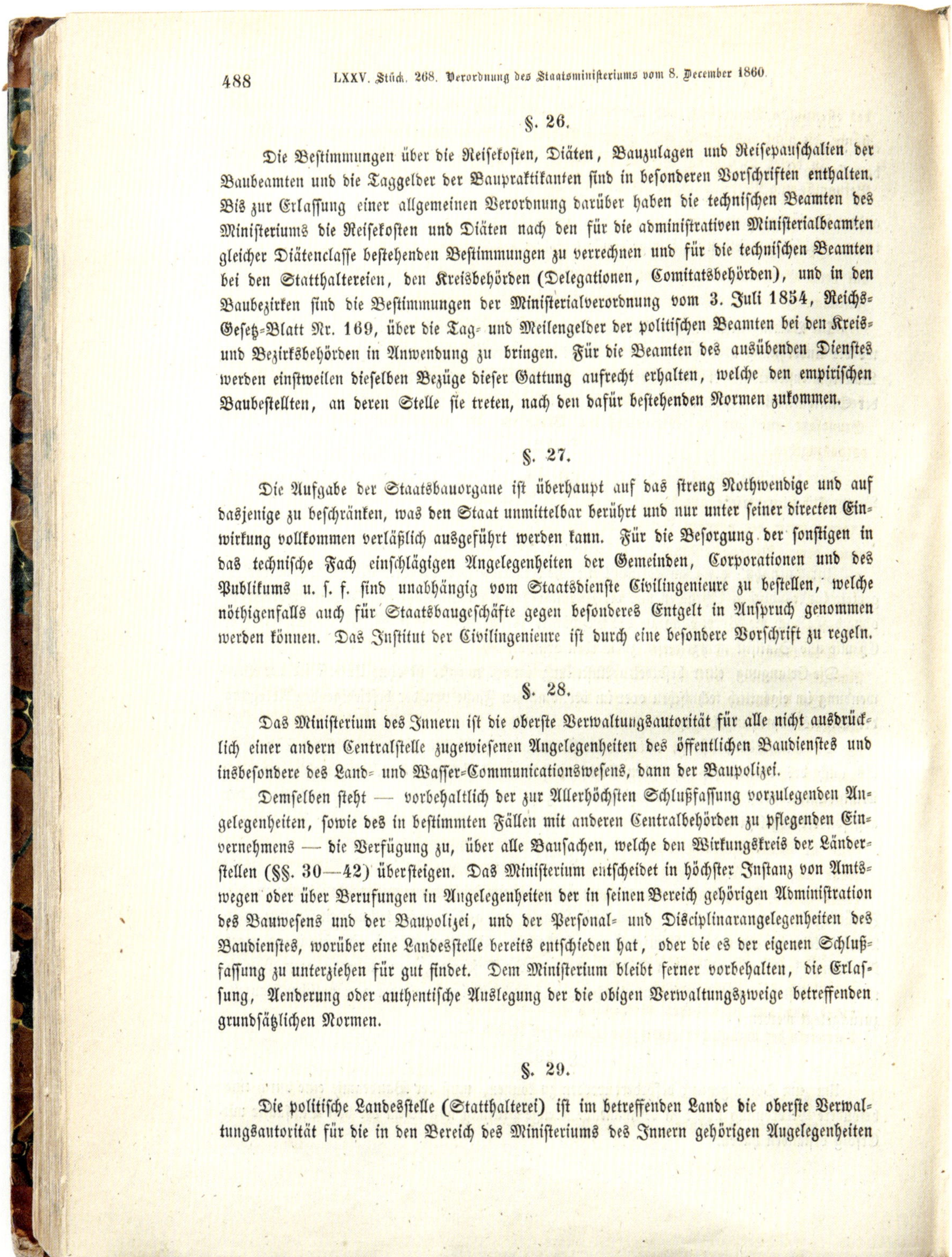

§. 26.

Die Bestimmungen über die Reisekosten, Diäten, Bauzulagen und Reisepauschalien der Baubeamten und die Tagegelder der Baupraktikanten sind in besonderen Vorschriften enthalten. Bis zur Erlassung einer allgemeinen Verordnung darüber haben die technischen Beamten des Ministeriums die Reisekosten und Diäten nach den für die administrativen Ministerialbeamten gleicher Diätenclasse bestehenden Bestimmungen zu verrechnen und für die technischen Beamten bei den Statthaltereien, den Kreisbehörden (Delegationen, Comitatsbehörden), und in den Baubezirken sind die Bestimmungen der Ministerialverordnung vom 3. Juli 1854, Reichs-Gesetz-Blatt Nr. 169, über die Tag- und Meilengelder der politischen Beamten bei den Kreis- und Bezirksbehörden in Anwendung zu bringen. Für die Beamten des ausübenden Dienstes werden einstweilen dieselben Bezüge dieser Gattung aufrecht erhalten, welche den empirischen Baubestellten, an deren Stelle sie treten, nach den dafür bestehenden Normen zukommen.

§. 27.

Die Aufgabe der Staatsbauorgane ist überhaupt auf das streng Nothwendige und auf dasjenige zu beschränken, was den Staat unmittelbar berührt und nur unter seiner directen Einwirkung vollkommen verläßlich ausgeführt werden kann. Für die Besorgung der sonstigen in das technische Fach einschlägigen Angelegenheiten der Gemeinden, Corporationen und des Publikums u. s. f. sind unabhängig vom Staatsdienste Civilingenieure zu bestellen, welche nöthigenfalls auch für Staatsbaugeschäfte gegen besonderes Entgelt in Anspruch genommen werden können. Das Institut der Civilingenieure ist durch eine besondere Vorschrift zu regeln.

§. 28.

Das Ministerium des Innern ist die oberste Verwaltungsautorität für alle nicht ausdrücklich einer andern Centralstelle zugewiesenen Angelegenheiten des öffentlichen Baudienstes und insbesondere des Land- und Wasser-Communicationswesens, dann der Baupolizei.

Demselben steht — vorbehaltlich der zur Allerhöchsten Schlußfassung vorzulegenden Angelegenheiten, sowie des in bestimmten Fällen mit anderen Centralbehörden zu pflegenden Einvernehmens — die Verfügung zu, über alle Bausachen, welche den Wirkungskreis der Länderstellen (§§. 30—42) übersteigen. Das Ministerium entscheidet in höchster Instanz von Amtswegen oder über Berufungen in Angelegenheiten der in seinen Bereich gehörigen Administration des Bauwesens und der Baupolizei, und der Personal- und Disciplinarangelegenheiten des Baudienstes, worüber eine Landesstelle bereits entschieden hat, oder die es der eigenen Schlußfassung zu unterziehen für gut findet. Dem Ministerium bleibt ferner vorbehalten, die Erlassung, Aenderung oder authentische Auslegung der die obigen Verwaltungszweige betreffenden grundsätzlichen Normen.

§. 29.

Die politische Landesstelle (Statthalterei) ist im betreffenden Lande die oberste Verwaltungsautorität für die in den Bereich des Ministeriums des Innern gehörigen Angelegenheiten

Abb. I/2   Paragraf 27 der Staatsministerialverordnung vom 8. Dezember 1860 legte den Grundstein für das „Institut der Civilingenieure".

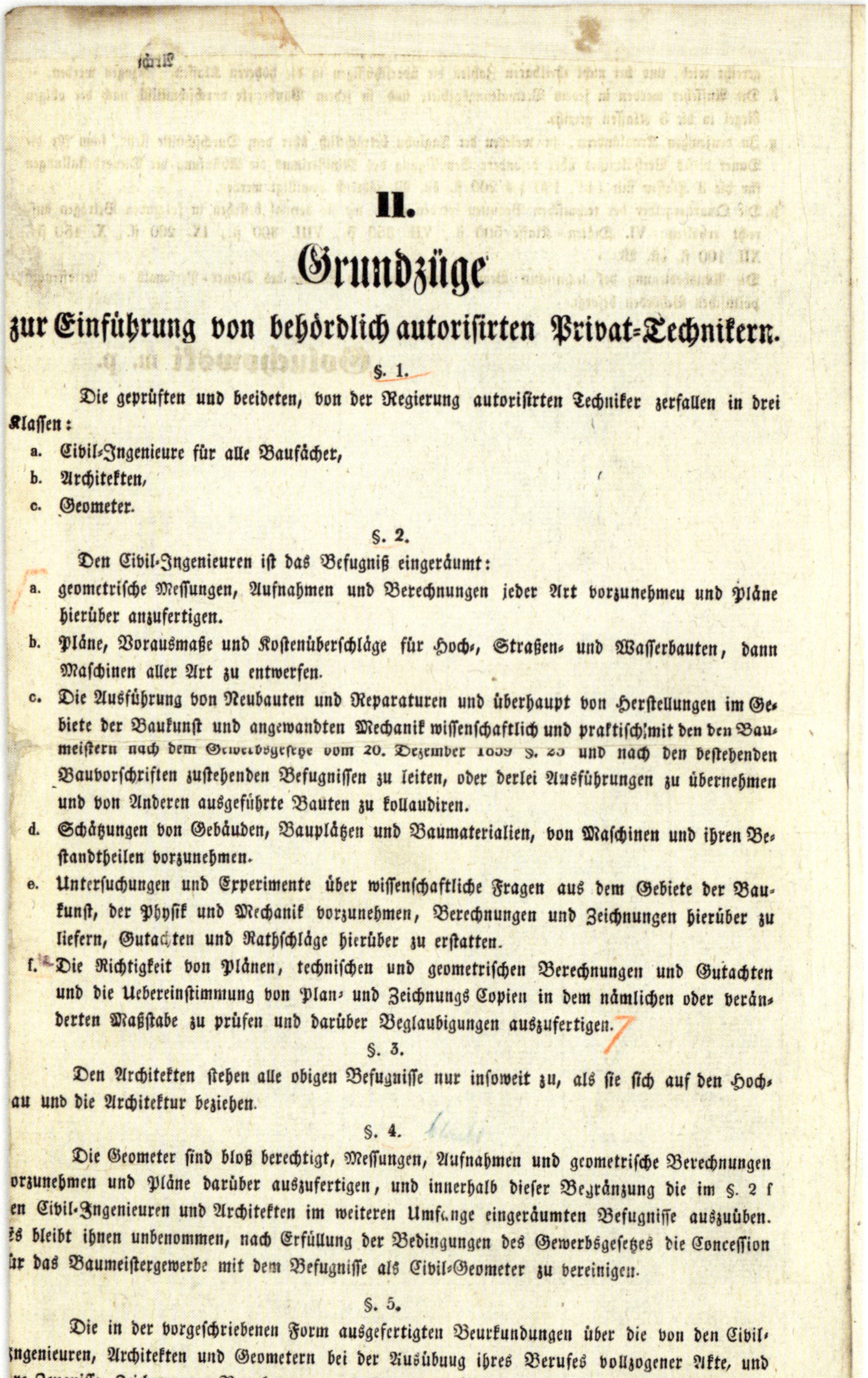

II.
Grundzüge
zur Einführung von behördlich autorisirten Privat-Technikern.

§. 1.

Die geprüften und beeideten, von der Regierung autorisirten Techniker zerfallen in drei Klassen:
- a. Civil-Ingenieure für alle Baufächer,
- b. Architekten,
- c. Geometer.

§. 2.

Den Civil-Ingenieuren ist das Befugniß eingeräumt:

a. geometrische Messungen, Aufnahmen und Berechnungen jeder Art vorzunehmen und Pläne hierüber anzufertigen.

b. Pläne, Vorausmaße und Kostenüberschläge für Hoch-, Straßen- und Wasserbauten, dann Maschinen aller Art zu entwerfen.

c. Die Ausführung von Neubauten und Reparaturen und überhaupt von Herstellungen im Gebiete der Baukunst und angewandten Mechanik wissenschaftlich und praktisch mit den den Baumeistern nach dem Gewerbsgesetze vom 20. Dezember 1859 §. 25 und nach den bestehenden Bauvorschriften zustehenden Befugnissen zu leiten, oder derlei Ausführungen zu übernehmen und von Anderen ausgeführte Bauten zu kollaudiren.

d. Schätzungen von Gebäuden, Bauplätzen und Baumaterialien, von Maschinen und ihren Bestandtheilen vorzunehmen.

e. Untersuchungen und Experimente über wissenschaftliche Fragen aus dem Gebiete der Baukunst, der Physik und Mechanik vorzunehmen, Berechnungen und Zeichnungen hierüber zu liefern, Gutachten und Rathschläge hierüber zu erstatten.

f. Die Richtigkeit von Plänen, technischen und geometrischen Berechnungen und Gutachten und die Uebereinstimmung von Plan- und Zeichnungs-Copien in dem nämlichen oder veränderten Maßstabe zu prüfen und darüber Beglaubigungen auszufertigen.

§. 3.

Den Architekten stehen alle obigen Befugnisse nur insoweit zu, als sie sich auf den Hochbau und die Architektur beziehen.

§. 4.

Die Geometer sind bloß berechtigt, Messungen, Aufnahmen und geometrische Berechnungen vorzunehmen und Pläne darüber auszufertigen, und innerhalb dieser Begränzung die im §. 2 f den Civil-Ingenieuren und Architekten im weiteren Umfange eingeräumten Befugnisse auszuüben. Es bleibt ihnen unbenommen, nach Erfüllung der Bedingungen des Gewerbsgesetzes die Concession für das Baumeistergewerbe mit dem Befugnisse als Civil-Geometer zu vereinigen.

§. 5.

Die in der vorgeschriebenen Form ausgefertigten Beurkundungen über die von den Civil-Ingenieuren, Architekten und Geometern bei der Ausübung ihres Berufes vollzogener Akte, und ihre Zeugnisse, Zeichnungen, Berechnungen und Gutachten über Thatsachen und Fragen, zu deren Beurtheilung die von ihnen nachzuweisenden Fachkenntnisse erforderlich sind, werden von den Administrativbehörden in derselben Weise angesehen, als wenn dieselben von landesfürstlichen Beamten unter amtlicher Autorität ausgefertigt wären.

Abb. I/3 „Grundzüge zur Einführung von behördlich autorisirten Privat-Technikern", hier in der Kundmachung der k. k. Statthalterei für Oesterreich ob der Enns und Salzburg, 24.12.1860.

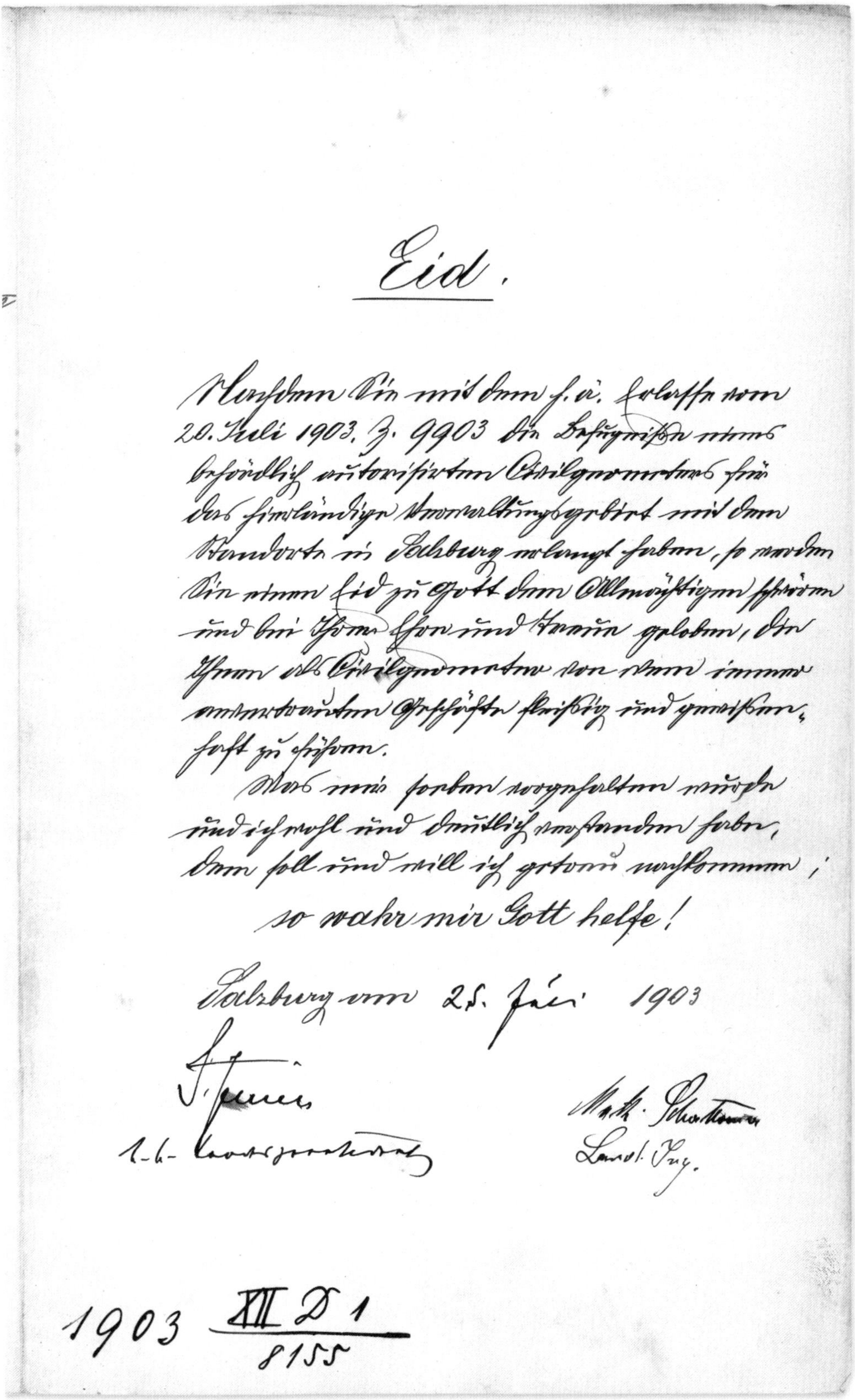

Eid.

Nachdem Sie mit dem h. ä. Erlasse vom 20. Juli 1903, Z. 9903 die Befugnisse eines behördlich autorisierten Civilgeometers für das hierländige Verwaltungsgebiet mit dem Standorte in Salzburg erlangt haben, so werden Sie einen Eid zu Gott dem Allmächtigen schwören und bei Ihrer Ehre und Treue geloben, die Ihnen als Civilgeometer von dem immer anvertrauten Geschäfte fleißig und gewissenhaft zu erfüllen.

Was mir soeben vorgehalten wurde und ich wohl und deutlich verstanden habe, dem soll und will ich getreu nachkommen; so wahr mir Gott helfe!

Salzburg am 25. Juli 1903

[signatures]
k.k. Landespräsident   Math. Schattauer
                               Landes-Ing.

1903 XII D 1 / 8155

Abb. I/4 Der von Mathias Schattauer handschriftlich verfasste Eid für die Erlangung der Befugnis eines behördlich autorisierten Zivilgeometers, 25.7.1903.

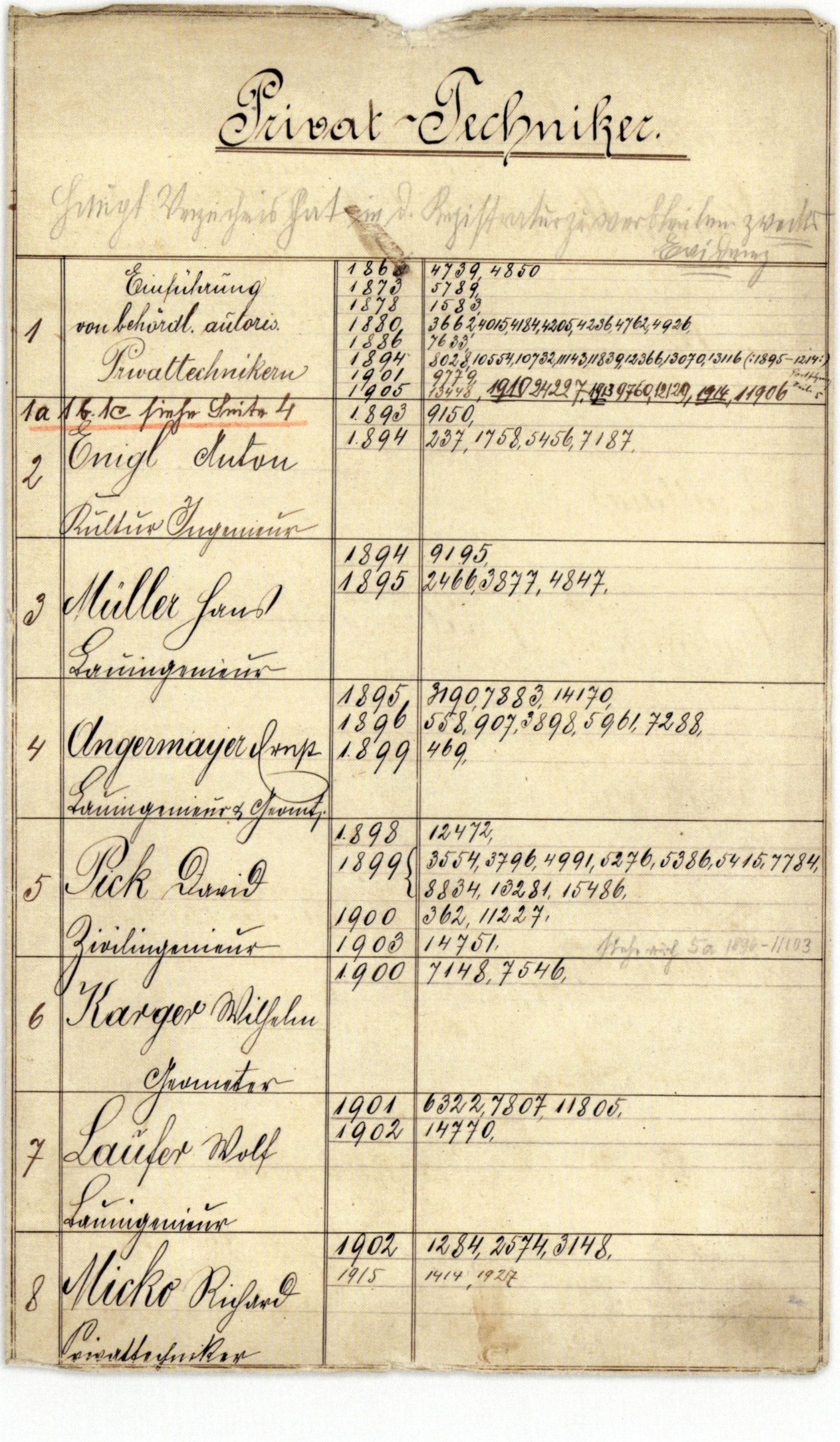

Privat-Techniker.

Jedes Verzeichnis hat in d. Registratur zu verbleiben zwecks Evidenz

1	Einführung von behördl. autoris. Privattechnikern	1866 1873 1878 1880 1886 1894 1901 1905	4739, 4850 5789 1583 3662, 4015, 4184, 4205, 4236, 4762, 4926 7639 8028, 10554, 10782, 11431, 1839, 12366, 13070, 13116 (1895-1244) 9773 13443, 1910 14227, 1913 9760, 12120, 1914 11906
1a 1b 1c *siehe Seite 4*		1893	9150
2	Enigl Anton Kultur Ingenieur	1894	237, 1758, 5456, 7187.
3	Müller Ernst Zivilingenieur	1894 1895	9195 2466, 3877, 4847.
4	Angermayer Josef Zivilingenieur & Chemiker	1895 1896 1899	3190, 7883, 14170, 558, 907, 3898, 5961, 7288, 469,
5	Pick David Zivilingenieur	1898 1899 1900 1903	12472, 3554, 3796, 4991, 5276, 5386, 5415, 7784, 8834, 13281, 15486, 362, 11227, 14751. *Nach noch 5a 1896-11103*
6	Karger Wilhelm Chemiker	1900	7148, 7546,
7	Laufer Wolf Zivilingenieur	1901 1902	6322, 7807, 11805, 14770,
8	Micko Richard Privattechniker	1902 1915	1284, 2574, 3148, 1414, 1927

Abb. I/5 In den Jahren 1866 bis 1922 waren in Salzburg 28 „Privat-Techniker" verzeichnet.

ausgestellt und ab 1879 in der Zeitschrift „Der Civil-Techniker" öffentlich kundgemacht.
→ *Abb. I/4*

Die niederösterreichische Statthalterei veröffentlichte auch die „Tarife" für die im Auftrag von Behörden erbrachte Arbeit. Jene für Zivilingenieure für alle Baufächer und Architekten lagen höher als jene für Geometer. So bekamen Erstere „[f]ür eine sechsstündige Beschäftigung im Wohnorte eine Diät von 7 fl.", also sieben Gulden, „für eine ganztägige Feldbeschäftigung außer dem Wohnorte 8 fl.". Ein Geometer erhielt für eine achtstündige Beschäftigung vier Gulden, für einen Tag „Feldbeschäftigung außer dem Wohnorte" fünf Gulden.[15]

Im Jahr 1886 wurde die Berufsgruppe der behördlich autorisierten Zivilingenieure per Verordnung erweitert und in vier Kategorien aufgeteilt: 1. „Bau- und Culturingenieure", 2. „Architekten", 3. „Maschinenbau-Ingenieure", 4. „Geometer und Culturtechniker".[16] Für die Befugnis als Kulturtechniker mussten die Staatsprüfungen für das „culturtechnische Studium" an der Hochschule für Bodenkultur nachgewiesen werden.[17]

I.1.2
Technische Hochschulen – Ausbildungsstätten der Ziviltechniker

Den umfassenden sozialen und wirtschaftlichen Entwicklungen in der Zeit der Industrialisierung folgte auch die Bildungspolitik. Die in der ersten Hälfte des 19. Jahrhunderts gegründeten k. k. polytechnischen Institute wurden in Technische Hochschulen mit akademischem Abschluss umgewandelt.[18]

Somit war die Geschichte der Technischen Hochschulen seit jeher eng mit dem Berufsstand der Ziviltechniker, sowohl in fachlicher als auch in personeller Hinsicht, verbunden. Im österreichischen Teil der österreichisch-ungarischen Monarchie[19] befanden sich in den Städten Wien, Graz, Prag (tschech. Praha), Brünn (tschech. Brno) und Lemberg (ukr. Lwiw) k. k. polytechnische Institute bzw. Technische Hochschulen. Der große Bedarf und das Interesse an technischen Fachkräften zeigen sich in den stark wachsenden Hörerzahlen zwischen den Studienjahren 1890/91 und 1904/05.
→ *Tabelle I/1*

Frauen wurden als ordentliche Hörerinnen erst 1919/20 an den Technischen Hochschulen zugelassen, allerdings nur soweit sie „ohne Schädigung und Beeinträchtigung der männlichen Studierenden nach den vorhandenen räumlichen und wissenschaftlichen Einrichtungen der einzelnen Hochschulen Platz finden können".[20] Ab 1914 konnten sie als a. o. Hörerinnen die Fächer für ein Mittelschullehramt besuchen.[21] Ihr Anteil an den Studierenden der Technischen Hochschulen blieb gering. Auf dem seit 1918 definierten österreichischen Staatsgebiet befanden sich die Technischen Hochschulen in den Städten Wien und Graz, die für die österreichischen Ziviltechniker:innen bis heute die wichtigsten Ausbildungsstätten sind. Daneben bildeten auch die Montanistische Hochschule Leoben (gegründet 1840) und die Hochschule für Bodenkultur in Wien (gegründet 1872) Ingenieure bestimmter Fächer wie Bergbau und Kulturtechnik aus.

Die Technische Hochschule in Wien

Die Technische Hochschule in Wien (TH Wien) wurde 1815 als „k. k. polytechnisches Institut in Wien" gegründet und war die größte technische Lehranstalt der Habsburgermonarchie. Die Studenten kamen überwiegend aus dem nahen Einzugsgebiet, 40 bis 60 Prozent der Hörer stammten aus den übrigen Teilen der Monarchie.[22] Die Zahlen zeigen, dass der Andrang von Studierenden nach Wien vor allem aus den Industriegebieten Böhmen, Mähren und Schlesien sowie aus Galizien stetig stieg, obwohl in Prag, Brünn (tschech. Brno) und Lemberg (ukr. Lwiw) eigene technische Hochschulen existierten.
→ *Tabelle I/2*

1872 wurde das polytechnische Institut in eine Technische Hochschule (TH Wien) umgewandelt und die Lehr- und Lernfreiheit eingeführt, was bedeutete, dass die Studierenden nun ihre Fächer frei wählen konnten und nicht wie bisher an einen festgelegten Studienplan gebunden waren.[23] Ab 1878 wurden die 1. und 2. Staatsprüfung obligatorisch für den Abschluss des Studiums und ab 1917 die Studien mit dem gesetzlich geschützten Titel „Ingenieur"[24] abgeschlossen. 1901 erhielten die österreichischen Technischen Hochschulen das Promotionsrecht,[25] die ersten Titel „Dr. techn." wurden bereits 1902 verliehen.

Der technische Fortschritt, der mit der Industrialisierung einherging, hatte zur Folge, dass sich an der TH Wien die bestehenden Fachinstitute immer mehr auffächerten bzw. spezialisierten und es zur Einrichtung zusätzlicher Unterabteilungen kam.[26] Diese Aufsplitterungen spiegelten sich auch in den Fachgruppen der Ingenieurkammern wider, deren Zahl analog zur Anzahl an Fachstudien seit Anfang des 20. Jahrhundert stetig zunahm und sich auch heute in der Vielfalt der Fachgruppen in den Kammern der Ziviltechniker:innen darstellt.
→ *Tabelle I/4*

Tabelle I/1
Anzahl der Studierenden an österreichischen Technischen Hochschulen 1890–1905

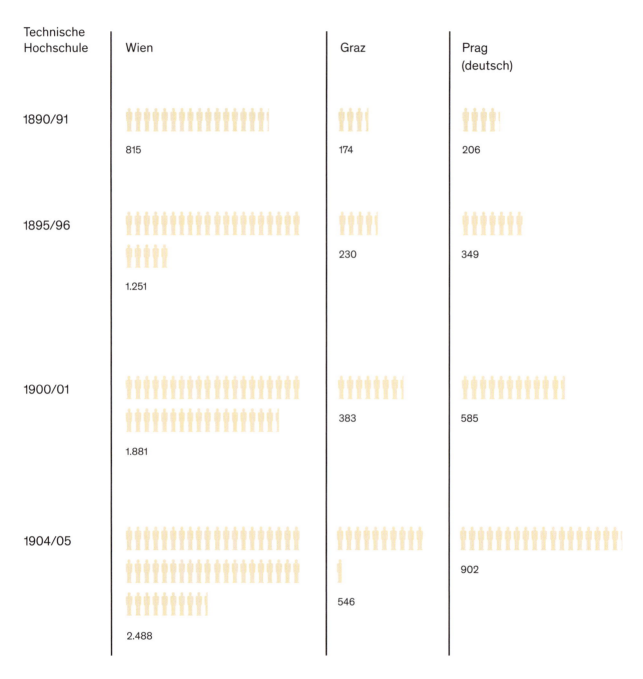

Technische Hochschule	Wien	Graz	Prag (deutsch)
1890/91	815	174	206
1895/96	1.251	230	349
1900/01	1.881	383	585
1904/05	2.488	546	902

Jede Figur steht für 50 Personen.

Quelle: Österr. Statistisches Handbuch, aus: Rudolf Wurzer, Die Stellung der Technischen Hochschule Wien im Ablauf ihrer Geschichte, Wien 1966, 66.

Prag (böhmisch)	Brünn (deutsch)	Brünn (böhmisch)	Lemberg
380	188		149
720	275		304
1.262	431	78	711
1.903	631	360	1.065

Tabelle I/2

Herkunft der inländischen Studierenden an der Technischen Hochschule Wien 1815–1910

Gesamtzahl der Studierenden:

1815/16: 45
1829/30: 458
1859/60: 914
1889/90: 744
1909/10: 3.052

Böhmen
4
23
113
80
224

Niederösterreich und Wien
31
219
304
286
1.426

Oberösterreich
–
6
23
17
79

Vorarlberg
–
4
3
–
8

Tirol
–
9
14
14
74

Salzburg
1
1
3
4
15

Kärnten
–
10
9
5
42

Steiermark
1
7
9
11
33

Triest
–
9
6
–
85

Istrien
–
6
3
25
16

Görz und Gradiska
–
3
2
1
18

Krain
–
3
6
6
52

Dalmatien
–
–
6
16
28

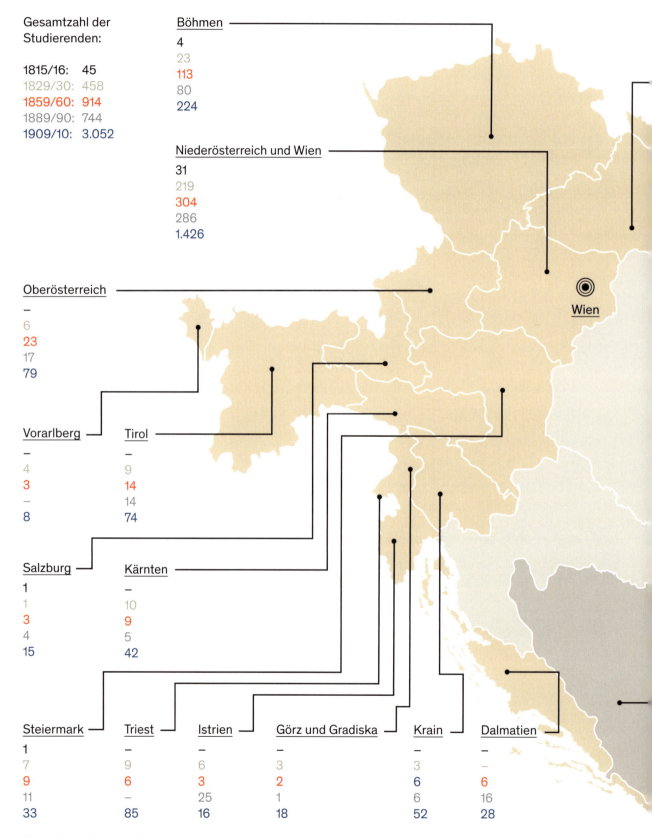

Quelle: Joseph Neuwirth, Die k. k. Technische Hochschule in Wien 1815–1915, Wien 1915, 646, zitiert aus: Rudolf Wurzer, Die Stellung der Technischen Hochschule Wien im Ablauf ihrer Geschichte, Wien 1966, 53 (fehlerhafte Summen der Quelle wurden geändert).

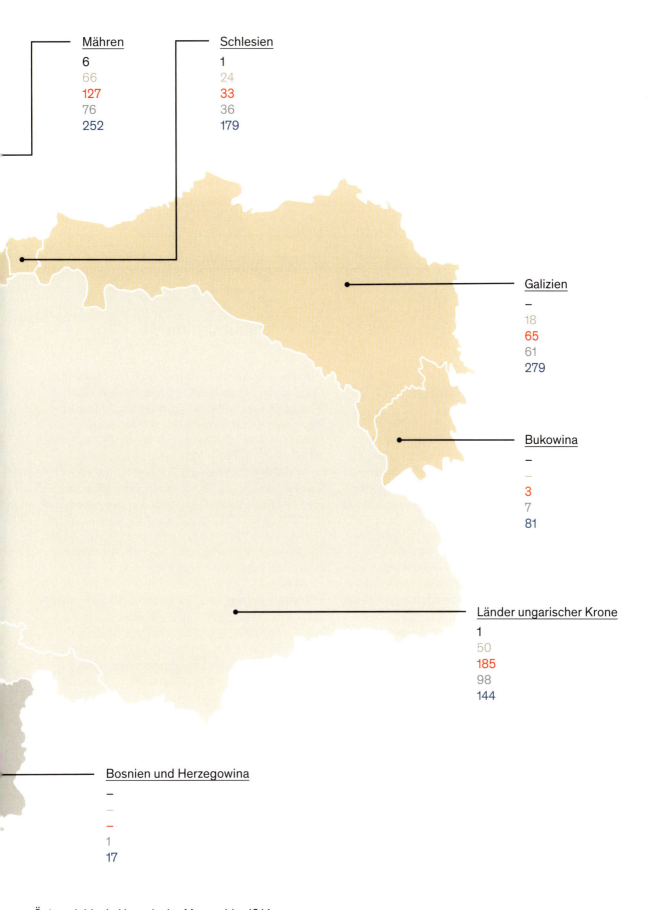

Die Technische Hochschule in Graz

Die Gründung der Technischen Hochschule in Graz (TH Graz) geht auf den 26. November 1811 zurück, jenen Tag, an dem Erzherzog Johann seine naturwissenschaftlichen Sammlungen per Schenkung dem steirischen Landtag überreichte und damit das Joanneum und die TH Graz gründete. Vorerst erfolgte der Unterricht in den Fächern Physik, Chemie, Astronomie, Mineralogie und Botanik, später folgten weitere technische Fächer wie höhere Mathematik, Geometrie und Mechanik, eine wichtige Grundlage für den Aufbau einer Technischen Hochschule.[27] 1864 wurde das Joanneum in Graz zur „Landschaftlich Technischen Hochschule am Joanneum" erhoben und entwickelte sich zu einer überregionalen Ausbildungsstätte für technische Berufe. 1874 übernahm der Staat die Hochschule als „Kaiserlich-königliche Technische Hochschule in Graz" (k. k. Technische Hochschule), womit sie aus dem Verantwortungsbereich des Kronlandes Herzogtum Steiermark fiel.

Nach und nach erfolgte der Ausbau der TH Graz, 1890/91 kam zu den bestehenden drei Fachschulen für Ingenieurwesen, Maschinenbau und chemisch-technische Berufe noch jene für Hochbau hinzu. 1890 betrug die Hörerzahl an der TH Graz 178, im Jahr 1900 bereits 395, 1913/14 820. 1920/21 waren bereits 1.241 Hörer:innen inskribiert.[28]

I.2 Gründungsgeschichte der Ingenieurkammern

I.2.1 Erste Interessenvertretungen

Ingenieure und Architekten waren lange vor der Gründung der Ingenieurkammern in Interessengruppen organisiert, um ihre Berufsinteressen zu vertreten. Die Bestrebungen gingen aber schon bald dahin, eine eigene Standesorganisation zu gründen. Vorbild waren Kammern, die im Gefolge der Revolution von 1848 errichtet worden waren, wie zum Beispiel die Rechtsanwaltskammer (gegründet 1849).[29]

Die mitgliederstärkste Interessenvertretung war der 1848 gegründete „Österreichische Ingenieur-Verein". Ursprünglich war dieser nur den Ingenieuren zugänglich, ab 1864 wurden auch Architekten aufgenommen und der Name auf „Österreichischer Ingenieur- und Architekten-Verein" geändert. Die Mitgliedschaft war freiwillig, es wurde ein eigenes Fachblatt, die „Zeitschrift des österreichischen Ingenieur- und Architekten-Vereines", herausgegeben. Im Jahr 1864 zählte der Verein 750 Mitglieder, 1866 war die Zahl auf 836 angestiegen.[30]

Einladung
zur
ersten General-Versammlung
des
Vereines der aut. und beeid. Civil-Ingenieure, Architekten und Geometer,
am 4. Juni 1868, im Locale des öst. Ingenieur- u. Architekten-Vereines, Wien, Tuchlauben Nr. 8, um 6 Uhr Abends.
Tagesordnung: Constituirung der Ingenieur-Kammer.
Zutrittskarten und Vereinsstatuten sind zu haben im Bureau des Civil Ingenieurs Jul. Fanta, Wien, Graben Nr. 13, ersten Stock. [6030—1]

Abb. I/6 Der „Verein der aut. und beeid. Civil-Ingenieure, Architekten und Geometer" lädt per Inserat in der „Wiener Zeitung" zu seiner ersten Generalversammlung, 24. 5. 1868.

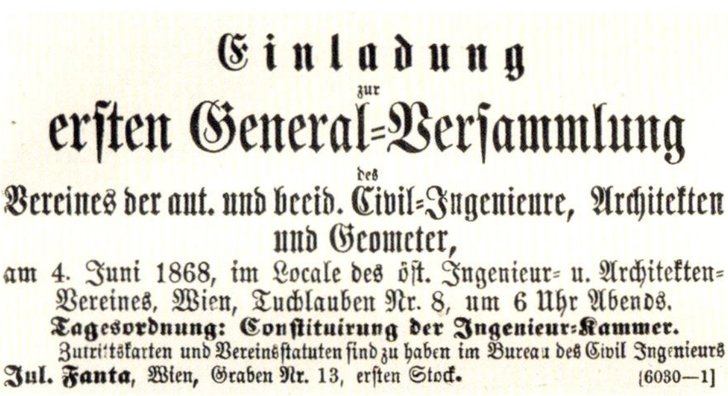

Ab 1868 gründeten die Zivilingenieure zudem Vereine, die die Gründung von Ingenieurkammern zum Ziel hatten. Am 4. Juni 1868 lud der „Verein der aut. und beeid. Civil-Ingenieure, Architekten und Geometer" in Wien zur ersten Generalversammlung, einziger Punkt der Tagesordnung war die „Constituierung der Ingenieur-Kammer".[31]

→ Abb. I/6

Die Mitgliedschaft in dem Verein, der sich auch als „Niederösterreichische Ingenieur-Kammer zu Wien" bezeichnete, war freiwillig, die jährlichen Generalversammlungen fanden in den Räumlichkeiten des „Österreichischen Ingenieur- und Architekten-Vereines" in Wien statt, was die Nähe der beiden Organisationen verdeutlicht. 1887 wurde der Name auf „Verein der beh. aut. Civil-Techniker Niederösterreichs" geändert. Auch in anderen Teilen der Monarchie wurden solche Vorformen von Ingenieurkammern gegründet, enger Austausch wurde gepflegt mit dem böhmischen („Verein der beh. aut. Civil-Ingenieure, Architekten und Geometer Böhmens" mit Sitz in Prag) und dem mährischen Verein („Verein der behördlich autorisirten Civil-Ingenieure, Architekten und Geometer im Kronlande Mähren" mit Sitz in Brünn), weiters mit dem galizischen Kammerverein (gegründet 1880 mit Sitz in Lemberg). Der Austausch der „Kammern"

Der Civil-Techniker.

REDACTION:
Wien, IV., Schwindgasse 11.

Für einmalige Inserate
kostet eine 4fach gespaltene Petitzeile
10 kr.
Grössere und stabile Inserate werden
billigst berechnet.

Manuscripte werden nicht zurückgestellt.

CENTRAL-ORGAN
der behördlich autorisirten

Civil-Ingenieure, Architekten und Geometer
der im Reichsrathe vertretenen Königreiche und Länder
Oesterreichs.

Pränumerations-Preis
incl. Postzusendung.
Für Oesterreich-Ungarn:
Ganzjähr. fl. 4. – Halbjährig fl 2
Für das deutsche Reich:
Ganzjähr. Mk. 8. – Halbjähr. Mk. 4.
Für das übrige Ausland:
Ganzjähr. Mk. 10 – Halbjähr. Mk. 5.
Einzelne Nummern 20 kr.

Eigenthümer und Herausgeber:
N. ö. Ingenieur-Kammer zu Wien.

Erscheint monatlich zweimal.

Verantwortlicher Redacteur
Anton Lunda, beh. aut. Civil-Ingenieur.

I. Jahrgang.   Wien, 1. Jänner 1879.   N⁰ 1.

Unsere Ziele!

Nicht um einem sogenannten längst gefühlten Bedürfnisse abzuhelfen, oder, wie man auch oft zu sagen pflegt, um eine Lücke in der Fachliteratur auszufüllen, sondern in der richtigen Erkenntniss der Zusammengehörigkeit und in dem lebhaften Bestreben, mit vereinten Kräften die unserer freien Entwickelung entgegenstehenden Hindernisse zu beseitigen, reifte in uns der Entschluss, für die Institution der beh. aut. Civil-Techniker Oesterreichs ein Organ zu schaffen, welches in dem langjährigen Kampfe um unsere berechtigte Existenz eine Etappe mehr sein soll.

Wir wollen gekannt sein und den gesetzlichen Bestimmungen gemäss verwendet werden!

Diess unsere Parole, die wir nicht allein anstreben wollen, sondern auch verwirklichen müssen! Und so bescheiden dieser Wunsch auch klingt, so sind doch seit dem Bestande dieser Institution schon 16 Jahre vergangen, und wir stehen fast noch immer am Beginne des Anfanges, — zwar ausgestattet mit mächtigen Attributen, die als nützliches Werkzeug geschaffen, aber leider wenig gekannt — daher selten gebraucht sind, so dass wir ausser Stand sind, das Institut der beh. aut. Civil-Techniker zur Geltung zu bringen und uns den öffentlichen Interessen in ersprieslicher Weise dienstbar zu machen.

Die bisher gemachten herben Erfahrungen und die gegenwärtige, für die Ausübung unserer Befugnisse ungünstige Zeitperiode muss ein Sporn mehr sein, mit aller Energie unseren berechtigten Ansprüchen Nachdruck zu verschaffen, und laden wir daher unsere geehrten Fach- und Leidens-Genossen ein, uns in der Durchführung unserer Bestrebungen mit allen ihnen zu Gebote stehenden Mitteln kräftigst zu unterstützen, wodurch die von der Gesammtheit erzielten Erfolge auch jedem Einzelnen zum Nutzen werden müssen.

Unsere Institution, der gesetzlich ein öffentlicher Charakter zukommt, und die nicht nur zum Schutze der Interessen des grossen Publikums, sondern auch für die Besorgung der sonstigen in das technische Fach einschlägigen Angelegenheiten der Gemeinden, Corporationen etc. in's Leben gerufen wurde, und die Aufgabe der Staats-Bauorgane auf dasjenige beschränken sollte, was den Staat unmittelbar berührt und nur unter seiner directen Ein-

wirkung ausgeführt werden kann, hat sich schon längst in anderen Ländern als unentbehrlich eingebürgert, und wird daselbst auch hoch geschätzt.

Dieser Erfolg kann jedoch bei uns nur dann erzielt werden, wenn jeder Einzelne von uns ungescheut und unermüdlich die Concurrenz der Pseudo-Techniker aufnehmen, ihre Mängel aufdecken, die Schädigung der Interessen des von ihnen vertretenen Publikums, der Gemeinden, Corporationen etc. nachweisen, — **aus der den Techniker kennzeichnenden Reserve heraustreten und auch an dem öffentlichen Leben theilnehmen wird.**

Nur dann wird unser Wirken, unser Können und Wollen weitere Verbreitung und die wohlverdiente Anerkennung finden, — nur dann werden wir gekannt, geschätzt und auch gesucht sein.

Die bestehenden gesetzlichen Bestimmungen, die behördlichen Verordnungen, die unsere Institution betreffen, und mit welchen allen von uns verfassten Acten und vorgenommenen Amtshandlungen jene Autorität eingeräumt ist, als wenn diese von den landesfürstlichen Baubeamten vorgenommen wären würden, müssen allgemein bekannt und Jedermann zugänglich gemacht werden. Es müssen über die von uns vorgenommenen Amtshandlungen Berichte erstattet, und die Erfolge derselben veröffentlicht und endlich auch dem grossen Publikum Gelegenheit geboten werden, die Vortheile kennen zu lernen, welche durch die Verwendung der autorisirten Civil-Techniker gegenüber den bisher beliebten, weit billigeren sogenannten Kunstverständigen, erzielt werden, wobei auch gewisse unbefugte und befangene Sachverständige, wenn auch wirkliche Techniker, ihr bisheriges Wirken aufgeben und sich vom Schauplatze zurückziehen werden.

Um unseren Zweck zu erreichen, werden wir die Namen und Wohnorte der autorisirten Civil-Techniker, so wie alle Personal-Veränderungen, die behördlichen Verordnungen, unser Wirken in den verschiedenen technischen Zweigen öffentlich bekannt machen, und uns auch bemühen, durch Hinweis auf wichtigere Offertverhandlungen, durch Stellenvermittlung, durch Zusammenstellung von Arbeits- und Materialpreisen in den einzelnen Kronländern unserer Monarchie, durch ein Firmenverzeichniss für die besten und billigsten Bezugsquellen von Bau-Materialien, Professionisten-Arbeiten etc. etc., endlich durch Auszüge aus den

Abb. I/7   Die erste Ausgabe der Zeitschrift „Der Civil-Techniker" eröffnet mit dem Beitrag „Unsere Ziele!", 1.1.1879.

Abb. I/8   Stempel und Siegel des Zivilarchitekten Leo Steinitz als Mustervorlage für die Vereinsmitglieder der „Ingenieurkammern" in der Zeitschrift „Zentral-Organ der behördlich autorisierten Ziviltechniker", 1.1.1911.

erfolgte in Jahreshauptversammlungen, die an wechselnden Orten stattfanden.[32] Die niederösterreichische „Ingenieur-Kammer" agierte zeitweise als „Central-Ausschuss" und legte unter anderem 1879 ein Gesamtverzeichnis aller behördlich autorisierten Zivilingenieure Österreichs an. Sie forderte alle Zivilingenieure der Monarchie auf, Änderungen des Standes, der Adresse etc. sowohl ihrer zuständigen „Landes-Ingenieur-Kammer" als auch der „n.ö. Ingenieur-Kammer" als zentraler Verwaltung der Mitgliederliste bekannt zu geben.[33]

Die „n.ö. Ingenieur-Kammer zu Wien" gab von 1879 bis 1914 die Zeitschrift „Der Civil-Techniker" heraus.[34] Diese erschien zwei Mal im Monat und wurde an alle Vereinsmitglieder versandt. Ab 1883 erschien sie für einige Jahre sogar wöchentlich, ab 1886 wieder vierzehntäglich und schließlich von 1898 bis zu ihrer Einstellung 1914 nur mehr ein Mal im Monat.

In der ersten Ausgabe vom 1. Jänner 1879 hieß es: „Wir wollen gekannt sein und den gesetzlichen Bestimmungen gemäss verwendet werden!"[35] Man wollte die Konkurrenz mit „Pseudo-Technikern" aufnehmen und dafür sorgen, dass das Wirken, Können und Wollen des Berufsstandes „Verbreitung und wohlwollende Anerkennung" finde. Zu diesem Zweck müsse jeder Einzelne „aus der den Techniker kennzeichnenden Reserve heraustreten und auch an dem öffentlichen Leben theilnehmen".[36] Standespolitische und fachliche Informationen der Mitglieder über geplante Bauprojekte, Bauordnungen, Personalnachrichten zu neuen Befugnissen etc. sollten den Zusammenhalt der Zivilingenieure fördern.[37]

→ Abb. I/7

Berichte aus allen Landesteilen der Monarchie geben Einblick in die Bemühungen der „Ingenieur-Kammern", Zivilingenieure von der Notwendigkeit des Beitritts in den Verein zu überzeugen und eine geschlossene Organisation aufzubauen. So berichtete in der Ausgabe vom 15. Jänner 1879 die „böhmische Ingenieur-Kammer" über einen Beschluss in der Sitzung vom 22. Dezember 1878, dass Zivilingenieure, die bisher nicht beigetreten waren, zum Vereinsbeitritt aufzufordern seien und dass sie etwaige Änderungen ihrer Befugnis sofort dem Verein der „Ingenieur-Kammer" bekannt zu geben haben.[38]

Doch die privaten Vereine genügten den Zivilingenieuren bald nicht mehr: Sie pochten immer stärker auf eine gesetzliche Regelung und Schaffung einer behördlichen Standesvertretung.

Ein Delegiertentreffen zu 50 Jahre Zivilingenieurwesen als Weichenstellung (1910)

Am 8. Dezember 1910 kamen in Wien Delegierte der noch in der Rechtsform von Vereinen agierenden „Ingenieur-Kammern" aus allen Teilen der Monarchie zusammen, um gemeinsam das 50-jährige Bestehen der Berufsgruppe der Zivilingenieure seit 1860 zu feiern. Es nahmen Delegierte der „Niederösterreichischen Ingenieur-Kammer zu Wien", der „Galizischen Ingenieur-Kammer", der „Ingenieur-Kammer im Königreiche Böhmen", der „Mährischen Ingenieur-Kammer", der „Südösterreichischen Ingenieur-Kammer"[39] und viele Vertreter anderer berufsständischer Vereine teil.[40]

In den Reden der Festveranstaltung wurden die Anliegen der Zivilingenieure bekräftigt, die vor allem die Neuordnung der „Ingenieur-Kammern" zum Ziel hatten. Mit „Neuordnung" war die langjährige Forderung gemeint, die als Vereine organisierten „Ingenieur-Kammern" in Körperschaften öffentlichen Rechts, mit Selbstverwaltung und Pflichtmitgliedschaft, umzuwandeln. Die Erfüllung dieser Forderung ließ jedoch noch einige Jahre auf sich warten. Wie aus der Dokumentation der Delegierten-Versammlung hervorgeht, wurde den „beh. aut. Privattechnikern" 1910 immerhin das Recht eingeräumt, den kaiserlichen Adler im Siegel zu verwenden, was einen ersten Schritt in die erwünschte Richtung bedeutete. In der

Zeitschrift „Der Civil-Techniker" wurde ein Muster für Stempel und Siegel veröffentlicht.
→ Abb. I/8

I.2.2
Errichtung der Ingenieurkammern (1913)

1913 war es endlich so weit, das Gesetz vom 2. Jänner 1913, betreffend die Errichtung von Ingenieurkammern, legte in Paragraf 1 fest: „Zum Zwecke der Vertretung des Standes der behördlich autorisierten Privattechniker und Bergbauingenieure, zur Förderung der Interessen und zur Wahrung der Standesehre dieser Berufskreise werden Ingenieurkammern errichtet".[41] Das Ministerium für öffentliche Arbeiten, das Ministerium für Inneres und das Justizministerium wurden mit dem Vollzug des Gesetzes betraut.[42] Die Bezeichnung „Ingenieurkammer" war nun dieser neuen Einrichtung vorbehalten.
→ Abb. I/9

Das Gesetz sah eine Pflichtmitgliedschaft vor und regelte unter anderem die Organisation und Zusammensetzung der Ingenieurkammern sowie die Wahl der Vorstände. Insbesondere aber räumte der Gesetzgeber den Kammervorständen das Recht ein, die Standesinteressen der Privattechniker und Bergbauingenieure den Landesbehörden sowie den Ministerien gegenüber zu vertreten und in Fragen unter anderem der Prüfungsmodalitäten, Berechtigungen und Befugnisse gehört zu werden. Umgekehrt waren die Ingenieurkammern verpflichtet, den Behörden auf Verlangen Gutachten und Stellungnahmen abzugeben.
→ Abb. I/10

Aufsichtsbehörden der Kammern waren die zuständigen politischen Landesbehörden, bei landesüberschreitendem Kammersprengel war der Sitz des Kammervorstandes ausschlaggebend. Die Landesbehörde war berechtigt, in die Geschäftsführung der Kammer Einsicht zu nehmen und zu den jährlichen Vollversammlungen einen Vertreter zu entsenden. Sie hatte auch das Recht, bei vorschriftswidrigem Handeln der Kammern einzuschreiten, den Kammervorstand aufzulösen und Neuwahlen anzuordnen. Gegen Entscheidungen der Landesbehörden konnten die Kammern beim Ministerium für öffentliche Arbeiten berufen.[43] An das Gesetz anschließende Durchführungsbestimmungen legten genaue Modalitäten für jeden einzelnen Sprengel fest, wie die Anzahl der Vorstandsmitglieder und dessen Zusammensetzung nach Berufsgruppen oder den Sitz der jeweiligen Kammer etc.[44]
→ Abb. I/11

Die Gründung von Ingenieurkammern erfolgte 1913 und 1914 nach Durchführungsbestimmungen in allen Kronländern der Monarchie. Die folgende Auflistung gibt einen Überblick über die Zahl und Verteilung über das gesamte Gebiet der Monarchie.[45]

Ingenieurkammer
– für das Erzherzogtum unter der Enns, Wien
– für das Erzherzogtum ob der Enns und Herzogtum Salzburg, Linz
– für die gefürstete Grafschaft Tirol und Land Vorarlberg, Innsbruck
– für die Herzogtümer Steiermark und Kärnten, Graz
– für die Markgrafschaft Mähren, Brünn
– für das Königreich Galizien und Lodomerien und Großherzogtum Krakau, Lemberg
– für das Herzogtum Bukowina, Czernowitz
– für das Königreich Dalmatien, Herzogtum Krain, Markgrafschaft Istrien, die gefürstete Grafschaft Görz und Gradiska und die Stadt Triest,[46] Triest
– für das Königreich Böhmen, Prag (böhmische Sektion) und Teplitz-Schönau (deutsche Sektion)[47]

Ingenieurkammer für das Erzherzogtum Österreich unter der Enns, Wien

Die Ingenieurkammer für das Erzherzogtum Österreich unter der Enns mit Sitz in Wien wurde am 16. September 1913 gegründet,[48] der Vorstand bestand aus 15 Mitgliedern. Erster Präsident wurde Rudolf Mayreder (1864–1937), Zivilingenieur für Bauwesen und Zivilgeometer, das Amt des ersten Vizepräsidenten übernahm Rudolf Saliger (1873–1958), Zivilingenieur für Bauwesen und Hochschulprofessor an der TH Wien.

Rudolf Mayreder, geboren am 5. März 1864 in Wien, war Techniker und Bauunternehmer und hatte Bauingenieurwesen an der Technischen Hochschule Wien studiert.[49] Zunächst in der Baufirma P. Kraus tätig, machte er sich bald als Zivilingenieur für das Bauwesen und als Zivilgeometer selbstständig. Rudolf Mayreder war im Eisenbahn-, Straßen- und Brückenbau tätig, er war am Bau der Bahn zwischen Görz, St. Andrä und Triest beteiligt, plante eine Bahntrasse durch die Wachau und nahm als Gesellschafter der Firma P. Kraus am Bau der Zweiten Wiener Hochquellenwasserleitung teil. Er leistete einen wesentlichen Beitrag zur Entwicklung des Stahlbetonbrückenbaues und moderner Straßenbeläge.

Mayreder war Gründungsmitglied der Ingenieurkammer für das Erzherzogtum Österreich unter der Enns und deren erster Präsident von 1913 bis 1918.[50] Er betätigte sich auch in der kommunalen Politik, 1895 wurde er in den Wiener Gemeinderat gewählt

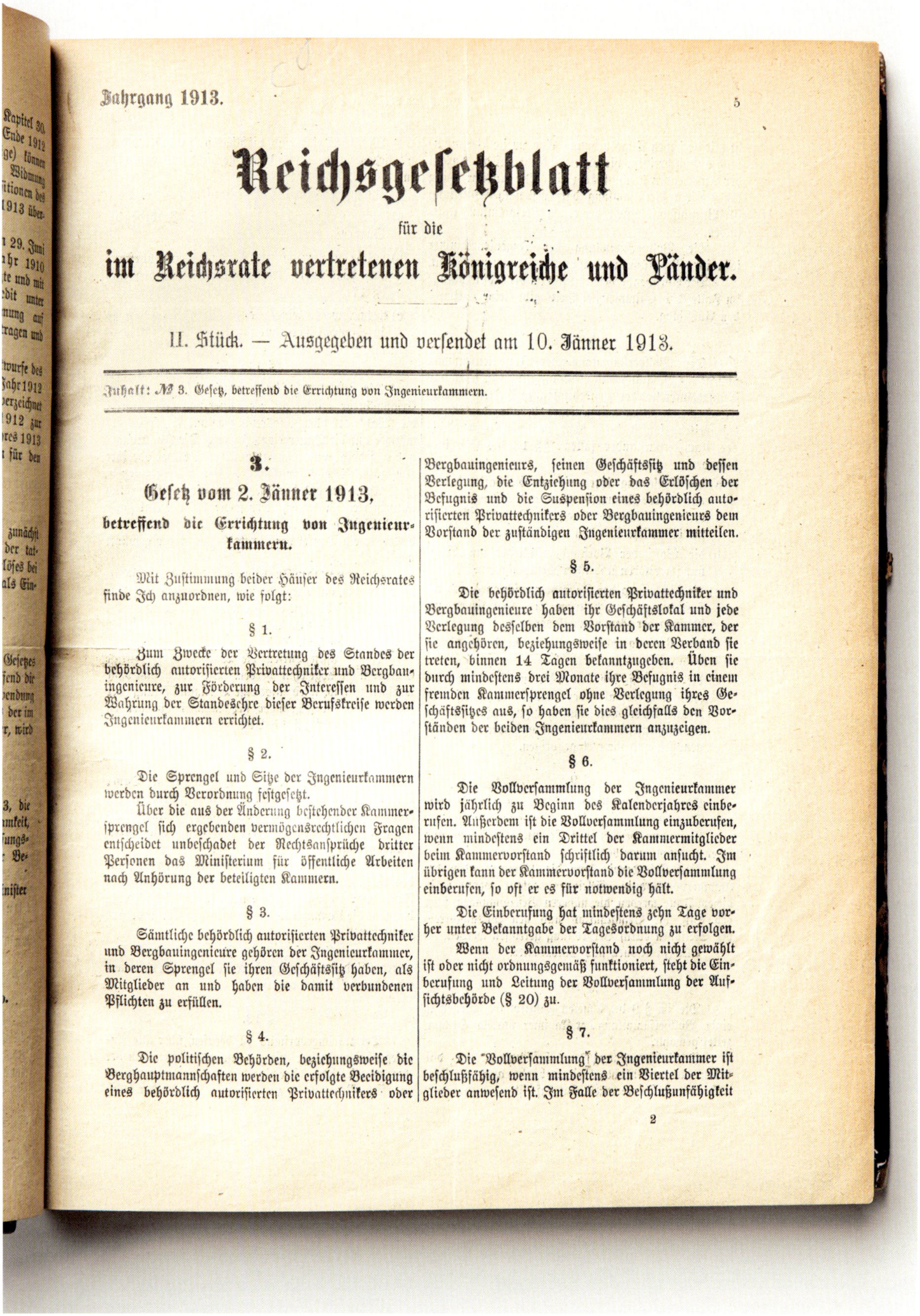

Jahrgang 1913.

Reichsgesetzblatt

für die

im Reichsrate vertretenen Königreiche und Länder.

II. Stück. — Ausgegeben und versendet am 10. Jänner 1913.

Inhalt: № 3. Gesetz, betreffend die Errichtung von Ingenieurkammern.

3.

Gesetz vom 2. Jänner 1913,

betreffend die Errichtung von Ingenieurkammern.

Mit Zustimmung beider Häuser des Reichsrates finde Ich anzuordnen, wie folgt:

§ 1.

Zum Zwecke der Vertretung des Standes der behördlich autorisierten Privattechniker und Bergbauingenieure, zur Förderung der Interessen und zur Wahrung der Standesehre dieser Berufskreise werden Ingenieurkammern errichtet.

§ 2.

Die Sprengel und Sitze der Ingenieurkammern werden durch Verordnung festgesetzt.

Über die aus der Änderung bestehender Kammersprengel sich ergebenden vermögensrechtlichen Fragen entscheidet unbeschadet der Rechtsansprüche dritter Personen das Ministerium für öffentliche Arbeiten nach Anhörung der beteiligten Kammern.

§ 3.

Sämtliche behördlich autorisierten Privattechniker und Bergbauingenieure gehören der Ingenieurkammer, in deren Sprengel sie ihren Geschäftssitz haben, als Mitglieder an und haben die damit verbundenen Pflichten zu erfüllen.

§ 4.

Die politischen Behörden, beziehungsweise die Berghauptmannschaften werden die erfolgte Beeidigung eines behördlich autorisierten Privattechnikers oder Bergbauingenieurs, seinen Geschäftssitz und dessen Verlegung, die Entziehung oder das Erlöschen der Befugnis und die Suspension eines behördlich autorisierten Privattechnikers oder Bergbauingenieurs dem Vorstand der zuständigen Ingenieurkammer mitteilen.

§ 5.

Die behördlich autorisierten Privattechniker und Bergbauingenieure haben ihr Geschäftslokal und jede Verlegung desselben dem Vorstand der Kammer, der sie angehören, beziehungsweise in deren Verband sie treten, binnen 14 Tagen bekanntzugeben. Üben sie durch mindestens drei Monate ihre Befugnis in einem fremden Kammersprengel ohne Verlegung ihres Geschäftssitzes aus, so haben sie dies gleichfalls den Vorständen der beiden Ingenieurkammern anzuzeigen.

§ 6.

Die Vollversammlung der Ingenieurkammer wird jährlich zu Beginn des Kalenderjahres einberufen. Außerdem ist die Vollversammlung einzuberufen, wenn mindestens ein Drittel der Kammermitglieder beim Kammervorstand schriftlich darum ansucht. Im übrigen kann der Kammervorstand die Vollversammlung einberufen, so oft er es für notwendig hält.

Die Einberufung hat mindestens zehn Tage vorher unter Bekanntgabe der Tagesordnung zu erfolgen.

Wenn der Kammervorstand noch nicht gewählt ist oder nicht ordnungsgemäß funktioniert, steht die Einberufung und Leitung der Vollversammlung der Aufsichtsbehörde (§ 20) zu.

§ 7.

Die Vollversammlung der Ingenieurkammer ist beschlußfähig, wenn mindestens ein Viertel der Mitglieder anwesend ist. Im Falle der Beschlußunfähigkeit

Abb. I/9 Mit dem Gesetz vom 2. Jänner 1913 wird die Errichtung österreichischer Ingenieurkammern verordnet.

Ad. St. Z.: B.T. 1145/14
J. K. Z.: 132/14 / 105

Kammergutachten

betreffend die Anrechenbarkeit der Praxis des Herrn Ing. **Viktor Beer**
Befugnis _____ als Zivilingenieur für: techn. Chemie
für die Zulassung zur Prüfung _____

Nr.	Praxis Beginn	Praxis Ende	Dauer in Monaten	Bestätigender Betrieb	Engeres Verwendungsgebiet	Anrechenbare Praxis in Monaten
1	15.2.1901	15.IV.1902	14	Firma Ohren Laboratorium Linz	Schmiermittel Chemie, Fettine Fabrikation, Zubereitung, Vertrieb v. Ölen, z. Gas- u. Dynamo-	14
2	15.IV.1902	31.VI.1902	1½	Ölen Zuckerfabrik Hohenburg	?	1½
3	1.I.1903	27.VI.1908	62	Fabriksland Wien	Schmierölz. Lacke, Gummi, Anstriche, kosm., chem.-techn. Artikel, Brenn-Harze	62
4	1.VIII.1908	1.VIII.1910	24	Laboratorium d. Ing. V. Beer	?	24
			101½			101½

Seit Jänner 1911 Laboratorium d. Ing. Wien, IV. Lindengasse 12.8.

Die ausgewiesene Praxis von 101½ Monaten wird im vollen Umfange als anrechenbar anerkannt.

Abb. I/10 Das von der Ingenieurkammer für Wien, Niederösterreich und Burgenland ausgestellte Gutachten zur Anrechenbarkeit der Praxiszeit von Viktor Beer, undatiert.

Pränumerationspreis	**ZENTRAL-ORGAN**	Eigentum und Verlag
inkl. Postversendung:		des Vereines
Für Österreich-Ungarn:	der	der beh. aut. Zivil-Techniker
Ganzjährig 8 K.		in Nieder-Österreich.
Für das Deutsche Reich:	behördlich autorisierten	Redaktion: I. Elisabethstraße 2.
Ganzjährig Mk. 8.		Telephon Nr. 338.
Für das übrige Ausland:		
Ganzjährig Mk. 10.		

ZIVILTECHNIKER

IN ÖSTERREICH

Insertionspreis laut Tarif.

Manuskripte werden nicht zurückgestellt.

Erscheint einmal im Monate.

und zwar der:

beh. aut. Zivilingenieure, Bauingenieure, Architekten, Maschinenbau-Ingenieure, Geometer und Kultur-Techniker.

Verwaltung:
Wien, VII. Zieglergasse 1
Telephon Nr. 31477.

Einzelne Nummern werden nicht abgegeben.

XXXV. Jahrg.   Wien, Juli 1913.   **Nr. 7.**

INHALT: Durchführungsbestimmungen, betreffend die Errichtung von Ingenieurkammern. — Geschäftsvereinfachungen bei staatlichen Hochbauten. — Errichtung von maschinentechnischen Departements bei den Landesstellen. — Zeugnisausstellungen. — Nachrichten aus anderen Vereinen. — Befugniserteilungen. — Domizilverlegungen. — Kanzleiverlegungen. — Neues Mitglied. — Personalnachricht. — Baurat Franz Jobst †. — Baudeputation für Wien.

Durchführungsbestimmungen, betreffend die Errichtung von Ingenieurkammern.

Verordnung des Ministeriums für öffentliche Arbeiten im Einvernehmen mit dem Ministerium des Innern vom 14. Mai 1913*),

wirksam für das Erzherzogtum Österreich unter der Enns, womit Durchführungsbestimmungen zum Gesetze vom 2. Jänner 1913, R. G. Bl. Nr. 3, betreffend die Errichtung von Ingenieurkammern erlassen werden.

Zur Durchführung des Gesetzes vom 2. Jänner 1913, R. G. Bl. Nr. 3, betreffend die Errichtung von Ingenieurkammern wird nachstehendes verordnet:

§ 1.

Sprengel und Sitz der Kammer.

Für das Erzherzogtum Österreich unter der Enns wird eine Ingenieurkammer mit dem Sitze in Wien errichtet.

Kammervorstand (Zusammensetzung und Wahl).

§ 2.

Der Kammervorstand besteht aus 15 Mitgliedern und vier Ersatzmännern.

Die Wahl der Mitglieder und der Ersatzmänner erfolgt in zwei gesonderten Wahlgängen. In einem dritten Wahlgange werden die zwei Rechnungsrevisoren und deren Ersatzmänner gleichzeitig gewählt.

Von den Vorstandsmitgliedern müssen mindestens sieben ihren Geschäftssitz in Wien haben.

Die Ersatzmänner müssen verschiedenen Berufskategorien angehören; eine Beschränkung hinsichtlich des Geschäftssitzes tritt bei ihnen nicht ein.

---

*) Enthalten in dem am 21. Mai 1913 ausgegebenen XXXIX. Stücke des R. G. Bl. unter 83.

Abb. I/11   Die Bestimmungen zur Errichtung der vier österreichischen Ingenieurkammern werden im „Zentral-Organ" veröffentlicht, 1.7.1913.

Abb. I/12   Rudolf Mayreder, Erster Präsident der Ingenieurkammer für Wien, Niederösterreich und Burgenland (1913–1918), undatiert.

und war dort für die Belange der Stadtplanung zuständig. In seiner Amtszeit von 1895 bis 1901 wurden die Wiener Verkehrsanlagen ausgebaut und die Straßenbahnen elektrifiziert sowie neue Gas- und E-Werke errichtet. 1896 wurde Mayreder in den Reichsrat gewählt. Rudolf Mayreder starb 1937 in Wien.
→ Abb. I/12

Rudolf Saliger, geboren 1873 in Spachendorf (tschech. Leskovec nad Moravicí), besuchte die Realschule in Troppau (tschech. Opava).[51] Von 1891 bis 1898 studierte er Bauingenieurwesen an der Technischen Hochschule in Wien. Saliger war bei der Südbahngesellschaft und als Brückenbau-Ingenieur bei der Statthalterei in Linz beschäftigt, weitere Stationen seiner Berufslaufbahn waren Unternehmen in Deutschland und Lehrtätigkeiten an Baugewerkschulen in Posen und Kassel. Er lehrte an der TH Berlin, Braunschweig, Prag und Dresden, bevor er 1910 an die TH Wien berufen wurde, wo er bis 1933 als ordentlicher Professor für allgemeine und angewandte Mechanik lehrte. Daneben war er von 1927 bis 1934 Bauberater der Gemeinde Wien. Nach dem „Anschluss" 1938 übernahm er nach der Entlassung des bisherigen Rektors der Technischen Hochschule Wien Karl Holey dessen Funktion, die er bis zu seiner Emeritierung 1939 innehatte. Das nationalsozialistische Regime begrüßte er, und er hatte wesentlichen Einfluss auf die Nazifizierung der TH Wien und die Benachteiligung von jüdischen und sozialdemokratischen Studierenden. 1940 wurde er in die NSDAP aufgenommen, nach 1945 wurde Saliger als „minderbelastet" eingestuft. Rudolf Saliger war Pionier des Eisenbetonbaues, in Wien wirkte er unter anderem beim Bau der Kuppel der israelitischen Zeremonienhalle am Zentralfriedhof (1927), des Praterstadions (1929–1931) und des Hochhauses in der Herrengasse (1930–1932) mit. Rudolf Saliger starb am 30. Mai 1958 in Wien.

Ingenieurkammer für die Herzogtümer Steiermark und Kärnten, Graz

Die erste Vollversammlung mit Kammerwahl der Ingenieurkammer für Steiermark und Kärnten mit Sitz in Graz fand am 11. Oktober 1913 statt. Der Vorstand bestand aus neun Mitgliedern und drei Ersatzmitgliedern. Mehrheitlich stammten diese aus der Steiermark, drei Vorstandsmitglieder kamen aus Kärnten. Erster Präsident war Hans Dirnböck (1875–1913),[52] Vizepräsident Kajetan Krischan (1860–?),[53] beide Zivilingenieure für das Bauwesen aus Graz.[54]

Ingenieurkammer für das Erzherzogtum ob der Enns und Herzogtum Salzburg, Linz

Die konstituierende Versammlung der Ingenieurkammer für Oberösterreich und Salzburg mit Sitz in Linz dürfte im Oktober 1913 stattgefunden haben.[55] Laut den Durchführungsbestimmungen von 1913 waren acht Vorstandsmitglieder vorgeschrieben.[56] Der erste Präsident war Josef Kempf (1855–1924), Zivilingenieur für das Bauwesen, der diese Funktion bis 1924 innehatte.[57]

Ingenieurkammer für die gefürstete Grafschaft Tirol und Land Vorarlberg, Innsbruck

Die Konstituierung der Ingenieurkammer für Tirol und Vorarlberg mit Sitz in Innsbruck fand am 15. Juli 1913 im großen Sitzungssaal des Statthalterei-Präsidiums in der Innsbrucker Hofburg statt. Der Statthalter Friedrich Graf von Toggenburg beglückwünschte die neue Institution und sagte ihr seine Unterstützung zu.[58] Sie hatte ebenfalls acht

Oberbaurat Rafael (Ritter von) Meinong
der seit der Errichtung der Ingenieurkammer für
Tirol und Vorarlberg durch 16 Jahre deren Präsident
war, legte, nach Erreichung des 80. Lebensjahres,
dieses Amt zurück. Die großen Verdienste, die er sich
erworben hat, wurden aus diesem Anlasse durch die
Verleihung des großen silbernen Ehrenzeichens
der Republik gewürdigt

Lichtbild von Max Ketzler, Innsbruck

Abb. I/13 Zeitungsmeldung zum altersbedingten Rücktritt von Rafael Meinong als Präsident der Ingenieurkammer für Tirol und Vorarlberg, 1929.

Vorstandsmitglieder, Präsident war von 1913 bis 1929 Rafael (Ritter von) Meinong (1849–1936), Zivilingenieur für Bauwesen.[59] Er hatte an der Technischen Hochschule in Wien studiert und war als Mitarbeiter der Staatsbahn im Eisenbahnbau beschäftigt. Ab 1902 war er als Zivilingenieur in Innsbruck tätig und als solcher an Kraftwerksbauten in Tirol beteiligt.[60]
→ Abb. I/13

Ziviltechnikerverordnung vom 7. Mai 1913

Mit der Gründung der Ingenieurkammern wurde auch das Ziviltechnikerwesen neu geregelt. Die entsprechende Verordnung des Ministeriums für öffentliche Arbeiten vom 7. Mai 1913 erfolgte im Einvernehmen mit dem Ministerium des Innern, dem Ministerium für Kultus und Unterricht, dem Justiz-, Finanz-, Handels-, Eisenbahn- sowie Ackerbauministerium.[61] Sie regelte ab nun die Belange der Ziviltechniker, wie sie jetzt zusammenfassend genannt wurden, hinsichtlich Einteilung der Berufsgruppen, Titel, Berechtigungen, Befähigungsnachweise, Betriebsanlagen etc. Die Bestimmungen der Verordnung vom 11. Dezember 1860, Z. 36.413 wurden durch die neue Verordnung nicht generell außer Kraft gesetzt und im Anhang noch einmal aufgeführt. Gestrichen wurden lediglich die Paragrafen 1–4 und 9–11.

Die Einteilung der Ziviltechniker und deren Berufstitel erfolgte ab nun in neun statt bisher vier Kategorien:
1. Zivilingenieure für das Bauwesen (Straßen-, Wasser-, Brücken-, Eisenbahn- und verwandte Bauten)
2. Zivilingenieure für Architektur und Hochbau
3. Zivilingenieure für Maschinenbau
4. Zivilingenieure für Elektrotechnik
5. Zivilingenieure für Schiffbau und Schiffsmaschinenbau
6. Zivilingenieure für Kulturtechnik (Bodenmeliorationen, Wasser- und Straßenbauten)
7. Zivilingenieure für Forstwesen
8. Zivilingenieure für technische Chemie
9. Zivilgeometer[62]

Die Ziviltechnikerverordnung sah auch vor, dass bei etwaigen Änderungen der Studienorganisation an den Technischen Hochschulen eine Anpassung der Kategorien und ihrer Bezeichnungen sowie die Einführung neuer Kategorien von Ziviltechnikern „nach Anhörung der Ingenieurkammern" vorgenommen werden können.[63]

Die seit 1860 geltenden Voraussetzungen für die Erteilung einer Befugnis wie die Absolvierung eines technischen Hochschulstudiums, Praxis im vorgeschriebenen Ausmaß[64] und das Ablegen einer Fachprüfung in mehreren Fächern wurden 1913 übernommen. Neu waren die Fächer, die geprüft wurden: Volkswirtschaftslehre, österreichisches Verwaltungsrecht sowie Gesetze und Verordnungen des jeweiligen Fachgebietes der Befugnis. Die Prüfungskommissionen wurden von den zuständigen politischen Landesbehörden in Bundesländern mit einer technischen Hochschule nominiert, sie bestanden aus dem Vorstand des Staatsbaudienstes bzw. seinem Stellvertreter, der den Vorsitz führte, einem Professor für Volkswirtschaftslehre sowie Verwaltungsrecht, der an einer technischen Hochschule lehrte, und drei Prüfern für Gesetze und Verordnungen aus dem Fachgebiet des Kandidaten, und zwar einem höheren staatlichen technischen Beamten, einem seine Befugnis ausübenden Ziviltechniker auf Vorschlag der Ingenieurkammer und einem Professor oder Dozent einer technischen Hochschule für das betreffende Fach, der auch Ziviltechniker sein sollte. Die Mitglieder der Prüfungskommission wurden für fünf Jahre bestellt.[65]

Die Fachprüfung („Ziviltechniker-Prüfung") konnte in bestimmten Fällen entfallen, zum Beispiel für Bewerber, die bereits eine Prüfung für den Staatsdienst abgelegt hatten, oder für Professoren und Dozenten an Technischen Hochschulen, die praktische Fächer unterrichteten.[66] Neu war, dass die Unvereinbarkeit einer Ziviltechniker-Befugnis mit einem Staatsamt für Hochschullehrer aufgehoben wurde.[67]

Erster Weltkrieg

Ein Jahr später brach der Erste Weltkrieg aus, der nicht nur das Ende der deutschen, österreichischen und russischen Monarchie einläutete, sondern auch als erster industrialisierter Krieg gilt. Die österreichischen Zivilingenieure wurden ihrer Ausbildung entsprechend in militärisch-technischen Bereichen eingesetzt.

Ein Beispiel dafür ist der Unternehmer Siegmund Defris (1877–1946), Zivilingenieur für Maschinenbau und Elektrotechnik. Er wurde im Juli 1914 in das k. k. Heer einberufen. Sein Betrieb, eine Fabrik für elektrotechnische Geräte und Maschinen, wurde als kriegswichtig eingestuft und versorgte das Heer mit elektronischer Ausrüstung und elektrischen Maschinen wie Elektrozügen.[68] 1916 wurde Defris zum Hauptmann befördert, er war Gruppenkommandant der Elektronischen Ersatz-Division in Wien und erhielt zahlreiche Auszeichnungen, darunter das Ritterkreuz des Franz-Joseph-Ordens, das Militärverdienstkreuz und die bronzene Militärverdienstmedaille.[69] Wie er bezeichneten sich viele Ziviltechniker als patriotisch und kaisertreu. Diejenigen, die ab 1938 als jüdisch verfolgt wurden, beriefen sich auf ihren Kriegsdienst, um ihre Zugehörigkeit zum österreichischen Staat zu betonen. Auch Defris wurde nach dem „Anschluss" Österreichs an das Deutsche Reich als jüdisch verfolgt und musste seine Heimat verlassen (→ S. 148).

→ Abb. I/14

Abb. I/14 Siegmund Defris, ca. 1916.

Die Ingenieurkammern setzten sich auch während des Krieges weiter für die Interessen der Zivilingenieure ein. Ingenieure, die im Militärdienst als Techniker eingesetzt waren, konnten sich diesen bei ihrem Ansuchen um die Befugnis als Zivilingenieur als Praxiszeit anrechnen lassen. Auch Beamten, die als Kriegsinvalide aus dem Staatsdienst ausschieden, wurden 1916 Erleichterungen zur Ablegung der Ziviltechniker-Prüfung eingeräumt, unter anderem wurde die vorgeschriebene Praxiszeit verkürzt, und allgemeine, nicht fachbezogene Prüfungen wurden ihnen erlassen.[70]

1917 wurde eine langjährige Forderung der Kammern und des Österreichischen Ingenieurs- und Architekten-Vereines nach einer Regelung des Titels „Ingenieur" umgesetzt,[71] der nun den akademisch ausgebildeten Technikern nach Ablegung von zwei Staatsprüfungen und bestimmten praktischen beruflichen Erfahrungen vorbehalten war. Professoren und Absolventen technischer Hochschulen hatten das schon lange gefordert.[72] Auch spezifische technische Ausbildungen im Militärdienst wie ein Artilleriekurs berechtigten zum Führen des Ingenieur-Titels. Für beamtete Techniker in den Ministerien wurde der Titel „Kommissär" anstatt „Ingenieur" eingeführt.[73]

I.3
Die Ingenieurkammern in der Ersten Republik

1918 endete der Erste Weltkrieg mit einem Waffenstillstand, am 12. November 1918 wurde die Erste Republik ausgerufen, und damit war die Monarchie Geschichte. Das kleine Land, das die Republik Österreich nun darstellte, hatte von Beginn an mit wirtschaftlichen und sozialen Krisen zu kämpfen, war es doch jetzt von den Wirtschaftsräumen abgeschnitten, die in der Monarchie regen Austausch von Rohstoffen und Arbeitskräften betrieben hatten. Hohe Inflation und Arbeitslosigkeit bestimmten die ersten Nachkriegsjahre.[74]

Auch die Situation für Ziviltechniker war schlecht, die Erwartung auf eine führende Rolle der Techniker beim Wiederaufbau des kleinen Landes erfüllte sich nicht. An der Technischen Hochschule in Wien sorgte man sich 1923 um das Auskommen der Absolvent:innen und riet sogar von einem Studium ab.[75] Für die Organisation der Ingenieurkammern bedeutete das Ende der Monarchie eine große Änderung, da nur mehr vier Ingenieurkammern in die Zuständigkeit des neuen Österreich fielen:
  Ingenieurkammer für
– Wien, Niederösterreich und Burgenland, Wien
– Oberösterreich und Salzburg, Linz
– Steiermark und Kärnten, Graz
– Tirol und Vorarlberg, Innsbruck

I.3.1
Novellen der Ziviltechnikerverordnung in der Zwischenkriegszeit

Reform der Fachstudien und Aufspaltung der Kategorien (1925)

Die Gesetze und Verordnungen aus den Zeiten der Monarchie zu Ingenieurkammern, Ziviltechnikern und dem Führen des Staatswappens in deren Siegel[76] behielten vorerst ihre Gültigkeit.[77] Erst 1925 wurden wesentliche Abänderungen vorgenommen, die vor allem die Fachgruppe der Architekten betrafen. An die Stelle der Befugnis eines „Zivilingenieurs für Architektur und Hochbau" traten zwei neue, jene des „Zivilarchitekten", der nur planen und überwachen, aber nicht ausführen durfte, und jene des „Zivilingenieurs für Hochbau", der dieses Recht behielt.[78] Der Zivilarchitekt war somit nur mehr Planer, nicht mehr ausführender Hochbauingenieur, eine Änderung, die von den meisten Architekten begrüßt wurde.[79]

Seit 1886 wurde für die Befugnis eines Architekten die Absolvierung einer inländischen Technischen Hochschule vorausgesetzt.[80] Da in die Architektur-Meisterklasse an der Akademie der bildenden Künste nur Absolventen der technischen Hochschulen zugelassen waren, traf die Voraussetzung zur Erlangung der Architektenbefugnis auch bei den Absolventen der Meisterklasse zu. Doch durch die lange Ausbildungszeit hatte die Akademie mit sinkenden Studierendenzahlen zu kämpfen und begann, die Vorschriften zu umgehen. Immer mehr „Absolventen von Baugewerbeschulen und Werkmeisterschulen wurden aufgenommen, was zu einer Abwertung der Architekturausbildung an der Akademie"[81] führte. Dies führte auch dazu, dass immer mehr Architekturabsolventen der Akademie der Zugang zur Befugnis eines behördlich autorisierten Privattechnikers verwehrt blieb, da ihnen der Abschluss eines technischen Hochschulstudiums fehlte.[82]

Sowohl dieser Umstand als auch die unübersichtliche Situation der Schulen, die „Architekten verschiedener Grade"[83] ausbildeten (Architekturschulen an den technischen Hochschulen, die Akademie der bildenden Künste, Baugewerbeschulen sowie Kunstgewerbeschulen), begründeten den Beginn einer Studienreform, die die Ausbildung der Architekten neu regeln sollte. Diese wurde maßgeblich von Siegfried Theiss (→ S. 90) als Referenten für die Technische Hochschule und Peter Behrens, dem Leiter der Meisterschule der Akademie, vorangetrieben. Ziel war eine Gleichstellung der künstlerischen Ausbildung an den Technischen Hochschulen und der Akademie der bildenden Künste.[84] Die Einigung gelang 1923 durch die „Errichtung von Meisterschulen für Architektur und eines kunsthistorischen Seminars"[85] an den Technischen Hochschulen, die mit dem BGBl. Nr. 591/1923[86] gesetzlich verankert wurde. Mit der Reform der Fachstudien war ein wichtiges Fundament für eine geregelte Architektenausbildung gelegt.

Die mit dem Gesetz von 1925 verbundene Aufteilung der Ziviltechniker-Befugnisse in planende Zivilarchitekten und ausführende Zivilingenieure für Hochbau wurde in den einzelnen österreichischen Länderkammern heftig diskutiert, wobei der Berufsschutz im Vordergrund stand.[87] Die Gegner dieser Teilung befürchteten eine Schwächung der Kammer insgesamt, wenn die einzelnen Sektionen nur auf ihre Interessen bedacht wären. Auch die Länderkammern untereinander waren sich nicht einig: „Die Schwesterkammer Linz betonte, daß die Einheit

Mitteilungen der österr. Ingenieurkammern.

Fachgruppen:	Stand am 1. März 1927:									Zusammen:			
	Wien			Graz		Innsbruck		Linz					
	Burgenland	Niederösterreich	Wien	Steiermark	Kärnten	Tirol	Vorarlberg	Oberösterreich	Salzburg	Wien	Graz	Innsbruck	Linz	Alle Kammern
Alle Baufächer	–	1	–	–	1	–	1	–	–	1	1	1	–	3
Bauwesen	–	14	148	55	7	18	3	15	5	162	62	21	20	265
Bauwesen u. Geometer	2	14	24	7	6	1	1	4	1	40	13	2	5	60
Architektur u. Hochbau	1	1	16	–	–	5	–	1	–	18	–	5	1	24
Architekten	–	8	82	7	1	2	1	4	7	90	8	3	11	112
Hochbau	–	2	2	–	–	–	–	–	–	4	–	–	–	4
Maschinenbau	–	5	44	7	2	–	–	2	1	49	9	–	3	61
Maschinenbau und Elektrotechnik	–	–	22	24	1	–	–	–	–	22	15	–	–	38
Maschinenbau und Schiffbau	–	–	2	–	–	–	–	–	–	2	–	–	–	2
Elektrotechnik	–	–	5	3	–	2	–	2	1	5	3	2	3	13
Schiffbau	–	–	2	–	–	–	–	1	–	2	–	–	1	3
Forstwesen	–	4	3	4	2	3	–	–	–	7	6	3	–	16
Forstwesen und Geometer	–	1	5	4	2	1	–	–	–	6	6	1	–	13
Kulturtechnik	–	2	2	2	–	3	–	–	–	4	2	3	–	9
Kulturtechnik und Geometer	–	1	–	1	2	–	–	–	1	1	3	–	1	5
Geometer	5	35	20	28	9	6	2	18	3	60	37	8	21	126
Technische Chemie	–	4	14	1	–	1	–	–	–	18	1	1	–	20
Bergbau	1	3	6	6	–	4	–	3	1	10	6	4	4	24
Bergbau u. Geometer	–	–	–	–	–	2	–	–	–	–	–	2	–	2
Zusammen:	9	95	397	139	33	49	8	50	20	501	172	57	70	800
Einwohnerzahl nach d. Volkszählung vom 7. März 1923	285.609	1,480.479	1,866.147	978.845	370.821	312.867	139.999	875.902	233.023	3,632.235	1,349.666	453.866	1,098.925	6,534.602
Auf 1 Ziviltechniker entfallen Einwohner:	31.734	15.583	4.711	7.042	11.237	6.405	17.500	17.518	11.650	7.264	7.846	7.962	15.700	8.168

— 13 —

Abb. I/15 Mit 1. März 1927 hatten die vier österreichischen Ingenieurkammern 800 Mitglieder.

der Kammer unbedingt zu wahren sei. Es wäre zwischen den Wünschen der verschiedenen Gruppen ein Ausgleich zu suchen, der niemandem etwas von seinen Rechten nimmt, dabei jedoch für die Ziviltechniker Neuland erobert."[88] Der Präsident der Ingenieurkammer für Oberösterreich und Salzburg Hans Schachermeyr[89] (1885–1959) sprach sich im April 1928 bei der II. Delegiertenkonferenz sämtlicher österreichischer Ingenieurkammern dafür aus, dass die einzelnen Kammern das Recht haben sollten, Sektionen zu bilden, und schlug drei Gruppen vor:
1. Zivilingenieure, die sowohl ausführend als auch beratend tätig sein wollen,
2. Zivilingenieure, die auf das Recht der Ausführung verzichten und nur beratend tätig sein wollen, und
3. Zivilingenieure, die in einem Angestelltenverhältnis stehen und ihre Befugnis nur im Rahmen des Unternehmens ausüben, wobei die Beratung Dritter ausgeschlossen ist.[90]

Angesichts der vielen ähnlichen Tätigkeiten, die gewerbliche Berufe übernommen hatten, erschien der Fokus der Ziviltechniker auf Beratung und Planung sinnvoll. Bei der III. Delegiertenkonferenz im Februar 1929 einigte man sich darauf, dass eine Änderung der Ziviltechnikerverordnung angestrebt werden sollte und die Ziviltechniker, die nur beratend tätig waren, innerhalb der Kammern eine eigene Gruppe bilden sollten.[91]

Sektionierung der Kammern (1930)

Die Einteilung der Ziviltechniker in zwei Sektionen, jene der „Beratenden" und jene der „Durchführenden", wurde schließlich mit der Verordnung vom 16. April 1930[92] auch gesetzlich geregelt und als Abänderung zum Ziviltechnikergesetz von 1913 erlassen.

Sie legte die von den Kammern geforderte Einteilung in zwei Sektionen folgendermaßen fest: „Der einen Sektion gehören alle Zivilarchitekten, Zivilgeometer sowie diejenigen Zivilingenieure und behördlich autorisierten Bergbauingenieure an, die die ihnen [...] zustehenden Berechtigungen ausschließlich in mündlich, schriftlich oder zeichnerisch beratender Tätigkeit ausüben (Sektion der Zivil- und Bergbau-Ingenieurkonsulenten, Zivilarchitekten und Zivilgeometer), der anderen Sektion die übrigen Mitglieder der Ingenieurkammer (Allgemeine Sektion)."[93] Die Ingenieurkammer für Wien, Niederösterreich und Burgenland sowie jene für Oberösterreich und Salzburg übernahmen bereits 1930 die Einteilung in zwei Sektionen, 1931 folgte auch die Ingenieurkammer für Steiermark und Kärnten.[94] Die Ingenieurkammer für Tirol und Vorarlberg war vorerst gegen die Einteilung in Sektionen,[95] sie hatte auch die geringste Mitgliederzahl, und daher war die Notwendigkeit nicht gegeben. Im Jahr 1929 waren es gerade mal 56 Mitglieder, davon 24 Zivilingenieure für Bauwesen, 15 Zivilgeometer, vier Zivilingenieure für Architektur und Hochbau und drei Zivilarchitekten.[96]

Neu geregelt wurden in der Verordnung von 1930 auch die Statuten der Ingenieurkammern, insbesondere hinsichtlich der Pflichten und Rechte der Sektionsvorstände. Analog zur Leitung der jeweiligen Ingenieurkammer hatte nun auch jede Sektion einen Präsidenten und zwei Sektionsvizepräsidenten, wobei eine Person gleichzeitig zwei Funktionen innehaben konnte. So war unter anderem Zivilarchitekt Siegfried Theiss[97] (1882–1963) im Jahr 1935 gleichzeitig Wiener Kammervizepräsident und Sektionsvizepräsident der Sektion der Zivil- und Bergbau-Ingenieurkonsulenten, Zivilarchitekten und Zivilgeometer. Angelegenheiten, die nur einen Teil der Mitglieder betrafen, konnten damit in den zuständigen Sektionen beraten und abgehandelt werden.

Die Ingenieurkammern vertraten weiterhin geschlossen die gemeinsamen Interessen beider Sektionen und waren für Gutachten, wirtschaftliche Angelegenheiten der Kammer, Standesansehen etc. zuständig. Sie konnten zum Beispiel gegen eine Befugniserteilung Einspruch erheben, wenn sie der Ansicht waren, dass diese dem Ansehen des Berufsstandes der Ziviltechniker schaden könnte. Dies war aber nicht immer erfolgreich, wie ein Fall in Kärnten aus dem Jahr 1933 zeigt. Andreas Ribitsch (1901–1967) wurde von der Landesregierung die Befugnis zum Zivilingenieur für Hochbau erteilt, obwohl das Gutachten der Kammer negativ ausgefallen war. Gegen Ribitsch lief ein Strafverfahren wegen unsachgemäßer Ausführung seiner Arbeit. Die Ingenieurkammer erhob beim Ministerium für Handel und Verkehr[98] Einspruch.[99] Dieser Einspruch blieb erfolglos, und Ribitsch wurde die Befugnis erteilt.[100]

I.3.2
Ziviltechniker in der
Dollfuß-Schuschnigg-Diktatur

Die Ausschaltung des Parlaments durch Bundeskanzler Engelbert Dollfuß 1933, der Bürgerkrieg 1934, dessen Folgen und das Verbot der sozialdemokratischen, kommunistischen sowie der nationalsozialistischen Parteien bedeuteten tiefe Einschnitte für die Bevölkerung. Die politisch und wirtschaftlich labile Situation war gezeichnet vom ideologischen

Kampf der Politik, in dem die NSDAP auch in Österreich immer mehr Anhänger gewinnen konnte. Auch im Kreis der Ziviltechniker fanden sich glühende Anhänger des Nationalsozialismus, die der NSDAP vor 1933 oder in der sogenannten „illegalen" Zeit beitraten (→ S. 92). Der Konflikt zwischen Austrofaschismus und Nationalsozialismus zeichnet sich auch in der Geschichte der Ingenieurkammern ab.

Als 1935 anlässlich der 75-Jahr-Feier des Ziviltechnikerwesens Auszeichnungen vergeben wurden, sind die von den Kammern vorgeschlagenen Kandidaten sicherheitspolizeilich geprüft worden. In diesem Zusammenhang wurde dem Präsidenten der Ingenieurkammer in Innsbruck Karl Emmerich Nowak (1889–1954)[101] Nähe zur NSDAP vorgeworfen. Dies führte so weit, dass dem Landeshauptmann von Tirol vorgeschlagen wurde, er solle ihn aus der Kammerfunktion entlassen. Das lehnte dieser jedoch ab, weil Nowak zwar großdeutscher Gesinnung, aber nicht Mitglied der verbotenen NSDAP sei. Eine Auszeichnung lehnte jedoch auch er ab mit der Begründung, dass „Ing. Nowak seiner inneren Einstellung nach zum Mindesten mit einer gewissen Reserve den heutigen Österreich gegenübersteht".[102] Wie dieses Beispiel verdeutlicht, lag die Beurteilung über die politische Gesinnung der Kammerfunktionäre bei den Behörden und nicht innerhalb der Kammer-Organisation.

In der Zeit der Dollfuß-Schuschnigg-Diktatur war es von Vorteil, in der Einheitspartei der Vaterländischen Front[103] aktiv tätig zu sein. Die Kammern versuchten auch in diesem politischen System, ihre staatstragende Rolle zu behaupten, und erwarteten, „daß die künftige ständische Verfassung auf eine angemessene Vertretung der Ziviltechniker, entsprechend ihrer Bedeutung für die Gesamtwirtschaft, und die Kultur des Staates und der Länder Rücksicht nehmen wird".[104] Zu der in der Verfassung von 1934[105] proklamierten „ständischen Ordnung" ist es aber nicht gekommen. Wirtschaftskrise, hohe Arbeitslosigkeit und die politische Entwicklung seit dem Juli-Abkommen mit dem nationalsozialistischen Deutschland stellten bereits die Weichen in Richtung „Anschluss".[106]

Trotz der knappen Regierungszeit von nur vier Jahren wurden in der Dollfuß-Schuschnigg-Diktatur noch zwei Verordnungen erlassen, die die Ziviltechnikerverordnung vom 7. Mai 1913 abänderten und eine weitere Differenzierung der Kategorien von Ziviltechnikern vorsahen.

„Prominenten-Paragraf" und erleichterter Zugang (1937)

Mit der Verordnung Nr. 61/1937[107] vom 2. März 1937 wurde die Einteilung der Ziviltechniker in drei Kategorien festgelegt, die ab nun folgendermaßen anzuführen waren: a) Architekten, b) Ingenieurkonsulenten sowie c) Zivilingenieure.[108] Eine wichtige Änderung mit weitreichenden Folgen vor allem für die Architekt:innen brachten die neuen Bestimmungen, die den Zugang zur Befugnis wesentlich erleichterten, indem Praxisjahre als Ersatz für die vorgeschriebenen Studien anerkannt wurden und sogar die Ziviltechniker-Prüfung ersetzen konnten.

Mit Artikel 20 (auch „Prominenten-Paragraf" genannt) wurde festgelegt, dass Personen ohne technische Vorstudien um eine Befugnis ansuchen können, die „mehr als zehn Jahre auf dem Gebiet der Baukunst praktisch selbständig tätig waren und wegen ihrer hervorragenden Leistungen auf diesem Gebiet einen besonderen Ruf genießen".[109] Ein Beirat hatte darüber zu entscheiden, ob die Voraussetzungen dazu vorlagen. Der Beirat bestand aus einem Professor der Fakultät für Architektur an einer Technischen Hochschule, einem Professor einer Meisterschule für Architektur an der Akademie der bildenden Künste und einem Architekten als Vertreter der Ingenieurkammern. Die beiden Professoren wurden jeweils vom Bundesministerium für Unterricht namhaft gemacht.[110] Im Einzelfall konnte der Beirat auch über die Notwendigkeit der Ablegung der Prüfung entscheiden.

Neu war auch, dass Personen um „Nachsicht von der Prüfung" (Artikel 40)[111] ansuchen konnten, die die vorgeschriebenen Fachstudien absolviert und die letzten sieben Jahre vor dem Inkrafttreten der Verordnung eine „mündlich, schriftlich oder zeichnerisch beratende Tätigkeit selbständig" ausgeführt hatten. Ebenso jene, die nur eine 2. Staatsprüfung an einer Technischen Hochschule abgelegt hatten – ohne anschließende Absolvierung der Meisterschule für Architektur oder des kunsthistorischen Seminars an der TH – und drei Jahre auf dem Gebiet der Baukunst tätig gewesen waren. Mit Artikel 43 wurde auch jene Gruppe an Personen erstmals berücksichtigt, die ihr Studium in einer Fachklasse für Architektur an der Kunstgewerbeschule des Österreichischen Museums für Kunst und Industrie abgeschlossen hatten: Sie konnten um „Studiennachsicht" der vorgeschriebenen Fachstudien ansuchen, wenn sie mehr als zehn Jahre Praxis nachwiesen. Die Bewilligung der Nachsicht erfolgte durch das Bundesministerium für Handel und Verkehr, das im Einzelfall auch gutachterliche Stellungnahmen vom oben genannten Beirat einholte.[112]

Laut Artikel 46 und 47 konnte auch Personen aus anderen Fachgebieten die Befugnis eines Zivilingenieurs bzw. Ingenieurkonsulenten verliehen werden, wenn sie eine entsprechende Praxis von mehr als sieben Jahren vorwiesen, wobei jedoch binnen eines

Verzeichnis der Kammermitglieder nach dem Stande Februar 1933

Kammervorstand

Präsident:
Ing. Karl Emmerich Nowak, Zivilingenieur für das Bauwesen

Vizepräsident:
Ing. Edmund Koller, Zivilingenieur für Elektrotechnik

Kammerräte:
Ing. Franz Angerer, Zivilingenieur für das Bauwesen
Ing. Emil Dreger, Zivilgeometer
Ing. Arnold Sussenegger, Zivilingenieur für das Bauwesen und Zivilgeometer
Ing. Paul Huter, Zivilingenieur für Architektur und Hochbau
Josef Steiner, Zivilgeometer
Ing. Hans Tropper, Zivilingenieur für Forstwesen
Ing. Hans Wurzinger, Bergbauingenieur und Zivilgeometer

Zivilingenieure für das Bauwesen:
Amman Anton, Ing., Bregenz, Im Breitenacker Nr. 1
Angerer Franz, Ing., Innsbruck, Schidlachstraße 9, Fernruf 334, 335
Sussenegger Arnold, Ing. (auch Zivilgeometer), Bregenz, Römerstraße 7, Fernruf 80
Hitsch Friedrich, Ing., Innsbruck, Erzherzog Eugenstraße 20, Fernruf 2 v. 2642
Innerebner Karl, Ing., Dr. Ing. h. c., Oberbaurat, Innsbruck, Dreiheiligenstraße 27, Fernruf 334, 192
Kastner Hermann, Ing., Innsbruck, Erzherzog Eugenstraße 7/II.
Kieser Alois, Ing., Bregenz, Römerstraße 1
Kofler Karl, Ing., Innsbruck, Boznerplatz 6, Fernruf 4 v. 1706
Korger Isidor, Dr. Ing. (auch Zivilgeometer), Innsbruck, Anichstraße 18, Fernruf 831
Kunsek Adolf, Ing., Mayrhofen
Luger Johann, Ing., Dornbirn, Adolf Rhombergstraße 11, Fernruf 253
Mayer August, Ing., Oberbaurat, Innsbruck, Gänsbacherstraße 7, Fernruf 334, 335, 4 v. 1869
Meinong Rafael, Ing., Oberbaurat, Innsbruck, Kaiser Josefstraße 13, Fernruf 423
Nowak Karl Emmerich, Ing., Innsbruck, Dreiheiligenstraße 5/III., Fernruf 2 v. 1875
Pferschy Anton, Ing., Dornbirn, Frühlingstraße 9, Fernruf 43
Pilz Ferdinand, Ing., Landeck, Fernruf 7
Plank Konrad, Ing., Deutsch-Matrei
Schieferl Karl, Ing., Innsbruck, Erzherzog Eugenstraße 22
Schrangl Franz, Ing., Bregenz, Riedergasse 9, Fernruf 2 v. 682, 115
Wachernigg Raimund, Ing., Parthennen
Winkler Leo, Ing., Innsbruck, Brixnerstraße 2, Fernruf 2 v. 1872

Ruhende Befugnis:
Zorn Josef, Ing., Bandoeng, Heetjamsweg 21, Java

Zivilingenieure für Architektur und Hochbau:
Fritz Adalbert, Ing., Innsbruck, Fischergasse 1, Fernruf 166, 123
Huter Paul, Ing., Innsbruck, Kaiser Josefstraße 15, Fernruf 122
Huter Theodor, Ing., Innsbruck, Kaiser Josefstraße 15, Fernruf 122

Abb. I/16–17   Mitgliederverzeichnis der Ingenieurkammer für Tirol und Vorarlberg, Stand Februar 1933.

Mitzka Philipp, Ing., Kufstein, Marktgasse 8
Pfretschner Ernst, Dr. Ing., Innsbruck, Probstenhofweg 7, Fernruf 2 v. 2658
Sehrig Othmar, Ing., Innsbruck, Bienerstraße 21, Fernruf 2 v. 1071

Zivilarchitekten:

Hora Josef, Innsbruck, Falkstraße 1/II.
Melichar Rudolf, Bregenz, Belruptstraße 32
Schober Rudolf, Ing., Innsbruck, Templstraße 4/III., Fernruf 537

Zivilingenieure für Elektrotechnik:

Gmeindl Hans, Ing., Bregenz, Bahnhofstraße 9
Koller Edmund, Ing., Innsbruck, Museumstraße 25, Fernruf 345
Kraus Karl, Ing., Innsbruck, Heiliggeiststraße 10, Fernruf 2 v. 1884
Steiner Karl, Ing., Innsbruck, Museumstraße 25, Fernruf 345
  Ruhende Befugnis:
Steiner Robert, Ing., Batavia-Centrum, Gang Scott Nr. 9, Java, Niederl. Indien

Zivilingenieure für Kulturtechnik:

Gasser Vinzenz, Ing., Hall i. T., Grenzgasse 1/II.
Skoda Fritz, Ing., Innsbruck, Neuhauserstraße 15, Fernruf 425
Walter Hermann, Ing., Innsbruck, Sonnenstraße 13

Zivilingenieure für Forstwesen:

Bily Anton, Ing., Kufstein
Mocker Ferdinand, Ing., Dr. phil. (auch Zivilgeometer), Innsbruck, Berg Iselweg 8, Fernruf 2 v. 2308
Rumpf Emil, Ing., Bludenz, Oberdorf
Tropper Hans, Ing., Innsbruck, Museumstraße 10, Fernruf 8 v. 1095

Bergbauingenieure:

Posanner Robert, Ing., Innsbruck, Erzherzog Eugenstraße 11a
Reitlinger Friedrich, Ing. (auch Zivilgeometer), Jenbach, Fernruf 9, 1
Wurzinger Johann, Ing. (auch Zivilgeometer), Innsbruck, Karl Schönherrstraße 1, Fernruf 4 v. 1865

Zivilgeometer:

Bemsel Josef, Ing., Innsbruck, Peter Mayrstraße 5
Birkel Josef, Ing., Dornbirn, Th. Rhombergstraße 11, Fernruf 340
Dauschek Eduard, Ing., Innsbruck, Rechengasse 1, Fernruf 4 v. 1851
Depolo Max, Ing., Innsbruck, Kaiser Franz Josefstraße 5, Fernruf 8 v. 1128
Dreger Emil, Ing., Innsbruck, Goethestraße 3
Eder Richard, Dipl. Ing., Dr. jur., Innsbruck, Maria Theresienstraße 36, Fernruf 2 v. 1072
Exner Emil, Ing., Feldkirch, Reichenfeldstraße 3
Fussenegger Arnold, Ing. (auch Zivilingenieur für das Bauwesen), Bregenz, Römerstraße 7, Fernruf **80**
Geiger Elmar, Bludenz, Walserweg 8
Göpferth Wilhelm, Kitzbühel
Korger Isidor, Dr. Ing. (auch Zivilingenieur für das Bauwesen), Innsbruck, Anichstraße 18, Fernruf 831
Krause Hubert, Ing., Kufstein, Inngasse 10
Mocker Ferdinand, Ing., Dr. phil. (auch Zivilingenieur f. Forstwesen), Innsbruck, Berg Iselweg 8, Fernruf 2 v. 2308
Plasser Alois, Ing., Kitzbühel
Pfenner Wilhelm, Ing., Zell a. S.
Reitlinger Friedrich, Ing. (auch Bergbauingenieur), Jenbach, Fernruf 9, 1
Steiner, Josef, Innsbruck, Heiliggeiststraße 14, Fernruf 2 v. 1780
Wurzinger Johann, Ing. (auch Bergbauingenieur), Innsbruck, Karl Schönherrstraße 1, Fernruf 4 v. 1865

Tabelle I/3
Zahl der Ziviltechniker von 1878 bis 1938

	Wien, Niederösterr. und Burgenland	Steiermark und Kärnten	Oberösterreich und Salzburg	Tirol und Vorarlberg
1878	73	18	6	10
1927	501	172	70	57
1935	593	187	76	60
1938	654	186	91	62

Jede Figur steht für 20 Personen.

Quellen: Beilage, in: Der Civil-Techniker 1 (1879) 2; Mitteilungen der österr. Ingenieurkammern VIII (1927) 13; Wiener Ingenieurkammer, 75 Jahre Ziviltechniker, Anhang, o. S.; Verzeichnisse der Mitglieder der IK W/NÖ/Bgld, Stmk/K, OÖ/K, T/Vlbg. ÖStA/AdR, RK Materie 2100, 2.175/3.

Jahres nach dem Inkrafttreten der Verordnung um Verleihung der Befugnis angesucht werden musste.[113] Auch hier lag die Klärung, ob in Einzelfällen eine Prüfung abzulegen sei, und die endgültige Entscheidung darüber beim Bundesministerium für Handel und Verkehr nach Begutachtung durch den genannten Beirat.

Voraussetzung für die Befugnis-Verleihungen war weiterhin die österreichische Staatsbürgerschaft. Hatte ein Bewerber allerdings seinen Wohnsitz bereits mehr als acht Jahre in Österreich und fiel das Gutachten durch den Beirat positiv aus, so konnte das Bundesministerium den Nachweis der Staatsbürgerschaft nachsehen.[114] Die Folge dieser Verordnung war ein regelrechter Ansturm, insbesondere von Architekt:innen. Ab dem Inkrafttreten im März 1937 wurden etwa 600 Anträge gestellt.[115]

Obwohl bis zum 12. März 1938 erst ein Teil der vielen neuen Anträge nach Verordnung Nr. 61/1937 erledigt war, erreichten die Kammern 1938 einen neuen Höchststand an Mitgliedern. Die Zahlen von 1878 bis 1938 zeigen die Entwicklung des Berufsstandes und den großen Anstieg an Kammermitgliedern in der Zwischenkriegszeit. Sind es 1878 insgesamt nur 107 Zivilingenieure, erhöht sich diese Zahl nach 50 Jahren auf 800 und erreicht 1938 einen Mitgliederstand von 970 Ziviltechnikern.

→ *Tabelle I/3*

Der Anstieg der Mitglieder unterstreicht die Bedeutung der Organisation der Ingenieurkammern als Standesvertretung, mit deren Unterstützung bis 1938 die Rechte der Ziviltechniker ausgebaut und gesichert wurden. Die folgenden politischen Veränderungen und der „Anschluss" Österreichs an das Deutsche Reich im März 1938 brachten jedoch das über Jahrzehnte aufgebaute Gerüst ins Wanken. Denn neue Organisationsformen und neue Gesetze gefährdeten den Berufsstand der Ziviltechniker und hatten die Auflösung der Ingenieurkammern zum Ziel.

Tabelle I/4
Übersicht der Befugnisse und Sektionen der Ziviltechniker 1860–1938

Jahr	Sammelbegriff	Sektionen
1860	Beh. aut. Civilingenieure	
1886	Beh. aut. Privattechniker	
1913	Ziviltechniker	
1924	Ziviltechniker	
1930	Ziviltechniker	Sektion der Zivil- und Bergbau-Ingenieurkonsulenten, Zivilarchitekten und Zivilgeometer (beratende Tätigkeit)
		Allgemeine Sektion (ausführende Tätigkeit)

Befugnisse
Architekten
Civilingenieure für alle Baufächer
Geometer
Architekten
Bauingenieure bzw. Bau- und Culturingenieure
Geometer bzw. Geometer und Culturtechniker
Maschinenbauingenieure
Zivilingenieure für das Bauwesen (Straßen-, Wasser-, Brücken-, Eisenbahn und verwandte Bauten)
Zivilingenieure für Architektur und Hochbau
Zivilingenieure für Maschinenbau
Zivilingenieure für Elektrotechnik
Zivilingenieure für Schiffbau und Schiffsmaschinenbau
Zivilingenieure für Kulturtechnik (Bodenmeliorationen, Wasser- und Straßenbauten)
Zivilingenieure für Forstwesen
Zivilingenieure für technische Chemie
Zivilgeometer
Zivilingenieure für das Bauwesen (Straßen-, Wasser-, Brücken-, Eisenbahn- und verwandte Bauten)
Zivilingenieure für Hochbau
Zivilingenieure für Maschinenbau
Zivilingenieure für Elektrotechnik
Zivilingenieure für Schiffbau und Schiffsmaschinenbau
Zivilingenieure für Kulturtechnik (Bodenmeliorationen, Wasser- und Straßenbauten)
Zivilingenieure für Forstwesen
Zivilingenieure für technische Chemie
Zivilgeometer
Zivilarchitekten

Jahr	Sammelbegriff	Sektionen
1937	Ziviltechniker	Architekten
		Ingenieurkonsulenten für
		Zivilingenieure für
Ergänzungen 1938		

Quellen: 1860: Kundmachung der k. k. n.ö. Statthalterei vom 27. August 1861, Z. 1446-Pr., in Betreff der Bestellung behördlich autorisirter Privat-Techniker und der denselben im Falle ihrer Verwendung für die Zwecke der Behörden zustehenden Gebühren, II. Tarif, in: Allgemeine Bauzeitung 5 (1861) 1, 131–135, 134; 1886: LGVBl. 54/1886; 1913: RGBl. Nr. 77/1913; 1924: BGBl. Nr. 11/1925; 1930: BGBl. Nr. 128/193; 1937: BGBl. Nr. 61/1937; 1938: BGBl. Nr. 12/1938.

Befugnisse

Architekten
Bauwesen (Straßen-, Wasser-, Brücken-, Eisenbahn- und verwandte Bauten, konstruktiver Hochbau und Industriehochbauten)
Maschinenbau
Elektrotechnik
Schiffbau und Schiffsmaschinenbau
Kulturtechnik (Bodenmeliorationen, Alpverbesserungen, agrarische Operationen, Wasser- und Straßenbauten, Güter- und landwirtschaftliche Seilwegebauten)
Forstwesen
Bergwesen
Hüttenwesen
Technische Chemie
Vermessungswesen
Markscheidewesen
Bauwesen (Straßen-, Wasser-, Brücken-, Eisenbahn- und verwandte Bauten, konstruktiver Hochbau und Industriehochbauten)
Hochbau
Maschinenbau
Elektrotechnik
Schiffbau und Schiffsmaschinenbau
Kulturtechnik (Bodenmeliorationen, Alpverbesserungen, agrarische Operationen, Wasser- und Straßenbauten, Güter- und landwirtschaftliche Seilwegebauten)
Forstwesen
Bergwesen
Hüttenwesen
Technische Chemie

Ingenieurkonsulenten und Zivilingenieure für Feuerungs- und Gastechnik
Ingenieurkonsulenten und Zivilingenieure für Technische Physik

II.
Die österreichischen Ziviltechniker im Deutschen Reich

Alexandra Wachter, Ingrid Holzschuh

II.1	Die österreichischen Ingenieurkammern im Nationalsozialismus	57
	II.1.1 Austausch von Leitungspersonen	57
	II.1.2 Ingenieurkammern in Liquidation	60
	II.1.3 Bestehende und neue Befugnisse	68
	II.1.4 Verordnung über die Ziviltechniker in den Alpen- und Donau-Reichsgauen vom 30. Juli 1942	70
	II.1.5 Österreichische Ziviltechniker im NSBDT	75
II.2	Die Eingliederung der Architekten in die Reichskulturkammer	80
	II.2.1 Die neue Reichskulturkammer in Deutschland (1933)	80
	II.2.2 Die Konsolidierung der Reichskulturkammer in der „Ostmark"	81
	II.2.3 Architekten als Funktionäre der Reichskammer der bildenden Künste in der „Ostmark"	84
	II.2.4 Die Sonderregelung für Architekten	88
	II.2.5 Die Liquidierung der Reichskulturkammer	89
II.3	Karrieren unter dem Hakenkreuz – die Rolle der Ziviltechniker im Nationalsozialismus	92
	II.3.1 Die österreichischen Ingenieure feiern den „Anschluss"	92
	II.3.2 Großprojekte	93
	II.3.3 Planen für das NS-Regime	98
	II.3.4 Funktionäre in politischen Ämtern	101
	II.3.5 Karrieren im Bildungsbereich	103
	II.3.6 Ariseure und Profiteure – ein Fallbeispiel	103

II.1
Die österreichischen Ingenieurkammern im Nationalsozialismus

Alexandra Wachter

Mit dem „Anschluss" Österreichs an das Deutsche Reich im März 1938[1] wurden die österreichischen Ziviltechniker[2] über Nacht zu Akteuren, Profiteuren, Gegnern oder Verfolgten des NS-Regimes. Während jene Kammermitglieder, die aktive oder sympathisierende Anhänger des Nationalsozialismus waren, ihre politischen Ziele erfüllt sahen, hegten viele unpolitischere Ziviltechniker zumindest Hoffnungen auf neue Beschäftigungsfelder und Karrieresprünge. Demgegenüber standen jene Mitglieder, deren wirtschaftliche Existenz bedroht war und die sogar um ihr Leben fürchten mussten.

Auch für die österreichischen Ingenieurkammern bedeutete der Regimewechsel eine entscheidende Zensur, denn bereits zwei Monate nach der „Wiedervereinigung" trat das „Gesetz über die Überleitung und Eingliederung von Vereinen, Organisationen und Verbänden" in Kraft.[3] Neben den in Österreich zahlreich vertretenen Technikervereinen fielen auch die vier Ingenieurkammern als Standesvertretung unter das Gesetz. Sie sollten aufgelöst und ihre Sektionen in den Nationalsozialistischen Bund Deutscher Technik (NSBDT) mit Sitz in München übergeleitet werden.

Die österreichischen Ziviltechniker wehrten sich dagegen, ihre Sonderstellung und die über viele Jahre erkämpften Ingenieurkammern aufzugeben. Der Widerstand, den sie den deutschen Bemühungen, ihren Rechtsstatus aufzulösen, entgegensetzten, darf jedoch nicht als Widerstand gegen die Ideologie des Nationalsozialismus missverstanden werden. Im Gegenteil, alle nach dem „Anschluss" eingesetzten kommissarischen Leiter der Ingenieurkammern waren überzeugte Nationalsozialisten. Die Mehrheit der „arischen" Ziviltechniker unterstützte das NS-Regime entweder direkt oder indirekt durch ihre aktive Berufstätigkeit – der Mythos vom unpolitischen Techniker, der in der Nachkriegszeit bemüht wurde, lässt sich nicht halten.

II.1.1
Austausch von Leitungspersonen

Die Auflösung oder „Gleichschaltung" von technischen Vereinen und Organisationen, also deren Ausrichtung auf die Ziele der nationalsozialistischen Ideologie, war ein Prozess, der nicht von heute auf morgen durchgeführt werden konnte. Im Fall der österreichischen Ingenieurkammern zog er sich aufgrund des internen Widerstands und der zu berücksichtigenden Gesetzeslage über mehrere Jahre. Sehr schnell hingegen besetzten die neuen Machthaber Führungspositionen mit politisch konformen Personen und entfernten regimekritische Funktionäre. In den vier österreichischen Ingenieurkammern wurden drei Leitungspositionen personell neu besetzt.

Der langjährige Präsident (1925–1938) der Ingenieurkammer für Oberösterreich und Salzburg, Hans Schachermeyr (→ S. 58), wurde am 19. März 1938 von seinem Kollegen, dem neu eingesetzten Landesstatthalter Karl Breitenthaler,[4] mit sofortiger Wirkung seiner Funktion enthoben.[5] Über die Gründe seiner Enthebung geben die überlieferten Schreiben der Landeshauptmannschaft keine nähere Auskunft, es wird lediglich festgehalten, dass die „sofortige Verfügung" aus „dringenden Gründen" notwendig gewesen sei.[6] Als kommissarischer Leiter wurde der Architekt und Parteigenosse Hans Arndt (1904–1971)[7] eingesetzt.

Auch Anton Stefan (Stephan) Hofmann (1887–?), der der Kammer für Steiermark und Kärnten wohl ab 1937 als Präsident vorstand,[8] wurde unmittelbar nach der Machtübernahme seiner Funktion enthoben. In einem Bericht aus der Nachkriegszeit heißt es, dass er seine Stelle „auf Auftrag der Grazer Kreisleitung der NSDAP, als nicht zuverlässig" bereits am 12. März 1938 zurücklegen und die Amtsgeschäfte „binnen einer Stunde" übergeben musste,[9] im Fragebogen zur Erfassung von Verbänden, Vereinen und Organisationen ist er als Kammerpräsident bis 14. März 1938 vermerkt. Unterzeichnet wurde der Fragebogen von Säckelwart[10] Leopold Wenger, der angab, dass der bisherige Präsident die Unterschrift verweigert habe.[11] Hofmann selbst gab 1947 in einem Einspruch gegen seine Registrierung als Parteimitglied an, „sofort am 13. März 1938 durch die Kreisleitung der NSDAP" seiner Stelle als Präsident enthoben worden zu sein.[12] Hofmann war seit 1927 Zivilingenieur für Bauwesen und beantragte noch 1938 die Parteimitgliedschaft, laut eigener Angabe, „um als beratender Ingenieur für private Auftraggeber fungieren zu können".[13]

Als kommissarischer Leiter wurde Kammervizepräsident und Parteimitglied Josef (Sepp) Heidinger (1888–1952)[14] eingesetzt. Als am 14. Mai 1938 ein weiterer Fragebogen zur Erfassung von Verbänden, Vereinen und Organisationen auszufüllen war, wurde dieser bereits von ihm unterzeichnet.

Hans (Johann) Schachermeyr

Zivilingenieur für das Bauwesen
(1885–1959)

Präsident der Ingenieurkammer für Oberösterreich und Salzburg
(1925–1938, 1945–1950)

Abb. II/1
Der langjährige Präsident der Ingenieurkammer für Oberösterreich und Salzburg Hans Schachermeyr wird in den „Oberösterreichischen Nachrichten" zu seinem 60. Geburtstag gewürdigt, 7. 11. 1945.

Hans Schachermeyr wurde am 5. November 1885 in eine deutschnational eingestellte, großbürgerliche Familie aus Linz-Urfahr geboren. Er begeisterte sich für Musik, entschloss sich aber für ein Studium an der Technischen Hochschule in Wien[15] und wurde Mitglied des Oberösterreichischen Akademischen Vereins Germania.

Nach dem Studium machte Schachermeyr rasch Karriere. Er erwarb 1915 die Befugnis eines Zivilingenieurs für das Bauwesen und eröffnete seine Kanzlei in Wien. Spätestens 1920 kehrte er nach Oberösterreich zurück, wo er den Aufbau des Speicherkraftwerks Partenstein, des ersten Großkraftwerks Österreichs, übernahm. Nach dessen Fertigstellung 1924 dürfte er an weiteren Wasserkraft- und Wasserbauprojekten wie dem Winterhafen Linz, der Donaustufe bei Persenbeug, dem Ausbau der Traun und dem Ennsprojekt gearbeitet haben, weshalb er in einer Würdigung anlässlich seines 60. Geburtstags in den „Oberösterreichischen Nachrichten" als „Pionier der weißen Kohle" bezeichnet wurde.[16] Er hielt Vorträge zum Ausbau der Wasserkraft[17] und publizierte in einschlägigen Fachzeitschriften,[18] arbeitete aber auch an anderen Projekten wie der geplanten Gartenneustadt Linz-Ost. Spätestens ab 1923 war er Mitglied der Ingenieurkammer in Linz,[19] von 1925 bis 1938 leitete er deren Geschicke als Präsident.

Hans Schachermeyrs jüngster Bruder war der dem Nationalsozialismus nahestehende, umstrittene Althistoriker Fritz Schachermeyr.[20] Als 1934 bekannt wurde, dass dieser in Deutschland den „Kampfring der Deutsch-Österreicher im Reiche" im Gau Thüringen leitete, sich somit „österreichfeindlich" betätigte,[21] wurden auch die in Österreich lebenden Mitglieder der Familie Schachermeyr polizeilich überprüft. Es wurde festgehalten, dass Hans Schachermeyr eine „bekannte Persönlichkeit" in Linz sei und als Präsident der Ingenieurkammer wie als Konsulent für das Bauwesen einen guten Ruf genieße. Er stehe der christlichsozialen Partei nahe, sei „vaterländisch gesinnt" und in der Heimatschutzformation von Generalmajor Englisch-Popparich[22] dessen Stellvertreter.[23]

Wohl deshalb wurde Hans Schachermeyr nach dem „Anschluss" politisch als „nicht günstig" beurteilt[24] und seines Amtes als Präsident der Ingenieurkammer enthoben, obwohl er 1938 in deren Mitgliederliste als Parteianwärter geführt wurde.[25] Im April 1938 schied er aus dem Vorstand der Oesterreichischen Kraftwerke-Aktiengesellschaft aus,[26] 1939 wurde er im Auftrag des Reichskommissars für die Wiedervereinigung Österreichs mit dem Deutschen Reich als Ingenieurkonsulent verabschiedet und aus dem NSBDT ausgeschlossen,[27] nach erfolgter „Wiedergutmachung" aber 1941 wieder aufgenommen.[28] Dass Schachermeyr in Folge in der NS-Zeit zumindest zeitweilig als Baumeister aktiv war, belegt ein Schreiben, das er Ende Dezember 1942 an die Heeresstandortverwaltung Linz richtete.[29]

Nach dem Krieg wurde Hans Schachermeyr von der alliierten Militärregierung als kommissarisch bestellter Leiter der wieder zu errichtenden Ingenieurkammer für Oberösterreich und Salzburg nominiert,[30] und ab 1948 stand er der Kammer wieder als gewählter Präsident (1948–1950) vor.[31] Im gleichen Jahr wurde er von Bundespräsident Karl Renner zum Baurat h. c. ernannt.[32] Hans Schachermeyr starb 1959.

Ingenieurkammer für Wien, Niederösterreich
und Burgenland.
Wien VII/62, Zieglergasse 1

Wien, am 16. März 1938.

G.Z. 684/38

An das
Amt für Technik der NSDAP, Landesleitung Oesterreich,

Wien IV., Karlsplatz 13

Ich melde meinen Rücktritt als Präsident der Ingenieurkammer für Wien, Niederösterreich und Burgenland und habe die Geschäfte dem kommissarisch ernannten Präsidenten, Herrn Dr.techn.Franz V I S I N T I N I , Zivilingenieur für Bauwesen, mit heutigem Tage übergeben.

Heil Hitler !

Dr. PONGRATZ, eh.

Abb. II/2 Franz Pongratz meldet dem Amt für Technik der NSDAP seinen Rücktritt als Leiter der Ingenieurkammer für Wien, Niederösterreich und Burgenland, 16. 3. 1938.

In Wien meldete der erst kürzlich ernannte Präsident der Kammer für Wien, Niederösterreich und Burgenland[33] Franz Pongratz (1896–1973)[34] der österreichischen Landesleitung des Amts für Technik der NSDAP am 16. März 1938 seinen Rücktritt, die Geschäfte habe er „dem kommissarisch ernannten Präsidenten" Franz Visintini (1974–1950) übergeben.[35] Pongratz war Ingenieurkonsulent für Bauwesen, Mitglied im Bundeswirtschaftsrat (1934–1938) und Mitglied der katholischen Studentenverbindung Franco-Bavaria. Sein „Rücktritt" war schwerlich freiwillig erfolgt, 1938 wurde er auch aller anderen Ämter enthoben.[36]

→ Abb. II/2

Franz Visintini hingegen galt als „altes Mitglied der NSDAP" (Beitritt 1932) und wurde politisch als besonders verlässlich eingestuft.[37] Visintini wurde mit 20. Juli 1938 von Gauamtsleiter Benno Gürke, dem treuhändischen Leiter der Techniker- und Ingenieure-Organisationen und Vereine Österreichs, zum Unterbevollmächtigten für die Ingenieurkammer für Wien, Niederösterreich und Burgenland ernannt[38] und am 17. Dezember 1938 als kommissarischer Leiter der „Ingenieurkammern der Ostmark" bestätigt,[39] offenbar wollte man ihn als Hauptansprechperson für die vier bestehenden Ingenieurkammern sehen. In dieser Funktion setzte sich Visintini für das Weiterbestehen des österreichischen Ziviltechnikerwesens ein und geriet im Zuge dessen auch in Konflikt mit dem Amt für Technik in München (→ S. 62).

Als Einziger konnte der langjährige Präsident der Kammer für Tirol und Vorarlberg, Karl Nowak, Parteimitglied und Zivilingenieur für das Bauwesen seit 1917, seine Leitungsfunktion – nun als kommissarischer Präsident – fortführen. Während seine nationalsozialistischen Überzeugungen in der Dollfuß-Schuschnigg-Diktatur Grund für Versuche gewesen waren, ihn als Kammerpräsident abzusetzen (→ S. 45), waren sie nun von Vorteil für seine Karriere.

II.1.2
Ingenieurkammern in Liquidation

Verantwortlich für die Gleichschaltung des österreichischen Vereinswesens war die Wiener Dienststelle von Albert Hoffmann,[40] der am 18. März 1938 vom Reichskommissar für die Wiedervereinigung Österreichs mit dem Deutschen Reich Josef Bürckel als „Stillhaltekommissar für Vereine, Organisationen und Verbände" (Stiko) eingesetzt wurde. Sie war Bürckel als Abteilung IV direkt unterstellt und hatte in der Zeit ihres Wirkens[41] neben der Zerschlagung eines pluralistischen Vereinslebens in Österreich und der ideologischen Kontrolle der weiter bestehenden Vereine und Organisationen auch die Beschlagnahmung von Vermögenswerten zum Ziel.[42] Für die Gleichschaltung der technischen Vereine war Hoffmanns Stellvertreter, Reichshauptstellenleiter Franz Schmidt,[43] zuständig. Er war, wie auch Hoffmann selbst und andere leitende Persönlichkeiten der neuen Dienststelle, Reichsdeutscher und vor seinem Wechsel nach Wien im Stab des Stellvertreters des Führers Rudolf Heß im „Braunen Haus", der Parteizentrale der NSDAP in München, beschäftigt gewesen.[44]

Als ersten Schritt hin zu ihrer Auflösung mussten die vier österreichischen Ingenieurkammern im Frühsommer 1938 einen Fragebogen, eine Vermögensaufstellung, die Satzung und einen Tätigkeitsbericht einsenden, wobei die Frist mit einer Woche sehr knapp bemessen war.[45] Bei der – politischen – Entscheidung über die Zukunft eines Vereins hatte der Stiko fünf Optionen: die vollständige Auflösung, eine Einweisung (gemeint ist die Auflösung und Überführung in einen reichsdeutschen Verein, in diesem Fall den Nationalsozialistischen Bund Deutscher Technik – NSBDT) mit Aufhebung der Rechtspersönlichkeit, eine Einweisung ohne Aufhebung der Rechtspersönlichkeit, die Freistellung, das heißt das weitere Bestehen,[46] und die Liquidation.[47] Im September 1938 verfügte der Stiko, dass „sämtliche in der Ostmark bestehenden Techniker-Organisationen" aufgelöst werden sollten und ihr Vermögen in den NSBDT mit Sitz in München einzuweisen sei.[48]

→ Abb. II/3

Nach dem Willen von Fritz Todt (1891–1942),[49] Leiter des Hauptamts für Technik in München, sollte der NSBDT die „einzige deutsche Ingenieur- und Technikerorganisation" sein.[50] In welcher Form und mit welchen Rechten die Ziviltechniker in den NSBDT integriert werden sollten, war damit noch nicht geklärt, sie scheinen in den Entscheidungsprozess – zumindest offiziell – auch nicht eingebunden worden zu sein. Das Hauptamt für Technik arbeitete eine „Anordnung zur Erfassung und zum Berufseinsatz der Beratenden Ingenieure"[51] aus, die von Fritz Todt im Dezember 1938 genehmigt wurde. Sie sollte für das „Altreich" sofort und für die „Ostmark" mit Auflösung der Ingenieurkammern in Kraft treten.

In die internen Vorgänge in den Kammern gibt die Quellenlage leider nur sehr bedingt Einblick. Es kann aber davon ausgegangen werden, dass sich die Mehrheit der Funktionäre – unabhängig von ihrer politischen Überzeugung – den Fortbestand des österreichischen Systems wünschte. Federführend bei den Bemühungen, die Auflösung der Ingenieurkammern abzuwenden, wurde der kommissarische Präsident der Kammer für Wien, Niederösterreich und Burgenland, Franz Visintini (→ S. 64).

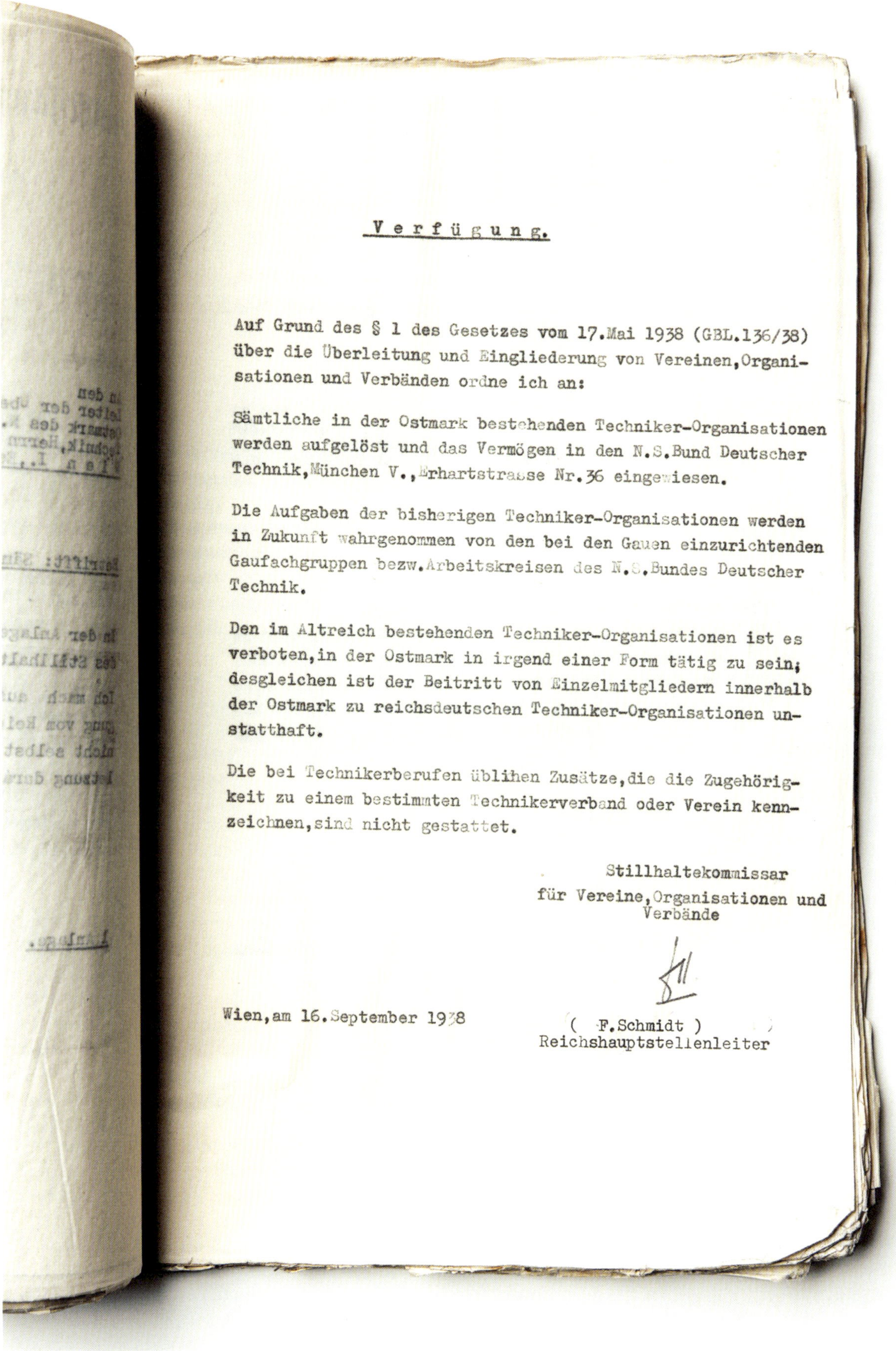

Verfügung.

Auf Grund des § 1 des Gesetzes vom 17.Mai 1938 (GBL.136/38) über die Überleitung und Eingliederung von Vereinen, Organisationen und Verbänden ordne ich an:

Sämtliche in der Ostmark bestehenden Techniker-Organisationen werden aufgelöst und das Vermögen in den N.S.Bund Deutscher Technik, München V., Erhartstrasse Nr.36 eingewiesen.

Die Aufgaben der bisherigen Techniker-Organisationen werden in Zukunft wahrgenommen von den bei den Gauen einzurichtenden Gaufachgruppen bezw.Arbeitskreisen des N.S.Bundes Deutscher Technik.

Den im Altreich bestehenden Techniker-Organisationen ist es verboten,in der Ostmark in irgend einer Form tätig zu sein; desgleichen ist der Beitritt von Einzelmitgliedern innerhalb der Ostmark zu reichsdeutschen Techniker-Organisationen unstatthaft.

Die bei Technikerberufen üblichen Zusätze,die die Zugehörigkeit zu einem bestimmten Technikerverband oder Verein kennzeichnen,sind nicht gestattet.

Stillhaltekommissar
für Vereine,Organisationen und Verbände

Wien, am 16.September 1938

(F.Schmidt)
Reichshauptstellenleiter

Abb. II/3 Verfügung des Stillhaltekommissars zur Auflösung aller Techniker-Organisationen auf dem Gebiet Österreichs, 16.9.1938.

Die vier österreichischen Ingenieurkammern waren indessen mit der Aufarbeitung alter Anträge auf Befugniserteilung und der Frage beschäftigt, wie sie „judenfrei" werden konnten (→ *S. 113*). Gleichzeitig setzten sie sich unter den veränderten Bedingungen für die wirtschaftlichen Interessen ihrer – „arischen" – Mitglieder ein, denen sich im Ausblick auf das Wirtschaftsprogramm des NS-Regimes neue Karrierechancen boten. Im Sommer 1938 richtete sich Visintini mit der Beschwerde eines Mitglieds, dass Aufträge für den Bau der Reichsautobahn von den Obersten Bauleitungen (OBR) in Linz und Wien an reichsdeutsche Firmen vergeben würden, an Bürckel persönlich. Er bat ihn, „ehebaldigst einzuschreiten, da durch das Vorgehen der genannten Stellen die Kammermitglieder in ihrer Existenz auf das schwerste bedroht" seien.[52] Bürckel reagierte prompt, bat die OBR Wien um Stellungnahme und forderte die bevorzugte Berücksichtigung „ostmärkischer Ingenieure und Firmen".[53]

Wien gegen München – Widerstand gegen die Auflösung der Ingenieurkammern

Im Frühjahr 1939 stellte sich heraus, dass sich die Auflösung der österreichischen Ingenieurkammern nicht so einfach umsetzen ließ, wie Hoffmann und Todt es sich ursprünglich vorgestellt hatten. Am 8. März 1939 wurden die kommissarischen Leiter der vier Ingenieurkammern in das Hauptamt für Technik nach München geladen, wo ihnen die geplante Neuordnung der deutschen Ingenieure und österreichischen Ziviltechniker präsentiert wurde. Letztere sollten als „Beratende Ingenieure" vorerst innerhalb des NSBDT vom „Verein Beratender Ingenieure" erfasst und organisiert werden, bis dieser in die „Gruppe Beratende Ingenieure im NSBDT" übergehen würde.[54] Laut Amt für Technik zeigten sich die Kammervertreter mit der neuen Organisationsform einverstanden und erfreut, dass die Rechte und Pflichten der Kammermitglieder vom NSBDT gewahrt blieben, gegen die sofortige Auflösung der Kammern seien keine Bedenken geäußert worden.[55]

Eine Woche später stellte sich die Sache in Wien anders dar. Franz Schmidt, Reichshauptstellenleiter der Dienststelle des Stiko und verantwortlich für die Auflösung aller technischen Vereine, lud mehrere Vertreter der Ingenieurkammer in Wien, einen Vertreter der Reichsstatthalterei sowie den Stadtbaudirektor Heinrich Lutz vom Ministerium für Wirtschaft und Arbeit zu einer Besprechung über die „Neuordnung der Ingenieurkammern in der Ostmark" bzw. ihre Auflösung und Überführung in den NSBDT. Dabei wurde Schmidt offensichtlich von den Äußerungen der geladenen Herren überrascht: Visintini, der in Hinblick auf die bevorstehende Beendigung der Tätigkeit des Stiko am gleichen Tag zum „Bevollmächtigten der Abwicklungsstelle des Stiko für die Ingenieurkammern der Ostmark" berufen worden war,[56] wies darauf hin, dass es rechtlich unmöglich sei, die Ingenieurkammern in der „Ostmark" aufzulösen, solange das Ziviltechnikergesetz noch in Kraft sei. Die Kammervertreter baten Schmidt zudem, sich dafür einzusetzen, dass zumindest die Befugnisse des „technischen Notars", die dringend gebraucht würden, erhalten blieben. Stadtbaudirektor Lutz unterstützte das Ansinnen. Als das „äußerste" (sic!) wäre aus seiner Sicht eine Liquidation „auf lange Sicht" erträglich, indem keine neuen Befugnisse mehr erteilt würden. Außerdem wurde festgehalten, dass Österreich in Bezug auf autorisierte Ziviltechniker gegenüber Deutschland einen Vorsprung habe und abzusehen sei, dass das „Altreich" sich in diese Richtung entwickeln würde.[57] Schmidt wollte die Fragen, die für ihn „neu und erstmalig" aufgeworfen seien, prüfen.

Das Hauptamt für Technik in München zeigte sich verärgert über den Sinneswandel der „Herren aus der Ostmark" und erwartete „bestimmt", dass Schmidt die Liquidation der Ingenieurkammern sofort einleiten würde.[58] Die Auseinandersetzung spitzte sich insbesondere auf der persönlichen Ebene zwischen Visintini und Reichshauptstellenleiter Link[59] zu.

Die beiden begegneten sich im Anschluss an die Besprechung bei Schmidt während einer „Betontagung" in der Wiener Hofburg, und Visintini fragte Link sichtlich verärgert, warum dieser zur Auflösung der Kammern geschritten sei.[60] Die Kammervertreter aus der „Ostmark" hatten die Ausführungen in München offensichtlich so verstanden, dass die Überleitung ein langsamer Prozess sein würde, in keinem Fall hätte man einer Liquidierung der Ingenieurkammern zugestimmt. Link zeigte für Visintinis Standpunkt kein Verständnis und reagierte schroff.
→ *Abb. II/4*

Es zeigte sich, dass die Einwände der Kammern gegen ihre in München beschlossene Auflösung nicht nur die Unterstützung der zuständigen Personen im Ministerium fanden, sondern auch vom Amt für Technik in Wien ernst genommen wurden. Das Siedlungs- und Baureferat im Wiener Amt für Technik informierte die Gauleitung in Wien, dass „sehr gewichtige Bedenken" gegen die Auflösung der Ingenieurkammern bestünden, die dem Stiko durch das Ministerium und den Präsidenten der Wiener Kammer erläutert worden seien.[61]

Zuständiger Referent für das „Ziviltechnikerwesen in der Ostmark" im Ministerium war Hofrat Karl Miklauzhizh, ein überzeugter Nationalsozialist.[62]

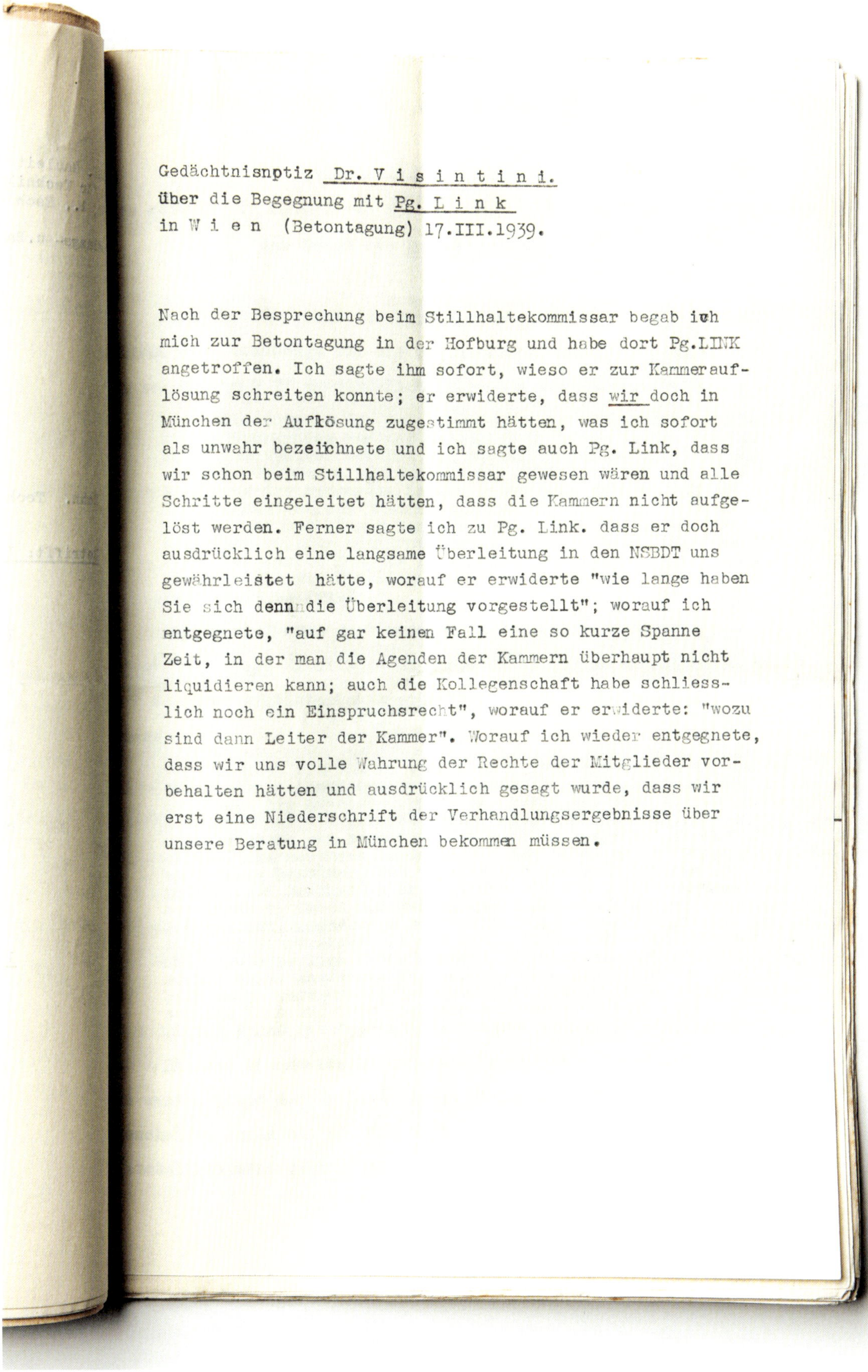

Gedächtnisnotiz Dr. V i s i n t i n i.
über die Begegnung mit Pg. L i n k
in W i e n (Betontagung) 17.III.1939.

Nach der Besprechung beim Stillhaltekommissar begab ich mich zur Betontagung in der Hofburg und habe dort Pg. LINK angetroffen. Ich sagte ihm sofort, wieso er zur Kammerauflösung schreiten konnte; er erwiderte, dass wir doch in München der Auflösung zugestimmt hätten, was ich sofort als unwahr bezeichnete und ich sagte auch Pg. Link, dass wir schon beim Stillhaltekommissar gewesen wären und alle Schritte eingeleitet hätten, dass die Kammern nicht aufgelöst werden. Ferner sagte ich zu Pg. Link. dass er doch ausdrücklich eine langsame Überleitung in den NSBDT uns gewährleistet hätte, worauf er erwiderte "wie lange haben Sie sich denn die Überleitung vorgestellt"; worauf ich entgegnete, "auf gar keinen Fall eine so kurze Spanne Zeit, in der man die Agenden der Kammern überhaupt nicht liquidieren kann; auch die Kollegenschaft habe schliesslich noch ein Einspruchsrecht", worauf er erwiderte: "wozu sind dann Leiter der Kammer". Worauf ich wieder entgegnete, dass wir uns volle Wahrung der Rechte der Mitglieder vorbehalten hätten und ausdrücklich gesagt wurde, dass wir erst eine Niederschrift der Verhandlungsergebnisse über unsere Beratung in München bekommen müssen.

Abb. II/4 Franz Visintinis Darstellung seines Gesprächs mit Pg. Link bei der Betontagung in der Wiener Hofburg am 16. März 1938, 17. 3. 1939.

Franz Visintini

Zivilingenieur für das Bauwesen
(1874–1950)

Kommissarischer Leiter der Ingenieurkammer für W, NÖ und Bgld (1938–1943)
Kollektiv-Liquidator der vier Ingenieurkammern der Ostmark (1939–1943)
Präsident der Ingenieurkammer i. L. in Wien (1943–1945)

Abb. II/5
Nachruf auf Franz Visintini in der „Wiener Zeitung", 21. 5. 1950.

Franz Visintini wurde am 3. Juli 1874 in Wien geboren.[63] Er sammelte ab 1898 praktische Berufserfahrung in Architekturbüros in der Schweiz und machte sich bereits im Jahr 1900 gemeinsam mit Kollegen selbstständig. 1902 erfand er den Fachwerkträger aus Eisenbeton, für den er europaweit Patente erlangte. Nach anfänglicher Skepsis fand er mit seiner Erfindung in der Fachwelt viel Anerkennung, das „System Visintini" wurde unter anderem im Ersten Weltkrieg in Galizien und in der Zwischenkriegszeit bei mehreren Hundert österreichischen Brückenbauten eingesetzt.[64]

Bis 1906 führte Visintini Büros in Zürich, Dresden und Nürnberg, 1906 folgte die Eröffnung eines Büros in Wien. Neben seiner praktischen Arbeit studierte er ab 1907 an der TH Wien, 1923 legte er die 2. Staatsprüfung ab und promovierte 1924 mit dem Thema „Das System Visintini und sein Werdegang". 1933 wurde Visintini als Mitglied in die Staatsprüfungskommission der TH Wien berufen. Erst im September 1937 beantragte er die Befugnis eines Zivilingenieurs für das Bauwesen, die ihm im Dezember 1938 unter Nachsicht der Prüfung erteilt wurde.

Visintini trat am 1. April 1932 der NSDAP bei (Mitglieds-Nr. 902.816).[65] Die Illegalität konnte nach 1945 in Voruntersuchungen des Volksgerichtshofes Linz nicht nachgewiesen werden, da er behauptete, vor der Verbotszeit wieder ausgetreten zu sein, und kein Gauakt überliefert war. Auch seine Funktionen als Dienststellenleiter beim Gauamt für Technik in Wien und als Arbeitskreisleiter beim NSBDT konnte Visintini nach dem Krieg erfolgreich abstreiten. Unumstritten ist, dass er unmittelbar nach der Machtübernahme zum kommissarischen Leiter der Ingenieurkammer für W, NÖ und Bgld ernannt wurde. Obwohl er sich für den Erhalt der Ingenieurkammern einsetzte, wurde er im März 1939 „Bevollmächtigter der Abwicklungsstelle des Stiko für die Ingenieurkammern der Ostmark"[66] und im Juli 1939 „Kollektiv-Liquidator der vier Ingenieurkammern der Ostmark", wodurch ihm eine wichtige Rolle im Entscheidungsprozess über die Abschaffung bzw. den Erhalt des Zivilingenieurwesens zukam. Im April 1943 wurde er als Präsident der Ingenieurkammer i. L. in Wien eingesetzt.

1944 wurde Visintini anlässlich seines 70. Geburtstags von Adolf Hitler für seine Verdienste um die Eisenbetonforschung mit der Verleihung der „Goethe-Medaille für Kunst und Wissenschaft" und von der Presse mit zahlreichen Würdigungen geehrt.[67] Die „Innsbrucker Nachrichten" ließen nicht unerwähnt, dass sich Visintini als Präsident der Ingenieurkammer „insbesondere für die Beibehaltung der in Krieg und Frieden gleich bewährten Einrichtung des Zivilingenieurs in den Donau- und Alpengauen und deren Einführung im ganzen Reiche" einsetzte.[68]

Visintini wurde mit Kriegsende seines Amtes als Präsident enthoben. Er musste sich als ehemaliger Nationalsozialist registrieren und scheint in Zusammenhang mit den Sühnefolgen Vermögensverluste erlitten zu haben, wie in seinem Nachruf beklagt wurde.[69] Die Ermittlungen der Staatsanwaltschaft Linz wegen vermuteter Illegalität wurden wegen Mangel an Beweisen aber wieder eingestellt.[70] Franz Visintini starb am 13. Mai 1950 im 76. Lebensjahr in Wien.

EISENBETON=GITTERTRÄGER
System Visintini.

Epochale Konstruktionsmethode.

Hygienisch, schalldicht und feuersicher; einfache fabriksmäßige Herstellung und Einbau der fertigen Bestandteile.

Minimale Anlagekosten.   Billigste Massivdeckenkonstruktion.

Hervorragend geeignet für Hoch= und Brückenbau.

Geringster Materialverbrauch, höchste Tragfähigkeit.

Patentiert in allen Staaten.

Prämiiert auf der »Fire Exhibition« 1903 in London.

Silberne Medaille auf der Gartenbau = Ausstellung 1904 in Chemnitz.

Goldene Medaille auf der Weltausstellung 1904 in St. Louis.

Goldene Medaille auf der Ausstellung in Linz 1909.

Staats=Medaille auf der Jubiläums = Ausstellung 1908 in Steyr.

Ehrendiplom Hohenstein-Ehrenthal 1904.

Ehrenpreis der Ausstellung in Rotterdam 1901
(große silberne Medaille Ihrer Majestät der Königin=Mutter von Holland).

Abb. II/6   Das „System Visintini" ist in „allen Staaten" patentiert. Anzeige in einer Publikation zum „System Visintini" von Rudolf Saliger und Franz Visintini, 1911.

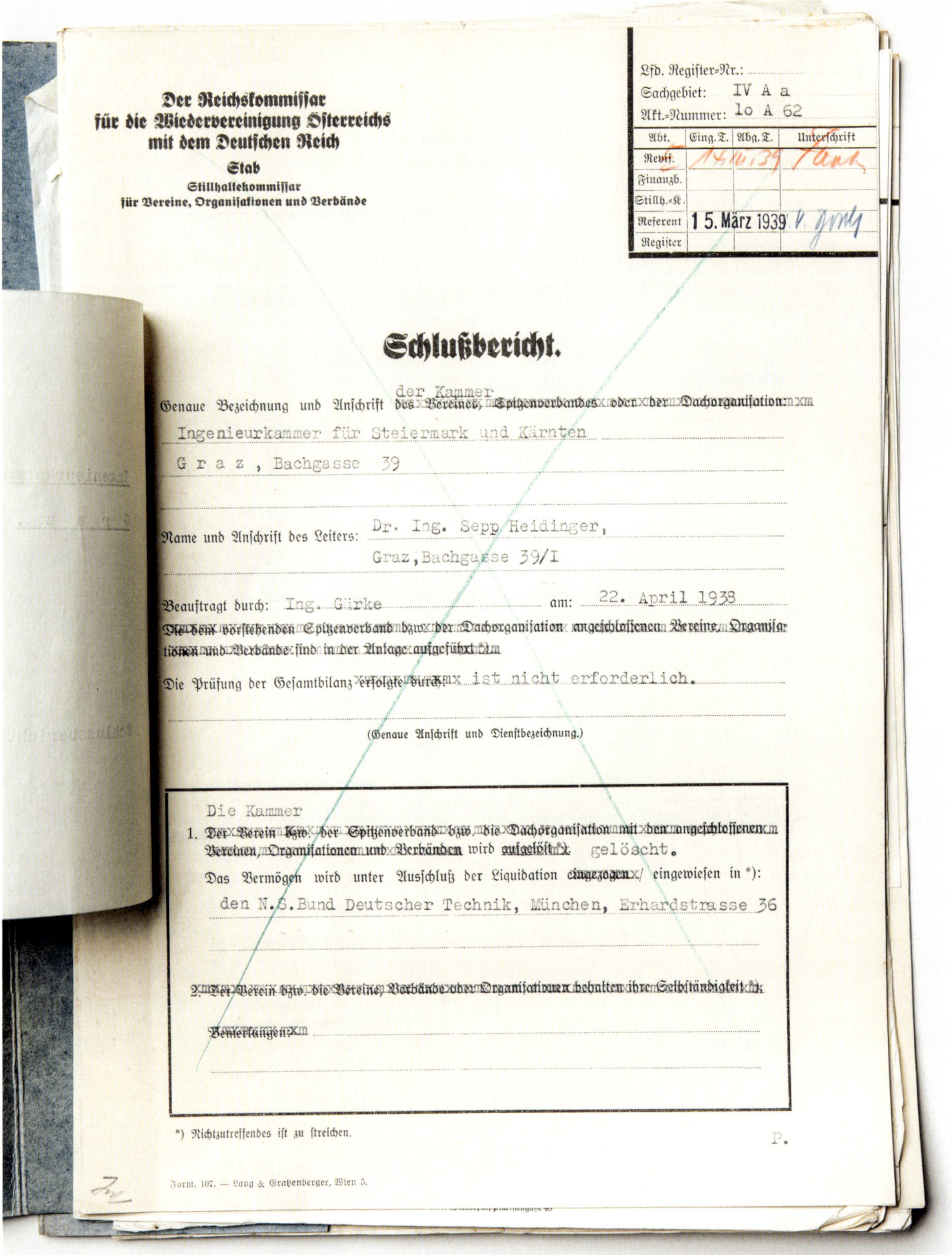

Der Reichskommissar
für die Wiedervereinigung Österreichs
mit dem Deutschen Reich
Stab
Stillhaltekommissar
für Vereine, Organisationen und Verbände

Lfd. Register-Nr.:			
Sachgebiet: IV A a			
Akt.-Nummer: 1o A 62			
Abt.	Eing.T.	Abg.T.	Unterschrift
Revis.	14.III.39		
Finanzb.			
Stillh.-K.			
Referent	15. März 1939		
Register			

Schlußbericht.

Genaue Bezeichnung und Anschrift ~~des Vereines, Spitzenverbandes oder der Dachorganisation:~~ der Kammer

Ingenieurkammer für Steiermark und Kärnten

G r a z , Bachgasse 39

Name und Anschrift des Leiters: Dr. Ing. Sepp Heidinger,
Graz, Bachgasse 39/I

Beauftragt durch: Ing. Gürke am: 22. April 1938

~~Die dem vorstehenden Spitzenverband bzw. der Dachorganisation angeschlossenen Vereine, Organisationen und Verbände sind in der Anlage aufgeführt *).~~

Die Prüfung der Gesamtbilanz ~~erfolgte durch:~~ ist nicht erforderlich.

(Genaue Anschrift und Dienstbezeichnung.)

Die Kammer

1. ~~Der Verein bzw. der Spitzenverband bzw. die Dachorganisation mit den angeschlossenen Vereinen, Organisationen und Verbänden~~ wird ~~aufgelöst *)~~ gelöscht.

Das Vermögen wird unter Ausschluß der Liquidation ~~eingezogen~~ / eingewiesen in *):
den N.S.Bund Deutscher Technik, München, Erhardstrasse 36

2. ~~Der Verein bzw. die Vereine, Verbände oder Organisationen behalten ihre Selbständigkeit *).~~

~~Bemerkungen:~~

*) Nichtzutreffendes ist zu streichen.

P.

Form. 107. — Lang & Gratzenberger, Wien 5.

Abb. II/7 Im März 1939 werden bereits vier „Schlußberichte" des Stillhaltekommissars für die vier Ingenieurkammer (hier Steiermark und Kärnten) ausgestellt, in denen die Löschung der Ingenieurkammern vorgesehen ist.

Er war Mitglied beim „Kampfring" und seit 1931 bei der illegalen Zelle der Nationalsozialistischen Betriebszellenorganisation (NSBO) beim Ministerium für Handel und Verkehr,[71] zahlendes Mitglied des „Notopferrings", Blockwart, Zellenleiter und Parteimitglied mit der Mitgliedsnummer 6.242.091, um nur seine wichtigsten Parteifunktionen zu nennen.[72] Er wurde für die Verleihung der „Medaille zur Erinnerung an den 13. März 1938" vorgeschlagen[73] und meldete sich zu Kriegsende als Freiwilliger für den „Volkssturm". Seine Parteitreue stand nicht im Widerspruch dazu, dass er sich für den Weiterbestand des Ziviltechnikerwesens einsetzte. Er verfasste eine „Äußerung" zur Frage der Ingenieurkammern, in der er ausführlich die Grundpfeiler des Ziviltechnikerrechts darlegte. Er betonte, dass die Kammern zwar an die weltanschaulichen Grundsätze des „Dritten Reichs (Führergrundsatz)" angepasst werden müssten, schloss aber mit den Worten, dass „diese Einrichtung in einer mühevollen Arbeit geschaffen" worden sei und die „erworbenen Rechte der amtlichen Funktion und ihres äußeren Merkmales (Reichssiegel)" der Ziviltechniker „ihren Niederschlag finden müssen". Der NSBDT könne die fachlichen Belange betreuen, die Belange der Ziviltechniker als Amtsträger hingegen verlangten eine behördliche Organisation.

Ähnlich wurden auch von der Ingenieurkammer in Wien in einer „Denkschrift" betreffend Ziviltechniker-Institution deren Gründungsgeschichte, rechtliche Grundlagen und Besonderheiten ausführlich dargelegt und erklärt, warum eine Auflösung der Ingenieurkammern unvorteilhaft sei. Sie schließt mit dem Appell: „Die Reichsregierung möge beschliessen, dass die österreichischen Ziviltechnikergesetze weiterhin in Geltung bleiben, bezw. eine einschlägige Regelung für das ganze Reich im Sinne vorgenannter österreichischer Vorschriften ergehen lassen."[74] Visintini ließ sich von Miklauzhizh bestätigen, dass eine Liquidierung der Kammer unter den gegebenen Verhältnissen „überhaupt nicht in Frage komme"[75] und informierte die Mitglieder, dass die Kammern weiterhin bestünden.[76]

In München hatte man kein Interesse an den österreichischen Spitzfindigkeiten und versuchte die Angelegenheit selbst in die Hand zu nehmen: Der Stiko in Wien wurde kurzerhand übergangen und Link mit der Abwicklung der Liquidation der „ostmärkischen" Ingenieurkammern betraut,[77] was scharfe Reaktionen sowohl von Visintini und als auch von Schmidt provozierte: Link solle „von Maßnahmen jeder Art in dieser Angelegenheit" Abstand nehmen, die Abwicklung der Ingenieurkammern liege schließlich beim Stiko.[78] Der darauf folgende Schlagabtausch zwischen Visintini und Link, bei dem Link nicht mit Beschimpfungen und Drohungen sparte,[79] endete mit einem kämpferischen Schreiben des Wiener Kammerpräsidenten, der versicherte, dass er zu einer Zusammenarbeit mit dem Hauptamt für Technik bereit sei, aber darauf bestand, dass die Institution der Ziviltechniker erhalten bleiben müsse.

Um die Wogen zu glätten, wurde bei einer Besprechung zwischen Visintini, Vertretern des Hauptamts für Technik und des NSBDT aus München – Link ließ sich entschuldigen – beschlossen, die Details mit allen „in Frage kommenden Personen" in Ruhe zu besprechen. Angestrebt wurde vom Amt für Technik aber weiterhin eine Löschung der Kammern, um „neue Reibungspunkte" zu verhindern. Ob es zur geplanten Besprechung noch kam, ist unklar.

Am 2. Juni 1939 erging in der Dienststelle des Stiko ein internes Schreiben, aus dem hervorgeht, dass die „Ingenieurkammern der Ostmark" nach Rücksprache mit Hoffmann zwar nicht gelöscht, aber „zur Liquidation freigestellt" werden sollten und der Schlussbericht entsprechend zu erstellen sei.[80] Der neue Bericht mit der Nummer 4009 ist mit 6. Juni 1939 datiert, umfasst alle Ingenieurkammern und ersetzte die vier Schlussberichte vom März 1938, die die Löschung der Kammern vorgesehen hatten.[81]

→ Abb. II/7

Am 14. Juni 1939 wurde Visintini stellvertretend für alle vier Kammern eine „Schlußverfügung" in vierfacher Ausfertigung zugestellt, mit der Bitte, sie an die Kammern in Linz, Graz und Innsbruck weiterleiten zu lassen.[82] Zeitgleich wurde auch der NSBDT in München angewiesen, „alles weitere zu veranlassen".[83] Die offizielle Anordnung des Stiko, dass die Kammern liquidiert werden, ist mit 16. Juni 1939 datiert und wurde, wie alle Beschlüsse des Stiko, in der „Wiener Zeitung" öffentlich kundgemacht.

→ Abb. II/8

Die Buchhaltung des Stiko wurde am 14. Juni 1939 darüber informiert, welcher Geldeingang zu erwarten war. Der Betrag von 3.142,47 RM, der am 19. Juni 1939 angewiesen wurde, setzte sich aus der Aufbauumlage in der Höhe von 10 Prozent (2.618,73 RM) und einer Verwaltungsgebühr in der Höhe von 2 Prozent (523,74 RM) des „Reinvermögens" zusammen.[84] Das „Reinvermögen" der „Ingenieurkammern der Ostmark" war im Schlussbericht mit 26.187,28 RM festgesetzt worden.[85] Der Stiko A. Hoffmann sprach anlässlich der „Abwicklung" der von ihm kommissarisch geleiteten Ingenieurkammern seinen Dank aus und versicherte, dass er durch seine Arbeit „mit zu einem positiven Erfolg der nationalsozialistischen Revolution in der Ostmark beigetragen" habe.[86] Kurz später, am 5. Juli 1939, wurde Visintini von Fritz Todt zum „Kollektiv-Liquidator der vier Ingenieurkammern der Ostmark" bestellt.[87]

> Auf Grund des Gesetzes über die Überleitung und Eingliederung von Vereinen, Organisationen und Verbänden vom 17. Mai 1938, G. Bl. Nr. 136/38, ordne ich im Einverständnis mit dem Reichskommissar für die Wiedervereinigung Österreichs mit dem Deutschen Reich Gauleiter Bürckel an, daß mit dem 6. Juni 1939 nachfolgende Organisationen, und zwar:
> 1. Ingenieurkammer für Wien, Niederösterreich und Burgenland, Wien, 7. Bez., Zieglergasse 1,
> 2. Ingenieurkammer für Oberösterreich und Salzburg, Linz a. d. Donau, Walterstraße 20,
> 3. Ingenieurkammer für Steiermark und Kärnten, Graz, Grazbachgasse 39,
> 4. Ingenieurkammer für Tirol und Vorarlberg, Innsbruck, Bismarckplatz 1/III,
>
> zur Liquidation freigestellt werden.
>
> Die Liquidation erfolgt treuhänderisch durch den NS-Bund Deutscher Technik. Die Abwicklung der fachlichen Aufgabengebiete hat der NS-Bund Deutscher Technik im Einvernehmen mit dem Reichsinnenministerium sowie gegebenenfalls mit den darüber hinaus noch zuständigen Reichsministerien vorzunehmen.
>
> Wien, den 16. Juni 1939.
> Der Stillhaltekommissar für Vereine, Organisationen und Verbände,
> Abwicklungsstelle:
> Albert Hoffmann
> Reichsamtsleiter.

Abb. II/8   Der Stillhaltekommissar gibt die Liquidierung der österreichischen Ingenieurkammern bekannt, Juni 1939.

II.1.3
Bestehende und neue Befugnisse

Dass die Entscheidung zur Liquidierung der Ingenieurkammern gefallen war, bedeutete nicht, dass die Zukunft des österreichischen Ziviltechnikerwesens besiegelt gewesen wäre. Im Gegenteil: Während die meisten Vereine, die Techniker vertraten, bis Juni 1939 tatsächlich aufgelöst oder dem NSBDT in München unterstellt waren,[88] konnte die Liquidierung der Kammern vorerst nicht umgesetzt werden, da sämtliche Gesetze und Verordnungen betreffend die Ziviltechniker weiterhin in Kraft waren. Die Ingenieurkammern trugen nun zwar offiziell den Fortsatz „i. L." (in Liquidation) im Namen,[89] nahmen ihre Aufgaben aber weiterhin wahr. Auch Befugnisse wurden weiterhin erteilt.

Unklarheit herrschte darüber, welche Reichsbehörde die Frage des österreichischen Ziviltechnikerwesens behandeln und entscheiden sollte – das Reichswirtschafts- und das Reichsarbeitsministerium schoben sich die Führung 1939 gegenseitig zu,[90] und auch das Reichsinnenministerium war immer wieder involviert.[91] Im Dezember 1939 ließ das Reichsarbeitsministerium das Hauptamt für Technik in München wissen:

> In der Frage der Neuverleihungen von Befugnissen nach der Ziviltechnikerverordnung ist meinerseits keine Entscheidung ergangen. Soweit mir bekannt ist, liegt bisher auch keine Entscheidung anderer Ressorts vor. Sämtliche auf das österreichische Ziviltechnikerwesen bezüglichen Fragen sind vielmehr noch in der Schwebe.[92]

Anlass für diese Feststellung waren Beschwerden des Wiener Landesleiters der Reichskammer der bildenden Künste (RdbK) und des Hauptamts für Technik in München. Beide hatten erfahren, dass weiterhin Befugnisse an Ziviltechniker erteilt würden, auch Ansuchen von Architekten aus der Zeit vor dem „Anschluss" würden noch behandelt. Die RdbK verwies darauf, dass alle Architekten, die nach dem Reichskulturkammergesetz als Architekt tätig seien, durch die Bekanntmachung des Reichskommissars für die Wiedervereinigung Österreichs mit dem deutschen Reich vom 16. Juni 1939[93] aus den Ingenieurkammern ausgeschieden seien und nur mehr der RdbK unterständen – „sowohl in ihrer Eigenschaft als Behörde, wie auch Berufsorganisation".[94] Das Hauptamt für Technik wiederum drückte seine Verwunderung darüber aus, dass das Reichsarbeitsministerium nicht nur gestatte, dass vom Wiener Ministerium für Wirtschaft und Arbeit weiterhin Befugnisse erteilt würden, sondern darüber hinaus „analoge Verhältnisse hinsichtlich der freiberuflich tätigen Ingenieure auch im Altreich" vorbereite.[95] Man verwies darauf, dass im Gegenteil seit einiger Zeit daran gearbeitet würde, die österreichischen Ziviltechniker in den „Verein Beratender Ingenieure" zu übernehmen.

Richtig ist, dass die österreichischen Ziviltechniker weiterhin die Hoffnung hegten, dass die österreichischen Verhältnisse im „Altreich" übernommen würden und nicht umgekehrt und dass sie dabei vom Ministerium für Handel und Verkehr bzw. seit 18. August 1938 vom Ministerium für Wirtschaft und Arbeit (Aufgabenkreis Wirtschaft) unterstützt wurden. Karl Miklauzhizhs Vorgesetzter, Ministerialrat Karl Reichenvater, der Leiter der Abteilung V (Technische Angelegenheiten), bekräftigte, dass sein Ministerium für das Weiterbestehen des Ziviltechnikerwesens sowie für eine angemessene Berufsvertretung einstehe, formulierte aber ansonsten in seiner ausführlichen Stellungnahme eher vorsichtig.[96] Er legte dar, dass es sich bei den Befugniserteilungen um jene Anträge gehandelt habe, die bereits vor dem 13. März 1938 eingebracht worden waren. Er begründete deren Erledigung damit, dass die große Zahl von circa 600 Ansuchen, die 1937 nach der Abänderung Nr. 61/1937 eingegangen waren, abzuarbeiten war, solange das Ministerium und die dafür notwendigen Fachbeiräte noch bestünden.

Ein Teil der Anträge war bis 12. März 1938 in elf Sitzungen beschieden worden, aber nach dem „Anschluss" wurden weitere Bearbeitungen zurückgestellt und bereits ausgeschriebene Sitzungen abgesagt, da eine neue Regelung des Ziviltechnikerwesens in Aussicht gestellt wurde. Als aber im Oktober 1939 bekannt gegeben wurde, dass die Ziviltechniker die Befugnisse bis zur Neuordnung des technischen Berufswesens behalten dürften, die Antragsteller das Ministerium wiederholt um Erledigung baten und das Ministerium mit seiner baldigen Auflösung zu rechnen hatte, habe man beschlossen, die restlichen Anträge in 14 rasch aufeinanderfolgenden Sitzungen abzuarbeiten: Es wurden vier Sitzungen für Architekten, drei für Zivilingenieure für Hochbau und je eine für Maschinenbau, Forstwesen, Elektrotechnik, Chemie, Markscheidewesen, Gas- und Feuertechnik und Physik einberufen. Infolgedessen wurden 142 positive und 122 negative Bescheide erteilt und 82 Anträge „aus verschiedenen Gründen" nicht behandelt – in erster Linie wohl aus „rassischen" Gründen.[97] Die Bearbeitung sei allein deshalb geboten gewesen, um eine „ungleiche Behandlung" gegenüber jenen zu vermeiden, deren Anträge bis zum 12. März 1938 behandelt worden waren.

In seiner Stellungnahme machte das Ministerium für Wirtschaft und Arbeit keine Angaben darüber, ob über die bereits vorliegenden Anträge hinaus nach dem „Anschluss" weitere eingebracht und behandelt wurden. Auch ist die Quellenlage diesbezüglich aufgrund von Bombenschäden schwierig.[98] Korrespondenzen zwischen den Landeshauptmannschaften und der Rechtsabteilung des Ministeriums für Wirtschaft und Arbeit als Berufungsinstanz lassen aber darauf schließen, dass Anträge gestellt und auch erledigt wurden.

Insbesondere wurden Fälle von ehemaligen Beamten behandelt, die aufgrund der Berufsbeamtenverordnung (BBV) aus „rassischen" oder politischen Gründen enthoben oder pensioniert worden waren, infolgedessen Anträge auf die Verleihung oder Wiederverleihung von Befugnissen gestellt hatten und gegen ablehnende Bescheide beriefen. So fragte die Landeshauptmannschaft Steiermark im November 1938 an, wie mit dem Antrag eines ehemaligen Beamten des Technischen Landesamtes, der aufgrund seiner jüdischen Abstammung vom Dienst ausscheiden musste, zu verfahren sei.[99] Wenig verwunderlich wurde entschieden, solche Anträge abzuweisen. Ein weiterer Fall betraf den Grazer Stadtbaurat Franz Bernhard, der nach Paragraf 4 (politische Gründe) der BBV in den Ruhestand versetzt worden war und um Wiederverleihung seiner 1934 zurückgelegten Befugnis ansuchte. Auch seine Berufung wurde abgewiesen, weil er in der „Verbotszeit" ein „äußerst radikaler Gegner des NS" gewesen sei.[100]

Auch in Oberösterreich wurden Anträge eingebracht und erledigt: Die Landeshauptmannschaft Oberdonau teilte im April 1939 mit, dass nur Zivilingenieure, denen „nach Erscheinen des Erlasses die Befugnis neu verliehen wurde", nach der neuen Formel auf den „Führer" beeidet wurden – gemeint ist ein Erlass des Ministeriums für Handel und Verkehr vom 6. April 1938, in dem „Weisungen für die Beeidigung der alten Zivilingenieure" angekündigt wurden –, während jene, denen die Befugnis zur Berufsausübung bereits früher erteilt worden war, noch auf die neue Beeidigung zu warten hatten. Zudem sei der Ingenieurkammer der Erlass vom 24. Jänner 1939 mitgeteilt worden, nach dem „Mischlinge" als Ziviltechniker nicht zuzulassen seien.[101] Einen weiteren Hinweis liefert die Diskussion der Frage, wie mit Anträgen von Reichsdeutschen zu verfahren sei.[102]

Die Darstellung, dass Architekten nur noch der Reichskulturkammer[103] unterständen und aus den Ingenieurkammern ausgeschieden wären, wurde vom Ministerium für Wirtschaft und Arbeit als „vollständig unrichtig" zurückgewiesen. Man verwies darauf, dass die Gesetze und Verordnungen betreffend die Ziviltechniker nach wie vor in Kraft seien und deshalb auch die Architekten „[h]insichtlich ihrer amtlichen Tätigkeit" weiterhin den Ingenieurkammern unterständen. Man stellte sich auf den Standpunkt, dass einer gleichzeitigen Mitgliedschaft in der Reichskultur- und in einer Ingenieurkammer nichts entgegenstünde, solange die Kammern noch existierten und noch nicht entschieden sei, welches Amtsorgan die Ziviltechniker in Zukunft betreuen würde. Im Übrigen verwies man auf die gute Zusammenarbeit und das gute Einvernehmen, das mit dem Gauamt für Technik gepflegt werde.

Geklärt werden musste auch, wer die Agenden des Ministeriums für Wirtschaft und Arbeit ab dem Zeitpunkt wahrnehmen sollte, an dem dieses aufgrund des „Ostmarkgesetzes"[104] aufhören würde zu existieren. Konkret handelte es sich um Aufgaben und Befugnisse der Angelegenheiten der Ziviltechniker 1. Instanz, wie sie in den Vorschriften ab der Ziviltechnikerverordnung von 1913 bis hin zu ihrer letzten

Abänderung vom 12. Jänner 1938 galten, also beispielsweise Entscheidungen über die abzulegenden Prüfungen bzw. deren Nachlass und über die Nachsicht von den vorgeschriebenen Fachstudien, aber auch um ihre Funktion als Berufungsbehörde. Im Ministerium fanden mehrere Besprechungen statt, infolge derer vorgeschlagen wurde, dass die Befugnisse mit 1. Oktober 1939 auf die örtlich zuständigen Reichsstatthalter übergehen sollten.[105]

Davon ausgenommen werden sollten die Angelegenheiten der Architekten und Zivilingenieure für Hochbau, die bereits durch die Reichskulturkammergesetzgebung neu geregelt waren (→ S. 80), und die Angelegenheiten der Ingenieurkonsulenten für Bergwesen, Hüttenwesen und Markscheidewesen sowie der Zivilingenieure für Bergwesen und Hüttenwesen, die dem (Bundes-)Ministerium für Wirtschaft und Arbeit als Oberster Bergbehörde vorbehalten waren und die der in Österreich neu zu errichtenden „Bergbehörde" übertragen werden sollten.

Die nächste Instanz sollte beim „sachlich zuständigen Reichsministerium" liegen, in Frage kamen dafür das Reichswirtschafts- und das Reichsarbeitsministerium. Diese Vorschläge wurden als Entwurf für eine Kundmachung formuliert und dem Reichskommissar für die Wiedervereinigung Österreichs mit der Bitte vorgelegt, diese „ehetunlichst zu verfügen".[106]

Die Übertragung auf die jeweiligen Reichsstatthalter wurde schließlich in der „Vierten Verordnung über die Übertragung von Aufgaben und Befugnissen des Reichsstatthalters in Österreich (Österreichische Landesregierung) vom 28. Oktober 1939"[107] geregelt, als Berufungsbehörde wurde die „sachlich zuständige Oberste Reichsbehörde" bestimmt, ohne zu definieren, wer dies im konkreten Fall sei.

Mit 1. März 1940 wurde die Berufsordnung der „Öffentlich bestellten Vermessungsingenieure"[108] aus dem Jahr 1938 auch in der „Ostmark" und im „Reichsgau Sudetenland" eingeführt, bis Jahresende konnten Zivilgeometer bzw. Ingenieurkonsulenten für Vermessungswesen eine Zulassung zur Weiterführung ihrer Tätigkeit beantragen.[109]
→ Abb. II/9

Nicht nur die Berufsausübung, auch die Ausbildung von Technikern und die akademischen Grade sollten nach dem Willen des Reichsministers für Wissenschaft, Erziehung und Volksbildung vereinheitlicht werden. Auch hier zeigte sich, dass es von Seiten der reichsdeutschen Behörden kein Interesse gab zu prüfen, ob österreichische Besonderheiten übernommen werden könnten, Vereinheitlichung hieß in diesem Fall die Übernahme reichsdeutscher Verhältnisse. Da sich Studien- und Prüfungsordnungen jedoch nicht so rasch umstellen ließen, wurden Übergangsbestimmungen erlassen. Anstelle der Staatsprüfungen trat die Diplomprüfung, für die vorerst die gleichen Prüfungsbestimmungen galten. Damit konnte der Titel „Dipl. Ing." auch ohne Umstellung der Studiengänge von Absolvent:innen der Technischen Hochschulen, der Montanistischen Hochschule und der Hochschule für Bodenkultur erworben werden. Zudem konnten die Rektoren der genannten Hochschulen Absolvent:innen, die das Studium mit den Staatsprüfungen abgeschlossen hatten, den neuen Titel auf Wunsch unbürokratisch und kostenfrei bescheinigen. Ausgenommen waren „Juden ohne Rücksicht auf die Staatsbürgerschaft".[110] Die erst 1937 getroffene Regelung zur Führung der Standesbezeichnung „Ingenieur" sollte hingegen aufgehoben werden. Begründet wurde dies damit, dass die Erwerbung des Ingenieurtitels in Österreich, wo sie an eine ministerielle Bewilligung gebunden war, schwieriger sei als in Deutschland, wo dies nicht notwendig und auch keine praktische Betätigung nachzuweisen war.[111]

II.1.4
Verordnung über die Ziviltechniker
in den Alpen- und Donau-Reichsgauen
vom 30. Juli 1942

Nach jahrelangem Ringen erfolgte die Entscheidung über das österreichische Ziviltechnikerwesen schließlich 1942 mit der „Verordnung über die Ziviltechniker in den Alpen- und Donau-Reichsgauen".[112] Alle bis dahin geltenden Verordnungen und Gesetze, die die Belange der Ziviltechniker und der Ingenieurkammern regelten – von der Staatsministerialverordnung vom 13. Dezember 1860 bis zur letzten Verordnung aus dem Jahr 1938 – wurden mit Paragraf 1 außer Kraft gesetzt. Damit konnten keine neuen Befugnisse mehr verliehen werden. Hingegen blieben alle Befugnisse, die nach diesen Vorschriften erteilt worden waren, bestehen (Paragraf 2), und die betroffenen Ziviltechniker durften in gewohnter Weise als solche weiterarbeiten. Es wurde sogar angedacht, ein neues Siegel mit Hakenkreuz einzuführen.
→ Abb. II/10

Eine Ausnahme stellten die Architekten, deren Befugnis nur bis zu einer „reichsrechtlich" einheitlichen Regelung gelten sollte.

Die Verordnung besiegelte zudem mit Paragraf 5 die Auflösung der Ingenieurkammer für Oberösterreich und Salzburg (Linz), der Ingenieurkammer für Steiermark und Kärnten (Graz) und der Ingenieurkammer für Tirol und Vorarlberg (Innsbruck).

Hauptvermessungsabteilung XIV
(Behörde)

Verhandelt
Wien, den 15. Juli 1941
zu Nr. 704 der Liste der öffentlich bestellten Vermessungsingenieure.

Niederschrift über die Vereidigung des

Dipl.Ing. Franz Siegl
(Vorname, Name)

geboren am 2. August 1903 in Wocheiner-Feistritz, der als öffentlich bestellter Vermessungsingenieur zugelassen worden ist.

Dem Erschienenen wurde die Eidesformel vorgelesen. Er wurde auf die Bedeutung des Treueides hingewiesen. Er wiederholte unter Erheben der rechten Hand die ihm vorgesprochene Eidesformel:

„Ich schwöre, dem Führer des Deutschen Reiches und Volkes, Adolf Hitler, Treue zu halten und die Pflichten eines deutschen öffentlich bestellten Vermessungsingenieurs gewissenhaft zu erfüllen, so wahr mir Gott helfe."

v. g. u.

(Vor- und Zuname)

Dies wird unterschriftlich bescheinigt

(Leiter der Behörde oder dessen Beauftragter, Amtsbezeichnung)

Anlage B zum RdErl. d. RuPrMdI. v. 31. 3. 1938 — VI a 4136/38-6846 (RMBliV. S. 585).

Abb. II/9 Franz Siegl wird mit der Nummer 704 in die Liste der öffentlich bestellten Vermessungsingenieure aufgenommen, 15. 7. 1941.

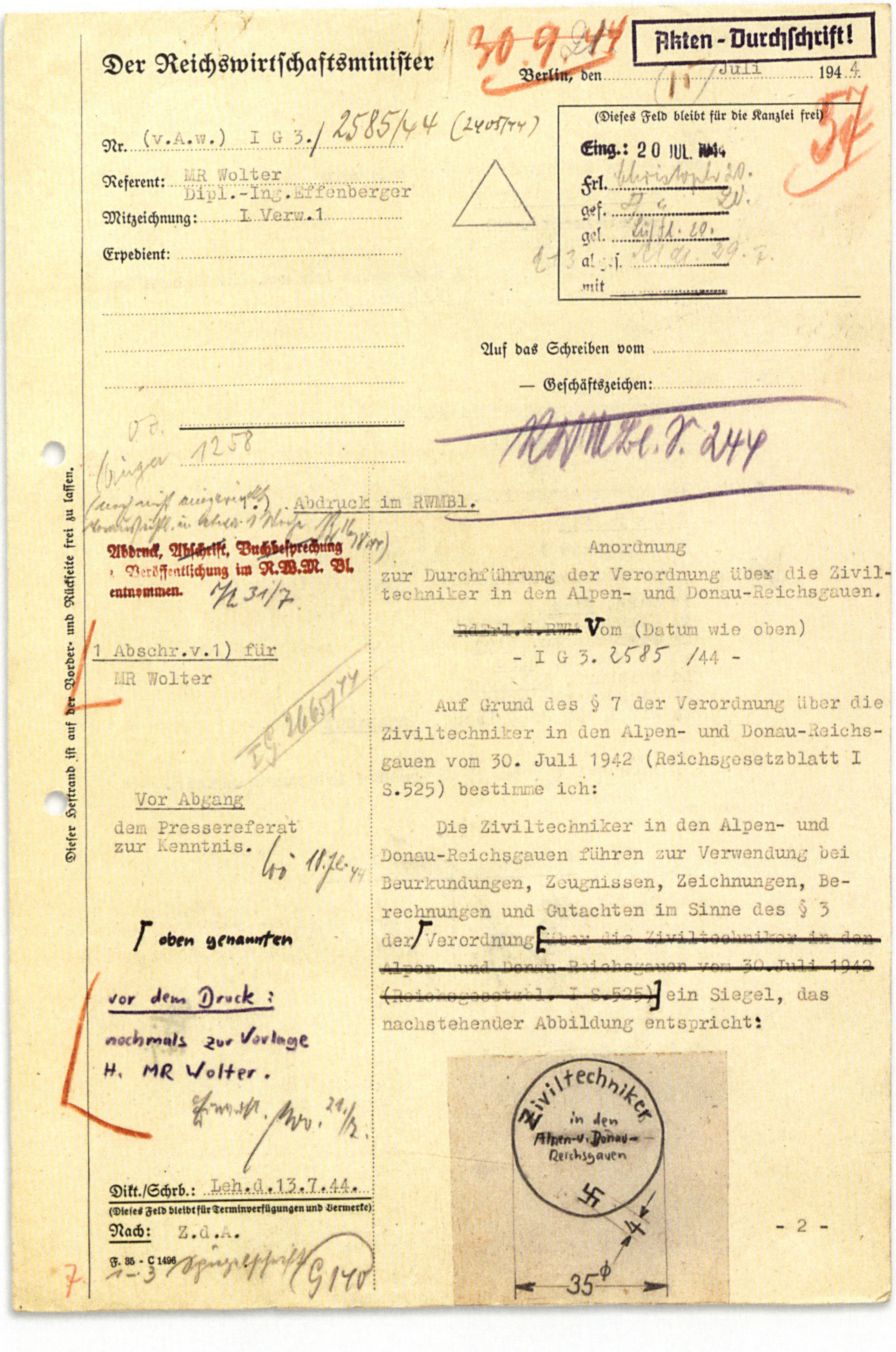

Der Reichswirtschaftsminister

Berlin, den 11. Juli 1944

Akten-Durchschrift!

Nr. (v.A.w.) I G 3. / 2585/44 (2405/44)

Referent: MR Wolter
Dipl.-Ing. Effenberger
Mitzeichnung: L. Verw. 1
Expedient:

(Dieses Feld bleibt für die Kanzlei frei)
Eing.: 20 JUL 1944

Auf das Schreiben vom
— Geschäftszeichen:

Abdruck im RWMBl.

1 Abschr.v.1) für
MR Wolter

Vor Abgang
dem Pressereferat
zur Kenntnis.

oben genannten

vor dem Druck:
nochmals zur Vorlage
H. MR Wolter.

Dikt./Schrb.: Leh.d.13.7.44.
Nach: Z.d.A.

Anordnung
zur Durchführung der Verordnung über die Ziviltechniker in den Alpen- und Donau-Reichsgauen.

Vom (Datum wie oben)
— I G 3. 2585 /44 —

Auf Grund des § 7 der Verordnung über die
Ziviltechniker in den Alpen- und Donau-Reichs-
gauen vom 30. Juli 1942 (Reichsgesetzblatt I
S.525) bestimme ich:

Die Ziviltechniker in den Alpen- und
Donau-Reichsgauen führen zur Verwendung bei
Beurkundungen, Zeugnissen, Zeichnungen, Be-
rechnungen und Gutachten im Sinne des § 3
der Verordnung ~~über die Ziviltechniker in den
Alpen- und Donau-Reichsgauen vom 30. Juli 1942
(Reichsgesetzbl. I S.525)~~ ein Siegel, das
nachstehender Abbildung entspricht:

— 2 —

Abb. II/10   Die österreichischen Ziviltechniker sollen ein Rundsiegel mit Hakenkreuz erhalten, 15.7.1944.

```
gauleitung wien der nsdap    wien 23.2.43  17.10 uhr  fs 211/43
-der gaupersonalamtsleiter-
==================================================
                                                  25. Feb. 1943
an die
partei - kanzlei
m u e n c h e n  33,
-----------------------
fuehrerbau.

betrifft: bestellung des dr.techn.dipl.ing.
          v i s i t i n i   franz zum praesidenten
          der ingenieurkammer i.l.fuer wien,
          niederdonau und burgenland.
-----------------------------------------

uns.zeichen: pol. 1.295 v/z.
ihr zeichen: roem. 3 b 1-ste.3420/4/v.
-----------------------------------------

zu ihrem fernschreiben vom 17. februar 1943 nr. 1.282 gebe ich
ihnen bekannt:
franz  v i s i t i n i , geb. 3.7.1874 in wien, wohnhaft wien-
mauer, franz asenbauergasse 5, ist parteigenosse seit 1.4.1932
und fuehrt die mitgliedsnummer 902.816. der genannte ist in
politischer und charakterlicher hinsicht vollkommen einwandfrei.
er ist gaumitarbeiter im amt fuer technik.

heil hitler.
gez. volkmer.

durchgegeben fuer gaultg wien: guetzer +
angenommen: keiditsch    1715 uhr+
```

Abb. II/11 Die politische Beurteilung Franz Visintinis durch das Gaupersonalamt Wien fällt zufriedenstellend aus, 23.2.1943.

VO-1461

Ingenieurkammer für Tirol und Vorarlberg
Innsbruck, Bismarckplatz 1/III.

Innsbruck, am 8.Feber 1943.
Fernruf 1438

R u n d s c h r e i b e n   Nr. 61

1.) <u>Personales</u>.

Am 9.1.1943 ist unser langjähriges Mitglied Dr.Ernst Pfretschner in Innsbruck gestorben. Wir haben einen aufrechten Kameraden verloren.

2.) <u>Betreuung der Mitglieder:</u>

Im Nachhange zum Rundschreiben Nr.60 vom 10.Dezember 1942 teilen wir mit, daß der Gauamtsleiter des Amtes für Technik mit Schreiben vom 2.Febr.1943 auf Grund des mit der Gauwaltung der DAF gepflogenen Einvernehmens bekanntgegeben hat, daß sich die Zivilingenieure in allen Fragen der fachlichen und beruflichen Betreuung, soweit diese nicht durch die zuständige Ingenieurkammer wahrgenommen werden, an das Amt für Technik, Abteilung Berufsfragen, wenden mögen.

3. <u>Führung des amtlichen Siegels</u>.

Von der vorgesetzten Behörde langte folgende Mitteilung ein:

"Da die Führung eines amtlichen Siegels auch für die Zivilingenieure des bisherigen Rechtes (§ 2 der Verordnung vom 30.Juli 1942, RGBl.I S.525) nicht mehr vorgesehen ist, ist auch die Führung des ehemaligen österreichischen Bundeswappens mit einer Durchbalkung zufolge Erl.des Reichswirtschaftsministeriums vom 27.Aug.1942, Zl.III G (8) 31712/42 nicht gestattet.

Der Herr Reichswirtschaftsminister hat sich weitere Weisungen vorbehalten."

Heil Hitler !
Ingenieurkammer für Tirol und Vorarlberg
i.A. Dipl. Ing. Karl Steiner

Qu.1097

Abb. II/12 Die Ingenieurkammer für Tirol und Vorarlberg informiert ihre Mitglieder weiterhin über Belange der Ziviltechniker, 8.2.1943.

Hingegen wurde die Ingenieurkammer für Wien, Niederösterreich und Burgenland (Wien) als „Ingenieurkammer i. L. in Wien" weitergeführt, um die Belange „sämtlicher Ziviltechniker der Alpen- und Donau-Reichsgaue" zu vertreten. Ausgenommen waren lediglich die Ingenieurkonsulenten für Vermessungswesen. Die Aufsicht über die Kammer wurde vom Reichsstatthalter in Wien ausgeübt, ihr Präsident vom Reichswirtschaftsministerium „im Einvernehmen mit der Partei-Kanzlei" bestellt (Paragraf 5, Absatz 3).

Der Reichsstatthalter in Wien schlug vor, Franz Visintini zum Präsidenten der „Ingenieurkammer in Liquidation" in Wien zu ernennen. Er begründete seine Wahl damit, dass Visintini die Geschäfte der Wiener Kammer „seit dem Anschluß in geradezu vorbildlicher und uneigennützigster Weise" als kommissarischer Leiter führe und „infolge seiner vorzüglichen persönlichen und fachlichen Eigenschaften das Vertrauen der gesamten Ziviltechnikerschaft in den Alpen- und Donau-Reichsgauen" genieße, auch in politischer Hinsicht sei er „als altes Mitglied der NSDAP bestens zu empfehlen".[113] Die zuständige Stelle im Reichswirtschaftsministerium war geneigt, diesem Vorschlag zu folgen, und bat die Parteikanzlei in München um die notwendige Zustimmung.[114] Nachdem diese die – positive – politische Beurteilung des Gaupersonalamtes in Wien eingeholt hatte, wurde Visintini im April 1943 als Präsident der Ingenieurkammer i. L. in Wien bestätigt.

→ *Abb. II/11*

Wie ein Rundschreiben der Kammer in Innsbruck vom Februar 1943 zeigt, bestanden die aufgelösten Kammern offenbar noch fast ein Jahr weiter.

→ *Abb. II/12*

Als Erstes sollten im Frühjahr 1943 die Geschäfte der Kammer für Oberösterreich und Salzburg in Linz an die Kammer in Wien übergeben werden, und zwar anlässlich der Einberufung zur Wehrmacht des kommissarischen Präsidenten Hans Arndt mit 15. März 1943. Laut seinen Angaben war sein „engster Arbeitsausschuß" in der Kammer ohnehin nicht mehr arbeitsfähig, da ein Mitarbeiter verstorben und ein weiterer schwer erkrankt sei und der Dritte in den Staatsdienst gewechselt habe und deshalb aus der Kammer ausscheiden müsse.[115] Im August berichtete Miklauzhizh dem Reichsarbeitsminister, dass die drei aufgelösten Kammern ihre Tätigkeit eingestellt und ihr Vermögen an die Ingenieurkammer i. L. in Wien überwiesen hätten.[116]

→ *Abb. II/13–14*

Die Liste der noch vorhandenen Mobilien war mehr als bescheiden. „1 alter Kasten, 1 Abziehapparat, 1 kleine eis. Handkasse" und Kisten mit Aktenmaterial in Linz, drei Kisten mit Aktenmaterial in Graz und ein Aktenschrank, einige Bundesgesetzesblätter und eine Schreibmaschine in Innsbruck waren alles, was von den Kammern übrig war. Die Schreibmaschine wurde nach Wien geschickt, die restlichen Gegenstände sollten verkauft werden und der Erlös an die Kammer i. L. in Wien gehen. Eine Endabrechnung wurde in Aussicht gestellt, sobald dieser Verkauf und der Transport des Aktenmaterials abgeschlossen seien. Ob dieser angesichts der zitierten „gegenwärtigen Transportschwierigkeiten" wie geplant stattfand, wurde nicht festgehalten.[117] Zu diesem Zeitpunkt leitete Miklauzhizh bereits die Unterabteilung V e, wo er für die Verwaltung der Schlösser, Reichsgärten und des Tiergartens Schönbrunn verantwortlich zeichnete.[118] Das mit dem Ziviltechnikerwesen beschäftigte Referat V b AT war überflüssig geworden.

II.1.5
Österreichische Ziviltechniker im NSBDT

Obwohl die Liquidation der Ingenieurkammern und die Übernahme der österreichischen Ziviltechniker nicht wie vom Hauptamt für Technik geplant durchgeführt werden konnten und zahlreiche Befugnisse aufrechtblieben, wurde von den österreichischen Ziviltechnikern – wie von allen Technikern der „Ostmark" – erwartet, dass sie dem NSBDT beitraten. Dieser Einheitsverband sollte seit 1934 alle technischen Verbände und Vereine ersetzen. Die wenigen, die weiter existieren durften, wie beispielsweise der Verband Deutscher Ingenieure (VDI), bekamen den Beisatz „im NSBDT". Die Führung des NSBDT lag beim Hauptamt für Technik,[119] einer Parteidienststelle der NSDAP, Amtsleiter war Fritz Todt, der die Belange der Technik im Dienst des Nationalsozialismus unter anderem als Generalinspektor für das Deutsche Straßenwesen, Reichsminister für Bewaffnung und Munition (ab 1940) und Generalinspektor für Wasser und Energie (ab 1941) vorantrieb.

In Österreich dürften am 16. März 1938, unmittelbar nach der nationalsozialistischen Machtübernahme, zwei Techniker initiativ geworden sein und „analog zur deutschen Organisation ein Gauamt gebildet" haben. Es handelte sich dabei um Benno Gürke, der bei einer Kundgebung der Ingenieure und Techniker am gleichen Tag bereits als Gauamtsleiter auftrat, und Franz Kuba, Privatdozent an der TH Wien,[120] der als stellvertretender Leiter des NSBDT und Beauftragter für die Gleichschaltung der technischen Vereine und Körperschaften im Amt für Technik der NSDAP auftrat. Offenbar hatten sich

DER REICHSSTATTHALTER IN WIEN

Zl. V c T Ch-40.700/1943.

R.Wi.Min.
28. AUG. 1943
WIEN, DEN 21. August 1943.
L. JOSEF-BÜRCKEL-RING 1
FERNRUF B 3 95 75

An den
Herrn Reichswirtschaftsminister
in Berlin W 8,
Behrenstraße 43.

Betrifft: Überführung der Ingenieurkammern in Linz, Graz und Innsbruck auf die Ingenieurkammer i.L. in Wien.

Z. Z. III G 6355/43 vom 28.VI.1943.

Berichterstatter: Reg. Dir. Miklauzhizh.

Anlagen: --

Die Ingenieurkammer i.L. in Wien hat mitgeteilt, daß die Ingenieurkammer für Oberdonau u. Salzburg in Linz, die Ingenieurkammer für Steiermark und Kärnten in Graz und die Ingenieurkammer für Tirol und Vorarlberg in Innsbruck ihre Tätigkeit eingestellt und ihr Vermögen bereits teilweise an die Ingenieurkammer i.L. in Wien überwiesen haben.

Die ehem. Ingenieurkammer für Oberdonau und Salzburg in Linz schloß mit einem Vermögenssaldo wie folgt ab:

Allgemeine Sparkassa Linz .... RM 1.135'25
3 ½ % Reichsanleihe Nom. .... "   200'--
4 ½ % Schatzanweisung 1938/II ...... "   700'--
                                    RM 2.035'25

Vorhandene Mobilien:
1 alter Kasten,
1 Abziehapparat,
1 kleine eis. Handkasse,
einige Kisten Aktenmaterial.

Die ehem. Ingenieurkammer für Steiermark und Kärnten schloß mit einem Vermögenssaldo wie folgt ab:

Steiermärkische Sparkasse in Graz .. RM 1.506'74
Bargeldsaldo (Handkassa) .... "   316'54
                                    RM 1.823'28

Keinerlei Kanzleigeräte etc. vorhanden, sondern lediglich ungefähr 3 Kisten Aktenmaterial.

Die ehem. Ingenieurkammer für Tirol u. Vorarlberg (Innsbruck) schloß mit einem Vermögenssaldo wie folgt ab:

Sparkasse der Stadt Innsbruck	RM 1.059'77
Postsparkassenkonto	" 10'17
Handkassa	" 622'41
	RM 1.692'35

Vorhandene Mobilien:
1 zweiteiliger Aktenschrank,
1 Schreibmaschine Smith-Bros, die der Wiener Kammer zur Verfügung gehalten werden muß.
Einige Jahrgänge Bundesgesetzblätter u.
2 Bände Praunegger-Kommentar zur Gewerbeordnung.
Kanzleimaterial und Kanzleigeräte nicht vorhanden.

Die Endabrechnung kann jedoch erst nach Bezahlung der noch ausständigen Förderungen für Übersendung des Aktenmaterials und Verkauf der vorhandenen Mobilien erfolgen. Mit Rücksicht auf die gegenwärtigen Transportschwierigkeiten und den geringen Wert der Gegenstände wurde Anweisung gegeben, die Einrichtungsgegenstände mit Ausnahme der Schreibmaschine der Innsbrucker Kammer, die von der Wiener Kammer übernommen werden wird, an Ort und Stelle zu verkaufen und den Erlös an die Wiener Kammer abzuführen.

Im Auftrage:

Neuaufbau der technischen Organisation in der Ostmark.

Durch die Verfügung des Stillhaltekommissars, Reichsamtsleiter A. Hofmann, vom 15. Juli 1938, sind die bisher in der Ostmark bestehenden Vereine, Verbände und Organisationen der Technik gelöscht worden. Dadurch ist auch auf dem Gebiet der Technik endlich Raum geschaffen worden zur Zusammenfassung aller arbeits- und aufbauwilligen ingenieurmäßig Schaffenden (Ingenieure, Mittelschultechniker und Chemiker).

Sicher wurde auch bisher in den österreichischen technischen Vereinen nutzbringende Arbeit geleistet, aber die Zersplitterung verhinderte eine geschlossene Einsatzmöglichkeit aller Techniker bei den lebenswichtigen Fragen unseres Volkes.

In der heutigen Zeit, in der das deutsche Volk seine Kräfte zur Sicherung der nationalen Wirtschaftsfreiheit mobilisiert, sollen auch alle in der Technik Schaffenden der Ostmark über die tägliche Berufstätigkeit hinaus, an den großen Aufgaben des Führers mitarbeiten. Mit sofortiger Wirkung sind daher bei sämtlichen 7 Gauleitungen der Ostmark Ämter für Technik und Gauwaltungen des Nationalsozialistischen Bundes Deutscher Technik (NSBDT) errichtet worden.

Der NSBDT ist die einzige deutsche Ingenieur- und Technikerorganisation und steht unter der Führung des Generalinspektors Dr. Ing. Fritz Todt. Der NSBDT umfaßt mit seinen 5 Fachgruppen (Mechanische Technik und allgemeine Ingenieurwissenschaften; Elektrotechnik, Gas und Wasser; Chemie; Bauwesen; Bergbau und Hüttenwesen) alle Ingenieur- und Technikervereinigungen des Altreiches und gibt in seinen Arbeitskreisen den Mitgliedern die Möglichkeit, durch technisch-wissenschaftliche Gemeinschaftsarbeit an der Entwicklung der technischen Wissenschaften positiv mitzuarbeiten. Allen Mitgliedern wird durch das Vortragswesen und die Veröffentlichungen Gelegenheit gegeben, ihr Wissen und Können stets auf dem neuesten Stand zu erhalten. Der NSBDT ist zugleich der kameradschaftliche Zusammenschluß aller in der Technik Tätigen, der durch seine enge Verbindung mit der NSDAP auch ständig für die weltanschauliche Ausrichtung und Schulung seiner Mitglieder besorgt ist.

Es wird daher von allen technisch Schaffenden der Ostmark erwartet, daß sie sich sofort bei den für sie zuständigen Gauwaltungen des NSBDT zur Aufnahme in die Organisation der deutschen Technik melden. Eine sofortige Meldung ist unbedingt erforderlich, damit die von den bisherigen technischen Vereinen in Österreich geleisteten Arbeiten nicht unterbrochen werden.

Diese Neuregelung soll nichts zerschlagen was wertvoll war, sondern wird vielmehr die gesunde Entwicklung aller bisherigen wertvollen Arbeiten zum gedeihlichen Gemeinschaftswerk fortsetzen.

Männer der Technik in der Ostmark!

An Euch ergeht der Appell zum Eintritt in die freiwillige Leistungsgemeinschaft der deutschen Techniker, den NS-Bund Deutscher Technik.

Wien, 1. August 1938

(Link)

Siehe Rückseite!

Abb. II/15 Link ruft die Techniker in der „Ostmark" zum Beitritt in den NSBDT auf, 1.8.1938.

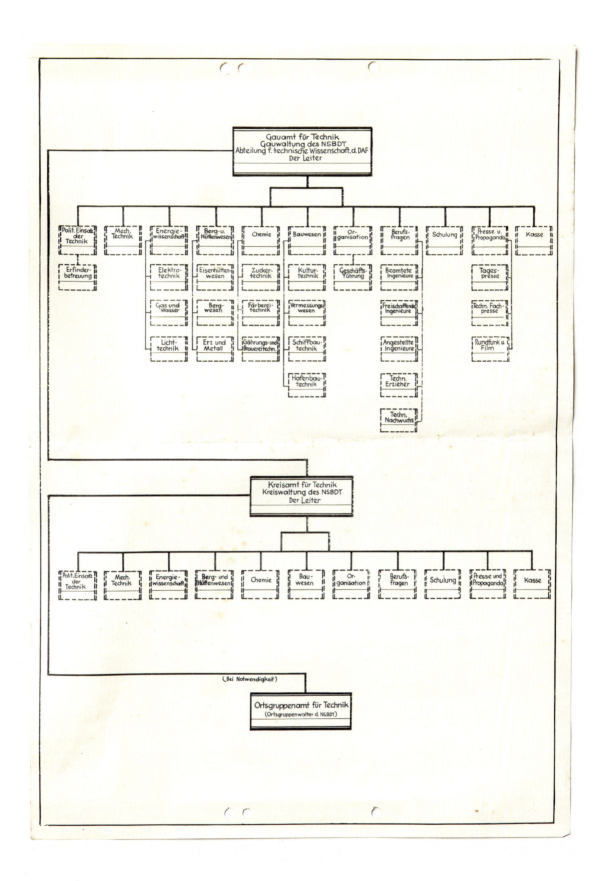

Abb. II/16 Die Organisation des NSBDT auf Gau-Ebene, undatiert.

beide schon während der Verbotszeit auf den Moment der Machtübernahme vorbereitet und konnten deshalb so rasch agieren. Beide schlossen sich auch dem NSBDT an, was dieser aber nicht bestätigte. Davon machte der Leiter des Österreichischen Ingenieur- und Architektenvereines Rudolf Heine Reichskommissar Josef Bürckel am 21. März Meldung und erklärte, dass die 15.000 bis 20.000 österreichischen Ingenieure wissen wollten, „wohin sie organisatorisch gehören". Gürke wurde als Gauamtsleiter bestätigt und von Bürckel zum kommissarischen Leiter der gesamten Techniker- und Ingenieur-Organisationen der „Ostmark" ernannt.

Das Gründungsdatum des NSBDT auf dem Gebiet Österreichs ist der 15. Juli 1938. Einen Tag später hielt Gürke eine Rundfunkrede, die sich an die „deutschen Techniker der Ostmark" richtete. Er verkündete die Gründung des NSBDT in den „Ostmarkgauen" als „einzige deutsche Ingenieur- und Techniker-Organisation" und die geplante Auflösung aller bisherigen technischen Vereine. Alle, die in diesen ihre Kräfte „zersplittert" hatten, sollten beitreten und „am Ausbau der technischen Gemeinschaftsarbeit positiv Anteil nehmen".[121] Ähnlich lautete im August 1938 ein Aufruf zum „Neuaufbau der technischen Organisation in der Ostmark", der vom Leiter der Überleitungsstelle Ostmark des NSBDT in Wien namens Link unterzeichnet war.[122]

→ Abb. II/15

Organisatorisch wurden von Fritz Todt bei den sieben Gauleitungen auf dem Gebiet Österreichs Ämter für Technik der NSDAP und Gauwaltungen des NSBDT errichtet. Der jeweilige Gauamtsleiter war in Personalunion auch Gauwalter des NSBDT, der wiederum in Fachgruppen eingeteilt war.

→ Abb. II/16

Für den Beitritt mussten eine Beitrittsanmeldung und ein NSBDT-Fragebogen ausgefüllt werden. Aus einem Briefwechsel zwischen dem Verband deutscher Elektrotechniker e. V. im NS-Bund Deutscher Technik (VDE) und dem NSBDT geht hervor, dass sich auch „Nichtarier" angemeldet haben dürften.[123] Diese wurden aber unter den „Abgängen" verzeichnet. Mitte August 1939 waren im Gau Wien bereits 2.594 Mitglieder verzeichnet,[124] eine eigene Ausgabe des Gaumitteilungsblattes des NSBDT war in Vorbereitung.[125] Auch die meisten der „arischen" österreichischen Ziviltechniker traten dem NSBDT bei,[126] einige gestalteten dessen Politik als Funktionäre aktiv mit (→ S. 101).

Zusammenfassend lässt sich sagen, dass die Interessen der bestehenden Ziviltechniker auch in der NS-Zeit von den Ingenieurkammern in Liquidation und ab 1943 von der Ingenieurkammer in Liquidation in Wien vertreten wurden. Von den Technikern wurde aber erwartet, dass sie dem NSBDT beitraten, Architekt:innen mussten Mitglied der Reichskammer der bildenden Künste sein, um ihren Beruf weiterhin ausüben zu dürfen. Voraussetzung für alle war dabei, dass sie in Bezug auf ihre Herkunft den „Nürnberger Gesetzen" entsprachen und politisch mit den Machthabern konform gingen – oder zumindest nicht aktiv gegen sie auftraten. Damit wurde ein beträchtlicher Teil der Ziviltechniker vom Berufsleben ausgeschlossen.

II.2
Die Eingliederung der Architekten in die Reichskulturkammer

Ingrid Holzschuh

II.2.1
Die neue Reichskulturkammer in Deutschland (1933)

Die Errichtung der Reichskulturkammer (RKK) wurde ein halbes Jahr nach Machtergreifung der Nationalsozialisten, am 15. November 1933, in einem feierlichen Akt in der Philharmonie in Berlin von Propagandaminister Joseph Goebbels in Anwesenheit von Adolf Hitler verkündet.[127] Die rechtliche Grundlage für die neue NS-Institution bildete das am 22. September 1933 beschlossene Reichskulturkammergesetz.[128] Die Aufgabe der RKK im nationalsozialistischen Sinn war es, alle Sparten und Belange der deutschen Kultur zu fördern und zu regulieren. „Jede kulturguterzeugende und -verbreitende Tätigkeit auch geringfügiger und gelegentlicher Art (nebenberuflich) unterliegt nach der Reichskulturkammergesetzgebung der Anmeldepflicht bei einer der zuständigen Einzelkammern der Reichskulturkammer",[129] wobei jegliche Art von „individualistische[r] Note" der Kulturschaffenden verhindert werden sollte, um damit „die ungehinderte Entfaltung des Kulturbolschewismus" einzuschränken.[130] Mit der auf diesem Gesetz beruhenden zwangsweisen Zusammenführung aller im Kulturbereich Tätigen begann in Deutschland die Verstaatlichung und Überwachung der deutschen Kultur, die als Aufgabe der Partei seitens des Ministers für Propaganda und Volksaufklärung Joseph Goebbels gelenkt wurde.

Die RKK setzte sich aus insgesamt sieben Einzelkammern zusammen: der Reichspressekammer, der Reichsrundfunkkammer, der Reichsfilmkammer, der Reichstheaterkammer, der Reichsmusikkammer, der Reichsschrifttumskammer und der Reichskammer der bildenden Künste, der auch die Berufsgruppe der Architekt:innen zugeteilt war. Die Kammern erhielten die Eigenschaft von Körperschaften des öffentlichen Rechts und waren in der Gesamtkörperschaft, der RKK, vereinigt.[131] Vom Präsidenten der RKK wurde für jede Einzelkammer ein Präsident ernannt, dem wiederum ein Präsidialrat zur Seite gestellt wurde und aus dem ein oder mehrere Stellvertreter sowie ein Geschäftsführer bestimmt wurden.[132]

Der Aufbau der RKK wurde unmittelbar nach der Verkündigung ihrer Errichtung in Angriff genommen. Zur raschen Umsetzung war ein „kooperatives Eingliederungsverfahren"[133] zwischen Berufsverbänden und Reichsorganisation notwendig, wobei Personen aus den Berufsverbänden den Behörden maßgebliche Informationen über die Organisation und deren Mitglieder lieferten. In nur wenigen Jahren entwickelte sich die Organisation der RKK zu einem gewaltigen Verwaltungsapparat, mit circa 2.000 Mitarbeitern Ende 1937 und Hunderttausenden von Mitgliedern.[134]

→ Abb. II/17

Da der berufsständische Aufbau im nationalsozialistischen Sinne Bestandteil des NS-Parteiprogramms war, war auch die Mitgliedschaft gesetzlich festgelegt. So heißt es in der ersten Verordnung des RKK-Gesetzes: „Wer bei der Erzeugung, der Wiedergabe, der geistigen oder technischen Verarbeitung, der Verbreitung, der Erhaltung, dem Absatz oder der Vermittlung des Absatzes von Kulturgut mitwirkt, muß Mitglied der Einzelkammer sein, die für seine Tätigkeit zuständig ist."[135] Als „Kulturgut" wurde sowohl „jede Schöpfung oder Leistung der Kunst, wenn sie der Öffentlichkeit übermittelt wird", als auch „jede andere geistige Schöpfung oder Leistung, wenn sie durch Druck, Film oder Funk der Öffentlichkeit übermittelt wurde", definiert.[136] So waren nicht nur Kulturschaffende verpflichtet, Mitglied zu werden, sondern auch alle, die an der öffentlichen Vermittlung von Kulturgut in irgendeiner Weise mitwirkten.

Bis zur endgültigen Konsolidierung der RKK wurden in Deutschland vorerst automatisch alle – so auch jüdische – Kulturschaffende in die Kammer übernommen, die in Berufsverbänden organisiert waren.[137] Die Situation änderte sich im Frühjahr 1934, nachdem Propagandaminister Goebbels in einer Rede erklärt hatte, dass „ein jüdischer Zeitgenosse" seiner „Ansicht und Erfahrung" nach „im allgemeinen ungeeignet" sei, „Deutschlands Kulturgut zu verwalten", und damit restriktive Aufnahmebestimmungen in Kraft gesetzt wurden.[138] Als eigener „Beauftragter für die Überwachung der geistig und künstlerisch tätigen Nichtarier im deutschen Reichsgebiet" wurde der dritte Geschäftsführer der RKK Hans Hinkel ernannt. Damit blieb allen in der Kultur tätigen Personen, die jüdischer Herkunft waren, die Aufnahme in die RKK gesetzlich verwehrt. Eine fehlende Mitgliedschaft in der RKK kam einem Berufsverbot gleich und bedeutete für viele den Entzug der Lebensgrundlage.

Das durch die Pflichtmitgliedschaft eingeführte und von der Behörde festgelegte Aufnahmeverfahren lieferte dem NS-Regime ein wichtiges Instrument für die Bestandserhebung der Kulturschaffenden, die vor allem für die politische Lenkung eingesetzt werden konnte. Damit konnte das NS-Regime nicht nur die „nicht arischen" Personen selektieren, sondern auch ihr berufliches Werk diskreditieren. Das Aufnahmeverfahren der RKK wurde somit zum wichtigsten Kontroll- und Lenkungsinstrument der NS-Kulturpolitik.[139]

→ Abb. II/18

II.2.2
Die Konsolidierung der Reichskulturkammer in der „Ostmark"

Unmittelbar nach dem „Anschluss" wurde in Österreich durch den neuen Landesleiter der NSDAP Hubert Klausner die Errichtung einer vorerst provisorischen Landeskulturkammer verordnet, die bis zur Errichtung der RKK im Juni 1938 bestand. Der parteitreue Lyriker Hermann Stuppäck[140] wurde zum Landeskulturwalter ernannt. Sowohl er als Leiter als auch seine Fachreferenten wurden direkt vom Reichspropagandaamt eingesetzt.[141] „Der erste Schritt in der Arbeit der provisorischen Landeskulturkammer war, fast alle Inhaber wichtiger kultureller Positionen abzusetzen und den neuen Machthabern genehme Leiter kommissarisch einzusetzen",[142] wobei die Neubesetzungen vorerst nach parteipolitischen Gesichtspunkten erfolgte, da erst mit Einführung der RKK-Gesetzgebung das Ministerium von Goebbels zuständig war.[143] Eine weitere Aufgabe bestand darin, festzustellen, welche Organisationen und Verbände vorhanden waren, Um- bzw. Neuorganisationen zu verhindern und den Neuaufbau der

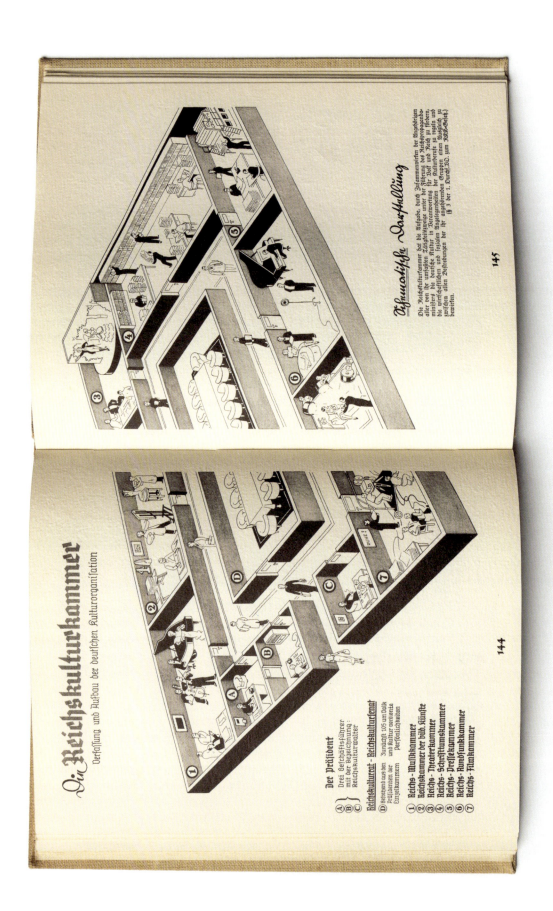

Abb. II/17 Eine grafische Darstellung im „Reichsbürgerhandbuch" aus dem Jahr 1938 visualisiert den Aufbau der Reichskulturkammer in ihre sieben Einzelkammern, 1938.

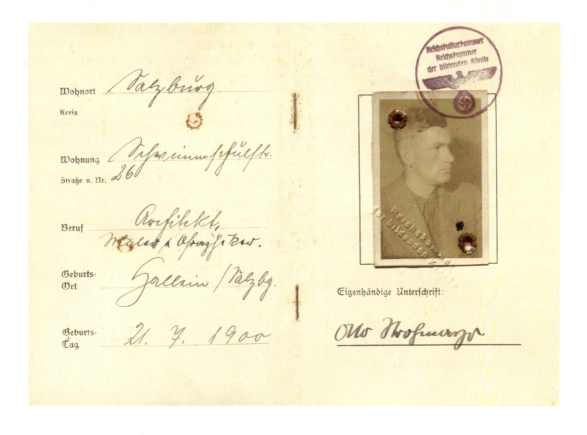

Abb. II/18 Das Mitgliedsbuch der Reichskammer der bildenden Künste (Reichskulturkammer) des Salzburger Architekten Otto Strohmayr, ausgefertigt am 1.7.1938.

Berufsstände nach dem Muster der Reichskulturkammer intern vorzubereiten. Parallel dazu setzte Reichskommissar Josef Bürckel im März 1938 Albert Hoffmann zum „Stillhaltekommissar" in Wien ein, der für die Vermögensabwicklungen sowie für die Auflösung der bestehenden Berufsverbände und Berufsorganisationen in Österreich verantwortlich zeichnete.[144] Als Vermittler für diese Aufgabe wurden deren Leiter vom NS-Regime durch kommissarische Leiter ersetzt, die die notwendigen Informationen über die Mitglieder und das Vermögen der Institutionen lieferten und damit deren Liquidation sowie die Überführung ihrer Mitglieder in die RKK vorbereiteten.[145] Auch die Ingenieurkammern, als Berufsorganisation der Ziviltechniker, waren von der Auflösung und Neuorganisation betroffen (→ _S. 60_).

Mit der Verordnung über die Einführung der RKK-Gesetzgebung vom 11. Juni 1938[146] war schließlich auch in Österreich die RKK gesetzlich verankert und damit auch die neue Standesvertretung der freischaffenden Architekt:innen geregelt.[147] Auf der Vorarbeit der provisorischen Landeskulturkammer und der kommissarischen Leiter aufbauend, konnten nun eine rasche Umsetzung des RKK-Gesetzes und der Aufbau der Einzelkammern erfolgen.

II.2.3
Architekten als Funktionäre
der Reichskammer
der bildenden Künste in der „Ostmark"

Die Berufsgruppe der Architekt:innen gehörte der Reichskammer der bildenden Künste (RdbK) an. Diese schloss die Vertretung jener Mitglieder ein, die in der bildenden Kunst selbstständig tätig waren, und umfasste folgende Berufsgruppen: „Architekten, Gartengestalter, Maler, Graphiker, Bildhauer, Gebrauchsgraphiker, Kunsthandwerker, Entwerfer, Raumausstatter, Kopisten, Restauratoren, Kunst- und Antiquitätenhändler, Kunstverleger und Kunstblatthändler, Gebrauchs- und Werbekunstmittler, Künstler- und Kunstvereine, Vereine für Kunsthandwerk."[148] Auch „Anstalten der bildenden Künste" als Unterrichtsstätten und wichtige Vermittler von Kunst unterlagen dem RKK-Gesetz, womit „die Reichskammer die Möglichkeit [hatte], auf die Kunsterziehung, auf die Heranbildung der kommenden Künstlergenerationen einzuwirken".[149] Die an Ausbildungsstätten lehrenden Personen mussten ebenfalls Mitglieder der RdbK sein.

Die Zentralbehörde der RdbK befand sich in Berlin, deren Leitung übernahm im Herbst 1933 der deutsche Architekt Eugen Hönig als Präsident. Hönig hatte die Funktion drei Jahre inne, 1936 folgte ihm der Maler Adolf Ziegler nach. Die regionale Gliederung der RdbK erfolgte dem Aufbau der NSDAP entsprechend nach den Gauen, in dem sich jeweils eine Landesleitung (Landeskammer) befand. Abhängig von der Größe der Landeskammern waren dem Landesleiter Geschäftsführer zur Seite gestellt. Wie auf zentraler Ebene erfolgte auch in den Landesleitungen die Unterteilung – abhängig von der Größe – in verschiedene Fachgruppen, die wiederum von Referenten betreut wurden.[150]

Die Fachreferenten wurden vom Landesleiter berufen und waren in erster Linie Persönlichkeiten, die bereits vor dem „Anschluss" in den Berufsverbänden und Berufsorganisationen eine führende Funktion innegehabt hatten und den politischen Voraussetzungen im nationalsozialistischen Sinn entsprachen. Sie waren als Fachexperten eingesetzt, die im Aufnahmeverfahren der RdbK eine wichtige Rolle spielten. Ihnen oblag die Bewertung der „künstl. Fähigkeit und charakterl. Eigenschaft"[151] jener Personen, die eine Mitgliedschaft in die RdbK beantragten, und sie bereiteten deren Antragsunterlagen zur Vorlage beim Landesleiter vor, durch den die letzte Kontrolle vor Weiterleitung nach Berlin erfolgte. Darüber hinaus waren die Referenten Ansprechpartner für die in ihrer Fachgruppe registrierten Mitglieder, vor allem bei rechtlichen und organisatorischen Fragen der Berufsvertretung. Sie führten diese Aufgabe ehrenamtlich aus und unterstützten die Landesleiter mit ihrer Fachexpertise.

Die Quellenlage zu den einzelnen Landesleitungen der RdbK in der „Ostmark" ist überaus heterogen. Der umfassendste Bestand an Dokumenten ist von der größten Landesleitung, jener in Wien, überliefert und umfasst knapp 3.000 Mitgliederakten.[152] Für die übrigen Landesleitungen fehlen solche Bestände. Überliefert sind jedoch die Namen jener Personen, die in den Gauen als Landesleiter eingesetzt wurden. Zu ihnen zählen Persönlichkeiten, die der NSDAP sehr nahe standen und größtenteils bereits in der Verbotszeit aktiv in der Partei tätig waren, sie galten als besonders loyal.

Der personelle Aufbau und damit die Größe der Länderkammern waren in den Gauen unterschiedlich, was höchstwahrscheinlich auf die Mitgliederzahlen zurückzuführen ist. In der größten Landeskammer in Wien gab es neben dem Landesleiter einen Geschäftsführer und mehrere Fachreferenten. Auch in Oberdonau findet man neben dem Landesleiter mehrere namentlich angeführte Fachreferenten. In den übrigen Gauen ist teilweise nur der Landesleiter namentlich angeführt, Angaben zu Fachreferenten stellen eher die Ausnahme dar.

→ _Tabelle II/1_

Keinem Architekten wurde die Funktion eines Landesleiters überantwortet, jedoch finden sich Namen von Architekten auf Ebene der Geschäftsführung sowie der Fachreferenten, unter ihnen überzeugte Nationalsozialisten sowie Opportunisten, die sich an Aufbau und Organisation der RdbK aktiv beteiligten.

Gau Wien

Die Landesleitung Wien wurde unmittelbar nach dem „Anschluss" im Künstlerhaus (Karlsplatz 5, 1. Bezirk)[153] als Dienststelle des „Beauftragten aller Institutionen für bildende Kunst", später als Landesleitung Wien, eingerichtet und der Maler Leopold Blauensteiner zu ihrem Leiter ernannt. Als Geschäftsführer der Behörde wurde der Architekt Marcel Kammerer eingesetzt. Mit Kammerer übernahm ein Mitglied der Ingenieurkammer für Wien, Niederösterreich und Burgenland die wichtigste politische Funktion in der Verwaltung der Wiener RdbK.

Abb. II/19
Marcel Kammerer, undatiert.

Marcel Kammerer, geboren am 4. November 1878 in Wien, studierte Architektur bei Otto Wagner an der Akademie der bildenden Künste und war bis 1910 dessen erster Mitarbeiter im Büro. 1911 verließ er Wagners Atelier und gründete mit seinen Studienkollegen Emil Hoppe und Otto Schönthal eine Ateliergemeinschaft, die zu den erfolgreichsten Ateliers in den letzten Jahren vor dem Ersten Weltkrieg gehörte. Nach Ende des Krieges schied Kammerer aus dem gemeinsamen Atelier aus und wandte sich vermehrt der Malerei zu. Kammerer war überzeugter Nationalsozialist und trat 1933 als Mitglied der NSDAP bei.[154] 1936 übernahm er die Funktion einer Art „Verbindungsmann" zwischen der nationalsozialistisch gesinnten Künstlerschaft in Österreich und den politischen Stellen in Berlin und München.[155] Kammerer hatte erst im April 1937,[156] also mit 59 Jahren, um Erteilung der Befugnis eines Architekten angesucht, die er mit dem Bescheid vom 14. Juni 1937 erhielt.[157] Seinen Kanzleisitz meldete er in Weidling/Klosterneuburg in Niederösterreich an. Er wurde von Hitler mit der „Medaille der Erinnerung an den 13. März 1938" ausgezeichnet, die für besondere Verdienste beim „Anschluss" vergeben wurde.[158] Kammerer engagierte sich schon vor dem März 1938 in der nationalsozialistischen Kulturpolitik und gehörte dem illegalen Landeskulturamt der NSDAP an,[159] wodurch er die besten Voraussetzungen für die politische Funktion in der RdbK mitbrachte. In dieser Position konnte er seinem Antisemitismus, den er bereits vor 1938 in diversen Mitteilungsblättern des Zentralverbandes kundgetan hatte, in der Kunstpolitik freien Lauf lassen.[160] Neben seiner bürokratischen Tätigkeit in der RdbK war er auch in der NS-Zeit weiterhin als Maler tätig, Planungen als Architekt in der NS-Zeit sind nicht bekannt. Im Jänner 1944 ging Kammerer als Geschäftsführer der RdbK in den Ruhestand, arbeitete jedoch weiterhin ehrenamtlich als Referent für Kunsthandwerk.[161] Aufgrund seiner Pensionierung in der NS-Zeit entging Kammerer nach dem Zweiten Weltkrieg einem Entnazifizierungsverfahren. 1946 legte er seine Befugnis als Architekt zurück[162] und zog 1955 nach Kanada, wo er am 25. November 1959 in Ottawa verstarb.

Abb. II/20
Robert Örley, undatiert.

Der zweite in der Wiener RdbK tätige Architekt war Robert Örley, der die Position des Referenten für Architektur besetzte. Örley, geboren am 24. August 1876 in Wien, besuchte nach einer Tischlerlehre die Kunstgewerbeschule in Wien. 1898 erwarb er die Baumeisterkonzession, war jedoch bis 1903 vorerst nur als Maler tätig. In der Folge arbeitete er als freischaffender Architekt und ab 1911 als Sachverständiger sowie Schätzmeister für Architektur und Hochbau.[163] Am 23. Juli 1926 wurde Örley die Befugnis eines Architekten erteilt.[164] Zwei Monate nach dem „Anschluss" trat er der NSDAP bei.[165] Als gut vernetzter Kenner der Architektenschaft wurde er 1939 von Landesleiter Leopold Blauensteiner zum Referenten ernannt. Als freischaffender Architekt beteiligte er sich an mehreren öffentlichen Wettbewerben, darunter

Tabelle II/1
Landesleitungen der Reichskammer der bildenden Künste (RdbK) in der „Ostmark"

	Landesleiter	Geschäftsführer	Referent für die Fachgruppe Architektur
Gau Wien	Leopold Blauensteiner, Maler	Marcel Kammerer, Architekt (bis 1944) Franz Schlögel, Schriftsteller	Robert Örley, Architekt
Gau Oberdonau	Ernst August Freiherr von Mandelsloh, Maler		Armin Sturmberger, Architekt
Gau Niederdonau	Kunibert Zinner, Bildhauer		Franz Zajicek, Architekt (ab 1943)
Gau Salzburg	Richard Spitz, Maler (bis 1942) Karl Reisenbichler, Maler		
Gau Steiermark	Hans Mauracher, Bildhauer		
Gau Tirol-Vorarlberg	Ernst Nepo, Maler (bis 1939 und ab 1942) Max Esterle, Maler (1939–1941)		
Gau Kärnten	Max Bradaczek, Maler		

Quellen: Ostmarkjahrbuch 1941, Krakauer Schreibkalender 1942 und 1943, Salzburger Amtskalender 1942.

jenem für ein Denkmal in Wöllersdorf (Dezember 1938). Den bereits vor der NS-Zeit von ihm entwickelten Planungsschwerpunkt im Städtebau konnte er in der NS-Zeit weiter ausbauen, und es entstanden mehrere städtebauliche Entwürfe, wie die gemeinsam mit seinem Ziviltechniker-Kollegen Erwin Ilz entwickelte Studie für die Neugestaltung der Stadt Wien, die in der Literatur als einer der vier „Professorenvorschläge"[166] überliefert ist. Wie aus dem Gauakt Örleys hervorgeht, profitierte er von seiner Mitarbeit in der NS-Kunstpolitik und war Nutznießer der antisemitischen Politik des NS-Regimes.[167] Im Herbst 1943 meldete Örley bei der Kammer seine Kanzleiverlegung in die Alser Straße 21, 8. Bezirk, an.[168] Er bekam die Wohnung des jüdischen Dermatologen Robert Otto Stein[169] zugesprochen, die 1942 von den Nationalsozialisten beschlagnahmt worden war. Unmittelbar nach dem Krieg, im April 1945, versuchte Stein mit Unterstützung der russischen Kommandantur die Wohnung von Örley zurückzubekommen, was ihm auch gelang.[170] Der Entnazifizierung musste sich Robert Örley nicht mehr stellen, er starb am 15. November 1945 bei einem Unfall vor der Wiener Secession.

Abb. II/21
Armin Sturmberger, ca. 1938.

Gau Oberdonau

Die Landesleitung in Oberdonau war, was die Anzahl der Referenten betrifft, die zweitgrößte Landeskammer in der „Ostmark". Wie in Wien wurde auch hier ein Maler, Ernst August Freiherr von Mandelsloh, als Landesleiter eingesetzt, der seit 1932 Mitglied der NSDAP war.[171] Als Referent für Architektur in Oberdonau ist im Ostmarkjahrbuch 1942 Armin Sturmberger angeführt, auch er ein Architekt mit aufrechter Befugnis.[172] Sturmberger war im April 1938 in der Mitgliederliste der Ingenieurkammer für Oberösterreich und Salzburg[173] als Parteigenosse ausgewiesen.

Armin Sturmberger, geboren am 23. August in Haag, begann 1908 mit dem Studium der Philologie an der Universität Wien und wechselte anschließend in jenes der Architektur an der TH Wien (1909–1914). Nach seiner 2. Staatsprüfung legte er die „Zivil-Ingenieurprüfung bei der N.Ö. Landesregierung"[174] ab. Im Ersten Weltkrieg leistete er Kriegsdienst. 1924 trat er als Lehrer in die Höhere Staatsgewerbeschule in Linz ein, wo er 1925 Professor wurde. Daneben begann auch seine selbstständige Tätigkeit in Linz als freischaffender Architekt.[175] Neben Einfamilienhäusern plante er Wohnbauten und Inneneinrichtungen in Linz und Freistadt sowie ein Kino und Wohnhäuser in Haag.[176] Erfolgreich nahm er an verschiedenen Wettbewerben teil, wie dem für die Kriegerdenkmäler in Gmunden (2. Preis) und Steyr (1. Preis), die Festhalle Hessenplatz in Linz (ein halber 1. und 2. Preis) und die Verbauung Volksgarten Linz (2. Preis).[177] In seinem Fragebogen zur Aufnahme in die RdbK gab Sturmberger an, dass er am Entwurf der Karolinenbrücke in Salzburg maßgeblich beteiligt gewesen sei.[178] Sturmberger trat am 1. Oktober 1937 in die NSDAP ein, erhielt die Mitgliedsnummer 6.373.590 bzw. 34.028[179] und galt damit nach 1945 als „Illegaler". Er war auch Mitglied in einem der deutschnationalen Nachfolgevereine der ehemaligen „Großdeutschen Volkspartei" und des „Deutschen Schulvereins Steiermark". Seine politische Funktion im Nationalsozialistischen Bund Deutscher Technik (NSBDT) wurde im Gauakt als „Kassenverwalter im Amt f. Technik" angegeben.[180] Nach 1945 wurde Sturmberger seine frühe Parteizugehörigkeit zum Verhängnis. Da er im Erfassungsantrag vom 23. Mai 1938 angegeben hatte, am 1. Oktober 1937 der NSDAP beigetreten zu sein, und damit unter das Verbotsgesetz fiel, wurde er aus dem Schuldienst entlassen.[181] 1949 brachte Sturmberger ein Ansuchen zur „Überprüfung der Registrierungspflicht" und „Feststellung der [...] vermerkten Dauer der Zugehörigkeit der NSDAP" ein, da er gegenüber den Behörden versicherte, dass sein Parteieintrittsdatum von der NSDAP auf 1. Oktober 1937 zurückdatiert worden sei. Er selber gab an und belegte dies auch mit mehreren Zeugenerklärungen, dass er erst nach dem 13. März 1938 der NSDAP beigetreten sei.[182] Seinem Ansuchen wurde schließlich stattgegeben, und Sturmberger wurde 1949 wieder in den Schuldienst als Professor der Bundesgewerbeschule Linz aufgenommen, wo er bis 1954 unterrichtete.[183] Sturmberger starb am 15. August 1973 in Linz.

Gau Niederdonau

1941 ist der Bildhauer Kunibert Zinner als Leiter der Landesleitung Niederdonau angeführt, weitere Namen fehlen. Erst 1943[184] ist mit Franz Zajicek ein Referent für die Fachgruppe der Architektur ausgewiesen.[185]

Abb. II/22
Franz Zajicek, undatiert.

Franz Zajicek, geboren am 13. April 1912 in Wien,[186] hatte in der NS-Zeit noch keine Befugnis eines Architekten, diese erlangte er erst nach dem Krieg. Seine Ausbildung im Fach der Architektur erhielt er von 1931 bis 1934 als Gasthörer an der Kunstgewerbeschule in Wien bei Oskar Strnad. Daran anschließend war er ab 1936 selbstständig tätig. Im Mai 1935 trat er in die NSDAP ein (Mitgliedsnr. 6.124.273),[187] womit er in der Verbotszeit Parteimitglied wurde. Im Personal-Fragebogen der NSDAP gab er an, dass er mit der „Arbeitsvergebung von illegalen Professionisten" beschäftigt war.[188] Erst nach dem „Anschluss" kam Zajicek in Waidhofen an der Ybbs an größere Aufträge, wie den „Bau von Gefolgschaftshäusern" und „Lokaladaptierungen".[189] 1939 stellte sich jedoch bei der Ausfertigung der Ariernachweise heraus, dass seine Ehefrau „jüdischer Mischling zweiten Grades" war, was mit dem Beschluss des Gaugerichts vom 12. August 1939[190] seinen Ausschluss aus der NSDAP nach sich zog.[191] Die Ablehnung wurde am 31. Mai 1940 von der Reichsleitung bestätigt.[192] Trotz seines Ausschlusses aus der Partei konnte Zajicek weiterhin als Referent für Architektur bei der RdbK Niederdonau tätig sein.[193] Seinen Lebensmittelpunkt behielt er nach dem Zweiten Weltkrieg in Niederösterreich.[194] Die Befugnis eines Ziviltechnikers erhielt er, nachdem er 1958 erfolgreich um Nachsicht der „Studien und der Ziviltechnikerprüfung" angesucht hatte, schließlich im Jahr 1962.[195] Zajicek starb vermutlich im Jahr 2006.

Gau Salzburg

Auch die Quellenlage zur RdbK in Salzburg ist schwierig, da deren Aktenbestände nach dem Krieg nicht aufgefunden wurden.[196] Als Landesleiter des Gaus Salzburg wurde der Maler Richard Spitz eingesetzt, sein Stellvertreter war Karl Reisenbichler, ebenfalls ein Maler. 1942 übernahm Reisenbichler von Spitz die Funktion des Landesleiters.[197] Ein eigener Referent für die Fachgruppe der Architektur ist nicht verzeichnet.

Gaue Steiermark, Kärnten und Tirol, Vorarlberg

In den Adressverzeichnissen der Länderabteilungen der Gaue Steiermark, Kärnten und Tirol/Vorarlberg scheinen keine Architekten auf. Leiter der Landesleitung Steiermark war der Bildhauer Hans Mauracher, in Kärnten der Maler Max Bradaczek und im Gau Tirol/Vorarlberg die Maler Ernst Nepo und Max Esterle. Da auch hier keine eigenen Referenten für Architektur ausgewiesen sind, ist anzunehmen, dass die Agenden der Architekt:innen jeweils direkt bei den Landesleitern angesiedelt waren.

II.2.4
Die Sonderregelung für Architekten

Mit der Einführung der RKK-Gesetze wurden die Architekten in einen Zwiespalt getrieben. Denn einerseits entsprach die Eingliederung in die RdbK dem künstlerischen Selbstverständnis ihres Berufes, andererseits wollten sie die mit der Befugnis eines Ziviltechnikers erteilten Rechte nicht verlieren. Dazu kam, dass die neuen Voraussetzungen, die für eine Aufnahme in die RdbK nachzuweisen waren, die strengen und lang erkämpften Kriterien der Ingenieurkammer aufweichten und damit ihre Errungenschaften verloren gingen. Die Herauslösung der Architekten aus der Ingenieurkammer bedeutete für sie einen Rückschritt in ihren Erfolgen, denn wie bereits um die Jahrhundertwende ging es für die Architekten um die Frage, wie der Spagat zwischen freien Kunstschaffenden und behördlich autorisierten technischen Vertretern zu schaffen sei.

Wie bereits in der Zwischenkriegszeit war es Architekt Siegfried Theiss, der sofort nach dem „Anschluss" begann, die Standesinteressen der Architekten gegenüber den neuen Machthabern zu vertreten. Sein Ansehen als Architekt, seine gute berufliche Vernetzung sowie seine Tätigkeit als Hochschulprofessor an der TH Wien sicherten ihm eine gute Ausgangsposition für die Verhandlungen mit dem NS-Regime. Seine NSDAP-Mitgliedschaft war sicherlich von Vorteil.[198]

Ging es ihm vormals darum, die Rechte für die Architekten in der Demokratie der Ersten Republik auszuweiten, setzte Theiss sich nun im diktatorischen System der Nationalsozialisten dafür ein, dass sie diese nicht verlieren. Er forderte unter anderem eine einheitliche Regelung für alle Ziviltechniker, die die Aufrechterhaltung der Befugnisse der Ziviltechniker sichern sollte. Ebenso bemühte er sich, die notwendigen Voraussetzungen zum Schutz des Berufsstandes der Architekt:innen zu schaffen, die sich vor allem in Fragen der Ausbildung und der Eignungsprüfung manifestierten.

Das Engagement von Theiss stieß auf Reichsebene jedoch nicht auf Verständnis, und es wurden ihm Kompetenzüberschreitungen vorgeworfen. Aufschluss darüber gibt ein Schreiben der RdbK an den Leiter der Fachgruppe Bauwesen im NSBDT, in dem diese kritisiert, dass sich Theiss mit „Architektenfragen" wie „Erhebungen über eine durchzuführende Eignungsprüfung bei der Zulassung als Architekt, Werbung von Architekten in der Öffentlichkeit" oder „Schulung der Architekten in fachlicher Hinsicht usw." beschäftige. Dies sei nicht mit der zentralen Stelle in Berlin abgesprochen, die sich selber mit diesen Fragen befasse.[199] Die RdbK in Berlin forderte den Leiter der Fachgruppe Bauwesen im NSBDT auf, Theiss anzuweisen, dass er seine Arbeit zu diesem Thema zu unterlassen habe, da ansonsten der Anschein entstünde, dass sich die Reichskammer nicht um diese Fragen kümmere.[200] 1942 einigte man sich schließlich auf eine Lösung, die Gruppe der Architekten bekam eine eigene Regelung zugesprochen.

Am 30. Juli 1942 wurden die seit 1860 bestehenden Gesetze für den Berufsstand der Ziviltechniker mit der „Verordnung über die Ziviltechniker in den Alpen- und Donau-Reichsgauen"[201] außer Kraft gesetzt. Ein Erfolg für die Ziviltechniker war, dass die bestehenden Befugnisse und die damit verbundenen Rechte aufrecht blieben (→ S. 70). Für Architekten galt dies laut Paragraf 2 Punkt 2 „jedoch nur bis zu dem Zeitpunkt, mit dem der Beruf des Architekten reichsrechtlich einheitlich geregelt ist".[202] Die NS-Politik war bestrebt, keinen Sonderfall „Ostmark" zu schaffen. Als Ziel galt es, die künstlerische Bedeutung des Architektenberufs zu stärken.

Die Verordnung wurde von Theiss nicht sehr wohlwollend aufgenommen. Er nahm dazu in einem umfangreichen Schreiben Stellung, das er dem Reichstatthalter in Wien am 23. Dezember 1942 übergab. Theiss sah in der Verordnung eine ungleiche Behandlung gegenüber den Ziviltechniker, die „auf Lebensdauer ihre Rechte" beibehalten können. Die Architekten würden aber ihrer Rechte verlustig werden und damit benachteiligt sein.[203] Theiss' Stellungnahme wurde von Wien an den Reichswirtschaftsminister nach Berlin und von dort direkt an den Reichsminister für Volksaufklärung und Propaganda weitergeleitet. Dort wurde explizit noch einmal auf die ausreichende Formulierung in Paragraf 2 verwiesen – damit war für sie die Sache erledigt.[204]

Der Schriftwechsel zwischen den verschiedenen Akteuren und Ministerien verdeutlicht die komplexe Situation des Sonderfalles der ostmärkischen Architekten, der mit der Verordnung von 1942 noch immer nicht gelöst schien. Ein vorläufiges Ende fand die Diskussion mit dem Schreiben von Hans Schmidt-Leonhardt, dem Geschäftsführer der RKK, an den Reichswirtschaftsminister vom 9. März 1943, in dem er ihm mitteilte, dass die „Weiterbearbeitung eines Entwurfs des Architektengesetzes" bezüglich der Befugnisse der Architekten infolge der Kriegsverhältnisse bis auf Weiteres zurückgestellt wurde.[205] Die Kriegsereignisse hatten die Sorge der ostmärkischen Architekten um den Verlust der Befugnis überschattet und wichtigere Fragen in den Vordergrund gerückt. Hervorzuheben ist, dass sich die Bemühungen von Theiss auf jene Architekten beschränkten, die bereits eine Befugnis innehatten. Denn die zukünftige Generation unterstand dem RKK-Gesetz, mit neuen Berufsregeln, das keine dem Ziviltechnikergesetz entsprechende Befugnis mehr vorsah (→ S. 80).

II.2.5
Die Liquidierung der
Reichskulturkammer

Auf den Zerfall des nationalsozialistischen Regimes folgte die Liquidierung aller in der NS-Zeit gegründeten Institutionen, damit auch jener der Reichskulturkammer sowie der ihr untergeordneten Reichskammer der bildenden Künste. Das RKK-Gesetz trat außer Kraft, und die österreichischen Gesetze fanden wieder Anwendung.

Die Architekten, die in der NS-Zeit berufstätig gewesen waren, arrangierten sich individuell mit dem neuen politischen System. Nach dem Krieg stand der Wiederaufbau der Zweiten Republik im Zentrum der Politik, und Verstrickungen mit dem NS-System wurden in der Regel verdrängt. Wurden nach 1945 zunächst auf Basis des Verbotsgesetzes alle NSDAP-Mitglieder registriert, folgte 1947 mit dem Nationalsozialistengesetz eine Novelle, die diesen Personenkreis in „Belastete" und „Minderbelastete" einteilte und sie nach dem Ausmaß ihrer Betätigung und Verantwortung innerhalb der NSDAP beurteilte. 1948 verabschiedete der Nationalrat eine Amnestie für die „Minderbelasteten", die bei den Nationalratswahlen 1949 wieder stimmberechtigt waren. Nur sehr hohe Funktionäre und in der Verbotszeit politisch aktive Parteimitglieder („Illegale") mussten sich vor den Volksgerichten verantworten und wurden auch verurteilt.

Siegfried Theiss

Zivilarchitekt
(1882–1963)

Vizepräsident der Ingenieurkammer für W, NÖ, Bgld (1927–1937)
Leiter des Gauarbeitskreises Baugestaltung Wien (bis 1941)
Berater des deutschen „Volksgruppenführers" in Bratislava (ab 1942)

Abb. II/23
Siegfried Theiss, undatiert.

Siegfried Theiss wurde am 17. November 1882 in Bratislava geboren und begann 1901 das Studium der Architektur an der Technischen Hochschule in Wien, das er 1906 abschloss. Anschließend wechselte er an die Akademie der bildenden Künste, wo er bis 1907 die Meisterschule bei Friedrich Ohmann besuchte. Ab 1911 war er Mitglied der Zentralvereinigung der Architekten (ZV) Österreichs und von 1919 bis 1931 deren Präsident. 1918 begann Theiss seine Lehrtätigkeit an der TH Wien, die er – mit kurzen Unterbrechungen – bis in die 1950er Jahre ausübte.

Gleich nach seinem Studium machte er sich als Architekt selbstständig, mit seinem Kollegen Hans Jaksch[206] eröffnete er ein eigenes Büro. Nach Kriegsende erhielt Theiss eine außerordentliche Professur an der TH Wien, die 1924 in eine ordentliche Professur überging. Gegen Ende der 1920er Jahren konnte das Büro Theiss-Jaksch im Rahmen des sozialen Wohnbauprogramms der Gemeinde Wien mehrere Wohnhausanlagen realisieren.

Wie viele seiner freischaffenden Architekturkollegen bemühte sich auch Siegfried Theiss erst sehr spät – nach bereits 15 Jahren selbstständiger Tätigkeit –, die Befugnis eines Zivilingenieurs zu erlangen. Er erhielt am 28. Dezember 1922 die Befugnis eines Zivilingenieurs für Architektur und Hochbau,[207] die er 1925 auf die Befugnis eines Zivilarchitekten[208] übertragen ließ. Von 1927 bis 1937 hatte er die Funktion des Vizepräsidenten der Ingenieurkammer für Wien und Niederösterreich inne und übernahm in der Zwischenkriegszeit auch im Sektionsvorstand die Aufgabe des Präsidenten.[209] Auch in der Zeit der Dollfuß-Schuschnigg-Diktatur war das Büro Theiss-Jaksch gut ausgelastet, neben einer Reihe von Einfamilienhäusern entstand unter anderem das „Hochhaus" in der Herrengasse, das als Vorzeigeprojekt des modernen Bauens im „Ständestaat" galt.

Dass Theiss auch im politischen Machtapparat des NS-Regimes seine Position sichern bzw. festigen wollte, zeigt ein von ihm im Mai 1938 verfasster Lebenslauf, in dem er gerade jene Tätigkeiten stark hervorhob, die er bereits vor dem „Anschluss" in Kooperation mit dem „Altreich" gemacht hatte. So betonte er, dass er in der illegalen Zeit „in verschiedener Weise laufende Unterstützungen für nationale und PG.-Kreise gegeben" habe.[210] Sowohl er[211] als auch sein Atelierpartner Hans Jaksch[212] waren Mitglied der NSDAP und übernahmen Aufträge der Partei in der „Ostmark" wie auch im „besetzten Osten". Das Büro gestaltete in den 1940er Jahren arisierte Villen um, entwarf NS-Heime und – wie schon im faschistischen „Ständestaat" – Bauten für die Milchindustrie.[213] Zu den bekanntesten Projekten im Osten zählen der „Bau des Hauses der deutschen Partei" in Bratislava, sein Wettbewerbsbeitrag für das „Regierungsviertel" in Bratislava wie auch die städtebauliche Planung von „Prag Stadtmitte".[214] Als „gebürtiger Pressburger" wurde er zum ständigen Berater des deutschen „Volksgruppenführers" in Bratislava.[215]

Neben seiner Bürotätigkeit war Theiss auch im NSBDT in der Fachgruppe Bauwesen tätig und hatte die Leitung des Gauarbeitskreises Baugestaltung Wien inne. Von dieser Funktion wurde er 1941 befreit, um sich „der wichtigen Frage der Vorklärung des Deutschen Architekten- und Ingenieurrechts" zu widmen.[216]

Siegfried Theiss zählt zu den wenigen Architekten der „Ostmark", die auf die Liste der sogenannten „Gottbegnadeten" gesetzt wurden, die 1944 von Adolf Hitler und Joseph Goebbels, Präsident der Reichskulturkammer und Reichsminister, erstellt wurde und die 1.041 Namen von Künstler:innen aus allen Sparten der bildenden Kunst, Architektur, Literatur, Musik und Schauspielkunst umfasste. Für das NS-Regime waren sie unverzichtbare „Kulturschaffende", die im „Künstlerkriegseinsatz" standen und damit vom Kriegsdienst befreit waren.[217] Auch im Rahmen der Rüstungspolitik, die mit dem voranschreitenden Krieg immer mehr Gewicht in den Planungsaufgaben bekam, wurde Theiss als Berater und Mitstreiter herangezogen bzw. stellte sich dafür bereit.[218] Noch im Februar 1945 – also wenige Wochen vor Kriegsende – schrieb Theiss an das Rektorat der TH Wien, dass er nach „Ober-Donau und Steiermark" in „U-Verlagerungsangelegenheit" verreisen müsse.[219]

Nach dem Zweiten Weltkrieg wurde er mit 16. Mai 1945[220] seiner Stelle als Hochschullehrer enthoben. Obwohl nicht nachzuweisen war, dass er vor 1938 Mitglied der NSDAP war, erklärte der damalige Rektor der TH Wien Adalbert Duschek[221] zu Theiss: „Er hat jedoch später ständig das Parteizeichen getragen und zu den politischen Geschehen in einer Weise Stellung genommen, die ihn schwerstens belastet und sein Verbleiben an der Hochschule unmöglich macht."[222] Duschek forderte seine Pensionierung, damit der Lehrstuhl neu besetzt werden könne.

Theiss, der nach dem Ende des Krieges in Gröbming in der Steiermark untergekommen war, verteidigte sich im September 1945, verwies auf seine späte NSDAP-Mitgliedschaft und führte seine Bemühungen um die Berufsgruppe und seine Tätigkeiten in der Ingenieurkammer an.[223] Wie bei allen Universitätsangehörigen wurde auch Theiss' Fall bei der in der TH Wien eingesetzten „Sonderkommission" vorgebracht, die zur Entnazifizierung eingesetzt wurde. Mit deren Urteil vom 30. November 1945 wurde Theiss rehabilitiert und als Lehrer wieder eingesetzt.[224] Theiss unterrichtete noch bis zu seinem Ruhestand 1947 und wurde durch einen Senatsbeschluss 1951 auf weitere Jahre als Honorarprofessor an die TH Wien berufen.[225]

Auch in seinem freischaffenden Beruf als Architekt konnte er nach 1945 an seine Erfolge bruchlos anschließen. Theiss wurde als „minderbelastet" eingestuft und durfte wieder als Ziviltechniker arbeiten.[226] Wie bereits in der Monarchie, in der Ersten Republik und den faschistischen Systemen nahm das Büro Theiss & Jaksch an den großen Bauaufgaben des Staates teil, im Wiederaufbau konnte es noch eine Vielzahl an Projekten verwirklichen. Siegfried Theiss starb am 24. Jänner 1963 im 81. Lebensjahr in Wien.

II.3
Karrieren unter dem Hakenkreuz – die Rolle der Ziviltechniker im Nationalsozialismus

Alexandra Wachter

II.3.1
Die österreichischen Ingenieure feiern den „Anschluss"

Ähnlich wie in Deutschland, wo die Berufsgruppe der Ingenieure ab 1933 eine enorme Aufwertung erfuhr und den neuen Machthabern aus Dank – oder Überzeugung – ihre kompromisslose Unterstützung zusagte,[227] bekannten sich auch die österreichischen Techniker offiziell zum NS-Staat und gelobten, am „großen Aufbauwerk des Deutschen Reiches" mitzuarbeiten.[228] So rief der Österreichische Ingenieur- und Architektenverein unter der Leitung von Rudolf Heine bereits am 16. März 1938 als „Spitzenverein" der NS-Techniker zu einer Festkundgebung auf, bei der die Einheit und Entschlossenheit der österreichischen Ingenieure proklamiert wurde.

→ Abb. II/25

Die behördlich autorisierten Ziviltechniker widersetzten sich zwar den deutschen Bestrebungen, ihren mühsam errungenen Sonderstatus abzuschaffen, und waren bemüht, den österreichischen „Sonderweg" fortzusetzen (→ S. 62). Dass dies von den reichsdeutschen Entscheidungsträgern hartnäckig ignoriert wurde, mag gewisse Ressentiments geschürt haben, änderte aber nichts an der breiten Unterstützung oder zumindest stillschweigenden Duldung des NS-Systems. Tatsächlich gelang es in Deutschland wie in Österreich bemerkenswert gut, die Ingenieure für nationalsozialistische Ziele – Steigerung der Wehrkraft und wirtschaftliche Autarkie – zu mobilisieren. Mit ein Grund war wohl die enorme Aufwertung, die Technik und Techniker erfuhren.[229]

Obwohl sich die Niederlage im Krieg spätestens seit der verlorenen Schlacht um Stalingrad 1943 abzeichnete, standen viele deutsche (und österreichische) Techniker weiterhin auf der Seite des Regimes. Martin Schwarz bescheinigt ihnen einen „erstaunliche[n] Realitätsverlust", als es darum ging, die Lage richtig einzuschätzen. Er vermutet, dass Propagandamaßnahmen und Appelle an „Pflichterfüllung, Arbeitsethos und Zusammenrücken von Front und Heimat" allein eine kritische Auseinandersetzung nicht hätten verhindern können, als entscheidend wertet er vielmehr, dass der Identifikationsprozess der Ingenieure mit dem Nationalsozialismus unumkehrbar war und die Erkenntnis der Niederlage eine bedeutende „Beschädigung von Selbst- und Fremdbild" bedeutet hätte.[230] Techniker wurden als „Garanten des ‚Endsieges'" stilisiert, der mittels geheimer Wunderwaffen möglich sei. In einem Artikel über die Arbeit von Chemikern hieß es, dass zwar nicht im Detail bekannt gegeben werden dürfe, was geplant und gebaut werde, das deutsche Volk aber sicher sein könne, dass die Chemie geleistet habe, was sie leisten konnte, um die Rohstoffversorgung sicherzustellen: „jeder Chemiker an seinem Arbeitsplatz [ist] so wichtig wie der Soldat an der Front".[231]

Die Attraktivität des Nationalsozialismus, der eine Einheit zwischen Technologie und Ideologie beschwor, zeigt sich auch in den Parteimitgliedschaften unter den Ziviltechnikern, die in einigen Bundesländern bereits im Frühsommer 1938 bei 50 Prozent und darüber lagen. Einzig in Wien, wo der Anteil jüdischer Kammermitglieder sehr hoch war, weichen die Zahlen vom nationalen Trend ab.

→ Grafik II/1

Entnazifizierungsakten der Nachkriegszeit zeigen, dass viele Ziviltechniker nach dem „Anschluss" einen Antrag zur Aufnahme in die NSDAP stellten, wodurch der Anteil von Parteimitgliedern weiter anstieg. In Tirol beispielsweise waren sechs von 15, also knapp die Hälfte der „arischen" Ziviltechniker, die in der Liste der Ingenieurkammer für Tirol und Vorarlberg vom Juni 1938 noch nicht als „Pg." (Parteigenosse) gekennzeichnet waren und sich nach 1945 wieder bei der Kammer meldeten, in der Zwischenzeit der Partei beigetreten oder hatten einen Antrag gestellt.[232] In Vorarlberg meldeten sich bis Anfang 1946 zehn der ehemals 14 Kammermitglieder nach 1945 wieder an, alle waren am Ende der NS-Herrschaft Parteimitglieder oder -anwärter. Es waren also in beiden Bundesländern deutlich mehr als die Hälfte der Kammermitglieder der NSDAP beigetreten. Da sich in Tirol nur 14 von 29 und in Vorarlberg vier von acht ehemaligen Kammermitgliedern meldeten, die 1938 nicht Mitglied waren, könnte die Anzahl der Parteimitglieder auch höher liegen.

→ Grafik II/2

Bei einem Teil der ab 1938 beigetretenen Ziviltechniker mag dieser Schritt aus pragmatischen Gründen erfolgt sein – in der Hoffnung, an lukrative Aufträge zu kommen und an dem proklamierten Aufbau Österreichs mitzuwirken. Ob es dabei Skrupel gegenüber den ehemaligen Kollegen gab, die ihren Beruf nicht mehr ausführen konnten, beraubt, verfolgt und ermordet wurden, lässt sich nicht mehr nachvollziehen. Dass die Konkurrenz „jüdischer" Kollegen wegfiel, mag manchem zupassgekommen sein.

II.3.2
Großprojekte

Programmatisch für die Zukunftsvision eines Österreich, das mit Hilfe der Technik zu neuer Größe erwachsen sollte, war die Rede Generalfeldmarschalls Hermann Göring in der Wiener Nordwestbahnhalle am 26. März 1938, in der das „Aufbauprogramm des Führers für Deutschösterreich" verkündet wurde. Göring war in Deutschland als Beauftragter für den Vierjahresplan maßgeblich an den Kriegsvorbereitungen und der Aufrüstung beteiligt.

→ Abb. II/24

Nun sollte der Vierjahresplan auch auf Österreich ausgeweitet werden. Göring zeichnete eine strahlende Zukunft, in der „ein blühendes Österreich" erstehen sollte.[233] Zu diesem Zukunftsbild gehörten Großprojekte wie der Bau eines „gewaltigen Kraftwerkes in den Hohen Tauern", der Staustufe Ybbs-Persenbeug, der Reichsautobahnen (RAB), zweier neuer Donaubrücken (davon eine in Linz), der Neubau von Eisenbahnlinien und der Ausbau der Donau zur Großwasserstraße mit neuen Hafenprojekten auf dem Gebiet Österreichs.[234] Die Zahl der Angestellten der Wasserstraßendirektion Wien, von denen der Großteil dem technischen Personal zuzurechnen war, verzehnfachte sich in den Jahren 1938 bis 1943.[235] Der Bedarf an technischen Fachkräften für all diese Projekte war groß, wodurch sich neue Karriereoptionen für Ziviltechniker eröffneten.

Auch ehemalige Kammermitglieder bewarben sich bei den Großprojekten als technische Angestellte oder wurden als Ziviltechniker beauftragt. Emmo Hildebrand (1890–1942), Ingenieurkonsulent für Bergwesen sowie für Markscheidewesen und Parteimitglied seit 14. Februar 1938,[236] war seit Anfang 1939 als technischer Angestellter für die Oberste Bauleitung der Reichsautobahnen (OBR) in Linz tätig, er war als Streckenbaumeister im Einsatz.

Für die Vermessung von Strecken und Grundstücken wurden behördlich autorisierte Vermessungsingenieure[237] herangezogen, bei deren Auftragsvergabe eine Parteimitgliedschaft sicherlich kein Nachteil war. Der „Alte Kämpfer"[238] Friedrich Reya (1907–?), laut Staatsanwaltschaft Linz Parteimitglied seit 12. April 1934 (Mitglieds-Nr. 1.605.600) und seit 1932 Obersturmführer bei der Sturmabteilung (SA),[239] wurde zwischen 1938 und 1940 gemeinsam mit seinem Partner Hans H. Meyer beauftragt, umfassende Vermessungen für die OBR München im Raum Salzburg durchzuführen.[240] Das Büro arbeitete auch für das Heeresbauamt und erstellte Pläne für den Reichsarbeitsdienst (RAD), das NS-Kraftfahrerkorps (NSKK), eine Startbahn des Flughafens Salzburg und die Jägerkaserne Glasenbach.[241] In der Nachkriegszeit wurde Reya vor dem Volksgerichtshof Linz wegen Hochverrats angeklagt, er scheint sogar eine Ausreise nach Argentinien in Erwägung gezogen zu haben.[242] Vermessungsaufträge für die Reichsautobahnen ergingen auch an den Salzburger Ziviltechniker Hans Winkler, der 1939 der NSDAP beitrat,[243] und an das Vermessungsbüro Offenhauser & Fleischmann, an dem der Ingenieurkonsulent für Vermessungswesen Herbert Offenhauser,[244] 1938 in der Mitgliederliste der Kammer als „Pg." gekennzeichnet, beteiligt war.

→ Abb. II/29

Eine wichtige Rolle bei den Planungen der Reichsautobahn nahm der oberösterreichische Zivilarchitekt August Schmöller (1901–1954) ein, der mit seiner deutschnationalen Gesinnung schon früh die Nähe zur NSDAP suchte und in der NS-Zeit eine steile Karriere machte (→ S. 102). Wie er selbst behauptete, hatte er in der Zwischenkriegszeit die Position eines „Sonderbeauftragten für Raumordnung" der Gauleitung Oberösterreich inne.[245] Er gab an, bereits vor dem „Anschluss" eine Linienführung der Reichsautobahn für Österreich ausgearbeitet zu haben und diesbezüglich mit Fritz Todt[246] in Kontakt gewesen zu sein, den er anlässlich eines Vortrags in Linz 1936 persönlich kennengelernt hatte.

Die österreichische Energiewirtschaft wurde nach deutschem Vorbild umgebaut. Im April 1938 wurde die Alpen-Elektrowerke-AG (AEW) als Tochter der deutschen Vereinigten Industrieunternehmungen AG (VIAG) gegründet. Sie sollte die österreichische Elektrizitätswirtschaft über Anteile an den bestehenden Landes-Gesellschaften steuern und für den Bau neuer Kraftwerke wie Kaprun und eines Verbundnetzes verantwortlich zeichnen. Als Vorstandsdirektor wurde der Zivilingenieur für Bauwesen und Professor an der TH Wien Hermann Grengg (1891–1978) eingesetzt.[247] Er war Parteimitglied seit März 1933[248] und Mitglied des nationalsozialistischen Beirates an der TH Wien. Als solches war er mitverantwortlich für die Maßregelung von Bediensteten und den Suizid des enthobenen und misshandelten Professors Ludwig Eckhart.[249] Grengg wurde nach Kriegsende verhaftet, aber 1949 wieder an der TH beschäftigt (→ S. 214). In Graz wurde der Zivilingenieur für Bauwesen Karl Augustin (1888–1945)[250] zum Direktor der Steirischen Wasserkraft- und Elektrizitäts-AG ernannt.

Abb. II/24   Görings Rede wird von der Presse gefeiert, 27.3.1938.

Oesterreichs Ingenieure und Techniker feiern den Anschluß

Die am 16. März 1938 veranstaltete Kundgebung der Ingenieure und Techniker Österreichs bot ein machtvolles Bild des geeinigten Willens der gesamten technischen Körperschaften, an dem großen Aufbauwerk des Deutschen Reiches mitzuarbeiten. Der Vorsitzende Pg. Ing. R. Heine begrüßte die zahlreich erschienenen Ingenieure sowie Vertreter der technischen Körperschaften und Vereine. Ganz besonders begrüßte er den Leiter des Amtes für Technik der NSDAP., Landesleitung Österreich, Pg. Ing. Benno Gürke, der die großen Richtlinien für die zukünftige Arbeit in grundlegenden Worten kennzeichnete. Er dankte sodann allen Parteigenossen, die in der illegalen Zeit die Vorarbeiten hiefür geleistet haben.

Der stellvertretende Leiter des Nationalsozialistischen Bundes Deutscher Technik (NSBDT.) und Beauftragte für die Gleichschaltung der technischen Vereine und Körperschaften im Amt für Technik der NSDAP. Pg. Dozent Ing. Dr. Franz Kuba erstattete hierauf einen Bericht über die seit dem Jahre 1932 im Österreichischen Ingenieur- und Architekten-Verein durchgeführten Aktionen zur Sicherung eines entscheidenden Einflusses und der Kontrolle in diesem Vereine. Hernach verkündete er die einzelnen Hauptgrundsätze für die kommende Gleichschaltung aller Vereine im NSBDT. des Amtes für Technik der NSDAP., Landesleitung Österreich, welche nach der Volksabstimmung noch besonders veröffentlicht und den Vereinen gesondert zugehen werden.

Abb. II/25 Zeitungsnotiz im „Völkischen Beobachter" zur Kundgebung der Ingenieure und Techniker am 16. März 1938 (Ausschnitt), 24. 3. 1938.

Werdet Techniker! — Techniker haben die besten Zukunftsaussichten.

Es dürfte heute allgemein bekannt sein, schreibt die „Deutsche Arbeitskorrespondenz", die amtliche Korrespondenz der DAF., daß die deutsche Wirtschaft unter Ingenieurmangel zu leiden hat. Da der Bedarf an Ingenieuren auch in der kommenden Zeit im Hinblick auf die erfolgreiche Durchführung des Aufbauprogramms außerordentlich groß sein wird, ist es verständlich, daß dem Ingenieurnachwuchs größte Aufmerksamkeit geschenkt wird. In einer Untersuchung des Vereins Deutscher Ingenieure im NS.-Bund Deutscher Technik wird nachgewiesen, daß sich nach vorsichtigen Schätzungen die Zahl der berufstätigen Ingenieure auf ungefähr 250.000 beläuft und der Jahresbedarf mindestens 10.000 beträgt, und zwar 4000 für den Ersatzbedarf durch Tod, Pensionierung und Invalidität und 6000 für den Erweiterungsbedarf, bedingt durch die weitergehende Technisierung in den verschiedenen Industriezweigen. Von 1935 bis 1939 müßten also rund 50.000 Ingenieure ausgebildet werden. Es wurden oder werden aber auf den Technischen Hoch- und Ingenieurschulen nur 32.412 ausgebildet.

Ende 1939 fehlen uns demnach etwa 17.600 Ingenieure.

Wenn man die geringen Geburtenjahrgänge von 1922 bis 1933 berücksichtigt, ist es unschwer, einzusehen, daß es kaum möglich sein wird, genügend Anwärter für den Ingenieurberuf zu finden. Diese an sich wenig erfreuliche Tatsache zeigt jedenfalls mit aller Deutlichkeit, daß künftig jede Maßnahme gerechtfertigt erscheint, die geeignet ist, Störungen des Aufbauprogramms von dieser Seite zu begegnen.

Abb. II/27 In der „Illustrierten Kronenzeitung" wird für den Ingenieurberuf geworben (Ausschnitt), 17. 6. 1938.

Neues Wiener Tagblatt Dienstag, 21. Mai 1940

Volkswirtschaft

Unsichtbare Waffen
Chemiker kämpfen für Deutschland

pt. Berlin, 20. Mai.

Am 19. September 1939 hatte der Führer in seiner Danziger Rede erklärt: „England hat eine Waffe, von der es glaubt, daß es in ihrem Schutze unangreifbar ist, nämlich die Seemacht, und es sagt nun: „Weil wir in dieser Waffe selber nicht angegriffen werden können, sind wir berechtigt, mit dieser Waffe die Frauen und Kinder nicht nur unserer Feinde, sondern, wenn notwendig, auch der Neutralen zu bekriegen." Man soll sich auch hier nicht täuschen! Es könnte sehr schnell der Augenblick kommen, da wir eine Waffe zur Anwendung bringen, in der wir nicht angegriffen werden können." Mit diesen Worten wird der Aufsatz „Geheime Waffen 1940" eingeleitet, der sich in dem hochaktuellen kleinen Buch Walter Greilings „Chemiker kämpfen für Deutschland" im Verlag Wilhelm Limpert in Berlin findet.

Die Worte des Führers, so wird in der Schrift fort-

Abb. II/26 Im „Neuen Wiener Tagblatt" wird die Rolle der Chemiker im Krieg beschworen, 21. 5. 1940.

Architekten, Bauleiter, Ingenieure und Techniker gesucht

Das Luftwaffenkommando, Personalabteilung, gibt folgendes bekannt:

Zum möglichst baldigen Dienstantritte für Dauerstellung bei gutem Gehalt werden gesucht:

1. Künstlerisch befähigte Entwurfsarchitekten;
2. flotte, saubere Hochbauzeichner;
3. energische, tüchtige Bauleiter;
4. tüchtige Vermessungsingenieure und Techniker;
5. tüchtige Tiefbauingenieure und Techniker;
6. tüchtige Eisenbahningenieure und Techniker;
7. tüchtige Ingenieure für Wasser, Drainage, Wasserleitung;
8. tüchtige Elektroingenieure;
9. tüchtige Maschineningenieure.

Abb. II/28 In Anzeigen wie hier im „Arbeitersturm" werden Techniker gesucht, 10. 5. 1938.

Grafik II/1
Anteil der Parteimitglieder und -anwärter unter den Mitgliedern der Ingenieurkammern, Stand Juni 1938

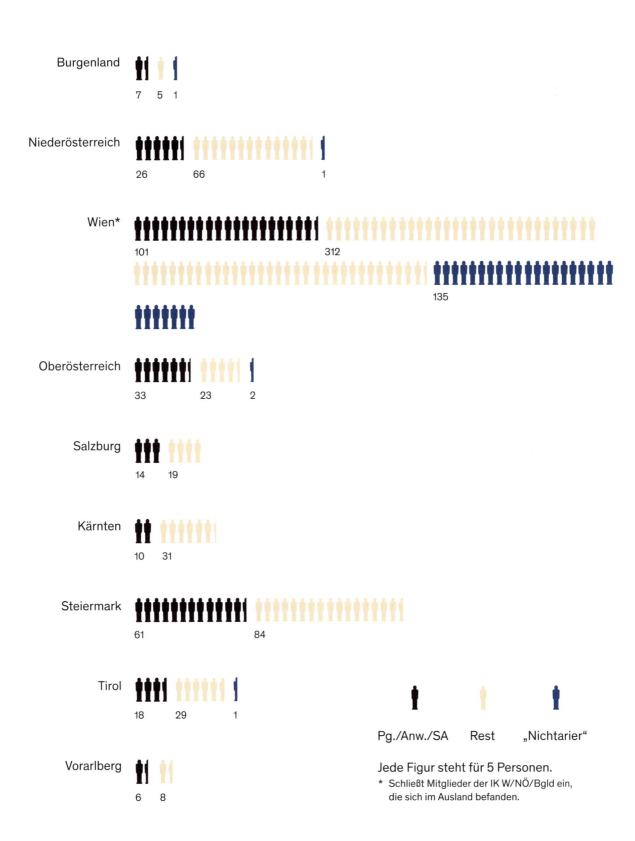

Quelle: Mitgliederlisten der österreichischen Ingenieurkammern, Stand 1938. ÖStA/AdR, RK Materie 2100, 2.175/3.

Grafik II/2

Anteil der Parteimitglieder und -anwärter in Tirol und Vorarlberg unter den 1938 verzeichneten Kammermitgliedern (1938 und 1945)

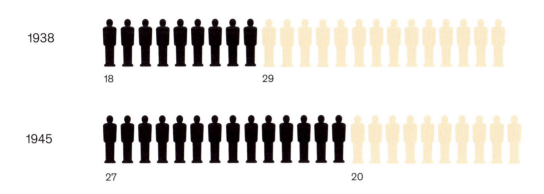

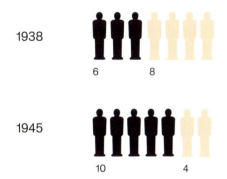

Jede Figur steht für 2 Personen.

Quelle: Mitgliederlisten der österreichischen Ingenieurkammern, Stand 1938. ÖStA/AdR, RK Materie 2100, 2.175/3; Ingenieurkammer für Tirol und Vorarlberg, Bestellung der Leitung, Ziviltechnikerprüfung u. Mitgliedsüberprüfung. ÖStA/AdR, BMfHuW, 31.367/46.

Er war der NSDAP 1933 und der SS 1938 beigetreten, war seit 1941 SS-Hauptscharführer und ab 1944 SS-Untersturmführer,[251] außerdem Gruppenfachwalter der Energiewirtschaft in der NSDAP Steiermark. Nach Kriegsende wurde er von US-Soldaten inhaftiert (→ S. 214).

Für die Großprojekte wurden großzügig Finanzierungen zugesprochen und das Tempo der Projekte medienwirksam vorangetrieben, der Spatenstich durch Adolf Hitler für die Fortführung der Autobahn München–Wien am Walserberg fand unter großem Aufgebot der Presse am 4. April 1938 statt. Freilich zeigte sich relativ rasch, dass die gesteckten Ziele unrealistisch und vor allem nicht mit dem Krieg vereinbar waren, der Arbeitskräfte abzog und Material knapp werden ließ. Die meisten Großbaustellen kamen nach einigen Jahren unvollendet zum Erliegen.

II.3.3
Planen für das NS-Regime

Ein weiterer Schwerpunkt des NS-Regimes lag in der baulichen Neugestaltung der deutschen Städte, die durch Adolf Hitlers persönliches Interesse am Thema der Architektur eine besondere Stellung in der NS-Politik einnahm. Für die Umsetzung der neuen Staatsarchitektur wurden Architekt:innen beauftragt, die baulichen Visionen nach den Vorstellungen des Regimes umzusetzen. Die sogenannten „Führerstädte", zu denen auch Linz zählte, nahmen dabei eine besondere Rolle ein, deren Planungen wurden von Hitler persönlich überwacht. Denn wie in Deutschland sollte die Partei auch in Österreich durch die Neugestaltung der Städte architektonisch präsent sein. Die repräsentativen Kopfgebäude am Donauufer und die Nibelungenbrücke sind bis heute Zeugnisse der Pläne für eine monumentale Uferverbauung in Linz. Zudem sollte die Stadt mit neuen Theater- und Museumsbauten zu einem kulturellen und mit den „Hermann Göring-Werken" (heute: voestalpine) und den Stickstoffwerken zu einem industriellen Zentrum werden.[252] Aber auch in den anderen Gauhauptstädten Wien, Salzburg, Innsbruck, Klagenfurt und Graz gab es umfassende Pläne zur Neugestaltung.[253]

Federführend für die Planungen der repräsentativen NS-Parteibauten in Salzburg war Architekt Otto Strohmayr (1900–1945),[254] der seit 1936 eine Befugnis als Zivilarchitekt hatte[255] und in der Mitgliederliste der Kammer von 1938 als Parteimitglied ausgewiesen ist. Zu seinen Arbeiten zählen der Umbau des Schlosses Klessheim in ein „Gästehaus des Führers", die Planungen der Salzburger Parteibauten mit Festspielhaus am Kapuzinerberg (1940–1942), Heeresbauten des XVIII. Armeekorps am Mönchsberg (1939) sowie Hitlerjugend-Heime in Hallein (1939).[256] Ab März 1939 hatte Strohmayr die Funktion des Siedlungsplaners im Gau Salzburg inne. Otto Strohmayr kam am 25. April 1945, knapp vor Kriegsende, in der Nähe von Hallein bei einem Bombenangriff ums Leben.

→ Abb. II/30

Ebenfalls als Parteimitglied ausgewiesen ist der Salzburger Otto Ponholzer (1908–1991), Zivilingenieur für Hochbau seit 1935,[257] der in die Landesplanung involviert war: Er wurde im Mai 1938 zum ehrenamtlichen Beirat des Landesplaners für das Land Salzburg bestimmt[258] und mit verschiedenen baulichen Aufträgen betraut. Dazu zählte unter anderem die „Deutsche Heimschule Kreuzberg bei Bischofshofen",[259] die als eine ideologische Erziehungsanstalt für die NS-Elite in Salzburg neu eingerichtet werden sollte. Forciert wurde das Projekt von Gauleiter Friedrich Rainer, der in seiner Rede bei der Übernahme davon sprach, dass die Anstalt eine Musterschule des Gaus werden solle und die „baulichen Umgestaltungen […] diesem Ziele in besonderem Maße" dienen.[260] Ponholzers NS-Vergangenheit war kein Hindernis für seine weitere planerische und politische Karriere in der Nachkriegszeit, unter anderem war er federführend bei der Planung des Salzburger Stadtteils Taxham. Nach 1945 wurde Ponholzer Mitglied des VDU (Verband der Unabhängigen, ab 1956 in die FPÖ – Freiheitliche Partei Österreichs übergegangen)[261] und vertrat diese als Gemeinde- und Planungsstadtrat (1949–1953) und Bürgermeister-Stellvertreter (1953–1956) der Stadt Salzburg.[262] Während seiner Amtszeit in der Salzburger Stadtregierung war seine Befugnis als Ziviltechniker weiterhin aufrecht, erst mit 16. Februar 1965 stellte er sie aus gesundheitlichen Gründen ruhend.[263]

Auch für die Gauhauptstadt Wien gab es Neugestaltungspläne, die die Errichtung eines Parteizentrums im 2. Bezirk mit Aufmarschplatz, Gauhalle und Aufmarschstraßen vorsahen, um die Stadt an die Donau zu rücken. Großflächig angelegte Wohnstädte im Norden und Süden der Stadt sollten Wohnraum für Mitglieder der „Volksgemeinschaft" schaffen, das historische Zentrum sollte im Sinne der NS-Politik umgestaltet werden. 1940 entwarf der Wiener Architekt Franz Hubert Matuschek (1902–1968), Ziviltechniker seit 1938,[264] gemeinsam mit seinem Kollegen Josef Proksch Pläne für die „Ausschmückung der Ringstraße und der Hauptzufahrtsstraßen", die mit NS-Hoheitszeichen ausgestattete ephemere Architektur (Fahnenmasten, Standarten etc.) kam jedoch nicht zur Ausführung.[265] Umgesetzt wurden

Salzburg am 27.12.1940.

Kat. Gmden. Wals, Siezenheim und Liefering bei Salzburg.

Auf Grund meines Offertes v. 18.11.1939. wurde für die Grundeinlösung der neuerbauten Reichsautobahn in den vor= genannten Kat. Gmden. mit 3.98 Km. Länge per Km. 800 - 1400 M. in Rechnung gestellt.
Mit Rücksicht auf die umgelegten neuen Strassen, welche neben der Reichsautobahn ebenfalls zur Aufnahme und Durchführung gelangten, ist wohl der Betrag von Mk. 1400 per Km. berechtigt
Es ergibt sich somit:
Km. 3.98 Grundeinlösung a 1400 Mk.   Mk. 5572
umfaßt eine einzulösende Grundfläche von 202329qm die sich auf 88 Parteien verteilen, für welche nach den vorh. Vorschriften je 3 Pläne zur grund= büchrlichen Durchführung also zus. 264 Stangefertigt wurden.
Weitere 2 St. Pläne für jede Partei ergeben a. Mk. 10 bei den 88 Fällen 176 St. Pläne, die zur Ausführung gelangten   a. St. 10. Mk.
                                                   1760

incl. allen Auslagen   Summa Mk. 7332

                    Heil Hitler

                    HANS WINKLER
                    ...
                    Salzburg/...

Abb. II/29   Stempel des behördlich beeideten Zivilgeometers Hans Winkler mit Hakenkreuz.

Abb. II/30 In einem aufwendig ausgearbeiteten Gipsmodell wird das neue Parteizentrum am Kapuzinerberg mit Gauhalle, Gauhaus, Imbergstadion und Festspielhaus präsentiert, das 1942 nach Plänen der Salzburger Architekten Otto Strohmayr und Otto Reitter gefertigt wurde.

hingegen die immer wichtiger werdenden baulichen Luftschutzmaßnahmen, wie der von Matuschek geplante Luftschutzbunker in Aspern 1941.[266]

Matuschek war NSADP-Mitglied[267] und im Nationalsozialismus ein gut und vielseitig beschäftigter Architekt. Auch parteipolitisch war er aktiv: Er hatte zwar keine Funktion in der Reichskammer, folgte aber ab November 1941 Siegfried Theiss als Leiter des Gauarbeitskreises Baugestaltung in Wien nach und nahm damit eine bestimmende Rolle im Baugeschehen der NS-Zeit ein. Theiss war zurückgetreten, weil er mit dem Sonderauftrag der „wichtigen Frage des deutschen Architekten- und Ingenieurrechtes" betraut wurde.[268] Nach dem Zweiten Weltkrieg war Matuschek vor allem im oberösterreichischen Raum tätig, wo er einen Bürositz in Gmunden hatte.[269] In Arbeitsgemeinschaft mit seinem ehemaligen Studienkollegen Anton Ubl errichtete er öffentliche wie private Bauten und nahm an nationalen und internationalen Wettbewerben teil.[270]

Zu der Gruppe von Ziviltechnikern, die von ihrer politischen Aktivität für die NSDAP und dem Wiener Netzwerk der „Alten Kämpfer" beruflich profitierten, gehörte auch der Architekt Hermann Kutschera (1903–1991).[271] Er war seit 1931 als Architekt mit Befugnis selbstständig tätig. 1936 wurde er beim Kunstwettbewerb im Rahmen der Olympischen Sommerspiele in Berlin für seinen Entwurf eines Skistadions mit der goldenen Olympia-Medaille ausgezeichnet, wodurch seine Arbeit in nationalsozialistischen Kreisen große Aufmerksamkeit bekam. 1939 wurde er als Sachberater für Architektur in das Kulturamt der Stadt Wien berufen, war dort aber wegen der kriegsbedingten Einschränkungen im Baugeschehen in erster Linie mit der Pflege und „Entschandelung" des Stadtbilds beschäftigt. In der Nachkriegszeit wurde er als ehemaliger Nationalsozialist in leitender Funktion zur Berufsausübung nicht zugelassen (Ablehnung seines Antrags als „Minderbelasteter" bei der Beschwerdekommission), ob ein Gnadengesuch an den Bundespräsidenten erfolgreich war, ist nicht bekannt. Ab 1950 konnte er wieder tätig werden, zu seinen Werken gehören die Per-Albin-Hansson-Siedlung Ost (1970–1974, mit Oskar und Peter Payer) und andere Wohnhausanlagen in Wien, 1960 wurde ihm der Professorentitel verliehen.

Die angeführten Beispiele zeigen, dass aufgrund der groß angelegten Baupolitik etliche österreichische Zivilarchitekten in der NS-Zeit Karriere machen konnten, sowohl beratend als auch ausführend. Die bauliche Neugestaltung des Dritten Reiches scheiterte letztendlich aber am Mangel an Arbeitskräften sowie Rohstoffen und ist daher größtenteils als Papierarchitektur überliefert. Die Involvierung in nationalsozialistische Planungen bedeutete für einige wenige eine kurze Unterbrechung ihrer Berufstätigkeit in der Nachkriegszeit, die aber spätestens 1950 wieder aufgenommen werden konnte.

II.3.4
Funktionäre in politischen Ämtern

Einige regimetreue Ziviltechniker profitierten nicht nur beruflich in Form von Aufträgen, sondern gestalteten die Politik als Funktionäre in einer der Parteiorganisationen, die die Belange der Techniker und Architekten betrafen, aktiv mit, also im Nationalsozialistischen Bund Deutscher Technik (NSBDT) oder in der Reichskammer der bildenden Künste (RdbK), der die Architekt:innen zugeordnet worden waren. Mit Marcel Kammerer war ein Zivilarchitekt Geschäftsführer der RdbK in Wien (bis 1944), als Referenten für Architektur auf Gauebene agierten die Kammermitglieder Armin Sturmberger (Gau Oberdonau), Franz Zajicek (Gau Niederdonau) und Robert Örley (Gau Wien) (→ S. 86).

In Oberösterreich wurde das Amt für Technik wie erwähnt von dem Zivilarchitekten August Schmöller geleitet, der in dieser Funktion unter anderem seinen Kollegen, den Zivilingenieur für Elektrotechnik Adolf Scharmüller, mit der Gaufachgruppenwaltung für Elektrotechnik, Gas und Wasser betraute.[272] (→ S. 194) Kurzzeitig war Scharmüller auch Kreisamtsleiter, außerdem Leiter der Abteilung Energiewirtschaft bei der Gauwaltung der NSDAP und Kreiswirtschaftsberater.[273] Ein besonders prominentes Amt bekleidete der oberösterreichische Zivilingenieur für Bauwesen Karl Breitenthaler (1879–1950),[274] der als einer der ersten Nationalsozialisten in Oberösterreich galt und von Landeshauptmann Eigruber zum Landesstatthalter ernannt wurde (→ S. 225).

Der Tiroler Ingenieurkonsulent für Vermessungswesen Richard Eder (1902–?) war Parteimitglied seit 1933, trat zahlreichen weiteren NS-Verbänden bei, unterstützte die SS finanziell und wurde als „verdienter Kämpfer" für die „Medaille zur Erinnerung an den 13. März 1938" („Ostmark-Medaille") vorgeschlagen.[275] Er fungierte als politischer Leiter bzw. Gaufachgruppenwalter für Technik.[276] In der Nachkriegszeit wurde er aufgrund dieser Funktionen zunächst nicht zur Berufsausübung zugelassen,[277] legte der Ingenieurkammer für Tirol und Vorarlberg aber Ende 1947 eine Bestätigung seiner Invalidität vor, womit er seine Befugnis weiter ausüben durfte.[278]

Elmar Geiger (1902–?), Ingenieurkonsulent für Vermessungswesen (Zivilgeometer) in Bludenz seit 1928,[279] war laut seinen eigenen Angaben von 1947 auf dem „Registrierungsblatt zur Verzeichnung der Nationalsozialisten" Beisitzer beim Kreisgericht der NSDAP in Bludenz.[280] Als Zeitpunkt seines Beitritts zur Partei gab er dort den 26. Mai 1938 an. Das deckte sich nicht mit der Überprüfung durch die Landeshauptmannschaft Vorarlberg[281] und dem Personalakt des Inspektorats für das Vermessungswesen in Innsbruck,[282] laut denen er „illegal" mit Beitritt am 1. Juli 1933 (Mitglieds-Nr. 6.181.385) und Vorsitzender des Kreisgerichts Bludenz der NSDAP war und sein Engagement in der Verbotszeit mit der „Ostmark-Medaille" gewürdigt wurde. Seine Befugnis wurde 1948 bestätigt, ab 1949 konnte er wieder als Zivilingenieur tätig sein.[283]

Der Zivilingenieur für Bauwesen Johann Luger (1889–?)[284] war seit 16. Februar 1931 Parteimitglied und fungierte während der Verbotszeit in Dornbirn als „Verbindungsmann" und „Volkspolitischer Referent", in der NS-Zeit war er NSBDT-Kreiswalter und galt in Dornbirn als „politische Größe".[285]

Bis zu einem gewissen Grad kann auch die Einsetzung der regimetreuen Ziviltechniker Josef (Sepp) Heidinger und Hans Arndt als kommissarische Präsidenten der Ingenieurkammern in Graz und Linz als Karriereschritt gelten, auch wenn sie und der langjährige Präsident Karl Emmerich Nowak in Innsbruck diese Funktion nur bis zur Auflösung der Kammern 1943 ausübten und wenig Einfluss gehabt haben dürften. Franz Visintini, der kommissarische Präsident der Ingenieurkammer für Wien, Niederösterreich und Burgenland (bis 1943) bzw. der Ingenieurkammer in Wien in Liquidation (1943–1945) hingegen nahm in der gesamten NS-Zeit eine für das österreichische Ziviltechnikerwesen zentrale Funktion ein. Er genoss als überzeugter Nationalsozialist das Vertrauen der übergeordneten Behörden und zeichnete mitverantwortlich für den „rassisch" oder politisch motivierten Ausschluss von Kammermitgliedern. Gleichzeitig setzte er sich für den Fortbestand des Ziviltechnikerwesens ein (→ S. 64).

August Schmöller

Zivilingenieur für Hochbau
(1901–1954)

Leiter der Landesstelle für Raumordnung für den Gau Oberdonau (ab 1938)
Gauamtsleiter für Technik im Gau Oberdonau (1938–1942)
Gauhauptamtsleiter und Oberbereichsleiter der NSDAP (ab 1942)

Abb. II/31
August Schmöller, undatiert.

August Schmöller wurde am 26. März 1901 in Traun geboren. Er besuchte die Gewerbeschule für Hochbau in Salzburg, wo er den „deutschen Mittelschülerbund" leitete. 1921 war er bei einer Rede Adolf Hitlers in Salzburg unter der „Saalwache", 1922 gründete er in seiner Heimatstadt Traun einen deutschnationalen Turnverein. Nach einigen Jahren praktischer Tätigkeit entschloss er sich 1923 zum Studium der Architektur in Graz, wo er 1929 die 2. Staatsprüfung ablegte. Danach war er Assistent bei Karl Hoffmann an der Lehrkanzel für Städtebau und Gebäudelehre. Von 1923 bis 1927 war er „Führer der NS-Studenten",[286] mit 2. Juli 1932 trat er in die Ortsgruppe St. Peter bei Graz der NSDAP ein (Mitglieds-Nr. 1.300.725).[287] Seine Tätigkeit als „Führer der Assistenten" (ab 1932)[288] kostete ihn 1933 seine Stelle.[289] Er erwarb die Befugnis eines Zivilingenieurs für Hochbau und wurde in Wels selbstständig tätig.[290]

In der NS-Zeit gab Schmöller folgende Tätigkeiten in der „Verbotszeit" an: „Ende 1936–Anfangs 1937 Bezirksschulungsleiter Wels. April 1937–12. 3. 1938 Gaukulturamtsleiter. Juni 1937–März 1938 Beauftragter der Landesleitung der NSDAP in Österreich für Landesplanung. Ab Mai 1938 Gauamtsleiter des Amtes für Technik, Gau Oberdonau, seit 9. November 1942 Oberbereichsleiter der NSDAP."[291] Im April 1938 wurde in Linz unter seiner Leitung die „Landesstelle für Raumordnung für den Gau Oberdonau" eingerichtet, ab Mai 1938 hatte er die Funktion des Gauamtsleiters für Technik im Gau Oberdonau inne. Am 9. November 1939 trat er der SA (Dienstgrad SA-Sturmbannführer) bei.[292] Es folgte die Beförderung zum Gauhauptamtsleiter und zum Oberbereichsleiter der NSDAP. Schmöller wurde mit mehreren Ehrenzeichen der Partei ausgezeichnet, darunter die „Ostmark-Medaille",[293] sowie 1943 das „Goldene Ehrenzeichen" der Partei und mit 12. September 1940 zum Regierungsdirektor ernannt.[294] Ab nun war er als Landesplaner für den „Arbeitskreis für Städtebau und Landesplanung im Gau Oberdonau" verantwortlich und hatte gerade bei wichtigen Standortfragen großen Einfluss.[295]

Noch vor der Kapitulation flüchtete Schmöller mit Gauleiter Eigruber ins Gebirge, wo er sich am 20. Mai 1945 freiwillig der amerikanischen Behörde stellte.[296] Bis 1947 war er im Anhaltelager Glasenbach in alliierter Haft. Kurz darauf kam er in Graz neuerlich in Haft und wurde anschließend ins Landesgerichtliche Gefangenenhaus Linz überstellt,[297] wo er im Oktober 1947 gegen „Gelöbnis gemäss § 191 StPO" enthaftet wurde.[298] 1949 wurde Schmöller vom Volksgericht Linz wegen „Zugehörigkeit zur NSDAP. in der Verbotszeit, wegen qualifizierter Funktionen in der NSDAP. schuldig" erkannt und zu „15 Monaten schweren Kerkers, verschärft durch ein hartes Lager vierteljährlich" verurteilt. 1952 wurden Schmöllers Gnadengesuche an den Bundespräsidenten erhört und die noch offene Strafe für getilgt erklärt.[299] Damit war er aus dem Strafregister gelöscht, konnte erneut um die Befugnis eines Zivilingenieurs ansuchen und seine selbstständige Tätigkeit aufnehmen.[300]

II.3.5
Karrieren im Bildungsbereich

Auch im Bildungsbereich machten parteitreue Ziviltechniker Karriere, indem sie den Platz von Kollegen einnahmen, die aus „rassischen" oder politischen Gründen enthoben worden waren. An der Staatsgewerbeschule Innsbruck beispielsweise übernahm 1938 das Parteimitglied Leo Winkler (1887–1970) die Leitung, die sein ehemaliger Rivale Rudolf Schober von 1920 bis 1935 innegehabt und nach seinem Wechsel ins Bundesministerium für Handel und Verkehr an den Architekten Fritz Michael Müller (1892–1979)[301] übergeben hatte (→ *S. 132*). Wie Schober wurde auch Müller 1938 aus politischen Gründen enthoben, er emigrierte in Folge nach Brasilien.

Leo Winkler stammte aus Oberösterreich, unterrichtete aber laut eigenen Angaben seit 1914 an der Staatsgewerbeschule Innsbruck.[302] Ab 1931[303] hatte er darüber hinaus die Befugnis als Zivilingenieur für Bauwesen und war als Statiker und Konstrukteur an Großbauten in Tirol beteiligt. Am 15. März 1933 trat er der NSDAP bei (Mitglieds-Nr. 1.457.158).[304] Zu seiner Betätigung in der Verbotszeit gibt es widersprüchliche Angaben. Winkler selbst behauptete später, bereits 1933 wieder ausgetreten und erst 1938 erneut eingetreten zu sein, nach dem „Anschluss" wurde er allerdings als „Alter Kämpfer" anerkannt und für die „Medaille zur Erinnerung an den 13. März 1938" vorgemerkt. 1935 war er in einem Disziplinarverfahren wegen „nationalsozialistischer Betätigung und Einflussnahme auf die Schüler der Staatsgewerbeschule" für schuldig befunden und mit „Hemmung der Vorrückung" bestraft worden.[305] Am 16. März 1938 wurde Winkler mit der vorläufigen Leitung der Staatsgewerbeschule Innsbruck betraut und im September 1939 zum Oberstudiendirektor ernannt. Im Rahmen einer „Wiedergutmachung" wurden ihm im Mai 1939 entgangene Dienstbezüge und Verfahrenskosten ersetzt.[306]

Leo Winkler wurde 1947 als „minderbelastet" eingestuft und beantragte im Juni 1947, seinen Beruf als Zivilingenieur während der „Sperrfrist" ausüben zu dürfen. Er begründete sein Ansuchen unter anderem damit, dass er beim „Wiederaufbau zerstörter oder beschädigter Gebäude" mitgearbeitet habe und in Tirol „seines Wissens" außer ihm nur ein weiterer Bauingenieur tätig sei.[307] Winklers Ansuchen wurde vom Tiroler Landesbauamt unterstützt,[308] und im September 1947 wurde er von der Kommission nach Paragraf 19/2 VG 1947 einstimmig wieder zur Berufsausübung zugelassen.[309]

Das Bundesministerium für Handel und Wiederaufbau fand diese Entscheidung „auffallend" und bat um Einsicht in den Verhandlungsakt, immerhin war zu diesem Zeitpunkt noch ein Verfahren nach Verbotsgesetz und Paragraf 7 Kriegsverbrechergesetz anhängig.[310] Es ersuchte die Staatsanwaltschaft Innsbruck um Auskunft über den Stand des Volksgerichtsverfahrens und prüfte, ob gegen das Verfahren, bei dem Winkler falsche Aussagen gemacht hatte und das rechtliche Mängel aufwies, Einwände erhoben werden könnten. Die Rechtsabteilung im Haus kam jedoch zu dem Schluss, dass das Ministerium, das nicht Oberbehörde der Kommission war, gegen die Zulassungserkenntnis nichts unternehmen könne.[311]

II.3.6
Ariseure und Profiteure – ein Fallbeispiel

Parteitreue Ziviltechniker profitierten auch als Unternehmer, indem sie arisierte jüdische Unternehmen übernahmen. Der Zivilingenieur für Bauwesen Adolf Kunsek (1893–?) war seit 1928 in Tirol als Baumeister und Bauunternehmer tätig. Er führte staatliche Straßen- und Brückenbauten aus, verlor aber wegen seiner Betätigung für die NSDAP vor 1938 staatliche Aufträge und schließlich auch seine Baumeisterkonzession.[312] Kunsek war Parteimitglied seit 1. Mai 1933 (Mitglieds-Nr. 6.181.620) und illegales SS-Mitglied. Ab 1936 wurde er wiederholt wegen „gefährlicher Drohung" angeklagt und zu 540 Tagen Kerker bzw. vier Monaten schweren Kerkers verurteilt. Insgesamt verbüßte er 135 Tage,[313] kam aber durch die „Juniamnestie" frei. Nach der nationalsozialistischen Machtübernahme wurden ihm diese Strafen hoch angerechnet. Er wurde am 12. März 1938 als Bezirkshauptmann in Schwaz eingesetzt, nachdem der amtierende Bezirkshauptmann Franz Leitner noch vor dem Einmarsch der deutschen Truppen in Österreich von lokalen Nationalsozialisten abgesetzt worden war,[314] außerdem wurde er zunächst zum Kreiswahlleiter[315] und im Juni 1938 zum Kreisleiter in Schwaz ernannt.[316] Außerdem war er für den Kreis Schwaz Kreisbeauftragter des Gaubeauftragten Stillhaltekommissars Tirol-Vorarlberg und als solcher verantwortlich für die Gleichschaltung von Vereinen und Verbänden.[317] Er scheint diese Funktion aber nicht lange ausgeübt zu haben und übersiedelte von Mayrhofen nach Innsbruck.

1941 übernahm er eine Liegenschaft mit Sägewerk in Kematen, die seit 1936 den Brüdern Ludwig und Adolf Lipcowitz gehört hatte. Wie aus dem Rückstellungsverfahren der Nachkriegszeit hervorgeht, wurden die beiden jüdischen Eigentümer, die

die NS-Zeit in den USA bzw. in Argentinien überlebten, im April 1941 durch die Gestapo enteignet und die Liegenschaft einen Monat später an Adolf Kunsek verkauft.[318] Er nutzte das Anwesen als Bauhof für große private und öffentliche Bauaufträge, die er wohl dank seiner politischen Stellung erhielt.[319]

Nach Kriegsende wurde Kunsek als „belastet" eingestuft.[320] Er floh nach Riva am Gardasee (Italien) und verpachtete das arisierte Anwesen einem Baumeister, der bereits in der NS-Zeit an dem Betrieb beteiligt gewesen war. Offenbar erwog er sogar, nach Amerika (Argentinien) auszuwandern.

Gegen Kunsek lief beim Volksgerichtshof Innsbruck ein Verfahren nach den Paragrafen 10 und 11 des Verbotsgesetzes.[321] Da sein Vermögen damit „vom Verfall" bedroht war,[322] wurde ein öffentlicher Verwalter bestellt. Als die ehemaligen Besitzer die Rückstellung ihres Besitzes und die Wiederherstellung des ursprünglichen Zustands des Sägewerks beantragten, versuchte er, wie viele Ariseure, über einen Anwalt zu beweisen, dass das Sägewerk in schlechtem Zustand gewesen sei und durch seine Investitionen eine Wertvermehrung eingetreten sei.[323] Die Rückstellungskommission beim Landesgericht Innsbruck entschied, dass die Liegenschaft ohne Maschinen rückzustellen sei, auch der Anspruch auf die Herausgabe gewonnener Beträge wurde anerkannt.[324] Im August 1950 verlautbarte die Ratskammer beim Landesgericht Innsbruck, dass Kunseks Vermögen beschlagnahmt wird.[325]

Die genannten Beispiele von Ziviltechnikern, die durch ihre Unterstützung des NS-Regimes beruflich und wirtschaftlich profitierten, stellen nur einen kleinen Überblick dar. Insbesondere die Mitarbeit in der Rüstungsindustrie und der Entwicklung von Technik, die gegen Menschen eingesetzt wurde, ist ein Forschungsdesiderat. Vieles lässt sich nur schwer rekonstruieren, da die NS-Zeit in offiziellen Lebensläufen und Firmengeschichten in der Regel ausgeblendet wird. Dennoch zeugen die vorgestellten Biografien von einer regen Beteiligung der Ziviltechniker am geplanten „Wiederaufbau" Österreichs nach nationalsozialistischen Grundsätzen – sowohl in fachlicher wie auch in politischer Hinsicht. 1945 standen sie, wie alle überlebenden Bürgerinnen und Bürger des Deutschen Reichs, vor einem Trümmerhaufen der Geschichte. Die deutschen Großmachtsträume waren nicht nur weltfremd gewesen, sie hatten Millionen unschuldiger Opfer gefordert. Die Verantwortung für die Unterstützung der menschenverachtenden Ideologie und für die Involvierung in das NS-Regime wurde in Folge vehement abgestritten.

III. Ausschluss, Verfolgung und Widerstand

Alexandra Wachter

III.1	Ausschluss aus Berufsleben und Ingenieurkammern	107
	III.1.1 Aufnahmestopp	107
	III.1.2 „Vorläufige Untersagung" – erster Versuch einer gesetzlichen Regelung	111
	III.1.3 Die Rolle der Ingenieurkammern und „freiwillige" Zurücklegung der Befugnis	113
	III.1.4 „Entjudung" des Ziviltechnikerstandes: Enthebungen aus „rassischen" Gründen (§§ 8 und 3 BBV)	125
	III.1.5 Ruhestandsversetzungen aus politischen Gründen (§§ 8 und 4 BBV)	131
III.2	Vermögensentzug und Vertreibung	133
	III.2.1 Vermögensanmeldungen	134
	III.2.2 „Entjudung" der Wiener Wirtschaft	137
	III.2.3 Vertreibung	138
III.3	Deportation und Ermordung	152
	III.3.1 Opferbiografien	153
	Ghetto Litzmannstadt	154
	Siegmund Katz / Richard Freund	
	Riga (Ghetto und Lager)	156
	Richard Grann / Arnold Ticho	
	Transit-Ghetto Izbica	157
	Jakob Fleischmann / Siegmund Georg Weys	
	Maly Trostinec, Hinrichtungsstätte Blagowschtschina	158
	Max Dutka / Friedrich Fischer / Camillo Resek	
	Ghetto Theresienstadt	160
	Samuel Bauer / Otto Hönigsberg / Friedrich Fröhlich / Jacques Loeb / Emil Rudoll / Rudolf Schmahl / Leo Steinitz / Eugen Weiss	
	Konzentrations- und Vernichtungslager Auschwitz	170
	Georg Mondolfo	
	Durchgangslager Drancy → Auschwitz	171
	Richard Wassermann / Moritz Leopold Pollak	
	Unbekanntes Lager in Jugoslawien	172
	Otto Korn	
	III.3.2 Ungeklärte Todesfälle und Suizide	173
III.4	Liste der als jüdisch verfolgten Ziviltechniker	176
III.5	Widerstand von Ziviltechnikern?	194

III.1
Ausschluss aus Berufsleben und Ingenieurkammern

Unmittelbar nach dem „Anschluss" Österreichs an das Deutsche Reich gingen die nationalsozialistischen Machthaber daran, Personen, die nicht ihrer Weltanschauung entsprachen, aus dem beruflichen und gesellschaftlichen Leben auszuschließen. Davon betroffen waren auch jene Mitglieder der österreichischen Ingenieurkammern, die als jüdisch oder politisch unzuverlässig galten oder mit einer „Nichtarierin" verheiratet waren. Dass der Ziviltechnikerstand „entjudet" und politisch „bereinigt" werden sollte, stand außer Zweifel. Es dauerte jedoch fast ein Jahr, bis geklärt war, welche rechtliche Grundlage für den Entzug von Befugnissen angewandt werden sollte. Letztendlich einigte man sich darauf, dass die österreichischen Ziviltechniker[1] aufgrund ihres besonderen Status als „Träger eines öffentlichen Amts"[2] zu gelten hätten und damit unter die „Verordnung zur Neuordnung des österreichischen Berufsbeamtentums" (BBV) fallen sollten.[3]

III.1.1
Aufnahmestopp

In einem ersten Schritt verfügte das Ministerium für Handel und Verkehr[4] am 6. April 1938 per Erlass, dass „Juden" zur Ablegung des Eids als Ziviltechniker nicht mehr zuzulassen seien.[5] Anlass waren Anfragen der Landeshauptmannschaften, nach welcher Formel Ziviltechniker nun zu vereidigen seien. Hitler hatte unmittelbar nach dem „Anschluss" über die neue „Vereidigung der öffentlichen Beamten des Landes Österreich" verfügt, von der „Juden" ausgeschlossen waren. Bis zur Einführung der „Nürnberger Gesetze"[6] in Österreich am 28. Mai 1938 wurde „jüdisch" dabei wie folgt definiert:

> Jude ist, wer von mindestens drei der Rasse nach volljüdischen Großeltern abstammt. Als Volljude gilt ein Großelternteil ohne weiteres, wenn er der jüdischen Religionsgesellschaft angehört hat. Als Jude gilt der von zwei Großeltern abstammende jüdische Mischling, a) der am 16. September 1935 der jüdischen Religionsgesellschaft angehört hat oder danach in sie aufgenommen wird, b) der am 16. September 1935 mit einem Juden verheiratet war oder sich danach mit einem Juden verheiratet.[7]

Das Selbstverständnis der Betroffenen spielte somit keine Rolle.[8] Im Nationalsozialismus wurde eine rassistische und antisemitische Politik verfolgt, die nicht nur „Glaubensjuden" ausschloss, sondern alle Personen, die jüdischer Herkunft waren. Getaufte Ziviltechniker konnten genauso als jüdisch verfolgt werden wie nicht religiöse Personen, wenn sie ein oder mehrere Großeltern jüdischer Herkunft hatten.

In Abwandlung des Diensteids für öffentliche Beamte[9] wurde der neue Eid für „arische" Ziviltechniker wie folgt festgelegt:

> Ich schwöre: Ich werde dem Führer des Deutschen Reiches und Volks Adolf Hitler Treue halten, die Gesetze beachten und meine Pflichten als Ziviltechniker gewissenhaft erfüllen, so wahr mir Gott helfe.[10]

Der Erlass – und die generelle Unsicherheit darüber, ob die österreichische Institution der Ziviltechniker und Ingenieurkammern bestehen bleiben würde – hatten zur Folge, dass einige Wochen lang keine Beeidigungen durchgeführt wurden. Es kam zu einem regelrechten Stau an Personen, die vor dem 13. März 1938 bereits einen positiven Bescheid über die Erteilung der Befugnis erhalten hatten, deren offizielle Beeidigung aber noch ausstand. Die hohe Anzahl an Betroffenen hing mit dem erleichterten Zugang zu Zivilingenieur-Befugnissen zusammen, den die Verordnung Nr. 61/1937[11] ermöglicht hatte und in deren Folge rund 600 Anträge eingebracht worden waren. Unter anderem konnte nun bei Nachweis einer mehr als zehnjährigen Praxis „auf dem Gebiet der Baukunst" die Nachsicht von den vorgeschriebenen Fachstudien für Architektur beantragt werden, weshalb besonders viele Anträge von Architekt:innen betroffen waren (→ S. 45). Zum Zeitpunkt des „Anschlusses" war davon erst ein Teil beschieden.[12]

In Wien ergingen schließlich im Mai 1938 zahlreiche Schreiben, in denen die Magistratsabteilung 2 (MA 2)[13] das Ministerium für Handel und Verkehr darüber informierte, wer nun zugelassen worden war, den Eid abzulegen, und wer „im Hinblicke auf den Erlaß des Ministeriums für Handel und Verkehr vom 6. IV. 1938" nicht beeidet werden durfte. Dies bedeutete, dass Antragstellern jüdischer Herkunft die bereits zugestellten Verleihungsbescheide wieder abgenommen wurden.[14]

→ Abb. III/1

Unter den Betroffenen waren sowohl Erstantragsteller als auch Ziviltechniker, die bereits eine aufrechte Befugnis hatten, wie der Zivilingenieur für das Bauwesen Richard Kafka, dem der positive

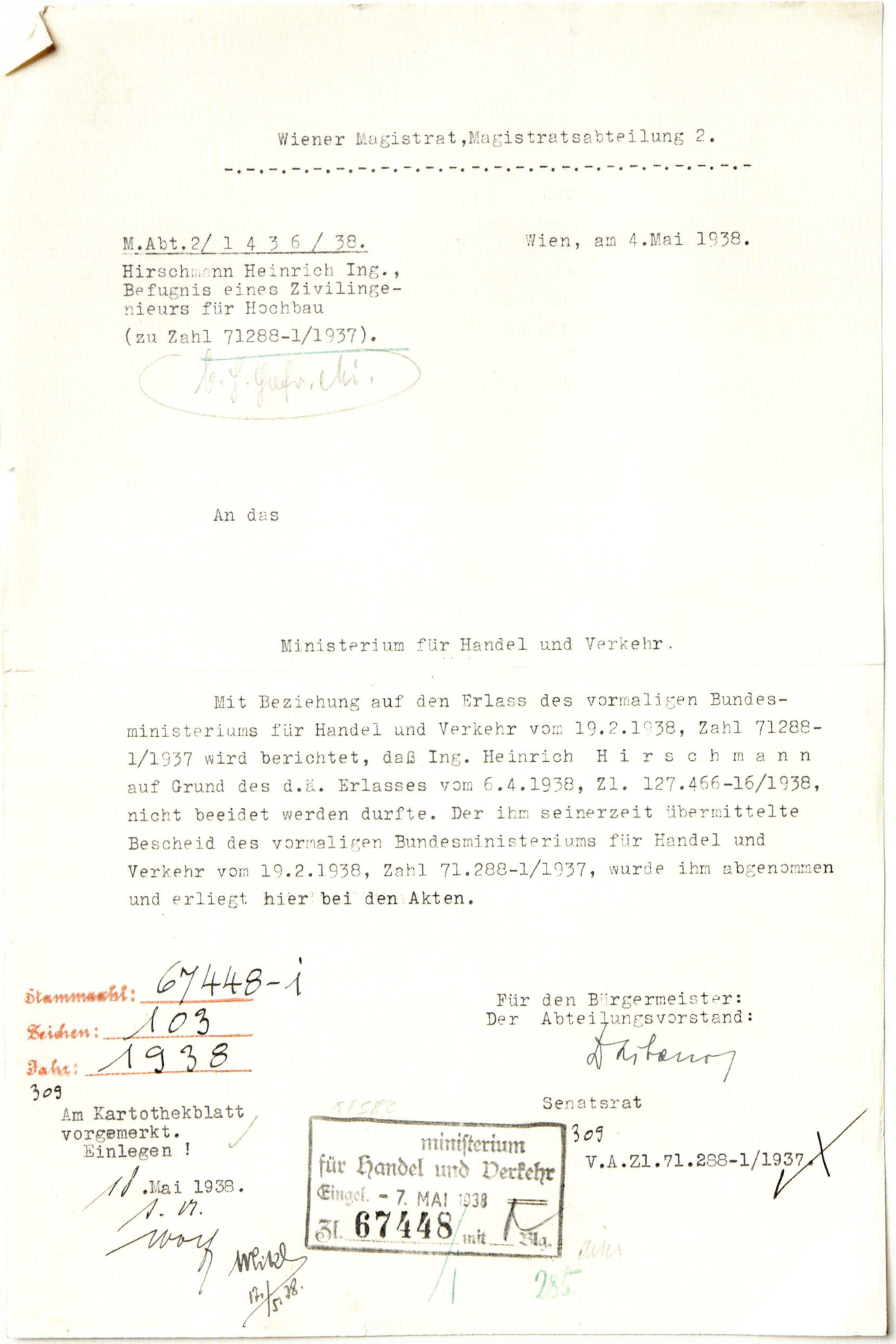

Wiener Magistrat, Magistratsabteilung 2.

M.Abt.2/ 1 4 3 6 / 38.

Wien, am 4.Mai 1938.

Hirschmann Heinrich Ing.,
Befugnis eines Zivilingenieurs für Hochbau
(zu Zahl 71288-1/1937).

An das

Ministerium für Handel und Verkehr.

Mit Beziehung auf den Erlass des vormaligen Bundesministeriums für Handel und Verkehr vom 19.2.1938, Zahl 71288-1/1937 wird berichtet, daß Ing. Heinrich H i r s c h m a n n auf Grund des d.ä. Erlasses vom 6.4.1938, Zl. 127.466-16/1938, nicht beeidet werden durfte. Der ihm seinerzeit übermittelte Bescheid des vormaligen Bundesministeriums für Handel und Verkehr vom 19.2.1938, Zahl 71.288-1/1937, wurde ihm abgenommen und erliegt hier bei den Akten.

Für den Bürgermeister:
Der Abteilungsvorstand:

Senatsrat

Stammzahl: 67448-i
Zeichen: 103
Jahr: 1938
309

Am Kartothekblatt
vorgemerkt.
Einlegen !

18.Mai 1938.

Ministerium
für Handel und Verkehr
Eingel. - 7. MAI 1938
Zl. 67448 mit 1 Blg.

309
V.A.Zl.71.288-1/1937.

Abb. III/1 Die MA 2 informiert das Ministerium für Handel und Verkehr, dass Heinrich Hirschmann nicht als Zivilingenieur für Hochbau beeidet werden durfte und der entsprechende Bescheid vom 19. Februar 1938 abgenommen wurde, 4.5.1938.

PROFESSOR
ALEXANDER POPP
ARCHITEKT
PRÄSIDENT DER WIENER SEZESSION

WIEN, VII, KARL SCHWEIGHOFERGASSE 3
TEL. B 38-4-17

30. Juli 1938.

An den

Herrn Minister für Wirtschaft und Arbeit

in Wien.

Betrifft: Z.69.254 - 1/1938

Ich nehme meine Bestellung zum Mitglied der Beiräte gem. Art.20 und 44 der Verordnung BGBl.Nr.61/1937 dankend zur Kenntnis.

Heil Hitler !

Abb. III/2 Alexander Popp nimmt die Bestellung des Ministeriums für Wirtschaft und Arbeit zum Mitglied des Beirats an. In seinem Briefkopf ist der Reichsadler mit einem Hakenkreuz überstempelt, 30. 7. 1938.

Abb. III/3 Die Dokumente von Ernst Soffer, der am 30. Juli 1937 um die Befugnis eines Architekten angesucht hatte, konnten nicht mehr zugestellt werden und liegen bis heute im Akt des Ministeriums für Wirtschaft und Arbeit.

Bescheid für die zusätzliche Verleihung eines Zivilingenieurs für Hochbau vom 19. Februar 1938 wieder abgenommen wurde.[15] Die Landeshauptmannschaft Oberdonau hingegen wartete im Frühjahr 1939 bezüglich der Beeidigung jener, denen die Befugnis vor dem „Anschluss" erteilt worden war, noch immer auf die im Erlass vom 6. April 1938 angekündigten weiteren Weisungen.[16]

Langwieriger war die Entscheidung über Ansuchen, die vor der nationalsozialistischen Machtübernahme im März 1938 eingebracht worden und noch nicht geprüft waren. Das Ministerium für Handel und Verkehr hatte bereits anberaumte Beiratssitzungen in Erwartung neuer Regelungen abgesagt und stellte die Bearbeitung der offenen Anträge zurück, obwohl laufend dringende Anfragen eingingen, ob und wann diese erledigt würden.[17] Die entstandene „Stockung" sei für die Betroffenen wirtschaftlich „sehr nachteilig", ließ beispielsweise der spätere Leiter der Reichskammer der bildenden Künste Leopold Blauensteiner das Ministerium für Handel und Verkehr wissen und bat dringend um Erledigung.[18] Tatsächlich wurden die Beiräte für die betroffenen Fachgebiete im Sommer 1938 nach einer Besprechung mit dem Amt für Technik „zwecks Weiterführung der Aktion" – gemeint war die Behandlung der offenen Anträge – neu bestellt. Ausgewechselt wurden beispielsweise für den Beirat nach Artikel 20 und 44, der Architekt:innen betraf, als Vertreter der Ingenieurkammer der als jüdisch geltende Kammerrat und Architekt Wilhelm Baumgarten durch Architekt Ernst Schreiber[19] und als Vertreter der Akademie der bildenden Künste Clemens Holzmeister (1886–1983)[20] durch seinen Konkurrenten, den Architekten Alexander Popp, ein illegales NSDAP-Mitglied.[21]

→ Abb. III/2

Als im Oktober 1939 bekannt gegeben wurde, dass die Ziviltechniker die Befugnisse bis zur Neuordnung des technischen Berufswesens behalten dürften, die Antragsteller das Ministerium wiederholt um Erledigung baten und das Ministerium mit seiner baldigen Auflösung zu rechnen hatte, wurde beschlossen, die restlichen Anträge in 14 rasch aufeinanderfolgenden Sitzungen abzuarbeiten: Es wurden vier Sitzungen für Architekten, drei für Zivilingenieure für Hochbau und je eine für Maschinenbau, Forstwesen, Elektrotechnik, Chemie, Markscheidewesen, Gas- und Feuertechnik und Physik einberufen. Infolgedessen wurden 142 positive und 122 negative Bescheide erteilt – die Bearbeitung sei allein deshalb geboten gewesen, um eine „ungleiche Behandlung" gegenüber jenen zu vermeiden, deren Anträge bis zum 12. März 1938 behandelt worden waren. Behandelt wurden allerdings nur Anträge „nichtjüdischer" Antragsteller:innen. 82 von 346 noch offenen Anträgen wurden „nicht in Behandlung gezogen", davon waren 72 von Architekt:innen eingereicht.[22] Ob es sich hierbei ausschließlich um Fälle „nichtarischer" Antragsteller:innen handelte, konnte nicht verifiziert werden. Nicht behandelte Ansuchen wurden im Herbst 1939 an die Antragsteller:innen postalisch retourniert. Allerdings hatten etliche von ihnen Österreich zu diesem Zeitpunkt bereits verlassen. In diesem Fall gingen die Dokumente, darunter auch originale Geburtsurkunden, zurück in den Akt beim Ministerium für Handel und Verkehr (bzw. Ministerium für Wirtschaft und Arbeit, in dessen Bereich die Zuständigkeiten des Ministeriums für Handel und Verkehr ab 18. August 1938 fielen).[23]

→ Abb. III/3

III.1.2
„Vorläufige Untersagung" –
erster Versuch einer
gesetzlichen Regelung

Der Erlass des Ministeriums für Handel und Verkehr vom 6. April 1938 sollte nur ein Provisorium bis zur Neuregelung der Ziviltechnikerverordnung darstellen. Da die bestehenden Vorschriften betreffend das österreichische Ziviltechnikerwesen[24] vorerst noch galten, sollten diese zunächst per Verordnung an die neuen Umstände angepasst werden: einerseits in Bezug auf die neue Eidesformel und das Beeidigungsverbot „jüdischer" Anwärter, andererseits sollte die Möglichkeit geschaffen werden, Ziviltechnikern, die „Juden" waren, die Ausübung ihrer Befugnis „vorläufig" zu untersagen. Vorbild dafür war die Verordnung, mit der das Reichsjustiz- und das Reichsinnenministerium „jüdische" Notare, Verteidiger, Rechts- und Patentanwälte aus dem Berufsleben ausgeschlossen hatten.[25] Das Ministerium für Handel und Verkehr legte Anfang April 1938 den Entwurf für eine fast wortgleiche Verordnung vor.[26]

→ Abb. III/4

Die Formulierung des Berufsverbots war nicht nur vergleichsweise offen formuliert, sondern sah auch eine Reihe von Ausnahmen vor. Nicht betroffen sollten jene sein, die die Befugnis bereits „seit 1. August 1914 erlangt" hatten oder nachweisen konnten, im Ersten Weltkrieg für das Deutsche Reich oder seine Verbündeten gekämpft zu haben, oder deren Väter oder Söhne gefallen waren.[27] Die „vorläufige Untersagung der Berufsausübung" sollte vom Minister für Handel und Verkehr verfügt werden. Die Verordnung trat nie in Kraft, denn die Reichsstatthalterei meldete „formale Bedenken" an. Diese gründeten sich auf

Verordnung: Angelegenheiten der Ziviltechniker in Österreich.

Verordnung des Handelsministers über Angelegenheiten der Ziviltechniker in Österreich vom ~~11.~~ April 1938.

Auf Grund des § 27 der Verordnung des Staatsministeriums R. G. Bl. Nr. 268/1860 und der Verordnung R. G. Bl. Nr. 77/1913 in der nunmehr geltenden Fassung wird verordnet:

Artikel I. 1. § 8 Anhang der Staatsministerialverordnung vom 11. Dezember 1860, Z. 36413, in der Fassung des Artikels 18 der Verordnung B. G. Bl. Nr. 61/1937 wird abgeändert, wie folgt:

Punkt d) wird in folgender Fassung wiederhergestellt:

„d) Die Ablegung des vorgeschriebenen Eides (§ 13 b).

Juden sind zur Ablegung des Eides nicht zuzulassen. Wer Jude ist, bestimmt sich nach § 4, Abs. 1 und 2, des Erlasses des Führers und Reichskanzlers über die Vereidigung der Beamten des Landes Österreich vom 15. März 1938 (Reichsgesetzbl. I S. 245), G. Bl. Nr. 3/1938."

2. § 13 b, Abs. 1, in der Fassung des Artikels 21 der Verordnung B. G. Bl. Nr. 61/1937 hat zu lauten:

„Den Eid hat der Ziviltechniker gemäß § 8 d vor dem zuständigen Landeshauptmann (Bürgermeister der Stadt Wien), wenn aber der Verleihung dem Minister für Handel und Verkehr vorbehalten war, vor diesem oder seinem Beauftragten nach folgendem Wortlaut zu leisten:

,Ich schwöre: Ich werde dem Führer des Deutschen Reiches und Volkes Adolf Hitler Treue halten, die Gesetze beachten und meine Pflichten als Ziviltechniker gewissenhaft erfüllen, so wahr mir Gott helfe.'"

Im zweiten Satz des Abs. 3 ist zwischen den Worten: „mitzuteilen" und „und außerdem auf Kosten" einzufügen: „, sofern die Vereidigung nicht dortselbst erfolgte,".

3. Die Eingangsworte des § 13 c haben zu lauten:

„Auf Grund bloßer Anmeldung beim zuständigen Landeshauptmann (Bürgermeister der Stadt Wien) können bei Zutreffen der in den bestehenden Vorschriften festgelegten Voraussetzungen übergehen ..."

Artikel II. § 1. (1) Ziviltechnikern, die Juden sind, kann die Ausübung ihrer Befugnis vorläufig untersagt werden.

(2) Dies gilt nicht für Ziviltechniker, die bereits seit dem 1. August 1914 eine solche Befugnis erlangt haben, oder die nachweisen, daß sie im Weltkrieg an der Front für das Deutsche Reich oder für seine Verbündeten gekämpft haben oder deren Väter oder Söhne im Weltkrieg gefallen sind.

(3) Frontkämpfer im Sinne dieser Verordnung ist, wer im Weltkriege (in der Zeit vom 1. August 1914 bis 31. Dezember 1918) bei der fechtenden Truppe an einer Schlacht, einem Gefecht, einem Stellungskampf oder an einer Belagerung teilgenommen hat. Es genügt nicht, wenn sich jemand, ohne vor den Feind gekommen zu sein, während des Krieges aus dienstlichem Anlaß im Kriegsgebiet aufgehalten hat.

(4) Der Teilnahme an den Kämpfen des Weltkrieges steht die Teilnahme an dem Freiheitskampf um das Land Kärnten, an den Kämpfen im Baltikum, in Oberschlesien, gegen Spartakisten und Separatisten sowie gegen die Feinde der nationalen Erhebungen gleich.

(5) Gefallen ist auch, wer einer Verwundung erlegen ist, die er als Frontkämpfer erlitten hat.

§ 2. (1) Die vorläufige Untersagung der Berufsausübung verfügt der Minister für Handel und Verkehr; sie hat folgende Wirkungen:

(2) Dem Ziviltechniker, dem die Berufsausübung untersagt worden ist, ist die Besorgung fremder Geschäfte auf Grund der ihm seinerzeit übertragenen Befugnisse nicht gestattet, Gerichte und sonstige Behörden sowie Schiedsgerichte sollen ihn zur Ausübung einer Tätigkeit auf Grund dieser Befugnis nicht heranziehen. Die Behörde, die ihm etwa einen Auftrag erteilte, hat diesen zu widerrufen; sie hat mit der Durchführung einen anderen Ziviltechniker zu betrauen, soweit dies zur Verhütung von Rechtsnachteilen für die Beteiligten oder aus einem sonstigen Grunde erforderlich erscheint.

(3) Die Vorschriften des Abs. 2 gelten nicht für die Wahrnehmung von eigenen Angelegenheiten des Ziviltechnikers, von Angelegenheiten seiner Ehefrau und seiner minderjährigen Kinder. Die rechtliche Wirksamkeit von Handlungen des Ziviltechnikers wird dadurch nicht berührt, daß ihm die Ausübung seiner Befugnis vorläufig untersagt ist.

Die zur Durchführung und Ergänzung dieser Verordnung erforderlichen Rechts- und Verwaltungsvorschriften erläßt der Minister für Handel und Verkehr im Einvernehmen mit den beteiligten Ministerien.

Fischböck

Abb. III/4   Entwurf der neuen Verordnung über „Angelegenheiten der Ziviltechniker" vom April 1938, die die geltende Verordnung Nr. 160/1937 abändern sollte.

Artikel 16 der Bundesverfassung, der allen Bürgern und Bürgerinnen gleiche Rechte zuspricht. Um mit diesem nicht in Konflikt zu geraten, sollte das Berufsverbot für Ziviltechniker in Form eines Gesetzes erlassen werden.[28]

Die Abteilung für Rechtsangelegenheiten des Ministeriums für Handel und Verkehr teilte diese Einschätzung zwar nicht,[29] legte aber einen Entwurf zum „Gesetz über Angelegenheiten der Ziviltechniker in Österreich" vor.[30] Darin wurde dem Umstand Rechnung getragen, dass das Ministerium für Wirtschaft und Arbeit die Agenden des Ministeriums für Handel und Verkehr übernommen hatte und dass die Bestimmungen der „Nürnberger Gesetze" in der Zwischenzeit auf Österreich ausgedehnt wurden.[31] Diese seien einerseits auf „künftige Verleihungen der Befugnis eines Ziviltechnikers" anzuwenden, andererseits sollten sie auch auf Ziviltechniker angewandt werden, „die Juden sind oder als solche gelten, und denen bereits die Befugnis *verliehen worden ist*"[32] (Hervorhebungen im Original). Ansonsten unterschied sich der Gesetzesentwurf nicht von der Verordnung. Er wurde der Reichsstatthalterei in Wien und dem Ministerium für innere und kulturelle Angelegenheiten im Juni 1938 zur Begutachtung vorgelegt,[33] aber nie verabschiedet. Infolgedessen dauerte es etwa ein Jahr, bis Ziviltechnikern, die als jüdisch galten, die Befugnisse aktiv entzogen wurden. Die Berufsausübung war ihnen jedoch in der Regel nicht mehr möglich, da sie ohne „Ariernachweis" keine Aufträge mehr erhielten, was de facto einem Berufsverbot gleichkam.

III.1.3
Die Rolle der Ingenieurkammern und „freiwillige" Zurücklegung der Befugnis

Zur Haltung der österreichischen Ingenieurkammern gegenüber ihren „jüdischen" Mitgliedern und ihrer Rolle beim Entzug der Befugnisse lässt die Quellenlage leider keine verbindlichen Aussagen zu. Es gibt aber Hinweise, dass diese einen gewissen Druck ausgeübt haben könnten, um möglichst bald „judenfrei" zu werden. In Mitgliederlisten, die im Frühsommer 1938 erstellt wurden,[34] waren die Namen jener Ziviltechniker, deren jüdische Herkunft bekannt war oder angenommen wurde, bereits durchgestrichen. Die Kammer für Wien, Niederösterreich und Burgenland, die die mit Abstand meisten Betroffenen verzeichnete, strich 135 „Nichtarier", die in Wien praktizierten, wies aber darauf hin, dass diese Angaben noch „ganz ohne Gewähr" seien.[35]

→ Abb. III/5–6

Der Kammer für Wien, Niederösterreich und Burgenland zugehörig waren auch die beiden Ingenieurkonsulenten für Vermessungswesen Alexander Somogyi[36] aus St. Michael im Burgenland und Oskar Schnabel, der in Mattersburg (1932–1935) und Tulln (1935–1938) praktiziert hatte. Beide waren in der Mitgliederliste der Ingenieurkammer als „nichtarisch" gestrichen. Oskar Schnabel hatte zum Zeitpunkt seines Todes am 5. November 1938 noch eine aufrechte Befugnis,[37] die Todesursache ist unbekannt. Alexander Somogyi überlebte die NS-Verfolgung in Dänemark und Schweden (→ S. 148, 207).

In Oberösterreich strich die Kammer die in Linz ansässigen Zivilingenieure Otto Dub (1874–1938), dessen Befugnis als Zivilingenieur für Bauwesen als ruhend angegeben war (→ S. 118), und Edwin Bächer, der eine aktive Befugnis als Zivilingenieur für Elektrotechnik innehatte und seit 1909 evangelisch war[38] (→ S. 146), als „Nichtarier" aus ihrer Mitgliederliste. Als ehemaliges Mitglied der Ingenieurkammer für Oberösterreich und Salzburg konnte zudem der pensionierte Zivilingenieur für Bauwesen Alfred Brüll (1867–?) aus Steyr recherchiert werden. Obwohl er katholisch und mit der evangelischen Eva Rosa Brüll verheiratet war, galt er wegen seiner jüdischen Großeltern als Jude (→ S. 137). Da Brüll 1938 kein Kammermitglied mehr war, ist er in der Statistik nicht berücksichtigt.[39]

Die Kammer für Tirol und Vorarlberg gab im Juni 1938 an, dass alle Kammermitglieder „Arier" seien. Da ihr wohl prominentestes Mitglied, der Industrielle Friedrich Reitlinger (1877–1938), zu diesem Zeitpunkt bereits der Judenverfolgung zum Opfer gefallen war, verschleierte diese Darstellung die rassenpolitischen Umstände von Reitlingers Tod (→ S. 174).

→ Abb. III/7

In den Mitgliederlisten von Salzburg, Vorarlberg, Kärnten und der Steiermark sind keine Namen als jüdisch gekennzeichnet, und es wurden auch keine betroffenen Mitglieder ausfindig gemacht.[40]

Insgesamt konnten österreichweit zumindest 150 als jüdisch geltende Kammermitglieder recherchiert werden. Diese Zahl setzt sich zusammen aus den 140 Personen, deren Namen in den Mitgliederlisten der österreichischen Ingenieurkammern vom Frühsommer 1938 durchgestrichen sind,[41] sowie zehn weiteren Personen, deren jüdische Herkunft den Kammern zu diesem Zeitpunkt noch nicht bekannt war.[42] Nicht berücksichtigt sind Personen, die einen positiven Bescheid erhalten hatten, aber zum Zeitpunkt der NS-Machtübernahme noch nicht vereidigt waren. Diesen wurde der Eid versagt und der Bescheid wieder abgenommen. Ebenso wenig sind ehemalige Zivilingenieure, die ihre Befugnis vor dem 13. März 1938 zurückgelegt hatten oder verstorben waren, in der Statistik geführt.

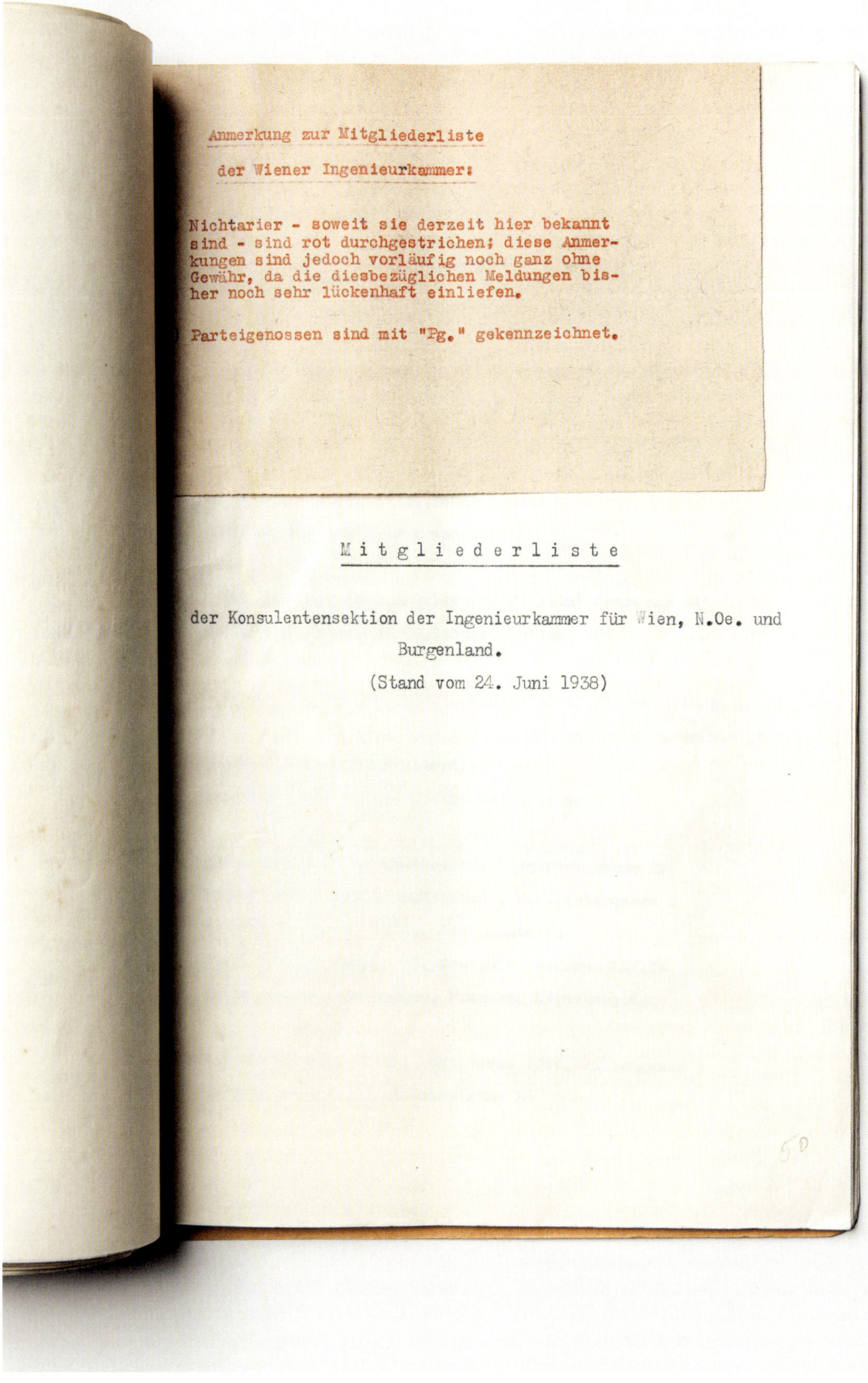

Anmerkung zur Mitgliederliste

der Wiener Ingenieurkammer:

Nichtarier – soweit sie derzeit hier bekannt sind – sind rot durchgestrichen; diese Anmerkungen sind jedoch vorläufig noch ganz ohne Gewähr, da die diesbezüglichen Meldungen bisher noch sehr lückenhaft einliefen.

Parteigenossen sind mit "Pg." gekennzeichnet.

M i t g l i e d e r l i s t e

der Konsulentensektion der Ingenieurkammer für Wien, N.Oe. und Burgenland.

(Stand vom 24. Juni 1938)

Abb. III/5–6   In der Mitgliederliste der Ingenieurkammer für Wien, Niederösterreich und Burgenland vom 24. Juni 1938 sind die Namen der „nichtarischen" Mitglieder mit roter Farbe durchgestrichen (Deckblatt und Seite 7 von 31).

Ingenieurkonsulenten f.Elektrotechnik:

DOERY Dr.Iwan, Maschb., IV.,Faulmanngasse 6
DREXLER Friedrich, Maschb., III.,Beatrixgasse 18

EISLER Fritz, Maschb., III.,Schwarzenbergplatz 6

FUERST Arthur, Maschb., I.,Marc Aurelstrasse 6

GERBEL M.Bernhard, Maschb., I.,Liliengasse 1
GRABSCHEID Dr.Johann, I.,Wollzeile 33
GRANN Dr.Richard, VIII.,Lederergasse 5

HORSCHITZ Dr.Felix, XIX.,Döbl.Hauptstrasse 58
HUBER Dr.Leopold, IV.,Wiedner Gürtel 48

~~KLAUBER Edmund, Maschb., IX.,Porzellangasse 39~~
KORISKO Johann, XVIII.,Hofstattgasse 16
KRENNER Konrad, Maschb., I.,Wallnerstrasse 9

LACHS Josef, Maschb., I.,Sterngasse 11
LAUTNER Felix, Maschb., VI.,Mariahilferstrasse 17

MERKL Dr.Friedrich, Maschb., IV.,Mommsengasse 35

OERTEL Friedrich, III.,Dapontegasse 3

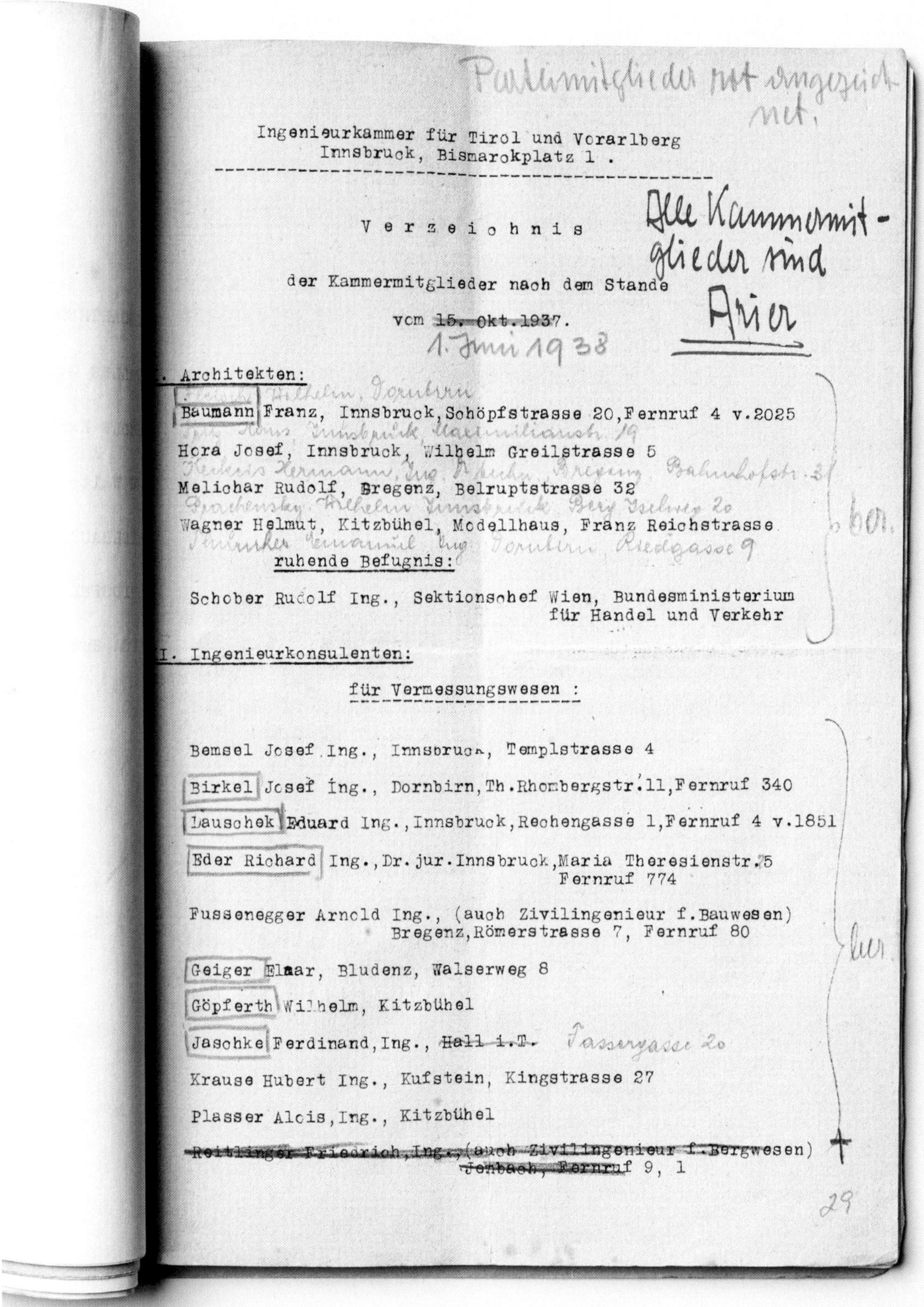

Parteimitglieder rot angezeichnet.

Ingenieurkammer für Tirol und Vorarlberg
Innsbruck, Bismarckplatz 1.

V e r z e i c h n i s

der Kammermitglieder nach dem Stande

vom ~~15. Okt. 1937.~~
1. Juni 1938

Alle Kammermitglieder sind Arier

Architekten:

Schreck Wilhelm, Dornbirn
Baumann Franz, Innsbruck, Schöpfstrasse 20, Fernruf 4 v.2025
Hora Hans, Innsbruck, Maximilianstr. 19
Hora Josef, Innsbruck, Wilhelm Greilstrasse 5
Kerbeis Hermann, Ing., Bludenz, Bregenz, Bahnhofstr. 31
Melichar Rudolf, Bregenz, Belruptstrasse 32
Drachensky Wilhelm, Innsbruck, Berg Iselweg 20
Wagner Helmut, Kitzbühel, Modellhaus, Franz Reichstrasse.
Senkriker Immanuel, Ing., Dornbirn, Riedgasse 9

ruhende Befugnis:

Schober Rudolf Ing., Sektionschef Wien, Bundesministerium
für Handel und Verkehr

I. Ingenieurkonsulenten:

für Vermessungswesen:

Bemsel Josef Ing., Innsbruck, Templstrasse 4
Birkel Josef Ing., Dornbirn, Th.Rhombergstr. 11, Fernruf 340
Lauschek Eduard Ing., Innsbruck, Rechengasse 1, Fernruf 4 v.1851
Eder Richard Ing., Dr.jur. Innsbruck, Maria Theresienstr. 5
Fernruf 774
Fussenegger Arnold Ing., (auch Zivilingenieur f. Bauwesen)
Bregenz, Römerstrasse 7, Fernruf 80
Geiger Elmar, Bludenz, Walserweg 8
Göpferth Wilhelm, Kitzbühel
Jaschke Ferdinand, Ing., ~~Hall i.T.~~ *Tassergasse 20*
Krause Hubert Ing., Kufstein, Kingstrasse 27
Plasser Alois, Ing., Kitzbühel
~~Reitlinger Friedrich, Ing., (auch Zivilingenieur f. Bergwesen)
Jenbach, Fernruf 9, 1~~ †

Abb. III/7 Die Ingenieurkammer für Tirol und Vorarlberg gibt bekannt, dass nach dem Stand vom 1. Juni 1938 sämtliche Kammermitglieder „Arier" sind. Der Name des als jüdisch verfolgten Ziviltechnikers Friedrich Reitlinger ist bereits mit einem Kreuz versehen und durchgestrichen. Die Namen der Parteimitglieder sind „rot angezeichnet" (Seite 1 von 4).

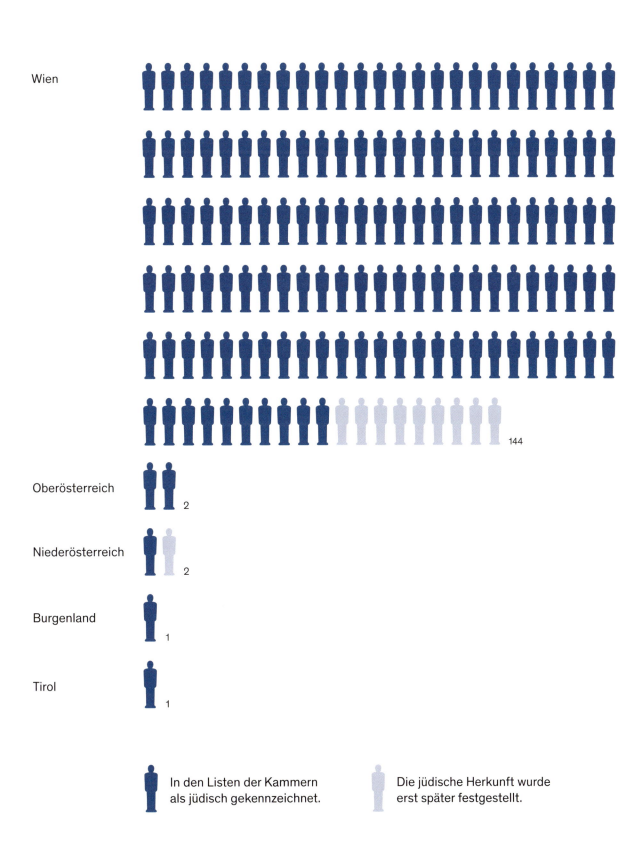

Die überwiegende Mehrheit von 144 Personen lebte oder praktizierte in Wien, sechs lebten bis zur nationalsozialistischen Machtübernahme in den vier Bundesländern Tirol, Oberösterreich, Niederösterreich und Burgenland.

→ *Grafik III/1*

Ungeachtet der Streichungen auf dem Papier bestand die Mitgliedschaft in den Ingenieurkammern jedoch de jure weiter, solange die Befugnis nicht entzogen oder zurückgelegt war. Der aktive Ausschluss von Mitgliedern mit aufrechter Befugnis war also seitens der Ingenieurkammern nicht ohne Weiteres möglich. Vielen der als jüdisch geltenden Ziviltechniker war aber zweifellos bewusst, dass es im Deutschen Reich keine berufliche Zukunft für sie gab. So legten einige Mitglieder ihre Befugnis nach der nationalsozialistischen Machtübernahme selbst zurück – manche bereits vor dem Hintergrund einer geplanten Ausreise.

Der in Oberösterreich ansässige Oberbaurat in Rente Otto Dub legte seine Befugnis als Zivilingenieur für Bauwesen mit 17. Juni 1938 zurück[43] und übersiedelte Ende August von Linz nach Wien. Gemeinsam mit seiner katholischen Frau Stefanie Dub lebte er zunächst im 17. Wiener Gemeindebezirk,[44] nahm sich aber bereits kurz nach der Übersiedlung, am 15. November 1938, im Alter von 64 Jahren das Leben.[45] Dub wurde am 24. Jänner 1939 in der Feuerhalle Simmering beigesetzt.[46] Die im Mai 1940 auf der Isle of Man als „Flüchtling des Nazi-Regimes" internierte Luise Dub (geb. 27.11.1903 in Steyr) dürfte Dubs Tochter gewesen sein.[47] Seine Frau Stefanie starb 1972 in Wien.[48]

→ *Abb. III/8*

Unter den ersten, die ihre Befugnis selbst zurücklegten, waren auch die Wiener Ziviltechniker Fritz Friedmann (1892–?) und Paul Schwefel (1888–1971). Friedmann war Zivilingenieur für Bauwesen. Er informierte die Kammer am 29. Juni 1938, dass er seine Befugnis zurücklege, und meldete sich im April 1939 nach Amerika ab.[49] Schwefel hatte seit 1929 eine Befugnis als Zivilingenieur für Maschinenbau. Er war Mitglied des Ausschusses einer Freimaurerloge und wurde am 24. März 1938 verhaftet. In der Nachkriegszeit gab er an, drei Monate im Polizeigefangenenhaus auf der Elisabethpromenade (heute: Rossauer Lände) in „Schutzhaft"[50] gewesen zu sein, die Freilassung war an die Bedingung geknüpft, dass er „innerhalb kurzer festgesetzter Frist" auswandere.[51] Schwefel gab der Kammer seinen Austritt am 27. Juli 1938 bekannt, als Grund führte er an, dass er gezwungen sei auszuwandern: „Ich bin von meiner Firma im Rahmen der politischen Umstellung fristlos entlassen worden und bin aus dem gleichen Grunde nicht mehr in der Lage, hier eine Anstellung zu finden." Er verfüge über kein Einkommen und sei „vollständig vermögenslos", weshalb er darum bat, ihm den Kammerbeitrag zu erlassen.[52] Er verbrachte etwa ein Jahr in Brünn (tschech. Brno) und lebte ab Juni 1939 in London.

Auch etliche Personen christlichen Glaubens legten ihre Befugnis zurück. Oskar Georg Bellgrader (1888–1968)[53] war die Befugnis eines Zivilingenieurs für Bauwesen 1914 von der k. k. niederösterreichischen Statthalterei in Wien verliehen worden.[54] Er praktizierte in seinem Ingenieurbüro in der Alserbachstraße im 9. Bezirk und war seit 1927 gerichtlich beeideter Sachverständiger des Handelsgerichts Wien für Beton- und Betoneisenbau.[55] Mit 1. Mai 1934 übersiedelte er in die Obkirchergasse im 19. Bezirk, wo er bis 1939 ein „Zivilingenieurbüro für Bauberatung, Projektierung, Baukontrolle, Schätzungen und Gutachten, insbesondere für Statik des Eisen- und Eisenbetonbaus sowohl in Hoch- als auch im Tiefbau" führte. In der Nachkriegszeit gab Bellgrader in einem Ansuchen an den Hilfsfonds[56] an, am 1. Juli 1919 zur protestantischen Religion (HB)[57] übergetreten zu sein. Da er jedoch von jüdischen Eltern abstammte, sei er gezwungen gewesen, seinen Beruf als Zivilingenieur und Baumeister aufzugeben und „zum Schutze [seines] Lebens" auszuwandern.[58]

→ *Abb. III/9*

Abb. III/8   Stefanie Dub informiert die Vermögensverkehrsstelle Wien, dass ihr Ehemann Otto Dub kurz nach der Übersiedelung nach Wien verstarb, Dezember 1938.

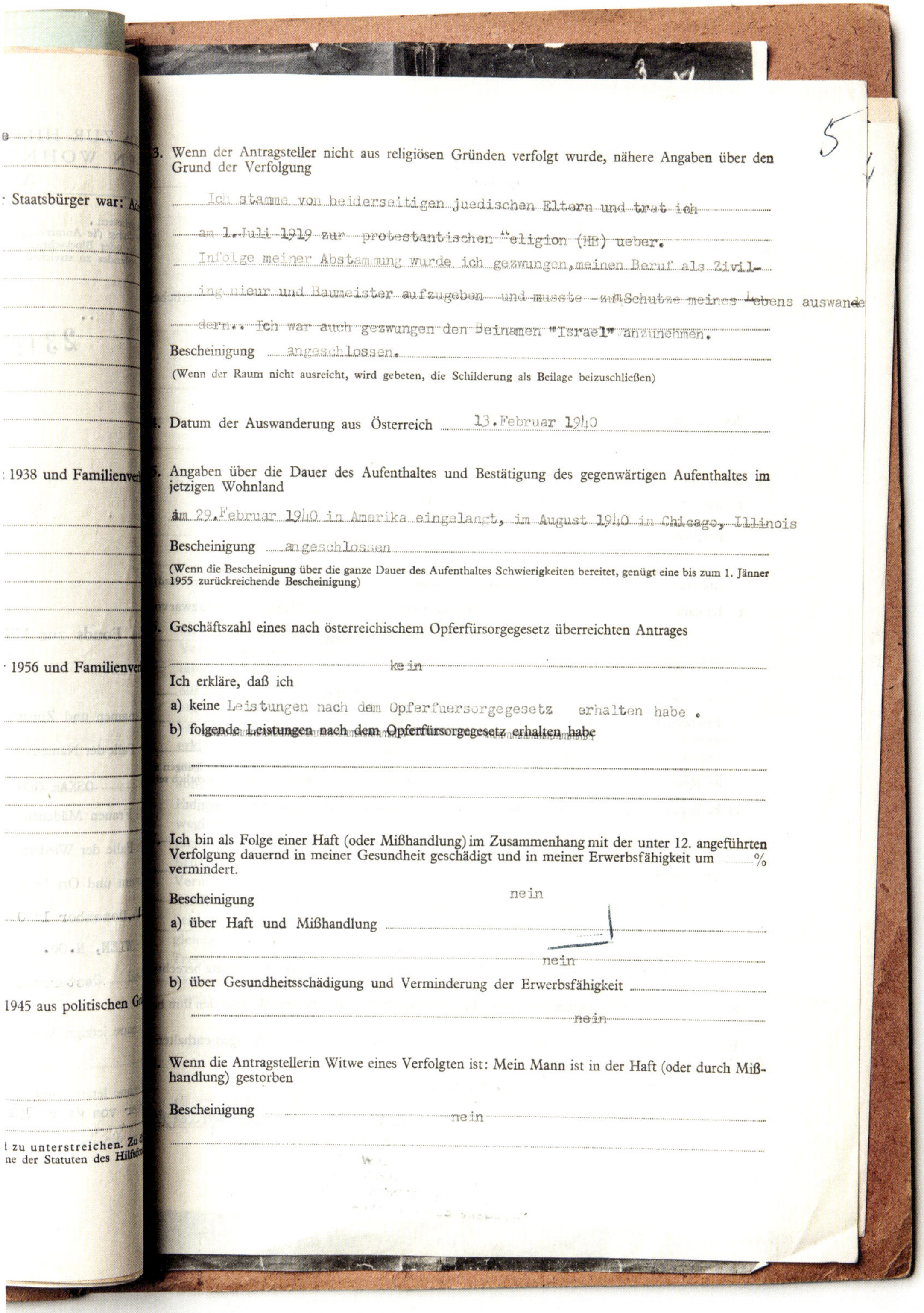

13. Wenn der Antragsteller nicht aus religiösen Gründen verfolgt wurde, nähere Angaben über den Grund der Verfolgung

Ich stamme von beiderseitigen juedischen Eltern und trat ich am 1.Juli 1919 zur protestantischen Religion (HB) ueber. Infolge meiner Abstammung wurde ich gezwungen, meinen Beruf als Zivilingenieur und Baumeister aufzugeben und musste zum Schutze meines Lebens auswandern. Ich war auch gezwungen den Beinamen "Israel" anzunehmen.

Bescheinigung angeschlossen.

(Wenn der Raum nicht ausreicht, wird gebeten, die Schilderung als Beilage beizuschließen)

14. Datum der Auswanderung aus Österreich 13.Februar 1940

15. Angaben über die Dauer des Aufenthaltes und Bestätigung des gegenwärtigen Aufenthaltes im jetzigen Wohnland

Am 29.Februar 1940 in Amerika eingelangt, im August 1940 in Chicago, Illinois

Bescheinigung angeschlossen

(Wenn die Bescheinigung über die ganze Dauer des Aufenthaltes Schwierigkeiten bereitet, genügt eine bis zum 1. Jänner 1955 zurückreichende Bescheinigung)

16. Geschäftszahl eines nach österreichischem Opferfürsorgegesetz überreichten Antrages

kein

Ich erkläre, daß ich

a) keine Leistungen nach dem Opferfuersorgesetz erhalten habe.

b) folgende Leistungen nach dem Opferfürsorgesetz erhalten habe

Ich bin als Folge einer Haft (oder Mißhandlung) im Zusammenhang mit der unter 12. angeführten Verfolgung dauernd in meiner Gesundheit geschädigt und in meiner Erwerbsfähigkeit um ____ % vermindert.

Bescheinigung nein

a) über Haft und Mißhandlung

nein

b) über Gesundheitsschädigung und Verminderung der Erwerbsfähigkeit

nein

Wenn die Antragstellerin Witwe eines Verfolgten ist: Mein Mann ist in der Haft (oder durch Mißhandlung) gestorben

Bescheinigung nein

Abb. III/9 Oskar Georg Bellgraders Antrag an den Hilfsfonds mit Angaben zu seiner jüdischen Herkunft, 24.5.1957.

REGIERUNGSRAT F. FRÖHLICH
BEHÖRDL. AUT. ZIVILINGENIEUR
WIEN
~~I., SCHWARZENBERGSTRASSE 6~~
~~FERNSPRECHER NR. R-26-008~~
POSTSPARKASSEN-KTO. B 49.301

Wien, IX., Liechtensteinstr. 130 a
Tel. A 16-575

WIEN, AM 3. Dezember 1938

5. Dez. 1938   An die geehrte

Ingenieurkammer

Wien, VII.

Mariahilferstrasse 93.

Ich zeige hiemit an, dass ich meine Funktion als beh.aut.Zivil-
-ingenieur (Ing-Konsulent) für das Maschinenwesen niederlege,
und bitte ich, mich als Kammermitglied zu streichen.-
Mit dem Ersuchen um gefl. Bestätigung dieses Ersuchens verbinde
ich den Ausdruck meines aufrichtigen Dankes für die umsichtige
und tatkräftige Führung der Kammer seitens des geehrten Vor-
-standes.-
Wenn die Umstände mich nicht hiezu gezwungen hätten, wäre dieser
Schritt gewiss nicht erfolgt.-

Hochachtungsvoll

Ing. Fr. Fröhlich

Abb. III/10 Friedrich Fröhlich sieht sich gezwungen, seine Befugnis niederzulegen, 3.12.1938.

Er legte seine Befugnis am 6. Juni 1939 zurück[59] und verließ am 13. Februar 1940 – im Alter von 59 Jahren – seine Geburtsstadt Wien und sein Heimatland Österreich. Gemeinsam mit seiner Frau Rosa Gertrude Bellgrader erreichte er am 29. Februar 1940 die Vereinigten Staaten von Amerika und lebte seit August 1940 in Chicago, ohne noch einmal beruflich Fuß fassen zu können.[60] Als er nach dem Tod seiner Frau 1957 beim Hilfsfonds um Unterstützung ansuchte, erhielt er eine einmalige Zuwendung von 18.800 öS.[61]

Manche Mitglieder drückten der Wiener Kammer nicht nur ihren Dank für ihre langjährige Tätigkeit, sondern auch ihr Bedauern darüber aus, dass sie zu diesem Schritt gezwungen wurden, wie der pensionierte Regierungsrat Friedrich Fröhlich (1873–1943), der seit 1919 eine Befugnis als Ingenieurkonsulent für Maschinenbau innehatte. Er legte sie am 3. Dezember 1938 zurück und endete sein Schreiben mit dem Hinweis, dass die Zurücklegung unter anderen Umständen „gewiss nicht" erfolgt wäre.[62]

→ Abb. III/10

Gegenüber der Vermögensverkehrsstelle gab er an, dass er seine Kanzlei aufgeben musste, da er seinen Beruf nicht mehr ausüben könne.[63] Fröhlich wurde vier Jahre später nach Theresienstadt deportiert und ermordet (→ S. 163).

Im Sommer 1938 drückte die zuständige Geschäftsstelle im Ministerium für Wirtschaft und Arbeit ihr Bedauern darüber aus, dass die Gesetzgebung zur „Durchführung der Bestimmungen der Rassengesetzgebung" im Falle der Ziviltechniker auf sich warten ließ. „[U]m die Sache nicht noch weiter zu verschleppen", beschloss man, zumindest die Fragebögen zur Feststellung der Abstammung auszuteilen,[64] in der Hoffnung, dass der bereits ausgearbeitete Gesetzentwurf für die „Anwendung der Nürnberger Gesetze auf jene Zivilingenieure, die Juden oder Mischlinge sind", in der Zwischenzeit genehmigt würde und das Gesetz sofort durchgeführt werden könne.[65]

Die Fragebögen sollten über die Landeshauptmannschaften verschickt werden. Zumindest in Wien, wo zu diesem Zeitpunkt praktisch alle „jüdischen" Mitglieder lebten, die Österreich noch nicht verlassen hatten, lief die Verteilung aber über die Ingenieurkammer für Wien, Niederösterreich und Burgenland, die Fragebögen waren auch bis 20. Oktober 1938 an diese zu retournieren.[66] Es ist denkbar, dass diese den Anlass nützte, um darauf hinzuweisen, dass eine „arische Abstammung" Voraussetzung für die weitere Tätigkeit als Ziviltechniker war. Einen möglichen Hinweis darauf gibt das Schreiben des Zivilingenieurs für Maschinenbau Paul Knöpfelmacher[67] (1894–?) an die Ingenieurkammer für Wien vom 1. Dezember 1938, in dem er „unter höfl. Bezugnahme auf Ihr Rundschreiben vom 16. Sept. l. J." ersuchte, seinen Austritt aus der Kammer zur Kenntnis zu nehmen, und handschriftlich hinzufügte, dass seine Mitteilung „gleichbedeutend mit der Zurücklegung [seiner] Befugnis als Ingenieurkonsulent für Maschinenbau" sei.[68] Knöpfelmacher fand 1939 Zuflucht in Australien.

Auch Wilhelm Czeczowiczka (1880–1942), Zivilingenieur für Bauwesen, bezog sich auf eine Zuschrift der Kammer, und zwar vom 15. November 1938. Er gab die Niederlegung seiner Befugnis und den Austritt aus der Kammer bekannt und begründete diesen Schritt mit seiner „bevorstehende[n] Abwanderung".[69] Dazu kam es jedoch nicht, Czeczowiczka nahm sich am 6. Jänner 1942 in Wien das Leben.

Die Rücktrittsschreiben zeigen, dass die „freiwilligen" Zurücklegungen im Juni 1938 begannen und ihren Höhepunkt im Dezember 1938 erreicht haben dürften.[70] Ein Zusammenhang mit den erwähnten Schreiben der Kammer von 16. August bzw. 15. November 1938 ist daher zumindest eine Möglichkeit.

Grafik III/2
Befugnis-Zurücklegungen der als jüdisch verfolgten Kammermitglieder in Wien zwischen März 1938 und Februar 1939

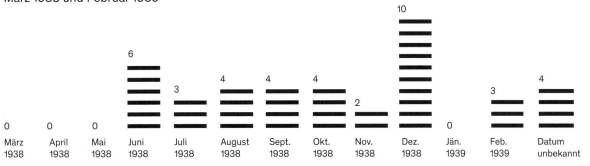

Quellen: Schreiben betroffener Ziviltechniker und der MA 2 in den Mitgliedsakten im AKZT W/NÖ/Bgld; Ansuchen auf „Wiederaufleben" der Befugnis im ÖStA/AdR, BMfHuW/ZivTech.

Fragebogen.

Name:	Baumgarten
Vornamen	William
Wohnort und Wohnung	Wien, IV. Viktorgasse 18.
Geburtsort	Mährisch-Schönberg
Geburtstag, -monat und -jahr	25. Jänner 1885.
Glaubensbekenntnis	röm. kath.

Nähere Angaben über die Abstammung:

Eltern:

Name des Vaters	Baumgarten
Vornamen	Ludwig
Stand und Beruf	verh. Gastwirt
Geburtsort	Wien
Geburtstag, -monat und -jahr	16. Mai 1848
Sterbeort	Wien,
Sterbetag, -monat und -jahr	25.7.1905.
Glaubensbekenntnis (auch früheres Glaubensbekenntnis)	evang. A.C./vorher röm. kath./
Verheiratet in	Schottwien, N.Oe.
am	14.3.1895.
Geburtsname der Mutter	Richter
Vornamen	Eleonore
Geburtsort	Lemberg
Geburtstag, -monat und -jahr	10.9.1858.
Sterbeort	Wien
Sterbetag, -monat und -jahr	1902 /14.I.
Glaubensbekenntnis (auch früheres Glaubensbekenntnis)	Evang. A.C/vorher röm. kath./

Großeltern:

Name des Großvaters (väterlicherseits)	Baumgarten
Vornamen	Leopold
Stand und Beruf	verh. Kaufmann
Geburtsort	Uschau, Böhmen
Geburtstag, -monat und -jahr	1798.
Sterbeort	Wien,
Sterbetag, -monat und -jahr	2.8.1869.
Glaubensbekenntnis (auch früheres Glaubensbekenntnis)	röm. kath.
Geburtsname der Großmutter (väterlicherseits)	Steinhardt
Vornamen	Theresia
Geburtsort	Neu-Zedlisch Böhmen
Geburtstag, -monat und -jahr	1810
Sterbeort	Wien,
Sterbetag, -monat und -jahr	11.2.1876.
Glaubensbekenntnis (auch früheres Glaubensbekenntnis)	röm. kath.

Abb. III/11–12 Fragebogen zur Feststellung der „Abstammung" von William Baumgarten, 19.10.1938.

Name des Großvaters (mütterlicherseits)	R i c h t e r
Vornamen	Samuel
Stand und Beruf	verh. Gastwirt
Geburtsort	Lemberg
Geburtstag, -monat und -jahr	unbekannt
Sterbeort	"
Sterbetag, -monat und -jahr	"
Glaubensbekenntnis (auch früheres Glaubensbekenntnis)	Israel.
Geburtsname der Großmutter (mütterlicherseits)	Zuckerberger
Vornamen	Fanny
Geburtsort	unbekannt
Geburtstag, -monat und -jahr	"
Sterbeort	"
Sterbetag, -monat und -jahr	"
Glaubensbekenntnis (auch früheres Glaubensbekenntnis)	Israel.

Da keine Dokumente vorhanden sind, Nachforschungen eingeleitet.

Sind Sie verheiratet? (Bejahendenfalls ist der von Ihnen für Ihre Gattin auszufüllende Fragebogen beizulegen)	Ja, seit 16.10.1911.
Kriegsdienst (Frontkämpfer, Verwundungen, Auszeichnungen, letzter Dienstgrad?)	1. August 1914 - 19. Februar 1919. ununterbrochene Frontdienstleistung im Fest.Art.Baon Nr.1, später Schweres Art.-Reg. 14. als Hauptmann i.d.Res. Kmdt. der Batt. 9/S.A.R.14. Mil.Verd.Kreuz 3.Kl.K.D.m.Schw. Silberne u. Bronzene Militär-Verd.Med. m.Schw. a.Band d.Mil.Verd.Kreuzes. Karl Truppenkreuz Mil.Jubil.Erinn.Med.1908.
Haben Sie an dem Freiheitskampf um das Land Kärnten, an den Kämpfen im Baltikum, in Oberschlesien, gegen Spartakisten und Separatisten sowie gegen die Feinde der nationalen Erhebung teilgenommen? Sind Sie hierbei verwundet worden oder haben Sie für Ihre Teilnahme Auszeichnungen erhalten?	
Dienst bei der Wehrmacht (letzter Dienstgrad?)	

Ich versichere an Eidesstatt, daß ich meine Angaben nach bestem Wissen und Gewissen gemacht habe.

Wien, den 19. Oktober 1938

Baumgarten
Unterschrift

Reichsgesetzblatt

Teil I

| 1938 | Ausgegeben zu Berlin, den 1. Juni 1938 | Nr. 87 |

Tag	Inhalt	Seite
31. 5. 38	Verordnung zur Neuordnung des österreichischen Berufsbeamtentums....	607

Verordnung zur Neuordnung des österreichischen Berufsbeamtentums.
Vom 31. Mai 1938.

Auf Grund des Gesetzes über die Wiedervereinigung Österreichs mit dem Deutschen Reiche vom 13. März 1938 (Reichsgesetzbl. I S. 237) wird folgendes verordnet:

§ 1

(1) Diese Verordnung findet auf alle Personen Anwendung, die am 13. März 1938 öffentliche Bedienstete im Land Österreich waren.

(2) Öffentlicher Bediensteter im Sinne dieser Verordnung ist jede Person, die in einem öffentlich-rechtlichen oder privatrechtlichen Dienstverhältnis zum ehemaligen Bundesstaat Österreich, zu einem seiner ehemaligen Länder (zur Stadt Wien), zu einem Bezirke, zu einem Ortsgemeinde oder einem Ortsgemeindeverbande, zu einer sonstigen öffentlich-rechtlichen Körperschaft, zu einem öffentlichen, von einer öffentlich-rechtlichen Körperschaft verwalteten Fonds (Stiftung, Anstalt), zum ehemaligen Wirtschaftskörper „Österreichische Bundesforste", zum Dorotheum, zum ehemaligen Bundesverlage für Unterricht, Wissenschaft und Kunst, zur ehemaligen Nationalbank oder zum ehemaligen Unternehmen „Österreichische Bundesbahnen" stand. Als Beamter im Sinne dieser Verordnung gilt, wer in einem öffentlich-rechtlichen oder einem gleichzuhaltenden Dienstverhältnis, als Angestellter oder Arbeiter, wer in einem privatrechtlichen Dienstverhältnis zu einem dieser Dienstherren stand.

(3) Insoweit es ausdrücklich bestimmt ist, ist die Verordnung auch auf Personen anzuwenden, die auf Grund eines Dienstverhältnisses aus Mitteln eines der im Abs. 2 angeführten Dienstherren oder aus Mitteln eines von diesen Dienstherren miterhaltenen Fonds (Pensionskasse u. dgl.) einen Ruhegenuß beziehen.

(4) Für Soldaten (Offiziere, Unteroffiziere und Mannschaftspersonen) der ehemaligen bewaffneten Macht bleibt eine besondere Regelung vorbehalten; Beamte, Angestellte und Arbeiter der Heeresverwaltung fallen unter Abs. 1.

(5) Auf Bedienstete von Religionsgesellschaften findet die Verordnung keine Anwendung.

§ 2

Die Verordnung ist auch anzuwenden auf ehrenamtlich bestellte oder nicht hauptberuflich tätige Träger eines öffentlichen Amtes, auf die Bediensteten der österreichischen Radio-Verkehrs-A.G. (Ravag) sowie auf Notare und Notariatskandidaten.

§ 3

(1) Jüdische Beamte, Beamte, die jüdische Mischlinge sind, und Beamte, die mit einer Jüdin (einem Juden) oder mit einem Mischling ersten Grades verheiratet sind, sind in den Ruhestand zu versetzen. Sie erhalten Ruhegenuß (Abfertigung) nach den für die Versetzung in den Ruhestand wegen Dienstunfähigkeit geltenden Vorschriften; einen fortlaufenden Ruhegenuß erhalten sie nur dann, wenn sie eine für die Ruhegenußbemessung anrechenbare Dienstzeit von mindestens 10 Jahren haben.

(2) Beamtenanwärter (Gleichgestellte) und Aspiranten, auf die eine der Voraussetzungen des Abs. 1 zutrifft, sind durch Auflösung ihres Dienstverhältnisses aus dem Dienst auszuscheiden. Sie erhalten eine Abfertigung in Höhe des zuletzt bezogenen Bruttomonatsbezuges oder der letzten Beihilfe.

(3) Ausnahmsweise können mit Zustimmung des Stellvertreters des Führers oder der von ihm bestimmten Stelle im Dienste belassen werden:

1. Beamte, die mit einer Jüdin (einem Juden) oder mit einem Mischling ersten Grades verheiratet sind;
2. Beamte, die jüdische Mischlinge sind,
   a) wenn sie am 1. August 1914 bereits angestellte Beamte im Sinne des § 5 des österreichischen Gehaltsgesetzes 1924 waren, oder
   b) wenn sie im Weltkrieg an der Front auf seiten Österreich-Ungarns oder seiner Verbündeten gekämpft haben oder wenn ihre Väter, Söhne oder Ehemänner auf dieser Seite im Weltkrieg gefallen sind; dem Kampf im Weltkrieg stehen die Kämpfe gleich, die nach ihm zur Erhaltung deutschen Bodens und im Juli 1934 für die nationalsozialistische Erhebung geführt worden sind;
3. Beamtenanwärter (Gleichgestellte) und Aspiranten, die jüdische Mischlinge sind oder mit einer Jüdin (einem Juden) oder mit einem Mischling ersten Grades verheiratet sind, unter den Voraussetzungen der Nr. 2b.

(4) Weitere Ausnahmen kann der Reichsminister des Innern im Einvernehmen mit dem Stellvertreter des Führers zulassen.

Abb. III/13   Die Verordnung zur Neuordnung des österreichischen Berufsbeamtentums vom 31. Mai 1938 stellte die Grundlage für den Entzug zahlreicher Ziviltechnikerbefugnisse dar.

Manche Kammermitglieder mögen die Hoffnung gehegt haben, dass ihr besonderer Status als Ziviltechniker sie vor diskriminierenden Maßnahmen schützen würde, oder konnten sich schlicht nicht vorstellen, dass Großeltern, die sich unerwartet als jüdisch herausgestellt hatten, etwas an ihrem gesellschaftlichen Stand ändern könnten. So sandte der Architekt William (Wilhelm) Baumgarten (1885–1959)[71] seinen Fragebogen „mit entsprechender Begründung und Ergänzung" im Oktober 1938 direkt an das Ministerium für Wirtschaft und Arbeit.[72]

→ Abb. III/11–12

Er war offenbar in Sorge, dass die Ingenieurkammer seinen Fall falsch beurteilen könnte. Baumgarten war in der Mitgliederliste der Kammer nicht als jüdisch gekennzeichnet und wurde erst durch den Fragebogen mit seiner jüdischen Abstammung konfrontiert. Er wehrte sich gegen die drohenden Maßnahmen bzw. zeigte sich überzeugt, dass die israelitischen Eltern seiner Mutter kein Hinderungsgrund dafür sein könnten, dass er seine Befugnis weiterhin „unbehindert ausüben" dürfe. Baumgartens Eltern waren zur Zeit seiner Geburt konfessionslos, er selbst wurde evangelisch getauft und gab an, „stets deutschnational eingestellt" gewesen zu sein. Nach seiner Heirat mit einer „katholischen Vollarierin" sei er zum katholischen Glauben übergetreten, als Architekt habe er „stets die bodenständige Baukunst besonders gepflegt". Außerdem führte er seinen Einsatz als Frontoffizier im Ersten Weltkrieg und seine Erziehung „in deutschem Geiste" durch seine „vollarische Stiefmutter" an. Er legte dem Schreiben auch einen Lebenslauf bei, um „in der weiteren Ausübung [seiner] im Jahre 1925 erhaltenen Befugnis als Zivilarchitekt nicht behindert" zu werden. Die Behörden sahen das anders. Eine Antwort des Ministeriums ist nicht überliefert, auf seinem Schreiben findet sich aber ein handschriftlicher Hinweis vom 2. Juni 1939, der festhält, dass Baumgarten die Befugnis mit Bescheid des Wiener Magistrats vom 12. April 1939 entzogen wurde und der Fall damit abgeschlossen sei.

Die Korrespondenzen zwischen Kammermitgliedern, der Ingenieurkammer für Wien, Niederösterreich und Burgenland und der MA 2 zeugen davon, dass 1938 weiterhin Kanzleisitzverlegungen „jüdischer" Ziviltechniker gemeldet und von der MA 2 ordnungsgemäß bestätigt wurden. Der Zivilingenieur für Maschinenbau Karl Brunner (1879–?)[73] gab der Ingenieurkammer im Oktober 1938 bekannt, dass er seinen Kanzleisitz von der Oeverseestraße im 15. in die Kaiserstraße im 7. Wiener Gemeindebezirk verlegt habe. Als die Kammer dies der MA 2 meldete, zeigte sich diese verwundert – im Ziviltechnikerkataster sei kein Karl Brunner verzeichnet – und bat um Brunners Befugnisdaten.[74] Nachdem die Kammer dieser Bitte nachgekommen war, wurde die Adressänderung anstandslos bestätigt.[75] Kurze Zeit später, am 27. Februar 1939, legte Brunner seine Befugnis zurück. Im Mai 1941 gelang ihm die Flucht nach Shanghai. Es war die letzte überlieferte „freiwillige" Zurücklegung, denn zu diesem Zeitpunkt hatte man sich schließlich geeinigt, nach welcher gesetzlichen Grundlage Ziviltechnikern die Befugnis entzogen werden sollte.

III.1.4
„Entjudung" des Ziviltechnikerstandes:
Enthebungen aus „rassischen" Gründen
(§§ 8 und 3 BBV)

Da sich die Hoffnung des Ministeriums für Wirtschaft und Arbeit auf eine gesetzliche Regelung zur „Entjudung" des Ziviltechnikerstandes Ende 1938 nicht erfüllt hatte, waren zu diesem Zeitpunkt trotz „freiwilliger" Niederlegungen noch immer zahlreiche „jüdische" Ziviltechniker rechtmäßige Kammermitglieder. Jetzt wurden sowohl Benno Gürke, Leiter des Amtes für Technik in Wien, als auch Franz Visintini, kommissarischer Leiter der Ingenieurkammer für Wien, Niederösterreich und Burgenland, aktiv. Gürke ließ den Stillhaltekommissar für Vereine, Organisationen und Verbände (Stiko) Albert Hoffmann am 14. Dezember 1938 wissen, dass er entschlossen sei, die „Bereinigung der Judenfrage in den Kammern beschleunigt durchzuführen",[76] und Visintini schlug vor, vom Recht des Wiener Bürgermeisters Gebrauch zu machen, Kammermitgliedern ihre Mitgliedschaft abzuerkennen.[77] Er scheint auch eine entsprechende Anfrage an das Reichskommissariat für die Wiedervereinigung gestellt zu haben, woraufhin der zuständige Beamte im Jänner 1939 vorschlug, jüdische Mitglieder umgehend auszuschließen.[78] Dazu scheint es dann 1939 tatsächlich gekommen zu sein. Man berief sich darauf, dass österreichische Ziviltechniker gleichsam Beamtenstatus hatten und somit unter die „Verordnung zur Neuordnung des österreichischen Berufsbeamtentums" (BBV)[79] fielen, die am 31. Mai 1938 in Kraft getreten war.

→ Abb. III/13

Diese regelte, welche Beamt:innen vom Dienst auszuschließen oder in den Ruhestand zu versetzen waren, und zwar in erster Linie „jüdische Beamte, Beamte, die jüdische Mischlinge sind, und Beamte, die mit einer Jüdin (einem Juden) oder einem Mischling ersten Grades verheiratet sind" (Paragraf 3, Absatz 1). Auch Beamt:innen, die „nach ihrem bisherigen politischen Verhalten nicht die

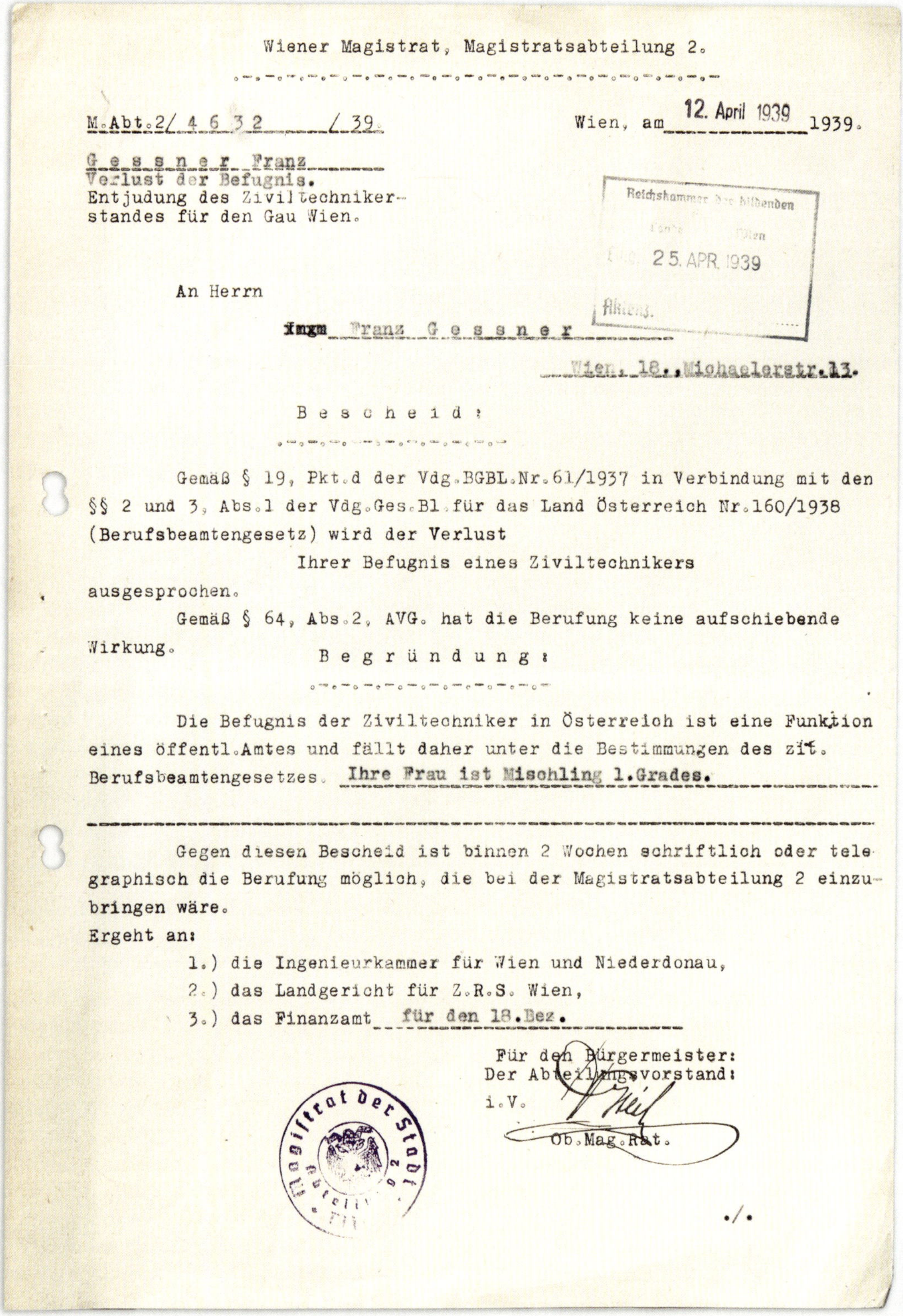

Wiener Magistrat, Magistratsabteilung 2.

M.Abt.2/4632/39.   Wien, am 12. April 1939.

Gessner Franz
Verlust der Befugnis.
Entjudung des Ziviltechniker-
standes für den Gau Wien.

Reichskammer der bildenden
[Künste]
2 5. APR. 1939
Akten.

An Herrn

Ing. Franz Gessner

Wien, 18. Michaelerstr. 13.

B e s c h e i d :

Gemäß § 19, Pkt. d der Vdg. BGBL. Nr. 61/1937 in Verbindung mit den §§ 2 und 3, Abs. 1 der Vdg. Ges. Bl. für das Land Österreich Nr. 160/1938 (Berufsbeamtengesetz) wird der Verlust
Ihrer Befugnis eines Ziviltechnikers
ausgesprochen.
Gemäß § 64, Abs. 2, AVG. hat die Berufung keine aufschiebende Wirkung.

B e g r ü n d u n g :

Die Befugnis der Ziviltechniker in Österreich ist eine Funktion eines öffentl. Amtes und fällt daher unter die Bestimmungen des zit. Berufsbeamtengesetzes. __Ihre Frau ist Mischling 1. Grades.__

Gegen diesen Bescheid ist binnen 2 Wochen schriftlich oder telegraphisch die Berufung möglich, die bei der Magistratsabteilung 2 einzubringen wäre.
Ergeht an:
    1.) die Ingenieurkammer für Wien und Niederdonau,
    2.) das Landgericht für Z.R.S. Wien,
    3.) das Finanzamt für den 18. Bez.

Für den Bürgermeister:
Der Abteilungsvorstand:
i.V.
[Unterschrift]
Ob. Mag. Rat.

./.

Abb. III/14   Die MA 2 entzieht Franz Gessner per Bescheid seine Befugnis als Ziviltechniker, 12.4.1939.

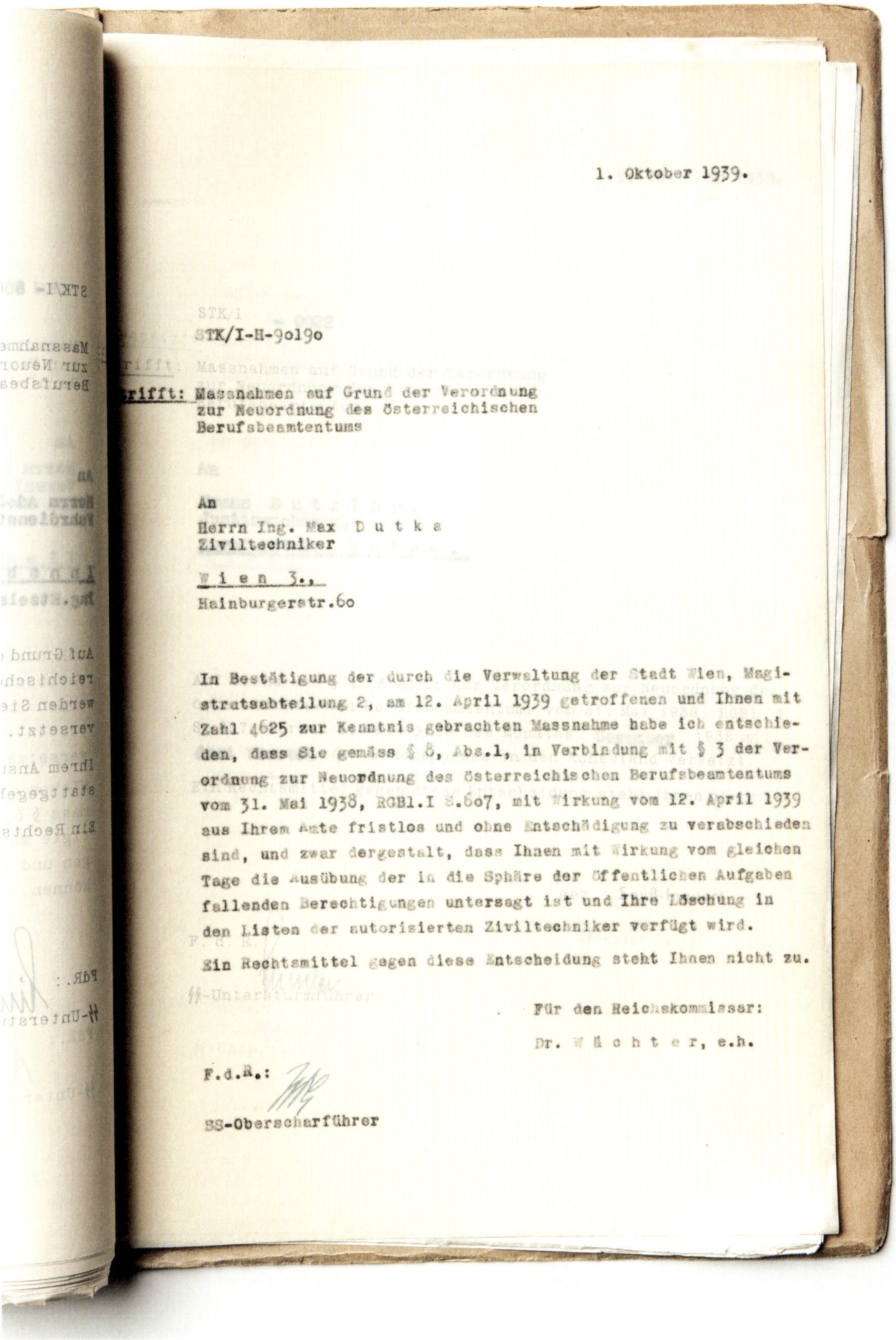

1. Oktober 1939.

STK/I-H-9o19o

Betrifft: Massnahmen auf Grund der Verordnung
zur Neuordnung des österreichischen
Berufsbeamtentums

An
Herrn Ing. Max D u t k a
Ziviltechniker

W i e n 3.,
Hainburgerstr.60

In Bestätigung der durch die Verwaltung der Stadt Wien, Magistratsabteilung 2, am 12. April 1939 getroffenen und Ihnen mit Zahl 4625 zur Kenntnis gebrachten Massnahme habe ich entschieden, dass Sie gemäss § 8, Abs.1, in Verbindung mit § 3 der Verordnung zur Neuordnung des österreichischen Berufsbeamtentums vom 31. Mai 1938, RGBl.I S.6o7, mit Wirkung vom 12. April 1939 aus Ihrem Amte fristlos und ohne Entschädigung zu verabschieden sind, und zwar dergestalt, dass Ihnen mit Wirkung vom gleichen Tage die Ausübung der in die Sphäre der öffentlichen Aufgaben fallenden Berechtigungen untersagt ist und Ihre Löschung in den Listen der autorisierten Ziviltechniker verfügt wird.
Ein Rechtsmittel gegen diese Entscheidung steht Ihnen nicht zu.

Für den Reichskommissar:
Dr. W ä c h t e r, e.h.

F.d.R.:
SS-Oberscharführer

Abb. III/15 Staatskommissar Otto Wächter bestätigt rückwirkend den Entzug von Max Dutkas Befugnis durch die MA 2, 1.10.1939.

Gewähr dafür bieten, daß sie jederzeit rückhaltlos für den nationalsozialistischen Staat eintreten", sollten in den Ruhestand versetzt werden (Paragraf 4). Die Paragrafen 2 und 8 legten fest, dass die Verordnung auch auf „ehrenamtlich bestellte oder nicht hauptberufliche Träger eines öffentlichen Amtes" anzuwenden sei. Theoretisch waren Ausnahmen vorgesehen, aber de facto diente die BBV damit als rechtliche Grundlage für den Entzug von Befugnissen all jener Ziviltechniker, die als jüdisch galten, eine als jüdisch geltende Ehefrau hatten oder politisch gegen das nationalsozialistische Regime eingestellt waren.

Mit der Durchführung der Verordnung war bereits im Juni 1938 der Staatskommissar für innere Verwaltung, SS-Standartenführer Otto Wächter, betraut worden.[80] Die Mehrzahl an Enthebungen von Ziviltechnikern wurde jedoch von der Wiener Magistratsabteilung 2[81] im April 1939 unter Bezugnahme auf Paragraf 2 BBV durchgeführt und am 1. Oktober 1939 von Wächter unter Bezugnahme auf Paragraf 8 BBV, jeweils in Verbindung mit Paragraf 3 Absatz 1 (bzw. Paragraf 4) der BBV rückwirkend bestätigt.[82] Einige wenige Schreiben sind schon früher datiert, in diesen Ausnahmefällen hatte es noch keinen Bescheid der MA 2 gegeben. Mit dem Entzug der Befugnis erlosch auch die Mitgliedschaft in den Ingenieurkammern, und die Betroffenen wurden aus den Listen der behördlich autorisierten Ziviltechniker gestrichen.

→ *Abb. III/14*   → *Abb. III/15*

Unter den Betroffenen waren nicht nur „einfache" Kammermitglieder, sondern auch prominente Persönlichkeiten und ehemalige Kammerfunktionäre wie der ehemalige Präsident der Ingenieurkammer für Wien, Niederösterreich und Burgenland (1918–1922), Oberbaurat Moritz Bernhard Gerbel (1879–1957).[83] Die Befugnis als Zivilingenieur für Maschinenbau und Elektrotechnik wurde ihm am 1. Oktober 1939 „zufolge Bescheides des Reichsstatthalters Wien und Niederdonau" als „Mischling" entzogen.[84] Gerbel gelang es, der weiteren Verfolgung zu entgehen, indem er nach Belgrad flüchtete. Nach Kriegsende kehrte er nach Österreich zurück und beantragte die Wiederverleihung seiner Befugnis. 1948 wurde er erneut vereidigt, bis zu seinem Tod 1957 lebte er in Wien.

Insgesamt zeichnen die Schreiben der Abteilung von Otto Wächter folgendes Bild: Aus „rassischen Gründen" (das heißt auf Grundlage von Paragraf 8 und 3 Absatz 1 der BBV) wurde österreichweit mindestens 68 Ziviltechnikern die Befugnis entzogen.[85] Von diesen galten 54 als jüdisch[86] und 14 als „jüdisch versippt". Die Zahl der 54 Ziviltechniker jüdischer Abstammung, denen die Befugnis mittels BBV-Bescheid aus „rassischen Gründen" entzogen wurde, muss um jene ergänzt werden, deren Befugnis erst 1940 entzogen wurde (6), die ihre Befugnis vor Umsetzung der Maßnahmen nach der BBV selbst zurückgelegt hatten (40) und die vor Beginn der Maßnahmen Suizid begangen hatten oder gestorben waren (7). Bei 43 der als jüdisch gekennzeichneten Mitglieder der Ingenieurkammern fanden sich weder Schreiben, mit denen die Person die Zurücklegung ihrer Befugnis bekannt gab, noch Bescheide nach der BBV oder andere Quellen, aus denen hervorging, ob die Befugnis zurückgelegt oder entzogen wurde. Dies könnte darauf hindeuten, dass die Befugnis erst 1940 entzogen wurde oder die Behörden aufgrund von Flucht darauf verzichteten, weitere Maßnahmen zu ergreifen.

→ *Grafik III/3*

„Jüdisch versippt"

Zu den „jüdischen" kam eine Reihe „arischer" Ziviltechniker, denen die Befugnis entzogen wurde, weil ihre Ehepartnerin jüdischer Abstammung war. Von den BBV-Bescheiden von Otto Wächter können 14 mit Sicherheit dieser Gruppe zugeordnet werden.[87] Hinzuzurechnen sind jedenfalls die drei prominenten Architekten Erich Boltenstern (1896–1991), dessen Frau als „Mischling 1. Grades" galt und dem die Befugnis 1940 entzogen wurde,[88] Franz Gessner (1879–1975), dessen Befugnis mit der gleichen Begründung 1939 entzogen wurde,[89] und Otto Prutscher (1880–1949), der im März 1939 als Professor der Kunstgewerbeschule Wien in den Ruhestand versetzt wurde[90] und im Oktober 1939 seine Befugnis verlor.[91]

→ *Abb. III/14*

Auch der Ingenieurkonsulent für Vermessungswesen Arnold Schinzel aus Rosental bei Köflach, der im Oktober 1939 aus „rassischen" Gründen als Markscheider bei der Alpine Montangesellschaft fristlos entlassen wurde, verlor im Zuge dessen seine Befugnis.[92]

Ziviltechniker, denen die Befugnis aufgrund ihrer Ehe mit einer „Jüdin" entzogen wurde, waren von Einkommensverlusten bedroht, aber nicht mit einem generellen Berufsverbot belegt. Somit hatten sie zumindest die Möglichkeit, eine Stelle bei Kollegen oder Unternehmen anzunehmen. Sie mussten nicht um ihr Leben fürchten und Österreich verlassen. Nach 1945 beantragten sie das „Wiederaufleben" ihrer Befugnis. Dem Zivilingenieur für Bauwesen und Honorardozent für Eisenkonstruktionen des Wasserbaus Anton Grzywienski (1898–1982), der mit seiner als jüdisch geltenden Frau christlich verheiratet war, wurde am 22. April 1938 seiner Lehrtätigkeit an der Technischen Hochschule Wien enthoben und die Befugnis als Zivilingenieur mit 12. April 1939 entzogen.[93] Er sah sich gezwungen, ein Arbeitsvertragsverhältnis

Grafik III/3
Zurücklegung bzw. Entzug der Befugnisse von 150 als jüdisch verfolgten Kammermitgliedern

Quellen: Mitgliedsakten im AKZT W/NÖ/Bgld; BBV-Bescheide, Akten des BMfHuW/ZivTech, der VVSt, VA und VVSt, HF im ÖStA/AdR.

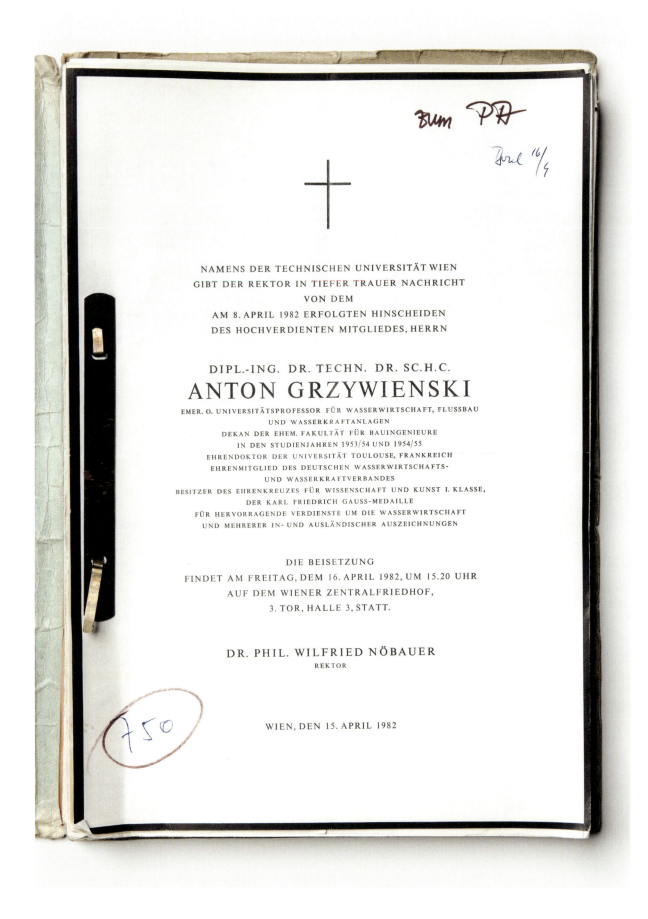

Abb. III/16 Traueranzeige der Technischen Universität Wien zum Tod Anton Grzywienskis, 15.4.1982.

einzugehen, und arbeitete in der NS-Zeit für die Alpen-Elektrowerke. Er gab an, dort große Aufträge „trotz aller mir auferlegten persönlichen Hindernisse, Zurücksetzungen und sachlichen Schwierigkeiten bewältigt [zu haben], um auf diese Weise meine Frau zu schützen".[94] 1945 wurde Grzywienski mit der Neuprojektierung und Bauleitung des Donauwerkes Ybbs-Persenbeug beauftragt[95] und bei der Wiederbesetzung der Lehrkanzel für Wasserwirtschaft, Flussbau und Wasserkraftanlagen an der TH Wien erstgereiht,[96] ab 1946 war er ordentlicher Professor für Wasserwirtschaft.[97] Auch seinem Antrag um „Wiederaufleben" der Befugnis eines Zivilingenieurs für Bauwesen wurde stattgegeben.[98] 1953 bis 1955 war er Dekan der Fakultät für Bauingenieurwesen, und 1964 wurde ihm von der Stadt Wien der Preis für Naturwissenschaften verliehen. Grzywienski starb 1982 international anerkannt und hoch geehrt als emeritierter Universitätsprofessor.[99]

→ *Abb. III/16*

Einigen Architekten, die als „jüdisch versippt" galten, gelang es, eine Sondergenehmigung zu erhalten, um ihren Beruf weiterhin frei auszuüben zu dürfen.[100] Diese wurde jedoch nicht durch die Ingenieurkammern oder das Ministerium, sondern die Institution der Reichskulturkammer (RKK) erteilt, in die die Architekt:innen ab 1938 überführt wurden (→ *S. 180*). Dies gelang beispielsweise den beiden erwähnten Architekten Otto Prutscher und Erich Boltenstern. Ziviltechnikern, die nach dem „Nürnberger Gesetzen" selbst als jüdisch galten, war der Antrag nicht möglich.

Insgesamt waren somit österreichweit zumindest 150 als jüdisch geltende Kammermitglieder von dem faktischen Berufsverbot betroffen und zumindest 18 Kammermitglieder, die mit einer „Jüdin" verheiratet waren, von einem Verbot, als Ziviltechniker zu praktizieren. Nicht vergessen werden dürfen auch jene angehenden Ziviltechniker:innen, die bereits einen positiven Bescheid erhalten hatten, aber nicht mehr vereidigt werden durften, und jene, deren Anträge gar nicht mehr bearbeitet wurden oder die einen Antrag geplant hatten, aber nicht mehr stellen konnten. In der Statistik scheinen diese Personen nicht auf, da sie keine Mitglieder der Ingenieurkammern mehr werden konnten. Dennoch waren auch sie vom nationalsozialistischen Berufsverbot für behördlich beeidete Ziviltechniker betroffen.

III.1.5
Ruhestandsversetzungen aus politischen Gründen (§§ 8 und 4 BBV)

Neben „jüdischen" und „jüdisch versippten" Mitgliedern konnten behördlich beeidete Ziviltechniker auch nach Paragraf 4 der BBV in den Ruhestand versetzt werden. Dieser war anzuwenden auf Beamte, die „nach ihrem bisherigen politischen Verhalten nicht die Gewähr dafür bieten, daß sie jederzeit rückhaltlos für den nationalsozialistischen Staat eintreten".[101] Nach dem Stand der Forschung betraf dies sechs Personen im Wirkungskreis der Ingenieurkammer für Wien, Niederösterreich und Burgenland[102] und je eine Person in Vorarlberg, Tirol und Kärnten.[103]

Namentlich bekannt ist der Zivilingenieur für Bauwesen und spätere ÖVP-Politiker Robert Rapatz (1890–1965)[104] aus Klagenfurt. Er wurde 1941 oder 1942 Parteianwärter, nach eigenen Angaben „unter dem Druck gg mich geführter behördlicher [sic] Massregelungen".[105] Der gegen ihn geführte Volksgerichtsprozess nach Paragraf 8 des Verbotsgesetzes (Unterlassung der Registrierung → *S. 213*) endete damit, dass Rapatz die Registrierung nachholte.[106] Er erhielt seine Befugnis im Oktober 1945 wieder und war von 1953 bis 1955 Abgeordneter zum Nationalrat der ÖVP.

Abb. III/17
Robert Rapatz, undatiert.

Anderen politisch nicht genehmen Ziviltechnikern wurde die Befugnis zwar nicht entzogen, deren Ausübung aber unmöglich gemacht, wodurch sie erlosch. Prominentes Beispiel war der Innsbrucker Zivilarchitekt Rudolf Schober (1888–1957), der 1935 als Sektionschef und Leiter der Technischen Sektion ins Bundesministerium für Handel und Verkehr nach Wien berufen wurde. Schober war bis dahin im Schuldienst tätig gewesen, ab 1915 als Professor und ab 1920 als Schulleiter der Höheren Staatsgewerbeschule in Innsbruck (heute: Competence Centre HTL Anichstraße – CCA). Wie sein Kollege Clemens Holzmeister war er seit seiner Studentenzeit Mitglied

Rudolf Schober

Zivilarchitekt
(1888–1957)

Direktor der Staatsgewerbeschule in Innsbruck (1920–1935)
Sektionschef im Bundesministerium für Handel und Verkehr
(1935–1938, 1945–1953)

Abb. III/18
Rudolf Schober, undatiert.

Rudolf Schober wurde am 24. Oktober 1888 in Innsbruck geboren. Er besuchte in Feldkirch und Innsbruck die Schule und ging dann nach Wien, wo er an der TH Wien studierte und der Burschenschaft Norica Wien beitrat (1907). 1913 legte er die 2. Staatsprüfung für Hochbau ab. Nach einer kurzen Tätigkeit als Baupraktikant in der niederösterreichischen Statthalterei kehrte er nach Tirol zurück und begann dort eine Unterrichtstätigkeit, zunächst an der k. k. Bauhandwerkerschule Imst und ab 1915 auch an der Höheren Staatsgewerbeschule in Innsbruck, der er seit 1920 als Direktor vorstand. Daneben betätigte er sich eigenen Angaben zufolge auch als Architekt. 1926 stellte er einen Antrag um Nachsicht der Prüfung zur Erlangung der Befugnis eines Zivilarchitekten, der von den Ingenieurkammern befürwortet wurde. Offenbar gab es Differenzen mit seinem nationalsozialistisch eingestellten Kollegen Leo Winkler. Im Jahr 1929 brachte Schober eine Anzeige gegen seinen nationalsozialistisch eingestellten Kollegen Leo Winkler ein, weil dieser seine Berufung in eine Wahlkommission verweigert hatte. Es wurde ein Disziplinarverfahren eingeleitet, die mit einer „Verwarnung" Winklers endete.[107]

Schober war verheiratet mit Maria Ebenhoch (1914) und hatte vier Kinder. Von 1927 bis 1934 betreute er als Gemeinde- und Stadtrat in Innsbruck das Baureferat, von 1927 bis 1935 war er Mitglied der Tiroler Heimwehr. Außerdem bekleidete er während seiner Zeit in Innsbruck verschiedene Wirtschaftsfunktionen wie Obmann des Verwaltungsausschusses der Städtischen Licht- und Kraftwerke und Verwaltungsrat und Vizepräsident der Tiroler Wasserkraft AG (Tiwag).

Mit 1. Juli 1935 wurde Schober als Sektionschef bzw. Vorstand der Technischen Sektion ins Bundesministerium für Handel und Verkehr nach Wien berufen. 1934 erhielt er das Große Silberne Ehrenzeichen für Verdienste um die Republik Österreich,[108] 1937 wurde er in Zusammenhang mit dem Bau der Reichsbrücke mit dem Komturkreuz I. Klasse des österreichischen Verdienstordens ausgezeichnet.[109]

Nach der nationalsozialistischen Machtübernahme wurde Schober mit 31. Juli 1938 aufgrund Paragraf 4 der BBV in den Ruhestand versetzt, sein „Ruhegenuss" zur Hälfte gekürzt.[110] Die Leitung der Staatsgewerbeschule Innsbruck übernahm sein früherer Kollege Leo Winkler.[111]

Mit der Ausrufung der Zweiten Republik am 27. April 1945 kehrte Schober in sein Amt zurück und leitete bis zu seiner endgültigen Pensionierung 1953 die Sektion I des nunmehrigen Bundesministeriums für Handel und Wiederaufbau. In dieser Funktion war er einerseits am Wiederaufbau wichtiger Kulturbauten in Wien beteiligt (Technische Hochschule, Burgtheater, Albertina, Universität Wien, Parlament, Schloss Schönbrunn, Belvedere und Hetzendorf), andererseits auch an der Regelung der Standesangelegenheiten der Ziviltechniker:innen und Ingenieur:innen. Unter anderem bestätigte er zahlreiche Ansuchen um „Wiederaufleben" von Befugnissen, die nach der BBV entzogen worden waren. Rudolf Schober starb am 5. April 1957 68-jährig in Wien und wurde in Neustift am Wald beigesetzt.

der Burschenschaft Norica (Beitritt 1907) und dürfte ein Unterstützer der Dollfuß-Schuschnigg-Diktatur gewesen sein.[112] Er wurde als Beamter mit Bescheid vom 7. Juni 1938 in den Ruhestand versetzt, sein „Ruhegenuss" wurde zur Hälfte gekürzt.[113]

Rudolf Schobers Lebenslauf ist beispielhaft für einen beruflich erfolgreichen Vertreter des politisch christlich-konservativen Lagers. Er machte bis 1938 zweifach Karriere – im Schuldienst und als höherer Beamter im Staatsdienst – und vereinte diese beiden Laufbahnen erfolgreich mit seiner Funktion als Ziviltechniker: während seiner Zeit in Innsbruck, indem er neben dem Schuldienst freiberuflich in der Praxis tätig war, was seiner Qualifikation als Lehrender wohl zugutekam, und während seines Staatsdienstes, indem er die Belange des Ziviltechnikerwesens der Nachkriegszeit mit beeinflusste. Seine politische Haltung zur Zeit der Dollfuß-Schuschnigg-Diktatur kostete ihn nach der nationalsozialistischen Machtübernahme seine Stellung. Über seine berufliche Tätigkeit in der NS-Zeit ist nichts bekannt – er war Mitglied der NS Volkswohlfahrt und des Reichsluftschutzbundes. Nach 1945 konnte er erfolgreich an seine Karriere im Staatsdienst anknüpfen.

Das gleiche Schicksal traf ein knappes Jahr später auch den Direktor der Staatsgewerbeschule Bregenz (1934–1938), den Zivilingenieur für Bauwesen Franz Schrangl, geboren am 21. September 1886 in Linz. Aufgrund seiner ablehnenden Haltung gegenüber dem Nationalsozialismus vor 1938 hatte „der Name Schrangl bei der Gauleitung einen a. o. schlechten Klang".[114] Er meldete sich mit 16. März 1938 krank,[115] bat um Beurlaubung und übersiedelte Ende 1938 nach Wien. Offenbar hoffte er, durch Versetzung auf eine „gleichwertige Stelle" in Wien im Amt bleiben zu können.[116] Diesem Wunsch wurde nicht entsprochen – im März 1939 wurde Schrangl ebenfalls nach Paragraf 4 Absatz 1 BBV mit der Hälfte des „Ruhegenusses" in den Ruhestand versetzt.[117]

Abb. III/19
Franz Schrangl, undatiert.

Seine Funktion als Obmann des Vorarlberger Technischen Vereins hatte er bereits 1938 niederlegen müssen.[118]

1942 wurden von einem ehemaligen Kollegen Gerüchte gestreut, dass Schrangl keine rein „arische" Abstammung vorzuweisen habe, was dieser zurückwies.[119] 1943 wurde seine Wiederverwendung als Baurat auf Widerruf im technischen Schuldienst erwogen,[120] was Schrangl ablehnte. Nach Kriegsende bemühte er sich um Wiederindienststellung, tatsächlich wurde er mit Dekret vom 10. Oktober 1945 wieder als Direktor der Staatsgewerbeschule in Bregenz eingesetzt und beauftragt, sich, sobald es die Verkehrsverhältnisse zulassen, an seinen Dienstort in Bregenz zu begeben.[121] Im gleichen Monat wurde auch das Wiederaufleben seiner Befugnis als Zivilingenieur für Bauwesen, die wegen Nichtausübung erloschen war, bestätigt, am 12. Dezember 1945 legte er den erneuten Eid ab.[122] Da er aber in Bregenz „entwurzelt" worden sei und seine Kinder in Wien studierten, bat Schrangl um eine Stelle in Wien.[123]

Er war zeitweilig im Krankenstand und stand dann „aushilfsweise" im Ministerium für Unterricht in Verwendung. Als Zeichen der Wiedergutmachung sollte ihm der Hofratstitel verliehen werden. Franz Schrangls Sterbedatum und -ort sind nicht bekannt.

III.2
Vermögensentzug und Vertreibung

Der Stand eines behördlich autorisierten Ziviltechnikers ging in der Regel mit einem gewissen Grad an materiellem Wohlstand und gesellschaftlicher Wertschätzung einher. Für Ziviltechniker, die nach den „Nürnberger Gesetzen" als Juden galten, und in abgeschwächter Form auch für jene, die eine „jüdische" Ehepartnerin hatten, bedeutete die nationalsozialistische Machtübernahme einen radikalen Verlust von beidem. Die meisten waren nicht nur von dem Verlust der Befugnis betroffen, sondern auch von einer beispiellosen Beraubung ihres Vermögens, ihrer Immobilien und persönlichen Wertgegenstände und, da Ziviltechniker häufig als Unternehmer fungierten, auch von der „Arisierung" ihrer Betriebe.

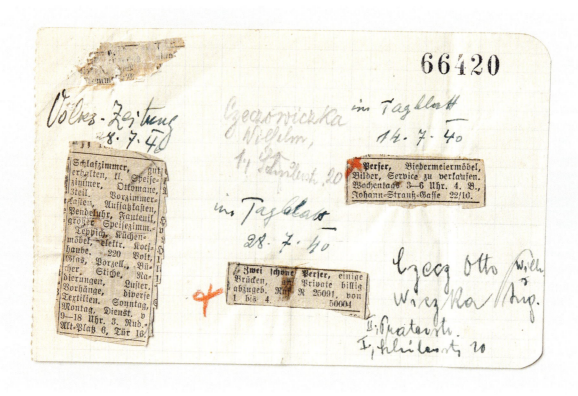

Abb. III/20   Der Händler Takvorian übermittelt der Gestapo in Wien Zeitungsannoncen jüdischer Mitbürger:innen, in denen Teppiche und Einrichtungsgegenstände zum Verkauf angeboten werden, Juli 1940.

III.2.1
Vermögensanmeldungen

Die Nationalsozialisten wollten „nichtarische" Personen nicht nur aus Verwaltung und Erwerbsleben drängen, sondern machten spätestens ab 1941 klar, dass im Deutschen Reich generell kein Platz für sie vorgesehen war. In den ersten drei Jahren ihrer Herrschaft in Österreich konzentrierten sich die Maßnahmen darauf, eine möglichst große Zahl an Personen durch „freiwillige" Auswanderung zu vertreiben – und sich im Zuge dessen mittels Zwangsenteignung und „Arisierung" ihres Vermögens zu bemächtigen. Ein erster wichtiger Schritt war dabei die Erfassung jüdischen Vermögens mittels „Vermögensanmeldung", die für alle Personen verpflichtend war, die als Jüdinnen oder Juden galten oder mit einem Juden oder einer Jüdin verheiratet waren und über ein Vermögen über 5.000 RM brutto verfügten. Im „Verzeichnis über das Vermögen von Juden" mussten alle in- und ausländischen Einkünfte und Vermögen angegeben werden, Grundlage war die „Verordnung über die Anmeldung des Vermögens von Juden" vom 26. April 1938.[124] Verantwortliche Stelle war die im Ministerium für Wirtschaft und Arbeit in Wien angesiedelte „Vermögensverkehrsstelle" (VVSt).[125] Als Stichtag galt der 27. April, die Anmeldefrist wurde mit 30. Juni 1938 festgesetzt. Im November 1938 musste eine erneute Meldung erstattet werden, in der Vermögensänderungen aufzuführen waren.

Die Vermögenslage der als Juden geltenden Mitglieder der Ingenieurkammern ist so in zahlreichen Vermögensanmeldungen dokumentiert. Von 152 betroffenen Personen (150 Kammermitglieder, ein ehemaliges und ein verstorbenes Kammermitglied) sind 97 Vermögensanmeldungen überliefert. Zumindest sieben Kammermitglieder waren zum Stichtag der Vermögensanmeldung bereits im Ausland, eine Person hatte sich allen Maßnahmen bereits am 14. März 1938 durch (vermutlich assistierten) Suizid entzogen (→ S. 174). Es konnte nicht geklärt werden, ob die restlichen 46 Personen unter die Einkommensgrenze fielen oder die Vermögensmeldung aus anderen Gründen nicht gemacht oder überliefert ist, lediglich von einer Person ist bekannt, dass sie unter die Bruttovermögensgrenze fiel.

→ Grafik III/4

Der Zivilingenieur für Bauwesen Wilhelm Czeczowiczka (1880–1942)[126] geriet im Juli 1940 ins Visier der Gestapo, weil ein Händler angezeigt hatte, dass Jüdinnen und Juden mit der Hilfe

GEORG TAKVORIAN
EXPORT–IMPORT

WIEN, 29. 7. 1940.
I, FRIEDRICHSTRASSE 2
B 23-4-73

66420

durch den Ausländer-Dienst Wien, I., Johannesg. 4

An die
Geheime Staatspolizei

Wien, I.,
Morzinplatz 4

1 585 5/40

Ich fühle mich verpflichtet über eine **j u d i s c h** verbrecherisches
getarntes Arbeitssystem wie folgt mitzuteilen :

Ich beobachte, dass **j u d e n** über Teppiche, Möbel etc. von beeid.
Schätzmeistern Schätzungsurkunden geben lassen, die den tatsächlichen
Wert der Gegenstände weit überschätzen.

Durch Annoncen, rechtswegen sollten ja von Juden keine Annoncen aufgenommen werden finden sich immerwieder Arier, die mit ihrem Namen diese Anzeigen decken, oder durch jüdische Agenten werden dieseVerkaufs-
gegenstände feilgeboten.

Die Volksgenossen, die keine Fachleute sind, werden geschädigt, übersahl-
en bis auf um das zehnfache mehr als den effektiven Wert der Ware,
wodurch dei Juden bei dem angeblichen Notverkauf noch ein beträchliches
Kapital uas dem Volksvermögen herausschlagen.

Hier einige Fälle :
  Durch den judischen Vermittler Steiner (angeblich
Ungar oder Haljude sein soll) sihe Annoce/ wurde ich zu Frl. Else
Sara Goldschmidt, wohnhaft III., Rudolf von Altplatz 6 Tür 16 geführt,
um angeblich billige und schöne Teppiche zu kaufen. Gleichzeitig wurde
mir von einem beeideter Schätzmeister Eduard **J a n e c z k a** Wien,
VII., Burggasse 67, Ruf B 34 1 27 L eine Schätzungsurkunde vorgelegt, in
der mehrere Teppiche mit vielversprechenden Namen angeführt waren,
gezeigt wurden jedoch nur 2 Teppiche Qulität Machal, die total abgetre-
ten waren die die einen Höchstwert von RM je zu 100.- repräsentieren könnt
ten, welche aber eine RM. 1060.- die andere auf 850.- odr. 750.-geschät
waren. und die anderen Teppiche die nicht gezeigt wurden ebenso mit
unerhörten fantasie Preisen angeführt.

Auf die Annonce vom 28.7.1.J. (sihe Annonce beigelegt) I., Schulerstr.
20 Mez. 7 Ruf R.25 0 91 ist mir Von Verstekel inm Zimmer folgende
Teppiche gezeigt wurden. unter der Bedingung dass ich kein Händler
sein dürfte (dies passt dem Betrügerjudischen, damit Man den Wert der
Ware nicht erkannt wird)
  1 Sparta 350 x 240 abgetretten Kahle Stellen verlangt RM 1250.-
          Höchstwert RM von 350 - 450.-
  1 Täbris 330 x 235 wie oben beschafen   "   " 1450.-
          " - 550.-
    Sparta 221 x 113 wenig gebraucht   "   "   550.-
          " - 180.-
  1 Mossul 191 x 102   "   "   "   "   &00.-
          " - 150.-
  1 Machal 348 x 248 Gebraucht abgetreeten Kahle Stellen " 1300.-
          " - 450.- Höchstwert

Abb. III/21   In seinem Denunziationsschreiben bietet Takvorian der Gestapo seine Mitarbeit an, 29. 7. 1940.

Grafik III/4
Vermögensanmeldungen von Ziviltechnikern (Stichtag 30.6.1938)

Vermögensanmeldungen:

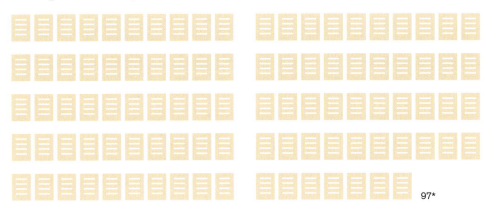
97*

Bis 30.6.1938 ausgewandert oder gestorben (inklusive Suizid):

8

Ungeklärt:

46

Nicht verpflichtet:

1

* Inkludiert auch die Vermögensanmeldung eines ehemaligen Ziviltechnikers und die Verlassenschaft eines verstorbenen Ziviltechnikers.

Quellen: ÖStA/AdR, E-uReang, VVSt, VA.

nichtjüdischer Mittelsmänner Teppiche und Wohnungseinrichtungen ohne die notwendige Bewilligung der Vermögensverkehrsstelle und zu überhöhten Preise verkaufen ließen.[127]

→ Abb. III/20   → Abb. III/21

Die Erhebungen der Kriminalpolizeistelle Wien ergaben, dass Czeczowiczka der Auftraggeber einer der von dem Denunzianten übermittelten Anzeigen war.[128] Er hatte seine Befugnis (1913) am 17. November 1938 mit der Begründung zurückgelegt, dass seine Abwanderung bevorstehe, lebte aber zum Zeitpunkt der Anzeige mit seiner Frau Therese in einer „Sammelwohnung" in der Schulerstraße im 1. Bezirk. Von einem gewinnbringenden „Arbeitssystem", wie der Denunziant glauben machen wollte, konnte unter diesen Umständen kaum die Rede sein. Das wurde auch von der Kriminalpolizeistelle festgestellt, die im Oktober 1940 berichtete, dass von dem Ehepaar Czeczowiczka keine Vermögensanmeldung gemacht worden sei und angenommen werde, dass dieses vermögenslos sei – sie also über kein Vermögen verfügt habe, das die Grenze von 5.000 RM überschritt. Der Verkauf sei ordnungsgemäß durchgeführt worden, da die Bewilligung der Vermögensverkehrsstelle nur für Luxus- und Kunstgegenstände notwendig sei.[129] Wilhelm Czeczowiczka nahm sich am 6. Jänner 1942 mit einem Schlafmittel das Leben, seine Frau starb zwei Tage später. In der Datenbank des Dokumentationsarchivs des österreichischen Widerstandes werden sie als Opfer des Nationalsozialismus geführt.[130]

Nur in den seltensten Fällen scheint in den Dokumenten Auflehnung gegen die Vorgänge auf. Eva Brüll, geborene Thiel (1877–?), musste ihr Vermögen als „arische" Ehefrau des in Steyr lebenden ehemaligen Zivilingenieurs für Bauwesen Alfred Brüll anmelden. Dieser war römisch-katholisch getauft, galt aber als jüdisch, weil drei seiner Großeltern jüdisch waren.[131] Angesichts der Forderung, ihre angegebenen Schmuck- und Silbergegenstände sowie Bilder durch einen „arischen Schätzmeister" schätzen zu lassen, drückte sie ihre Empörung aus und forderte vehement, „keinen weiteren Quälereien ausgesetzt zu werden":

> Ich war nie versucht, kostspielige Luxusgegenstände anzuschaffen, da ich besorgt sein musste, durch Sparen während eines langen Lebens mich vor Not im Alter zu schützen, um nicht einmal anderen zur Last zu fallen oder zu *verhungern*!
>
> Als echte deutsche Frau, deren schwäbische Bauernahnen in alter Zeit im Banat einwanderten, lasse ich meine Angaben nicht in Zweifel ziehen, finde es auch bedeutungslos, wie der Verkaufswert der genannten Gegenstände meines Haushaltes geschätzt wird, da ich hoffe, nie in die Lage zu kommen, sie verkaufen zu müssen.[132]

III.2.2
„Entjudung" der Wiener Wirtschaft

Die Vermögensanmeldungen dienten in weiterer Folge als Grundlage für umfassende Maßnahmen zur Beraubung und Enteignung, die mit der Vertreibung der Betroffenen Hand in Hand gingen. Koordiniert und genehmigt wurde die „Politik der staatlich legalisierten Beraubung"[133] von der erwähnten Vermögensverkehrsstelle (VVSt) im Ministerium für Handel und Verkehr, die im Mai 1938 eingerichtet wurde. Mit ein Grund für die Einrichtung war die in Österreich nach dem „Anschluss" verbreitete Praxis der „wilden Arisierungen" und der persönlichen Bereicherung durch „wilde Kommissare", die jüdische Handels-, Gewerbe- und Industriebetriebe in den ersten Monaten der nationalsozialistischen Herrschaft unkontrolliert übernahmen. Jüdisches Eigentum sollte in erster Linie dem Staat zugutekommen bzw. ihm als Instrumentarium dienen, um die Privatwirtschaft umzubauen und Gefolgsleute für ihre Treue zu belohnen.

Insbesondere vermögende Personen bekamen bereits in den ersten Tagen der nationalsozialistischen Herrschaft in Österreich „Besuch" von Nationalsozialist:innen, die Wohnungseinrichtungen zerstörten und Wertgegenstände, Bargeld und sogar Autos „requirierten". Auch über solche Vorkommnisse geben die Vermögensanmeldungen österreichischer Ziviltechniker gelegentlich Auskunft, wie im Fall des Zivilingenieurs für Maschinenbau Samuel Bauer (1874–1942). Zum Zeitpunkt des „Anschlusses" lebte er mit seiner Familie in einem Einfamilienhaus in Pötzleinsdorf. Bereits in der Nacht vom 14. März drangen hier zwei SA-Männer ein und beraubten Bauer. Gegenüber der VVSt gab er diese „nachts requirierte[n]" Vermögenswerte an, es handelte sich um Einlagebücher und Bargeld, die, wenig verwunderlich, nie retourniert wurden (→ S. 160).[134]

→ Abb. III/22

„Requiriert", beschmiert und demoliert wurden in Österreich nach dem „Anschluss" auch jüdische Geschäfte und Warenlager. „Kommissarische Verwalter", teilweise eingesetzt von der Gestapo und von NS-Betriebszellenorganisationen, übernahmen Betriebe.[135] Auch die Ingenieurkammern scheinen in diesen Prozess involviert gewesen zu sein, wie der Fall des Baumeisters Artur Biber zeigt.

Biber, geboren am 3. Februar 1883 in Czernowitz (ukr. Tscherniwzi), übersiedelte nach dem Studium nach Wien und erwarb 1919 die Befugnis eines Zivilingenieurs für Bauwesen. 1937 suchte er um die Befugnis als Zivilingenieur für Hochbau an, die ihm mit Bescheid vom 19. Februar 1938 erteilt wurde.[136] Er war Inhaber eines Baubetriebs in der Berggasse 16 in Wien 9. Wohl in der Hoffnung, sein Baugeschäft weiterführen zu können, meldete Biber der Kammer am 28. März 1938, dass er drei Mitarbeiter mit der „arischen Leitung" seines Baubetriebs betraut habe.[137] Drei Tage vorher war ein Baumeister in seinem Betrieb erschienen und hatte behauptet, er sei von der NS-HAGO (Handels- und Gewerbeorganisation) zum kommissarischen Leiter von Bibers Betrieb bestellt worden. Biber hatte ihm daraufhin mit Unterstützung seiner Mitarbeiter erklärt, dass sein Betrieb dem Ziviltechnikergesetz unterliege und damit nicht dem Gewerbeverband angehöre, reagierte aber umgehend mit der beschriebenen Übertragung der Leitung, und bat darüber hinaus die Kammer um Bestellung einer kommissarischen Aufsichtsperson. Er begründete dies damit, dass „für die Fortsetzung meiner Bauarbeiten Ruhe erforderlich ist, um meine Kreditwürdigkeit bzw. die Möglichkeit der Aufnahme von Krediten zur Fortführung der Arbeiten nicht zu beeinträchtigen".[138]

Die „kommissarische Leitung" wurde von dem Zivilingenieur Anton Grenik (1887–?) übernommen, der eine dementsprechende Anfrage der Kammer für Wien, Niederösterreich und Burgenland annahm.[139] Seine Einsetzung wurde auch der österreichischen Landesleitung des Amts für Technik der NSDAP gemeldet.[140] In der Nachkriegszeit erstattete Biber, der mit seiner Familie nach Australien ausgewandert war und dessen Vermögen mit 28. März 1941 zu Gunsten des Deutschen Reichs beschlagnahmt wurde,[141] Anzeige gegen Grenik. Das Verfahren wurde eingestellt, weil Grenik behauptete, dass nicht die nationalsozialistische Machtübernahme, sondern Bibers schlechte finanzielle Lage Grund für den Verkauf gewesen sei.[142]

Am 12. November 1938 traten gleich zwei Verordnungen in Kraft, die dem Staat das alleinige Zugriffsrecht auf jüdisches Eigentum sichern sollten. Die „Verordnung über eine Sühneleistung der Juden deutscher Staatsangehörigkeit"[143] legte der jüdischen Bevölkerung nach den Novemberpogromen, im Zuge derer auch nichtjüdisches Eigentum zerstört wurde, eine imaginierte „Sühneleistung" von einer Milliarde Reichsmark auf, um das Attentat auf den Gesandten Ernst von Rath zu „vergelten". Die Judenvermögensabgabe (JUVA), die von Juden und Jüdinnen mit einem Vermögen über 5.000 RM zu leisten war, belief sich auf 20 Prozent des Vermögens nach dem Stand vom 12. November 1938 und wurde in vier Teilzahlungen vorgeschrieben.[144] Die „Verordnung zur Ausschaltung der Juden aus dem deutschen Wirtschaftsleben vom 12. November 1938"[145] untersagte Jüdinnen und Juden unter anderem den Betrieb von Handwerks- und Einzelhandelsbetrieben, eine Funktion als Betriebsführer musste zurückgelegt werden. Die nur kurz später erlassene „Verordnung über den Einsatz des jüdischen Vermögens" vom 3. Dezember 1938[146] erweiterte diese Verbote noch einmal erheblich: Gewerbebetriebe mussten nun verkauft oder abgewickelt, Grundbesitz verkauft werden, und Wertpapiere mussten einer zuständigen Reichsbankstelle zum Kauf angeboten werden. Der Verkaufswert von Betrieben wurde von der VVSt ermittelt und lag weit unter dem tatsächlichen Wert, zudem wurden die Zahlungen auf Sperrkonten überwiesen, von denen JUVA und gegebenenfalls Reichsfluchtsteuer abgezogen wurden. Die Enteigneten erhielten lediglich einen kleinen Betrag für die Ausreise oder Lebensführung. Unterlagen in den Vermögensanmeldungen und Rückstellungsakten der Nachkriegszeit zeugen von diesen Zwangsverkäufen, von denen viele Ziviltechniker in Österreich betroffen waren.

In einem weiteren Schritt wurden die Menschen aus ihren Wohnungen vertrieben, Grundlage war die „Verordnung zur Einführung des Gesetzes über Mietverhältnisse mit Juden in der Ostmark",[147] die am 10. Mai 1939 in Kraft trat. Das Wohnungsamt siedelte sie in andere Wohnungen um, meistens im 1., 2. oder 9. Wiener Bezirk, wo sie jüdischen Wohnungsinhaber:innen als Untermieter:innen aufgezwungen wurden. Ab diesem Zeitpunkt scheinen sie auch nicht mehr im Wiener Adressbuch auf. Für jene, die es nicht geschafft hatten, das Deutsche Reich legal oder illegal zu verlassen, waren diese „Sammelwohnungen",[148] die bald völlig überbelegt waren, der letzte Wohnort in Wien, bevor sie in eines der vier Wiener „Sammellager" gebracht und von dort deportiert wurden.[149]

III.2.3
Vertreibung

Die Beraubung der als jüdisch geltenden Bevölkerung ging Hand in Hand mit ihrer Vertreibung. Auch wenn sich 1938 wohl die wenigsten die systematische Ermordung von Millionen von Menschen vorstellen konnten, sorgten pogromartige Ausschreitungen nach der Machtübernahme und im November 1938, spontane wie auch staatlich autorisierte Plünderungen und Demütigungen sowie der drohende oder bereits erfolgte Verlust von Vermögen, gesellschaftlicher

I.	RM	II.	RM

Spätere Veränderungen (Verminderungen, Vermehrungen) des Standes nach dem Verzeichnisse per 27.IV.   Stand am 12.XI.

zu I. des Verzeichnisses:
1.) Liegenschaft EZ. 1079 verkauft am 5.8. an Dr.Ing.Alfred Obiditsch um   14000
   Der Betrag liegt auf Sperrkonto bei der Oesterr.Creditanstalt-Wiener Bankverein, Verfügung darüber nur mit Bewilligung der Vermögensverkehrsstelle, die gleichzeitig für die am 15.Dezember fällige Rate der Abgabe angesucht wird.
2.) Liegenschaft EZ. 33 (½) verkauft am 25.10. an Rosa Reinhart um   6666
   Betrag gesperrt bei Rechtsanwalt Dr.Emerich Hunna.
   Verminderung: 6096

zu II. unverändert   60000

zu III. Gewerbebetrieb vollständig aufgelöst, kein Vermögen mehr vorhanden.
   Verminderung: 896.62   -.-

zu IV. Erhöhung des Kurswertes um 502.08   15800.29
Anlage C   durch Umtausch der Oe.Konversions-
   anleihe gegen   7000
   und
   der Trefferanleihe gegen   1700
   und Spitze   28
   Anleihe des Deutschen Reiches.

Anlage D   Zahlungsmittel, Spareinlagen, Guthaben etc.
   Verminderung um   13960.32   12136.42
   durch:
   Bargeld vermindert auf   150
   Guthaben Länderbank erhöht auf   11749.97
   Guthaben bei Trinkaus der Länderbk. zugeflossen und, soweit nicht mehr vorhanden, verbraucht. Sonderkonto Bergische Stahlindustrie verbraucht.
      Die laut Vermögensverzeichnisses am 14.III.38 aus meinem Besitz entzogenen (von zwei SA Männern nachts requirierten) Werte, nämlich Einlagebücher der
   Länderbank Nr. 343736 per   S 21128
   und   Nr. 343737 per   S 37452
   und bar   S 500
      zus.   S 59080 =RM 39386.70
   wurden mir trotz meiner unausgesetzten Bemühungen nicht zurückgegeben. Irgendein Grund für die Wegnahme wurde mir nie mitgeteilt. Ich kann sie daher auch per 12.XI. nicht zu meinem Vermögen zählen.
      Transport   108602.71

Stellung und Einkommensmöglichkeit für ein Gefühl von Angst und Verzweiflung. Die Selbstmordrate stieg bereits in den ersten Tagen nach dem „Anschluss". Viele entschlossen sich unter dem Druck der allgegenwärtigen Repressionen dazu, ihre Heimat zu verlassen.

Die Flucht aus Österreich war bis 1940 legal, aber stark reglementiert. Anders als in Deutschland, wo Jüdinnen und Juden ihren Hausrat und ihr Vermögen bei der Ausreise lange Zeit noch relativ unbehelligt mitnehmen konnten,[150] kontrollierte die im August 1938 eingesetzte „Zentralstelle für jüdische Auswanderung in Wien" unter Adolf Eichmanns[151] Leitung die Ausreiseformalitäten inklusive der Beraubung der Ausreisewilligen. Zu zahlen war eine „Reichsfluchtsteuer", bis auf Devisen in der Höhe von zehn Reichsmark und einigen wenigen persönlichen Gegenständen musste alles zurückgelassen werden. Für einen Pass musste man sich zum Teil tagelang anstellen. Allen Schikanen zum Trotz verließ im ersten Jahr der nationalsozialistischen Herrschaft fast die Hälfte der in Österreich lebenden Jüdinnen und Juden das Land: Im März 1938 lebten mindestens 181.000 Mitglieder der Glaubensgemeinschaft und 25.000 Personen, die nach den „Nürnberger Gesetzen" als jüdisch galten, in Österreich, also insgesamt rund 206.000 von der antisemitischen Verfolgung Betroffene. Im Mai 1939 waren es nur mehr 94.530.[152] Bis Ende 1941 verließen mindestens 130.000 Personen Österreich.[153]

Auch etwa zwei Drittel – mindestens 103 – der 150 „jüdischen" Ziviltechniker entschlossen sich zur Flucht und konnten Österreich verlassen. Die Länder, die sie aufnahmen, waren auf alle fünf Kontinente verteilt. Die Quellen lassen in vielen Fällen keine gesicherten Aussagen zu den endgültigen Aufenthaltsorten zu. Oft erfolgte die Flucht in das Zielland in mehreren Etappen, und nicht bei allen wissen wir, ob sie in dem Land blieben, in das sie ursprünglich ausreisten. Die Grafik zeigt die jeweils letzte bekannte Station einer Flucht.

→ *Grafik III/5*

Für die wenigen Ziviltechniker in den Bundesländern war die erste Etappe ein Umzug nach Wien. Edwin Bächer, am 19. Oktober 1882 in Wien geboren, der in Linz praktiziert hatte, lebte ab 29. November 1938 zunächst in der Parkgasse 5 im 3. Wiener Bezirk[154] und verließ Österreich am 27. März 1939.[155] Er lebte ab dem 13. April 1939 in London, wo er schließlich den Namen Edwin Bacher und die britische Staatsbürgerschaft annahm. Seine Frau Friederike Bächer und seine Töchter Friederike und Ingeborg Bächer blieben in Wien.[156] Auch der Zivilingenieur für Bauwesen Otto Dub übersiedelte Ende August von Linz nach Wien, nahm sich aber drei Monate später das Leben. Seiner Tochter gelang die Flucht nach England.

Wie Bächer flohen viele Ziviltechniker zunächst nach England, oft aber von dort weiter in die USA. Auch die Schweiz war für einige zwar die erste Anlaufstelle, aber nicht ihr Ziel. Andere wurden durch die aggressive Expansion des Deutschen Reichs gezwungen, aus ihren Zielländern Frankreich und Dänemark in ein weiteres Land zu fliehen. Einigen ist dies nicht gelungen: Der Ingenieurkonsulent für Bauwesen und Ingenieurkonsulent für Vermessungswesen Richard Wassermann (1881–1944?) und der Zivilingenieur für Bauwesen Moritz Leopold Pollak (1887–1942?) wurden in Frankreich interniert und von dort in das Konzentrations- und Vernichtungslager Auschwitz deportiert (→ *S. 171*).

Die mit Abstand meisten der vertriebenen Ziviltechniker und ihrer Angehörigen lebten in den USA, gefolgt von Großbritannien und Australien. Damit folgte die Flucht der österreichischen Ziviltechniker nicht dem allgemeinen Trend, nach dem die Mehrzahl der „rassisch" Verfolgten Zuflucht in europäischen Ländern – an erster Stelle in Großbritannien – fanden.[157]

Das Verlassen des Heimatlandes bedeutete zwar in den meisten Fällen Sicherheit vor der nationalsozialistischen Verfolgung, für die Mehrheit der Ziviltechniker aber auch einen radikalen Einschnitt, von dem sie sich nur schwer oder gar nicht mehr erholten. Neben dem Verlust von Vermögen, sozialem Umfeld, Familienangehörigen, beruflicher Reputation und oft auch Liegenschaften kämpften viele mit sprachlichen Barrieren und kulturellen Anpassungsschwierigkeiten. Nur wenigen gelang der Wiedereinstieg ins Berufsleben, Anträge an den „Fonds zur Hilfeleistung an politisch Verfolgte, die ihren Wohnsitz und ständigen Aufenthalt im Ausland haben" (Hilfsfonds) der Nachkriegszeit zeugen von mitunter prekären Lebensverhältnissen. Manche standen zum Zeitpunkt der Flucht bereits kurz vor dem Ruhestand oder waren krank. Von vielen verliert sich leider die weitere Spur, aber von 83 Personen, deren Todesdatum zumindest annähernd eruiert werden konnte, starben mindestens zehn noch vor Kriegsende. Unter ihnen waren das ehemalige Vorstandsmitglied der Ingenieurkammer für Wien, Niederösterreich und Burgenland, der Ingenieurkonsulent für Maschinenbau und für Elektrotechnik Arthur Fürst (1875–1941), der 66-jährig in Kenia starb,[158] und der erfolgreiche Architekt Paul Jacques Fischel (1885–1942), der seinen Namen kurz nach seiner Ankunft in Australien auf Paul Jacques Finton änderte,[159] aber bereits am 14. Oktober 1942 57-jährig in Melbourne starb.[160]

→ *Abb. III/23*

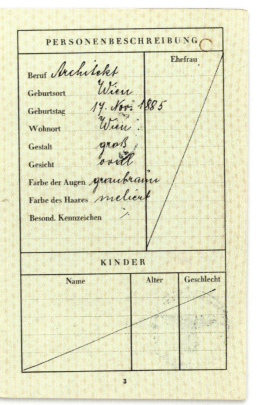

Abb. III/23 Paul Fischel erhält im Mai 1939 einen Reisepass und ein Visum für Australien.

Grafik III/5
Kontinente, auf denen österreichische Ziviltechniker Zuflucht vor der „rassischen" Verfolgung fanden

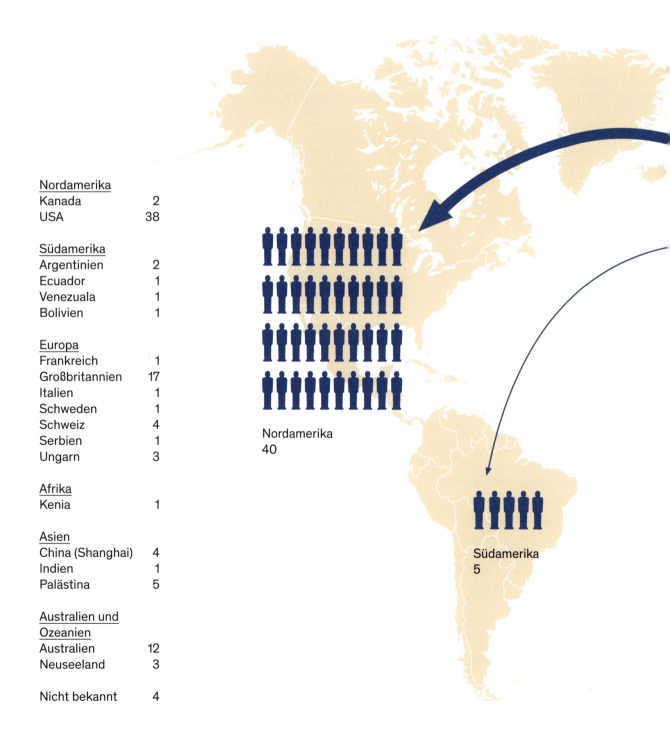

Nordamerika
Kanada 2
USA 38

Südamerika
Argentinien 2
Ecuador 1
Venezuala 1
Bolivien 1

Europa
Frankreich 1
Großbritannien 17
Italien 1
Schweden 1
Schweiz 4
Serbien 1
Ungarn 3

Afrika
Kenia 1

Asien
China (Shanghai) 4
Indien 1
Palästina 5

Australien und Ozeanien
Australien 12
Neuseeland 3

Nicht bekannt 4

Die Liste stellt die jeweils letzte bekannte Station einer Flucht dar.

Quellen: ÖStA/AdR, E-uReang, VVSt, VA, Rückstellungsakten, Arisierungsakten und Akten des Hilfs- und Abgeltungsfonds; ÖStA/AdR, BMfHuW (Akten Ziviltechniker); Mitgliedsakten im AKZT W/NÖ/Bgld; Familienarchive.

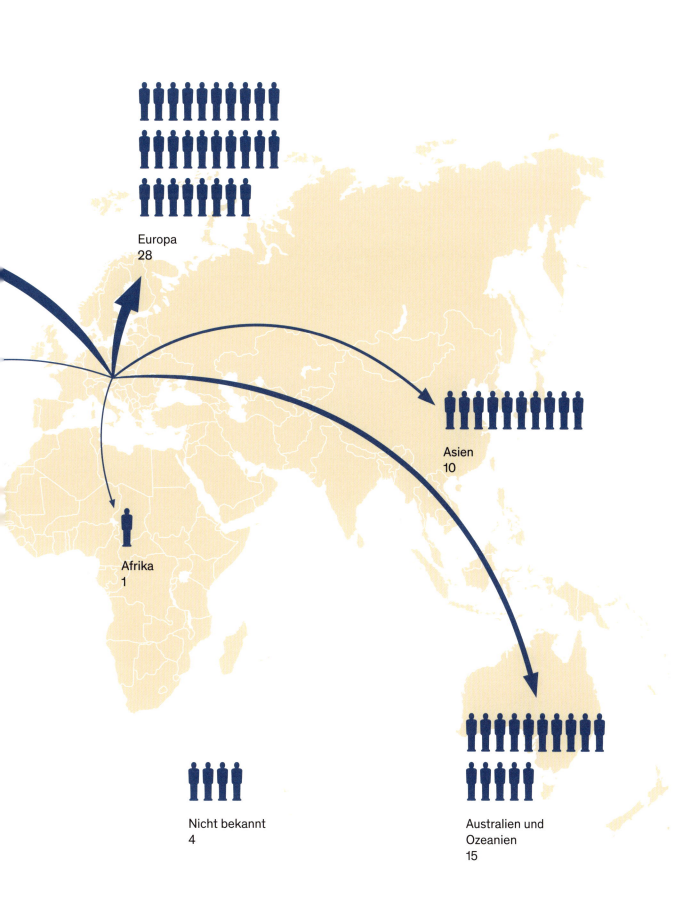

LIST OR MANIFEST OF ALIEN PASSENGERS FOR THE UNITED [STATES]

S.S. CONTE DI SAVOIA Passengers sailing from GENOA, Italy, February 20th, 1940

No.	Head-Tax Status	Family name	Given name	Yrs.	Mos.	Sex	Married or single	Calling or occupation	Read	Language	Write	Nationality	Race or people	Country	City or town	Visa number	Place	Date	Verifications	Country	City
1		Wiesenberg	Olga	46		f	s.	housew.	yes	German	yes	Germany	Hebrew	Germany	Germany	QIV 11873	Wien	10/11/39		Wien	Germany
2		Landerer	Malvine	54		f.	Wid.	housew.	yes	German	yes	Germany	hebrew	Freistadt	Germany	QIV 1699	Wien	6/2/40		Wien	Germany
3		Schneider	Siegfried	65		m.	m.	trader	yes	German	yes	Germany	Hebrew	Wien	Germany	QIV 19927	Wien	1/2/40		Wien	Germany
4		Schneider	Rosa	53		f.	m.	housew.	yes	German	yes	Germany	Hebrew	Wien	Germany	QIV 19965	Wien	1/2/40		Wien	Germany
5		Grunwald	Julius	61		m.	m.	trader	yes	German	yes	Germany	Hebrew	Wien	Germany	QIV 16777	Wien	22/1/40		Wien	Germany
6		Grunwald	Rosa	52		f.	m.	housew.	yes	German	yes	Germany	Hebrew	Jslo	Czechoslovakia	QIV 16778	Wien	22/1/40		Wien	Germany
7		Gärtner	Elise Elma	59		f.	Wid.	private	yes	German	yes	Germany	Hebrew	Fürth	Germany	QIV 19998	Wien	2/2/40		Wien	Germany
8		Rosenstrauch	Simcha Sucher	55		m.	m.	trader	yes	German	yes	Germany	Hebrew	Zbaras	Polish	3663	Wien	9/1/40		Wien	Germany
9		Rosenstrauch	Rosa Rozie	45		f.	m.	housew.	yes	German	yes	Germany	Hebrew	Strusow	Poland	QIV 3665	Wien	9/1/40		Wien	Germany
10	UNDER 16	Rosenstrauch	Mia	5		f.	s.		no		no	Germany	Hebrew	Wien	Germany	3694	Wien	5/2/40		Wien	Germany
11		Sommer	Hermann	44		m.	m.	trader	yes	German	yes	Germany	Hebrew	Bioen	Czechoslovakia	521	Wien	5/2/40		Wien	Germany
12		Sommer	Irene	40		f.	m.	housew.	yes	German	yes	Germany	Hebrew	Wien	Germany	QIV 20022	Wien	5/2/40		Wien	Germany
13		Bellgrader	Oskar Georg	59		m.	m.	Engineer	Yes	German	yes	Germany	Hebrew	Wien	Germany	QIV 16780	Wien	22/1/40		Wien	Germany
14		Bellgrader	Rosa	47		f.	m.	housew.	yes	German	yes	Germany	Hebrew	Wien	Germany	QIV 167779	Wien	22/1/40		Wien	Germany
15		Platzer	Dina	62		f.	Wid.	housew.	yes	German	yes	NO NATIONALITY	Hebrew	Wien	Germany	QIV 4342	Wien	5/2/40		Wien	Germany
16		Löwenfeld	Melanie	64		f.	Wid.	housew.	yes	German	yes	Cekoslov.	Hebrew	Prag		515	Wien	5/2/40		Wien	Germany
17		Fischer	Irma	53		f.	m.	housew.	yes	German	yes	Germany	Hebrew	Sobjeslaw		508	Wien	5/2/40		Wien	Germany
18		Pilpel S.	Stefanie	35		f.	m.	housew.	yes	German	yes	Germany	German	Wien	Germany	QIV 19024	Wien	1/1/40		Wien	Germany
19	UNDER 16	Pilpel L.	Robert	2			s.					Germany	German	Wien	Germany	19025	Wien	1/1/40		Wien	Germany
20		Goldberger	Alfred	65		m.	m.	trader	yes	German	yes	Germany	Hebrew	Weinberger	Germany	QIV 2287	Wien	10/1/40		Wien	Germany
21		Goldberger	Jeannette	65		f.	m.	private	yes	German	yes	Germany	Hebrew	Luxenburg	Germany	QIV 2288	Wien	10/1/40		Wien	Germany
22		Rudinger	Lieselotte	19		f.	s.	nurse	yes	German	yes	Germany	Hebrew	Wien	Germany	QIV 19898	Wien	1/2/40		Wien	Germany
23		Turkel	Theodor	31		m.	m.	trader	yes	German	yes	Germany	Hebrew	Germany Wien		QIV 19911	Wien	1/2/40		Wien	Germany
24		Turkel	Anna	30		f.	m.	housew.	yes	German	yes	Germany	Hebrew	Germany Wien		QIV 19912	Wien	1/2/40		Wien	Germany
25		Lobel	Marcel	31		m.	s.	Author	yes	German	yes	Germany	Hebrew	Wien	Germany	QIV 19897	Wien	1/2/40		Wien	Germany
26		Schachter	Bela	36		f.	s.	Corsetiere	yes	German	yes	Poland	Hebrew	Kolomea	Poland	QIV 3796	Wien	30/1/40		Wien	Germany
27		Masser	Max	55		m.	m.	trader	Yes	German	Yes	Germany	Hebrew	Przemyl	Poland	QIV 3794	Wien	30/1/40		Wien	Germany
28		Masser	Anna	40		f.	m.	housew.	yes	German	yes	Germany	Hebrew	Hucko Dobsomil	Poland	QIV 3793	Wien	30/1/40		Wien	Germany
29		Guth	Josef	61		m.	m.	trader	yes	German	yes	Germany	Hebrew	Wien	Germany	QIV 19978	Wien	1/2/40		Wien	Germany
30		Guth	Henriette	57		f.	m.	housew.	yes	German	yes	Germany	Hebrew	Wien	Germany	QIV 19977	Wien	1/2/40		Wien	Germany

Total passengers 30
U. S. citizens . . . . .
Aliens 30

Abb. III/24 — Der Zivilingenieur für Bauwesen Oskar Bellgrader und seine Frau Rosa konnten Europa über Genua verlassen. Gemeinsam mit anderen Flüchtenden erreichten sie am 20. April 1940 an Bord des Schiffes Conte di Savoia New York.

UNITED STATES IMMIGRANT INSPECTOR AT PORT OF ARRIVAL

List 31

Arriving at Port of NEW YORK, FEBRUARY 29TH, 1940

Name	Final destination (State, City)	Ticket	By whom passage paid	In possession of $50	Ever in U.S.?	Going to join relative/friend	Purpose	Polygamist	Anarchist	Condition	Deformed	Height ft/in	Complexion	Hair	Eyes	Marks
Wisenberg Rosalie-Wien	Pa. Philadelphia	yes	self	yes	never	friend:Leo Isenthal 721 Morgan Ave.Drexel Hill Pa.	No Allw.Yes	no	no	no	no	no	good	no	5 3 nat. brown	none
Bambolz Amalie-Wien	N.Y.New York	yes	self	yes	never	Cousin Fabricant Louis-New York, N.Y.-230 W.105th St.	No Allw.Yes	no	no						5 3 nat. brown	none
Brother Felix-Wien	N.Y.New York	yes	self	yes	never	Son Ernst-New York, N.Y. 362 Riverside Drive	No Allw.Yes	no	no				good	no	5 3 nat. brown	none
Brother in law do	N.Y.New York	yes	husband	yes	never	Son Ernst-New York, N.Y.	No Allw.Yes	no	no				good	no	5 3 nat. brown	none
Sister Selma-Wien	N.Y.New York	yes	self	yes	never	Cousin Lena Markovitz New York, N.Y.	No Allw.Yes						good	no	5 3 nat. grey	none
Sister in law do	N.Y.New York	yes	husband	yes	never	Cosin Lina Markovitz-do	No Allw.Yes	no	no				good	no	5 3 nat. brn-blue	none
Erdmann Hedwig-Wien	Pa.Scranton	yes	self	yes	never	Son John-Scranton, Pa.- 933 Webster Av.	No Allw.Yes	no	no					no	5 3 nat. brown	none
Uncle Melzer Hermann-Wien	Mass.Brockton	yes	self	yes	never	Cousin Miller Paul-Brockton, Mass.-12 Waverly St.	No Allw.Yes	no	no				good	no	5 4 nat. Grey blchs	none
Uncle Melzer Hermann-Wien	Mass.Brockton	yes	husband	yes	never	Cosin Miller Paul-do	No Allw.Yes	no	no					no	5 3 nat. Bl.Grey	none
Uncle Melzer Hermann-Wien	Mass.Brockton	yes	father	yes	never	Cousin Miller Paul-do	No Allw.Yes	no	no					no	3 11nat. brown	none
Weinreb Jakob-Wien	Tex. Ennis	yes	self	yes	never	Aunt Jolesh Joe-Ennis,Tex.	No Allw.Yes	no	no				good	no	5 11 nat. brown	none
Weireb Jakob-Wien	Tew.Ennis	yes	husband	yes	never	Aunt Jolesh Joe-Ennis,Tex.	No Allw.Yes	no	no						5 2 nat. Grey	none
Lichtenstern Ida-Wien	Cal.Hollywood	yes	self	yes	never	Walter Braun-Hollywood, Cal.-1204 Murstdrive	No Allw.Yes	no	no							
Lichtenstern Ida-Wien	Cal.Hollywood	yes	husband	yes	never	Walter Braun-Hollywood	No Allw.Yes								5 nat. brown	none
Stein Sara-Wien	N.Y.Newark	yes	self	yes	never	Daughter Anna Mayer-Newark, N.Y.-362 Peshine Av.	No Allw.Yes	no	no						5 7 nat. brown	
Brother Robert-Wien	Ky. Louisville	yes	self	yes	never	Son Emil-Louisville,Ky. 428 S.First St.	No Allw.Yes	no	no					no	5 2 nat. grey	none
Aunt Kohn Payla-Wien	N.Y.New York	yes	self	yes	never	Son Ernst Kreisel-N.York 1148 Cromwell Av.	No Allw.Yes	no	no				good	no	5 3 nat. brown	none
Mother Julia Laumann-Wien	N.Y.Brooklyn	yes	self	yes	never	Pilpel Wilhelm-Brooklyn, N.Y.-7117 - 10th Av.	No Allw.Yes	no	no						5 8 nat. brown	none
Mother Julia Laumann-Wien	N.Y.Brooklyn	yes	father	yes	never	Pilpel Wilhelm-Brooklyn-	No Allw.Yes	no	no						nat. brown	
Weinberg Michael-Wien	N.Y.New York	yes	self	yes	never	Daughter Edith Schiller-New York, N.Y.-861 Riverside Driver	No Allw.Yes	no	no						5 2 nat. brown	none
Weiberg Michael-Wien	N.Y.NewYork	yes	husband	yes	never	Daughter Edith Schiller-No	No Allw.Yes								5 2 nat. brown	none
Father Rudolf-Wien	N.Y.New York	yes	self	yes	never	Cousin Hugo Rudinger-New York,N.Y.-200 W.End Av.	No Allw.Yes	no	no				good	no	5 nat. brown	none
Father Turkel Siegfried-Wien	Ill. Chicago	yes	self	yes	never		No Allw.Yes						good	no	5 8 nat. Brn.Grey	none
Father in law do	Ill.Chicago	yes	husband	yes	never	brother in law	No Allw.Yes						good	no	5 5 nat. brown	none
Father Nathan -Wien	N.Y.NewYork	yes	self	yes	never	Sohn Rosenblatt-New York 290 West End Av. N.Y.C.	No Allw.Yes	no	no				good	no	5 7 nat. brown	
Mother Rachel-Wien	N.Y.New York	yes	self	yes	never	Cousin Schaff Philipp-New York, N.Y.-509 Madison	No Allw.Yes						good	no	5 2 nat. Brn.Grey	none
Pollak Joachine-Wien	N.Y.New York	yes	self	yes	1904/08 N.Y. 1908	Cousin John Leibowitz-New York,N.Y.-71 Burton Av.Woodmere L.I., N.Y.	No Allw.Yes	no	no				good			
Pollak Joachine-Wien	N.Y.New York	yes	husband	yes	never	Cousin John Leibowitz do	No Allw.Yes								5 3 nat. brown	
Schwarz Henriette-Wien	N.Y.New York	yes	self	yes	never	brother in law:Simone Klein New York,N.Y.-78 Brookside Av.	No Allw.Yes						good	no	5 3 nat. brown	
Schwarz Henriette-Wien	N.Y.New York	yes	husband	yes	never	MountVernon	No Allw.Yes	no	no				good	no	5 3 nat. brown	none

Line: ITALIAN LINE
Owners: ITALIA SOC.AN.GENOA
Local Agents: 624 5TH AVE.N.Y.C.

GERMAN
AUSTRALIAN MILITARY FORCES.

A.A. Form A. 111
(Introduced August, 1939).
(Reprinted June, 1940).
COPIED

Rel to Melbourne 9.8.43
13
4 OCT 1940 A.M. P.M.
RECEIVED

REPORT ON PRISONER OF WAR INTERNEE

Identification No.	Surname	Other Names	Nationality
E 39393 (57932)	ENGEL	THEODOR	AUSTRIAN

2. Date of Birth: 6 June 1886 — Private Address: —
Place of Birth: Vienna, Austria — Business Address: —
Occupation: ENGINEER — If registered, State Place: —
Religion: JEWISH — Registration No.: —

3. Place of Capture: London — Date of Internment: 16.5.1940 6/9/40
Date of Capture: 16-5-1940 — Place of Internment: KEMPTON PARK Hay
For Report – NO — From whom received: Police BQ

Height	Weight	Complexion	Hair	Eyes	Marks and Peculiarities
5'8 ins	135 lbs	fresh	grey	brown	scars

4. Reason for Internment:
"ENEMY ALIEN" JEWISH REFUGEE FROM NAZI OPPRESSION

5. If medically examined? No
Medical Report No.

6. Personal Effects: NIL

7. Marital Condition:
Married or Single: single
Name of Wife: —
Next of Kin: EUGENIE LICHTMESS
Her Address: 29 Cristchurch Avenue LONDON N.W.6
Children: Male — Female —

8. How long resident in Australia: —
Date of Entry: 26th Aug 40 — Ship: SS. DUNERA — Port of Disembarkation: SYDNEY
If any property in Australia: —

9. Statement of Service: NIL
(Reserve, Colour, Naval, &c.)

10. Special Observations
Father's Name (in full): EDUARD ENGEL
Mother's pre-marriage name (in full): HERMINE NEUWIRTH

Signature of P. of W. INTERNEE: Ing. Theodor Engel
Date: 15 / 9 / 40

Internment Camp, Hay
Camp Commandant.
Date: 16 SEP 1940

Abb. III/25 Der Ingenieurkonsulent für Bauwesen Theodor Engel wurde als „Enemy Alien" von England nach Australien gebracht, August 1940.

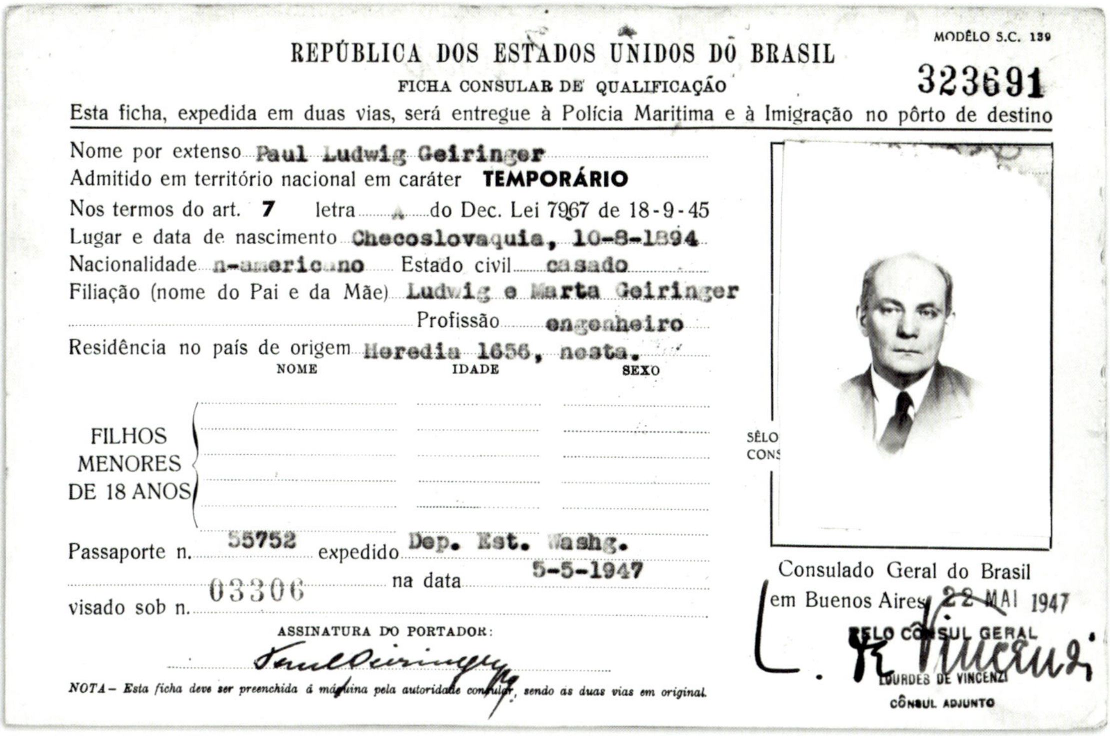

MODÊLO S.C. 139

REPÚBLICA DOS ESTADOS UNIDOS DO BRASIL

FICHA CONSULAR DE QUALIFICAÇÃO

323691

Esta ficha, expedida em duas vias, será entregue à Polícia Marítima e à Imigração no pôrto de destino

Nome por extenso Paul Ludwig Geiringer

Admitido em território nacional em caráter TEMPORÁRIO

Nos termos do art. 7 letra ... do Dec. Lei 7967 de 18-9-45

Lugar e data de nascimento Checoslovaquia, 10-8-1894

Nacionalidade n-americano Estado civil casado

Filiação (nome do Pai e da Mãe) Ludwig e Marta Geiringer

Profissão engenheiro

Residência no país de origem Heredia 1656, nesta.

	NOME	IDADE	SEXO
FILHOS MENORES DE 18 ANOS			

SÊLO CONS

Passaporte n. 55752 expedido Dep. Est. Washg.

na data 5-5-1947

visado sob n. 03306

Consulado Geral do Brasil em Buenos Aires 22 MAI 1947

PELO CONSUL GERAL

LOURDES DE VINCENZI

CÔNSUL ADJUNTO

ASSINATURA DO PORTADOR:

NOTA – Esta ficha deve ser preenchida à máquina pela autoridade consular, sendo as duas vias em original.

Abb. III/26 Der in Tschechien geborene Ingenieurkonsulent für Maschinenbau Paul Ludwig Geiringer konnte über London in die USA einreisen, erhielt 1947 die amerikanische Staatsbürgerschaft und reiste mit seiner Frau Marta nach Brasilien. Er starb 1973 in New York.

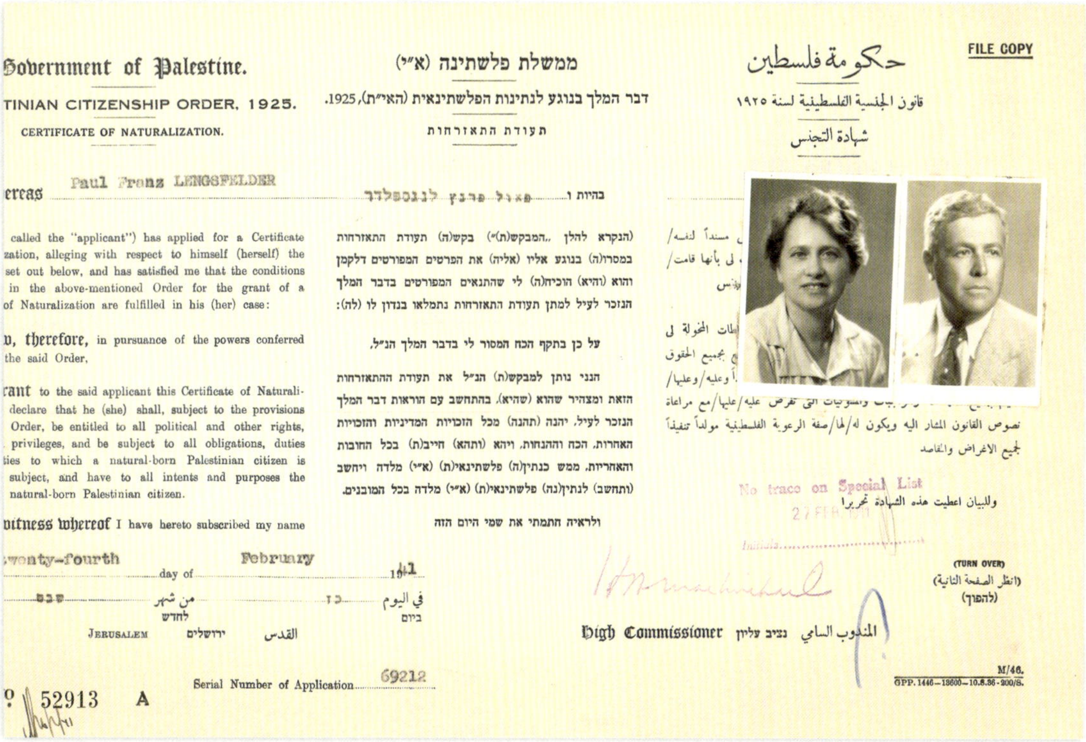

FILE COPY

Government of Palestine. — ממשלת פלשתינה (א״י) — حكومة فلسطين

TINIAN CITIZENSHIP ORDER, 1925. — דבר המלך בנוגע לנתינות הפלשתינאית (הא״ת), 1925. — قانون الجنسية الفلسطينية لسنة ١٩٢٥

CERTIFICATE OF NATURALIZATION. — תעודת התאזרחות — شهادة التجنس

ereas Paul Franz LENGSFELDER

called the "applicant") has applied for a Certificate zation, alleging with respect to himself (herself) the set out below, and has satisfied me that the conditions in the above-mentioned Order for the grant of a of Naturalization are fulfilled in his (her) case:

w, therefore, in pursuance of the powers conferred the said Order,

rant to the said applicant this Certificate of Naturali- declare that he (she) shall, subject to the provisions Order, be entitled to all political and other rights, privileges, and be subject to all obligations, duties ties to which a natural-born Palestinian citizen is subject, and have to all intents and purposes the natural-born Palestinian citizen.

witness whereof I have hereto subscribed my name

wenty-fourth day of February 1941

בהיות ו פאול פרנץ לנגספלדר

(הנקרא להלן „המבקש(ת)״) בקש(ה) תעודת התאזרחות במסרו(ה) בנוגע אליו (אליה) את הפרטים המפורטים דלקמן והוא (והיא) הוכיח(ה) לי שהתנאים המפורטים בדבר המלך הנזכר לעיל למתן תעודת התאזרחות נתמלאו בנדון לו (לה):

על כן בתקף הכח המסור לי בדבר המלך הנ״ל,

הנני נותן למבקש(ת) הנ״ל את תעודת ההתאזרחות הזאת ומצהיר שהוא (שהיא), בהתחשב עם הוראות דבר המלך הנזכר לעיל, יהנה (תהנה) מכל הזכויות המדיניות והזכויות האחרות, הכח וההנחות, ויהא (ותהא) חייב(ת) בכל החובות והאחריות, ממש כנתין(ה) פלשתינאי(ת) (א״י) מלדה ויחשב (ותחשב) לנתין(נה) פלשתינאי(ת) (א״י) מלדה בכל המובנים.

ולראיה חתמתי את שמי היום הזה

نصوص القانون المشار اليه ويكون له/لها/صفة الرعوية الفلسطينية مولداً تنفيذاً لجميع الاغراض والمقاصد

وللبيان اعطيت هذه الشهادة تحريرا

No trace on Special List 27 FEB 1941 Initials

שבט מن شهر לחודש כ״ז في اليوم ביום

JERUSALEM ירושלים القدس

High Commissioner נציב עליון المندوب السامي

(TURN OVER) (انظر الصفحة الثانية) (להפוך)

Serial Number of Application 69212

No 52913 A

M/46. GPP. 1446—13500—10.8.36—200/S.

Abb. III/27 Der Zivilingenieur für Bauwesen Paul Lengsfelder und seine Frau Hedwig fanden in Haifa eine neue Heimat und nahmen die palästinische Staatsbürgerschaft an, 24. 2. 1941.

Abb. III/28 Siegmund Defris mit seiner Tochter Gerty hinter ihrem Appartementblock in St. Kilda, 1941. Viele Europäer:innen lebten nach ihrer Ankunft in Melbourne in diesem Vorort.

Der Zivilingenieur für Maschinenbau und Elektrotechnik Siegmund Defris (1877–1946) (→ S. 41), der in Wien eine „Elektrotechnische Fabrik" in der Marchettigasse im 6. Bezirk geführt hatte, fand ebenfalls in Australien Zuflucht. Sein Leben wurde von seinem Enkel nachgezeichnet, der den Neuanfang in Melbourne als prekär beschreibt.[161] Obwohl die Familie vermutlich Unterstützung von jüdischen Organisationen bekam, war es für die einst wohlhabende und angesehene Familie schwer, sich quasi mittellos als Flüchtlinge in einem fremden Land wiederzufinden. Defris führte eine kleine Fabrik, in der elektrische Beleuchtungskörper hergestellt wurden. Er konnte nicht an seinen beruflichen Erfolg in Österreich anknüpfen, durfte aber zumindest noch im Ansatz erleben, dass seine Kinder und ihre Familien im Land ihrer Zuflucht Fuß fassen konnten, bevor er 1946 starb. Seine Tochter Gerty, die mit den Eltern nach Australien geflüchtet war, vermisste ihre alte Heimat, schwor sich aber gleichzeitig, nie wieder einen Fuß in diese zu setzen. Erst sein Enkel begann sich wieder mit der Herkunft der Familie zu beschäftigen und nahm das – späte – Angebot des österreichischen Staates an, die Staatsbürgerschaft für Verfolgte und deren direkte Nachkommen verliehen zu bekommen.[162]

Auch der Ingenieurkonsulent für Bauwesen und ehemalige Präsident der Ingenieurkammer für Wien, Niederösterreich und Burgenland Bruno Bauer (1880–1938) überlebte seine Flucht nur kurz, er starb im Dezember 1938 58-jährig in London (→ S. 150).

Die besten Chancen, beruflich Fuß zu fassen, hatten jüngere oder international vernetzte Ziviltechniker. Ein Beispiel für eine erfolgreiche Karriere im Zufluchtsland ist der Architekt Felix Augenfeld (1893–1984). Augenfeld wurde auf der Technischen Hochschule Wien und der Bauschule von Adolf Loos zum Architekten ausgebildet und führte in der Zwischenkriegszeit (1922–1938) eine Ateliergemeinschaft mit Karl Hofmann.[163] 1931 arbeitete er als Bühnenbildner und Theaterarchitekt für Oskar Strnad in Wien und London und publizierte in internationalen Fachzeitschriften. 1925 erhielt er die Befugnis als Zivilarchitekt. Er floh 1938 nach London und von dort 1939 weiter nach New York, wo er 1940 die Lizenz als Architekt des Staates New York erhielt. Er entwarf in erster Linie Interieurs und Möbel und war sowohl bei Exilösterreicher:innen als auch bei amerikanischen Auftraggeber:innen hoch angesehen. Obwohl er nach Kriegsende wiederholt nach Europa reiste, betrat er seine Heimatstadt Wien nie wieder. Er war gekränkt, dass eine offizielle Einladung zur Rückkehr ausblieb, und fand sich nie damit ab, dass er zur Flucht gezwungen worden war.

Trotz fehlender Einladung kehrten einige vertriebene Ziviltechniker nach Kriegsende nach Österreich zurück, bemühten sich um die Rückstellung ihres Vermögens oder ihrer Liegenschaften und um die Wiederverleihung ihrer Befugnis (→ S. 206). Der Zivilingenieur und Oberrat der Österreichischen Bundesbahnen in Rente Wilhelm Berger (1877–1955) überlebte die NS-Zeit im Ausland, nachdem ihm die Befugnis am 12. April 1939 entzogen worden war.[164] Gemeinsam mit seiner Familie flüchtete er Ende 1939 nach Caracas, Venezuela, und kehrte in der Nachkriegszeit nach Österreich zurück. Berger war ab 1951 wieder Kammermitglied und bei den Österreichischen Bundesbahnen tätig, er starb 1955 in Wien. Seine Kinder kehrten nicht nach Österreich zurück.

Oft blieb die Wiederverleihung der Befugnis ein symbolischer Akt, weil die verlorenen beruflichen Kontakte in Kombination mit einem fortgeschrittenen Alter eine Wiederausübung der Befugnis erschwerten oder es überhaupt bei der Absicht blieb. Der burgenländische Ingenieurkonsulent für Vermessungswesen Alexander Somogyi (1885 oder 1892–nach 1958), floh zunächst nach Dänemark, wo er Vermessungsarbeiten durchführte. Nach der Besetzung Dänemarks floh er weiter nach Schweden und fand von Februar 1944 bis Kriegsende in der „Vermessungsabteilung des Ingenieurkontors" der Stadt Göteborg Verwendung.[165] Er war bereits 66 Jahre alt, als er sich bei der Ingenieurkammer für Wien, Niederösterreich und Burgenland nach dem Prozedere für eine Wiedererlangung seiner Befugnis erkundigte, dann brach die Korrespondenz ab (→ S. 207).

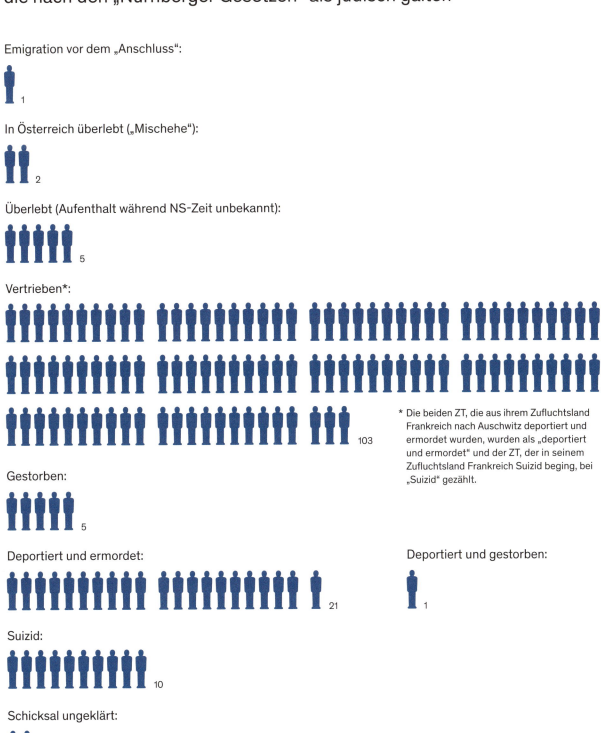

Bruno Bauer

Ingenieurkonsulent für das Bauwesen
(1880–1938)

Präsident der Ingenieurkammer für W, NÖ und Bgld
(1930–1932, 1933–1934)

Abb. III/29
Bruno Bauer, undatiert.

Bruno Bauer wurde am 30. November 1880 in Wien geboren. Er studierte an der Technischen Hochschule Prag, promovierte 1907 und erhielt 1908 in Böhmen die Befugnis als Ingenieurkonsulent für Bauwesen. 1912 übersiedelte er nach Wien und erwarb sich in den folgenden Jahren einen guten Ruf als Industriearchitekt – er meldete allein 120 Patente auf dem Gebiet der Eisenbetontechnologie an.[166] 1914 erhielt er den Titel Baurat, seit 1921 war er Kammerrat im Vorstand der Ingenieurkammer für Wien, Niederösterreich und Burgenland, ab 1930 deren Präsident. 1933 wurde Bauer das Große Silberne Verdienstzeichen für Verdienste um die Republik Österreich verliehen.

In seine Amtszeit als Präsident der Ingenieurkammer für Wien, Niederösterreich und Burgenland fiel ein Finanzskandal beim Bau der Großglockner-Hochalpenstraße. Der Projektleiter und Geschäftsführer der Großglockner-Hochalpenstraßen AG (GROHAG) Franz Wallack (1887–1966), Mitglied der Ingenieurkammer für Steiermark und Kärnten, war in das Finanzdebakel verwickelt. Er beendete die Zusammenarbeit mit einer Baufirma aufgrund unzureichender Leistungen,[167] was eine Kontroverse mit Bruno Bauer auslöste, da dieser Kontakte zu diesem Unternehmen pflegte. Bauer wurde verdächtigt, einen diffamierenden Presse-Bericht veranlasst zu haben, der Franz Wallack Unfähigkeit bescheinigte und ihn für die finanzielle Misere und chaotischen Zustände beim Bauprojekt verantwortlich machte.[168]

Bauer vertrat die Meinung, dass Wallack als Beamter der Landesregierung nicht berechtigt und qualifiziert sei, für eine private Aktiengesellschaft, wie die GROHAG sie darstellte, Planungen und Bauausführungen zu machen. Er habe als Zivilingenieur kein eigenes Büro, und Bauer kreidete der Kärntner Landesregierung an, ihm eine Befugnis erteilt zu haben – dem eigenen Beamten.[169] Bruno Bauer sowie Franz Wallack rechtfertigten ihre Standpunkte vor der Ingenieurkammer für Wien, Niederösterreich und Burgenland in umfangreichen Beiträgen. Schließlich ging es so weit, dass Bauer 1932 sein Präsidentenamt zur Verfügung stellte und zurücktrat, um die Aufklärung der Sache nicht zu belasten.[170] Wallack behielt seine Position, da etliche Berufskollegen und der Landeshauptmann von Salzburg, Franz Rehrl, auf seiner Seite waren. Rehrl machte sich für das Straßenprojekt stark und bezeichnete Franz Wallack als einen für dieses herausfordernde Projekt engagierten Ingenieur. Nach dem Höhepunkt der Auseinandersetzung stand Bruno Bauer wieder als Präsident zur Verfügung und behielt diese Funktion bis 1934.[171]

Nach der nationalsozialistischen Machtübernahme wurde Bruno Bauers Büro geschlossen, und er floh nach London, wo er am 21. Dezember 1938 nach einer schweren Operation starb. Zu diesem Zeitpunkt war seine Befugnis als Zivil-techniker noch aufrecht. Er wurde nach Wien überführt und am Matzleinsdorfer Friedhof beigesetzt.[172]

Wieder sechs Millionen Steuergelder verwirtschaftet:

Gigantischer Skandal um die Glocknerstraße

Weiterbau unmöglich — Das Aktienkapital der Großglockner A. G. aufgezehrt — Bisheriger Bauerfolg: 2 Kilometer fahrbare Straße — Der Bund verliert 6 Millionen

Ein neuer gigantischer Skandal ist in ein akutes Stadium getreten. Vor einigen Tagen wagte sich schüchtern ein Kommuniqué in die Oeffentlichkeit, der Bau der Glocknerstraße sei in Frage gestellt. Ueber die näheren Gründe erfuhr man nichts.

Wir sind in der Lage, festzustellen: An den Weiterbau der Glocknerstraße ist nicht mehr zu denken, weil die Großglockner A. G., welche die Straße mit einem Aufwand von 12 Millionen Schilling bauen sollte, durch verbrecherischen Leichtsinn aller Verantwortlichen ihr gesamtes Aktienkapital bis auf den letzten Groschen aufgezehrt hat und überdies eine ganz beträchtliche Wechselschuld eingegangen ist. Weil bisher an elf Millionen Schilling verbraucht wurden und dieser Ausgabe als bisheriger Bauerfolg ein Stückchen fahrbare Straße in der Länge von etwa 2 Kilometer Länge sowie kleinen Rekonstruktionsarbeiten an der Nordrampe etwa 20 Kilometer angerissenes Terrain gegenübersteht.

Zu den elf Millionen Schilling hat der Bund, der an der Großglockner A. G. mit 60 Prozent beteiligt ist, ohne sich durch diese Beteiligung zu einer sorgsamen Kontrolle der Geschäftsführung verpflichtet zu fühlen, sechs Millionen Schilling beigetragen. Diese sechs Millionen Bundesgelder sind, wie von einem Straßentorso von zwei Kilometer niemand etwas hat und man aus Geldmangel nicht weiterbauen kann. Durch unerhörten Leichtsinn sind wieder einmal Bundesgelder verschleudert worden. Man hat mit diesen Geldern Leute wirtschaften lassen, die vom Straßenbau nicht das geringste verstehen, man hat Leute zu Bauführern gemacht, die in keiner Weise diese Qualifikation besaßen und denen nur daran gelegen war, ein Projekt zur Durchführung zu bringen, das sich im höchsten Grade dilettantisch, unreif und kopflos erwies.

Es ist hier wieder ein Verbrechen an der Oeffentlichkeit begangen worden. Die Behörden haben die Pflicht, eine strenge Untersuchung einzuleiten. Wir geben ihr das Material an die Hand. Und wenn es sich, woran nicht zu zweifeln, zeigt, daß hier in zumindest fahrlässiger Weise Millionen verschleudert worden, dann müssen die Schuldtragenden zur Verantwortung gezogen werden.

Eine Aktiengesellschaft, aber kein Wirtschaftsplan

Haarsträubend sind die Einzelheiten, welche diesen jüngsten österreichischen Wirtschaftsskandal begleiten. Als sich vor zwei Jahren gewisse Kreise für den Bau der Glocknerstraße einsetzten, war das erste, den Bund um seine finanzielle Mitwirkung anzugehen um eine Aktiengesellschaft zu gründen. Zuerst mußte die Aktiengesellschaft da sein. Ein tragfähiges, ausgereiftes Projekt war Beteiligten Nebensache. So entstand die Großglockner A. G. Mit zehn Millionen Schilling Aktienkapital, der Bund steuerte 60 Prozent, d. i. sechs Millionen Schilling, bei. Dreiunddreißig Prozent sollte die Berliner A. E. G. beitragen, welche im Interesse an der Vergebung des Tauernkraftwerkes hatte und im Fall, als ihr die Konzession für den beantragten Bau als zu bestimmten Terminen erteilt würde, verpflichtete, 3,3 Millionen Schilling einzuzahlen. Der Rest sollte von dem Konsortium der Baufirmen, in welchem die Firmen Porr, Spritzer A. G., Redlich & Berger und Rianova vertreten waren, und von den Ländern Salzburg und Kärnten beigesteuert werden. Die A. E. G. schied dann aus dem Projekt aus, da ihr die Konzession nicht erteilt wurde, und es wurden insgesamt neun Millionen eingezahlt. Der Bau der Glocknerstraße sollte nach einem von Oberbaurat Wallack herrührenden Bauplan, über den noch zu sprechen sein wird, auf etwa 12 Millionen Schilling zu stehen kommen. Obwohl also die finanziellen Mittel für den Bau keineswegs zur Gänze gesichert waren, nahm man die Arbeit einfach in Angriff.

Ein Autoreferent wird oberster Bauleiter

Bot schon die finanzielle Aufbau keine entsprechende Basis für ein so umfangreiches Bauprojekt, so war die technische Vorbereitung noch viel unzulänglicher.

Bei Inangriffnahme des Baues gab es noch keinen in Detail ausgearbeiteten Bauplan, sondern lediglich eine unzulängliche Skizze. Es waren keine Terrainstudien gemacht worden, es war keine bestimmte Trasse festgelegt, man wußte nicht, auf welche Weise man sich das Baumaterial beschaffen würde. Das Bauprojekt war in ganz groben Umrissen ohne jede Einzelheit von Oberbaurat Wallack angelegt worden. Und dieses völlig unzureichende, im höchsten

Eine Baugesellschaft ohne einen einzigen Baufachmann

Wer war nun dieser Oberbaurat Wallack, dem man so ein verantwortungsvolles Amt übertrug? Oberbaurat Wallack war Autoreferent der Kärntner Landesregierung. Von Straßenbau verstand er und versteht er nichts. Das scheint dem Exekutivkomitee und dem Verwaltungsrat der Großglockner A. G. nicht von ausschlaggebender Bedeutung. Wahrscheinlich deshalb, weil auch in diesen beiden Körperschaften nicht ein einziger Fachmann des Straßenbaues sitzt, wohl ein Unikum, das sich selbst in Oesterreich noch nicht ereignet hat.

Von einem Automobilreferenten stammte der Bauplan für die Glocknerstraße. Wenn man dies weiß, darf

Dauerwellen / Haarfärben

Allerbeste Ausführung
Reduzierte Preise

S. Pessl, I, Kärntnerstraße 28

man sich nicht mehr wundern, daß Oberbaurat Wallack von all dem nichts wußte, was ein Straßenbauingenieur und Bauleiter hätte wissen müssen.

Er wußte nicht, wie das Terrain beschaffen war, durch das die Straße geführt werden sollte; er interessierte sich scheinbar auch nicht dafür, obwohl dies — auch dem Laien verständlich — eine der wichtigsten Voraussetzungen für den Bau war. Er „nahm an", daß Terrain Felsboden sei, aus dem sich das für den Straßenbau nötige Baumaterial an Ort und Stelle gewinnen ließ. Er nahm es an, aber es irrte sich. Folglich war für die Inangriffnahme des Baues kein Baumaterial vorhanden und man mußte zu Beton greifen, der teuer und für Bauten im Hochgebirge wegen der starken Temperaturdifferenzen ungeeignet ist.

Ein Voranschlag aus Hausnummern

Er wußte nicht, wie eigentlich die Trasse der Glocknerstraße geführt werden würde (noch heute ist sie nicht entschieden), er kannte also gar nicht die wirkliche Länge der Straße, er wußte aber auch sonst über keines der wichtigsten Details Bescheid.

Das kümmerte aber nichts. Aus all diesen unbekannten Größen wurde ein Voranschlag zusammengekleistert, von dem man nichts anderes erwarten durfte, als daß er gänzlich falsch sein würde. Mit etwa 12 Millionen waren die Kosten berechnet. Oberbaurat Wallack hat sich nunmehr einige hundert Prozent geirrt.

Fehler über Fehler

Schon gleich zu Beginn des Baues stellte sich die Unzulänglichkeit des Bauplanes heraus. Die mit dem Bau beauftragten Firmen erhoben warnende Stimmen.

HOTEL EDLACHERHOF,
EDLACH. **WEEKEND**

mit Retourbillett, alles inbegriffen, 1 Tag S 20.—, 2 Tage
S 31.—, Karten u. Auskunft: Landesverband, I. Nibelungeng. 1

Grade dilettantische Elaborat, das jeder Student, der an der Technik Straßenbau studiert, besser genannt hätte, fand die einstimmige Genehmigung der maßgebenden Faktoren, unter welchen sich auch die staatliche Aufsichtsbehörde und Finanzminister Dr. Juch befanden. Und nicht nur das: Oberbaurat Wallack wurde von der Großglockner A. G. zum alleinigen Bauführer der Straße bestimmt.

Aber Herr Wallack herrschte vollständig autonom in allen Fragen vor und sie wurde immer in gleicher Weise getroffen: unzugänglich und unbeschwert von jeglicher Sachkenntnis. Es wurde unter Fehler an den anderen gereiht. Man gab die Verwaltungskosten unverhältnismäßig große Summen aus, man mußte jeden Augenblick Dispositionen ändern, weil die des Herrn Wallack undurchführbar waren, und man konnte niemals das Zweckmäßige sofort veranlassen. Man mußte immer Umwege über Unbrauchbares machen und das verschlang natürlich immer wieder ganz unnötige Kosten.

Bis zum Herbst vorigen Jahres war das ganze Aktienkapital der Großglockner A. G. aufgezehrt. Das Resultat der Bauperiode bestand in zwei Kilometer fahrbarer Straße und etwa 20 Kilometer leicht angerissenen Terrains, ferner in Rekonstruktionsarbeiten an der Nordrampe bei Ferleiten.

Bedenkliche Wechselgeschäfte

Als von dem eingezahlten 9 Millionen kein Groschen mehr vorhanden war, nahm man sorglos Wechselschulden im Betrage von 2 Millionen Schilling auf, um die Löhne weiter auszahlen zu können. Ein ordentlicher Kaufmann hätte seine Insolvenz erklären müssen. Die Großglockner A. G., in der kein Straßenbaufachmann saß, wie sich aber zeigt, auch kein Kaufmann, glaubte davon Abstand nehmen zu können.

Heute hat die Großglockner A. G. einen Schuldenstand von etwa 3 Millionen Schilling. Die Wechsel mußten schon einmal prolongiert werden und man weiß natürlich nicht, wovon man im Juni die Fälligkeit bezahlen wird.

Die ganze Straßenanlage verfehlt

Nach all dem darf es wahrlich nicht wundernehmen, daß auch die Ausgestaltung der Straße in allem verfehlt ist. Sie entspricht in keiner Weise dem modernen

---

Gäbe der Deutsche statt langer Debatte
Jedem Français eine Sphinx-Krawatte,
Würde Frankreich als Dankeszeichen
Schnell die Reparationen streichen.

Abb. III/30 Über den Skandal um die Glocknerstraße wird im April 1932 in der Presse ausführlich berichtet.

III.3
Deportation und Ermordung

Als jüdisch geltende Ziviltechniker[173] und ihre Angehörigen, die nicht die finanziellen Mittel oder den Mut gehabt hatten, die „Ostmark" zu verlassen und im Ausland einer ungewissen Zukunft entgegenzusehen, wurden in ihrer Heimat, nachdem sie ihres Berufs, ihres Vermögens, ihrer Wohnung und ihrer Würde beraubt worden waren, ab 1941 in besetzte Gebiete in Osteuropa deportiert und von den Handlangern des NS-Regimes ermordet. Dem gezielten Völkermord an den europäischen Jüdinnen und Juden fielen zumindest 21 der 150 Kammermitglieder, die als jüdisch galten, zum Opfer – also fast jeder siebte „jüdische" Ziviltechniker in Österreich. Ihr Schicksal soll an dieser Stelle gesondert in Erinnerung gerufen werden.

Als Vorbote der Massenmorde, die von den Nationalsozialist:innen euphemistisch als „Lösung der Judenfrage" umschrieben wurden, gilt der von Adolf Eichmann vorangetriebene Plan, ein „Judenreservat" bei Lublin/Polen zu schaffen. In diesem Zusammenhang wurden aus Wien im Oktober 1939 über 1.500 Männer, die als Juden galten, in zwei Transporten nach Nisko in Polen gebracht, der Versuch einer groß angelegten Umsiedlung scheiterte jedoch.[174] Zu diesem Zeitpunkt befanden sich auf österreichischem Gebiet noch knapp 70.000 als jüdisch geltende Personen.

Die Pläne einer generellen „Judenumsiedlung" von Wien ins „Generalgouvernement"[175] wurden Ende 1940 konkreter, im Dezember erfolgte die Genehmigung der ersten großen Deportationen, im Februar und März 1941 wurden mehrere Tausend Personen in fünf Transporten in polnische Kleinstädte gebracht.[176] Die Initiative ging diesmal von dem neuen Reichsstatthalter Baldur von Schirach aus, begründet wurden seine Pläne mit der großen Wohnungsnot. Tatsächlich war die Wohnungssituation für jüdische Personen in Wien zu diesem Zeitpunkt bereits katastrophal, viele Menschen lebten auf engstem Raum und unter mangelhaften hygienischen Bedingungen in „Sammelwohnungen".

Im Herbst 1941 wurden die Massendeportationen wieder aufgenommen, diesmal organisiert von der „Zentralstelle für jüdische Auswanderung". Zu diesem Zeitpunkt war bereits die Entscheidung gefallen, dass Menschen, die nach den „Nürnberger Gesetzen" als jüdisch galten, nicht nur aus dem Deutschen Reich vertrieben und deportiert, sondern auch in den besetzten Gebieten „vernichtet", also ermordet werden sollten. Die Details wurden im Jänner 1942 bei der „Wannsee-Konferenz" in Berlin von hochrangigen NS-Funktionären besprochen.

Die ersten fünf der insgesamt 40 großen Transporte zwischen Oktober 1941 und Oktober 1942 gingen ins Ghetto Litzmannstadt. Unter den Deportierten waren bereits zwei Ziviltechniker: der Zivilingenieur für Maschinenbau Richard Freund (1877–1942) und der Zivilarchitekt Siegmund Katz (1879–1942) (→ S. 154). Auch die meisten anderen der als jüdisch geltenden Mitglieder der österreichischen Ingenieurkammern wurden mit einem dieser Massendeportationen zu je rund 1.000 Personen in Ghettos, Konzentrations- und Vernichtungslager in Osteuropa deportiert, die meisten von ihnen nach Theresienstadt. Vor der Deportation wurden sie gemeinsam mit anderen Opfern in einem der vier „Sammellager", die in ehemaligen Schulen im 2. Wiener Bezirk eingerichtet wurden,[177] auf engstem Raum zusammengepfercht. Von hier aus gingen die Transporte in offenen LKWs zum damaligen Aspangbahnhof.[178] Nach Abschluss der großen Transporte lebten in Wien noch etwa 8.000 Personen, die als jüdisch galten.

Ab Dezember 1942 wurden von Wien ausgehend bis Kriegsende noch zahlreiche kleinere Transporte durchgeführt, die entweder nach Theresienstadt oder direkt nach Auschwitz gingen. 1944 war darunter auch der Ingenieurkonsulent für das Bauwesen Georg Mondolfo (1897–1944). Zwei Ziviltechniker, Richard Wassermann (1881–1944?) und Moritz Leopold Pollak (1887–1942?) mit seiner Frau und seinem Sohn, wurden aus dem Exil in Frankreich nach Auschwitz deportiert, und ein weiterer, Otto Korn (1887–?), in ein unbekanntes Lager in Jugoslawien gebracht.

III.3.1
Opferbiografien

In Folge werden die Orte beschrieben, an die als jüdisch geltende Ziviltechniker von Wien ausgehend gebracht und ermordet wurden. In kurzen biografischen Abrissen wird ihr Leben vorgestellt und ihr Schicksal – soweit es möglich war – dokumentiert. Das angegebene Alter bezieht sich auf den Zeitpunkt ihrer Ermordung oder, falls Letzterer nicht bekannt ist, den Zeitpunkt der Deportation.

Deutsches Reich und besetzte Gebiete, Jänner 1942

Ghetto Litzmannstadt

In Litzmannstadt (poln. Łódź) befand sich zwischen 1940 und 1945 das zweitgrößte Ghetto in Polen. Zwischen dem 15. Oktober und 2. November 1941 wurden circa 5.000 vorwiegend ältere Personen aus Wien nach Litzmannstadt deportiert. Die Sterblichkeit im Ghetto war sehr hoch, und ab dem Frühjahr 1942 wurden Jüdinnen und Juden von hier in die Vernichtungslager Chelmno/Kulmhof, Auschwitz, Majdanek, Treblinka und Sobibor transportiert. Nur 615 der Wiener „Juden" überlebten bis Herbst 1942, 34 erlebten die Befreiung des Ghettos durch die Rote Armee am 19. Jänner 1945.[179]

<u>Siegmund Katz</u>
Zivilarchitekt
26. 12. 1879–20. 2. 1942 (62 Jahre)

Siegmund Katz wurde am 26. Dezember 1879 in Wien geboren, sein Vater stammte aus der Ukraine. Er studierte von 1902 bis 1905 an der Akademie der bildenden Künste in Wien und arbeitete dann in einem Architekturbüro. In den Jahren 1909 und 1910 hielt er sich beruflich in Konstantinopel (türk. Istanbul) auf, während des Ersten Weltkriegs stand er als Leutnant und Hauptmann im Kriegsdienst. 1926 erwarb er die Befugnis als Zivilarchitekt. In der Zwischenkriegszeit erbaute er zwei Wohnhausanlagen in Wien – in Wien 18, Gentzgasse 45 (1926) und Wien 20, Wexstraße 14–18 (1928/29) – und nahm an Architekturwettbewerben teil.

Katz legte seine Befugnis am 25. Februar 1939 unter Bezugnahme auf einen Bescheid vom 7. Februar 1939 zurück. Sein letzter Wohnort in Wien war eine „Sammelwohnung" am Esteplatz (damals General-Krauß-Platz) 3/19 im 3. Bezirk. An der gleichen Adresse hielt sich auch Berta Katz (geb. 16. 12. 1871) auf, vermutlich seine Frau oder eine Verwandte.

Siegmund und Berta Katz wurden am 15. Oktober 1941 mit dem ersten Transport von Wien nach Litzmannstadt deportiert. Katz wurde am 20. Februar 1942 ermordet.

Quellen: AKZT W/NÖ/Bgld, MAt Siegmund Katz; Dagmar Herzner-Kaiser, Siegmund Katz, in: Az W, Architektenlexikon, URL: http://www.architektenlexikon.at/de/283.htm (abgerufen 22. 2. 2023); Bertha Katz, in: DÖW, Vienna Memento Wien, URL: https://www.memento.wien/person/48350 (abgerufen 2. 2. 2023); Sigmund Katz, in: DÖW, Vienna Memento Wien, URL: https://www.memento.wien/person/48355 (abgerufen 2. 2. 2023).

Richard Freund
Zivilingenieur für Maschinenbau
6.2.1877–11.3.1942 (65 Jahre)

Richard Freund wurde am 6. Februar 1877 in Grubmühl geboren. Seine Frau Helene, geborene Baderle, stammte aus Olmütz (tschech. Olomouc). Freund führte in der Kaiserstraße im 7. Bezirk ein technisches Büro und eine Maschinenbau-Werkstätte, die auch Maschinen für den Buchdruck vertrieb.

Freund legte seine Befugnis am 31. Dezember 1938 zurück. Spätestens seit August 1941 lebte das Ehepaar in einer „Sammelwohnung" in der Oberen Donaustraße 91/10 im 2. Bezirk. Aufgrund einer Anzeige, die gegen Freund im August 1941 wegen „Zuwiderhandlung gegen § 59 Devisengesetz" erstattet worden war, wurde eine Hausdurchsuchung vorgenommen, bei der 1.200 RM gefunden und beschlagnahmt wurden.

Richard und Helene Freund wurden am 2. November 1941 mit dem letzten der fünf Massentransporte nach Litzmannstadt deportiert. Richard Freund wurde am 11. März 1942 ermordet. Das Todesdatum seiner Frau Helene ist nicht bekannt.

Das Vermögen des Ehepaars Freund wurde am 5. April 1943 von der Gestapo Wien eingezogen. In der Nachkriegszeit bemühte sich Irma Freund, vermutlich die Tochter des Ehepaars, die 1941 in die USA emigrierte, erfolglos um die Erstattung der Reichsfluchtsteuer und Judenvermögensabgabe.

Quellen: AKZT W/NÖ/Bgld, MAt Richard Freund; Schreiben zu Sichergestelltes Judenvermögen. Richard Israel Freund, früher Wien, jetzt im General Gouvernement, Zollfahndungsstelle Wien an Oberfinanzpräsident, Berlin, 23.2.1942. ÖStA/AdR, E-uReang, FLD 17.079; Richard Freund, geb. 6.2.1877; Helene Freund, geb. 4.1.1882, in: DÖW Opferdatenbank.

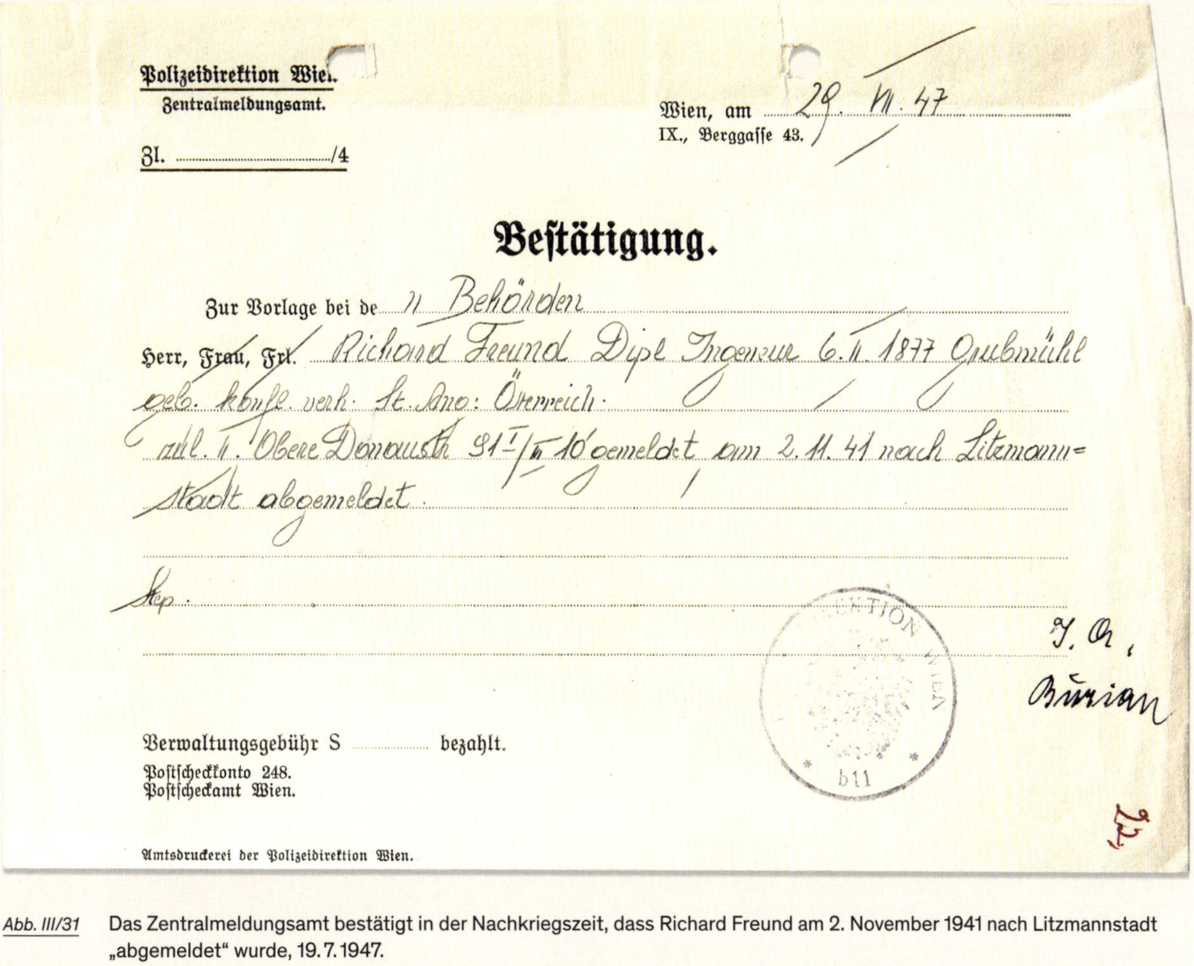

Polizeidirektion Wien.
Zentralmeldungsamt.

Zl. ..../4

Wien, am 29. VII. 47
IX., Berggasse 43.

Bestätigung.

Zur Vorlage bei de n Behörden

Herr, ~~Frau~~, ~~Frl.~~ Richard Freund Dipl. Ingenieur 6. II. 1877 Grubmühl geb. konfl. verh. St. Ang.: Österreich: zul. II. Obere Donaustr. 91 I/II 10 gemeldet am 2.11.41 nach Litzmannstadt abgemeldet.

Stp.

I. A.
Burian

Verwaltungsgebühr S .... bezahlt.
Postscheckkonto 248.
Postscheckamt Wien.

Amtsdruckerei der Polizeidirektion Wien.

Abb. III/31 Das Zentralmeldungsamt bestätigt in der Nachkriegszeit, dass Richard Freund am 2. November 1941 nach Litzmannstadt „abgemeldet" wurde, 19.7.1947.

Riga (Ghetto und Lager)

Zwischen 3. Dezember 1941 und 6. Februar 1942 gingen vier Massentransporte von Wien in die lettische Hauptstadt Riga. Ein Teil der Deportierten wurde in das Ghetto von Riga gebracht, das im August 1941 eingerichtet und am 31. November und 8. Dezember 1941 durch die Ermordung von mehr als 25.000 lettischen Jüdinnen und Juden für Deportierte aus dem Deutschen Reich teilweise geräumt wurde. Andere wurden im Lager Jungfernhof und im „Arbeitserziehungslager" und „erweiterten Polizeigefängnis" Salaspils untergebracht, das im Winter 1941/42 von deportierten Juden mit aufgebaut wurde. Die Deportierten mussten Zwangsarbeit leisten, die Sterblichkeit im Ghetto und Lager war sehr hoch. Zudem wurden Selektionen durchgeführt und im Februar 1942 auch „Gaswagen" als Mordwaffe eingesetzt. Von den aus Österreich nach Riga deportierten Personen überlebten circa 100.

Richard Grann
Zivilingenieur für Elektrotechnik
1.12.1892–? (49 Jahre bei Deportation)

Richard Grann wurde am 1. Dezember 1892 in Wien geboren. Er dürfte Elektrotechnik an der TH Wien studiert haben. 1921 arbeitete er als physikalisch-technischer Mitarbeiter im Zentral-Röntgenlaboratorium des Allgemeinen Krankenhauses. Er habilitierte sich und hatte seit 1928 eine Befugnis als Zivilingenieur für Elektrotechnik, die er wohl vorerst ruhend gestellt und erst ab 1. Juli 1933 ausgeübt hat. 1933 heiratete er die Reklamebüro-Inhaberin Melitta Chussil, die Ehe wurde ein Jahr später geschieden.

Grann lebte und praktizierte in der Ledererergasse 5 im 8. Bezirk, an derselben Adresse war auch seine Mutter gemeldet, die 1940 starb.

Grann lebte zuletzt in einer „Sammelwohnung" in der Großen Mohrengasse 16 im 2. Bezirk. Am 3. Dezember 1941 wurde er nach Riga deportiert. Er hat nicht überlebt, sein Todesdatum ist nicht bekannt. Seine geschiedene Ehefrau Melitta Grann wurde am 6. Mai 1942 nach Maly Trostinec deportiert und dort am 11. Mai 1942 ermordet.

Quellen: AKZT W/NÖ/Bgld, MAt Richard Grann; Richard Grann; Melitta Grann, geb. 4.4.1886, in: DÖW Opferdatenbank; IKG Wien Trauungsmatrik Alsergrund Rz. 29/1933 mit Scheidungsvermerk für Dr. Ing. Richard GRANN und Melitta Chussil und IKG Wien Beerdigungsprotokoll Sofie Grann, gest. 28.4.1940 in 1080 Wien, Ledererergasse 5, Archiv der IKG Wien; schriftliche Auskunft zu Geburt von Richard Grann am 12.1.1892 (Rz. 97/1892), Archiv der IKG Wien; Jahresbericht Josephstätter Gymnasium 1907 und 1908.

Arnold Ticho
Ingenieurkonsulent für Vermessungswesen
3.3.1883–? (58 Jahre bei Deportation)

Arnold Ticho wurde am 3. März 1883 in Ostrau (tschech. Ostrava) geboren. Er legte am 19. Juli 1907 die Staatsprüfung ab und arbeitete mehr als zehn Jahre bei der Nordbahn-Direktion. Am 28. Februar 1920 wurde ihm die Befugnis eines Zivilgeometers verliehen. Er eröffnete seine Kanzlei an seinem Wohnsitz in der Pichlergasse 2 im 9. Wiener Bezirk, verlegte sie 1925 nach Mattersburg im Burgenland und 1932 zurück nach Wien. Ticho war mit Rosalia Ticho, geborene Placzek, verheiratet.

Am 30. Juni 1938 löste Ticho seinen Kanzleisitz auf und gab die Nichtausübung seiner Befugnis bekannt. Am 12. April 1939 wurde ihm die Befugnis von der MA 2 entzogen, am 1. Oktober 1939 bestätigte Otto Wächter den Entzug rückwirkend. Die letzte Adresse des Ehepaars in Wien lautete Wiesingerstraße 6 im 1. Bezirk, ein Haus, in dem sich „Sammelwohnungen" befanden.

Arnold und Rosalia Ticho wurden am 26. Jänner 1942 mit dem dritten der vier Wiener Massentransporte nach Riga deportiert. Sie haben nicht überlebt, ihr Todesdatum ist unbekannt.

Quellen: AKZT W/NÖ/Bgld, MAt Arnold Ticho; Schreiben Wächter an Ticho, 1.10.1939. ÖStA/AdR, ZNsZ, MfiukA, BBV, Kt. 11, T – Wa (Arnold Ticho); Arnold Ticho, geb. 3.3.1883; Rosalia Ticho, geb. 24.6.1879, in: DÖW Opferdatenbank.

III.3 Deportation und Ermordung

Transit-Ghetto Izbica

In der Kleinstadt Izbica im polnischen Bezirk Lublin befand sich ein großes Transit-Ghetto. Ab dem Sommer 1942 wurden deportierte Jüdinnen und Juden von hier in Vernichtungslager gebracht, die meisten von ihnen nach Bełżec. Von den 4.000 von Wien nach Izbica Deportierten gibt es keine Überlebenden.

Jakob Fleischmann
Zivilingenieur für das Bauwesen
2. 8. 1880 – ? (61 Jahre bei Deportation)

Jakob Fleischmann wurde am 2. August 1880 in Wien geboren. Als er am 15. Februar 1932 den Eid als Zivilingenieur für das Bauwesen ablegte, führte er in seinem Briefkopf bereits den Titel Technischer Konsulent für Hochbau, Maschinenbau und Elektrotechnik. Er gab an, Projekte zu verfassen sowie Schätzungen und Gutachten, Versicherungs- und Brandschadenschätzungen durchzuführen. Er führte sein Büro an seiner Wohnadresse im 3. Bezirk, Jacquingasse 17, wo er bis 1938 als Jacques Fleischmann gemeldet war. 1938 gab er an, Witwer zu sein.

Mit 12. April 1939 wurde Fleischmann die Befugnis entzogen. Er lebte zuletzt in der Kolingasse 4/24 im 9. Bezirk. Er lässt sich als einzige „jüdische" Person dieser Wohnung zuordnen, weitere jüdische Personen sind in dem Haus, in dem sich „Sammelwohnungen" befanden, ohne Angabe der Wohnung gemeldet.

Fleischmann wurde am 9. April 1942 mit dem ersten von vier Transporten nach Izbica im polnischen Distrikt Lublin deportiert. Sein Todesdatum ist nicht bekannt.

Quellen: AKZT W/NÖ/Bgld, MAt Jakob Fleischmann; ÖStA/AdR, E-uReang, VVSt, VA 23.861; Jakob Fleischmann, geb. 2.8.1880, in: DÖW, Opferdatenbank; Jakob Fleischmann, in: DÖW, Vienna Memento Wien, URL: https://www.memento.wien/person/1407 (abgerufen 12. 2. 2023); Lehmann 1938, 274.

Siegmund Georg Weys
Zivilingenieur für das Bauwesen
12. 11. 1884 – ? (58 Jahre bei Deportation)

Siegmund Weys wurde am 12. November 1884 in Wien als Siegmund Georg Weiss geboren. Er legte 1907 die 2. Staatsprüfung ab und arbeitete von 1908 bis 1915 bei einem Bauunternehmen in Wien. Laut seiner Angaben meldete er sich bereits 1914 freiwillig zum Kriegsdienst, kam mit dem ersten Transport an die Front und wurde zu Kriegsende gefangen genommen, konnte aber flüchten. Nach Ende des Ersten Weltkriegs legte er die Prüfung als Zivilingenieur für das Bauwesen ab, er wurde am 17. Juli 1919 vereidigt. Allerdings hätten seine Nerven so gelitten, dass er seinen Beruf nicht mehr ausüben konnte. Er änderte seinen Nachnamen 1927 auf Weys und war mit der zum evangelischen Glauben konvertierten Elsa Weys, geborene Goldschmied, verheiratet. Er erhielt eine Invaliditätsrente und führte mit Unterstützung seiner Frau ein Büro zur Realitätenvermittlung.

Am 1. Jänner 1939 gab Weys die Nichtausübung seiner Befugnis bekannt, drei Monate später, am 12. April 1939, wurde ihm diese von der MA 2 entzogen (bestätigt am 1. 10. 1939 durch Otto Wächter). Das Ehepaar Weys lebte von Siegmund Weys' Invaliditätsrente, zuletzt in einer „Sammelwohnung" in der Hollandstraße 14/12 im 2. Bezirk.

Siegmund und Elsa Weys wurden am 12. Mai 1942 mit dem zweiten Transport von Wien nach Izbica deportiert und von hier wahrscheinlich in ein Vernichtungslager gebracht. Ihre Todesdaten sind nicht bekannt.

Quellen: AKZT W/NÖ/Bgld, MAt Siegmund Weys; ÖStA/AdR, E-uReang, VVSt, VA 48.250; Sigmund Georg Weys, geb. 12. 11. 1884; Elsa Weys, geb. 1. 10. 1888, in: DÖW, Opferdatenbank; Schreiben Wächter an Weys, 1. 10. 1939. ÖStA/AdR, ZNsZ, MfiukA, BBV (Siegmund Weys); Lehmann 1940, 1464.

III. Ausschluss, Verfolgung und Widerstand

Maly Trostinec, Hinrichtungsstätte Blagowschtschina

Maly Trostinec bezeichnete ein Zwangsarbeitslager in einer ehemaligen Kolchose bei Minsk. In den nahegelegenen Wäldern von Blagowschtschina (Mai–Oktober 1942) und Schaschkowka (ab 1943) lagen Hinrichtungsstätten für Deportierte. Zwischen Mai und Oktober 1942 wurden in Blagowschtschina über 15.000 Menschen aus Wien, Königsberg, Theresienstadt und Köln erschossen.[180]

Max Dutka
Zivilingenieur für das Bauwesen
30. 3. 1884–21. 8. 1942 (58 Jahre)

Max Dutka wurde am 30. März 1884 in Czernowitz (ukr. Tscherniwzi) geboren. Er studierte an der Technischen Hochschule in Wien und erwarb 1915 die Befugnis eines Zivilingenieurs für das Bauwesen, übte diese aber erst nach seinem Kriegsdienst im Ersten Weltkrieg aus und stellte sie in den wirtschaftlich schwierigen Jahren ab 1932 vorübergehend ruhend. Dutka bezeichnete sich selbst als Spezialisten für Kanalisation, Ent-, Bewässerungs- und Kläranlagen.

Dutka bemühte sich bereits im Mai 1938 um eine Ausreise aus dem Deutschen Reich, da es ihm unmöglich sei, seinen Beruf auszuüben – ohne Ariernachweis würde er weder von öffentlichen noch von privaten Stellen Aufträge bekommen. Er gab kein bestimmtes Zielland für sich, seine Frau Hedwig Fried und die beiden Söhne Johannes (23 Jahre alt) und Arnold (16 Jahre alt) an, er wolle dort hin, „wo eine Lebens- und Verdienstmöglichkeit vorhanden ist".[181]

Max Dutka lebte zuletzt in einer „Sammelwohnung" im 2. Wiener Bezirk, in der Franz-Hochedlinger-Gasse 10. Er wurde am 17. August 1942 nach Maly Trostinec deportiert und am 21. August 1942 ermordet. Zu diesem Zeitpunkt wurde die Ermordung der Deportierten im Wald von Blagowschtschina nicht mehr nur durch Erschießungskommandos, sondern auch in mobilen Gaswagen durchgeführt. Sein Sohn Arnold wurde am 20. September 1943 vom belgischen Sammel- und Durchgangslager Mechelen nach Auschwitz deportiert und ermordet. Seine Frau Hedwig und Sohn Johannes dürften nach Litauen bzw. Frankreich geflüchtet oder deportiert und dort in Konzentrationslagern ermordet worden sein: Hedwig Dutka im KZ Kauen, das in der heutigen Stadt Kaunas lag (vermutlich 1943), und Johannes Dutka 1942 in Bordeaux (vermutlich 1942).

Quellen: AKZT W/NÖ/Bgld, MAt Max Dutka; Max Dutka, geb. 30. 3. 1884, und Arnold Dutka, geb. 21. 10. 1921, in: DÖW, Vienna Momento wien (obwohl das Geburtsdatum um einen Tag abweicht, handelt es sich laut Einschätzung des DÖW um die gleiche Person); Archiv der IKG Wien, Auswanderungsantrag Max Dutka; MyHeritage, Hans-Johannes Dutka, geb. 17. 8. 1914, URL: https://www.myheritage.at/research/collection-10789/judische-holocaust-gedenkstatten-und-judische-einwohner-deutschlands-1939-1945?s=611703881&itemId=88438-&action=showRecord&recordTitle=Hans-Johannes+Dutka (abgerufen 1. 1. 2024), und Hedwig Fried (geb. Schläfrig), geb. 9. 4. 1882, URL: https://www.myheritage.at/research/collection-1/myheritage-stammbaume?itemId=730531911-1-501266&action=showRecord (abgerufen 1. 1. 2024).

Friedrich Fischer
Zivilingenieur für Maschinenbau
18. 9. 1877–26. 5. 1942 (64 Jahre)

Friedrich Fischer wurde am 18. September 1877 in Wien geboren. Nach seinem Studium an der Technischen Hochschule arbeitete er als Statiker und Konstrukteur für Stahlkonstruktionen, Hoch-, Industrie- und Brückenbau und hatte seit 1917 eine Befugnis als Zivilingenieur für Maschinenbau. 1932 verlegte er seine Kanzlei vom Engelsplatz im 20. an den Schottenring im 1. Wiener Bezirk.

Fischers Arbeitsstelle wurde per 30. September 1938 gekündigt, bereits im Juli bemühte er sich um eine Ausreise aus Österreich. Im Fragebogen der Auswanderungsabteilung der Israelitischen Kultusgemeinde Wien gab er an, gemeinsam mit seiner Frau Elvira Fischer nach Europa, Australien oder die USA auswandern zu wollen. Er gab der Hoffnung Ausdruck, dort in seinem Beruf arbeiten zu können. Doch statt einer Ausreise wurde das Ehepaar in eine „Sammelwohnung" im 2. Wiener Bezirk, in die Praterstraße 50/15 übersiedelt.

Friedrich und Elvira Fischer wurden am 20. Mai 1942 mit dem gleichen Transport wie sein Kollege, der Ziviltechniker Camillo Resek, und dessen Frau Paula nach Maly Trostinec deportiert. Nach der Ankunft am 26. Mai 1942 am Minsker Frachtenbahnhof wurden den rund 1.000 Deportierten auf einem Sammelplatz Geld und Wertsachen abgenommen, dann wurden sie auf LKWs in den Wald Blagowschtschina gebracht und am Rand der vorbereiteten Gruben per Genickschuss von einem Erschießungskommando ermordet.

Quellen: AKZT W/NÖ/Bgld, MAt Friedrich Fischer; ÖStA/AdR, E-uReang, VVSt, VA 20.635; Friedrich Fischer, geb. 18. 9. 1877, in: DÖW, Opferdatenbank; Archiv der IKG Wien, Auswanderungsantrag Friedrich Fischer.

Camillo Resek
Ingenieurkonsulent für Maschinenbau
11. 6. 1879–26. 5. 1942 (62 Jahre)

Camillo (auch: Kamillo) Resek wurde am 11. Juni 1879 in Vran geboren. Die Befugnis als Zivilingenieur für Maschinenbau wurde ihm am 17. Juni 1926 verliehen, ein Jahr später wurde er zum Patentanwalt mit Standort Wien bestellt. Er eröffnete seine Kanzlei in der Mariahilfer Straße 26 im 6., später in der Riemergasse 11 im 1. Wiener Bezirk. Resek war verheiratet mit Paula Resek, geborene Friedmann. Das Ehepaar lebte bis 1938 in der Gloriettegasse im 13. Bezirk. Nach dem „Anschluss" sah Resek sich gezwungen, Wertpapiere zu verkaufen, die er in der Vermögensanmeldung geltend gemacht hatte, als Grund gab er „schlechten Geschäftsgangs, Krankheitsfälle und Unterstützung armer Verwandte" an. Am 10. November 1938 drangen – im Zuge des Novemberpogroms – „mehrere Personengruppen" in die Wohnung des Ehepaars ein, zerstörten die Einrichtung und stahlen mutmaßlich weitere Wertpapiere. Vermutlich erfolgte 1939 der Umzug in eine „Sammelwohnung". Zuletzt lebten Camillo Resek, seine Frau Paula Resek, seine Mutter Pauline Resek und seine Schwiegermutter Helene Friedmann in einer „Sammelwohnung" in der Marc-Aurel-Straße 9/12 im 1. Bezirk.

Camillo Resek und seine Frau Paula wurden am 20. Mai 1942 mit dem zweiten Minsker Transport deportiert. Nach der Ankunft am 26. Mai 1942 am Minsker Frachtenbahnhof wurden den rund 1.000 Deportierten auf einem Sammelplatz Geld und Wertsachen abgenommen, dann wurden sie auf LKWs in den Wald Blagowschtschina gebracht und am Rand der vorbereiteten Gruben per Genickschuss von einem Erschießungskommando ermordet. Reseks Mutter und Schwiegermutter wurden am 28. Juli 1942 nach Theresienstadt deportiert. Pauline Resek starb am 24. März 1943 in Theresienstadt, Helene Friedmann wurde am 29. September 1942 in das Vernichtungslager Treblinka überstellt, ihr Todesdatum ist nicht bekannt.

Quellen: AKZT W/NÖ/Bgld, MAt Kamillo Resek; Camillo Resek, in: DÖW, Vienna Memento Wien, URL: https://www.memento.wien/person/31187 (abgerufen 12. 2. 2023); Camillo Resek, in: USHMM, Holocaust Survivors and Victims Database, URL: https://www.ushmm.org/online/hsv/person_view.php?PersonId=4217113+- (abgerufen 2. 2. 2023); ÖStA/AdR, E-uReang, VVSt, VA 07.827; Lehmann 1938, 1043.

Ghetto Theresienstadt

Die Mehrheit der in Wien verbliebenen „jüdischen" Ziviltechniker wurde in das Ghetto Theresienstadt deportiert, das 1941 in der nördlich von Prag gelegenen Garnisonsstadt Terezín eingerichtet wurde. Ursprünglich als Sammel- und Durchgangslager für Juden und Jüdinnen aus Böhmen und Mähren gedacht, kamen nach Theresienstadt Deportierte ab 1942 auch aus dem Deutschen Reich und den besetzten Gebieten. Bis zur Befreiung durch die Rote Armee am 7. Mai 1945 lebten hier insgesamt 140.000 Menschen. Von ihnen starben 33.000 an den Lebensbedingungen im Ghetto,[182] darunter sieben Ziviltechniker aus Wien sowie ihre Angehörigen. 88.000 Personen wurden aus Theresienstadt in Vernichtungslager überstellt, darunter ein Zivilingenieur aus Österreich mit Familie.

Samuel Bauer
Zivilingenieur für Maschinenbau
7. 12. 1874–22. 12. 1942 (68 Jahre)

Samuel Bauer wurde am 7. Dezember 1874 in Iglau, Mähren (tschech. Jihlava) geboren. Er erwarb am 3. Mai 1929 die österreichische Staatsbürgerschaft und erhielt im gleichen Jahr die Befugnis als Zivilingenieur für Maschinenbau. In den Jahren 1927 bis 1930 übte er seine Befugnis nicht aus, 1932 wechselte er in die Allgemeine Sektion der Kammer. Bauer gab an, Agent zu sein und mit technischen Artikeln zu handeln. Er war verheiratet mit der aus Brody in Galizien stammenden Gittel Breine Bauer, geborene Goldstein. Das Ehepaar lebte seit 1927 in einem Einfamilienhaus in der Julienstraße 48 in Pötzleinsdorf, Wien 18.

Am 14. März 1938 drangen nachts zwei SS-Männer in das Haus des Ehepaares ein und „requirierten" zwei Sparbücher und Bargeld. Bauer gab an, dass ihm diese trotz seiner „unausgesetzten Bemühungen" nicht zurückgegeben wurden und ihm nie „irgendein Grund für die Wegnahme" mitgeteilt wurde. Diese Reaktion zeigt, dass er wie viele (noch) nicht wahrhaben wollte, dass er bereits unter einem verbrecherischen Regime lebte. Am 29. Oktober 1938 legte Bauer seine Befugnis als Zivilingenieur zurück und verkaufte zwei landwirtschaftliche Liegenschaften in Pötzleinsdorf (Wein- und Obstbau). Am 24. November 1939 wurde ihm und seiner Frau Gittel von der Reichsfluchtsteuerstelle ein „Sicherheitsbescheid" mit einer Vorschreibung von 42.000 RM zugestellt, ein Viertel seines errechneten Vermögens. Es wurde gemutmaßt, dass er plane, seinen Aufenthalt in Österreich aufzugeben. Zudem musste das Ehepaar 1939 beim Dorotheum unter Zwang seinen Schmuck, seine Bestecke, Geschirr und andere Ausstattungsstücke abgeben. Zu diesem Zeitpunkt lebte das Ehepaar in der Ulmerstraße 50 im 16. Bezirk. Am 8. November 1940 erging ein zweiter Sicherheitsbescheid über 29.200 RM und am 29. April 1941 ein dritter über 6.000 RM, beide zu Händen von „Dr. Michael Israel Stern". Im März 1941 verkaufte Bauer das Haus in Pötzleinsdorf für 60.000 RM, vom Käufer waren 1.600 RM als „Entjudungsauflage" an das zuständige Finanzamt abzuführen. Im April 1942 erfolgte die erzwungene Übersiedlung in eine „Sammelwohnung" in der Marc-Aurel-Straße im 1. Bezirk.

Das Ehepaar Bauer wurde am 13. August 1942 in das Ghetto Theresienstadt deportiert, wo Samuel Bauer am 22. Dezember 1942 ermordet wurde. Gittel Bauer wurde am 23. Oktober 1944 in das KZ Auschwitz überstellt und ermordet. Ihr Todesdatum ist nicht bekannt.

Im Jahr 2013 wurden zwei silberne Leuchter aus dem Besitz des Ehepaars Bauer, die von der Provenienzforschung zugeordnet werden konnten, restituiert. Sie waren Teil einer Sammlung jüdischer Silberobjekte, die das Staatliche Kunstgewerbemuseum in Wien (heute: MAK) zwischen Dezember 1941 und Jänner 1943 vom Dorotheum erworben hatte.

Quellen: AKZT W/NÖ/Bgld, Mat Samuel Bauer; ÖStA/AdR, E-uReang, VVSt, VA 26.264; Samuel Bauer, in: Lexikon der österreichischen Provenienzforschung, URL: https://www.lexikon-provenienzforschung.org/bauer-samuel (abgerufen 2.2.2023); Samuel Bauer, geb. 7. 12. 1874; Gittel Bauer, geb. 9. 7. 1880, in: DÖW, Opferdatenbank; Lehmann 1938, 51.

Otto Hönigsberg
Zivilingenieur für Maschinenbau
16. 5. 1870 – 27. 9. 1942 (72 Jahre)

Otto Hönigsberg wurde am 16. Mai 1870 in Wien geboren. Er war das erste Kind des Arztes Paul Hönigsberg und der Frauenrechtsaktivistin und Mitbegründerin des österreichischen Frauenstimmrechtskomitees Emma Hönigsberg, geborene Breuer. Er wuchs in einem liberalen Elternhaus auf, die Familie hielt sich oft in Gleichenberg und Meran auf, wo sein Vater praktizierte. Alle drei Schwestern waren berufstätig: Dr. Margarethe (Margret), verheiratete Hilferding, geboren am 20. Juni 1871, als Medizinerin, Psychologin, Politikerin und Frauenrechtlerin, Adele Hönigsberg, geboren am 16. November 1873, gestorben am 19. Dezember 1910 in Wien, als Komponistin und Klavierlehrerin und Dr. Klara (Clara) Scherer-Hönigsberg, geboren am 1. Februar 1879 in Wien, gestorben am 20. Juni 1942 ebenda, als Internistin und Gynäkologin.

Otto Hönigsberg arbeitete zunächst bei den österreichischen Eisenbahnen, 1913 wurde ihm von der k. k. niederösterreichischen Statthalterei die Befugnis als „behördlich autorisierter Maschinenbauingenieur" mit Wohnsitz in Niederösterreich verliehen. Er legte den Eid am 13. März 1913 ab und eröffnete seine Kanzlei in der Hernalser Hauptstraße 38. 1914 wurde im Springer Verlag Berlin seine Studie „Die Kessel- und Maschinenbaumaterialien nach Erfahrungen aus der Abnahmepraxis kurz dargestellt für Werkstätten- und Betriebsingenieure und für Konstrukteure" veröffentlicht. Anlässlich einer Studienreise 1925 nach Berlin bat das Bundeskanzleiamt die dortige österreichische Gesandtschaft, Hönigsberg bei seinen Studien „mit Rat und Tat an die Hand zu gehen", das Bundesministerium für Handel und Verkehr übermittelte ein Einführungsschreiben.

Nach dem „Anschluss" lebte Hönigsberg von dem Ruhestandsbezug, den er vom Reichsverkehrsministerium bezog. Er stellte den Antrag, dass dieser bei der Berechnung der Judenvermögensabgabe „außer Ansatz bleibe". Am 15. April 1939 informierte Hönigsberg die Kammer, dass er von der Hernalser Hauptstraße in die Veronikagasse 44 übersiedelt sei. Die MA 2 bestätigte die Meldung am 11. Jänner 1940, zu einem Zeitpunkt, als ihm die Befugnis bereits mit Bescheid von Otto Wächter entzogen worden war (1. 10. 1939). Im Adressbuch der Stadt Wien war er allerdings noch bis 1941 mit dem Zusatz „Ziv.Ing." eingetragen. Hönigsberg wurde gezwungen, dem Dorotheum seine in der Vermögensanmeldung aufgelisteten Wertgegenstände zu verkaufen, darunter eine goldene Damennadel, drei Leuchter, ein Senftiegel, Löffel und Ähnliches mehr. Zuletzt wohnte Hönigsberg in einer „Sammelwohnung" in der Weintraubengasse 30/11 im 2. Bezirk.

Otto Hönigsberg wurde am 14. Juli 1942 nach Theresienstadt deportiert und zwei Monate später, am 27. September 1942, ermordet. Als Todesursache wurde Altersschwäche angegeben. Seine Schwester Margarete Hilferding war kurz vor ihm, am 28. Juni 1942, ebenfalls nach Theresienstadt deportiert worden. Sie wurde am 23. September 1942 in das Vernichtungslager Treblinka überstellt und dort ermordet.

Quellen: AKZT W/NÖ/Bgld, MAt Otto Hönigsberg; ÖStA/AdR, E-uReang, VVSt, VA 36.867; Schreiben Wächter an Hönigsberg, 1. 10. 1939. ÖStA/AdR, ZNsZ, MfiukA, BBV, Kt. 4, He – J (Otto Hönigsberg); Ch. Kanzler, Hilferding (Hilferding-Hönigsberg), Margarethe (Margarete, Margret), in: Austrian Centre for Digital Humanities and Cultural Heritage, Österreichisches Biographisches Lexikon, URL: https://www.biographien.ac.at/oebl/oebl_H/Hilferding_Margarethe_1871_1942.xml (abgerufen 2. 2. 2023); Scherer-Hönigsberg Klara, in: biografiA, URL: http://biografia.sabiado.at/scherer-hoenigsberg-klara (abgerufen 2. 2. 2023); Otto Hönigsberg, in: Institut Terezinské iniciativy, database of victims, URL: https://www.holocaust.cz/en/database-of-victims/victim/52301-otto-h-nigsberg (abgerufen 2. 2. 2023); Otto Hönigsberg, Todesfallanzeige Ghetto Theresienstadt, in: Institut Terezinské iniciativy, database of digitised documents, URL: https://www.holocaust.cz/en/database-of-digitised-documents/document/84484-h-nigsberg-otto-death-certificate-ghetto-terezin (abgerufen 2. 2. 2023); Otto Hönigsberg, geb. 16. 5. 1870, und Margarethe Hilferding, geb. 20. 6. 1871, in: DÖW, Opferdatenbank; Lehmann 1940, 487; Lehmann 1941, 491.

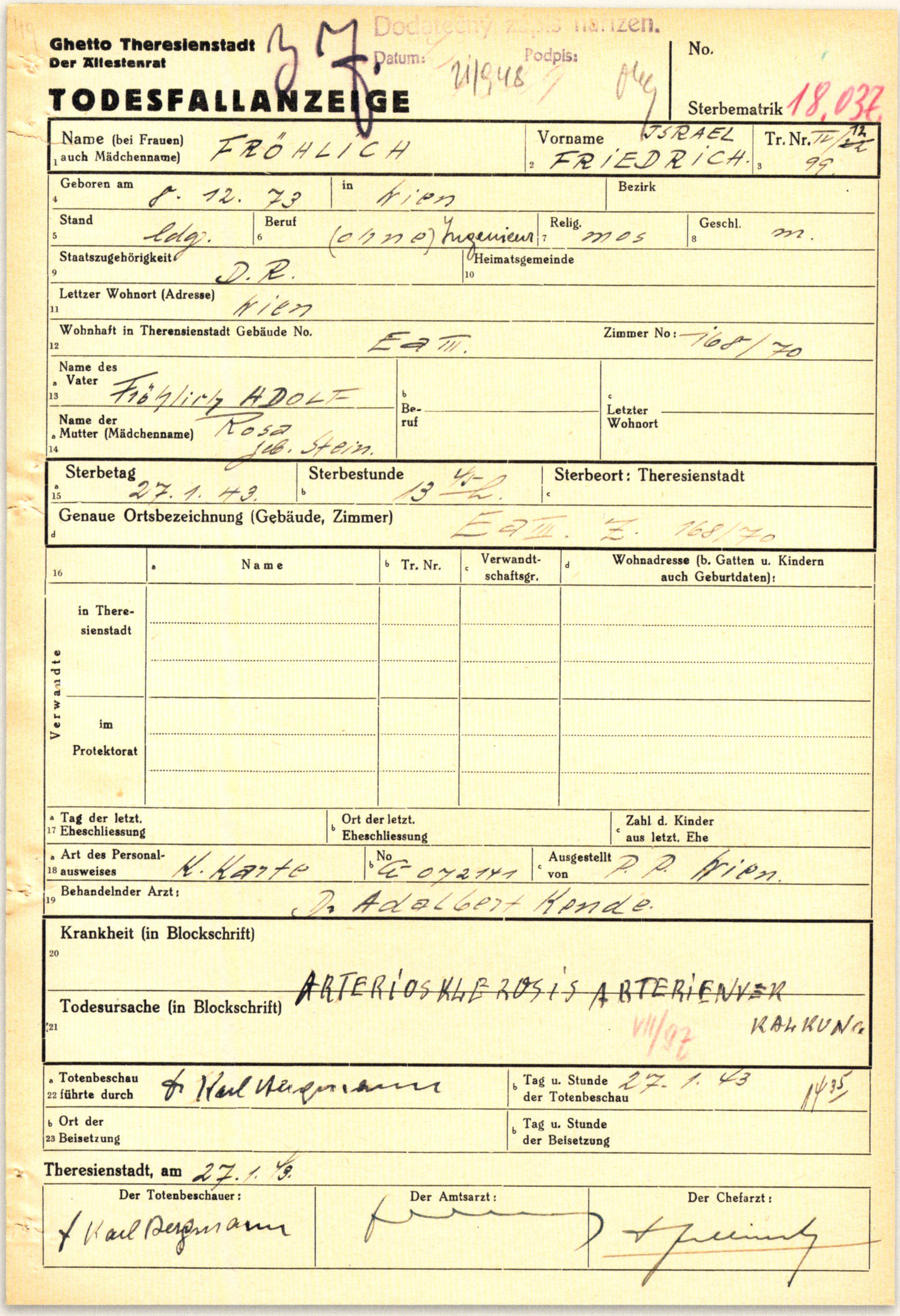

Ghetto Theresienstadt
Der Ältestenrat

TODESFALLANZEIGE

Sterbematrik 18.037

Name (bei Frauen) auch Mädchenname: FRÖHLICH	Vorname: ISRAEL FRIEDRICH	Tr. Nr. IV/12 99

Geboren am 8.12.73 in Wien

Stand: ldg. Beruf: (ohne) Ingenieur Relig.: mos Geschl.: m.

Staatszugehörigkeit: D.R.

Letzter Wohnort (Adresse): Wien

Wohnhaft in Theresienstadt Gebäude No. E a III Zimmer No: 168/70

Name des Vater: Fröhlich ADOLF
Name der Mutter (Mädchenname): Rosa geb. Stein

Sterbetag: 27.1.43 Sterbestunde: 13½ Sterbeort: Theresienstadt
Genaue Ortsbezeichnung: E a III Z. 168/70

Art des Personalausweises: K.Karte No: E 072141 Ausgestellt von: P.P. Wien

Behandelnder Arzt: Dr. Adalbert Kende

Krankheit / Todesursache (in Blockschrift): ARTERIOSKLEROSIS ARTERIENVERKALKUNG

Totenbeschau führte durch: Dr. Karl Bergmann Tag u. Stunde der Totenbeschau: 27.1.43 14³⁵

Theresienstadt, am 27.1.43

Der Totenbeschauer: Karl Bergmann

Abb. III/32 Das Ghetto Theresienstadt meldet den Tod von Friedrich Fröhlich durch „Arterienverkalkung", 27.1.1943.

Friedrich Fröhlich
Ingenieurkonsulent für Maschinenbau
8.12.1873–27.1.1943 (69 Jahre)

Friedrich Fröhlich wurde am 8. Dezember 1873 in Wien geboren. Er legte die 2. Staatsprüfung im Jahr 1897 ab und arbeitete in Folge 22 Jahre lang als Oberinspektionsrat der Generalinspektion der österreichischen Eisenbahnen. 1919 erwarb er die Befugnis eines Ingenieurkonsulenten für Maschinenbau, die er weitere 20 Jahre lang ausübte – zuerst an seiner Wohnadresse in der Liechtensteinstraße 103a im 9., später in der Schwarzenbergstraße 8 im 1. Bezirk.

Am 3. Dezember 1938 legte er seine Befugnis mit der Begründung zurück, dass er seinen Beruf nicht mehr ausüben könne und deshalb gezwungen sei, seine Kanzlei aufzugeben. „Wenn die Umstände mich nicht dazu gezwungen hätten, wäre dieser Schritt gewiß nicht erfolgt", schließt er sein Schreiben an die Ingenieurkammer für Wien, Niederösterreich und Burgenland. Er lebte zuletzt in einer „Sammelwohnung" in der Rembrandtstraße 18/3 im 2. Bezirk.

Friedrich Fröhlich wurde am 1. Oktober 1942 ins Ghetto Theresienstadt deportiert und dort am 27. Jänner 1943 ermordet. Als Todesursache wurde Arterienverkalkung angegeben.

Quellen: AKZT W/NÖ/Bgld, MAt Friedrich Fröhlich; Schreiben Fröhlich an VVSt zu Änderung des pro 27.4.1938 angemeldeten Vermögens, 9.12.1938. Verzeichnis über das Vermögen von Juden nach dem Stand vom 27.4.1938, Friedrich Fröhlich, 14.6.1938. ÖStA/AdR, E-uReang, VVSt, VA 19; Friedrich Fröhlich, geb. 8.12.1874, in: DÖW, Opferdatenbank; Friedrich Fröhlich, in: Institut Terezínské iniciativy, database of victims, URL: https://www.holocaust.cz/en/database-of-victims/victim/50504-friedrich-fr-hlich (abgerufen 2.2.2023); Friedrich Fröhlich, Todesfallanzeige Ghetto Theresienstadt, in: Institut Terezínské iniciativy, database of digitised documents, URL: https://www.holocaust.cz/en/database-of-digitised-documents/document/93324-fr-hlich-friedrich-death-certificate-ghetto-terezin (abgerufen 2.2.2023).

Jacques Loeb
Architekt
20.5.1872–20.3.1944 (71 Jahre)

Jacques (Jaques) Loeb wurde am 20. Mai 1872 in Wien geboren. Er maturierte 1892 an der Höheren Gewerbeschule in Triest und studierte zwei Jahre an der Akademie der bildenden Künste in Mailand. Da sich seine Familie das Studium nicht leisten konnte, begann er im Architekturbüro Fellner & Helmer in Wien als Architekturzeichner und Bauleiter zu arbeiten, wo er zahlreiche Bauten realisierte. 1911 machte er sich selbstständig, wurde aber 1916 eingezogen. Im letzten Kriegsjahr war er in Serbien im technischen Dienst eingesetzt bzw. dem Technischen Referenten des Heeresgruppenkommandos zugeteilt. Zu seinen Arbeiten als Architekt zählen Zinshäuser und Geschäftslokale in Wien, die „Villa Mary" für Mary Loeb am Semmering und Pavillons zur Weltausstellung in Barcelona (1929). Im April 1937 nutzte er die Gelegenheit, um nach Paragraf 20 der Verordnung Nr. 61/1937 die Befugnis eines Architekten mit Nachsicht der Prüfung anzusuchen. Er wurde eingeladen, die von ihm projektierten oder ausgeführten Projekte dem zuständigen Beirat persönlich vorzustellen, woraufhin seinem Ansuchen mit 11. Oktober 1937 stattgegeben wurde. Er legte den Eid am 21. Jänner 1938 ab – kurz bevor er die Befugnis wieder verlor. Loeb war mit Franziska Loeb verheiratet und hatte sein Büro in der Fechtergasse 19 im 9. Bezirk. Zuletzt lebte das Ehepaar Loeb in Wien 2, Fugbachgasse 7/10.

Jacques und Franziska Loeb wurden am 10. Juli 1942 mit dem dritten Theresienstadt-Transport deportiert. Jacques Loeb wurde am 20. März 1944, Franziska Loeb am 16. September 1943 ermordet.

Quellen: AKZT W/NÖ/Bgld, MAt Jacques Loeb; ÖStA/AdR, BMfHuV, PTech, 66824/1937 (Jaques Loeb); Jacques Loeb, geb. 20.5.1872; Franziska Loeb, geb. 16.11.1885, in: DÖW, Opferdatenbank; Jacques Loeb, in: Institut Terezínské iniciativy, database of victims, URL: https://www.holocaust.cz/de/opferdatenbank/opfer/54529-jacques-loeb (abgerufen 2.2.2023); Franziska Loeb, in: Institut Terezínské iniciativy, database of victims, URL: https://www.holocaust.cz/de/opferdatenbank/opfer/54528-franziska-loeb (abgerufen 2.2.2023).

Emil Rudoll
Zivilingenieur für das Bauwesen
7.9.1877–19.7.1942 (64 Jahre)

Emil Rudoll wurde am 7. September 1877 in Kalusz (ukr. Kalusch) in Galizien geboren. Er arbeitete für verschiedene Bauunternehmen, darunter neun Jahre für die Deutsche Betonbau AG. Die Befugnis als Zivilingenieur für das Bauwesen wurde ihm mit Erlass der k. k. niederösterreichischen Statthalterei vom 12. November 1912 verliehen. In den Jahren 1913 bis 1928 arbeitete er gemeinsam mit Baurat Adolf Wengritzki. Rudoll war verheiratet mit Emma Esther Rudoll, geborene Faust. In den Jahren 1922/23 erbaute er nach eigenen Plänen eine Villa in der Czartoryskigasse 26 im 18. Bezirk, wo er nach Fertigstellung auch seine Kanzlei betrieb.

Rudoll legte seine Befugnis am 16. August 1938, nach 26 Jahren Praxis, zurück. Unter Verweis auf seine körperliche Behinderung – er gab an, seit zwei Jahren auf beiden Beinen gelähmt zu sein und sich ohne Hilfe nicht fortbewegen zu können –, bat er die Vermögensverkehrsstelle, von der „Sühneleistung" abzusehen. Seine Tochter und seine beiden Söhne hätten das Studium abbrechen müssen und seien nun im Ausland, ihm selbst sei es aufgrund seiner körperlichen Verfassung nicht möglich, eine Beschäftigung im Ausland zu suchen. Er verwies darauf, stets unpolitisch gewesen zu sein und bei arischen Firmen gearbeitet zu haben. Zuletzt lebte das Ehepaar Rudoll in einer „Sammelwohnung" in der Großen Stadtgutgasse 28 im 2. Bezirk. Das Haus in der Czartoryskigasse fiel mit 4. Jänner 1944 an das Deutsche Reich.

Emil und Emma Esther Rudoll wurden am 28. Juni 1942 mit dem zweiten Theresienstadt-Transport in das Ghetto Theresienstadt deportiert. Emil Rudoll wurde dort am 19. Juli 1942 ermordet. Als Todesursache wurde Myodegeneratio cordis („Altersherz") angegeben.

Seine Frau Emma Rudoll war unter den 49 Personen des Transports, die überlebten. Die drei Kinder des Ehepaars Rudoll überlebten im Ausland: Leopold Rudoll (18.6.1913–26.6.1997) in Dushanbe, Kasachische Sowjetrepublik, Edmund Rudoll in Leninabad, Tadschikische Sowjetrepublik, und Ottilie, verheiratete Islar, in New York. Emma, Leopold und Edmund Rudoll kehrten nach dem Krieg nach Wien zurück und beantragten 1948 die Rückstellung der Liegenschaft. Das Haus in der Czartoryskigasse wurde am 31. Jänner 1949 restituiert. Seit 2019 befindet sich in der Villa eine Wohngemeinschaft der Lebenshilfe.

Quellen: AKZT W/NÖ/Bgld, MAt Emil Rudoll; ÖStA/AdR, E-uReang, VVSt, VA 3.227; ÖStA/AdR, E-uReang, FLD 15.024; Emil Rudoll, in: Institut Terezínské iniciativy, database of victims, URL: https://www.holocaust.cz/en/database-of-victims/victim/57283-emil-rudoll (abgerufen 2.2.2023); Emil Rudoll, Todesfallanzeige Ghetto Theresienstadt, in: Institut Terezínské iniciativy, database of digitised documents, URL: https://www.holocaust.cz/en/database-of-digitised-documents/document/79359-rudoll-emil-death-certificate-ghetto-terezin (abgerufen 2.2.2023; Emil Rudell, geb. 7.9.1877, in: DÖW, Opferdatenbank (in der Opferdatenbank des DÖW scheint Emil Rudoll als Emil Rudell auf. Da das Geburtsdatum mit anderen Quellen übereinstimmt, kann davon ausgegangen werden, dass es sich um die gleiche Person handelt).

Rudolf Schmahl
Zivilingenieur für das Bauwesen
25.6.1888–22. oder 24.10.1943 (55 Jahre)

Rudolf Schmahl wurde am 25. Juni 1888 in Wien geboren. Er legte 1913 die 2. Staatsprüfung ab und fertigte dann im Patentanwaltsbüro H. Palm Zeichnungen und Patentbeschreibungen an. Im Ersten Weltkrieg stand er im „militärtechnischen Dienst", wo er Praxis im Festungs-, Hoch- und Eisenbahnbau sammelte. Seit Jänner 1915 war er mit der Lyrikerin, Publizistin und Frauenrechtsaktivistin Grete Wolf (Margarete Schmahl-Wolf) verheiratet, die vielseitig publizierte und 1929 die „Wiener Frauenkorrespondenz" gründete. Nach dem Krieg arbeitete er kurz für die „Universale" Baugesellschaft, bevor er 1919 die Befugnis als Zivilingenieur für das Bauwesen erwarb und seine Kanzlei an der Wohnadresse in der Liechtensteinstraße 20 im 9. Bezirk eröffnete. In den Jahren 1924 bis 1934 praktizierte er in der Mariahilfer Straße, dann wieder in der Liechtensteinstraße. Er war gerichtlich beeideter Sachverständiger und Schätzmeister, Experte für Feuerversicherungs- und Brandschadenschätzungen von Fabriken, bot Bauberatung, Gutachten, Schätzungen von Immobilien und die Ausführung aller einschlägigen Ingenieurbauten einschließlich Hochbau an.

Noch am 9. März 1938 suchte Schmahl, wie viele andere, beim Bundesministerium für Handel und Verkehr auf Grundlage der Abänderung der Verordnung betreffend die Ziviltechniker (BGBl. Nr. 61/1937) um die Befugnis als Zivilingenieur für Hochbau an. Doch Erkundungen, die das Ministerium nach dem „Anschluss" bei der Ingenieurkammer für Wien, Niederösterreich und Burgenland einholte, ergaben, dass Schmahl „Jude" und daher „nichts weiter zu veranlassen" sei. Ansuchen und Beilagen wurden Schmahl am 4. November 1939 per Einschreiben retourniert. Die Befugnis als Zivilingenieur für das Bauwesen war ihm bereits am 12. April 1939 mit Bescheid der MA 2 entzogen worden (bestätigt von Otto Wächter am 1.10.1939). Die letzte Wiener Adresse des Ehepaares war Liechtensteinstraße 23/10.

Rudolf Schmahl und Grete Schmahl-Wolf wurden am 22. Juli 1942 mit dem fünften Theresienstadt-Transport deportiert. Von den über 1.000 deportierten Personen überlebten 63. Grete Schmahl-Wolf wurde am 31. August 1942 ermordet, als Todesursache wurde Herzschwäche angegeben. Rudolf Schmahl wurde am 22. oder 24. Oktober 1943 ermordet.

Quellen: AKZT W/NÖ/Bgld, MAt Rudolf Schmahl; ÖStA/AdR, BMfHuV, GZ 103, 65.185-1/1938 (Rudolf Schmahl, Ansuchen um Verleihung der Befugnis eines ZI f. Hochbau); Ariadne. Frauen in Bewegung 1848–1938., URL: https://fraueninbewegung.onb.ac.at/node/2520 (abgerufen 2.2.2023); Rudolf Schmahl, in: Institut Terezínské iniciativy, database of victims, URL: https://www.holocaust.cz/en/database-of-victims/victim/57803-rudolf-schmahl (abgerufen 2.2.2023); Margarete Schmahl, Todesfallanzeige Ghetto Theresienstadt, in: Institut Terezínské iniciativy, database of digitised documents, URL: https://www.holocaust.cz/en/database-of-digitised-documents/document/80916-schmahl-margarete-death-certificate-ghetto-terezin (abgerufen 2.2.2023); Rudolf Schmahl, geb. 25.6.1943; Margarete Schmahl, geb. 24.12.1942, in: DÖW, Opferdatenbank; Lehmann 1939, 1130; Schreiben Wächter an Schmahl, 1.10.1939. ÖStA/AdR, ZNsZ, MfiukA, BBV (Rudolf Schmahl); https://www.holocaust.cz/en/transport/482-iv5-terezin (abgerufen 23.2.2023); die Angaben der Opferdatenbank des DÖW und der tschechischen Datenbank www.holocaust.cz, die Opfer des Ghettos Theresienstadt dokumentiert, gehen auseinander: Laut www.holocaust.cz starb Rudolf Schmahl bereits zwei Tage früher, am 22.10.1943. Siehe: https://www.holocaust.cz/de/opferdatenbank/opfer/57803-rudolf-schmahl (abgerufen 23.2.2023).

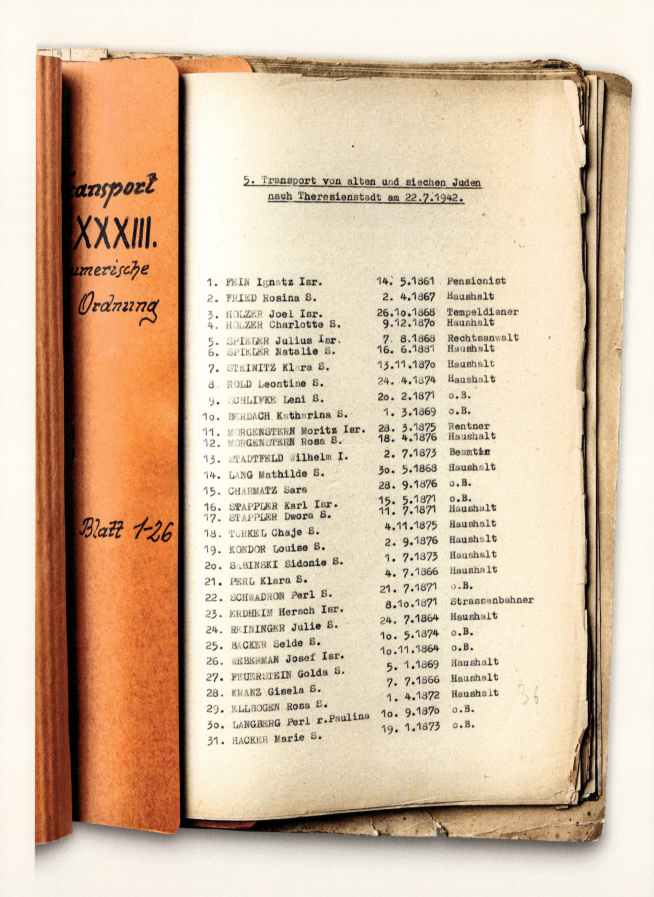

Abb. III/33 Clara (Klara) Steinitz, die Ehefrau von Leo Steinitz, wird am 22. Juli 1942 mit dem „5. Transport von alten und siechen Juden" nach Theresienstadt deportiert.

Leo Steinitz
Architekt
14.12.1868–11.11.1942 (73 Jahre)

Leo Steinitz wurde am 14. Dezember 1868 in Wien geboren. Er studierte von 1886 bis 1893 an der Technischen Hochschule in Wien und arbeitete dann sieben Jahre lang im Architekturbüro Fellner & Helmer. Ab 1901 war er selbstständig tätig. Am 20. August 1902 wurde ihm von der k. k. niederösterreichischen Statthalterei die Befugnis eines „behördlich autorisierten Architekten" verliehen. Er legte den Eid am 30. September 1902 ab und eröffnete sein Büro an seiner Wohnadresse in der Heinestraße 35/22 im 2. Bezirk. Er realisierte in erster Linie Wohn- und Miethäuser sowie Industriebauten in Wien und war auch als gerichtlicher Sachverständiger und Schätzmeister tätig. Am 14. November 1897 heiratete er Clara (Klara) Steinitz, geborene Sternbach. Das Ehepaar lebte bis Juli 1942 in seiner Wohnung in der Heinestraße (damals Schönererstraße) 35 im 2. Bezirk.

Clara Steinitz wurde am 22. Juli 1942 gemeinsam mit einer weiteren Person, die sich in der Wohnung des Ehepaars befand, mit dem fünften Transport von „alten und siechen Juden" nach Theresienstadt deportiert und am 18. Dezember 1942 ermordet. Leo Steinitz wurde drei Wochen später, am 13. August 1942, mit dem siebten Transport nach Theresienstadt deportiert, er wurde noch vor seiner Frau, am 11. November 1942, ermordet. Als Todesursache wurde „Altersschwäche" angegeben. Leo Steinitz' Geschwister Arthur Steinitz und Cäcilie Steinitz wurden am 20. August 1942 nach Theresienstadt deportiert (die letzte Adresse der Geschwister in Wien war eine „Sammelwohnung" Czerninplatz 4/10), beide wurden am 16. Mai 1944 nach Auschwitz überstellt. Sie haben nicht überlebt. Die überlebende Tochter Margarete Steinitz, verheiratete Fischer, geboren am 10. März 1904 in Wien, stellte einen Antrag an den Abgeltungsfonds und bekam in den 1960er Jahren 13.904,86 öS für erlittene Vermögensverluste (Wertpapiere und Bankguthaben) zugesprochen.

Quellen: AKZT W/NÖ/Bgld, MAt Leo Steinitz; ÖStA/AdR, E-uReang, HF, Abgeltungsfonds 3.684; Ursula Prokop, Leopold Steinitz, in: Az W, Architektenlexikon, URL: https://www.architektenlexikon.at/de/621.htm (abgerufen 2.2.2023); ÖStA/AdR, E-uReang, VVSt, VA 4.338; Leo Steinitz, geb. 14.12.1868; Clara Steinitz, geb. 13.11.1870; Arthur Steinitz, geb. 19.1.1872; Cäcilie Steinitz, geb. 9.7.1870, in: DÖW, Opferdatenbank; Cäcilie Steinitz, in: Institut Terezinské iniciativy, database of victims, URL: https://www.holocaust.cz/en/database-of-victims/victim/59155-c-cilie-steinitz (abgerufen 2.2.2023); Leo Walter Steinitz, in: Institut Terezinské iniciativy, database of victims, URL: https://www.holocaust.cz/en/database-of-victims/victim/59159-leo-walter-steinitz (abgerufen 2.2.2023); Leo Walter Steinitz, Todesfallanzeige Ghetto Theresienstadt, in: Institut Terezinské iniciativy, database of digitised documents, URL: https://www.holocaust.cz/en/database-of-digitised-documents/document/88225-steinitz-leo-walter-death-certificate-ghetto-terezin (abgerufen 2.2.2023). In der „Todesfallanzeige" von Leo Steinitz des Ghettos Theresienstadt ist als Datum 11.11.1942 angeführt, in den Akten des Abgeltungsfonds ist sein Todesdatum hingegen mit 13.11.1942 angegeben.

- 27 -

1088.	SPIELBERGER Max Isr.	26. 1.1897	Straßenbahner
1089.	SPIELBERGER Elka S.	21. 6.1906	Haushalt
1090.	SPIELBERGER Helene S.	31. 5.1928	o.B.
1091.	FRÄNKEL Benzion Isr.	8. 8.1877	Kanzlei Adjunkt
1092.	FRÄNKEL Pauline S.	16.11.1874	Haushalt
1093.	WEINBERGER Emil Isr.	13. 9.1884	o.B.
1094.	WEINBERGER Anna S.	18. 1.1888	Haushalt
1095.	WEINBERGER Elsa S.	2. 1.1915	Beamtin
1096.	BENEDIKT Friedrich Isr.	24.11.1924	Schüler
1097.	HERMANN Emil Isr.	8.11.1888	Beamter
1098.	HERMANN Janka S.	14. 9.1894	o.B.
1099.	HERMANN Eduard Isr.	11. 1.1925	o.B.
1100.	LOTTNER Siegmund Isr.	19. 6.1923	Hilfsarbeiter
1101.	LOTTNER Riwa S.	20. 10.1897	Haushalt
1102.	LOTTNER Josef Isr.	28.11.1885	Schneider
1103.	QUITTNER Margarete S.	10. 8.1890	o.B.
1104.	QUITTNER Helene S.	29. 1.1889	Beamtin
1105.	PICKER Siegfried Isr.	20. 9.1887	Vertreter
1106.	PICKER Hedwig S.	11. 3.1908	Haushalt
1107.	RAAB Alice S.	7. 8.1930	Schülerin
1108.	LÖWINGER Margit S.	14. 9.1911	Modistin
1109.	LÖWINGER Josef Isr.	6. 7.1893	o.B.
1110.	ULLMANN Josef Isr.	3. 4.1893	o.B.
1111.	ULLMANN Elise S.	10.11.1891	o.B.
1112.	WEISS Eugen Isr.	3.12.1884	Baumeister
1113.	WEISS Johanna S.	4. 8.1898	Haushalt
1114.	WEISS Helga S.	17. 1.1930	Schülerin
1115.	FLEISCHMANN Julie S.	11. 7.1868	Haushalt
1116.	FLEISCHMANN Ernst Isr.	9. 5.1899	Angestellter
1117.	FLEISCHMANN Martha S.	16. 5.1902	Friseurin
1118.	SALZER Margarete S.	31. 1.1899	o.B.
1119.	SALZER Kurt Isr.	7. 1.1925	o.B.
1120.	SCHAFFER Hermann Isr.	1.12.1893	Buchsachverst.
1121.	SCHAFFER Marie S.	7. 5.1896	Haushalt
1122.	FLEISCHMANN Gerhard Isr.	20. 4.1925	Hilfsarbeiter
1123.	BRAUN Hugo Isr.	16. 5.1883	Beamter
1124.	BRAUN Ida S.	20. 2.1892	Haushalt
1125.	AVRAM Pese S.	15. 8.1859	o.B.
1126.	GRÜNBERG Berta S.	7. 8.1899	Haushalt
1127.	GRÜNBERG Georg Isr.	2.12.1897	Landesgerichtsrat
1128.	MANGOLD Gertrude S.	3. 6.1880	Haushalt
1129.	KOSTA Siegfried Isr.	27. 1.1901	o.B.

Abb. III/34 Eugen Weiss, seine Frau Johanna und seine Tochter Helga werden nach Theresienstadt deportiert.

Eugen Weiss
Zivilingenieur für das Bauwesen
3.12.1884–? (57 Jahre bei Deportation)

Eugen Weiss wurde am 3. Dezember 1884 in Neutra (slowak. Nitra) geboren. Er legte 1910 die 2. Staatsprüfung ab und arbeitete – mit einer zweijährigen Unterbrechung im Ersten Weltkrieg – bis 1921 bei Baufirmen, bevor er die Prüfung für die Befugnis als Zivilingenieur für das Bauwesen ablegte. Er wurde am 9. Juni 1921 vereidigt und eröffnete seine Kanzlei am Mariahilfer Gürtel 39. Seit 1928 war er mit Dr. Johanna Weiss, geborene Paschka, verheiratet.

Eugen Weiss wurde die Befugnis als Zivilingenieur als einem der Ersten mit 27. Jänner 1939 von der MA 2 entzogen (bestätigt von Otto Wächter am 1. Oktober 1939). Obwohl zwischen 1938 und 1941 mehrere Reichsfluchtsteuerbescheide ausgestellt wurden, ist es dem Ehepaar Weiss offenbar nicht gelungen, Österreich zu verlassen. Zuletzt wohnte es mit seiner elfjährigen Tochter, der Schülerin Helga Jeanette Weiss, in einer „Sammelwohnung" in der Rembrandtstraße 18/7 im 2. Bezirk.

Eugen, Johanna und Helga Jeanette Weiss wurden am 1. Oktober 1942 nach Theresienstadt deportiert. Zwei Jahre später, am 16. Oktober 1944, wurde die Familie nach Auschwitz gebracht und ermordet. Die Todesdaten sind nicht bekannt.

Quellen: AKZT W/NÖ/Bgld, MAt Eugen Weiss; ÖStA/AdR, E-uReang, VVSt, VA 15.094; Eugen Weiss, geb. 3.12.1884, Johanna Weiss, geb. 4.8.1898, Helga Jeanette Weiss, geb. 17.9.1930, in: DÖW, Opferdatenbank; https://www.holocaust.cz/de/opferdatenbank/opfer/60403-eugen-weiss; https://www.holocaust.cz/en/database-of-victims/victim/60444-johanna-weiss; Eugen Weiss, in: geni, URL: https://www.geni.com/people/Eugen-Weiss/6000000015773357162; Schreiben Wächter an Weiss, 1.10.1939. ÖStA/AdR, ZNsZ, Min. f. innere u. kulturelle Ang., BBV (Eugen Weiss).

Konzentrations- und Vernichtungslager Auschwitz

Das KZ Auschwitz – bestehend aus Auschwitz I, Auschwitz II/Auschwitz-Birkenau und Auschwitz III Monowitz – war das größte nationalsozialistische Konzentrations- und Vernichtungslager. Es wurde 1940 (Auschwitz) bzw. 1941 (Birkenau) für vorwiegend politische Häftlinge aus Polen nahe der Städte Auschwitz (poln. Oświęcim) und Birkenau (poln. Brzezinka) errichtet und hatte zahlreiche Nebenlager. Ab 1942 wurden Jüdinnen und Juden im Zuge der als „Endlösung der Judenfrage" bezeichneten Massenmorde in Gaskammern getötet. Die Zahl der von 1940 bis 1945 Ermordeten wird auf mindestens 1,1 Millionen Menschen geschätzt, unter den Opfern waren auch Rom:nja und Sinti:ze (ca. 21.000), sowjetische Kriegsgefangene (ca. 15.000) und politische Häftlinge (ca. 80.000). Aus Österreich stammende Opfer wurden aus Wien, Theresienstadt, Frankreich, Italien, den Niederlanden und anderen Ländern deportiert.[183] Unter ihnen waren auch vier Ziviltechniker.

Georg Mondolfo
Ingenieurkonsulent für das Bauwesen
9.12.1897–? (46 Jahre bei Deportation)

Georg Mondolfo wurde am 9. Dezember 1897 in Wien geboren. Er legte den Eid als Ingenieurkonsulent für das Bauwesen am 6. Dezember 1929 ab und eröffnete seine Kanzlei in der Flurgasse 3 im 13. Bezirk. Ab 1932 praktizierte er in der Ghelengasse 30, 13. Bezirk.

Im Dezember 1938 teilte Mondolfo der Ingenieurkammer mit, dass er zurück in die Flurgasse gezogen sei, wo auch sein Vater, der Zentralinspektor in Rente Sebastian Mondolfo, und bis zu ihrem Tod am 19. Mai 1940 vermutlich auch seine Mutter Hermine Mondolfo (geb. 25.11.1872) lebten. Die in der Ghelengasse 30 verbliebene Klavierpädagogin Elisabeth Mondolfo war vermutlich seine Frau. Kurz später, am 12. April 1939, wurde Mondolfo die Befugnis per Bescheid der MA 2 entzogen (bestätigt von Otto Wächter am 1. Oktober 1939). Zuletzt lebten Georg und Sebastian Mondolfo in einer „Sammelwohnung" im 2. Bezirk (Odeonsgasse 10/10).

Georg Mondolfo wurde am 20. Juni 1944 nach Auschwitz deportiert. Er hat nicht überlebt. Sein Vater war bereits am 10. September 1942 ins Ghetto Theresienstadt deportiert worden, er wurde dort am 16. November 1942 ermordet.

Quellen: AKZT W/NÖ/Bgld, MAt Georg Mondolfo; Georg Mondolfo, geb. 9.12.1897, Sebastian Mondolfo, geb. 24.11.1969, in: DÖW, Opferdatenbank; Georg Mondolfo, in: geni, URL: https://www.geni.com/people/Georg-Mondolfo/6000000040873290254; Schreiben Wächter an Mondolfo, 1.10.1939. ÖStA/AdR, ZNsZ, MfiukA, BBV (Georg Mondolfo); Lehmann 1938, 839; Lehmann 1939, 843; Lehmann 1940, 852.

III.3 Deportation und Ermordung

Durchgangslager Drancy → Auschwitz

In dem Pariser Vorort Drancy befand sich ein Internierungslager für Jüdinnen und Juden in Frankreich. Ab 1942 wurde es zum Durchgangslager: Mindestens 63.000 Internierte wurden von hier zwischen März 1942 und August 1944 in nationalsozialistische Vernichtungslager deportiert, die meisten von ihnen in Folge ermordet.

Richard Wassermann
Ingenieurkonsulent für das Bauwesen und Ingenieurkonsulent für Vermessungswesen
14.12.1881–? (62 Jahre bei Deportation)

Richard Wassermann wurde am 14. Dezember 1881 in Trebitsch (tschech. Třebíč) geboren. Er war seit 1911 in Budweis als Zivilgeometer tätig, zog aber 1919 nach Wien und erhielt dort zusätzlich die Befugnis als Zivilingenieur für das Bauwesen.

Ende 1938 verkaufte Wassermann sein Grundstück im Bezirk Baden, als Ariseur trat die Gemeinde Pfaffenstätten auf. Am 12. April 1939 wurde ihm die Befugnis entzogen (bestätigt von Otto Wächter am 1. Oktober 1939), und kurz später, am 2. Juni 1939, meldete er sich von seinem letzten Wiener Wohnsitz ab. Er scheint Österreich verlassen zu haben und nach Frankreich geflüchtet zu sein, wo sich seine Spur verliert. Sein Name findet sich erst wieder in französischen Deportationslisten.

Richard Wassermann wurde am 7. März 1944 von Drancy nach Auschwitz deportiert und ermordet. Sein Todesdatum ist nicht bekannt.

Quellen: AKZT W/NÖ/Bgld, MAt Richard Wassermann; ÖStA/AdR/E-uReang, FLD 5.777; Richard Wassermann, geb. 14.12.1881, in: DÖW, Opferdatenbank; Schreiben Wächter an Wassermann, 1.10.1939. ÖStA/AdR, ZNsZ, MfiukA., BBV, Kt. 11, T–Wa (Richard Wassermann); Richard Wassermann, in: USHMM, Holocaust Survivors and Victims Database, URL: https://www.ushmm.org/online/hsv/person_view.php?PersonId=5376426 (abgerufen 2.2.2023).

Moritz Leopold Pollak
Zivilingenieur für das Bauwesen
24.12.1887–? (54 Jahre bei Deportation, mit 30.4.1943 für tot erklärt)

Moritz Leopold Pollak wurde am 24. Dezember 1887 in Wien geboren. Er legte 1912 die 2. Staatsprüfung ab und arbeitete zunächst bei Ing. Schlesinger, wurde dann aber eingezogen und im Rahmen des Kriegsdienstes im Eisenbahn-Ersatz-Bataillon eingesetzt. Diese Praxis wurde nach Kriegsende als ausreichend angesehen, 1920 konnte er die Befugnis als Zivilingenieur für das Bauwesen erwerben. 1927 und 1928 übte er sie nicht aus, zuletzt praktizierte er in der Wipplingerstraße im 1. Bezirk als Gebäudeverwalter. Er war verheiratet mit Valerie (Wally) Pollak. Das Ehepaar lebte bis zuletzt in der Nußwaldgasse 7 im 19. Bezirk, der ebenfalls dort gemeldete Hans Wolfgang Pollak dürfte ihr Sohn gewesen sein. Die Familie Pollak scheint nach Frankreich geflüchtet zu sein, der Zeitpunkt der Ausreise ist nicht bekannt.

Moritz und Valerie und Hans Wolfgang Pollak wurden am 7. September 1942 von Drancy nach Auschwitz deportiert und ermordet. Die Todesdaten sind nicht bekannt. Moritz Pollak wurde nachträglich mit 30. April 1943 für tot erklärt.

Quellen: AKZT W/NÖ/Bgld, MAt Moritz Leopold Pollack; Moritz Pollack, geb. 24.12.1887, Valerie Pollak, geb. 16.1.1889 in Innsbruck, Hans Wolfgang Pollak, geb. 10.10.1920, in: DÖW, Opferdatenbank; ÖStA/AdR, E-uReang, FLD 18.174.

III. Ausschluss, Verfolgung und Widerstand

Unbekanntes Lager in Jugoslawien

Otto Korn
Zivilingenieur für das Bauwesen
24. 8.1887–? (ca. 53 Jahre bei Deportation)

Otto Korn wurde am 24. August 1887 in Bielitz (poln. heute Bielsko-Biała) geboren. Er studierte an der Technischen Hochschule in Wien und legte am 30. Mai 1928 die Prüfung zur Erlangung der Befugnis eines Bauingenieurs ab, am 20. September 1928 wurde er vereidigt. Er ließ die Kammer wissen, dass er seine Kanzlei in der Mariahilfer Straße 50 eröffnen werde und „sofort an die Ausübung der Befugnis schreite".[184] An der gleichen Adresse war auch der Standort der Wiener Niederlassung der in Bielitz ansässigen Carl Korn Baugesellschaft AG, der er als Generaldirektor vorstand. Korn bezeichnete sich zu diesem Zeitpunkt bereits als Stadtbaumeister. Er verlegte seinen Kanzleistandort mehrmals, zuletzt praktizierte und lebte er in der Operngasse 28 im 4. Bezirk. Mit 12. April 1939 wurde Otto Korn die Befugnis als Zivilingenieur von der MA 2 entzogen (bestätigt von Otto Wächter am 1. Oktober 1939). Zuletzt lebte er in der Unteren Weißgerberstraße 45/18 im 3. Bezirk.

Otto Korn wurde in ein unbekanntes Lager im ehemaligen Jugoslawien deportiert. Das Datum wie auch der Ausgangsort seiner Deportation und der Zeitpunkt seines Todes sind nicht bekannt.

Quellen: AKZT W/NÖ/Bgld, MAt Otto Korn; Schreiben Wächter an Korn, 1.10.1939. ÖStA/AdR, ZNsZ, MfiukA, BBV (Otto Korn); Otto Korn, 24. 8.1887, in: DÖW, Opferdatenbank.

III.3.2
Ungeklärte Todesfälle und Suizide

Neben diesen 21 Ziviltechnikern, die eindeutig identifiziert werden konnten, gab es zwei als jüdisch geltende Mitglieder der Ingenieurkammern, deren Schicksal im Zuge dieser Studie nicht mit Sicherheit geklärt werden konnte. Es ist deshalb nicht auszuschließen, dass weitere Ziviltechniker vom nationalsozialistischen Regime ermordet wurden.

Ermordet wurde laut den Angaben seiner Nichte auch der Ziviltechniker (Architekt) Jakob Reitzer (1880–1944).[185] Gertrude Mechner gab in einem Oral-History-Interview an, dass ihre Tante Elise Reitzer, geborene Brüll, und deren aus Ungarn stammender Mann Jakob Reitzer, genannt Jaques, 1938 nach Budapest flohen, wo Jakob Reitzer „erschlagen" wurde.[186] Sie machte keine Angaben über die Gründe der Ermordung ihres Onkels. Auch seine Frau Elise Reitzer, die die NS-Zeit überlebte und in der Nachkriegszeit in Innsbruck lebte, spricht in einem Antrag an die Finanzlandesdirektion nur davon, dass ihr Mann inzwischen „verstorben" sei.[187] Reitzer scheint deshalb nicht als Opfer des Nationalsozialismus, sondern in der Kategorie „Vertreibung" auf, auch wenn die Vermutung nahe liegt, dass seine Ermordung einen antisemitischen Hintergrund hatte. Aus dem Auswanderungsantrag geht hervor, dass Reitzer plante, mit seiner Frau, seinen beiden Söhnen und seiner Schwiegertochter nach Bolivien zu flüchten.[188]

Als Opfer des Holocaust ist auch der Zivilingenieur für Bauwesen und Ingenieurkonsulent für Vermessungswesen Michael Albala (1884–1940) zu werten. Er wurde am 16. November 1938 ins Konzentrationslager Dachau deportiert.[189] Er wurde am 28. Jänner 1939 entlassen und starb ein knappes Jahr später im Krankenhaus der Israelitischen Kultusgemeinde Wien. Wie bei vielen anderen mit dem gleichen Schicksal liegt ein Zusammenhang zwischen dem KZ-Aufenthalt und seinem Ableben im Alter von 56 Jahren nahe.

Der Ingenieurkonsulent für das Bauwesen Erwin Fliegel (1905–1944) starb laut einem Eintrag in das Taufbuch der Pfarre St. Elisabeth (1040 Wien) am 14. September 1944 in Oranienburg.[190] Es liegt die Vermutung nahe, dass er im KZ Sachsenhausen ermordet wurde. Da er in keiner Opferdatenbank aufscheint und keine weiteren Quellen zu seinem Tod gefunden werden konnten, musste sein Schicksal jedoch als „gestorben" eingereiht werden.

Zu den Opfern des Nationalsozialismus müssen auch zehn Ziviltechniker gezählt werden, die nach

Abb. III/35
Maximilian Sachs, undatiert.

dem 13. März 1938 Suizid begingen: der Zivilingenieur für das Bauwesen Felix Blitz (1877–1938), der Architekt Otto Breuer (1897–1938),[191] der Zivilingenieur für Bauwesen Wilhelm Czeczowiczka (1880–1942), der Zivilingenieur für Bauwesen Otto Dub (1874–1938), der Ingenieurkonsulent für Maschinenbau und für Elektrotechnik Felix Lautner (1877–1938), der Ingenieurkonsulent für Bauwesen und für Vermessungswesen Karl Lederberger (1886–1942), der Zivilingenieur für Maschinenbau Emil Osers (1878–1941), der Ingenieurkonsulent für Vermessungswesen sowie Zivilingenieur für Bergwesen Friedrich Reitlinger (→ S. 174), der Ingenieurkonsulent für Bauwesen und für Vermessungswesen Otto Felix Schoszberger (1879–1938) und der Zivilgeometer Maximilian Sachs. Er flüchtete mit seiner Ehefrau über Luxemburg nach Frankreich. An Krebs erkrankt, nahm er sich am 5. Mai 1940 in Grenoble das Leben. Seiner Ehefrau Jadwiga Sachs (1886–?) gelang es im Juni 1941, über Lissabon nach New York zu flüchten, wo die Kinder Rudolph und Bruno Sachs sowie Trudy Heller bereits einige Monate zuvor angekommen waren.[192]

Insgesamt wurden nach derzeitigem Forschungsstand etwa 65.500 Personen, die nach den „Nürnberger Gesetzen" als jüdisch galten, aus dem Gebiet des ehemaligen Österreich deportiert und/oder ermordet, etwa 120.000 gelang es, das Deutsche Reich zu verlassen, was einem Verhältnis von circa 1:2 entspricht. Eine mögliche Erklärung dafür, dass das Verhältnis zwischen Vertriebenen und Ermordeten unter den Ziviltechnikern etwas besser gewesen sein dürfte,[193] könnte sein, dass für eine Ausreise oder Flucht ins Ausland finanzielle Möglichkeiten und im Idealfall auch internationale Kontakte von großem Vorteil waren, Bedingungen, die bei vielen der Ziviltechniker vorlagen.

Friedrich Reitlinger

Ingenieurkonsulent für Vermessungswesen, Zivilingenieur für Bergwesen
23. 6.1877–14. 3.1938 (60 Jahre)

Präsident der Tiroler Industriellenvereinigung (1918–1935), Vizepräsident der Tiroler Wirtschaftskammer (1920–1935), Vizepräsident bzw. Mitglied des Verwaltungsrates der Hauptbank für Tirol und Vorarlberg (1927–1934), Gründer und erster Präsident des Rotary-Clubs Innsbruck (1928–1933/34)

Abb. III/36
Friedrich Reitlinger, vor 1928.

Friedrich Reitlinger wurde am 23. Juni 1877 in Wien als erstes Kind einer aus Süddeutschland stammenden jüdischen Familie geboren.[194] Er hatte zwei Schwestern und einen Bruder und besuchte die Oberrealschule in Brünn (tschech. Brno). Ab 1895 studierte er an der TH Wien, zuerst als außerordentlicher, ab 1998 als ordentlicher Hörer, sowie in Pfibram (tschech. Příbram) an der Montanistischen Hochschule. Reitlinger heiratete 1906 nach jüdischem Ritus die Witwe Jolantha Jakobits in Wien, die beiden Kinder des Ehepaares scheinen aber nicht in den Geburtsmatrikeln der Israelitischen Kultusgemeinde auf, und Reitlinger selbst konvertierte 1917 zum Katholizismus.

Ab 1900 arbeitete Reitlinger in Tirol in den Jenbacher Berg- und Hüttenwerken, die im Besitz seines Vaters und seines Onkels waren. Während des Ersten Weltkriegs war das Werk als kriegswichtig eingestuft, erhielt Großaufträge und produzierte Granaten.

Nach dem Tod des Vaters 1917 wurde das Werk zum Objekt eines Erbstreits, bis sich Reitlinger mit seinen Geschwistern einigte und es in seinen alleinigen Besitz überging. Als Folge der Wirtschaftskrise wurde die Belegschaft in den 1920er Jahren stark reduziert, möglicherweise war der Betrieb zeitweilig sogar stillgelegt, es gab auch Vorwürfe betreffend staatliche Förderungen. Dennoch überlebte der Betrieb die schwierige Zeit, unter anderem weil Energie an die Tiroler Wasserkraft AG (Tiwag) verkauft wurde.

Reitlinger hatte die Befugnisse eines Zivilgeometers und eines Bergbauingenieurs inne[195] und wurde bei der Konstituierung der Ingenieurkammer für Tirol und Vorarlberg 1913 in deren Vorstand gewählt.[196] Er bekleidete in Tirol zahlreiche öffentliche Ämter, darunter so einflussreiche wie Präsident der Tiroler Industriellenvereinigung (1918–1935), Vizepräsident der Tiroler Wirtschaftskammer (1920–1935), Vizepräsident bzw. Mitglied des Verwaltungsrates der Hauptbank für Tirol und Vorarlberg (1927–1934) und Gründer und erster Präsident des Rotary-Clubs Innsbruck (1928–1933/34). Auch politisch war er in der Zwischenkriegszeit bestens vernetzt – er wurde als „persönlicher Freund" von Bundeskanzler Engelbert Dollfuß bezeichnet und förderte die Verbindung zwischen Tiroler Heimatwehr und Österreichischer Heimwehr. Gleichzeitig pflegte er auch Kontakte zu Nationalsozialisten.

Seine exponierte gesellschaftliche und wirtschaftspolitische Stellung brachte ihm besonders von Seiten der Marxist:innen und Nationalsozialist:innen auch viele Angriffe, die trotz seines Engagements für die katholische Kirche antisemitisch konnotiert waren und 1928 in einem nie aufgeklärten Bombenattentat auf ihn gipfelten. Auch im Ort war er unter der Arbeiterschaft aufgrund seiner Art der Betriebsführung wenig beliebt. Ab 1935 verlor er schließlich an gesellschaftlichem Einfluss, und sein Betrieb wurde bei der Vergabe öffentlicher Aufträge nicht mehr berücksichtigt. Als die Nationalsozialisten am 13. März 1938 die Macht in Österreich an sich rissen, wurde Friedrich Reitlinger, der zu diesem Zeitpunkt krank und nicht transportfähig war, in seinem Haus in Jenbach von der SA bzw. SS festgesetzt. Er starb am 14. März 1938, vermutlich durch assistierten Suizid durch die Hand seine Tochter, die danach ihrerseits Suizid beging.[197] Gerüchte über eine Ermordung Reitlingers durch NS-Einsatztruppen konnten in der Nachkriegszeit weder widerlegt noch bestätigt werden.

Die Jenbacher Werke und Reitlingers gesamter Besitz wurden 1938 beschlagnahmt und in Folge an den deutschen Flugzeugkonstrukteur Ernst Heinkel arisiert, der in Jenbach Flugzeugteile, Ketten für Panzer und Ähnliches herstellte. Die Bemühungen von Reitlingers Sohn Friedrich Franz Reitlinger, den Betrieb restituiert zu bekommen, scheiterten. Nur der Privatbesitz seines Vaters wurde ihm übertragen.[198] In der Nachkriegszeit wurde der Betrieb unter dem Namen „Jenbacher Werke" geführt, reparierte Eisenbahnwagen und stellte Dieselmotoren her.

Abb. III/37 Walzenguss für Perlmoser Zement, Friedrich Reitlinger neben dem Stahlofen der Jenbacher Berg- und Hüttenwerke, undatiert.

Abb. III/38 In der Geschossdreherei (heute Halle 3) der Jenbacher Berg- und Hüttenwerke wurden 15-cm-Gussgranaten für den Ersten Weltkrieg gedreht, 1915.

III.4
Liste der als jüdisch verfolgten Ziviltechniker

Name	Befugnis Stand 1938 (Jahr des Erwerbs)	Befugnis zurückgelegt oder entzogen (leer, wenn nicht bekannt)
Alfred Adler	Architekt (1930)	
Michael Albala	Zivilingenieur für Bauwesen, Ingenieurkonsulent für Vermessungswesen (1920)	
Max Altschul	Architekt (1932)	Befugnis ruhend gestellt im Februar 1938
Felix Augenfeld	Architekt (1926)	
Edwin Bächer (Bacher)	Zivilingenieur für Elektrotechnik (1914)	
Dr. Bruno Bauer, Baurat	Ingenieurkonsulent für Bauwesen (1908, Böhmen)	
Samuel Bauer	Zivilingenieur für Maschinenbau (1912)	Befugnis zurückgelegt am 29.10.1938
Wilhelm (William) Baumgarten	Zivilarchitekt (1925)	Befugnis entzogen am 12.4.1939
Oskar Bellgrader	Zivilingenieur für Bauwesen (1914)	Befugnis zurückgelegt am 6.6.1939
Dr. Hans Berger	Architekt (1937)	
Wilhelm Berger, Obervermessungsrat i. R.	Ingenieurkonsulent für Vermessungswesen (1905)	Befugnis entzogen am 12.4.1939, wiedererlangt 1951
Rudolf Bergkraut, Oberbaurat i. R.	Zivilingenieur für Maschinenbau und Elektrotechnik (1923)	Befugnis zurückgelegt am 30.9.1938
Artur Biber	Zivilingenieur für Bauwesen (1919)	Befugnis entzogen am 1.10.1939
Dr. Friedrich Bleich, Baurat	Ingenieurkonsulent für Bauwesen (1931)	Befugnis entzogen am 12.4.1939
Felix Blitz, Oberbaurat i. R.	Zivilingenieur für Bauwesen (1924)	Befugnis zurückgelegt am 19.9.1938
Franz Bloch	Ingenieurkonsulent für Maschinenbau (1932)	Befugnis zurückgelegt am 15.8.1938
Otto Breuer	Architekt (1937)	

Geburtsdatum	Sterbedatum	Schicksal	
20.4.1894 in Wien	25.4.1982 in St. Louis, Missouri, USA	Vertreibung	Liverpool, GB (1939) / Minneapolis, USA / San Francisco, USA / Twin Falls, USA / St. Louis, Missouri, USA
4.1.1884 in Temeswar (rumän. Timișoara)	23.1.1940 in Wien	Deportation / gestorben	Deportation in das KZ Dachau (16.11.1938–28.1.1939) / gestorben im Spital der IKG Wien
24.3.1901 in Wien	15.6.1956 in Sands, New York, USA	Emigration vor „Anschluss"	
10.1.1893 in Wien	21.7.1984 in New York, USA	Vertreibung	London (Juni 1938) / New York (1939)
19.10.1882 in Wien	16.8.1964 in London, GB	Vertreibung	London (13.4.1939)
30.11.1880 in Wien	21.12.1938 in London, GB	Vertreibung	England
7.12.1874 in Iglau (tschech. Jihlava)	22.12.1942 in Theresienstadt	Deportation / Ermordung	Theresienstadt (13.8.1942)
25.1.1885 in Mährisch-Schönberg (tschech. Šumperk)	18.2.1959 in Raleigh, North Carolina, USA	Vertreibung	USA
10.12.1880 in Wien	Jänner 1968 in Chicago, Illinois, USA	Vertreibung	Ausreise (13.2.1940), USA (Ankunft 29.2.1940), seit August 1940 in Chicago, eingebürgert 1945
3.9.1882 in Wien	23.2.1955 in Charleston, USA	Vertreibung	England / USA
26.11.1877 in Sedlnitz	23.3.1955 in Wien	Vertreibung	Caracas, Venezuala (Ende 1939)
26.6.1876 in Wien	23.8.1964 in Aarau, Schweiz	Vertreibung	Ausreise (2.1.1939), Paris (10.1.1939); inhaftiert in Frankreich / Schweiz (vier Jahre) / Frankreich (ab 1946)
3.2.1883 in Czernowitz (ukr. Tscherniwzi)	?	Vertreibung	Australien (29.8.1939), eingebürgert 15.9.1945
2.11.1878 in Wien	17.2.1950 in New York, USA	Vertreibung	Zürich, Schweiz (1939–1941) / New York
29.6.1879 in Wien	9.5.1939 in Wien	Suizid	
3.9.1896 in Weikersdorf	?	Vertreibung	Ausreise (15.8.1938), Kanada oder USA
26.7.1897 in Wien	9.11.1938 in Rekawinkel	Suizid	Sanatorium Purkersdorf

Name	Befugnis Stand 1938 (Jahr des Erwerbs)	Befugnis zurückgelegt oder entzogen (leer, wenn nicht bekannt)
Friedrich Broch	Ingenieurkonsulent für Maschinenbau (1933)	
Hugo Bronneck (Goldreich Edler von Bronneck)	Ingenieurkonsulent für Bauwesen (1919)	Befugnis zurückgelegt am 7.6.1939, wiedererlangt 1946
Erich Brukner (Bruckner)	Zivilingenieur für Maschinenbau (1916)	Befugnis zurückgelegt am 22.12.1938, wiedererlangt 1946
Karl Brunner	Zivilingenieur für Maschinenbau (1932)	Befugnis zurückgelegt am 27.2.1939
Wilhelm Czeczowiczka	Zivilingenieur für Bauwesen (1912)	Befugnis zurückgelegt am 17.11.1938
Dr. Siegmund Defris	Zivilingenieur für Maschinenbau (1911) und Elektrotechnik (1919)	Befugnis entzogen am 1.10.1939
Dr. Iwan Döry	Ingenieurkonsulent für Maschinenbau und Ingenierkonsulent für Elektrotechnik (1934)	
Otto Dub	Zivilingenieur für Bauwesen	Befugnis zurückgelegt am 17.6.1938
Max Dutka	Zivilingenieur für Bauwesen (1915)	Befugnis entzogen am 12.4.1939
Dr. Friedrich Ehrenfest-Egger (Frederick Ehrenfest-Eggar)	Ingenieurkonsulent für Maschinenbau (1931)	Befugnis entzogen am 12.4.1939
Paul Ehrenzweig	Zivilingenieur für Hochbau (1938)	Befugnis entzogen 1938, wiedererlangt 1948
Walter Eichberg	Zivilingenieur für Hochbau (1932)	Befugnis entzogen am 12.4.1939, wiedererlangt 1952
Fritz Eisler	Ingenieurkonsulent für Maschinenbau (1910), Ingenieurkonsulent für Elektrotechnik (1913)	Befugnis zurückgelegt am 19.10.1938
Otto Eisler	Zivilingenieur für Elektrotechnik (1914)	
Theodor Engel	Ingenieurkonsulent für Bauwesen (1917)	Befugnis zurückgelegt am 30.9.1938

Geburtsdatum	Sterbedatum	Schicksal	
17.12.1889 in Wien	6.10.1967 in Cambridge, Massachusetts, USA	Vertreibung	Cambridge, Massachusetts, USA (16.9.1938)
9.2.1881 in Oberstudenetz (tschech. Horní Studenec)	28.9.1951 in Wien	Vertreibung	
9.6.1885 in Wien	30.1.1970 in Wien	Überlebt, Aufenthalt während der NS-Zeit unbekannt	Vermutlich überlebt in Wien („Mischehe")
22.3.1879 in Prelauc (tschech. Přelouč)	?	Vertreibung	Nach Shanghai abgemeldet (6.5.1941)
27.12.1880 in Rzikowitz (tschech. Říkovice)	6.1.1942 in Wien	Suizid	
2.12.1877 in Jägerndorf (tschech. Krnov)	6.7.1946 in Melbourne, Australien	Vertreibung	Australien
23.8.1881 in Pest, Ungarn	Dezember 1945 in Quito, Ecuador	Vertreibung	Ecuador
2.4.1874 in Joachimsthal, Brandenburg, Deutschland	15.11.1938 in Wien	Suizid	
30.3.1884 in Czernowitz (ukr. Tscherniwzi)	21.8.1942 in Maly Trostinec	Deportation / Ermordung	Maly Trostinec (17.8.1942)
13.3.1893 in Berlin	Mai 1978 in London, GB	Vertreibung	London, GB (August 1939)
12.6.1889 in Austerlitz (tsch. Slavkov u Brna)	22.6.1975 in Wien	Vertreibung	Palästina; eingebürgert am 15.5.1941. Rückkehr nach Österreich
5.7.1889 in Wien	15.5.1966 in Wien	Vertreibung	Slowakei / Ungarn / Rumänien / Shanghai, China (24.1.1939), in Architekturbüros gearbeitet in Shanghai (1940–1949) / Rückkehr nach Wien (ab 1950)
19.8.1879 in Wien	?	Vertreibung	New York, USA (1939)
11.8.1885 in Troppau (tschech. Opava)	10.7.1938 in Wien	Gestorben	„Nach langem schweren Leiden"
6.6.1886 in Wien	1978 in St. Kilda, Australien	Vertreibung	London, GB / St. Kilda, Australien (wurde 1940 in London als „Enemy Alien" verhaftet und nach Australien überstellt)

Name	Befugnis Stand 1938 (Jahr des Erwerbs)	Befugnis zurückgelegt oder entzogen (leer, wenn nicht bekannt)
Eduard Fehl	Zivilingenieur für Bauwesen (1914)	Befugnis zurückgelegt am 6.6.1939
Simon Felberbaum	Zivilingenieur für Bauwesen (1926)	
Fritz Feuer (Frederic Farrar)	Architekt (1935)	Befugnis entzogen am 12.4.1939
Hartwig Fischel, Baurat	Architekt (1926)	Befugnis zurückgelegt am 19.12.1938
Paul Fischel	Architekt (1926)	Befugnis zurückgelegt am 25.12.1938
Friedrich Fischer	Zivilingenieur für Maschinenbau (1917)	
Otto Fischer	Bauingenieur (1910), Ingenieurkonsulent für Vermessungswesen (1911)	
Jakob (Jacques) Fleischmann	Zivilingenieur für Bauwesen (1932)	Befugnis entzogen am 12.4.1939
Dr. Erwin Fliegel	Ingenieurkonsulent für Bauwesen (1937)	Befugnis entzogen am 12.4.1939
Richard Freund	Zivilingenieur für Maschinenbau (1911)	Befugnis zurückgelegt am 31.12.1938
Fritz (bis 1935: Siegfried) Friedmann	Zivilingenieur für Bauwesen (1925)	Befugnis zurückgelegt am 29.6.1938
Robert Friedmann	Zivilingenieur für Bauwesen (1926)	Befugnis zurückgelegt am 10.8.1938
Friedrich Froehlich, Regierungsrat i.R.	Ingenieurkonsulent für Maschinenbau (1919)	Befugnis zurückgelegt am 3.12.1938
Arthur Fürst	Ingenieurkonsulent für Maschinenbau (1908), Ingenieurkonsulent für Elektrotechnik (1913)	Befugnis zurückgelegt am 7.10.1938
Paul Ludwig Geiringer	Ingenieurkonsulent für Maschinenbau	
Siegmund Geiringer	Architekt (1931, Zivilingenieur für Hochbau)	
Moritz Bernhard Gerbel, Oberbaurat	Ingenieurkonsulent für Maschinenbau, Ingenieurkonsulent für Elektrotechnik	Befugnis entzogen am 1.10.1939, wiedererlangt 1946
Hans Glas	Zivilarchitekt (1930)	Befugnis zurückgelegt am 16.7.1938

Geburtsdatum	Sterbedatum	Schicksal	
4.9.1884 in Wien	?	Vertreibung	USA
20.4.1881 in Czernowitz (ukr. Tscherniwzi)	27.10.1949	Vertreibung	Schweiz / Frankreich / Schweiz
22.2.1896 in Wien	1974 in Wellington, Neuseeland	Vertreibung	London, GB (29.4.1939) / Wellington, Neuseeland (April 1939)
23.4.1861 in Wien	31.3.1940 in Surbiton, London, GB	Vertreibung	England (1.3.1939)
17.11.1885 in Wien	14.10.1942 in Melbourne, Australien	Vertreibung	Melbourne, Australien
18.9.1877 in Wien	26.5.1942 in Maly Trostinec	Deportation / Ermordung	Maly Trostinec (20.5.1942)
25.5.1880 in Mähren	14.9.1961 in Brooklyn, New York, USA	Vertreibung	USA (November 1939)
2.8.1880 in Wien	? in Izbica	Deportation / Ermordung	Ghetto Izbica (9.4.1942)
7.9.1905 in Wien	14.9.1944 in Oranienburg, Deutschland	Gestorben	Möglicherweise ermordet im KZ Oranienburg
6.2.1877 in Grubmühl	11.3.1942 in Litzmannstadt	Deportation / Ermordung	Litzmannstadt, 2.11.1941
6.10.1892 in Wien	?	Vertreibung	Ausreise 18.4.1939 / Poissy, Frankreich / New York, USA (Ankunft 26.2.1940)
25.11.1882 in Wien	1.7.1949 in Los Angeles, USA	Vertreibung	Poissy, Frankreich / New York, USA (Ankunft 26.2.1940), Los Angeles, USA
8.12.1873 in Wien	27.1.1943 in Theresienstadt	Deportation / Ermordung	Ghetto Theresienstadt (1.10.1942)
9.11.1875	1941 in Kenia	Vertreibung	Kenia, 12.12.1938
10.8.1894 in Neustadt a.d. Mettau (tschech. Nové Město nad Metují)	10.1.1973 in Tuckahoe, Westchester, New York, USA	Vertreibung	Nach England abgemeldet (10.8.1938) / Surrey, GB (Register 29.9.1939) / USA / Rio de Janeiro, Brasilien (1947) / USA
1.11.1886 in Zalaegerszeg, Ungarn	?	Vertreibung	GB
19.3.1879 in Jassy, Rumänien	15.3.1957	Vertreibung	Belgrad (1938)
1892 in Wien	1969 in Lugano, Italien	Vertreibung	Indien

Name	Befugnis Stand 1938 (Jahr des Erwerbs)	Befugnis zurückgelegt oder entzogen (leer, wenn nicht bekannt)
Ernst Gmeyner	Zivilingenieur für Bergwesen	Befugnis entzogen am 12.4.1939
Arnold Goldberger	Architekt (1937)	Befugnis entzogen am 1.4.1940, wiedererlangt 1948
Dr. Johann Grabscheid	Ingenieurkonsulent für Elektrotechnik (1931)	Befugnis entzogen am 1.4.1940, Ansuchen auf Wiederverleihung abgewiesen
Dr. Richard Grann	Ingenieurkonsulent für Elektrotechnik (1928)	Befugnis entzogen am 5.4.1939
Carl (Karl) Grünhut, Ministerialrat i. R.	Ingenieurkonsulent für Bauwesen (1920)	Befugnis zurückgelegt am 21.3.1939
Dr. Otto Guttmann	Ingenieurkonsulent für Bauwesen, Ingenieurkonsulent für Vermessungswesen	Befugnis zurückgelegt am 20.6.1938
Otto R. Hellwig, Technischer Rat	Architekt (1926)	Befugnis entzogen am 12.4.1939
Wilhelm Herzel	Ingenieurkonsulent für Vermessungswesen (1935)	Befugnis entzogen am 7.4.1939, wiedererlangt 1945
Josef Hess	Ingenieurkonsulent für Maschinenbau	
Julius Hirschenhauser	Architekt (1938)	Befugnis entzogen am 1.4.1940
Alexander Hirschmann	Zivilingenieur für Bauwesen (1915), geändert in Zivilingenieur für Hochbau (1938)	Befugnis entzogen am 12.4.1939
Heinrich Hirschmann	Zivilingenieur für Bauwesen (1932)	Befugnis entzogen am 12.4.1939
Otto Hoenigsberg	Zivilingenieur für Maschinenbau (1913)	Befugnis entzogen am 1.10.1939
Walter Hoffmann	Zivilingenieur für Bauwesen (1919)	Befugnis entzogen am 1.10.1939
Karl Hofmann	Architekt (1926)	Befugnis zurückgelegt im November 1938
Ludwig Horowitz	Zivilingenieur für Bauwesen (1920)	Befugnis entzogen am 12.4.1939
Dr. Ludwig Ilosvai	Ingenieurkonsulent für Bauwesen (1931)	
Richard Kafka	Zivilingenieur für Bauwesen (1932)	Befugnis zurückgelegt am 27.12.1938

Geburtsdatum	Sterbedatum	Schicksal	
geb. vermutlich zwischen 1860 und 1875 in Göding (tschech. Hodonín)	?	Unbekannt	
10.3.1872 in Jägerndorf (tschech. Krnov)	30.11.1950 in Wien	Überlebt, Aufenthalt während der NS-Zeit unbekannt	
21.12.1894 in Wien	10.9.1958	Überlebt, Aufenthalt während der NS-Zeit unklar	War in der Nachkriegszeit Professor an der Technischen Universität Istanbul, Türkei
1.12.1892 in Wien	? in Riga	Deportation / Ermordung	Riga (3.12.1941)
21.3.1869 in Pozsony, Ungarn	18.8.1942 in Wien	Gestorben	Im Spital der IKG Wien (Krankheit)
22.11.1876 in Wien	?	Vertreibung	Spanien / USA (1941)
24.5.1885 in Wien	26.12.1958 in Australien	Vertreibung	Sydney, Australien (14.2.1940)
18.8.1898 in Wien	18.9.1948 in Wien	Überlebt, Aufenthalt während der NS-Zeit unbekannt	
24.10.1879 in Neutitschein (tschech. Nový Jičín)	2.12.1944	Vertreibung	Havana, Kuba (1939) / nach Amerika abgemeldet (1.4.1939); New York, USA (1941)
18.12.1889 in Wien	?	Vertreibung	GB
2.1.1882 in Vittencz (slow. Chtelnica)	? in Sydney, Australien	Vertreibung	Sydney, Australien (14.3.1939)
13.4.1889 in Vittencz (slow. Chtelnica)	1945 in New York, USA	Vertreibung	USA (1939)
16.5.1870 in Wien	27.9.1942 in Theresienstadt	Deportation / Ermordung	Theresienstadt (14.7.1942)
10.8.1887 in Mauer bei Wien	20.12.1952 in Detroit, Michigan, USA	Vertreibung	London, GB (März 1939) / USA (seit 4.12.1939)
3.10.1890 in Wien	nach 1960 in Australien	Vertreibung	Brünn (1938) / Toorak, Australien; eingebürgert 26.4.1944
24.9.1886 in Wien	?	Unbekannt	
21.12.1895 in Czernowitz (ukr. Tscherniwzi)	?	Vertreibung	London, GB (9.3.1939)
17.11.1880 in Ostrau (tschech. Ostrava)	nach 1954 in den USA	Vertreibung	New York, USA (Ankunft 2.9.1939)

Name	Befugnis Stand 1938 (Jahr des Erwerbs)	Befugnis zurückgelegt oder entzogen (leer, wenn nicht bekannt)
Dr. Arnold Karplus	Architekt	Befugnis entzogen am 12.4.1939
Siegmund Katz	Architekt (1926)	Befugnis zurückgelegt am 25.2.1939
Leo Kauf	Zivilingenieur für Bauwesen (1913)	
Wilhelm Kempler, Baurat	Zivilingenieur für Architektur und Hochbau (1906, Bukowina)	
Dr. Marcell Klein	Zivilingenieur für Maschinenbau und Schiffbau (1926)	
Paul Knöpfelmacher (Kent)	Ingenieurkonsulent für Maschinenbau (1935)	Befugnis zurückgelegt am 1.12.1938
Hans Koch	Zivilingenieur für Elektrotechnik (1935)	Befugnis entzogen am 12.4.1939, wiedererlangt 1955
Hugo Koditschek	Zivilingenieur für Maschinenbau und Elektrotechnik (1927)	Befugnis entzogen am 12.4.1939
Otto Kollisch (Kolbisch)	Architekt (1937)	Befugnis entzogen am 12.4.1939
Otto Korn	Zivilingenieur für Bauwesen (1928)	Befugnis entzogen am 12.4.1939
Josef Lachs	Ingenieurkonsulent für Maschinenbau, Ingenieurkonsulent für Elektrotechnik (1921)	Befugnis entzogen am 12.4.1939
Felix Lautner (Löwy)	Ingenieurkonsulent für Maschinenbau, Ingenieurkonsulent für Elektrotechnik (1921)	
Dr. Karl (Carl) Lederberger	Ingenieurkonsulent für Bauwesen (1918), Ingenieurkonsulent für Vermessungswesen (1919)	Befugnis entzogen am 12.4.1939
Paul Lengsfelder	Zivilingenieur für Bauwesen (1919)	
Ernst Lichtblau	Architekt (1926)	Befugnis entzogen am 12.4.1939
Gustav Lichtenstein	Zivilingenieur für Bauwesen (1919)	
Jacques Loeb	Architekt (1938)	
Ernst Loebl	Architekt (1937)	
Egon Magyar	Ingenieurkonsulent für Vermessungswesen (1920)	Befugnis entzogen am 12.4.1939, wiedererlangt 1945
Friedrich (Frederick) Mahler	Architekt (1934)	

Geburtsdatum	Sterbedatum	Schicksal	
24.6.1877 in Wigstadtl (tschech. Vitkov)	17.10.1943 in New York, USA	Vertreibung	New York, USA
26.12.1879 in Wien	20.2.1942 in Litzmannstadt	Deportation / Ermordung	Litzmannstadt (15.10.1941)
21.6.1883 in Jassy (rumän. Iași)	?	Vertreibung	GB / USA
22.8.1872 in Gyon, Ungarn	?	Vertreibung	Frankreich (6.10.1938) / New York, USA / Kanada
26.6.1884 in Pest, Ungarn	?	Vertreibung	Australien
8.8.1894 bei Prag	?	Vertreibung	Australien (26.5.1939)
24.7.1901	16.12.1978 in Rickmansworth, GB	Vertreibung	Ging 1956 nach England, nachdem er die Befugnis neu beantragt hatte
6.9.1882 in Wien	?	Vertreibung	Italien (1939) / New York, USA
20.8.1881 in Wien	2.2.1951 in den USA	Vertreibung	USA (1939)
24.8.1887 in Bielitz (poln. heute Bielsko-Biała)	? in Jugoslawien	Deportation / Ermordung	Jugoslawien, unbekanntes Lager
18.7.1887 in Rottalowitz (tschech. Rusava)	nach 1966 in Australien	Vertreibung	Sydney, Australien (Ausreise im März 1939, Ankunft in Sydney 25.4.1939)
10.6.1877 in Wien	24.7.1938 in Wien	Suizid	
9.12.1886 in Wien	21.1.1942 in Wien	Suizid	
30.7.1887 in Wien	?	Vertreibung	Palästina (10.7.1938). Einbürgerung 25.11.1940
24.6.1883 in Wien	8.1.1963 in Wien	Vertreibung	GB / USA; Rückkehr nach Österreich 1961
26.11.1882 in Wien	7.7.1938 in Petah Tikva, Palästina	Vertreibung	Palästina (1938)
20.5.1872 in Wien	20.3.1944 in Theresienstadt	Deportation / Ermordung	Theresienstadt (10.7.1942)
21.1.1887 in Saaz (tschech. Žatec)	23.10.1979	Vertreibung	Italien (20.3.1939)
10.6.1892 in Wien	10.7.1979 in Wien	Überlebt, Aufenthalt während der NS-Zeit unbekannt	
9.3.1888 in Wien	13.8.1958 in Toronto, Kanada	Vertreibung	Zürich (1938) / Kanada

Name	Befugnis Stand 1938 (Jahr des Erwerbs)	Befugnis zurückgelegt oder entzogen (leer, wenn nicht bekannt)
Martin Martins	Zivilingenieur für Bauwesen (1926)	Befugnis zurückgelegt am 24.9.1938, wiedererlangt 1945
Dr. Viktor Mautner	Zivilingenieur für Bauwesen (1923)	Befugnis entzogen am 12.4.1939
Theodor Mayer	Architekt (1937)	
Richard Modern	Architekt (1937)	Befugnis entzogen am 1.10.1939
Max Moller	Zivilingenieur für Bergwesen	Befugnis zurückgelegt 1938 (diese war jedoch 1937 außer Kraft gesetzt)
Dr. Jonas Mond	Architekt (1938)	
Georg Mondolfo	Ingenieurkonsulent für Bauwesen (1929)	Befugnis entzogen am 12.4.1939
Siegmund (Sigmund) Müller	Architekt (1926)	Befugnis entzogen am 27.1.1939
Leo Nagel	Zivilingenieur für Bauwesen (1927)	Befugnis entzogen am 12.4.1939
Alexander Neumann	Architekt (1926)	Befugnis entzogen am 27.1.1939
Friedrich Neumann (Fred Newman)	Architekt (1931)	Befugnis zurückgelegt am 10.7.1938
Oskar Neumann	Architekt	Befugnis entzogen am 12.4.1939, wiedererlangt 1946
Ignaz Olexinger	Ingenieurkonsulent für Bauwesen, Zivilingenieur für Bauwesen (1915)	
Emil Osers	Zivilingenieur für Maschinenbau (1928)	Befugnis zurückgelegt am 15.8.1938
Moritz Leopold Pollak	Zivilingenieur für Bauwesen (1920)	
Leopold Ponzen	Architekt (1930)	
Felix Pulzer	Zivilingenieur für Bauwesen (1933)	Befugnis entzogen am 12.4.1939
Fritz (Friedrich bzw. Frederick) Reichl	Architekt (1926)	
Ignaz (Nathan) Reiser	Architekt (1937)	Befugnis entzogen am 12.4.1939

Geburtsdatum	Sterbedatum	Schicksal	
14.11.1877 in Tarnau (poln. Tarnów)	11.9.1954 in Wien	Überlebt in Österreich	
23.7.1883 in Prag, Tschechien	14.8.1953 in London, GB	Vertreibung	England (13.6.1939) / USA (1939)
3.1.1874 in Wien	29.11.1956 in Wien	Vertreibung	London, GB (15.3.1939). Rückkehr nach Österreich 1951
21.7.1872 in Wien	27.11.1957 in San Francisco, USA	Vertreibung	New York, USA (2.1.1940) / San Francisco, USA
7.6.1862 in Troppau (tschech. Opava)	20.7.1951	Vertreibung	Palästina (16.6.1939)
2.4.1906 in Jaroslau (poln. Jarosław)	1963 in Buenos Aires, Brasilien	Vertreibung	Buenos Aires, Argentinien (1938)
9.12.1897 in Wien	? in KZ Auschwitz	Deportation / Ermordung	Auschwitz (20.6.1944)
29.3.1874 in Wien	?	Vertreibung	USA
2.7.1892 in Chirlitz bei Brünn (tschech. Brno)	29.8.1944 in den USA	Vertreibung	Abgemeldet (8.8.1939) / London, GB / USA
15.10.1861 in Heinzendorf bei Bielitz (heute poln. Bielsko-Biała)	16.6.1947 in Wellington, Neuseeland	Vertreibung	Australien / Neuseeland
2.7.1900 in Wien	7.8.1964 in Wellington, Neuseeland	Vertreibung	Australien / Neuseeland
12.10.1870 in Friedeck (tschech. Frydek-Mystek)	23.10.1951 in Wien	Vertreibung	GB?
7.2.1879 in Tarnopol (ukr. Ternopil)	?	Vertreibung	Palästina (20.3.1938; 1933 schon einmal in Palästina)
22.10.1878 in Wien	13.12.1941 in Wien	Suizid	
24.12.1887 in Wien	30.4.1943 in KZ Auschwitz (für tot erklärt)	Vertreibung / Deportation / Ermordung	Von Drancy nach Auschwitz (7.9.1942)
12.12.1892 in Wien	10.10.1946 in Shanghai, China	Vertreibung	Shanghai
6.3.1899 in Wien	8.7.1957 in London, GB	Vertreibung	England
3.2.1890 in Wien	23.1.1959 in Los Angeles, USA	Vertreibung	Istanbul, Türkei / USA
24.1.1863 in Veľký Biel, Slowakei	4.1.1940 in Wien	Gestorben	Im Spital der IKG Wien (Krankheit)

Name	Befugnis Stand 1938 (Jahr des Erwerbs)	Befugnis zurückgelegt oder entzogen (leer, wenn nicht bekannt)
Friedrich Reitlinger	Ingenieurkonsulent für Vermessungswesen, Zivilingenieur für Bergwesen	
Jakob Reitzer	Architekt (1937)	
Camillo Resek	Ingenieurkonsulent für Maschinenbau (1926)	
Max Rindl	Zivilingenieur für Bauwesen (1933)	Befugnis entzogen am 12. 4. 1939
Egon Riss	Architekt (1937)	
Dr. Karl (Carl) Rosenberg	Zivilingenieur für Bauwesen (1903)	
Emil Roth	Zivilingenieur für Bauwesen (1911)	Befugnis entzogen am 1. 4. 1940, wiedererlangt 1957
Leo Rott	Ingenieurkonsulent für Maschinenbau (1928)	Befugnis entzogen
Emil Rudoll	Zivilingenieur für Bauwesen (1912)	Befugnis zurückgelegt am 16. 8. 1938
Maximilian Sachs	Ingenieurkonsulent für Vermessungswesen und Bauwesen, Zivilingenieur für Bauwesen (1907)	Befugnis zurückgelegt am 27. 12. 1938
Gustav Schlaefrig	Architekt (1926)	Befugnis zurückgelegt am 30. 11. 1938, wiedererlangt 1946
Hans Schlesinger	Architekt (1930)	
Rudolf Schmahl	Zivilingenieur für Bauwesen (1010)	Befugnis entzogen am 12. 4. 1939
Oskar Schnabel	Ingenieurkonsulent für Vermessungswesen (1932)	Befugnis infolge Ablebens erloschen
Josef Schöngut	Ingenieurkonsulent für Maschinenbau (1910), Ingenieurkonsulent für Elektrotechnik (1914)	
Dr. Otto Felix Schoszberger	Ingenieurkonsulent für Bauwesen (1911), Ingenieurkonsulent für Vermessungswesen (1913)	Befugnis infolge Ablebens erloschen

Geburtsdatum	Sterbedatum	Schicksal	
23.6.1877 in Wien	14.3.1938 in Jenbach, Tirol	(Erweiterter) Suizid oder ermordet	
14.9.1880 in Szeged, Ungarn	8.5.1944 in Budapest, Ungarn	Vertreibung / Ermordung	Budapest, Ungarn (1938), dort interniert (1943) und „erschlagen" (8.5.1944)
11.6.1879 in Vran, Jablanica, Bosnien und Herzegowina	26.5.1942 in Maly Trostinec	Deportation / Ermordung	Maly Trostinec (20.5.1942)
12.3.1892 in Partschendorf (tschech. Bartošovice)	1949 in Shanghai, China	Vertreibung	Shanghai (8.2.1941)
3.8.1901 Lipnik, Galizien (heute Stadtteil von Bielsko-Biała, Polen)	17.3.1964 in Colinton, Schottland, GB	Vertreibung	Tschechoslowakei (1938) / GB; nach Kriegsende in Schottland als Architekt tätig
13.6.1870 in Karolinenthal (tschech. Karlín, heute Stadtteil von Prag)	?	Vertreibung	Schweiz (22.6.1938)
13.11.1880 in Berlin, Deutschland	22.10.1971 in Wien	Vertreibung	England. Rückkehr nach Österreich 1959
25.12.1882 in Wien	1967 in Brisbane, Australien	Vertreibung	Ausreise (Mitte Juni 1938) / Australien (Ankunft am 14.3.1939)
7.9.1877 in Kalusch, Galizien (heute Ukr.)	19.7.1942 in Theresienstadt	Deportation / Ermordung	Theresienstadt (28.6.1942)
14.8.1871 in Łódź, Polen	5.5.1940 in Grenoble, Schweiz	Vertreibung / Suizid	Liechtenstein / Frankreich
31.5.1881 in Mistelbach	23.4.1950 in Wien	Überlebt in Österreich	„Mischehe"
24.12.1890 in Wien	4.5.1955 in Cochabamba, Bolivien	Vertreibung	Bolivien (1939)
25.6.1888 in Wien	24.10.1943 in Theresienstadt	Deportation / Ermordung	Theresienstadt (22.7.1942)
13.6.1887 in Wien	5.11.1938 in Wien	Gestorben	Im Spital der IKG Wien (Krankheit)
26.8.1874 in Wien	30.6.1939 in Hemel Hempstead, GB	Vertreibung	Berlin, Deutschland (28.11.1938) / London, GB (12.6.1939)
16.7.1879 in Resicza, Ungarn	15.9.1938 in Wien	Suizid	

Name	Befugnis Stand 1938 (Jahr des Erwerbs)	Befugnis zurückgelegt oder entzogen (leer, wenn nicht bekannt)
Walter (Walther) Schuloff	Zivilingenieur für Bauwesen (2019)	Befugnis entzogen am 12. 4. 1939
Otto Schulz	Ingenieurkonsulent für Maschinenbau, Ingenieurkonsulent für Elektrotechnik	
Walter Cäsar Schwartz (Schwarz)	Zivilingenieur für Hochbau (1933)	Befugnis zurückgelegt am 1. 6. 1938
Jacques Schwefel	Architekt (1932)	Befugnis zurückgelegt am 8. 10. 1938
Paul Schwefel	Zivilingenieur für Maschinenbau (1929)	Befugnis zurückgelegt am 27. 7. 1938
Walter Sobotka	Architekt (1931)	
Alexander Somogyi	Ingenieurkonsulent für Vermessungswesen (1923)	
Albert Steiner	Zivilingenieur für Bauwesen (1919)	Befugnis entzogen am 12. 4. 1939
Arnold Steiner	Ingenieurkonsulent für Maschinenbau (1908)	Befugnis entzogen am 12. 4. 1939, wiedererlangt 1950
Leo Steinitz	Architekt (1902)	Befugnis entzogen am 12. 4. 1939
Dr. Ottokar Stern (ab 1939: Solvey-Stern)	Zivilingenieur für Bauwesen (1909)	Befugnis entzogen am 1. 4. 1940, wiedererlangt 1950. Verleihung Goldenes Ingenieur-Diplom am 30. 6. 1950
Arthur Szendrö	Ingenieurkonsulent für Maschinenbau (2016)	Befugnis entzogen am 12. 4. 1939, wiedererlangt 1946. Verleihung Goldenes Ingenieur-Diplom am 12. 12. 1952
Oskar Taussig	Ingenieurkonsulent für Maschinenbau (1909)	
Arnold Ticho	Ingenieurkonsulent für Vermessungswesen (1920)	Befugnis entzogen am 12. 4. 1939
Dr. Walter Vogl	Ingenieurkonsulent für technische Chemie (1936)	
Rudolf Wallesz (Walles)	Architekt (1931)	
Richard Wassermann	Ingenieurkonsulent für Vermessungswesen (1911), Ingenieurkonsulent für Bauwesen (1919)	Befugnis entzogen am 12. 4. 1939
Norbert Wechsler	Zivilingenieur für Maschinenbau (2013)	Befugnis zurückgelegt am 24. 12. 1938

Geburtsdatum	Sterbedatum	Schicksal	
3.9.1885 in Wien	?	Vertreibung	Dominikanische Republik (1940) / USA (1951)
6.5.1871 in Deutsch Rudoletz (tschech. Rudolec)	8.12.1950 in Manchester, GB	Vertreibung	London, GB
26.10.1882 in Wien	vermutlich um 1947	Vertreibung	„Unbekannt wohin abgemeldet" (2.6.1938)
13.3.1896 in Wien	5.7.1987 in Hollywood, Los Angeles, California, USA	Vertreibung	New York, USA (30.10.1938) / Toledo, Ohio, USA (1940)
15.6.1888 in Wien	März 1971 in London, GB	Vertreibung	Brünn, Slowakei (31.8.1938–19.6.1939) / London, GB (21.6.1939)
1.7.1888 in Wien	8.5.1972 in New York, USA	Vertreibung	Ausreise Juni 1938 / USA
15.2.1885 oder 1892	?	Vertreibung	Dänemark / Schweden
1.4.1879 in Brünn (tschech. Brno)	25.8.1962 in Van Nuys, Los Angeles, USA	Vertreibung	USA
11.12.1874 in Wien	4.11.1951 in Wien	Vertreibung	Argentinien. Rückkehr nach Österreich
14.12.1868 in Wien	13.11.1942 in Theresienstadt	Deportation / Ermordung	Theresienstadt (13.8.1942)
3.4.1874 in Wagstadt (tschech. Bílovec)	12.5.1963 in Wien	Vertreibung	Schweiz. Rückkehr nach Österreich
19.7.1877 in Csúz, Ungarn (heute Dubník, Slowakei)	24.8.1960 in Wien	Vertreibung	Budapest, Ungarn. Rückkehr nach Österreich (Oktober 1945)
17.12.1877 in Pilsen (tschech. Plzeň)	1958 in Sydney, Australien	Vertreibung	Jugoslawien (10.8.1938) / über London nach Fremantle, Australien (Ankunft 20.6.1939)
3.3.1883 in Ostrau (tschech. Ostrava)	? in Riga	Deportation / Ermordung	Riga (16.1.1942)
31.1.1891 in Wien	1945 in Omaha, Douglas, Nebraska, USA	Vertreibung	Omaha, Douglas, Nebraska, USA
30.3.1894 in Wien	31.7.1966 in London, GB	Vertreibung	London, GB
14.12.1881 in Trebitsch (tschech. Třebíč)	? in KZ Auschwitz	Vertreibung / Deportation / Ermordung	Abgemeldet „nach unbekannt" (2.5.1939), vermutlich Frankreich. Von Drancy nach Auschwitz deportiert (14.12.1944)
12.7.1881 in Wien	1.8.1948 in Los Angeles, USA	Vertreibung	London, GB (1940) / Los Angeles, USA

Name	Befugnis Stand 1938 (Jahr des Erwerbs)	Befugnis zurückgelegt oder entzogen (leer, wenn nicht bekannt)
Eugen Weiss	Zivilingenieur für Bauwesen (1921)	Befugnis entzogen am 27.1.1939
Franz Rudolf Weiss	Zivilingenieur für Bauwesen (1916)	
Siegmund Weys (bis 1927: Weiss)	Zivilingenieur für Bauwesen (1919)	Befugnis entzogen am 12.4.1939
Ernst (Ernest) Winter	Ingenieurkonsulent für Maschinenbau (1916)	Befugnis entzogen am 27.1.1939
Alexius Wolf	Architekt (1931)	
Wilhelm (William) Wolf	Zivilarchitekt (1933) bzw. Zivilingenieur für Hochbau (1938)	Befugnis entzogen am 12.4.1939
Otto Zeisel	Zivilingenieur für Bauwesen (1923)	Befugnis entzogen am 12.4.1939
Martin Ziegler	Architekt (1927)	Befugnis zurückgelegt am 3.12.1938
Paul Zuckermann	Zivilingenieur für Maschinenbau (1912)	Befugnis zurückgelegt am 31.8.1938

Die Liste setzt sich zusammen aus 140 Ziviltechnikern, die in den Mitgliederlisten vom Juli 1938 als „nichtarisch" gestrichen waren, und zehn weiteren, deren jüdische Herkunft den Kammern zu diesem Zeitpunkt noch nicht bekannt war. Der Zivilingenieur für Bauwesen (1930) Isidor Müller, der in den Mitgliederlisten von Juni 1938 aufscheint und als „nichtarisch" gestrichen war, wurde nicht berücksichtigt, weil er sich seit 1936 in Südafrika aufhielt und dort am 27. Dezember 1937 verstarb.

Quellen: AKZT W/NÖ/Bgld, Mitgliederakten; Arolsen Archives; Az W, Architektenlexikon; DÖW, Opferdatenbank; Familienarchive; Findbuch für Opfer des Nationalsozialismus; ISA; IKG Wien; MyHeritage.at; NAA; ÖStA/AdR, E-uReang, VVSt, VA, Rückstellungsakten, Arisierungsakten und Akten des Hilfs- und Abgeltungsfonds; ÖStA/AdR, BMfHuW Titel ZivTech; ÖStA/AdR, ZNsZ, MfiukA, BBV; Terezín Iniciative Institute, Opferdatenbank; USHMM, Holocaust Survivors and Victims Database; Vienna Memento Wien; WStLA, MD-BD-A21-Ziviltechnikerpruefung.

Geburtsdatum	Sterbedatum	Schicksal	
3.12.1884 in Neutra (slow. Nitra)	27.4.1905 in KZ Auschwitz	Deportation / Ermordung	Theresienstadt (1.10.1942) / Auschwitz (16.10.1944)
30.10.1884 in Prag, Tschechien	23.7.1968 in Seattle, USA	Vertreibung	Abgemeldet (26.8.1938), England (11.8.1938) / Seattle, USA (seit 1940). Amerikanische Staatsbürgerschaft erworben
12.11.1884 in Wien	? in Izbica	Deportation / Ermordung	Izbica (12.5.1942)
4.9.1882 in Wien	Juni 1982 in Queens, New York, USA	Vertreibung	Vermutlich über Shanghai in die USA (war 1909 schon einmal in den USA)
21.10.1898 in Eisenstadt	1951 in Budapest, Ungarn	Vertreibung	Budapest, Ungarn (März 1938)
7.11.1898 in Wien	3.8.1983 in Los Angeles, USA	Vertreibung	San Francisco, USA
26.7.1884 in Lomnitz (tschech. Lomnice)	7.12.1953 in Wien	Vertreibung	Italien (Oktober 1939) / Tel Aviv, Palästina. Rückkehr nach Österreich
14.6.1896 in Wien	1974 in Queens, New York, USA	Vertreibung	London, GB (1939) / USA (1940)
27.5.1877 in Berlin, Deutschland	4.3.1945 in Olten, Schweiz	Vertreibung	Abgemeldet (10.1.1939) und ausgereist in die Schweiz (Februar 1939)

III.5
Widerstand von Ziviltechnikern?

Wie die geringe Zahl an Enthebungen aus politischen Gründen zeigt, ist der Widerstand gegen das nationalsozialistische Regime unter Ziviltechnikern insgesamt als äußerst gering einzuschätzen. Auch kann eine Enthebung aufgrund „politischer Unzuverlässigkeit" nach Paragraf 4 der Berufsbeamtenverordnung (BBV) nicht automatisch als politischer Widerstand gegen das NS-Regime gewertet werden. Wie die Fälle des späteren Nationalratsabgeordneten Robert Rapatz und des Direktors der Staatsgewerbeschule Bregenz, Franz Schrangl, zeigen, versuchten einige Enthobene sich mit der nationalsozialistischen Herrschaft zu arrangieren und beruflich wieder Fuß zu fassen (→ *S. 131*).

Einziges bekanntes Beispiel von aktivem politischem Widerstand eines Ziviltechnikers mit aufrechter Befugnis in der NS-Zeit ist der Architekt Herbert Eichholzer, der für seinen Mut mit dem Leben bezahlen musste (→ *S. 196*). Seine Tätigkeit im kommunistischen Widerstand in der Türkei und in Österreich brachte ihn unter anderem in Kontakt mit der Architektin Margarete Schütte-Lihotzky, die die Befugnis als Architektin im Jahr 1948 beantragte. Wie Eichholzer wurde auch sie verhaftet, jedoch nicht hingerichtet, sondern zu Zuchthaus verurteilt. Somit war es ihr möglich, in der Nachkriegszeit berufliche Erfolge zu erlangen und Zeugnis von ihrer eigenen Widerstandstätigkeit und jener ihrer Gesinnungsgenoss:innen abzulegen (→ *S. 242*).

Möglicherweise gab es auch Ziviltechniker, die Alltagswiderstand leisteten, indem sie Verfolgten halfen oder sich auf andere Weise den nationalsozialistischen Gesetzen und Normen widersetzten.[199] Bedauerlicherweise lassen sich solche Fälle jedoch nur schwer rekonstruieren, wenn die Person nicht entdeckt oder verraten und strafrechtlich verfolgt wurde und keine biografischen Aufzeichnungen existieren. Im Zuge dieser Forschungsarbeit konnten keine Fälle von Alltagswiderstand rekonstruiert werden.

Mit großer Vorsicht zu betrachten sind Angaben, die im Zuge der Entnazifizierung von ehemaligen Parteimitgliedern zu ihrer Entlastung gemacht wurden und oft von Unterstützungserklärungen begleitet waren (→ *S. 213*). Vieles dürfte nicht oder nur teilweise der Wahrheit entsprochen haben, anderes muss im Kontext betrachtet werden. So kann die freundliche Behandlung von Kriegsgefangenen oder die Beschäftigung von Regimegegner:innen durch Personen, die aufgrund ihrer politischen Haltung privilegierte Stellungen erreicht hatten, also die humane Nutzung verfügbarer Handlungsspielräume, nicht oder nur sehr bedingt als Widerstand bezeichnet werden.

Ein Beispiel hierfür war der oberösterreichische Zivilingenieur für Elektrotechnik Adolf Scharmüller (1896–1950).[200] Scharmüller war während seines Studiums an der Technischen Hochschule in Wien der Wiener akademischen Burschenschaft „Oberösterreichische Germanen" und im Juli 1932 der Ortsgruppe Gmunden der NSDAP (Mitglieds-Nr. 1.206.332) beigetreten. Ein Jahr später meldete er sich zur SA-Reserve, die aber wegen des Verbots der NSDAP nicht mehr aufgestellt wurde. 1934 wurde er verdächtigt, in einen Sprengstoffanschlag involviert zu sein. Er wurde zu einer Geld- und Freiheitsstrafe verurteilt, das Urteil wurde nach seiner Berufung aufgehoben, eine Beteiligung und eine illegale Tätigkeit konnten in zweiter Instanz nicht nachgewiesen werden.[201] Dennoch wurde er 1935 als Betriebsdirektor-Stellvertreter bei der Österreichischen Kraftwerke AG (ÖKA, ab 1941 KOA – Kraftwerke Oberdonau AG, heute Energie AG Oberösterreich) aufgrund „seiner NS freundlichen Gesinnung" gekündigt, woraufhin er eine selbstständige Tätigkeit als Zivilingenieur aufnahm.

Nach dem „Anschluss" wurde Scharmüller von dem befreundeten Landeshauptmann-Stellvertreter Rudolf Lengauer mit der Leitung der ÖKA betraut. Man habe verhindern wollen, dass ein Reichsdeutscher die Stelle bekomme.[202] Dies sei auch der Grund gewesen, warum er bei der Ausfüllung des NSDAP-Erfassungsantrags 1938 die Unterbrechung seiner Parteizugehörigkeit während der Verbotszeit verschwiegen und falsche Angaben zu einer angeblichen illegalen Tätigkeit gemacht habe.[203] Die Ortsgruppenleitung Gmunden bestätigte jedoch seine Angaben und befand ihn „seiner alten Mitgliedsnummer würdig".[204] Im November 1938 trat er der SA bei, aufgrund seiner gesellschaftlichen Stellung wurde er „ehrenhalber zum SA-Sturmbannführer" befördert.[205]

Innerhalb der NSDAP bekleidete er zahlreiche einflussreiche Ämter. Von seinem Kollegen, dem Zivilarchitekten August Schmöller (→ *S. 102*), der zum Leiter des Gauamts für Technik avanciert war, wurde Scharmüller mit der Fachgruppenwaltung Elektrotechnik, Gas und Wasser für den Gau Oberdonau betraut,[206] später war er Kreisamtsleiter, bat aber 1941 um Enthebung aus diesem Amt.[207] Weitere Ämter, die er in der NS-Zeit innehatte, waren unter anderem die des Leiters der Abteilung Energiewirtschaft bei der Gauwaltung der NSDAP und des Kreiswirtschaftsberaters.[208] Insgesamt listete das Innenministerium in der Nachkriegszeit 14 Funktionen auf, die er während der NS-Zeit innerhalb der NSDAP, des NSBDT und anderer Dienststellen ausgeübt hatte.[209]

Nach Kriegsende wurde Scharmüller von der amerikanischen Militärbehörde „in politische Haft genommen".[210] Er war fast zwei Jahre im alliierten Anhaltelager Glasenbach interniert und wurde 1947, nach Anzeige des Gendarmeriepostenkommandos Gmunden aufgrund Paragraf 11 Verbotsgesetz, ins Gefangenenhaus des Landesgerichts in Linz überstellt. Zwei Monate später wurde er zwar aus der Haft entlassen,[211] aber 1949 von der Staatsanwaltschaft beim Landesgericht Linz als Volksgerichtshof aufgrund angenommener Illegalität und seiner politischen Leitungspositionen innerhalb der NSDAP und seines Rangs in der SA wegen Hochverrats nach Paragraf 58 StG. in der Fassung der Paragrafen 10 und 11 Verbotsgesetz 1947 angeklagt.[212] Die Angaben, die er bei seiner Registrierung gemacht hatte, standen im Widerspruch zu seinen früheren Angaben und Unterlagen aus der NS-Zeit.

1948 legte er im Zuge eines Antrags auf Befreiung von den Sühnefolgen eine Reihe von eidesstattlichen Erklärungen ehemaliger Mitarbeiter vor, die bezeugen sollten, dass er seine Stellung in der NSDAP nicht missbraucht, sondern dazu genützt habe, politisch oder „rassisch" verfolgten Personen zu helfen.[213] Insbesondere beschrieb ihn Hans Kitten, der als Ingenieur bei den Österreichischen Kraftwerken beschäftigt war, als Menschen, der sich ihm gegenüber „anständig und hilfreich in jeder Weise" verhalten habe und dessen „Beurteilung menschlicher Werte und Fähigkeiten […] von rassischen Vorurteilen frei" gewesen sei. Scharmüller habe „mit vollem Erfolg alles getan", um ihn, seinen jüdischen Vater und seine Schwester „vor Schaden zu bewahren".[214] Auch andere ehemalige Mitarbeiter bezeugten,

dass Scharmüller „im Betriebe nur Leistung und keine Politik" anerkannt habe.[215] Andere Zeugen bestätigten, dass Scharmüller sich bei Gauleiter August Eigruber gegen die geplante Sprengung der Großkraftwerke Partenstein und Timelkam eingesetzt habe.[216]

Die Gerichtsverhandlung wurde für 28. Oktober 1949 anberaumt. Scharmüllers Verteidiger legte ein Telegramm vor, aus dem hervorging, dass sein Mandant seit zwei Tagen an „stenokardischen Anfällen" (Angina-pectoris-Anfällen) litt und deshalb nicht verhandlungsfähig sei, die Verhandlung wurde „auf unbestimmte Zeit" vertagt.[217] Scharmüller verstarb am 10. Jänner 1950 in Gmunden, das Verfahren wurde im Mai 1950 durch den Bundespräsidenten eingestellt, ohne dass es zu einem Urteil gekommen war.[218]

Scharmüllers Handeln ist einerseits von früher Nähe zur nationalsozialistischen Ideologie, andererseits von beruflichem Ehrgeiz geprägt. Er war bereit, seine politischen Überzeugungen hintanzustellen, als die NSDAP verboten wurde, trat der Partei 1938 aber unverzüglich wieder bei und bekleidete eine Vielzahl an einflussreichen Ämtern des NS-Behördenapparats. Seine Angaben zu seinen Aktivitäten für den Nationalsozialismus variieren stark, sind von opportunen Auslassungen geprägt und passten sich damit den jeweiligen Anforderungen an. Ob sein von Zeug:innen beschriebenes Verhalten gegenüber Mitarbeitern einem menschlichen Mitgefühl, persönlichen Sympathien oder praktischen Überlegungen geschuldet war, lässt sich nicht mehr klären. Unbestreitbar ist seine tatkräftige Mitwirkung am Regime in zahlreichen Funktionen, durch die er in jedem Fall über die verbrecherische Ideologie im Bilde war und sie mittrug. Sowohl Scharmüller selbst als auch seine Frau zeigten sich davon überzeugt, dass er „keine wie immer geartete Schuld auf sich geladen" habe.[219] Als Widerstand gegen das Regime kann sein Verhalten somit nicht eingestuft werden.

Herbert Eichholzer

Architekt, Widerstandskämpfer
31.1.1903–7.1.1943 (39 Jahre)

Abb. III/39
Herbert Eichholzer, undatiert.

Herbert Eichholzer wurde am 31. Jänner 1903 in Graz geboren.[220] Er schloss sich bereits während seiner Schulzeit der Wandervogelbewegung an, ab 1922 studierte er Architektur an der Technischen Hochschule in Graz, wo er von seinen Lehrern Julius Schulte und Friedrich Zotter beeinflusst wurde. Er war politisch aktiv und trat der Vereinigung sozialistischer Hochschüler bei. Seine sozialistische Weltsicht wurde außerdem von ausgedehnten Studienreisen geformt, die ihn in alle Teile Europas, nach Kleinasien und Ostafrika führten.

Nach seinem Studienabschluss 1928 arbeitete er zunächst in Deutschland bei einer Stahl- und Fertighausfirma, kündigte aber bald, um in Paris bei Le Corbusier und Pierre Jeanneret zu arbeiten. 1930 kehrte er zurück nach Graz und machte sich mit eigenem Atelier selbstständig. In den folgenden Jahren schuf er in der Steiermark eine Reihe von Bauten im „Internationalen Stil". Im Herbst 1932 hielt er sich in Moskau auf, wo er im Umfeld von Ernst May für „Standartgorprojekt" – der gerade erst gegründeten Staatlichen Stiftung für den Entwurf von Arbeiterstädten und -dörfern – standardisierte Wohnungstypen entwickelte. Enttäuscht von den Verhältnissen in der Sowjetunion, kehrte er aber bereits nach drei Monaten nach Österreich zurück. 1934 wurde er mit der Silbernen Medaille der Stadt Graz und 1935 mit dem Staatspreis (Sezessionsausstellung) ausgezeichnet. Eichholzer suchte am 22. März 1937 nach Verordnung BGBl. Nr. 61/1937 um Nachsicht der Prüfung und von den Fachstudien an. Der zuständige Beirat befürwortete sein Ansuchen, und Eichholzer wurde als Architekt Mitglied der Ingenieurkammer für Steiermark und Kärnten.[221]

Politisch engagierte sich Eichholzer für die Sozialdemokratie, 1934 wurde er im Zuge des Februaraufstands wegen seiner Beteiligung in den Reihen des Republikanischen Schutzbundes für einige Wochen verhaftet, zudem war er aktiv im Widerstand gegen den Nationalsozialismus. Nach der nationalsozialistischen Machtübernahme floh Eichholzer über Triest und Zürich nach Paris, wo es ihm aber nicht gelang, als Architekt Fuß zu fassen. Er schloss sich dem kommunistischen Widerstand an, bevor er im Herbst 1938 von Clemens Holzmeister, der in Ankara für die türkische Regierung arbeitete, in die Türkei geholt wurde. Dort baute er die türkische Auslandsgruppe der Kommunistischen Partei Österreichs (KPÖ) auf und machte Bekanntschaft mit der Architektin Margarete Schütte-Lihotzky. Wie sie kehrte Eichholzer 1940 zurück nach Österreich, um den kommunistischen Widerstand mit aufzubauen. Er sollte den illegalen Grenzverkehr nach Agram (kroat. Zagreb) einrichten, die kommunistische Zelle in Graz aufbauen und diese mit den Auslandsgruppen vernetzen sowie kommunistische Gruppen in Wien vereinigen. Zudem verfasste Eichholzer gemeinsam mit Gleichgesinnten Flugblätter, die über die kommunistischen Zellen verbreitet wurden. Um auch innerhalb der Wehrmacht tätig sein zu können, meldete er sich als Freiwilliger für den Kriegsdienst. Er wurde am 18. Oktober 1940 eingezogen und nach Frankreich geschickt.

Herbert Eichholzer wurde verraten und am 9. Februar 1941 verhaftet und der Gestapo Wien übergeben. In einem anderthalbjährigen Verfahren wurde ihm „Vorbereitung zum Hochverrat" vorgeworfen, er wurde am 9. September 1942 vom Volksgerichtshof „zum Tode und dauernden Verlust der bürgerlichen Ehrenrechte" verurteilt. Die Gnadengesuche seines Bruders und seines Anwalts wurden abgelehnt, das Todesurteil am 7. Jänner 1943 vollstreckt.[222]

Es dauerte lange, bis das Werk und der politische Widerstand Eichholzers in seiner Heimatstadt Graz bzw. in Österreich anerkannt und gewürdigt wurden, obwohl seine ehemalige Mitstreiterin im Widerstand Schütte-Lihotzky die Erinnerung und Anerkennung seiner Person stets einforderte.[223] 1998 organisierte die Sezession Graz die Ausstellung „Herbert Eichholzer 1903–1943. Architektur und Widerstand".[224] Sechs Jahre später erschien in der Reihe „Wissen aus dem Archiv" der TU Graz Dietrich Eckers Dissertation zum Leben und Werk Eichholzers, mit der dieser bereits 20 Jahre früher am Institut für Architekturtheorie und Baukunst promoviert hatte. Im Verlagstext heißt es, dass „[g]erade dieser tragische Tod […] die Erinnerung an Eichholzer ‚peinlich', ‚unliebsam' [machte], und so fiel er bald dem Vergessen anheim, obwohl seine Entwürfe heute wieder als erschreckend modern empfunden werden und viele Stilelemente der neuesten Architektur vorwegnehmen".[225] 2008 wurde Eichholzer vom Stadtmuseum Graz im Rahmen der Ausstellung „Graz Portraits" gewürdigt.[226] Seit 2009 vergibt die Stadt Graz in Zusammenarbeit mit der TU Graz alle zwei Jahre einen nach Herbert Eichholzer benannten Förderungspreis an begabte Architekturstudent:innen – der Preis „soll die Verbundenheit der Stadt Graz und der Technischen Universität Graz mit Herbert Eichholzer symbolisieren, sowie die verantwortungsbewusste Auseinandersetzung des Architekten mit den Strömungen seiner Zeit fortführen".[227] Im Oktober 2013 wurde am Grazer Marienplatz im Gartenbereich des Gebäudes RONDO ein Eichholzer-Pavillon eröffnet.[228] Im Jahr 2014 wurde vor dem Haus Schröttergasse 7 in Graz, in dem Herbert Eichholzer als Kind lebte, ein Stolperstein verlegt.[229]

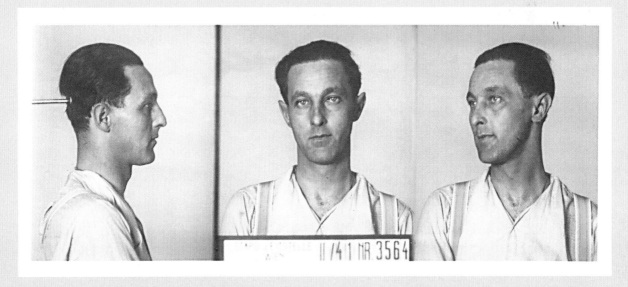

Abb. III/40   Gestapo-Fotos von Herbert Eichholzer, 1941.

IV.
Wiedererrichtung der Ingenieurkammern und Entnazifizierung nach 1945

Inge Korneck, Ingrid Holzschuh, Alexandra Wachter

IV.1	Wiedererrichtung der Ingenieurkammern	201
	IV.1.1 Provisorische Kammerorganisation	201
	IV.1.2 Aufnahme neuer Mitglieder	204
	IV.1.3 „Wiederaufleben" entzogener, unter Zwang zurückgelegter und erloschener Befugnisse	206
IV.2	Entnazifizierung der Ziviltechniker	213
	IV.2.1 Registrierung von Nationalsozialist:innen (Verbotsgesetz 1945)	213
	IV.2.2 „Belastete" und „minderbelastete" Ziviltechniker (Nationalsozialistengesetz 1947)	220
	IV.2.3 Volksgerichtsverfahren	222
IV.3	Konsolidierung der Kammer und Ziviltechnikergesetz 1957	226

IV.1
Wiedererrichtung der Ingenieurkammern

Im Mai 1945 waren der Krieg und die nationalsozialistische Herrschaft auch für Österreich zu Ende. In Wien wurde bereits am 27. April 1945 mit Zustimmung der Sowjetunion die Wiedererrichtung der unabhängigen Republik Österreich proklamiert und die Provisorische Staatsregierung aus den drei wiedergegründeten Parteien SPÖ, ÖVP und KPÖ gebildet, im Oktober wurde diese auch von den anderen Siegermächten anerkannt.[1] Da das Staatsgebiet in vier Besatzungszonen aufgeteilt war, musste sich die Provisorische Regierung mit der alliierten Kommission abstimmen, neue Gesetze und Verordnungen wurden von dieser vorab geprüft.[2] Es wurden mehrere Überleitungsgesetze erlassen, die auch die Aufhebung der deutschen Rechtsvorschriften zur Folge hatten. So regelte das im Juli 1945 beschlossene Behörden-Überleitungsgesetz die „Überleitung der Verwaltungs- und Justizeinrichtungen des Deutschen Reiches in die Rechtsordnung der Republik Österreich".[3] Damit beruhte auch die Organisation des Berufsstandes der Ziviltechniker:innen wieder auf der gleichen gesetzlichen Grundlage wie vor dem „Anschluss" 1938.[4] Bis Ende 1945 war das neu errichtete Staatsamt für öffentliche Bauten, Übergangswirtschaft und Wiederaufbau für die Angelegenheiten der Ziviltechniker:innen zuständig, ab 1946 das Bundesministerium für Handel und Wiederaufbau.[5]

IV.1.1
Provisorische Kammerorganisation

Anders als 1918 nahmen die Ziviltechniker:innen nach dem Zweiten Weltkrieg eine wichtige Rolle beim Wiederaufbau ein. Den Behörden war es deshalb ein Anliegen, diese möglichst rasch wieder in Ingenieurkammern zu erfassen.[6] Umgekehrt hatten die Ziviltechniker:innen großes Interesse daran, wieder von Kammern vertreten zu werden und in die Beratungen über neue Gesetze, Verordnungen etc. eingebunden zu werden.[7] Das noch herrschende politische und gesetzliche Vakuum nach Ende des Krieges erlaubte jedoch vorerst nur eine provisorische Bildung der Kammervorstände.

Als Erstes betraute das „Zentralkomitee O5"[8] den Ingenieurkonsulenten für Vermessungswesen Egon Magyar am 20. April 1945 mit der „Sicherung und Wahrung der Interessen der Ing. Kammer für Wien, Niederösterreich und das Burgenland" und setzte ihn als deren provisorischen Leiter ein.[9] Ihm wurden die – ebenfalls provisorischen – Vorstandsmitglieder Kurt Ulrich (Vizevorsitzender), Rudolf Schober (als Vertreter des Staatsamtes), Franz Pongratz, Josef Flatscher, Anton Grenik, Heinrich Hiller, Franz Moertinger, Otto Nadel, Walter Poech und Franz Reschl zur Seite gestellt.[10]

→ *Abb. IV/1*

Egon Magyar wurde am 10. Juni 1892 in Wien geboren. Er studierte an der Technischen Hochschule Wien, legte 1916 die Staatsprüfung ab und war einige Jahre in diversen Vermessungsbüros tätig. 1920 erhielt er die Befugnis als Zivilgeometer und machte sich in der Neulinggasse in 1030 Wien selbstständig. Magyar war Mitglied der Ingenieurkammer für Wien, Niederösterreich und Burgenland und übernahm 1929 die Funktion eines Kammerrates, von 1931 bis 1934 war er 2. Vizepräsident der Konsulentensektion.[11] 1939 wurde ihm aufgrund der Paragrafen 2 und 3 der Berufsbeamtenverordnung (BBV) die Befugnis entzogen, das heißt, aus „rassischen" Gründen (→ *S. 125*).[12] Es ist unklar, wo er die NS-Zeit überlebte. Am 1. Mai 1945 bat Magyar die Ingenieurkammer für Wien, Niederösterreich und Wien um Wiederanmeldung seiner Befugnis.[13] Die Kammer stellte den entsprechenden Antrag an das Staatsamt für öffentliche Bauten, Übergangswirtschaft und Wiederaufbau, der erwartungsgemäß positiv entschieden wurde.[14] Somit konnte Magyar seinen Eid am 30. Oktober 1945 erneuern und seine Kanzlei wiedereröffnen. Nachdem 1947 die neuen Kammerstatuten erlassen worden waren, wurde Magyar in der Kammerwahl in seiner Leitungsfunktion bestätigt und nun auch zum ersten Präsidenten der Nachkriegszeit der Ingenieurkammer für Wien, Niederösterreich und Burgenland gewählt, eine Funktion, die er bis 1951 innehatte. 1960 wurden ihm das Große Ehrenzeichen der Republik Österreich und 1968 das Goldene Ehrenzeichen der Stadt Wien verliehen. Magyar bekam 1970 als Erster die Auszeichnung Ehrenring der Bundes-Ingenieurkammer (heute: Bundeskammer der Ziviltechniker:innen) verliehen. Egon Magyar starb am 10. Juli 1979 in Wien.[15] 1987 wurde der Magyarweg im 22. Bezirk nach ihm benannt.

In den anderen Bundesländern mussten die in der NS-Zeit liquidierten Ingenieurkammern durch die jeweiligen Landesregierungen wiedererrichtet und provisorische Leitungen bestellt werden. Anton Stephan Hofmann, der die Kammer-Präsidentschaft bereits von 1937 bis 1938 innegehabt hatte, wurde von der steiermärkischen Landesregierung am 4. Juni 1945 zum provisorischen Leiter der Ingenieurkammer

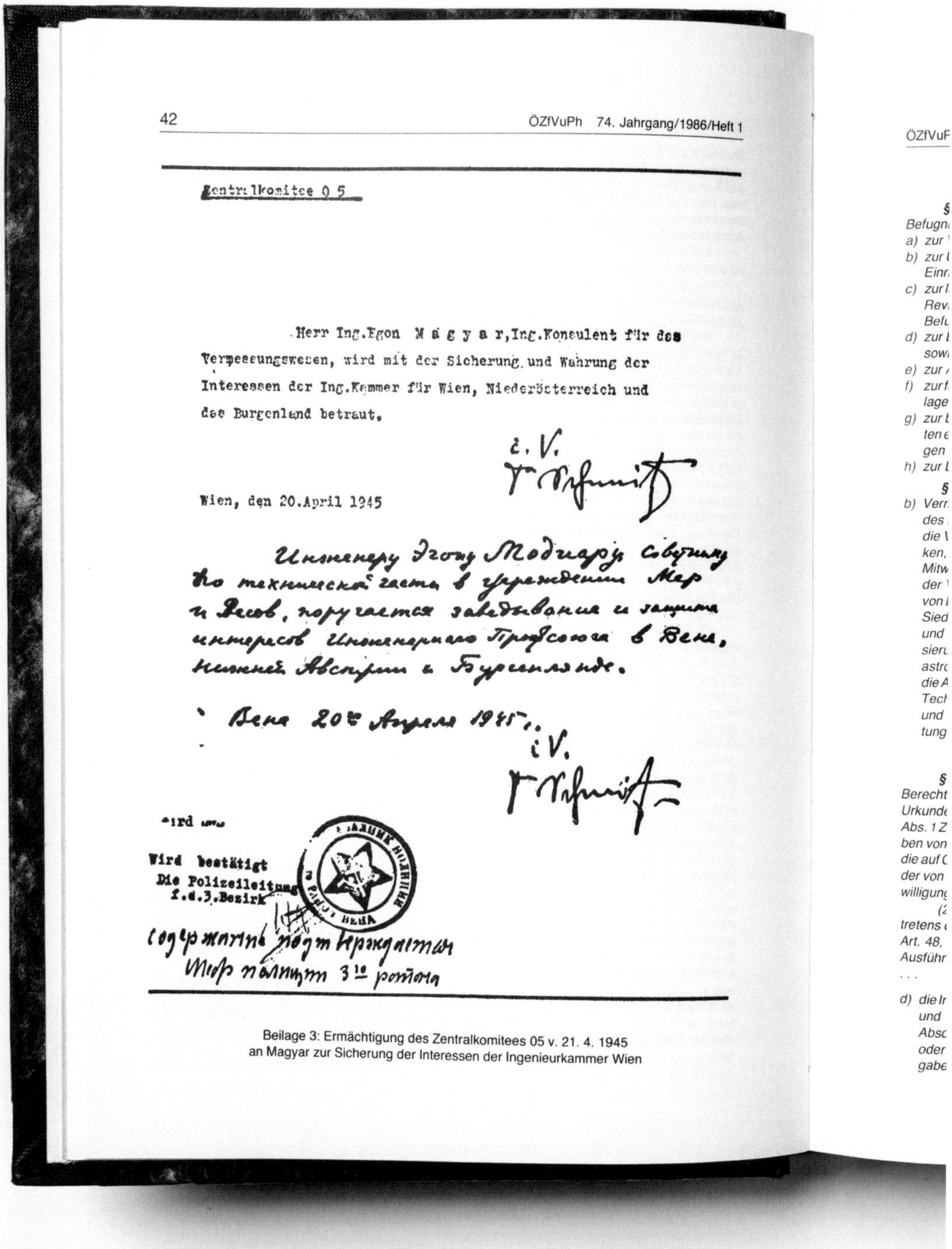

Zentralkomitee O 5

Herr Ing.Egon M a g y a r, Ing.Konsulent für das Vermessungswesen, wird mit der Sicherung und Wahrung der Interessen der Ing.Kammer für Wien, Niederösterreich und das Burgenland betraut.

Wien, den 20.April 1945

i.V.
Dr Schmitz

Инженеру Эгону Модиарÿ совѣтнику по технической части в учреждении Мер и Весов, поручается завѣдованiе и защита интересов Инженернаго Профсоюза в Вѣнѣ, нижней Австрiи и Бургенландѣ.

Вѣна 20го Апрѣля 1945

i.V.
Dr Schmitz

Wird bestätigt
Die Polizeileitung
f.d.3.Bezirk

Содержанiе подт пражданiи Мѣр полицiи 3го района

Beilage 3: Ermächtigung des Zentralkomitees 05 v. 21. 4. 1945 an Magyar zur Sicherung der Interessen der Ingenieurkammer Wien

Abb. IV/1 Das Zentralkomitee O5 beauftragt Egon Magyar mit der Sicherung der Interessen der Ingenieurkammer für Wien, Niederösterreich und Burgenland, 20.4.1945.

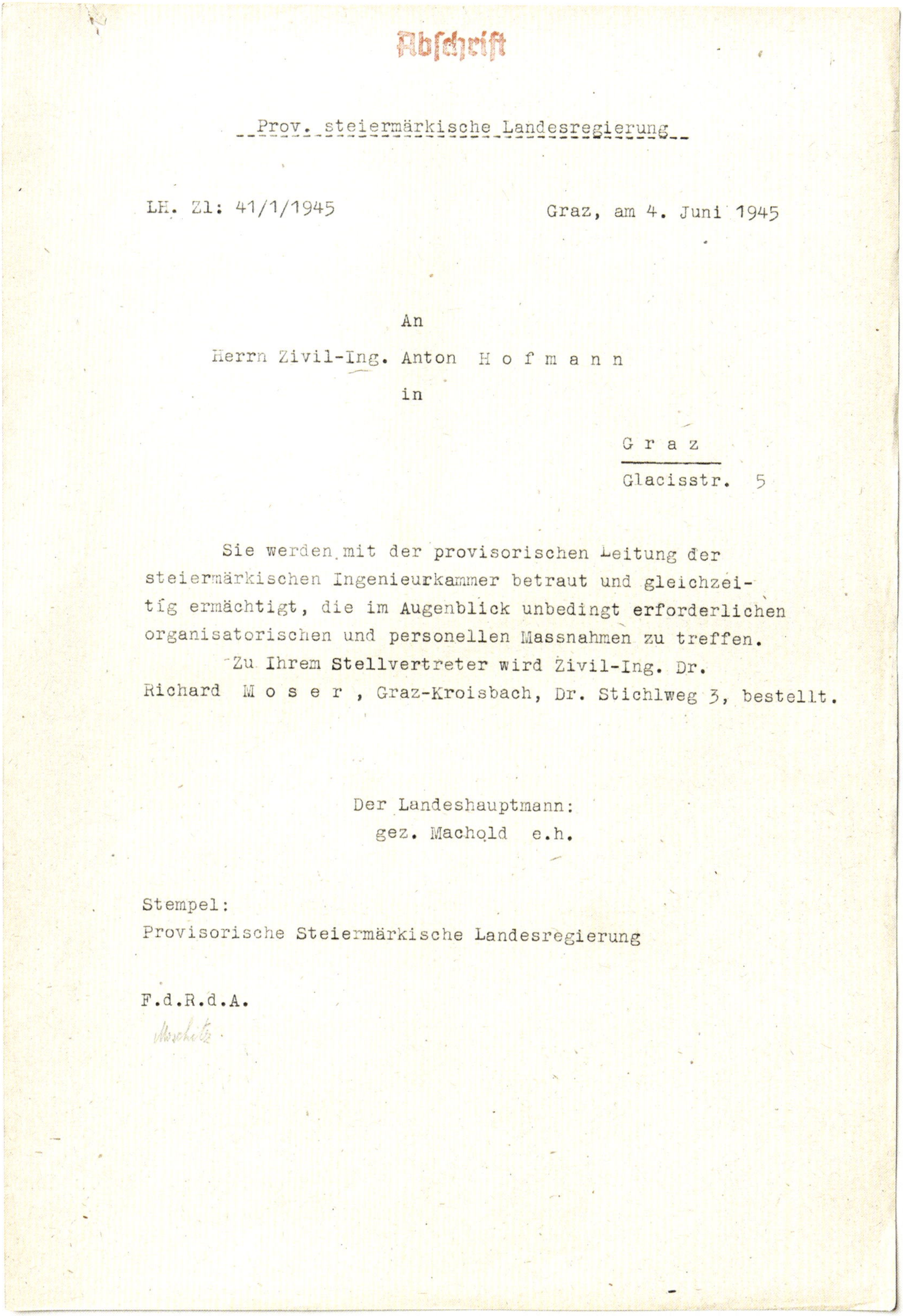

Abschrift

Prov. steiermärkische Landesregierung

LH. Zl: 41/1/1945   Graz, am 4. Juni 1945

An

Herrn Zivil-Ing. Anton H o f m a n n

in

G r a z
Glacisstr. 5

Sie werden mit der provisorischen Leitung der steiermärkischen Ingenieurkammer betraut und gleichzeitig ermächtigt, die im Augenblick unbedingt erforderlichen organisatorischen und personellen Massnahmen zu treffen. Zu Ihrem Stellvertreter wird Zivil-Ing. Dr. Richard M o s e r , Graz-Kroisbach, Dr. Stichlweg 3, bestellt.

Der Landeshauptmann:
gez. Machold e.h.

Stempel:
Provisorische Steiermärkische Landesregierung

F.d.R.d.A.

Abb. IV/2 Anton Hofmann wird provisorischer Leiter der „steiermärkischen Ingenieurkammer", 4.6.1945.

für Steiermark und Kärnten bestellt.[16] Sein Stellvertreter wurde Richard Moser.
→ *Abb. IV/2*

Der bis zum „Anschluss" amtierende Präsident der Kammer für Oberösterreich und Salzburg (1925–1938) Hans Schachermeyr (→ *S. 58*) wurde mit 9. Juli 1945 durch den Landeshauptmann von Oberösterreich mit der Wiedererrichtung einer Ingenieurkammer – „zunächst für Oberösterreich" – betraut,[17] als sein Stellvertreter wurde Gustav Gustenau eingesetzt. In der Ingenieurkammer für Tirol und Vorarlberg wurde im Juni 1945 zunächst deren ehemaliger Präsident (1929–1938) bzw. provisorischer Leiter (1938–1942) Karl Emmerich Nowak mit der Leitungsfunktion betraut.[18] Dieser trat aber am 14. April 1946 zurück. Die vom Bundesministerium für Handel und Wiederaufbau vorgeschriebene sicherheitspolizeiliche Überprüfung im Juni 1946 ergab, dass Nowak 1934 der NSDAP beigetreten war, als „verdienter Kämpfer" bezeichnet wurde und zur Medaille zur Erinnerung an den 13. März 1938 vorgeschlagen worden war.[19] Das Landesbauamt reagierte prompt, Nowak könne als provisorischer Leiter „nicht mehr in Betracht gezogen werden".[20] Im Oktober 1946 wurde Philipp Mitzka (1870–1949), Zivilingenieur für Architektur und Hochbau, die provisorische Leitung der Ingenieurkammer für Tirol und Vorarlberg übertragen, und er wurde aufgefordert, weitere Mitglieder des Vorstands vorzuschlagen.[21] Mitzka übte das Amt bis zu seinem Tod 1949 aus. 1950 war Leo Handl Präsident, ihm folgte erneut Karl Nowak. Ihm war es gelungen, die Überprüfungskommission davon zu überzeugen, dass er 1938 falsche Angaben gemacht habe und er der NSDAP erst im Mai 1938 beigetreten sei.[22] Er hatte das Amt von 1951 bis 1954 inne.[23]

Eine der ersten Aufgaben der provisorisch eingerichteten Ingenieurkammern war die Kontaktaufnahme mit alten und das Anwerben von neuen Mitgliedern. Im Sommer 1945 wurden „Amtliche Bekanntmachungen"[24] in Tageszeitungen geschaltet, um ehemalige Mitglieder, die sich noch oder wieder in Österreich aufhielten, sowie potenzielle neue Mitglieder zu erreichen. In der Bekanntmachung zur „Wiedererrichtung einer Ingenieurkammer in Linz" des kommissarischen Präsidenten Hans Schachermeyr hieß es, dass sich alle Personen umgehend bei der Ingenieurkammer für Oberösterreich unter Angabe ihrer Sektion und Berufsgruppe melden sollten,

1. […] welche im Sinne der Verordnung des Ministeriums des Inneren vom 11. Dezember 1860, Z. 36.413, betreffend die Grundzüge zur Einführung behördlich autorisierter Privattechniker und den daraufhin folgenden gesetzlichen Ergänzungen und Erweiterungen eine Befugnis als Ziviltechniker am oder nach dem 13. März 1938 besessen haben und ihren Geschäftssitz in Oberösterreich hatten oder derzeit haben.
2. […] welche entsprechend der Gesetzeslage vom 31. Dezember 1933 nach ihrer Fortbildung und Berufsausbildung im gegenwärtigen Zeitpunkt Zivilingenieure sein könnten, wenn sie darum angesucht und die vorgeschriebene Prüfung abgelegt hätten und ihren Geschäftssitz in Oberösterreich haben.
3. […] welche für die künftige Zeit die Aufnahme in die Kammer als Zivilingenieure anstreben (Anwärter).

Der Aufruf betraf auch jene Berufsgruppen – wie Architekten, Bergbauingenieure sowie Geometer –, die in der NS-Zeit anderen Organisationen zugeteilt gewesen waren. Der Meldung war der Fragebogen des Military Government beizulegen.[25] Ebenso geht aus einem Schreiben des Mitglieds Marcel Kammerer hervor, dass die Ingenieurkammer für Wien, Niederösterreich und Burgenland 1945 ihre alten Mitglieder direkt kontaktierte und sie aufforderte, sich bei ihr zu melden.[26] Somit waren die provisorischen Kammern in Folge mit der Aufnahme neuer Mitglieder sowie der politischen Überprüfung ehemaliger Mitglieder beschäftigt.

IV.1.2
Aufnahme neuer Mitglieder

Die Ingenieurkammern wurden in der unmittelbaren Nachkriegszeit stärker als bisher in das Aufnahmeverfahren neuer Mitglieder eingebunden, denn im August 1945 wurden sie dazu befugt, über Neuanträge zu entscheiden.

Die entsprechende Verordnung des Staatsamts für öffentliche Bauten, Übergangswirtschaft und Wiederaufbau[27] sah vor, dass anders als vor 1938 nicht eine Fachprüfung bei den Landesregierungen, sondern ein fachliches Gutachten der Ingenieurkammern über den Antrag einer Befugniserteilung entscheiden konnte. Das Gutachten wurde nach einer mündlichen Befragung der Antragsteller:innen vor einer Kommission, die aus einem Mitglied des Kammer-Vorstandes und zwei Vertretern der Fachgruppe der angestrebten Befugnis bestand, erstellt.
→ *Abb. IV/3*

Zusätzlich mussten sich Bewerber:innen einer politischen Überprüfung unterziehen. Die zuständige Kammer händigte ihnen einen Fragebogen aus, in dem Angaben hinsichtlich der politischen Zugehörigkeit zu NS-Organisationen vor 1938 und während der

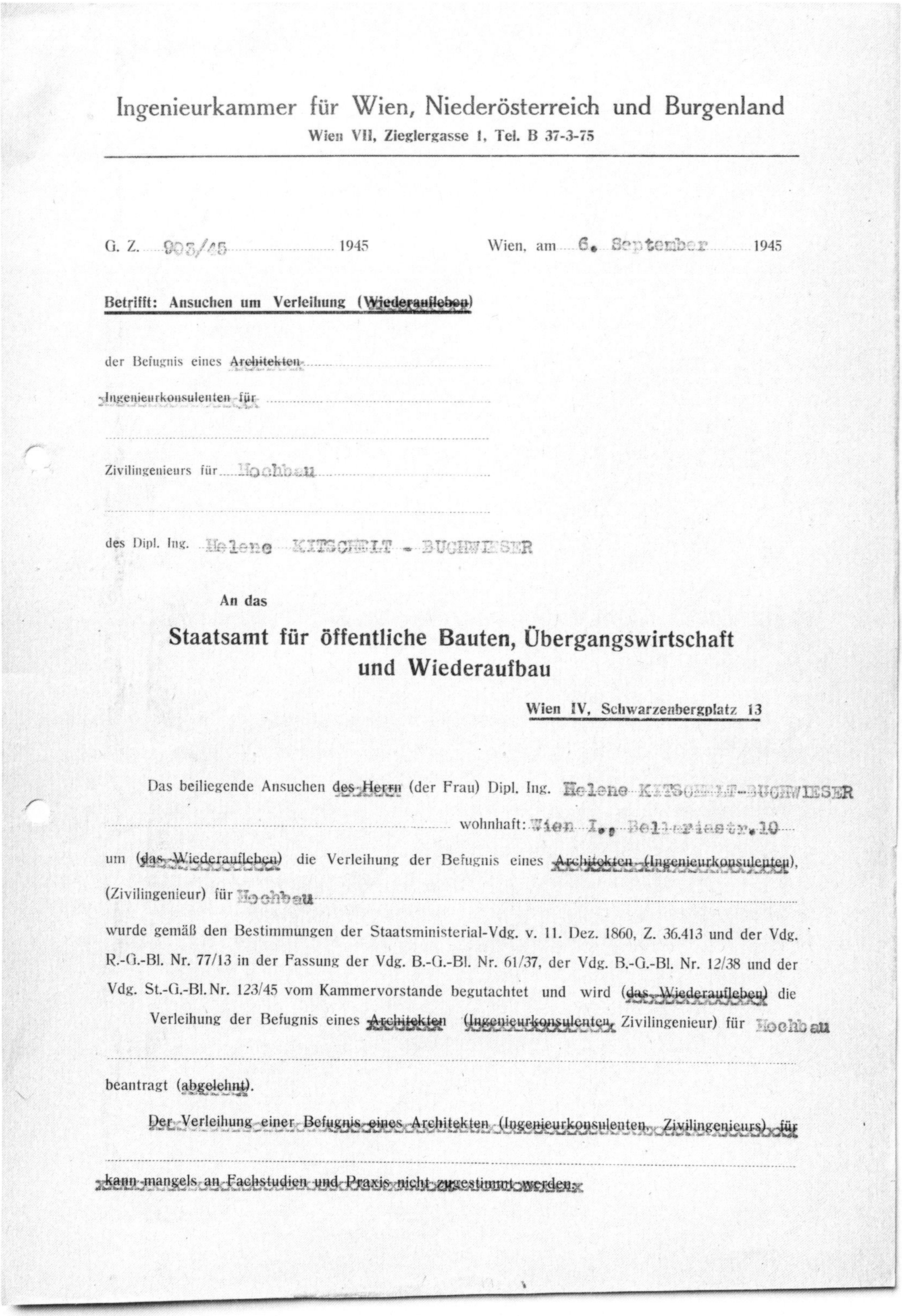

Ingenieurkammer für Wien, Niederösterreich und Burgenland

Wien VII, Zieglergasse 1, Tel. B 37-3-75

G. Z. 903/45 1945   Wien, am 6. September 1945

Betrifft: Ansuchen um Verleihung (~~Wiederaufleben~~)

der Befugnis eines ~~Architekten~~

~~Ingenieurkonsulenten für~~

Zivilingenieurs für Hochbau

des Dipl. Ing. Helene KITSCHELT - BUCHWIESER

An das

Staatsamt für öffentliche Bauten, Übergangswirtschaft und Wiederaufbau

Wien IV, Schwarzenbergplatz 13

Das beiliegende Ansuchen ~~des Herrn~~ (der Frau) Dipl. Ing. Helene KITSCHELT-BUCHWIESER wohnhaft: Wien I., Belleriestr. 10 um ~~(das Wiederaufleben)~~ die Verleihung der Befugnis eines ~~Architekten~~ ~~(Ingenieurkonsulenten)~~, (Zivilingenieur) für Hochbau wurde gemäß den Bestimmungen der Staatsministerial-Vdg. v. 11. Dez. 1860, Z. 36.413 und der Vdg. R.-G.-Bl. Nr. 77/13 in der Fassung der Vdg. B.-G.-Bl. Nr. 61/37, der Vdg. B.-G.-Bl. Nr. 12/38 und der Vdg. St.-G.-Bl. Nr. 123/45 vom Kammervorstande begutachtet und wird ~~(das Wiederaufleben)~~ die Verleihung der Befugnis eines ~~Architekten~~ ~~(Ingenieurkonsulenten,~~ Zivilingenieur) für Hochbau

beantragt (~~abgelehnt~~).

~~Der Verleihung einer Befugnis eines Architekten (Ingenieurkonsulenten, Zivilingenieurs) für~~

~~kann mangels an Fachstudien und Praxis nicht zugestimmt werden.~~

Abb. IV/3 Die Ingenieurkammer für Wien, Niederösterreich und Burgenland übermittelt das Ansuchen für Helene Kitschelt-Buchwieser, die die Befugnis als „Zivilingenieur für Hochbau" erlangen möchte, 6. 9. 1945 (Auszug).

NS-Herrschaft gemacht werden mussten. Zudem wurden zwei eidesstattliche Erklärungen verlangt: eine bezüglich der generellen Unbescholtenheit und eine weitere, mit der bestätigt wurde, dass der/die Antragsteller:in nie Mitglied oder Anwärter:in der NSDAP oder einem ihrer Wehrverbände gewesen war und sich auch sonst nicht nationalsozialistisch betätigt hatte. Bewerber:innen, bei denen Angaben unklar waren bzw. eine NSDAP-Mitgliedschaft aufschien, wurden außerdem von der jeweiligen Sicherheitsdirektion bei den Landesregierungen politisch überprüft. Die seitens der Kammern nicht zu klärenden Fälle wurden an das zuständige Ministerium für Handel und Wiederaufbau weitergeleitet. Bewerber:innen, deren Antrag wegen politischer Vorbelastung nicht angenommen wurde, konnten sich darum bemühen, aus den Listen der registrierten Nationalsozialisten gestrichen zu werden (siehe Entnazifizierung, → S. 213).

Bei positiver fachlicher und politischer Beurteilung durch die zuständige Kammer reichte diese beim Staatsamt für öffentliche Bauten, Übergangswirtschaft und Wiederaufbau (ab 1946 beim Bundesministerium für Handel und Wiederaufbau) einen Antrag auf Verleihung der Befugnis ein. In manchen Fällen wurde eine NSDAP-Mitgliedschaft erst durch den Antrag beim Ministerium bekannt, die Prüfung durch die Kammern scheint also nicht besonders streng gewesen zu sein.

Die Befugnis wurde nicht wie vor 1938 vom jeweiligen Landeshauptmann, sondern direkt vom Staatsamt bzw. Ministerium erteilt. Die Verordnung, die diesen veränderten Behördenweg regelte, war zunächst bis 30. Juni 1946 gültig, wurde aber bis 1950 mehrmals verlängert. Ab 1950 waren die Ansuchen wieder bei der jeweiligen Landesbehörde einzureichen, und die Rolle der Ingenieurkammern beschränkte sich wie vor 1938 auf die Erstellung der benötigten Stellungnahmen, die ausnahmslos befürwortend ausfielen.

Nach Ablegen des folgenden Eids wurde die Erteilung der Befugnis in der „Wiener Zeitung" veröffentlicht, und die Tätigkeit als Ziviltechniker konnte aufgenommen werden:

> Ich schwöre bei Gott dem Allmächtigen einen feierlichen Eid, dass ich der Republik Österreich treu sein, die Verfassungsgesetze sowie alle anderen Gesetze und für meinen Wirkungskreis gültigen Vorschriften unverbrüchlich einhalten, die Pflichten eines Ingenieurkonsulenten gewissenhaft erfüllen, die mir anvertrauten Angelegenheiten mit Eifer und Ehrlichkeit besorgen und die im Interesse meiner Auftraggeber gebotene Verschwiegenheit beobachten werde, ferner dass ich einer ausländischen, politische Zwecke verfolgenden Gesellschaft weder gegenwärtig angehöre noch in Zukunft angehören werde. So wahr mir Gott helfe![28]

Die Befugnis-Kundmachungen im Amtsblatt der „Wiener Zeitung" im Zeitraum von November und Dezember 1945 bestätigen, dass der Aufruf der Kammer in den Tageszeitungen seine Wirkung zeigte. Die Ingenieurkammer für Steiermark und Kärnten sprach in einem Rundschreiben sogar von einem regelrechten „Ansturm".[29]

IV.1.3
„Wiederaufleben" entzogener,
unter Zwang zurückgelegter
und erloschener Befugnisse

Ziviltechniker, deren Befugnis in der NS-Zeit erloschen, „freiwillig" zurückgelegt oder entzogen worden war, konnten ein Ansuchen auf „Wiederaufleben" ihrer Befugnis stellen. Die Formulare und der Vorgang waren im Prinzip die gleichen wie bei Neuanträgen, außer dass keine Prüfungen abzulegen waren. Das bedeutete, dass die eidesstattliche Erklärung, nie der NSDAP angehört zu haben, auch von jenen Personen verlangt wurde, denen auf Grundlage der NS-Gesetze die Befugnis aus „rassischen" oder politischen Gründen entzogen worden war. Die Prüfung der politischen Unbedenklichkeit dürfte im Fall der Vertriebenen eine reine Formsache gewesen sein, zeugt aber von einer gewissen Insensibilität ihrem Schicksal gegenüber.

Wie bei Neuanträgen bescheinigte die zuständige Kammer, dass alle Voraussetzungen für das Wiederaufleben der Befugnis nachgewiesen waren, und übermittelte den Antrag ans Ministerium für Handel und Wiederaufbau, das die jeweilige Befugnis bestätigte. Nach Erneuerung des Eids wurde die Bestätigung in der „Wiener Zeitung" veröffentlicht, die Antragsteller waren wieder Mitglieder einer Ingenieurkammer und konnten ihre Tätigkeit aufnehmen.

Rechtlich wurde das „Wiederaufleben" von Befugnissen damit begründet, dass die Anwendung der Paragrafen 3 und 8 der Berufsbeamtenverordnung (BBV) auf Ziviltechniker eine „willkürliche" gewesen sei, „da es sich bei ihnen weder um Beamte noch um ehrenamtlich bestellte oder nicht hauptberuflich tätige Träger eines öffentlichen Amtes handeln" könne.[30] Zudem sei die BBV ohnehin mit Verordnung vom 22. August 1945 aufgehoben worden.[31] War eine Befugnis „freiwillig" zurückgelegt worden und somit erloschen, lautete die Begründung anders, denn die Ziviltechnikerverordnung sah eigentlich kein „Wiederaufleben" erloschener Befugnisse vor. Das Ministerium begründete in diesen Fällen die „Bestätigung" damit, dass eine neuerliche Befugniserteilung vom Gesetzgeber nicht ausgeschlossen wurde. Teilweise ist in den Akten auch von „Wiedergutmachung" die Rede.[32]

Alle ehemaligen Mitglieder, die in Österreich geblieben waren und deren Befugnis entzogen worden war, weil ihre Ehepartnerin als jüdisch galt, stellten den Antrag auf Wiederaufleben. Auch aus politischen Gründen entzogene Befugnisse wurden rasch wieder bestätigt. Anders stellte sich die Situation für „rassisch" Verfolgte des Nationalsozialismus dar, die nur überlebt hatten, weil sie ins Ausland flüchten konnten. Sie warteten vergeblich auf eine Einladung ihres Heimatlandes zur Rückkehr. Auch die Rückstellung entzogener Vermögen und Abgeltung von Vermögensverlusten gestaltete sich schwierig. Die Republik Österreich zeigte kein besonderes Interesse an der Rückkehr der Vertriebenen, die Rückgabe ihres Besitzes und die Auszahlung von Entschädigungen erfolgten ohne besondere Eile.[33]

Zu diesen Schicksalen zählt jenes von Leo Rott (1882–1967), Ingenieurkonsulent für Maschinenbau seit 1928.[34] Zum Zeitpunkt des „Anschlusses" hielt sich Rott im Ausland auf. Aufgrund seiner jüdischen Herkunft entschied er sich, seinen Wohnsitz 1939 nach Australien zu verlegen.[35] 1951 wollte Rott nach Österreich zurückkehren, war allerdings krank und arbeitsunfähig. Das Bundesministerium für Inneres ließ durch das Konsulat in Australien ausrichten, „dass einer Repatriierung des Leo Rott und seiner Gattin auf vorläufige Kosten des Bundes nicht zugestimmt werden kann, da die erforderlichen Mittel nicht zur Verfügung stehen".[36] 1956 stellte er einen „Antrag an den Fonds zur Hilfeleistung an politisch Verfolgte, die ihren Wohnsitz und ständigen Aufenthalt im Ausland haben" (Hilfsfonds).[37] Rott führte an, dass er durch schwere Erkrankungen und sein fortgeschrittenes Alter (74 Jahre) erwerbsunfähig sei und durch die Repressalien des NS-Systems hohen „körperlichen und seelischen Qualen" ausgesetzt gewesen war. 1958 bekam Rott vom Hilfsfonds den Betrag von öS 15.000 ausbezahlt.[38] Sein weiteres Schicksal ist nicht bekannt.

Tatsächlich kehrten nur wenige vertriebene Ziviltechniker nach Österreich zurück. Die Ingenieurkammern legten ihnen zwar keine Hindernisse in den Weg, wenn sie um Wiederaufleben der Befugnis ansuchten, boten dabei aber auch keine sonderliche Unterstützung an. Noch weniger gab es aktive Bemühungen, im Ausland befindliche ehemalige Mitglieder ausfindig zu machen und zur Rückkehr zu bewegen.

Der im Burgenland ansässige Ingenieurkonsulent für Vermessungswesen Alexander Somogyi hatte seine Befugnis 1923 erhalten und führte ein „Ingenieurbüro für landwirtschaftliches Bauwesen, Brückenbauten und Vermessungen"[39] in St. Michael im Burgenland. Er floh im Mai 1938 aufgrund seiner jüdischen Herkunft gemeinsam mit seiner Frau Margarethe nach Dänemark.[40] Seinen Besitz – eine Liegenschaft mit Haus und Garten sowie landwirtschaftlich genutzte Flächen in St. Michael – musste er zurücklassen.[41] Da Somogyi US-amerikanischer Staatsbürger war,[42] war sein Besitz vorerst vor den „Zwangsmaßnahmen gemäß §§ 2 und 6 der Verordnung über den Einsatz des jüdischen Vermögens"[43] geschützt. 1943 wurde sein Besitz jedoch vom Deutschen Reich einverleibt und als „verlassenes" Vermögen deklariert und damit arisiert.[44] Das Haus mit Garten wurde von der Nationalsozialistischen Volkswohlfahrt (NSV), Kreisamtsverwaltung in Fürstenfeld, als Kindergartenheim genutzt, die übrigen Flächen wurden verpachtet.[45] Nach der Besetzung Dänemarks durch das Deutsche Reich flüchtete das Ehepaar nach Schweden. In beiden Ländern war Somogyi als Geometer tätig.

1951 lebte das Ehepaar wieder in Kopenhagen, von wo aus es einen Antrag auf Rückstellung gemäß dem „Ersten Rückstellungsgesetz vom 26.7.1946"[46] stellte und hierfür einen Bevollmächtigten bestellte.[47] Mit dem Bescheid vom 30. August 1951 wurde dem Ansuchen stattgegeben.[48] Nach Rückstellung seines Besitzes schrieb Somogyi an die Ingenieurkammer für Wien, Niederösterreich und Burgenland, dass er beabsichtige, nach Österreich zurückzukehren, um im Burgenland wieder als Zivilgeometer zu arbeiten. Er informierte sich über die Bedingungen, um seine Befugnis wieder zu erlangen, und fragte nach, wie viele Zivilgeometer im Burgenland zu diesem Zeitpunkt tätig waren.[49] Die Kammer informierte ihn über die notwendigen Schritte, dann brach der Schriftverkehr ab.[50] Über seinen weiteren Berufsweg sowie sein Sterbedatum ist nichts bekannt.

→ Abb. IV/4

Ein später Rückkehrer war der Zivilingenieur für das Bauwesen Emil Alfred Roth (1880–1971), der von 1920 bis 1923 Vorstandsmitglied der Ingenieurkammer für Wien, Niederösterreich und Burgenland gewesen war. Er hatte seine Befugnis 1911 erhalten und war vor und nach dem Ersten Weltkrieg unter anderem im Eisenbahn-, Tunnel- und Wasserkraftwerkbau tätig. Ab 1931 führte er in Eggenburg in Niederösterreich ein landwirtschaftliches Gut und war als „beratender Ingenieur für das landwirtschaftliche Bauwesen" tätig. 1937 folgte seine Bestellung zum Berater bei der Oesterreichischen Land- und

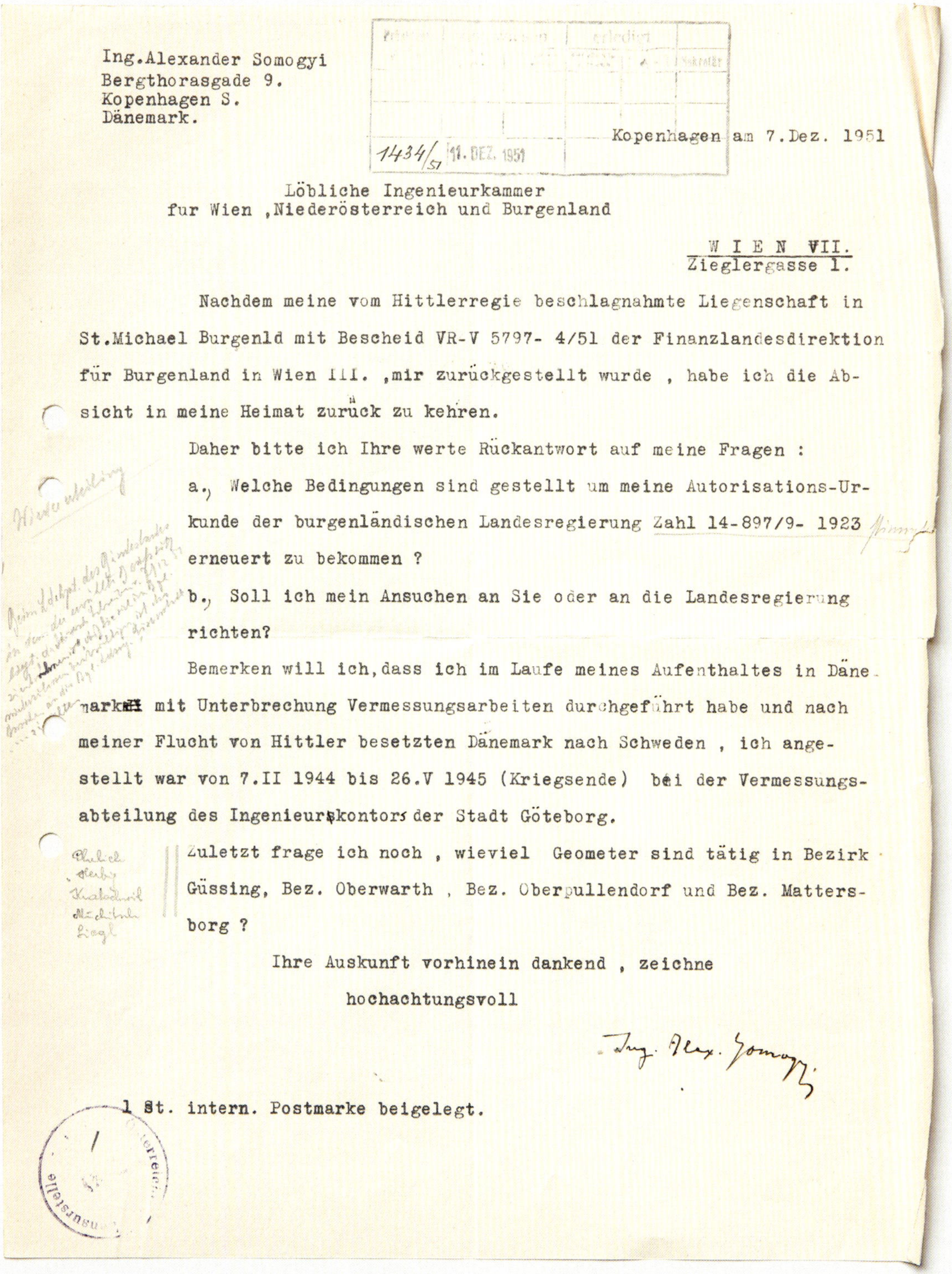

Ing. Alexander Somogyi
Bergthorasgade 9.
Kopenhagen S.
Dänemark.

Kopenhagen am 7. Dez. 1951

Löbliche Ingenieurkammer
fur Wien, Niederösterreich und Burgenland

W I E N VII.
Zieglergasse 1.

Nachdem meine vom Hittlerregie beschlagnahmte Liegenschaft in St. Michael Burgenld mit Bescheid VR-V 5797- 4/51 der Finanzlandesdirektion für Burgenland in Wien III. ,mir zurückgestellt wurde , habe ich die Absicht in meine Heimat zurück zu kehren.

Daher bitte ich Ihre werte Rückantwort auf meine Fragen :

a., Welche Bedingungen sind gestellt um meine Autorisations-Urkunde der burgenländischen Landesregierung Zahl 14-897/9- 1923 erneuert zu bekommen ?

b., Soll ich mein Ansuchen an Sie oder an die Landesregierung richten?

Bemerken will ich, dass ich im Laufe meines Aufenthaltes in Dänemark mit Unterbrechung Vermessungsarbeiten durchgeführt habe und nach meiner Flucht von Hittler besetzten Dänemark nach Schweden , ich angestellt war von 7.II 1944 bis 26.V 1945 (Kriegsende) bei der Vermessungsabteilung des Ingenieurkontors der Stadt Göteborg.

Zuletzt frage ich noch , wieviel Geometer sind tätig in Bezirk Güssing, Bez. Oberwarth , Bez. Oberpullendorf und Bez. Mattersborg ?

Ihre Auskunft vorhinein dankend , zeichne
hochachtungsvoll

Ing. Alex. Somogyi

1 St. intern. Postmarke beigelegt.

Abb. IV/4   Alexander Somogyi fragt bei der Ingenieurkammer für Wien, Niederösterreich und Burgenland an, wie er seine Befugnis wieder erlangen kann, 7. 12. 1951.

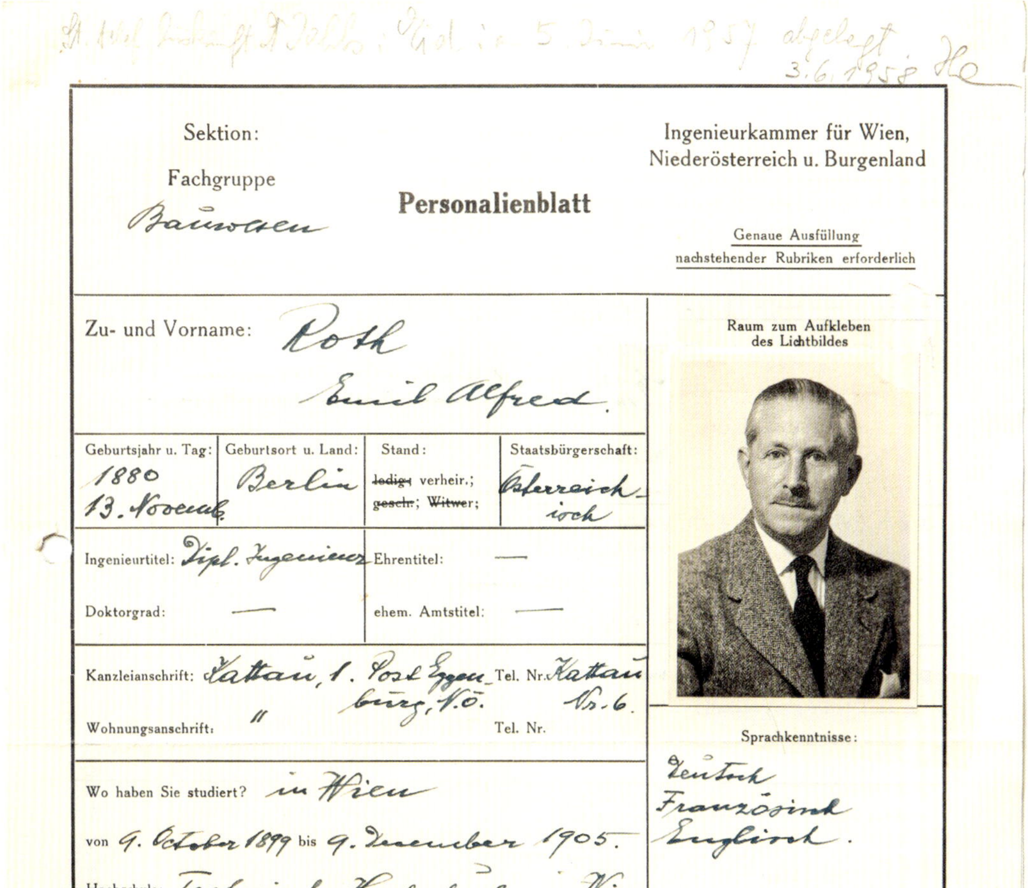

Abb. IV/5   Emil Alfred Roth wird wieder Mitglied der Ingenieurkammer für Wien, Niederösterreich und Burgenland, sein Personalienblatt ist mit 27. 5. 1957 datiert.

Forstwirtschaftsgesellschaft. Von 1935 bis 1937 war er Mitglied des Vorstandes des „Verbandes der Bauindustrie" im Bund der österreichischen Industriellen. Roth war seit 1935 als Mitglied der Prüfungskommission bei den Fachprüfungen des Betonvereins für „neuzeitliche Betonbereitung" tätig.[51]

Nach dem „Anschluss" wurde er aufgrund seiner jüdischen Herkunft gezwungen, das landwirtschaftliche Gut Kattau „auf Grund des Gesetzes über die Landbeschaffung für Zwecke der Wehrmacht"[52] zu verkaufen, sein Vermögen wurde vom NS-Regime beschlagnahmt. Er zahlte Reichsfluchtsteuer und konnte 1939 ins Ausland flüchten.[53] Mit 1. April 1940 wurde ihm die Befugnis eines Ziviltechnikers von der „Staatlichen Verwaltung des Reichsgaues Wien" entzogen.[54] Er lebte und arbeitete bis 1955 als Techniker in England und Schottland.[55] 1951 stellte er einen Antrag auf Rückstellung seines Vermögens und seines Landguts Kattau, das Verfahren zog sich über zehn Jahre, bis er das Landgut mit erheblichen Verlusten zurückbekam.[56]

Noch in England wohnhaft, teilte Roth der Ingenieurkammer für Wien, Niederösterreich und Burgenland am 17. Jänner 1957 mit, dass er seine Befugnis wieder ausüben wolle und beabsichtige, seine Kanzlei in Kattau wieder zu eröffnen.[57] Er kehrte Anfang Februar 1957 nach Österreich zurück und stellte einen Antrag auf Wiederaufleben seiner Befugnis, der bewilligt wurde. Seine Befugnis wurde 1957 bestätigt, den Eid legte er am 5. Juni 1957 ab.[58]

→ Abb. IV/5

1960 verlegte er seine Kanzlei nach Wien, an die Adresse 1., Kärntnerring 15. Im Jahr 1965 stellte er seine Befugnis ruhend,[59] 1968 im hohen Alter von 88 Jahren legte er sie schließlich zurück.[60] Emil Alfred Roth starb am 22. Oktober 1971 in Wien.

Zu den wenigen als Juden Verfolgten, die in Österreich überlebten, gehörte der Zivilingenieur für das Bauwesen Martin Martins (1877–1954), geboren in Tarnau (poln. Tarnów) als Martin Gelbwachs. Gelbwachs schlug zunächst in Tirol und Vorarlberg eine Beamtenlaufbahn im Staatsbaudienst ein, was mit ein Grund war, warum er 1904 zum Katholizismus konvertierte. 1925 wurde er im Zuge des Beamtenabbaus – wohl aus Kulanz – aus gesundheitlichen Gründen pensioniert. Er zog mit seiner Familie nach Wien, wo er ab 1925 als Konsulent beim Fachverband der Österreichischen Textilindustrie tätig war und 1926 die Befugnis eines Zivilingenieurs für Bauwesen erhielt.[61] 1933 änderte er seinen Nachnamen auf Martins.[62]

→ Abb. IV/6

1938 legte Martins die Befugnis – wie er betonte – „unfreiwillig" zurück. Er gehöre zwar seit fast 40 Jahren der römisch-katholischen Religionsgemeinschaft an, könne aber den „verlangten Ariernachweis" nicht erbringen.[63] Die Jahre der NS-Herrschaft überlebte er in Wien.[64] Martins wurde seine Stelle beim Fachverband der Österreichischen Textilindustrie gekündigt, der Familie 1938 ihre Wohnung im „Zuckerbäckerstöckl" des Schlosses Schönbrunn.

Sie lebte fortan unter prekären wirtschaftlichen Verhältnissen in der Dreihufeisengasse (heute: Lehárgasse) im 6. Bezirk bei Otto Friedlaender, der bis 1938 Leitender Sekretär der Kammer der gewerblichen Wirtschaft für Wien gewesen war und später als Schriftsteller tätig wurde. Seine Ehe mit einer „Arierin" bot Martins einen gewissen Schutz, obwohl er mehrmals eine Aufforderung bekam, sich in ein „Sammellager" in der Castellezgasse zu begeben – die letzte Station vor der Deportation.[65]

Nach 1945 erhielt die Familie die ehemalige Wohnung als „Wiedergutmachung" zugesprochen, und Martins bemühte sich wieder um die Befugnis als Zivilingenieur, nahm dabei aber das Prozedere zur Wiedererlangung seiner Befugnis nicht widerspruchslos hin.

→ Abb. IV/7   → Abb. IV/8

Er verweigerte die neuerliche Ablegung des Eides und begründete dies damit, dass er sich nach seiner „weltanschaulichen Einstellung" nicht entschließen könne, einen Eid „lediglich aus formellen Gründen" zu erneuern.[66] Er erhielt die Befugnis 1945, übte sie aber vorläufig nicht aus, Ende 1946 legte er sie aus gesundheitlichen Gründen zurück.[67] Martin Martins wurde am 2. Juli 1954 im Festsaal der Technischen Hochschule das „Goldene Ingenieurdiplom" verliehen, zwei Monate später, am 11. September 1954, starb er 76-jährig in Wien.[68]

→ Abb. IV/9

Abb. IV/6
Martin Martins, undatiert.

Oberbaurat Ing. Martin M a r t i n s,   Wien, am 1. Juni 1945.
beh.aut.und beeidet.Zivilingenieur f.d.B.,
Wien VI.Dreihufeisengasse 5.
Telefon: B-26-5-80.

abgef.71

An die

Ingenieurkammer

für Wien, Niederösterreich und Burgenland

W i e n VII.
=================

Betr.: Befugnis,
      Wiederausübung.

      Hiemit erlaube ich mir, Ihnen bekanntzugeben, dass ich die Absicht habe, meine Befugnis als Ingenieurkonsulent in nächster Zeit wieder aufzunehmen und ersuche Sie, mir mitzuteilen, ob die Befugnis wieder zu Recht besteht. Im September 1938 war ich gezwungen, die Befugnis zurückzulegen, da ich den geforderten Abstammungsnachweis nicht erbringen konnte. Wie ich Ihnen mit Schreiben vom 24.IX.1938 mitteilte, machte ich den ausdrücklichen Vorbehalt, dass diese Zurücklegung ausschließlich nur deshalb erfolgte, weil ich nicht in der Lage war, den erwähnten Nachweis zu erbringen. Da dieses Gesetz nunmehr aufgehoben ist, nehme ich an, dass auch die Zurücklegung hinfällig ist.

      Standort und Tag der Wiederaufnahme werde ich Ihnen noch bekanntgeben. Ich sehe Ihrer Nachricht entgegen, schließe eine 2. Ausfertigung bei und zeichne

                                               ergebenst

Abb. IV/7   Schreiben von Martin Martins an die Ingenieurkammer für Wien, Niederösterreich und Burgenland, 1.6.1945.

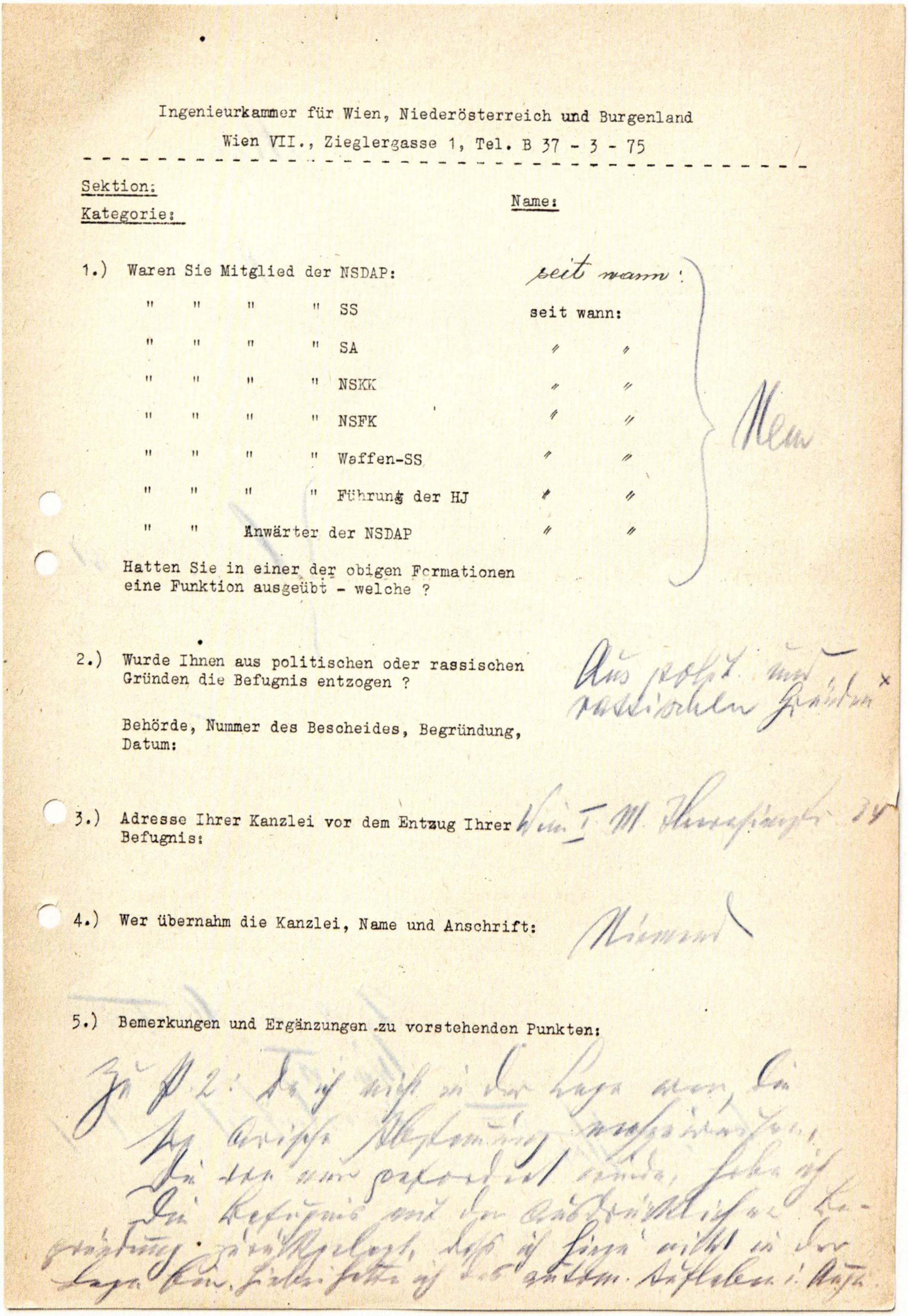

Ingenieurkammer für Wien, Niederösterreich und Burgenland
Wien VII., Zieglergasse 1, Tel. B 37 - 3 - 75

Sektion: Name:
Kategorie:

1.) Waren Sie Mitglied der NSDAP: seit wann:
    "   "   "   "   "   SS   seit wann:
    "   "   "   "   "   SA   "   "
    "   "   "   "   "   NSKK   "   "
    "   "   "   "   "   NSFK   "   "
    "   "   "   "   "   Waffen-SS   "   "
    "   "   "   "   "   Führung der HJ   "   "
    "   "   "   Anwärter der NSDAP   "   "

} *Nein*

   Hatten Sie in einer der obigen Formationen
   eine Funktion ausgeübt - welche ?

2.) Wurde Ihnen aus politischen oder rassischen   *Aus polit. und*
    Gründen die Befugnis entzogen ?   *rassischen Gründen*

    Behörde, Nummer des Bescheides, Begründung,
    Datum:

3.) Adresse Ihrer Kanzlei vor dem Entzug Ihrer   *Wien I. M. Thunstraße 3*
    Befugnis:

4.) Wer übernahm die Kanzlei, Name und Anschrift: *Niemand*

5.) Bemerkungen und Ergänzungen zu vorstehenden Punkten:

[handwritten remarks]

Abb. IV/8   Der von Martin Martins ausgefüllte Fragebogen der Ingenieurkammer für Wien, Niederösterreich und Burgenland, 26.9.1945.

Abb. IV/9 Martin Martins wird das Goldene Ingenieurdiplom im Festsaal der Technischen Hochschule Wien verliehen, 2.7.1954.

Neben der Aufnahme neuer Mitglieder und der Wiederaufnahme von Mitgliedern, deren Befugnis erloschen, unter Zwang zurückgelegt oder entzogen worden war, stellte sich für die Kammern vor allem die Frage, ob ehemalige Parteimitglieder und -funktionäre wieder aufgenommen werden durften. Dies hing eng mit der generellen Frage der Entnazifizierung zusammen.

IV.2
Entnazifizierung der Ziviltechniker

Das wiedererrichtete Österreich musste sich auf Anordnung der Besatzungsmächte seiner nationalsozialistischen Vergangenheit stellen und einen Umgang mit den Nationalsozialist:innen finden. Zu Kriegsende gab es in Österreich circa 550.000 ehemalige Mitglieder der NSDAP, das waren knapp 8 Prozent der Wohnbevölkerung. Wenn man die Familienmitglieder mitrechnet, war rund ein Viertel der Bevölkerung von der Entnazifizierung betroffen.[69] Unter den Ziviltechnikern war der Anteil an Parteimitgliedern höher als im Bevölkerungsschnitt, was mit ein Grund dafür war, warum der Umgang mit politisch belasteten Mitgliedern die (provisorischen) Ingenieurkammern mehrere Jahre beschäftigte.

IV.2.1
Registrierung von Nationalsozialist:innen
(Verbotsgesetz 1945)

Die gesetzlichen Grundlagen für die Entnazifizierung wurden mit dem Verfassungsgesetz vom 8. Mai 1945 über das Verbot der NSDAP,[70] dem sogenannten „Verbotsgesetz", geschaffen. Mit diesem wurden die NSDAP, ihre Wehrverbände, Gliederungen und angeschlossenen Verbände sowie alle NS-Organisationen und Einrichtungen aufgelöst und verboten.[71] Artikel II schrieb die „Registrierung der Nationalsozialisten" vor. Als „Nationalsozialist" galt, wer Mitglied oder

Anwärter bei der NSDAP oder einem ihrer Wehrverbänden (SS, SA, NSKK, NSFK) gewesen war, als Stichtag galt der 1. Juli 1933.[72] „Illegale", also Mitglieder der NSDAP zwischen 1. Juli 1933 und 13. März 1938, wurden des Hochverrats beschuldigt und waren mit Kerker von fünf bis zehn Jahren zu bestrafen.[73] Personen, die gegen das Völkerrecht oder das Kriegsrecht gehandelt hatten, wurden nach dem Kriegsverbrechergesetz[74] angeklagt.

Die Frage nach der Zulässigkeit der Berufsausübung von Ziviltechniker:innen war im Verbotsgesetz von 1945 noch nicht geregelt. Da sie nicht zu den öffentlichen Bediensteten im Sinne des Paragrafen 21 zählten, war keine Rechtsgrundlage für die Bildung einer Sonderkommission zu ihrer politischen Beurteilung gegeben, die auch Entlassungen und Ruhestandsversetzungen aussprechen konnte.[75] Auch die Bestimmungen des „Wirtschaftssäuberungsgesetzes"[76] über die Entfernung von Nationalsozialist:innen aus dem Wirtschaftsleben konnte auf Ziviltechniker nicht angewendet werden.[77] Hingegen konnte einem Ziviltechniker und Kammermitglied, der „eine Handlung begangen hat, die ihn des Vertrauens unwürdig macht", laut Absatz 25 der Verordnung Nr. 61/1937 die Befugnis vom zuständigen Landeshauptmann entzogen werden, und die Befugnis von Mitgliedern, die strafrechtlich verfolgt wurden oder inhaftiert waren, konnten gemäß Absatz 24 eingestellt werden.[78]

„Illegale" und politische NS-Leiter wurden unmittelbar nach Kriegsende von den Besatzungsmächten verhaftet und inhaftiert, darunter auch Ziviltechniker. Der in Graz ansässige und in der NS-Zeit zum STEWEAG[79]-Direktor aufgestiegene Zivilingenieur für das Bauwesen Karl Augustin (1888–1945)[80] wurde im Mai 1945 von den Sowjets verhaftet und zwangsweise nach Russland gebracht, um als Experte für Wasserwirtschaft am Wiederaufbau der schwer zerstörten sowjetischen Wirtschaft mitzuarbeiten.[81] Augustin war seit 1933 Mitglied der NSDAP und ab 1938 Mitglied der SS, wo er die Position eines SS-Hauptscharführers (ab 1941) sowie SS-Untersturmführers (ab 1944) einnahm.[82] Neben seiner Position in der STEWEAG war Augustin in der NS-Zeit auch Gruppenfachwalter der Energiewirtschaft in der NSDAP Steiermark. Sein Schicksal in sowjetischer Inhaftierung blieb lange Jahre ungeklärt, und erst 1955, nach der Unterzeichnung des österreichischen Staatsvertrags, gab es seitens der sowjetischen Behörden vage Auskünfte über sein Schicksal: Demnach soll er am 15. November 1945 gestorben sein. Über den Ort seines Todes gab es widersprüchliche Angaben.[83]

Der aus Judenburg stammende Zivilingenieur für das Bauwesen Hermann Grengg (1891–1978)[84] wurde am 16. August 1945 in Kaprun von US-Soldaten verhaftet und in den US-Entnazifizierungslagern Golling und Glasenbach inhaftiert.[85] Grengg war bereits seit März 1933[86] in Graz als NSDAP-Mitglied verzeichnet und machte nach dem „Anschluss" eine steile Karriere als Techniker. Er wurde zum Vorstandsdirektor der neu gegründeten Alpen Elektrowerke AG, Wien (AEW) berufen und war maßgeblich an den Planungen für Kaprun und am Aufbau einer Verbundwirtschaft in der Ostmark beteiligt.[87] 1946 wurde Grengg ohne Gerichtsverfahren aus der Haft entlassen und war anschließend wieder als Konsulent für die STEWEAG tätig. 1949 übernahm er die Lehrkanzel für Wasserbau an der TH Graz, die er gegen den Widerstand des zuständigen ÖVP-Ministers Felix Hurdes, aber mit der maßgeblichen Unterstützung des Landeshauptmanns Josef Krainer erhielt.[88]

Ziviltechniker, die wie die Genannten als politische NS-Akteure in Haft waren, meldeten sich meist gar nicht erst bei den Ingenieurkammern. Alle jene hingegen, die dem Aufruf der Kammern gefolgt waren, sollten auf Anweisung des Bundesministeriums für Handel und Wiederaufbau, der Oberaufsichtsbehörde der Ingenieurkammern, politisch überprüft werden. Die Kammern wurden aufgefordert, ein Verzeichnis der befugnisberechtigten Personen zu übermitteln, die als Mitglieder in Betracht kamen, dabei war zu unterscheiden zwischen Mitgliedern, gegen deren weitere Mitgliedschaft keine Einwände oder Bedenken bestanden, und Mitgliedern, bei denen eine weitere politische Überprüfung notwendig war.[89] Die Einteilung wurde von einer kammerinternen „3-gliedrigen Kommission" vorgenommen, die vom Ministerium zu genehmigen war, und stützte sich wie bei Neuaufnahmen auf Fragebögen, zum Teil auch Standesblätter und auf eidesstattliche Erklärungen der „alten Mitglieder", außerdem war eine Überprüfung der Sicherheitsdirektion vorgeschrieben, die in einigen Fällen zeigte, dass die gemachten Angaben nicht oder nur teilweise stimmten. Auch ein Vergleich mit den Mitgliederlisten von Juni 1938 zeigt, dass die Angaben nicht immer übereinstimmten, einige, die 1938 als Parteianwärter gekennzeichnet waren, gaben 1945 an, weder Mitglied noch Anwärter gewesen zu sein.[90]

Neben der politischen Vergangenheit prüfte die Kommission auch, ob eine Befugnis zu Recht bestand und aufrecht war. Personalakten der Kammern standen in vielen Fällen nicht zur Verfügung, weil diese zum Teil im Zuge der Auflösung der Kammern 1943 verloren gegangen waren. Auch die Ingenieurkonsulenten für Vermessungswesen, die in der NS-Zeit als öffentlich bestellte Vermessungsingenieure dem Amt für Eich- und Vermessungswesen unterstellt waren, mussten um die Verleihung der Befugnis

Grafik IV/1

Ergebnis der staatspolizeilichen Überprüfung ehemaliger Mitglieder, die sich bei der provisorischen Ingenieurkammer für Oberösterreich und Salzburg gemeldet hatten (Stand März 1946)

Keine Parteimitglieder:
 26

Parteianwärter:
 10

Parteimitglieder vor 1933 und nach 1938:
 8

Parteimitglieder ab 1938:
 8

Parteimitglieder ab 1940:
 6

Schwer belastet:
 3

In politischer Haft (nicht gemeldet):
 7

Grafik IV/2

NSDAP-Zugehörigkeit der Mitglieder der provisorischen Kammer für Oberösterreich und Salzburg (Stand März / August 1946)

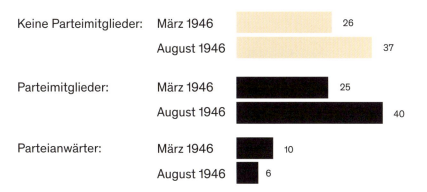

	März 1946	August 1946
Keine Parteimitglieder:	26	37
Parteimitglieder:	25	40
Parteianwärter:	10	6

Quellen Grafik IV/1 und IV/2: Schreiben zu Feststellung der IK-Mitglieder in den Bundesländern OÖ und Sbg, IK OÖ/Sbg, 1.3.1946. ÖStA/AdR, BMfHuW, 31.253-I/1/1946; Mitgliederliste der Ingenieurkammer für Oberösterreich und Salzburg, Stand 15. August 1946. ÖStA/AdR, BMfHuW, GZ 1, 30010/1946.

neu ansuchen. Bei ihnen konnten die Personalakten des Amts für Eich- und Vermessungswesen zur Beurteilung herangezogen werden.[91]

Die Kammer in Linz meldete bereits im März 1946, dass 33 der 46 Mitglieder in Oberösterreich des Jahres 1943 erfasst werden konnten und sieben neu zugezogen waren.[92] Von den 13 Personen, die sich nicht gemeldet hatten, waren sieben in Haft, eine in Kriegsgefangenschaft, zwei vermisst, eine im Spital und zwei lebten nicht mehr in Oberösterreich. In Salzburg konnten 16 von 35 früheren Mitgliedern erfasst werden, fünf waren zugezogen. Die Kammer hatte somit 61 Personen politisch zu überprüfen. Von diesen waren 26 nie Parteimitglied gewesen, die anderen 35 Personen waren Parteianwärter oder -mitglieder gewesen, drei davon schwer belastet. Dabei handelte es sich um den ehemaligen kommissarischen Präsidenten der Kammer Hans Arndt und den Geschäftsführer der Kammer Josef Sing, gegen die ein Disziplinarverfahren lief, und um das frühere Mitglied der Kammer Wien, Josef Scheer. Die sicherheitspolizeiliche Überprüfung der kammerinternen Fragebögen lag zum Zeitpunkt der Meldung allerdings noch nicht vor, die dreigliedrige Kommission sollte Mitglieder vernehmen, bei denen es Unklarheiten gab.

Die Ingenieurkammer in Linz war der Ansicht, es sei „eine genügende Anzahl von Kammermitgliedern vorhanden, welche in staatspolitischer Hinsicht einwandfrei sind und daher als wahlberechtigt angesehen werden können. Es ist demnach die Durchführung von Wahlen der Kammerfunktionäre bereits möglich."[93] Das Ministerium war anderer Ansicht, es wären aufgrund der politischen Überprüfung nur 42 Prozent der Mitglieder zur Wahl zugelassen, daher sei mit der Wahl noch zuzuwarten, zumal ein neues Kammergesetz in Aussicht sei.[94]

→ *Grafik IV/1*

Ein halbes Jahr später wurde erneut Meldung gemacht: Die staatspolizeiliche Prüfung hatte Widersprüche in den Angaben von 1938 und 1945 zutage gebracht, und neun Mitglieder waren neu zugelassen worden, was den Anteil politisch unbelasteter Personen erhöhte. Mit Stand vom 15. August 1946 waren in Oberösterreich 28 Personen nicht belastet und 27 Personen Anwärter oder Mitglieder der NSDAP gewesen. In Salzburg standen neun nicht belastete 19 ehemaligen Parteianwärtern und -mitgliedern gegenüber. Eine Person war inhaftiert, eine zweite wurde strafrechtlich verfolgt, weshalb das Ministerium die oberösterreichische Landesregierung ermächtigte, deren Befugnis gemäß Absatz 24 der Verordnung Nr. 61/1937 einzustellen.[95]

Das Ministerium war mit der Berichterstattung nicht immer zufrieden – im Fall von Tirol und Vorarlberg wurde angemerkt, dass noch „kein klares Bild über die Lage der Kammer" gewonnen werden konnte. Die Kammer solle sich darüber äußern, warum der Wortlaut der eidesstattlichen Erklärungen abgeändert sei und ob die Parteianwärter und -mitglieder bereits durch die Sicherheitsdirektion überprüft worden seien.[96] Dies war nicht der Fall, und tatsächlich ergab die Überprüfung, dass die Angaben nicht mit der Niederschrift der kammerinternen Überprüfungskommission übereinstimmten, das Landesbauamt der Landeshauptmannschaft für Tirol räumte im Juli 1946 ein, dass weitere Überprüfungen notwendig seien. Da das Ministerium diesbezüglich keine weitere Nachricht erhielt, ersuchte es im Jänner 1947 „dringend, nunmehr jene Verfügungen als Aufsichtsbehörde" zu treffen, die notwendig wären, um vertrauensunwürdigen Personen den Verlust der Befugnis nach Absatz 25 der Verordnung Nr. 61/1937 auszusprechen.[97]

In den Ingenieurkammern sorgte die hohe Zahl an registrierungspflichtigen Mitgliedern für Probleme bei der Besetzung der provisorischen Vorstände, da die Zulassung zur geplanten Kammerwahl sowie die Besetzung von Kammerfunktionen nur politisch unbelasteten Mitgliedern möglich waren. So meldete die Landeshauptmannschaft Tirol im Juni 1946: „Da mit Ausnahme von 6 Persönlichkeiten sämtliche in Betracht kommenden Kammermitglieder der Partei angehört haben, ist die Zusammensetzung des neuen Kammervorstandes der hiesigen Ingenieurkammer mit Schwierigkeiten verbunden."[98] Drei von diesen gehörten zudem der gleichen Fachrichtung an. Der provisorische Leiter der Innsbrucker Kammer, Philipp Mitzka, berichtete im Jänner 1947, dass er unter diesen Umständen gezwungen gewesen sei, ehemalige Angehörige der NSDAP einzubeziehen. Da die eidesstattlichen Erklärungen aber „nicht immer mit den Tatsachen übereinstimmten", müsse die Überprüfung des Sicherheitsdirektors abgewartet werden, die noch immer ausständig sei. Seine Arbeit sei zudem dadurch erschwert, dass die Kanzlei der Kammer ausgebombt wurde, die Einrichtung außer einer alten beschädigten Schreibmaschine vernichtet sei und ihm weder Sekretär noch Schreibkraft zur Verfügung stehe, da auch diese politisch belastet seien.[99]

Auch in der Ingenieurkammer für Steiermark und Kärnten hatte man keine große Auswahl an nicht registrierten Zivilitechnikern für die Besetzung des Vorstands – ein Umstand, der in Graz dazu führte, dass auch ehemalige NSDAP-Mitglieder den Weg in eine Kammerfunktion fanden. Dies rief kritische Stimmen hervor, wie ein Schreiben des Kammermitglieds Zivilarchitekt Richard Baumgartner an das Ministerium zeigt. Die Architekten-Sektion bestehe aus 16 Mitgliedern, davon seien 14 bei der Partei gewesen, es blieben nur zwei Unbelastete, Baumgartner selbst und Architekt Friedrich Zotter, der aber nicht in den Vorstand wolle, weil er Obmann der Zentralvereinigung der Architekten Österreichs sei. Baumgartner endet mit der Feststellung, dass der Leiter der Ingenieurkammer in Graz, Anton Hofmann, nicht bereit sei, hier Änderungen – gemeint ist wohl die Absetzung der belasteten Person – herbeizuführen.[100] Das Ministerium wies die Landeshauptmannschaft in der Steiermark an, für einen geordneten Vorstand zu sorgen und die in Frage kommenden Personen eine eidesstattliche Erklärung unterfertigen zu lassen, dass sie politisch unbelastet seien.[101] Damit war für das Ministerium die Frage der personellen Besetzung des provisorischen Vorstands vorerst abgeschlossen.

Beschwerdekommission nach § 7 Verbotsgesetz

Viele Ziviltechniker bemühten sich um eine Streichung aus den Registrierungslisten. Registrierte Personen hatten die Möglichkeit, nach Paragraf 7 um „Nachsicht von der Registrierung" anzusuchen. Bis zum Frühjahr 1946 wurden zum Beispiel in Kärnten von den 45.000 Registrierten 37.398 „Nachsichtsgesuche" eingereicht, die entsprechenden Akten in den Beständen der Bezirksverwaltungsbehörden bezeichnet Wilhelm Wadl als die „wohl […] größten Lügenansammlungen unter den zeitgeschichtlichen Quellen".[102]

Die Entscheidung über einen Antrag zur Nachsicht wurde von der „Beschwerdekommission nach § 7 des Verbotsgesetzes" getroffen, die ab 1946 beim Bundesministerium für Inneres eingerichtet war und als oberste Instanz über die Streichung als „Registrierpflichtiger" aus den Listen entschied. Die Kommission bestand aus einem Richter als Vorsitzendem und sechs weiteren Mitgliedern, davon mindestens zwei für das Richteramt geeignete Personen.[103] Mit den Feststellungen der Beschwerdekommission „über die politische Zugehörigkeit zur NSDAP"[104] der Antragsteller:innen konnten Berufsverbote aufgehoben oder bestätigt werden.

Ein Beispiel für eine Beschwerde nach Paragraf 7 VG ist das Verfahren von Franz Siegl (1903–1968), der die Befugnis eines Zivilgeometers im April 1937 erhalten und am 4. Mai 1937 seinen Eid bei der burgenländischen Landeshauptmannschaft in Eisenstadt abgelegt hatte.[105] 1939 verlegte er seine Kanzlei von Mattersburg im Burgenland nach Wien.[106] In der NS-Zeit wurde Siegl mit der Nr. 704 in die „Liste der öffentlich bestellten Vermessungsingenieure" aufgenommen.[107] Im Jänner 1946 suchte er bei der Ingenieurkammer Wien, Niederösterreich und Burgenland um „Eintragung in die Liste der Ingenieurkonsulenten für das Vermessungswesen" an.[108] Allerdings lief gegen ihn ein Volksgerichtsverfahren nach Paragraf 10 und 11: Er wurde beschuldigt, „illegaler" Nationalsozialist gewesen zu sein und die Funktion eines Zellenleiters ausgeübt zu haben. Er reichte Beschwerde bei der Beschwerdekommission des Bundesministeriums für Inneres ein.[109] Beigebrachte Zeugenaussagen sollten die Anschuldigungen entkräften. So berichtete der Gendarmerieposten Mattersburg, dass Siegl die Funktion eines Zellenleiters vom November 1938 bis März 1939 nur „aushilfsweise" innegehabt habe.[110] Entlastung vom Vorwurf der „illegalen" Betätigung sollte die Aussage des Volksschuldirektors in Mattersburg bieten. Dieser gab an, dass er als Bezirksleiter der Vaterländischen Front mit den politischen Gegebenheiten bestens vertraut war und er daher von einer „illegalen" Tätigkeit Franz Siegls gewusst hätte: „Er hat sich seines Wissens nie illegal betätigt. Da er in nationalsozialistischen Kreisen verkehrte, wurde er anlässlich des Juliputsches 1934 in Schutzhaft genommen. Eine politische Bestrafung sei jedoch nie erfolgt."[111] Mit 11. Oktober 1949 entschied die Beschwerdekommission auf Grundlage der Beweislage, dass Siegl sich während der Verbotszeit nicht in der NSDAP betätigt und die Funktion eines Zellenleiters nur „stellvertretungsweise" ausgeübt hatte. Daher war der „Beschwerde Folge zu geben".

→ Abb. IV/10

Siegls Befugnis wurde ihm vom Ministerium für Handel und Wiederaufbau am 9. Jänner 1950[112] wieder verliehen und am 16. Mai 1950[113] auch seitens der Kammer bestätigt. Somit konnte er seine Tätigkeit als Ziviltechniker erneut ausüben.[114]

„Nachsicht der Sühnefolgen" nach § 27 Verbotsgesetz 1945

Das Verbotsgesetz 1945 sah außerdem die Möglichkeit zur „Nachsicht der Sühnefolgen"[115] nach Paragraf 27 vor. Anträge wurden seitens des Bundesministers für Inneres bei der Präsidentschaftskanzlei eingebracht und mussten direkt von der Person des Bundespräsidenten bewilligt werden.

Von diesem Verfahren profitierten einige Ziviltechniker, unter ihnen der Zivilingenieur für das Bauwesen Josef Heidinger, der in der NS-Zeit kommissarischer Leiter der Ingenieurkammer für Steiermark und Kärnten (1938–1942) war. Er trug sich am 21. Juni 1945 in die Registrierungsliste ein und gab seine Mitgliedschaft bei der NSDAP von 1. Mai 1938 bis 27. April 1945 und jene bei der SA mit 1. November 1938 bis 27. April 1945 an. Außerdem sei er

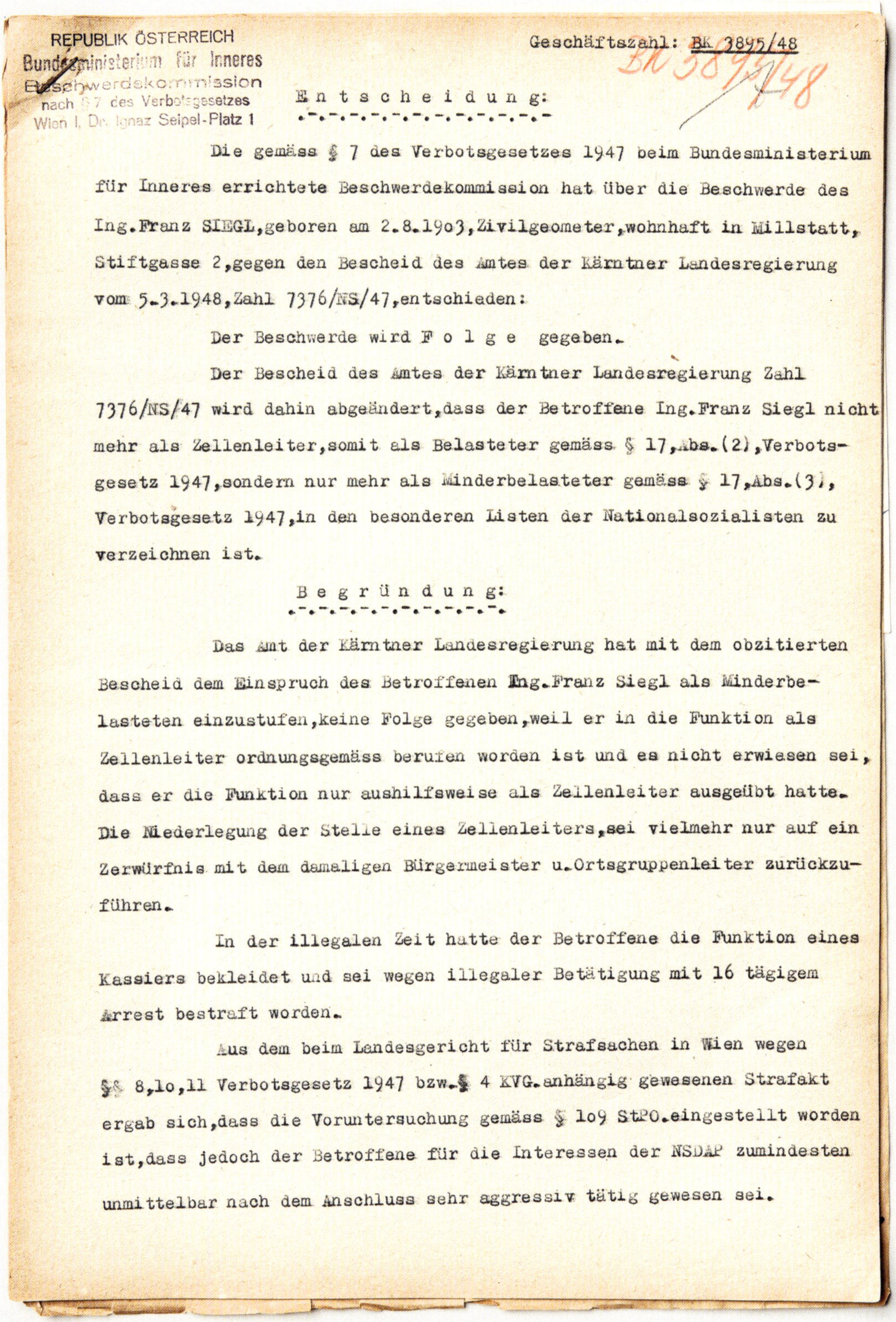

REPUBLIK ÖSTERREICH
Bundesministerium für Inneres
Beschwerdekommission
nach § 7 des Verbotsgesetzes
Wien I, Dr. Ignaz Seipel-Platz 1

Geschäftszahl: BK 3895/48

E n t s c h e i d u n g :

Die gemäss § 7 des Verbotsgesetzes 1947 beim Bundesministerium für Inneres errichtete Beschwerdekommission hat über die Beschwerde des Ing.Franz SIEGL, geboren am 2.8.1903, Zivilgeometer, wohnhaft in Millstatt, Stiftgasse 2, gegen den Bescheid des Amtes der Kärntner Landesregierung vom 5.3.1948, Zahl 7376/NS/47, entschieden:

Der Beschwerde wird F o l g e gegeben.

Der Bescheid des Amtes der Kärntner Landesregierung Zahl 7376/NS/47 wird dahin abgeändert, dass der Betroffene Ing.Franz Siegl nicht mehr als Zellenleiter, somit als Belasteter gemäss § 17, Abs.(2), Verbotsgesetz 1947, sondern nur mehr als Minderbelasteter gemäss § 17, Abs.(3), Verbotsgesetz 1947, in den besonderen Listen der Nationalsozialisten zu verzeichnen ist.

B e g r ü n d u n g :

Das Amt der Kärntner Landesregierung hat mit dem obzitierten Bescheid dem Einspruch des Betroffenen Ing.Franz Siegl als Minderbelasteten einzustufen, keine Folge gegeben, weil er in die Funktion als Zellenleiter ordnungsgemäss berufen worden ist und es nicht erwiesen sei, dass er die Funktion nur aushilfsweise als Zellenleiter ausgeübt hatte. Die Niederlegung der Stelle eines Zellenleiters, sei vielmehr nur auf ein Zerwürfnis mit dem damaligen Bürgermeister u.Ortsgruppenleiter zurückzuführen.

In der illegalen Zeit hatte der Betroffene die Funktion eines Kassiers bekleidet und sei wegen illegaler Betätigung mit 16 tägigem Arrest bestraft worden.

Aus dem beim Landesgericht für Strafsachen in Wien wegen §§ 8,10,11 Verbotsgesetz 1947 bzw.§ 4 KVG.anhängig gewesenen Strafakt ergab sich, dass die Voruntersuchung gemäss § 109 StPO.eingestellt worden ist, dass jedoch der Betroffene für die Interessen der NSDAP zumindest unmittelbar nach dem Anschluss sehr aggressiv tätig gewesen sei.

Abb. IV/10 Die Beschwerdekommission nach § 7 VG gibt der Beschwerde von Franz Siegl statt, 11.10.1949.

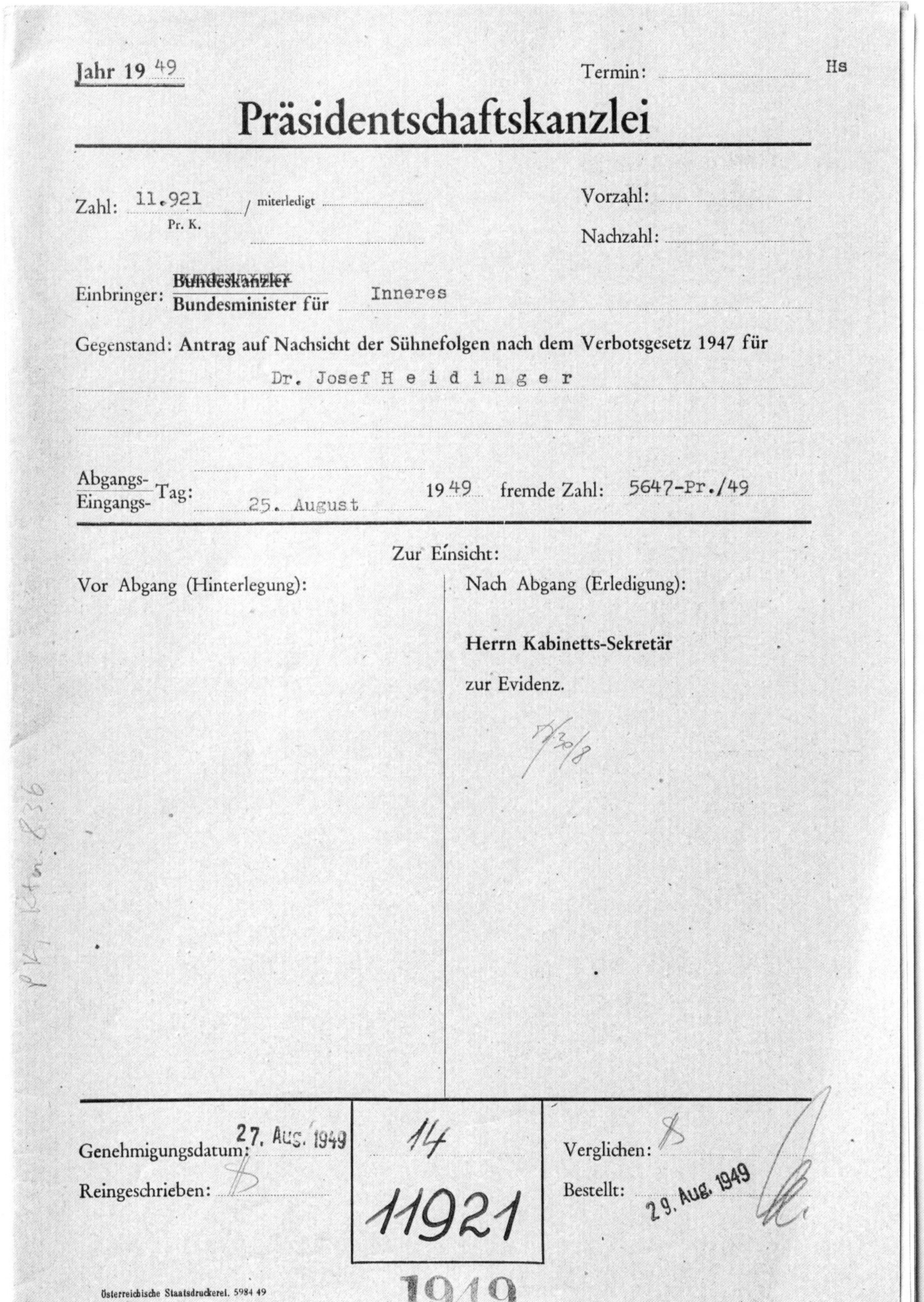

Jahr 19 49   Termin: _____   Hs

Präsidentschaftskanzlei

Zahl: 11.921 / miterledigt _____   Vorzahl: _____
Pr. K.   Nachzahl: _____

Einbringer: ~~Bundeskanzler~~ Bundesminister für Inneres

Gegenstand: Antrag auf Nachsicht der Sühnefolgen nach dem Verbotsgesetz 1947 für Dr. Josef H e i d i n g e r

Abgangs-/Eingangs-Tag: 25. August 1949   fremde Zahl: 5647-Pr./49

Zur Einsicht:

Vor Abgang (Hinterlegung):   Nach Abgang (Erledigung):

Herrn Kabinetts-Sekretär
zur Evidenz.

Genehmigungsdatum: 27. Aug. 1949   14   Verglichen:
Reingeschrieben: 11921   Bestellt: 29. Aug. 1949
1949

Österreichische Staatsdruckerei. 5984 49

Abb. IV/11   Der Bundesminister für Inneres stellt für das ehemalige NSDAP- und SA-Mitglied Josef Heidinger einen Antrag auf Nachsicht der Sühnefolgen, 25. 8. 1949.

Kreisamtsleiter für Technik der NSDAP vom 1. Juli 1938 bis 27. April 1945 gewesen. Wenige Monate später, am 5. September 1945, richtete Heidinger an die Stadtgemeinde Graz als Registrierungsbehörde ein Ansuchen mit der „Bitte um Nachsicht von der Registrierung als ehemaliger Angehöriger der NSDAP",[116] mit der Begründung, er habe seine Mitgliedschaft bei der NSDAP nicht zum Nachteil anderer ausgenützt und wichtige Projekte für die Stadt Graz verwirklicht. Die Nachforschungen zu seiner Parteimitgliedschaft ergaben jedoch, dass seine Angaben nicht stimmten und er bereits 1935 in die NSDAP eingetreten war, damit galt er als „Illegaler".[117] Es wurden weitere Nachforschungen in die Wege geleitet,[118] und Heidinger wurde als „belastete Person im Sinne des VG. 1947"[119] eingestuft. Am 25. August 1949 wurde seitens des Bundesministeriums für Inneres der Antrag um Nachsicht der Sühnefolgen eingebracht.[120]

→ Abb. IV/11

Bereits am 27. August 1949 stellte Bundespräsident Renner ihm die „Resolution" mit der Begründung aus, dass er seine Zugehörigkeit zur NSDAP und SA nicht missbraucht habe.[121] Interessant ist hierbei eine Anmerkung am Antrag um Nachsicht der Sühnefolgen: „Auf Konto SPÖ." Es dürfte sich dabei um die Unterstützung nach einem kontingentierten System der beiden Regierungsparteien ÖVP und SPÖ der großen Koalition gehandelt haben.[122] Damit war auch Heidinger entnazifiziert, und er konnte 1950 sein Ansuchen zur Wiedererteilung der Befugnis eines Zivilingenieurs für das Bauwesen einreichen, die ihm per Bescheid vom 25. März 1950 bekannt gegeben wurde.[123]

IV.2.2
„Belastete" und „minderbelastete" Ziviltechniker
(Nationalsozialistengesetz 1947)

Zu Beginn des Jahres 1947 wurde das Verbotsgesetz novelliert. Mit dem „Nationalsozialistengesetz",[124] wie es jetzt auch bezeichnet wurde, wurde die alte Einteilung in „Illegale" und Registrierungspflichtige abgelöst durch eine neue Einteilung in „Belastete" und „Minderbelastete". Zu den „belasteten" Personen zählten Angehörige der SS, der Gestapo oder des SD – unabhängig von ihrem Dienstgrad – sowie Angehörige der SA vom Untersturmführer aufwärts, weiters „Illegale", Träger:innen von Auszeichnungen, Funktionär:innen der NSDAP und Personen, die nach dem Kriegsverbrechergesetz verurteilt worden waren. Mitläufer:innen, die keine aktive Parteiarbeit geleistet hatten, wurden hingegen als „minderbelastet" eingestuft. Damit galt als entscheidendes Kriterium nicht mehr die Parteimitgliedschaft, sondern der Grad des Engagements in der NSDAP. Beide Gruppen („Belastete" und „Minderbelastete") waren weiterhin „sühnepflichtig", aber in unterschiedlichem Ausmaß. Darunter fielen Berufsverbote, Einschränkung des Wahlrechts, Ausschluss von Hochschulstudien und Ähnliches.[125] Darüber hinaus mussten „Sühneabgaben"[126] geleistet werden, die sich nach dem Einkommen und Vermögen der Person richteten.

„Belastete" Personen durften nicht als Ziviltechniker:innen tätig sein, sie verloren ihre Befugnis und waren damit auch nicht mehr Kammermitglieder.[127] Auch für „Minderbelastete" sah das Gesetz im Rahmen der „Sühnefolgen" ein Berufsverbot bis zum 30. April 1950 vor – ihre Befugnis wurde bis zu diesem Zeitpunkt ruhend gestellt, und sie waren vom aktiven und passiven Wahlrecht in der Kammer ausgeschlossen.[128] Eine vorläufige Zulassung zur Berufsausübung konnte aber durch Einspruch erwirkt werden, wovon ausgiebig Gebrauch gemacht wurde.

Kommission nach
§ 19/2 Verbotsgesetz 1947

Wie in Paragraf 19 Absatz (2) des Verbotsgesetzes 1947 vorgesehen, wurden bei den zuständigen Ministerien Kommissionen eingerichtet, die über die Zulassung zur Berufsausübung „minderbelasteter" Personen entscheiden konnten.[129] Für Ziviltechniker:innen war das Bundesministerium für Handel und Wiederaufbau zuständig, mit Außensenaten an den Standorten der österreichischen Ingenieurkammern in Graz, Linz und Innsbruck. Die Kommissionen setzten sich zusammen aus dem Bundesminister bzw. einem Vertreter des Ministers als Vorsitzendem, einem Vertreter des Bundesministeriums, einem Angehörigen der Berufsvertretung des Betroffenen – für Ziviltechniker:innen war das die Ingenieurkammer – und je einem Vertreter der drei anerkannten politischen Parteien. Die Entscheidungen waren mit einer Mehrheit von vier Stimmen zu treffen.[130]

In der Regel wurden „minderbelastete" Ziviltechniker:innen von der Kommission – vorerst bis 30. April 1950 – zur Berufsausübung und zum aktiven, nicht jedoch zum passiven Wahlrecht zugelassen.[131] Aber es gab auch Ausnahmen, bis November 1947 wurden zehn Anträge negativ entschieden.[132] Ein Beispiel ist Hermann Kutschera (1903–1991), Zivilarchitekt seit 1931.[133] Er war illegales Parteimitglied[134] und wurde 1947 als „minderbelastet" eingestuft. Sein Ansuchen auf Zulassung zur Berufsausübung wurde von der Kommission am 25. November 1947 abgelehnt, womit er der Sperrfrist bis 30. April 1950 unterlag.[135]

→ Abb. IV/12

Tabelle IV/1

Zur Berufsausübung zugelassene und nicht zugelassene Ziviltechniker nach Verbotsgesetz 1947 (Stand 1947)

Ingenieur-kammer in	Zahl aller zur Berufsausübung berechtigten, tätigen ZT (ohne ruhende Befugnis)	Zahl der auf-grund der Bestimmungen des VG 1947 (§ 18 u. 19) nicht zugelassenen ZT	Zahl aller zur Berufsausübung zugelassenen ZT, die in den Reg.-Listen verzeichnet sind	Zahl der ZT, die gemäß § 17, Abs. 4, VG 1947 von der Sühnepflicht ausgenommen sind	Zahl der ZT, die gemäß § 27, VG 1947 eine Ausnahme-bewilligung bzgl. des Verbotes der Berufs-ausübung haben
Wien	396	8 (+14 noch nicht entschieden)	114	15	4
Linz	103	14	35	2	–
Graz	127	50	78	–	–
Innsbruck	40	6	32	3	–
Summe	666	92	259	20	4

Quelle: Ziviltechniker NS-Gesetz. ÖStA/AdR, BMfHuW 178.359/I-1/1947.

Bei einigen „Minderbelasteten" ist nicht klar, ob ihr Antrag abgelehnt wurde oder sie gar keinen gestellt hatten. Der Zivilingenieur für technische Chemie Roman Grengg (1884–1972)[136] war seit 1931 ordentlicher Professor an der TH Wien und stand dem Institut für Mineralogie und Baustoffkunde II vor.[137] Während der NS-Zeit wurde dieses zum „Institut für angewandte Mineralogie und Petrographie" und übernahm im Auftrag des NS-Regimes Forschungsarbeiten zu Themen wie „Bentonitsuspension zur Bekämpfung von Phosphorbränden" oder „Chemische Betonzerstörung". Ebenso führte Grengg mit seinem Institut Untersuchungen zu den ostmärkischen Sandvorkommen sowie Bodenuntersuchungen für das Bauwesen in Wien für den Luftkrieg bzw. Luftschutz durch.[138]

Als die Kammer für Oberösterreich und Salzburg dem Ministerium im November 1946 die Kanzleiverlegung Grenggs von Wien nach Salzburg meldete,[139] informierte das Ministerium die Kammer, dass Grengg als illegales Mitglied der NSDAP verzeichnet sei und Mitglied des NS-Beirats der Technischen Hochschule Wien gewesen war. In dieser Funktion hatte er Entlassungen veranlasst und war mit Kriegsende als „politisch belastet" aus dem Staatsdienst entlassen worden.[140] Das Ministerium könne die Verlegung von Grenggs Kanzleistandort „im Hinblick auf seine politische Belastung" nicht zur Kenntnis nehmen.[141] Allerdings stellte sich heraus, dass Grengg laut Auskunft des Bürgermeisters der Gemeinde Kallham vom 2. Mai 1947 in die „Kategorie der Minderbelasteten" fiel.[142] Damit konnte Grengg ab 1947, gemeinsam mit seiner Tochter, in Bad Schallerbach (Oberösterreich) ein Labor zur Wasseruntersuchung betreiben, allerdings nicht in Ausübung seiner Befugnis als Zivilingenieur für technische Chemie.[143] 1953 scheint sein Name auch wieder in der Liste der Zivilitechniker:innen auf.[144] Seine Befugnis wurde im Jahr 1962 gelöscht.[145] Grengg bemühte sich 1951 auch um die Reaktivierung seiner Lehrbefugnis als Hochschullehrer, die ihm vom Professorenkollegium der Technischen Hochschule allerdings verweigert wurde.[146]

In einer Mitgliederliste der Ingenieurkammer für Steiermark und Kärnten vom Juli 1947 sind mehr als die Hälfte der insgesamt 113 Namen markiert mit der Anmerkung: „vom Senat behandelt und zugelassen"[147] – gemeint waren die in den Bundesländern eingerichteten Außensenate der Kommission. Die hohe Zahl der Markierungen ist ein Hinweis auf den beachtlichen Anteil an „minderbelasteten" Mitgliedern in der Kammer. Überraschend ist das allerdings nicht, bedenkt man die hohe Anzahl von Parteimitgliedern in der Ingenieurkammer für Steiermark und Kärnten bereits 1938 (→ S. 96).

Ende 1948 berichteten die Kammern dem Bundesministerium für Handel und Wiederaufbau im Detail über die Anzahl der Kammermitglieder mit Stichtag 1. Dezember 1947 und den Stand der sicherheitspolizeilichen Überprüfungen. In Wien wurden acht Personen zur Berufsausübung nicht zugelassen, wobei nicht ausgewiesen ist, ob es sich um „belastete" oder „minderbelastete" Personen handelte, 14 „minderbelastete" Fälle waren noch nicht entschieden.[148] Bei den Zahlen der Ingenieurkammer in Graz fällt die hohe Zahl der nicht zugelassenen Personen auf, 127 zur Berufsausübung Berechtigten standen 50 dazu nicht Berechtigte gegenüber, wobei auch hier nicht ausgewiesen ist, ob es sich um „belastete" oder „minderbelastete" Personen handelte. Auffallend ist, dass keine von der Sühnepflicht ausgenommenen Personen und auch keine Ausnahmebewilligungen verzeichnet waren,[149] was vermuten lässt, dass diese Fälle noch nicht behandelt waren. Die Linzer Kammer verzeichnete 14 nicht zugelassene Personen, davon sechs belastete, zwei minderbelastete und sechs Personen, die kein Gesuch um Nachsicht von den Sühnefolgen bzw. vom Berufsverbot eingereicht hatten.[150] Die Tiroler Kammer unterschied bei den sechs nichtzugelassenen Fällen nicht in „belastet" und „minderbelastet"; die Ausnahmen von der Sühnepflicht betrafen eine Person über 70 Jahre und zwei „Invalide".[151]

Anfang November 1947 gab das Bundesministerium dem Alliierten Rat in einer Übersichtstabelle Auskunft über den „Stand der Entnazifizierungsverfahren" in den vier Ingenieurkammern.

→ Abb. IV/13

IV.2.3
Volksgerichtsverfahren

Die mit einer Registrierung verbundenen hohen Strafen führten in der Praxis dazu, dass falsche Angaben zur ehemaligen politischen Zugehörigkeit gemacht wurden, wobei vor allem die illegale Parteimitgliedschaft verschwiegen bzw. geleugnet wurde. Personen, die nach Paragraf 10 des Verbotsgesetzes 1945 als illegale Nationalsozialist:innen galten, wurden wegen Hochverrats angeklagt. Das Verschweigen der illegalen NSDAP-Mitgliedschaft galt als Betrug und war ein häufiges Delikt, das vor den Volksgerichten nach Paragraf 8 VG verhandelt wurde. Bestätigte sich die Anklage, konnte ein Verfahren nach Paragraf 10 folgen. Schwerer wogen Vergehen, die nach dem Kriegsverbrechergesetz[152] geahndet wurden, wie der Vorwurf von „Kriegshetzerei" (§ 2) oder Denunziation (§ 7). Auch in der Berufsgruppe

Amt der Landesregierung Salzburg

Zahl: VIa - 1715 - 1948 **Abschrift**

Betrifft: Dipl.Ing.Hermann Kutschera,
Salzburg. Unzulässigkeit der
Ausübung der Befugnis als
Architekt.

An den

Dipl.Ing.Hermann K u t s c h e r a,
Architekt

B a d   G a s t e i n,
Reitlweg 241.

Bescheid.

Laut Erlass vom 19.Februar 1948, Z - 38oo3/I/1/47, hat das Bundesministerium für Handel und Wiederaufbau bekanntgegeben, dass die in diesem Bundesministerium nach § 19 (2) des Verbotsgesetzes 1947 für die Berufsgruppe der Ziviltechniker tagende Kommission den minderbelasteten beh.aut.und beeideten Zivilingenieur Dipl.Ing.Kutschera, Architekt, dzt.Bad Gastein, Reitlweg 241, hinsichtlich seiner Berufsausübung überprüfte und mit Erkenntnis vom 25.November 1947, I K 378/47 beschlossen hat, zur weiteren beruflichen Tätigkeit nicht vor dem 3o.4.195o zuzulassen sei.

Demgemäss hat laut Verbotsgesetz 1947 Ihre Befugnis eines Architekten im Sinne der Verordnung des Bundesministeriums für Handel und Verkehr, B.G.Bl.Nr.61 aus 1937, bis zum 3o.April 195o zu ruhen und darf bis zu diesem Zeitpunkte nicht ausgeübt werden.

Hievon werden auch die Ingenieurkammer für Oberösterreich und Salzburg und das Amt der o.ö. Landesregierung in Kenntnis gesetzt.

Salzburg, am 13.März 1948.

Für die Richtigkeit
der Ausfertigung:

Moser e.h.

Für den Landeshauptmann:
gez.Ing.Straßl

Angestellte

Abb. IV/12   Die Salzburger Landesregierung teilt Hermann Kutschera mit, dass er von der Kommission nach § 19 (2) VG zur Berufsausübung vor dem 30. Mai 1950 nicht zugelassen wurde, 13. 3. 1948.

Bundesministerium für
Handel u. Wiederaufbau:
Zl. 175.843/1-1-1947

Beilt im Akt

Uebersicht

über den Stand der Entnazifizierungsmaßnahmen bei den beh.aut.und beeid.Ziviltechnikern (Architekten,Ingenieurkonsulenten u.Zivilingenieure) mit dem Stand anfangs November 1947.

Anzahl der Ziviltechniker im Bereich der Ingenieurkammer	M I T G L I E D E R							
	unbelastete	behandelte minderbelastete				kein Ansuchen eingereicht	niedergelegte Befugnis	belastete Personen
	von vornherein unbelastet	entregistriert bzw. nicht registrierungspflichtig	Vers.Stufe III u.IV über 70 J. (von Sühnefolgen befreit)	positiv	negativ	noch nicht entschiedene Fälle			
WIEN 424	266	9	17	87	7	26	6	-	6ˣ
LINZ 121	51	7	3	27	2	11ˣˣ	1o	-	1o
GRAZ 163	47	-	-	67	-	-	-	49	
INNSBRUCK 51	1o	1	3	26	1	-	4	2	4

ˣˣ 1 an die Hauptkommission   ˣ ungeklärt

Wien, am 12. November 1947.

Abb. IV/13 Das Bundesministerium für Handel und Wiederaufbau unterrichtet den Alliierten Rat über den Stand der Entnazifizierung in seinem Wirkungsbereich, Stand Anfang November 1947.

der Ziviltechniker:innen gab es etliche Fälle, die vor den Volksgerichten behandelt wurden.

Karl Lipp (1888–1967) war seit 1920 Zivilingenieur für technische Chemie, Gas- und Feuerungstechnik in Graz.[153] Gegen Lipp wurde 1946 ein Volksgerichtsverfahren am Landesgericht Graz eröffnet. Er wurde beschuldigt, die illegale Parteimitgliedschaft verschwiegen zu haben und sowohl im Wähleranlageblatt als auch bei der Registrierung falsche Angaben gemacht zu haben. Lipp gab bei seiner Vernehmung vor dem Landesgericht Graz an, zwar bereits 1932 Mitglied der österreichischen NSDAP gewesen zu sein, allerdings im Juli 1933 wieder ausgetreten zu sein und ab dann auch keine Mitgliedsbeiträge mehr bezahlt zu haben. Erst im April 1938 sei er wieder in die Partei eingetreten. Er führte Zeugen an, die seine Angaben bestätigten. Die Anklage wurde schließlich zurückgezogen.[154] Nach der Erkenntnis der „Kommission nach § 19" vom 25. September 1947 wurde er als „minderbelastet" eingestuft und konnte wieder seinen Beruf als Zivilingenieur für technische Chemie ausüben.[155]

Robert Oedl (1898–1978),[156] Zivilingenieur für Vermessungswesen, war Betriebsführer und Teilhaber der Zementfabrik Gebrüder Leube in Gartenau in Salzburg. Er war illegales Parteimitglied, NSKK-Korpsführer, Wirtschaftsberater bei der Gauleitung in Salzburg und Kreisstabsführer des Volkssturms im Kreis Hallein. 1943 wurde Oedl zum „Obmann für Qualitätsarbeit für die Industrie der Steine und Erden im Gau Salzburg" ernannt[157] und seine Tätigkeit 1944 auf den Gau Tirol-Vorarlberg erweitert.[158] Er wurde aufgrund seiner Funktionen nach Paragraf 10 und 11 des Verbotsgesetzes sowie wegen Denunziation unter Ausnützung seiner Machtbefugnisse nach Paragraf 5 des Kriegsverbrechergesetzes angeklagt. Ihm wurde vorgeworfen, er habe Arbeiter seines Betriebes verhaften lassen, eine Zwangsarbeiterin wegen Kohlendiebstahl der Gestapo gemeldet. Eine Näherin habe er der Beziehung zu einem ausländischen Arbeiter bezichtigt, diese wurde daraufhin verhaftet und in ein KZ eingeliefert. Oedl wurde bereits im Jahr 1945 von der amerikanischen Besatzungsmacht in Salzburg verhaftet und in Lager Glasenbach interniert. Im Zuge des Volksgerichtsverfahrens in Salzburg wurde er im März 1947 zur Vernehmung von Glasenbach in das Gefangenenhaus am Landesgericht Salzburg überstellt.[159] Im Mai 1947 wurde er auf freien Fuß gesetzt. Oedl gelang es in dem Verfahren offenbar, zwei von seinen Anzeigen betroffene Personen, den „Hilfsarbeiter Seibold" und die „Näherin E. Reiter", davon zu überzeugen, ihre zunächst schweren Beschuldigungen zu mildern und ihn damit zu entlasten. Das Verfahren wurde 1949 eingestellt.[160]

Ein besonders prominentes Beispiel ist der Fall des Zivilingenieurs für das Bauwesen, Franz Visintini, der seit dem „Anschluss" im März 1938 kommissarischer Leiter bzw. ab 1943 Präsident der „Ingenieurkammer für Wien, NÖ und Bgld. in Liquidation" war (→ *S. 64*). Er war bereits 1932 der NSDAP beigetreten und soll auch Träger des Goldenen Ehrenzeichens der NSDAP gewesen sein.[161] Eine Voruntersuchung der Staatsanwaltschaft Linz konnte das in seinem Volksgerichtsverfahren nicht bestätigen, ebenso wurden die Beschuldigungen nach Paragraf 8 und 11 des Verbotsgesetzes – falsche Angaben bei der Registrierung und höhere Funktion in der Partei – entkräftigt. Dass er illegales Parteimitglied war, hatte Visintini bei der Registrierung angegeben. Seit der Amnestie 1948 war dies nicht mehr strafbar, das Verfahren wurde eingestellt.

Der Zivilingenieur für das Bauwesen Karl Breitenthaler hatte in der NS-Zeit ebenfalls eine bedeutende Position inne, er war von 1940 bis 1945 Gauhauptmann des Reichsgaues Oberdonau. Bereits in den 1920er Jahren war er in der NSDAP aktiv. 1938 bis 1945 wurde er von August Eigruber, Gauleiter von Oberdonau, zum Landesstatthalter von Oberdonau und Kommissär für Arbeitsbeschaffung bestellt. Am 30. Juni 1945 wurde er aus dem Beamtenverhältnis entlassen.[162] 1946 wurde er nach den Paragrafen 10 und 11 des Verbotsgesetzes (Illegalität und höhere politische Funktion) sowie Paragraf 2 und 8 des Kriegsverbrechergesetzes (Kriegshetzerei und Hochverrat am österreichischen Volk) angeklagt. Breitenthaler bekannte sich nicht schuldig, die Einvernahmen und Zeugenaussagen wurden durch seine Krankheit verzögert, 1950 starb er, und das Verfahren wurde eingestellt.[163]

August Schmöller (→ *S. 102*), Zivilingenieur für Hochbau und ebenfalls Mitglied der Ingenieurkammer für Oberösterreich und Salzburg, hatte sich vor dem Volksgericht wegen Verstoß gegen das Verbotsgesetz, Paragraf 11, zu verantworten, er war Gauamtsleiter für Technik Oberdonau und enger Mitarbeiter von Gauleiter August Eigruber. 1949 wurde er zu 15 Monaten schwerem Kerker verurteilt, allerdings wurden ihm die Zeit der Inhaftierung in Glasenbach und am Landesgericht Linz angerechnet, und die Strafe galt als verbüßt. Ein Gnadengesuch an den Bundespräsidenten war erfolgreich, und seine Unbescholtenheit war 1952 wiederhergestellt.[164]

Je länger die Verfahren dauerten, desto milder waren Öffentlichkeit und Behörden gegenüber ehemaligen Nationalsozialist:innen gestimmt. Die Amnestien ab 1948[165] bildeten den Abschluss der politischen Entnazifizierung in Österreich,[166] die mit der generellen Amnestie 1957[167] ihren Schlusspunkt fand. Für die Politik hatte ohnehin die politische

Selbstständigkeit und demokratische und wirtschaftliche Entwicklung Priorität. „Als dies alles erreicht war, stellte die gerichtliche Verfolgung von NS-Tätern in der Ära der Großen Koalition sowie unter ÖVP- und SPÖ-Alleinregierungen kein Thema mehr dar."[168]

Die angeführten Beispiele entsprechen der Heterogenität der Entnazifizierungen in Österreich. Ein Großteil der registrierungspflichtigen Ziviltechniker:innen konnte durch Nachsichts-, Ausnahme- und Gnadengesuche sowie Einsprüche bei der Beschwerdekommission die Streichung aus den Registrierungslisten oder die Herabstufung von „belasteter" zu „minderbelasteter" Person erreichen. Die Strafverfahren vor dem Volksgericht endeten in der Mehrzahl der Fälle – wie auch die obigen Beispiele – mit der Einstellung des Verfahrens oder einer positiven Entscheidung über ein Gnadengesuch.[169]

IV.3
Konsolidierung der Kammer und Ziviltechnikergesetz 1957

Da in den unmittelbaren Jahren nach dem Krieg die Entnazifizierungen der Kammermitglieder einen Großteil der Arbeit der Ingenieurkammern umfassten, nahmen diese erst ab 1947 verstärkt die Regelung der eigenen Organisation in Angriff. Im Sommer 1947 wurden seitens des Gesetzgebers die ersten Verordnungen erlassen, mit denen das jeweilige Kammerstatut für alle vier Ingenieurkammern erstmals nach 1945 gesetzlich festgelegt wurde.[170] Dieses regelte unter anderem den „Sprengel und den Sitz der Ingenieurkammer" (§ 1), die Sektionen (§ 2), die Organe (§ 4), die Vollversammlungen (§ 5), die Zusammensetzung des Kammervorstandes sowie der Sektionsvorstände (§ 6) und die Wahlen (§ 8). Im Wesentlichen waren die Statuten für alle Ingenieurkammern ident, lediglich die Sektionseinteilung in „Konsulenten-Sektion" und „Allgemeine Sektion" blieb im Kammerstatut der Ingenieurkammer für Tirol und Vorarlberg unberücksichtigt, dort gab es weiterhin nur eine Sektion.

Damit hatten sich die Ingenieurkammern so weit konsolidiert, dass vermutlich noch 1947 oder 1948 Wahlen der Kammervorstände abgehalten werden konnten. Im „Österreichischen Schreibkalender" von 1947 ist noch von den „provisorischen Leitern" der Kammern die Rede,[171] aber bereits in der Ausgabe 1948 wurden sie als „Präsidenten" der Ingenieurkammern angeführt,[172] was auf eine dazwischen stattgefundene Kammerwahl schließen lässt, die folgende Präsidenten bestätigte:

Egon Magyar, Präsident der Ingenieurkammer für Wien, Niederösterreich und Burgenland, 1948–1951 (seit 1945 prov. Leiter)
Anton Hofmann, Präsident der Ingenieurkammer für Steiermark und Kärnten, 1937–1938 und 1948–1954 (seit 1945 prov. Leiter)
Hans Schachermeyr, Präsident der Ingenieurkammer für Oberösterreich und Salzburg, 1925–1938 und 1948–1950 (seit 1945 prov. Leiter)
Philipp Mitzka, Präsident der Ingenieurkammer für Tirol und Vorarlberg, 1948–1949 (seit 1946 prov. Leiter)

Novellierung der Kammerstatuten 1951

Bereits wenige Jahre später kam es zur ersten Novellierung der Kammerstatuten. Diese sollte die zunehmenden Bestrebungen der Architekt:innen, eine eigene Architektenkammer zu gründen, besänftigen. Die Einführung des Reichskulturkammergesetzes in der NS-Zeit hatte die Trennung der bis dahin vereinten institutionellen Standesvertretung der Zivilarchitekten von den übrigen Ziviltechnikern vollzogen (→ S. 80), was bei den Architekt:innen den alten Wunsch zur Gründung einer eigenständigen Architektenkammer verstärkt hatte. Unterstützt wurde dieser Wunsch vor allem von der „Berufsvereinigung der Architekten",[173] die die Mitglieder der Fachgruppe der Architekt:innen aus der liquidierten Reichskammer der bildenden Künste vertrat.

Die strittige Frage wurde 1951 seitens der Gesetzgeberin gelöst, indem die „Verordnung zur Abänderung des Kammerstatuts" eine neue, zusätzliche Sektion für die Gruppe der Architekt:innen in der Ingenieurkammer vorsah.[174] Die Verordnung beschränkte sich vorerst nur auf die Ingenieurkammer für Wien, Niederösterreich und Burgenland,[175] wurde aber 1954 in das Kammerstatut der Ingenieurkammer für Oberösterreich und Salzburg[176] sowie 1960 in jenes der Ingenieurkammer für Steiermark und Kärnten übernommen.[177] Damit waren diese

BUNDESGESETZBLATT
FÜR DIE REPUBLIK ÖSTERREICH

Jahrgang 1957 — Ausgegeben am 8. Juli 1957 — 43. Stück

146. Bundesgesetz: Ziviltechnikergesetz.
147. Bundesgesetz: Bangseuchen-Gesetz.

---

146. Bundesgesetz vom 18. Juni 1957 über die staatlich befugten und beeideten Architekten, Ingenieurkonsulenten und Zivilingenieure (Ziviltechnikergesetz).

Der Nationalrat hat beschlossen:

Anwendungsbereich.

§ 1. Die Ausübung des Berufes eines staatlich befugten und beeideten Ziviltechnikers (Architekten, Ingenieurkonsulenten und Zivilingenieurs) nach Maßgabe dieses Bundesgesetzes bedarf einer von der Behörde verliehenen Befugnis.

Schutz der Berufsbezeichnungen: „Ziviltechniker", „Architekt", „Ingenieurkonsulent" und „Zivilingenieur".

§ 2. (1) Die Berufsbezeichnungen „Ziviltechniker", „Architekt", „Ingenieurkonsulent" und „Zivilingenieur" dürfen nur von Personen geführt werden, denen eine solche Befugnis verliehen wurde.

(2) Verboten ist auch die Führung von Berufsbezeichnungen, die auf irgendeine Art, insbesondere durch den Hinweis auf eine den Ziviltechnikern (Architekten, Ingenieurkonsulenten und Zivilingenieuren) vorbehaltene Tätigkeit, den Anschein zu erwecken geeignet sind, daß es sich um eine Berufsausübung handelt, die an eine solche Befugnis gebunden ist.

Verpflichtung zur Dienstleistung für den Bund und die Länder.
Ausnehmung aus der Gewerbeordnung.

§ 3. (1) Die Architekten, Ingenieurkonsulenten und Zivilingenieure sind verpflichtet, für den Bund oder das Land, in dem sich der Sitz ihrer Kanzlei befindet, alle in ihr Fachgebiet einschlägigen Geschäfte gegen Entlohnung zu übernehmen.

(2) Die Tätigkeit der Architekten, Ingenieurkonsulenten und Zivilingenieure unterliegt nicht den Bestimmungen der Gewerbeordnung. Soweit diese Ziviltechniker sich dabei einer eigenen Betriebsanlage bedienen, finden auf diese die Bestimmungen des III. Hauptstückes der Gewerbeordnung sinngemäß Anwendung. Desgleichen finden auf das Dienst- und Arbeitsverhältnis der bei ihnen beschäftigten Personen sowie hinsichtlich des Arbeiter- und Angestelltenschutzes die Vorschriften Anwendung, die für die der Gewerbeordnung unterliegenden Unternehmungen gelten, insbesondere in vollem Umfang die Bestimmungen des VI. Hauptstückes der Gewerbeordnung.

Einteilung der Befugnisse.

§ 4. Ziviltechnikerbefugnisse werden für folgende Fachgebiete verliehen:

A. für Architekten: Architektur und Hochbau;

B. für Ingenieurkonsulenten:
 a) Bauwesen,
 b) Maschinenbau,
 c) Schiff- und Schiffsmaschinenbau,
 d) Elektrotechnik,
 e) technische Chemie,
 f) technische Physik,
 g) Gas- und Feuerungstechnik,
 h) Vermessungswesen,
 i) Bergwesen,
 k) Hüttenwesen,
 l) Markscheidewesen,
 m) Landwirtschaft,
 n) Forstwirtschaft,
 o) Kulturtechnik,
 p) Gärungstechnik;

C. für Zivilingenieure:
 a) Hochbau,
 b) Bauwesen,
 c) Maschinenbau,
 d) Schiff- und Schiffsmaschinenbau,
 e) Elektrotechnik,
 f) technische Chemie,
 g) technische Physik,
 h) Gas- und Feuerungstechnik,
 i) Bergwesen,
 k) Hüttenwesen,
 l) Forstwirtschaft,
 m) Kulturtechnik,
 n) Gärungstechnik.

Inhalt und Umfang der Befugnisse.

§ 5. (1) Die Architekten, Ingenieurkonsulenten und Zivilingenieure sind auf Grund ihrer Befugnisse in allen Zweigen ihres Fachgebietes berechtigt:

Abb. IV/14 Das Bundesgesetzblatt mit dem 146. Bundesgesetz vom 11. Juni 1957 über die staatlich befugten und beeideten Architekten, Ingenieurkonsulenten und Zivilingenieure, dem Ziviltechnikergesetz.

Ingenieurkammern in drei Sektionen organisiert: Architekten-Sektion, Konsulenten-Sektion und Allgemeine Sektion. Eine Ausnahme bildete die Ingenieurkammer für Tirol und Vorarlberg, die an ihrem Kammerstatut von 1947 festhielt, das keine getrennten Sektionen vorsah.

Ziviltechnikergesetz 1957

Parallel zur Regelung der Organisation durch die Kammerstatuten erfolgte in Abstimmung mit den Ingenieurkammern auch die gesetzliche Neuordnung des Ziviltechnikerwesens, die in das „Bundesgesetz vom 18. Juni 1957 über die staatlich befugten und beeideten Architekten, Ingenieurkonsulenten und Zivilingenieure (Ziviltechnikergesetz)" mündete.[178]

→ *Abb. IV/14*

Das Ziviltechnikergesetz regelte die „Ausübung des Berufes eines staatlich befugten und beeideten Ziviltechnikers (Architekten, Ingenieurkonsulenten und Zivilingenieure)" neu und setzte alle bisherigen, seit 1860 im Bereich des Ziviltechnikerwesens getroffenen Verordnungen und Novellierungen außer Kraft, was endlich Klarheit in den unübersichtlich gewordenen Paragrafendschungel brachte.

Eine wesentliche Änderung zu den bisherigen Regelungen war der im Paragraf 2 festgelegte „Schutz der Berufsbezeichnungen ‚Ziviltechniker', ‚Architekt', ‚Ingenieurkonsulent' und ‚Zivilingenieur'",[179] deren missbräuchliche Verwendung nun strafbar wurde.[180] Eine Neuerung betraf auch die Zugangsregelung, denn ab nun waren auch Absolvent:innen des Studiums einer Meisterklasse für Architektur an der Akademie der bildenden Künste und jene der Akademie für angewandte Kunst für die Erlangung der ZT-Befugnis zugelassen. Auch die Berechtigung, im Siegel das Bundeswappen zu führen, wurde im Ziviltechnikergesetz verankert. Darüber hinaus wurden in diesem Gesetz die Zugangsregeln und die Abwicklung der Befugniserteilung, Inhalt und Umfang der Befugnisse, die Standesregeln und vieles mehr festgelegt.

Um eine einheitliche Handhabung über alle Bundesländer hinweg zu gewähren, wurde die Verleihung der Befugnis dem Bundesministerium für Handel und Wiederaufbau übertragen, das in enger Abstimmung mit den zuständigen Ingenieurkammern und Landeshauptmännern stand.

In diesem Zusammenhang ist auf die Eigenständigkeit der einzelnen Ingenieurkammern hinzuweisen, wo auch Differenzen und Meinungsverschiedenheiten nicht ausblieben. Eine Lösung für die heterogen geführten Landesingenieurkammern wurde von der Gesetzgeberin durch den Erlass des „Ingenieurkammergesetzes" von 1969[181] herbeigeführt, in dem die vier Kammerstatuten vereinheitlicht und eine übergeordnete Bundeskammer als Dachorganisation geschaffen wurde, die heute als Bundeskammer für Ziviltechniker:innen bezeichnet ist.

Das Ziviltechnikergesetz von 1957 war, mit mehreren Ergänzungen erweitert, über 60 Jahre das gesetzliche Fundament für die Regelung des Ziviltechnikerwesens in Österreich, bis es 2019 vom neuen „Ziviltechnikergesetz 2019 – ZTG 2019"[182] abgelöst wurde.

V.
Ziviltechnikerinnen und deren erste Sichtbarmachung 1982

Ingrid Holzschuh

V.1	Pionierinnen	231
	Lucia Pietsch-Rappos	231
	Liane Zimbler	234
V.2	Erste Anträge von Frauen ohne technisches Studium (Verordnung Nr. 61/1937)	235
	Hilda Döring-Kuras	235
	Rosa Weiser	235
	Gertrud Nagel	236
V.3	Verspätete Bearbeitung in der NS-Zeit – abgelehnt aus „rassischen Gründen"	236
	Renée Vago	236
V.4	Selbstständige Technikerinnen im Nationalsozialismus	238
	Martha Bolldorf-Reitstätter	238
	Herta Rottleuthner-Frauneder	238
V.5	Erste Ziviltechnikerinnen in der Nachkriegszeit	240
	Helene Koller-Buchwieser	240
	Lionore Regnier	240
	Maria Petter	240
	Elisabeth Hofbauer-Lachner	240
	Adelheid Gnaiger	241
	Margarete Schütte-Lihotzky	242
V.6	Erste Sichtbarmachung der Ziviltechnikerinnen 1982	245

Frauen fanden im Gegensatz zu ihren männlichen Kollegen erst in der Zwischenkriegszeit Zugang zur Befugnis und damit zum Berufsstand der Ziviltechniker:innen. Der Grund lag vorwiegend in der späten Zulassung von Frauen zum Technikstudium. Denn erst mit dem Erlass des Staatsamtes für Unterricht, Z. 7183/9 vom 7. April 1919 wurde den Frauen per Gesetz die Inskription an den Technischen Hochschulen gestattet, im Studienjahr 1919/20 folgte die Akademie der bildenden Künste Wien.[1] Davor war es ihnen nur in Ausnahmefällen möglich, an den Technischen Hochschulen als außerordentliche Hörerinnen an Lehrveranstaltungen teilzunehmen,[2] was jedoch für die Erteilung einer Befugnis nicht anerkannt wurde. Ebenso blieb dem vergleichsweise hohen Anteil an Frauen, die ihre Architekturausbildung an der Kunstgewerbeschule absolvierten, aufgrund der vorgeschriebenen Ausbildungsvoraussetzungen der Zugang zur Befugnis bis 1937 verwehrt. Daher übten die Pionierinnen der Architektur, wie Liane Zimbler, Ella Briggs, Margarete Schütte-Lihotzky und weitere, ihren Beruf als selbstständige Architektinnen in der Zwischenkriegszeit ohne Befugnis und institutionelle Einbindung in die Ingenieurkammern aus.

Da der Anteil der weiblichen Studierenden seit der Öffnung der technischen Hochschulen gering war und nur wenige den Weg in die Selbstständigkeit einschlugen, waren jene, die eine Befugnis anstrebten, eher die Ausnahme. Sicherlich lag ein Grund – wie es die Ziviltechnikerin Edith Lassmann[3] (1920–2007) im Jahr 1968 im Rückblick formulierte – am in der Gesellschaft „weitverbreitete[n] Vorurteil, daß dem weiblichen Geschlecht jede Eignung zum Studium der technischen Wissenschaften fehle". Dies nahm möglicherweise manchen Frauen den Mut, sich für ein technisches Studium zu interessieren.[4] Erst nach 1945 ist eine deutliche Zunahme der Frauen in der Ingenieurkammer erkennbar, was nicht nur in der zeitlichen Verzögerung des Studienzugangs, sondern auch in einem sich verändernden Berufsbild der Frauen gründete.

V.1
Pionierinnen

Durch die späte Öffnung der technischen Hochschulen für Frauen und der für die Zulassung zur Fachprüfung notwendigen Praxisjahre dauerte es bis 1931, bis die erste Frau um Zulassung zur Fachprüfung ansuchte. Viele der ersten weiblichen Studierenden der Technik wählten das Studium der Architektur, wodurch vor allem Architektinnen zu den Pionierinnen des Ziviltechnikerwesens zählen und die ersten weiblichen Mitglieder der Ingenieurkammern waren.

Lucia Pietsch-Rappos

Die Innsbruckerin Lucia Pietsch-Rappos (1904–1951) suchte am 14. August 1931 als erste Frau um Zulassung zur Fachprüfung bei der Wiener Landesregierung an.[5] Pietsch war damals 27 Jahre alt und hatte ihr Architekturstudium an der TH Wien absolviert, das sie mit ihrer 2. Staatsprüfung im Mai 1928 abgeschlossen hatte. Von 1928 bis 1931 war sie in diversen Architekturateliers in Wien und in einem Baumeister-Büro in Innsbruck tätig.[6] Somit erfüllte sie die gesetzlich vorgeschriebenen Voraussetzungen für die Zulassung zur Fachprüfung, die sie am 6. Mai 1932 vor einer Prüfungskommission erfolgreich ablegte.[7]

→ Abb. V/1

Aufgrund der fehlenden Quellen über eine aufrechte Befugnis bleibt unklar, ob sie überhaupt den Eid ablegte oder die Befugnis als Architektin ruhend stellte. Denn in den Österreichischen Amtskalendern sowie den Adressbüchern von Innsbruck aus den Jahren 1934 bis 1938 scheint Pietsch in den Namensverzeichnissen der Ingenieurkammer für Tirol und Vorarlberg nicht als Mitglied auf. Dass sie jedoch ab 1934 als freischaffende Architektin tätig war, belegt die Mitgliederliste der Zentralvereinigung der Architekten Österreichs, wo ihr Name im Innsbrucker Adressbuch von 1934[8] aufgelistet ist. Die fehlende Mitgliedschaft in der Ingenieurkammer könnte auch mit ihrem Gewerbebetrieb für „Kunstgewerbliche Gegenstände-Erzeugung und Verlag"[9] zusammenhängen, der im Adressbuch von 1933 mit Adresse Claudiastraße 14 aufscheint.

Nur wenig ist über das architektonische Werk von Pietsch bekannt. 1935 nahm sie unter anderem am Wettbewerb für „Wohnhäusertypen für die Hörtnagl-Siedlung bei den Allerheiligenhöfen" in Innsbruck teil. Ihr Entwurf wurde von der Jury mit einem Ankauf gewürdigt.[10] Noch 1939 wurde Pietsch in der Liste der „Freischaffenden Architekten, Fachschaft Gau Tirol, Sitz Innsbruck"[11] geführt. Von 1934 bis 1941 ist sie gemeinsam mit dem Namen ihres Mannes

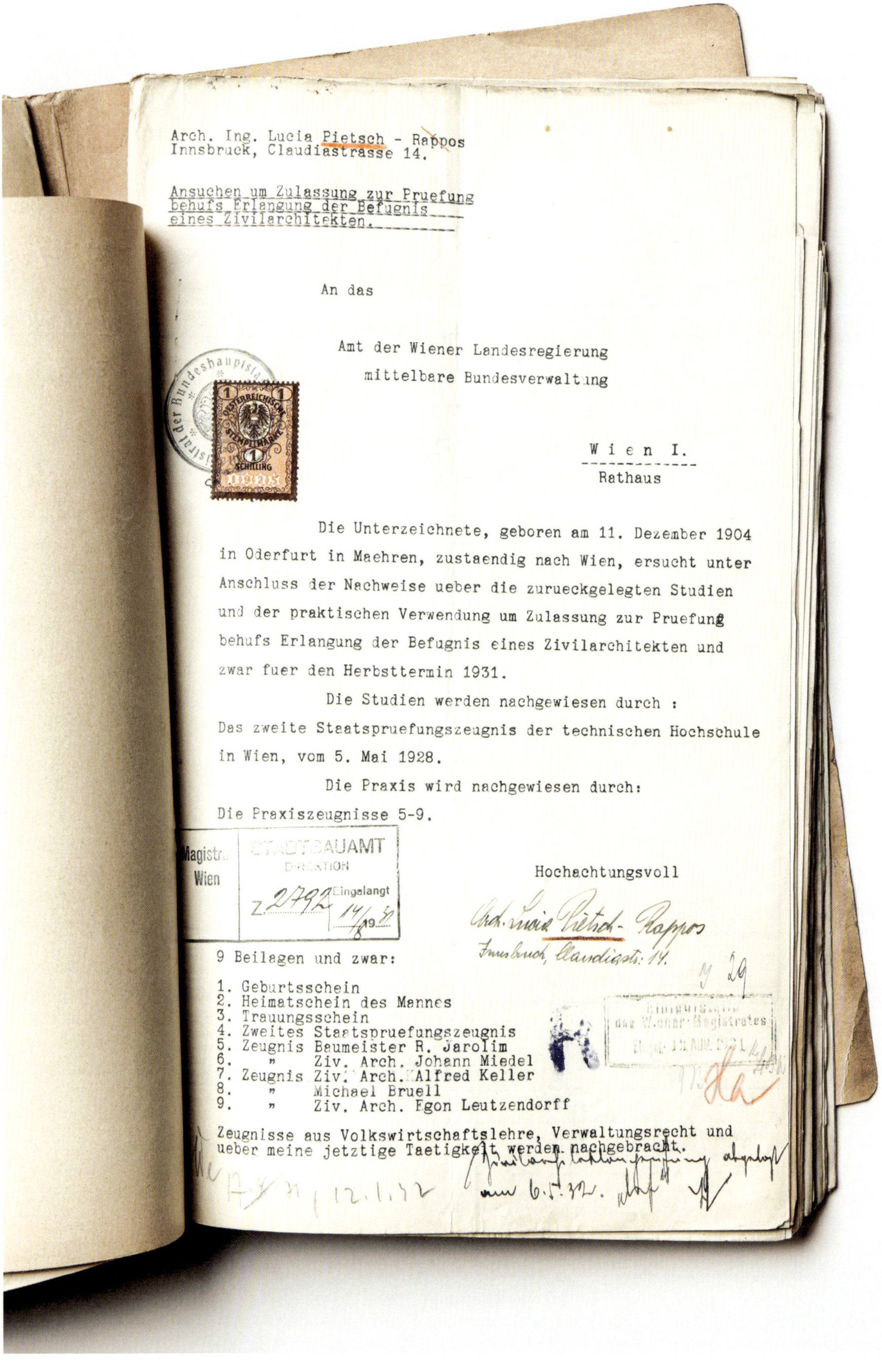
Arch. Ing. Lucia Pietsch - Rappos
Innsbruck, Claudiastrasse 14.

Ansuchen um Zulassung zur Pruefung
behufs Erlangung der Befugnis
eines Zivilarchitekten.

An das

Amt der Wiener Landesregierung
mittelbare Bundesverwaltung

Wien I.
Rathaus

Die Unterzeichnete, geboren am 11. Dezember 1904 in Oderfurt in Maehren, zustaendig nach Wien, ersucht unter Anschluss der Nachweise ueber die zurueckgelegten Studien und der praktischen Verwendung um Zulassung zur Pruefung behufs Erlangung der Befugnis eines Zivilarchitekten und zwar fuer den Herbsttermin 1931.

Die Studien werden nachgewiesen durch :
Das zweite Staatspruefungszeugnis der technischen Hochschule in Wien, vom 5. Mai 1928.

Die Praxis wird nachgewiesen durch:
Die Praxiszeugnisse 5-9.

Magistrat Wien STADTBAUAMT DIREKTION Z. 2792 Eingelangt 14/8 1931

Hochachtungsvoll

Arch. Lucia Pietsch-Rappos
Innsbruck, Claudiastr. 14.

9 Beilagen und zwar:

1. Geburtsschein
2. Heimatschein des Mannes
3. Trauungsschein
4. Zweites Staatspruefungszeugnis
5. Zeugnis Baumeister R. Jarolim
6. " Ziv. Arch. Johann Miedel
7. Zeugnis Ziv. Arch. Alfred Keller
8. " Michael Bruell
9. " Ziv. Arch. Egon Leutzendorff

Zeugnisse aus Volkswirtschaftslehre, Verwaltungsrecht und ueber meine jetzige Taetigkeit werden nachgebracht.

Abb. V/1 Lucia Pietsch-Rappos sucht im August 1931 als erste Frau um Zulassung zur Prüfung an.

Abschrift.

Wiener Magistrat im staatlichen Wirkungsbereich----------

B.-D. 420/38 bezw. 3197/37.----------------------------------

Z e u g n i s

Frau Juliane Z i m b l e r, geborene Fischer, geboren am 31. Mai 1892 in Prerau, Č.S.R., zuständig nach Wien, hat die zur Erlangung der Befugnis eines---

A r c h i t e k t e n

im § 9 der in der derzeitigen Fassung geltenden Ministerialverordnung vom 7. Mai 1913, RGBl. Nr. 77, vorgeschriebene Prüfung beim Wiener Magistrat vor der unterzeichneten Prüfungskommission am 21. Februar 1938 abgelegt und ist bei derselben als----------------------

b e f ä h i g t

erkannt worden.--
----------------Wien, am 21. Februar 1938.---------------
----------------Die Prüfungskommission-------------------
--------für behördlich zu autorisierende Zivilstechniker:---
----------------------Der Vorsitzende:-------------------
----------------------Ing. Musil m.p.--------------------
----------------------Stadtbaudirektor-------------------
----------------------Die Prüfer:------------------------
Ing. Leo Steinitz m.p.----------------Ing. Fister m.p.------
--------------------------------------Senatsrat-----------
Siegel: Magistrat der Bundeshauptstadt Wien Stadtbauamts-Direktion---

V.Z. 953.

Diese Abschrift stimmt mit dem mir vorliegenden,

Abb. V/2 Am 21. Februar 1938 legt Liane Zimbler erfolgreich die Prüfung zur Erlangung der Befugnis beim Wiener Magistrat ab.

Eduard Pietsch, eines bei der Bundesbahn und dann später Reichsbahn tätigen Ingenieurs, unter der Adresse Karwendelstraße 20 verzeichnet, in einem Personalhaus der Eisenbahn.[12] Weitere Quellen zu ihrem beruflichen Werdegang konnten nicht recherchiert werden. Lucia Pietsch-Rappos verstarb 1951 mit 46 Jahren in Innsbruck.[13]

Liane Zimbler

Einen knappen Monat nach dem Ansuchen von Lucia Pietsch, am 9. September 1931, langte im Amt der Wiener Landesregierung das zweite Ansuchen einer Frau ein,[14] jenes von Liane Zimbler (1892–1987).[15] Sie war zwölf Jahre älter als Pietsch und Absolventin der Wiener Kunstgewerbeschule. Sie besuchte 1929 und 1930 die TH Wien als außerordentliche Hörerin, wo sie die Prüfungen in Volkswirtschaftslehre und Verwaltungsrecht ablegte.[16] Von 1916 bis 1918 war sie bei Architekt Heinz König als Bauleiterin tätig und begann danach ihre Selbstständigkeit. Sie projektierte mehrere Wohnhausbauten in Wien und in der damaligen ČSR (Československá republika / Tschechoslowakei). Für eine Zulassung zur Fachprüfung fehlte ihr jedoch das abgeschlossene Fachstudium an einer technischen Hochschule, woraufhin Zimbler – nach einem persönlichen Gespräch bei der Behörde – ihr Ansuchen am 16. Juni 1932 zurückzog.[17]

Erst fünf Jahre später war ihr mit den neuen Bestimmungen der Verordnung 1937[18] der Zugang zur Befugnis möglich. Denn mit dem darin enthaltenen Artikel 20 wurde jenen Personen, die eine mehr als 10-jährige Praxis „auf dem Gebiet der Baukunst" nachweisen konnten, diese als Ersatz für ein Fachstudium anerkannt. Dieser Umstand traf für Zimbler zu, und so formulierte sie in ihrem Ansuchen selbstbewusst: „Ich darf von mir wohl behaupten, dass die Voraussetzung des zitierten Artikels 20 auf mich zutrifft und ich ‚wegen meiner hervorragenden Leistungen auf dem Gebiete der Baukunst einen besonderen Ruf genieße'. Meine Arbeiten werden seit mindestens 15 Jahren in den angesehensten und bedeutendsten Fachzeitschriften des In- und Auslandes ständig publiziert, wobei die hervorragendsten Kunstkritiker meine Leistungen würdigen."[19]

Abb. V/3   Liane Zimbler auf der Baustelle, 1920er Jahre.

Ihre selbstständige Baupraxis wurde anerkannt, und sie wurde diesmal auch zur Fachprüfung zugelassen, die sie am 21. Februar 1938 erfolgreich bestand.[20]

→ Abb. V/2

Die Vereidigung kam jedoch nicht mehr zustande, da der kurz darauf erfolgte „Anschluss" Österreichs im März 1938 Zimbler aufgrund ihrer jüdischen Herkunft zur Flucht zwang. Im September 1938 kam sie mit ihrer Familie in New York an. In Amerika konnte sie beruflich Fuß fassen und war noch bis ins hohe Alter als Architektin in Los Angeles erfolgreich tätig.[21]

V.2
Erste Anträge von Frauen ohne technisches Studium (Verordnung Nr. 61/1937)

Wie bereits angeführt, war mit der Verordnung Nr. 61 des Jahres 1937[22] erstmals auch der Zugang zur Befugnis für Frauen wie Liane Zimbler möglich, die kein technisches Fachstudium absolvierten, aber nach der Bestimmung des Artikels 20 dieses durch den Nachweis einer langjährigen Praxiserfahrung im Fach ersetzen konnten.

Hilda Döring-Kuras

Zu den Antragstellerinnen, die die neuen Zugangsbedingungen nutzen wollten, zählte die aus der Steiermark stammende Hilda Döring-Kuras (1910–1996),[23] die in Graz die Bundeslehranstalt für das Baufach und Kunstgewerbe besuchte und daran das Studium der Architektur (Oskar Strnad) in der Kunstgewerbeschule in Wien anschloss (Abschluss 1932). Ab 1932 arbeitete sie im Atelier von Lois Welzenbacher in Innsbruck und war von 1933 an in Graz als selbstständige Planerin tätig. Erst im Wintersemester 1934/35 begann sie das Studium der Architektur an der TH Graz.[24] Noch in ihrer Studienzeit reichte sie 1937 ihr Ansuchen um Zulassung zur ZT-Prüfung ein, was jedoch abgelehnt wurde.[25] Die 2. Staatsprüfung legte sie an der TH nach dem „Anschluss", im Juli 1938, ab und arbeitete in der NS-Zeit im Luftwaffenbauamt Berlin und Wien sowie ab 1941 im Stadtbauamt Wels. Daran anschließend war sie von 1945 bis 1947 Mitarbeiterin im Büro von Architekt Leo Keller in Wels. Nach dem Krieg reichte sie 1948 erneut um Zulassung zur ZT-Prüfung ein, diesmal mit Erfolg, sie wurde zur Prüfung zugelassen und bestand diese am 26. April 1948 beim Amt der steiermärkischen Landesregierung.[26] Kurz darauf bekam sie die Befugnis verliehen und konnte ab 1949 ihr eigenes Architekturbüro in Wels führen. Sie war Mitglied der Ingenieurkammer für Oberösterreich und Salzburg.

Rosa Weiser

Die Architektin Rosa Weiser (1897–1982) stammte aus Salzburg und studierte ab 1920 in Wien an der Kunstgewerbeschule in der Fachklasse für Architektur (Oskar Strnad). 1924 schloss sie das Studium ab, erhielt aber erst 1928 ihr Abschlusszeugnis.[27] Sie arbeitete für den Siedlungsverband (1924) und anschließend im Einrichtungshaus Haus & Garten von Oskar Wlach und Josef Frank (ab 1927).[28] Auch sie reichte 1937 ein Ansuchen um Nachsicht der vorgeschriebenen Fachstudien für die Zulassung zur ZT-Prüfung ein, das jedoch erst 1939 behandelt wurde. Der Beirat erkannte ihre nachgewiesene praktische Tätigkeit auf dem Gebiet der Baukunst nicht an, womit seitens des Ministeriums die Ablehnung ihres Ansuchens erfolgte.[29] Im November 1939 wurde ihr dies mit Bescheid zur Kenntnis gebracht mit der Anmerkung, dass ohnedies „durch die Ausdehnung des Reichskulturkammergesetzes auf die Ostmark auch ohne Erlangung der Befugnis des Ziviltechnikers […] die Ausübung ihres Berufes gewahrt" sei.[30] Erst 1948, in ihrem 49. Lebensjahr, unternahm sie einen neuerlichen Versuch zur

Abb. V/4
Hilda Döring-Kuras, undatiert.

Erlangung der Befugnis einer Zivilarchitektin. Diesmal war sie erfolgreich, und mit Bescheid vom 31. Dezember 1949 wurde ihr die Befugnis verliehen. Sie legte am 10. Februar 1950 den Eid ab und wurde Mitglied der Ingenieurkammer für Wien, Niederösterreich und Burgenland.[31]

Gertrud Nagel

Die aus Feldkirch stammende und in Innsbruck lebende Gertrud Nagel (1901–?)[32] war die letzte Frau, die vor dem „Anschluss" ihr Ansuchen um Nachsicht des technischen Fachstudiums einreichte. 1919 hatte sie die Kunstgewerbliche Fachschule an der Staatsgewerbeschule in Innsbruck absolviert. Ein Studium an der Akademie war ihr laut eigenen Aussagen aufgrund der finanziellen Lage nicht möglich. Sie begann daher als Mitarbeiterin in Innsbruck im Atelier von Lois Welzenbacher (1920–1928) und anschließend bei Franz Baumann.[33] Eine selbstständige Tätigkeit lag bis 1938 nicht vor, was auch die Ablehnung ihres Ansuchens in einem Bescheid vom 10. November 1939 begründete. Auch ihr wurde darin mitgeteilt, dass sie ohnedies aufgrund der nun geltenden Rechtslage dem Reichskulturkammergesetz unterliege und sie auch ohne Befugnis als Architektin tätig sein könne.[34] Über ihre weitere berufliche Tätigkeit sowie zu ihrem Leben nach 1938 ist nichts bekannt.

V.3
Verspätete Bearbeitung in der NS-Zeit – abgelehnt aus „rassischen Gründen"

Aufgrund der Vielzahl an Anträgen, die nach dem Erlass der Verordnung 1937 eingereicht wurden, gab es eine verzögerte Bearbeitung im zuständigen Ministerium, die sich bis in die Jahre 1939 sowie 1940 hinzog und damit in die Regierungszeit der Nationalsozialisten fiel (→ S. 57). Für die jüdischen Antragstellerinnen bedeutete das die Ablehnung ihres Antrages aufgrund der seit dem 20. Mai 1938 in der Ostmark in Kraft getretenen „Nürnberger Gesetze".

Renée Vago

Die verzögerte Bearbeitung betraf auch das Ansuchen von Renée Vago (1911–2008),[35] die 1937 die Nachsicht von den vorgeschriebenen Fachstudien beantragte. Die Behandlung ihres Antrages erfolgte erst 1939 und wurde wegen ihrer jüdischen Herkunft abgelehnt. Vago wurde in Budapest/Ungarn geboren und übersiedelte nach dem Tod ihres Vaters nach Wien, wo sich ihre Mutter wieder verehelichte. Ab dem Studienjahr 1930/31 besuchte sie drei Semester lang die Architekturklasse bei Clemens Holzmeister, wurde jedoch am 11. Dezember 1931 auf Weisung Holzmeisters gestrichen.[36] Sie wechselte an die Kunstgewerbeschule in der Fachklasse für Architektur (Oskar Strnad) und schloss diese 1935 ab.[37] Ihr Werkverzeichnis bis 1937 weist neben einigen Inneneinrichtungen für private Wohnungen eine Vielzahl an Bühnenbild- und Kostümgestaltungen auf, wo der Schwerpunkt ihrer Tätigkeit lag, die sie sowohl selbstständig als auch als Mitarbeiterin bei Oskar Strnad ausübte. In ihrem Akt vermerkte am 28. Oktober 1939 der zuständige Beamte: „Vago Reneé [sic] ist Jüdin (Staatl. Matrikenführung f. d. VI. Bezirk in Budapest Nr. 01563580 v. 11.3.1936), kommt daher für eine Behandlung ihres Ansuchens nicht mehr in Betracht."[38] Ihre eingereichten Unterlagen wurden ihr postalisch an ihre Adresse in der Seidengasse 35 (1070 Wien) retourniert, wo sie jedoch nicht mehr anzutreffen war. Sie hatte Wien bereits verlassen.

→ Abb. V/5

Wann sie ihren späteren Mann Ernst Heymann (1887–1965) heiratete, konnte nicht geklärt werden. Fest steht, dass beide in der „Liste 98 Deutscher Reichsanzeiger und Preußischer Staatsanzeiger Nr. 64 vom 16.3.1939" angeführt sind, die bekannt gab, wem die deutsche Staatsbürgerschaft entzogen wurde. Vago ist dort als „Heymann, Renée, geb. Vago, geb. am 23. Oktober 1911 in Budapest" verzeichnet.[39] Wie aus einem Einwohnerverzeichnis hervorgeht, lebte das Ehepaar 1940 in New York, wo Vagos Beruf als „Designerin" ausgewiesen war.[40] Quellen zu ihrem weiteren Lebensweg sind nicht bekannt, auch nicht, ob sie in Amerika weiterhin als Designerin und Bühnengestalterin tätig war.

Abb. V/5 Nach der Ablehnung des Ansuchens zur Nachsicht der Prüfung werden die Originaldokumente an Renée Vago zurückgesandt. Da sie bereits emigriert ist, kann der Brief nicht zugestellt werden und wird mit dem Vermerk „Adr. ausgewandert" an das Ministerium retourniert, 26.10.1939.

V.4
Selbstständige Technikerinnen im Nationalsozialismus

Die neue Gesetzeslage des NS-Regimes sah ab August 1942[41] keine Erteilung von neuen Befugnissen vor, womit ab diesem Zeitpunkt auch keine Frauen als Ziviltechnikerinnen vereidet wurden. Für die selbstständige Ausübung von technischen Berufen galten neue Regeln, darunter eine Mitgliedschaft in den zuständigen NS-Berufsverbänden NSDBT und RdbK (→ s. 80).

Der Anteil der Hörerinnen an den Technischen Hochschulen stieg in der NS-Zeit, da die Mitarbeit der Frauen im technischen Berufsfeld mit den voranschreitenden Kriegsereignissen an Bedeutung gewann. Aber nur wenig ist über selbstständige Frauen bekannt, denn die meisten berufstätigen Technikerinnen fanden Anstellungen in Baubüros der Kriegs- und Rüstungsindustrie oder in den technischen Abteilungen der NS-Verwaltung. Überliefert sind nur einige wenige Namen aus der Gruppe der Architektinnen, die im Nationalsozialismus ihre Selbstständigkeit begannen. Namen von Frauen anderer Fachgruppen konnten nicht erschlossen werden.

Martha Bolldorf-Reitstätter

Die Architektin Martha Bolldorf-Reitstätter (1919–2001) war an der Akademie der bildenden Künste die erste weibliche Absolventin einer Architekturklasse und schloss 1934 ihr Studium ab. In der NS-Zeit machte sie sich selbstständig und gründete ein eigenes Atelier, wo sie bis zu neun Angestellte beschäftigte.[42] Sie war Mitglied der NSDAP und erhielt in der NS-Zeit auch öffentliche Aufträge im Wohn- und Städtebau. Für die Organisation Todt[43] war sie im Kriegseinsatz in sowjetischen Gebieten, und in der Stadt Simferopol auf der Krim war sie als Stadtplanerin tätig. Ihre Selbstständigkeit wollte sie nach dem Krieg fortführen, benötigte dafür jedoch eine Befugnis. Daher suchte Bolldorf-Reitstätter um Zulassung zur ZT-Prüfung an, die sie im Juni 1947 in der Ingenieurkammer in Innsbruck ablegte.

Aufgrund ihrer ehemaligen NSDAP-Mitgliedschaft galt sie nach der damaligen Gesetzeslage als „Minderbelastete"[44] und konnte den Beruf einer Ziviltechnikerin erst ausüben, nachdem ihr von der zuständigen Kommission nach Paragraf 19 „Verbotsgesetz" die entsprechende Genehmigung erteilt worden war.[45] Mit dem Schreiben vom 9. Dezember 1947 wurde ihr die Befugnis einer Architektin mit dem Berufs- und Wohnsitz Wien erteilt[46] und diese in der „Wiener Zeitung" vom 9. Jänner 1948 kundgetan.[47]

Abb. V/6
Herta Rottleuthner-Frauneder, undatiert.

Herta Rottleuthner-Frauneder

Auch die erste Architekturabsolventin der TH Graz Herta Rottleuthner-Frauneder (1912–1999)[48] war nach einer Anstellung bei den Reichswerken Göring in Linz und Berlin (1938–1941) ab Mai 1941 im gemeinsamen Büro mit ihrem Ehemann Ernst Rottleuthner in Bruck/Mur in der NS-Zeit selbstständig tätig. Quellen über eine NSDAP-Mitgliedschaft sind nicht bekannt. 1947 wurde ihr die Befugnis einer Architektin verliehen und ihr Bürositz in Bruck/Mur angemeldet, wo sie bis zu ihrer Pension selbstständig tätig war. Ihr Name scheint auch in der 1947 erstellten Mitgliederliste der Ingenieurkammer von Steiermark und Kärnten auf, womit sie nicht nur das erste weibliche Mitglied dieser Kammer, sondern auch die erste Ziviltechnikerin des Bundeslandes Steiermark war.[49]

Form. 8

Kommission nach § 19, Abs. 2 VG 1947 im
Bundesministerium für Handel und Wiederaufbau.

I K - 517/48

E r k e n n t n i s.

Die beim Bundesministerium für Handel und Wiederaufbau auf Grund des § 19, Abs. 2 des Verfassungsgesetzes vom 8.5.1945, St.G. Bl.Nr. 13 über Verbot der NSDAP (Verbotsgesetzes) in der Fassung des I. Hauptstückes, Abschnitt 1, Punkt 15 des Bundesverfassungsgesetzes vom 6.II.1947 über Behandlung der Nationalsozialisten (Nationalsozialistengesetzes). B.G.Bl. Nr. 25/1947 bestellte Kommission hat in Anwesenheit (Abwesenheit) des ....der........
............Dipl. Ing. Elisabeth L a c h n e r............
nach der am 20. April 1948 durchgeführten öffentlichen Verhandlung gem. § 5 des Bundesverfassungsgesetzes vom 21. Mai 1947, B.G.Bl.Nr. 113/1947 zu Recht erkannt:

Die Antragsteller in Dipl. Ing. Elisabeth L a c h n e r
wird im Hinblick auf seine Verzeichnung in den besonderen Listen der Nationalsozialisten als minderbelastete Person zur Ausübung des Berufes eines .....beh. aut. u. beeideten Zivitechnikers....
.... bis 30. April 1950 ..zugelassen......

Eine Berufung gegen diese Erkenntnis ist gem. § 6 des Bundesverfassungsgesetzes vom 21.5.1947, B.G.Bl.Nr. 113/1947 nicht zulässig.

Wien, am 20. April 1948

Der Vorsitzende:
R u p p r e c h t
(Ministerialrat)

Der Ingenieurkammer für Wien

W i e n VII.,
Zieglergasse 1,

zur Kenntnis.

Der Vorsitzende:
R u p p r e c h t
(Ministerialrat)

Für die Richtigkeit der Ausfertigung:

Abb. V/7   Elisabeth Lachner wird von der Kommission nach § 19/2 VG 1947 die Genehmigung zur Berufsausübung erteilt, 20.4.1948.

V.5
Erste Ziviltechnikerinnen in der Nachkriegszeit

Mit dem Zerfall des NS-Regimes traten die österreichischen Gesetze wieder in Kraft, und damit gewann das Berufsbild des/der Ziviltechniker:in wieder an Bedeutung. Mit dem „Verbotsgesetz", das unmittelbar nach Ende des Zweiten Weltkriegs am 8. Mai 1945 von der provisorischen Staatsregierung beschlossen wurde, galt eine Registrierungspflicht für jene Personen, die zwischen 1933 und 1945 ihren ordentlichen Wohnsitz in Österreich hatten und Mitglied der NSDAP oder einer ihrer Organisationen waren. Bei Neuanträgen für eine Befugnis wurde die Registrierungspflicht der Antragstellerin / des Antragstellers überprüft, lag eine nationalsozialistische Vergangenheit vor, wurden weitere Nachforschungen angestellt und Rücksprache mit dem nun zuständigen Bundesministerium für Handel und Wiederaufbau gehalten. Bei politisch unbelasteten Personen hingegen lief das Aufnahmeverfahren ähnlich wie bis August 1942, wobei den Ingenieurkammern in der Übergangszeit eine größere Rolle bei der Beurteilung der Bewerber:innen zukam (→ S. 201).

Helene Koller-Buchwieser

Ein Beispiel ist die Wiener Zivilingenieurin für Hochbau Helene Koller-Buchwieser (1912–2008),[50] die bereits am 6. Juli 1945[51] die Zulassung zur Ziviltechnikerprüfung beantragte und diese auch am 20. September 1945 erteilt bekam.[52]

→ Abb. IV/3

Sie hatte von 1932 bis 1937 an der TH Wien studiert und von 1938 bis 1939 als „Architektin" im Kunsthistorischen Museum gearbeitet, anschließend im Büro ihres Vaters, des Stadtbaumeisters Bruno Buchwieser.[53] Koller-Buchwieser war damit die erste Ziviltechnikerin, die nach 1945 eine Befugnis in Wien inne hatte und das erste dokumentierte weibliche Mitglied der Ingenieurkammer für Wien, Niederösterreich und Burgenland.

Lionore Regnier

Wenige Monate später folgte Koller-Buchwieser die gleichaltrige Lionore Regnier (1912–1970),[54] die 1934 die 2. Staatsprüfung an der TH Wien abgelegt und 1936 promoviert hatte. Daran anschließend war sie von 1937 bis 1946 im Büro des Baumeisters Maculan tätig.[55] Regnier reichte im Februar 1946 ihr Ansuchen um Zulassung zur Prüfung[56] ein und bekam am 26. Juli 1946 ihre Befugnis als Zivilingenieurin für Hochbau in Wien verliehen.[57]

Maria Petter

In Oberösterreich suchte die in Wien geborene Architektin Maria Petter (1908–1988) unmittelbar nach dem Krieg um die ZT-Befugnis an. Sie hatte 1928 Architektur an der TH Wien inskribiert und am 3. April 1935 die 2. Staatsprüfung abgelegt.[58] Während des Krieges war sie in den Architekturbüros von Klaudy / Lippert und Karl Kupsky tätig und arbeitete in den letzten Kriegsmonaten in Linz. 1946 erlangte sie die Befugnis als Zivilingenieurin für Hochbau und wurde erstes weibliches Mitglied in der Ingenieurkammer für Oberösterreich und Salzburg sowie die erste Ziviltechnikerin des Bundeslandes Oberösterreich. In den 1950er Jahren übersiedelte Petter zurück in ihre Geburtsstadt Wien, wo sie an einigen Wohnbauten der Gemeinde Wien mitwirkte. 1958 legte sie ihre Befugnis zurück und nahm eine Anstellung an der TH Wien im höheren Bibliotheksdienst an.[59]

Die beruflichen Einschränkungen für Mitläufer:innen des NS-Systems änderten sich mit der Novelle des Verbotsgesetzes 1947 (Nationalsozialistengesetz), das ab nun ehemalige Nationalsozialist:innen in „Belastete" und „Minderbelastete" einteilte (→ S. 220). Damit wurde die Gruppe der „Belasteten" vom Zugang zur Befugnis ausgeschlossen.

Elisabeth Hofbauer-Lachner

Neben der bereits genannten Architektin Martha Bolldorf-Reitstätter fiel auch die Architektin Elisabeth Hofbauer-Lachner (1913–1977)[60] in die Gruppe der „Minderbelasteten", die erst durch einen positiven Bescheid der Kommission nach Paragraf 19/2 zur Ausübung des Berufes einer Ziviltechnikerin zugelassen wurden. Hofbauer-Lachner hatte ihr technisches Studium an der TH Wien am 20. Jänner 1937 mit der 2. Staatsprüfung abgeschlossen und war anschließend Mitarbeiterin in verschiedenen Architekturbüros. 1938 begann sie im Büro von Hans Kamper, einem engen Mitarbeiter von Wiens NS-Chefplaner Hanns Dustmann, wo sie bis März 1946 tätig war. In der NS-Zeit arbeitete sie an Stadtplanungen (Bregenz, Kufstein), Planungen öffentlicher Gebäude sowie Theaterbauten in Cilli (slow. Celje) und Marburg (slow. Maribor) mit.[61] Nach dem Krieg strebte sie die Selbstständigkeit als Architektin an und suchte 1947 um Zulassung zur ZT-Prüfung an, die sie im Juni 1947 in der Ingenieurkammer in Wien ablegen konnte. Da sie im Fragebogen der Kammer bezüglich ihrer nationalsozialistischen Vergangenheit angab, dass sie seit April 1938 „Anwärterin der NSDAP"[62] war, hielt sich das Ministerium mit der Verleihung der Befugnis vorerst zurück und forderte eine Bestätigung der „Zulässigkeit der Berufsausübung" durch die Kommission nach Paragraf 19/2 ein. Diese wurde am 20. April 1948 ausgestellt und Hofbauer-Lachner als „minderbelastete Person zur Ausübung des Berufes eines beh. aut. u. beeideten Ziviltechnikers" zugelassen.[63] Im Dezember 1976 stellte sie ihre Befugnis ruhend und starb wenige Monate darauf am 20. August 1977 in Wien.

→ Abb. V/6

Adelheid Gnaiger

In den Aufbaujahren der Nachkriegszeit öffnete sich ein breites Beschäftigungsfeld für technische Berufe, wodurch auch immer mehr Frauen den Schritt in die Selbstständigkeit und in das Berufsfeld der Ziviltechniker:innen wagten. Den Aufschwung des „Wirtschaftswunders" nutzte auch die Vorarlberger Architektin Adelheid Gnaiger (1916–1991), die bereits im Mai 1938 ihr Studium an der TH Wien abgeschlossen hatte. In der NS-Zeit war sie als Technikerin im Stadtbauamt Feldkirch tätig gewesen und arbeitete als solche nach dem Krieg in der Schweiz. Mit dem Entschluss, ihr eigenes Büro zu führen, kehrte sie nach Feldkirch zurück und legte die Ziviltechnikerprüfung in Innsbruck ab. Den Unterlagen der Landeskammer für Tirol und Vorarlberg zufolge wurde ihr am 9. Jänner 1949 die Befugnis erteilt.[64] Eine Vielzahl von Bauten entstand in ihrer 36-jährigen beruflichen Tätigkeit, die sie 1974 aus gesundheitlichen Gründen beenden musste. Gnaiger war die erste und bis in die 1980er Jahre einzige Ziviltechnikerin des Bundeslandes Vorarlberg.

Aufgrund des lückenhaften Archivbestandes kann über die Zahl der weiblichen Mitglieder in der Nachkriegszeit keine genaue Angabe gemacht werden. Bekannt ist, dass es sich vorwiegend um Architektinnen und Zivilingenieurinnen für Hochbau handelte und die größte Zahl in der Ingenieurkammer für W, NÖ und Bgld verzeichnet war. Erst ab den späten 1960er Jahren sind aus der Literatur Namen von Frauen aus anderen Fachgruppen greifbar, wie die Ingenieurkonsulentin für Vermessungswesen Elfriede Hubeny aus Graz (seit 1967 selbstständig), die Zivilingenieurin für Maschinenbau Hedwig Handl aus Wien (seit 1975 selbstständig) oder die Zivilingenieurin für technische Chemie Elisabeth Heinl aus Graz (seit 1975 selbstständig).

Abb. V/8   Adelheid Gnaiger in ihrem Architekturbüro in Feldkirch, ca. 1951/52.

Margarete Schütte-Lihotzky

Architektin, Widerstandskämpferin
(1897–2000)

Abb. V/9
Margarete Schütte-Lihotzky, 1953.

Margarete Schütte-Lihotzky wurde am 23. Jänner 1897 in Wien geboren. Sie absolvierte von 1915 bis 1919 als eine der ersten Frauen die Fachklasse für Architektur bei Oskar Strnad an der Kunstgewerbeschule und zählt damit zu den Pionierinnen der Architektur. Nach dem Studium arbeitete sie für die Siedlerbewegung in Wien und ging Mitte der 1920er Jahre nach Frankfurt, wo sie unter der Leitung von Ernst May in der Typisierungsabteilung des städtischen Hochbauamtes arbeitete und sich mit Wohnungsbau und der Rationalisierung von Hauswirtschaft beschäftigte (Frankfurter Küche).

1930 schloss sie sich mit ihrem Mann Wilhelm Schütte einer Gruppe deutschsprachiger Architekt:innen rund um Ernst May an, die in Moskau am Aufbau neuer Städte mitarbeiteten. 1937 verließ das Ehepaar Schütte die Sowjetunion und ließ sich kurzzeitig in Frankreich und London nieder. Auf Einladung ihres Kollegen Bruno Taut reisten sie 1938 nach Istanbul, um für das türkische Unterrichtsministerium zu arbeiten. Dort kam Schütte-Lihotzky erstmals mit Herbert Eichholzer in Kontakt, einem Architekten, der in der Türkei eine österreichische Widerstandsgruppe aufbaute, und entschloss sich, Mitglied der KPÖ (1939) zu werden. Bei einem Aufenthalt in Wien, bei dem sie Kontakte zwischen dem österreichischen Widerstand und dem Ausland herstellen sollte, wurde sie am 22. Jänner 1941 von der Gestapo[65] verhaftet und wegen „Vorbereitung zum Hochverrat" zu 15 Jahren Zuchthaus verurteilt, die sie im Frauenzuchthaus im bayerischen Aichach verbringen sollte.[66] Ihr Kollege Herbert Eichholzer wurde nur wenige Tage nach ihr verhaftet und 1942 wegen „Vorbereitung zum Hochverrat" zum Tode verurteilt (→ S. 196).

Die ersten Jahre nach ihrer Befreiung verbrachte Schütte-Lihotzky mit ihrem Mann in Bulgarien und kehrte mit ihm 1947 nach Wien zurück. Möglicherweise veranlasste die mit dem Wiederaufbau verbundene Hoffnung auf öffentliche Bauaufträge auch Schütte-Lihotzky, 1948 um Zulassung zur Ziviltechnikerprüfung anzusuchen und Mitglied der Ingenieurkammer zu werden.[67] Obwohl ihr Schicksal als Widerstandskämpferin gegen das NS-Regime bekannt war, musste auch sie den gesetzlichen Vorschriften entsprechend ein Zeugnis ihrer „Vertrauenswürdigkeit" erbringen und ihre „politische Nichtbelastung" bescheinigen. Eine paradoxe Situation, in der sich viele der Opfer des NS-Regimes nach 1945 in Österreich fanden. So beinhaltet das von der Polizeidirektion Wien ausgestellte „Führungszeugnis"[68] einerseits Schütte-Lihotzkys Verurteilung mit dem hohen Strafausmaß von 1942 und andererseits einen behördlichen Stempel, dass „keine Auskunft über die Zugehörigkeit zur NSDAP oder einer ihrer Gliederungen" gegeben wird.

→ Abb. V/11

Die Ingenieurkammer für Wien, Niederösterreich und Burgenland bestätigte Schütte-Lihotzky eine 22-jährige Praxis auf dem Fachgebiet, womit seitens des Ministeriums für Handel und Wiederaufbau auf Grundlage der Verordnung Nr. 61/1937 dem Ansuchen zur Nachsicht der vorgeschriebenen technischen Fachstudien stattgegeben wurde. Somit konnte Schütte-Lihotzky am 22. April 1949[69] die Ziviltechnikerprüfung ablegen und wurde am 17. August 1949 vereidet. Mit der Verlautbarung in der „Wiener Zeitung" am 10. September 1949 war Schütte-Lihotzky offiziell Ziviltechnikerin und Mitglied der Ingenieurkammer.[70]

Abb. V/10 Margarete Schütte-Lihotzky beim internationalen Treffen von Architekt:innen in Warschau, 1952.

Ihr Bürositz befand sich an ihrer Wiener Wohnadresse Hamburgerstraße 14/11 im 5. Bezirk.[71] Große öffentliche Aufträge seitens der Stadt Wien blieben jedoch aus, was zu einem großen Teil an ihrer Zugehörigkeit zur kommunistischen Partei lag.[72] Neben den Planungen einiger weniger Bauten arbeitete sie vor allem an Ausstellungen mit und intensivierte ihre publizistische Tätigkeit. 1958 stellte sie ihre Befugnis ruhend.[73] Laut ihren eigenen Angaben wurde sie 1961 vom Stadtbaudirektor[74] mit der Planung eines Kindergartens beauftragt, weswegen sie ihre Befugnis für drei weitere Jahre aufleben ließ.[75] 1975, im Alter von 78 Jahren, legte sie ihre Befugnis endgültig zurück.[76]

Die Anerkennung für ihre Arbeit als Pionierin der Architektur wurde ihr erst im hohen Alter zuteil. Neben zahlreichen Ehrungen, Auszeichnungen, Preisen und Namensgebungen wurde anlässlich ihres 100. Geburtstages seitens des Bundesministeriums für Kunst und Kultur 1997 das Margarete Schütte-Lihotzky-Projektstipendium eingerichtet. Margarete-Schütte-Lihotzky starb am 18. Jänner 2000, nur wenige Tage vor ihrem 103. Geburtstag.[77] Mit dem Margarete-Schütte-Lihotzky-Zentrum, das sich seit 2022 in ihrer letzten Wohnung in der Franzensgasse 16/40 im 5. Bezirk befindet, konnte ein wichtiger Ort der Forschung geschaffen werden, der den „Blick auf die fehlenden Beiträge der Frauen in der österreichischen Architekturgeschichte" richtet.[78]

Abb. V/11 Das von der Polizeidirektion Wien ausgestellte „Führungszeugnis" von Margarete Schütte-Lihotzky, 1948.

V.6
Erste Sichtbarmachung der Ziviltechnikerinnen 1982

Die Sichtbarmachung der weiblichen Mitglieder in den Ingenieurkammern war und ist aufgrund der verhältnismäßig geringen Zahl an Frauen eine Herausforderung. Eine erste öffentliche Aufmerksamkeit für dieses Thema seitens der eigenen Institution erfolgte erst im Jahr 1983, anlässlich des 70-Jahr-Jubiläums der Ingenieurkammern. Architekt und Kammermitglied Erich Schlöss wurde anlässlich des Jubiläums beauftragt, eine Publikation zur Geschichte der Institution herauszugeben, die 1983 unter dem Titel „Ziviltechniker und Wirtschaft"[79] erschien. Für das Thema „Frau als Ziviltechniker" konnte Schlöss die Wiener Zivilarchitektin Elise Sundt (1928–2005) gewinnen, die seit 1957 die Befugnis innehatte und sich seit Beginn ihrer Selbstständigkeit für die Sichtbarmachung der Frauen in der Technik und in der Ingenieurkammer einsetzte.[80]

Fast 50 Jahre nachdem die erste Ziviltechnikerin in Österreich ihre ZT-Prüfung erfolgreich abgelegt hatte, nahm Sundt ihren Beitrag zum Anlass und kontaktierte Ende 1980 erstmals alle Kolleginnen in Österreich, um eine „möglichst getreue und zeitgemäße Darstellung" der Frauen in der Bundes-Ingenieurkammer geben zu können. Ihr Bestreben lag darin, die Ziviltechnikerinnen Österreichs zu vernetzen und damit ihre Rolle in der Kammer zu stärken.

Aus diesen Bestrebungen ging nicht nur Sundts Beitrag für die Jubiläumsschrift hervor, sondern auch eine eigene Publikation mit dem Titel „Ziviltechnikerinnen".[81] Darin wird ein Querschnitt über Leben und Werk ausgewählter österreichischer Ziviltechnikerinnen gegeben, die 1982 ihre Befugnis aufrecht oder ruhend hatten. Die wichtigsten biografischen Daten und Ausbildungswege wurden vorgestellt und ein kurzer Abriss des Werkes ihrer „künstlerisch-

Abb. V/12   Die erste Sichtbarmachung der weiblichen Mitglieder erfolgte mit einer eigenen Broschüre, 1982.

technisch-wissenschaftlichen Berufe" mit Bildern visualisiert. Wie Sundt in ihrem Text 1982 betonte, überwiegen darin die Biografien aus der Fachgruppe der Architektinnen, da diese die „zahlenmäßig weitaus am stärksten" vertretene Gruppe in der Kammer ist.[82] Eine Namensliste der Ziviltechnikerinnen aus dem Verzeichnis der Bundes-Ingenieurkammer vom 1. Jänner 1982 gibt erstmals in der Geschichte der Ingenieurkammern einen Gesamtüberblick über die in den Bundesländern verteilten weiblichen Mitglieder und stellt bis heute für die Forschung zum Thema der Pionierinnen als auch der Frauen in der Technik eine wichtige Quelle dar.

→ *Abb. V/13*

In ihrem Beitrag zur Festschrift stellte Sundt 1983 fest, dass sich nur wenige Absolventinnen nach dem technischen Studium selbstständig machten, ihr eigenes Büro eröffneten und damit Mitglieder der Kammer wurden. Eine Vielzahl von ihnen entschied sich für eine Bürogemeinschaft mit ihrem Ehemann, um die Doppelbelastung von Kinderbetreuung und Beruf vereinbaren zu können. „Für sie ist die Berufsausübung am schwierigsten. Sie müssen im Vergleich zum Mann ein Vielfaches leisten, um ein Wort im Berufsleben, in der Standespolitik und in der Öffentlichkeit mitzureden." Dass es auch für sie selbst keine einfache Situation war, spiegelt sich in ihrem Beitrag, in dem sie festhält, dass das „Sich-unter-Beweis-stellen-Müssen" der Ziviltechnikerin nach wie vor einen erheblich größeren Leistungsaufwand abverlangt als dem männlichen Berufskollegen.[83] Sie kritisierte, dass in der Ingenieurkammer für Wien, Niederösterreich und Burgenland seit zwei Jahrzehnten nur „sporadisch" Frauen im Sektionsvorstand der Architekten und in deren Ausschüssen vertreten sind und nur eine Frau in den „Kammertag" gewählt ist. Auch in den anderen Fachrichtungen sieht Sundt ein Defizit in den verschiedenen Gremien der Kammer, wo nur vereinzelt Frauen aufscheinen.[84] Einen großen Vorteil für Architektinnen sieht sie im anonymen Wettbewerbswesen der Nachkriegszeit, das den Ziviltechnikerinnen immerhin ermöglichte, ohne Vorurteile beurteilt zu werden und an Aufträge zu kommen. Zusammenfassend stellt sie in ihrem Beitrag fest, dass sich die Geschichte der Ziviltechnikerin im Vergleich zu jener anderer Berufe und „gerade zu Frauenberufen" unterscheide, weil das Ziviltechnikertum als „männliche Domäne" gelte, was sich auch in dem Berufsgesetz widerspiegelt, das den Begriff „Ziviltechnikerin" gar nicht kennt.[85]

Seit dem ersten Text von Elise Sundt von 1982 ist eine Vielzahl an Aktivitäten der Kammer für die Sichtbarmachung der Frauen für das Berufsfeld der Ziviltechnikerin erfolgt. Das Interesse von Frauen an technischen Berufen nahm stetig zu, 2020 betrug der Anteil der Frauen im Ausbildungsbereich Technik/Ingenieurwissenschaften 25 Prozent.[86] An der TH Wien waren in der Fachrichtung Architektur bereits mehr als 50 Prozent der Studierenden Frauen.[87] Ein Verhältnis, das sich aber bei Weitem noch nicht in den weiblichen Mitgliederzahlen der Kammer abzeichnet. Denn im gleichen Jahr 2020 verzeichnete die Bundeskammer der Ziviltechniker:innen gerade einmal 13 Prozent[88] (664) Frauen – von insgesamt 5.225 Mitgliedern –, davon 591 Architektinnen, die bis heute die größte Fachgruppe der Ziviltechnikerinnen bildet.

→ *Tabelle V/1*

Die weiblichen Ziviltechniker lt. Verzeichnis der Bundes-Ingenieurkammer, Stand 1. Jänner 1982

ARCHITEKTEN:

Kärnten:
Czikeli-Richter Rosa Maria, Dipl.-Ing.
r.) Ebner Eva, Dipl.-Ing.
Piber Ingrid, Dipl.-Ing.
Rinofner Heidelore, Dipl.-Ing.
Kriegl Adele, Dipl.-Ing.

Niederösterreich:
Eisenmenger-Sittner Hermine, Dipl.-Ing.
r.) Falkner Christine, Dipl.-Ing.
Frank Margarete, Dipl.-Ing.
Hurka Maria, Ing., Mag.
Kotal Herma, Mag.
Kratschmann Edda, Mag.
Müller Jutta, Dipl.-Ing.
Ottel Brigitte, Dipl.-Ing., Dr. techn.
Sturm Elfriede, Dipl.-Ing.
r.) Torre geb. Slebar Irina C., Dipl.-Ing.
r.) Tschiggerl-Hoch Erika, Mag.

Oberösterreich:
r.) Holter Christiane, Dipl.-Ing.
r.) Nobel Irmgard, Dipl.-Ing.
r.) Zellinger Edith, Dipl.-Ing.

Salzburg:
Bamer Edda, Dipl.-Ing.
r.) Cevela Helga, Mag.
Ferstl Angela, Dipl.-Ing.
Fichtner Eva Maria, Dipl.-Ing.
Fuxjäger Gabriela, Dipl.-Ing.
r.) Höttl Helena, Mag.
Mühlfellner Heide, Dipl.-Ing.
Schmid Elisabeth, Dipl.-Ing.
Tröster Anneliese, Dipl.-Ing.

Steiermark:
Brucker Herta, Dipl.-Ing.
Gellner Edda, Dipl.-Ing.
Herdey Eleonore, Dipl.-Ing.
Hussa Friedrun, Dipl.-Ing.
Kapfenberger Hertha, Dipl.-Ing.
Lojen Erika, Dipl.-Ing.
Mayr Ingrid, Dipl.-Ing.
Müllegger Erika, Dipl.-Ing.
Penka Ingeborg, Dipl.-Ing.
Reiter Christine, Dipl.-Ing.
Rottleuthner-Frauneder Herta, Dipl.-Ing.
Schewig Helga, Dipl.-Ing.
Schummer Meta, Dipl.-Ing.
Teimer Martha, Dipl.-Ing.
Tornquist Helga, Dipl.-Ing.
r.) Windbichler Irmfried, Dipl.-Ing.

Tirol:
r.) Blätterbauer Ljiljana, Dipl.-Ing.
Heubacher Margarethe, Mag.
Pfeiler Charlotte, Dipl.-Ing.
Staic Trude, Dipl.-Ing.
r.) Stigler Christine, Dipl.-Ing.
r.) Zenz Eva-Maria, Dipl.-Ing.

Vorarlberg:
r.) Gnaiger Adelheid, Dipl.-Ing.

Wien:
Aichinger Lucia, Dipl.-Ing.
r.) Albrecht Maria, Dipl.-Ing.
Bannert Edda, Dipl.-Ing.
r.) Bauer Theodora, Dipl.-Ing.
r.) Behm Helga, Dipl.-Ing.
Berg Emma, Dipl.-Ing.
Bettelheim Eveline-Anne, Dipl.-Ing.
r.) Böhm Maria, Mag.
Böhnel Miroslava, Dipl.-Ing.
Bolldorf geb. Reitstätter Martha, Mag.
r.) Christianovic Ruth, Dipl.-Ing.
r.) Dedek geb. Schindler Friederike, Dipl.-Ing.
r.) Dvorak geb. Redl Gertraut, Dipl.-Ing.
r.) Eigner Brigitta, Dipl.-Ing.
Emmer-Reissig Eva, Dipl.-Ing.
Erschen Dietlind, Dipl.-Ing.
Ewinger Luise, Dipl.-Ing.
Fickl-Scheider Christine, Dipl.-Ing.
Filas Hilde, Dipl.-Ing.
Fischer Elfriede, Dipl.-Ing.
r.) Gass Elisabeth, Dipl.-Ing.
Geiger Erika, Dipl.-Ing.
r.) Grom-Rottmayer Christiane, Dipl.-Ing.
Grueber Friedl, Dipl.-Ing.
r.) Hartmann Gertrude, Mag.
Hutter Maria, Dipl.-Ing.
Jerzabek Herta, Dipl.-Ing.
Kammel Ilse, Dipl.-Ing.
Kattinger Gertraud, Dipl.-Ing.
Kirchner Gertrude, Dipl.-Ing.
r.) Klenovec Monika, Dipl.-Ing.
Koci Ilse, Dipl.-Ing., Dr. techn.
Kohout, geb. Knob Helga, Dipl.-Ing.
Koller-Buchwieser Helene, Dipl.-Ing., Prof.
r.) Kosak Herta, Dipl.-Ing.
Krupp Barbara, Dipl.-Ing.
Kutzbach Irene, Dipl.-Ing.
Lamprecht-Muchar Pauline, Mag.
Lassmann Edith, Dipl.-Ing., Dr. techn.
r.) Liegert, geb. Urban Herta, Mag.
Mang, geb. Frimmel Eva, Dipl.-Ing.
r.) Manhardt Ulrike, Dipl.-Ing.
r.) Monolakos Brigitte, Dipl.-Ing.
r.) Nehrer Rotraut, Dipl.-Ing.
Obermann Annemarie, Dipl.-Ing.
r.) Ornauer Annemarie, Dipl.-Ing.
Partsch Christa, Dipl.-Ing.
Partyka Libuse, Mag.
Peters Erika, Mag.
r.) Petter Maria, Dipl.-Ing.
Pfundner Martha, Dipl.-Ing.
Poljak Ingrid, Dipl.-Ing.
r.) Pippal geb. Kottnig Eugenie, Mag.
Riegler geb. Gottwald Elisabeth, Dipl.-Ing.
r.) Schmid Maria, Mag.
Schreiber Erika, Mag.
r.) Sedlacek geb. Nagl Christine, Dipl.-Ing.
r.) Seeber Johanna, Dipl.-Ing.
Stein geb. Euler Monika, Mag.
Sundt Elisabeth, Dipl.-Ing., Baurat h. c.
r.) Tanzer Hanna, Mag.

Thaler Gertrud, Ing., Mag.
Tölzer Maria, Mag.
Vana, geb. Schiffmann Ilse, Dipl.-Ing., Dr. techn.
Vorderegger-Reitter Christine, Mag.
Vorderegger Felicitas, Mag.
Wachberger Hedwig, Dipl.-Ing.
r.) Wagner, geb. Rosendorfsky Renée, Dipl.-Ing.
r.) Wasshuber Ingrid, Dipl.-Ing.
Weinold Andjelka, Mag.
Wesely Ingrid, Dipl.-Ing.
Wickenburg Constanze, Dipl.-Ing.
Wiedmann Brigitte, Dipl.-Ing.
Windbrechtinger Waltraud, Dipl.-Ing.
Winter Renate, Dipl.-Ing.
r.) Withalm Hilda, Dipl.-Ing.
r.) Zauner, geb. Beck Liselotte, Dipl.-Ing.
Weil Eva, Dipl.-Ing.
Krupp Barbara, Dipl.-Ing.
Poljak Ingrid, Dipl.-Ing.

INGENIEURKONSULENTEN:

Niederösterreich:
Vermessungswesen:
Salmer Hedwig, Dipl.-Ing.

Steiermark:
Vermessungswesen:
Berze Irmintraut, Dipl.-Ing.
Fromme Margarethe, Dipl.-Ing.
Hubeny Elfriede, Dipl.-Ing.
r.) Strnad Margarethe, Dipl.-Ing.

Wien:
Vermessungswesen:
Gailinger Anna Maria, Dipl.-Ing.
r.) Kloiber Ulrike, Dipl.-Ing.

ZIVILINGENIEURE:

Niederösterreich:
Hochbau:
Weismann Waltraud, Dipl.-Ing.
Bauwesen:
Mot Mircea, Dipl.-Ing.

Salzburg:
Hochbau:
r.) Pastner Gertrude, Dipl.-Ing.
r.) Spraiter Marianne, Dipl.-Ing.

Steiermark:
Bauwesen:
Meidl Christa, Dipl.-Ing.
Technische Chemie:
r.) Heinl Elisabeth, Dipl.-Ing.

Wien:
Hochbau:
r.) Höpler Doris, Dipl.-Ing.
Maschinenbau:
r.) Handl Hedwig, Dipl.-Ing.
Technische Physik:
Senkyr Gerda, Dipl.-Ing., Dr. techn.

r.) = Befugnis ruhend gemeldet

Abb. V/13 Namensliste aller Ziviltechnikerinnen (Stand 1.1.1982).

Tabelle V/1

Vergleich der in Österreich aufrechten und ruhenden Befugnissen von Ziviltechnikerinnen der Jahre 1980 und 2020

	1980*		2020**	
Wien	53	30	321	209
Niederösterreich	11	3	59	66
Steiermark	20	2	85	30
Tirol	3	3	72	20
Oberösterreich		3	52	7
Salzburg	7	4	28	17
Vorarlberg		1	22	3
Kärnten	4	1	19	8
Burgenland			6	10
Ausland				5
Gesamtanzahl der Befugnisse	98	47	664	375

aktiv ruhend Jedes Zeichen steht für 10 Befugnisse.

* Stand 1.1.1980, Quelle: Sundt/Klenovec et al. (Hg.), Ziviltechnikerinnen, 4.
** Stand 31.12.2020, Quelle: Angaben Bundeskammer der Ziviltechniker:innen, 2023.

Anhang

Präsidenten der Ingenieurkammern 1913–1950	253
Anmerkungen	254
Abkürzungsverzeichnis	283
Archivverzeichnis	284
Literatur- und Quellenverzeichnis	285
Abbildungsverzeichnis	293
Personenregister	297
Autorinnen	301
Danksagung	302
Impressum	303

Präsidenten der Ingenieurkammern 1913–1950

	Präsidenten der Ingenieurkammer für Oberösterreich und Salzburg	Präsidenten der Ingenieurkammer für Steiermark und Kärnten	Präsidenten der Ingenieurkammer für Tirol und Vorarlberg	Präsidenten der Ingenieurkammer für Wien, Niederösterreich und Burgenland
1913–1938	Josef Kempf (1913–1924) Hans Schachermayr (1925–1938)	Hans Dirnböck (1914) Hans Marbler (1915) Hermann Zaußner (1916) Otto Schellnegger (1922–1931) Josef Ornig (1932–1935) Unbesetzt (1935–1936) Anton Stephan Hofmann (1937–1938)	Raphael Meinong (1913–1929) Karl Emmerich Nowak (1929–1938)	Rudolf Mayreder (1913–1918) Moritz Bernhard Gerbel (1918–1922) Heinrich Goldemund (1922–1925) Paul Hoppe (1925–1926) Friedrich Zieritz (1926–1930) Bruno Bauer (1930–1932) Friedrich Zieritz (1932–1933) Bruno Bauer (1933–1934) Viktor Beer (1934–1936) Unbesetzt (1937) Franz Pongratz (1938)
1938–1943	Hans Arndt (kommissarischer Leiter 1938–1943)	Josef (Sepp) Heidinger (kommissarischer Leiter 1938–1940) Leopold Wenger (kommissarischer Leiter 1940–1942)	Karl Emmerich Nowak (kommissarischer Leiter 1938–1943)	Franz Visintini (kommissarischer Leiter 1938–1943)
1943–1945	Franz Visintini (Präsident der Ingenieurkammer in Liquidation in Wien, 1943–1945)			
1945–	Hans Schachermeyr (1945–1950)	Anton Stephan Hofmann (1945–1954)	Karl Emmerich Nowak (1945–1946) Philipp Mitzka (1946–1949) Leo Handl (1950) Karl Emmerich Nowak (1951–1954)	Egon Magyar (1945–1951)

Anmerkungen

I.
Vorgeschichte 1860–1938

1. Mazohl, Die Habsburgermonarchie, 449.
2. Georgeacopol-Winischhofer/Wehdorn, Geschichte des Ziviltechnikers, 41.
3. RGBl. Nr. 227/1859.
4. Beer/Miklauzhizh, Ziviltechnikerwesen, 1–2.
5. RGBl. Nr. 268/1860.
6. Siehe: Beer/Miklauzhizh, Ziviltechnikerwesen, 4.
7. In zeitgenössischen Dokumenten und in der Literatur findet man unterschiedliche Schreibweisen: „Zivil-Ingenieur", „Civil-Ingenieur", „Civilingenieur". Zur Vereinheitlichung wird die jeweilige Originalbezeichnung nur in direkten Zitaten verwendet, ansonsten die Bezeichnung „Zivilingenieur".
8. RGBl. Nr. 268/1860, 488.
9. Z. B.: LGBl. Nr. 93/1860 (k. k. Statthalterei für Tirol und Vorarlberg); LGVBl. Nr. 8/1861 (k. k. niederösterreichische Statthalterei); Verordnung vom 20. April 1862, Z. 1510 (Landesregierung Kärnten). Weitere Verlautbarungen erfolgten nach der ersten Novelle per Verordnung des MdI vom 8.11.1886, Zl. 8152, siehe: Beer/Miklauzhizh, Ziviltechnikerwesen, 7–8.
10. LGVBl. Nr. 8/1861 (k. k. niederösterreichische Statthalterei), § 2, a) bis f), 24–25.
11. LGVBl. Nr. 8/1861 (k. k. niederösterreichische Statthalterei), § 4, 25.
12. Ebd.
13. In dem LGVBl. Nr. 8/1861 (k. k. niederösterreichische Statthalterei) ist bereits von „österreichischer Staatsbürgerschaft" die Rede, verfassungsmäßig wurde diese aber erst 1867 im Staatsgrundgesetz verankert.
14. Gesetz über die Befugnisse der beh. aut. Civil-Techniker, in: Der Civil-Techniker 1 (1879) 1, 2.
15. LGVBl. Nr. 8/1861 (k. k. niederösterreichische Statthalterei), 29.
16. Verordnung des MdI, Z. 8152, 8.11.1886. Die Verordnung wurde von den Statthaltereien und Landesbehörden kundgemacht, z. B.: LGVBl. Nr. 54/1886.
17. RGBl. Nr. 145/1884.
18. Geschichte der Technischen Universität Wien, URL: https://www.tuwien.at/tu-wien/ueber-die-tuw/geschichte-der-tu-wien (abgerufen 21.10.2022).
19. Die offizielle Bezeichnung des österreichischen Teils war: „die im Reichsrate vertretenen Königreiche und Länder".
20. Zitiert aus: https://www.tuwien.at/tu-wien/organisation/zentrale-bereiche/genderkompetenz/frauenspuren/frauenspuren-gestern (abgerufen 18.4.2023).
21. Jiresch, Übersichten, 77.
22. Geschichte der Technischen Universität Wien, URL: https://www.tuwien.at/tu-wien/ueber-die-tuw/geschichte-der-tu-wien (abgerufen 21.10.2022).
23. Mikoletzky, Geschichtliche Entwicklung, 33.
24. RGBl. Nr. 130/1917.
25. RGBl. Nr. 37/1901.
26. Kastner, Die Geschichte, 20.
27. Weingand, Die Technische Hochschule Graz, 4.
28. Geschichte der Technischen Universität Graz, URL: https://www.tugraz.at/tu-graz/universitaet/geschichte#c61352 (abgerufen 5.4.2023).
29. Zur Geschichte der Rechtsanwaltskammer siehe: URL: https://www.rakwien.at/?seite=kammer&bereich=geschichte (abgerufen 20.10.2022).
30. Denkschrift zur Erinnerung an die 25 jaehrige Gründungs-Feier des Österreichischen Ingenieur- und Architekten-Vereines, Wien 1873, URL: http://data.onb.ac.at/rep/10683956 (abgerufen 2.1.2023).
31. Inserat, in: Wiener Zeitung, 24.5.1868, 689.
32. Siehe: Berichte der Ingenieur-Kammern, in: Der Civil-Techniker 1 (1879) 6, 38. Die III. Jahreshauptversammlung fand am 26.5.1878 in Brünn statt.
33. Siehe: Aufforderung an die behördl. aut. Civil-Techniker der im Reichsrathe vertretenen Königreiche und Länder, in: Der Civil-Techniker 1 (1879) 6, 39.
34. Die Schreibweise variierte. Der Titel der Zeitschrift lautete von 1879 bis 1894 „Der Civil-Techniker. Central-Organ der beh. aut. Civil-Ingenieure, Architekten und Geometer der im Reichsrathe vertretenen Königreiche und Länder Österreichs" (in Folge: Der Civil-Techniker), ab Mai 1895 „Central-Organ der beh. aut. Civiltechniker in Österreich" (in Folge: Central-Organ), ab Juli 1902 „Zentral-Organ der behördlich autorisierten Ziviltechniker in Österreich" (in Folge: Zentral-Organ).
35. Unsere Ziele!, in: Der Civil-Techniker 1 (1879) 1, 1.
36. Ebd.
37. Ebd.
38. Berichte der Ingenieur-Kammern, in: Der Civil-Techniker 1 (1879) 1, 9.
39. Diese „Kammer" mit Sitz in Triest wurde 1908 gegründet und umfasste die Kronländer Dalmatien, Küstenland, Krain und Kärnten, was die Deutsche Kärntner Landes-Zeitung „Freie Stimmen" kritisch kommentierte. Naheliegender

wäre ihrer Meinung nach ein Zusammenschluss der Alpenländer (Steiermark, Kärnten, Tirol und Salzburg) gewesen. Siehe: Unglaublich, aber wahr!, in: Freie Stimmen, 14.12.1908, 4.
40 Verzeichnis der Delegierten der Behörden, Korporationen und Vereine, in: Zentral-Organ XXXIII (1911) 2, 10–12.
41 RGBl. Nr. 3/1913, § 1.
42 RGBl. Nr. 3/1913, § 25.
43 RGBl. Nr. 3/1913.
44 RGBl. Nr. 83–87/1913, RGBl. Nr. 146–149/1913, RGBl. Nr. 5/1914.
45 RGBl. Nr. 83–87/1913, RGBl. Nr. 146–149/1913, RGBl. Nr. 5/1914.
46 Diese Gebiete wurden „bis zur Errichtung eigener Ingenieurkammern für einzelne dieser Länder" zu einem Sprengel vereint, siehe: RGBl. Nr. 87/1913, § 1.
47 Dass es eine deutsche und eine tschechische Sektion in Böhmen gab, kann als Folge und Ausdruck der Nationalitätenkonflikte in der Monarchie gesehen werden. Siehe: Mazohl, Die Habsburgermonarchie, 418ff.
48 Ingenieurkammerberichte, in: Zentral-Organ XXXV (1913) 9, 10, 11, 116.
49 Biografie Rudolf Mayreder, URL: http://www.architektenlexikon.at/de/395.htm (abgerufen 16.3.2023) und https://www.deutsche-biographie.de/pnd133685187.html (abgerufen 16.3.2023).
50 Ingenieurkammerberichte, in: Zentral-Organ XXXV (1913) 9, 10, 11, 116.
51 Biografie Rudolf Saliger, URL: https://www.deutsche-biographie.de/sfz109638.html (abgerufen 16.3.2023); Mikoletzky, Mit ihm erkämpft.
52 Dirnböck wurde am 14.1.1875 geboren und starb am 24.12.1913; zum Sterbedatum siehe: Grazer Tagblatt, 27.12.1913, 2.
53 Krischan wurde am 11.7.1860 geboren, sein Sterbedatum ist unbekannt.
54 Ingenieurkammerberichte, in: Zentral-Organ XXXV (1913) 9, 10, 11, 118.
55 Nachrichten aus Salzburg und Oberösterreich, in: Salzburger Volksblatt, 12.10.1913, 6.
56 Durchführungsbestimmungen, betreffend die Errichtung von Ingenieurkammern, in: Zentral-Organ XXXV (1913) 7, 86.
57 Zu Kempf (17.12.1855–12.10.1924): Wiener Ingenieurkammer, 75 Jahre Ziviltechniker.
58 Standesangelegenheiten. Konstituierung der Ingenieurkammer für Tirol und Vorarlberg, in: Zeitschrift des österreichischen Ingenieur-Vereines 35 (2013), 592.
59 Durchführungsbestimmungen, betreffend die Errichtung von Ingenieurkammern, in: Zentral-Organ XXXV (1913) 7, 83–91; Wiener Ingenieurkammer, 75 Jahre Ziviltechniker.
60 Zur Biografie Rafael Meinongs, geboren am 13.3.1849 in Schlesien, gestorben am 15.3.1936 in Innsbruck, siehe: URL: https://www.biographien.ac.at/oebl/oebl_M/Meinong-Handschuchsheim_Rafael_1849_1936.xml (abgerufen 18.11.2022).
61 RGBl. Nr. 77/1913.
62 Verordnung des Ministeriums des Innern, Z. 8152, 8.11.1886. Die Verordnung wurde von den Statthaltereien und Landesbehörden kundgemacht, z. B.: LGVBl. Nr. 54/1886.
63 RGBl. Nr. 77/1913.
64 Vier Jahre Praxis genügten bei Bewerbern, die in ihrem Fach einen Doktorgrad erworben oder die Diplomprüfung abgelegt hatten, Zivilgeometer mussten generell eine Praxis von vier Jahren nachweisen. Siehe: RGBl. Nr. 77/1913, § 11.
65 RGBl. Nr. 127/1914.
66 RGBl. Nr. 77/1913.
67 RGBl. Nr. 77/1913, § 16.
68 Zu Siegmund Defris (2.12.1877 in Jägerndorf (tschech. Krnov)–6.7.1946 in Melbourne): Pryles, Once in Vienna, 59–128.
69 Ebd., 115–116.
70 RGBl. Nr. 13/1916.
71 RGBl. Nr. 130/1917.
72 Geschichte der Technischen Universität Wien, URL: https://www.tuwien.at/tu-wien/ueber-die-tuw/geschichte-der-tu-wien (abgerufen 21.10.2022).
73 Der Schutz der Standesbezeichnung „Ingenieur", in: Zeitschrift des österreichischen Ingenieur- und Architekten-Vereines 69 (1917), Beilage zu Heft 28 (15.7.1917), 2–5.
74 Rathkolb, Erste Republik, 483.
75 Mikoletzky/Ebner, Die Geschichte, 68–69.
76 Beschluss der Staatsregierung vom 26.7.1919, zitiert nach: Beer/Miklauzhizh, Ziviltechnikerwesen, 158.
77 Georgeacopol-Winischhofer/Wehdorn, Geschichte des Ziviltechnikers, 44.
78 BGBl. Nr. 21/1925, Pkt. 4/(1).
79 Horak, Die österreichischen Ingenieurkammern, 13.
80 Verordnung des MdI, Z. 8152, 8.11.1886. Die Verordnung wurde von den Statthaltereien und Landesbehörden kundgemacht, z. B.: LGVBl. Nr. 54/1886, § 2b), 178.
81 Siegfried Theiss, Österreichische Architektenschaft, o. D., 4 (unveröff. Typskript). Az W Sammlung, Nachlass S. Theiss.

82 In diesem Zusammenhang stand auch die Gründung der „Zentralvereinigung der Architekten Österreichs" (ZV Österreich), die 1907 von einer Gruppe von selbstständig tätigen Architekten als Berufsverband gegründet wurde. Die ZV war als Verein organisiert und sah sich als Vertreter aller freischaffenden Architekten, deren Mitgliedschaft unabhängig von einem technischen Hochschulstudium war und für Absolventen aller Architekturschulen zugänglich war.
83 Siegfried Theiss, Österreichische Architektenschaft, o. D., (unveröff. MS), Az W Sammlung, Nachlass S. Theiss.
84 Siegfried Theiss, Der gesetzliche Schutz des Architektentitels, 1927 (unveröff. MS), Az W Sammlung, Nachlass S. Theiss.
85 BGBl. Nr. 591/1923.
86 Ebd.
87 III. Delegiertenkonferenz sämtlicher österreichischer Ingenieurkammern in Wien, in: Mitteilungen der österr. Ingenieurkammern 11 (1929) 2, 1–3. Die Delegiertenkonferenzen waren ein Gremium zur Zusammenarbeit aller österreichischen Ingenieurkammern „zur Lösung der Ziviltechnikerfragen", die erste fand am 17. 11. 1927 statt, die zweite am 19. 4. 1928.
88 Bericht über die II. Delegiertenkonferenz sämtlicher österreichischer Ingenieurkammern am 19. April l.J. [laufenden Jahres] in Wien, in: Mitteilungen der österr. Ingenieurkammern 10 (1928) 3, 2.
89 Zu Schachermeyr, der von 1925 bis 1938 sowie von 1945 bis 1950 Präsident der Ingenieurkammer für Oberösterreich und Salzburg war, siehe auch Kapitel II, S. 58.
90 Bericht über die II. Delegiertenkonferenz sämtlicher österreichischer Ingenieurkammern am 19. April l.J. in Wien, in: Mitteilungen der österr. Ingenieurkammern 10 (1928) 3, 2.
91 III. Delegiertenkonferenz sämtlicher österreichischer Ingenieurkammern in Wien, Mitteilungen der österr. Ingenieurkammern 11 (1929) 2, 2.
92 BGBl. Nr. 128/1930.
93 BGBl. Nr. 128/1930, § 2(2).
94 Horak, Die österreichischen Ingenieurkammern, 13.
95 Mitteilungen der Ingenieurkammer für Tirol und Vorarlberg, in: Mitteilungen der österr. Ingenieurkammern 12 (1930) 2, 13.
96 Ebd., 12.
97 Zur Biografie von Siegfried Theiss siehe S. 90.
98 1923 wurden das Bundesministerium für Handel und Gewerbe, Industrie und Bauten (bisher zuständig für Angelegenheiten der Ziviltechniker und Ingenieurkammern) und das Bundesministerium für Verkehr zum Bundesministerium für Handel und Verkehr (BMfHuV) vereinigt.
99 Schreiben IK Stmk/K an das BMfHuV, 21. 7. 1933. ÖStA/AdR, BMfHuV, 70.011-1/1933 (aus diesem Akt geht die Entscheidung nicht hervor).
100 Tagesnachrichten, in: Freie Stimmen, 5. 7. 1933, 2.
101 Karl Emmerich Nowak wurde am 23. 6. 1889 in Wiener Neustadt geboren und starb am 4. 3. 1954 in Innsbruck.
102 Schreiben LHM Tirol an BMfHuV, 26. 11. 1935. ÖStA/AdR, BMfHuV, 16.147-Pr/35.
103 1933 gegründet, erlangte die Vaterländische Front nie die Bedeutung einer Massenpartei; sie war „niemals mehr als eine Pflichtorganisation für alle Staatsbediensteten und für alle jene Menschen […] die irgend etwas vom Staat brauchten", in: Bruckmüller, Sozialgeschichte Österreichs, 510.
104 Grünhut-Bartoletti, Der Ingenieur, 15.
105 BGBl. Nr. 239/1934.
106 Rathkolb, Erste Republik, 507.
107 BGBl. Nr. 61/1937, Art. 20.
108 BGBl. Nr. 61/1937, Art. 2 (2).
109 BGBl. Nr. 61/1937, Art. 20.
110 BGBl. Nr. 61/1937, Art. 20.
111 BGBl. Nr. 61/1937, Art. 40.
112 BGBl. Nr. 61/1937.
113 BGBl. Nr. 61/1937, Art. 46 und 47.
114 BGBl. Nr. 61/1937, Art. 49.
115 Siehe Kapitel II, S. 55.

II. Die österreichischen Ziviltechniker im Deutschen Reich

1 Die deutschen Truppen überschritten am 12. März 1938, ohne auf Gegenwehr zu stoßen, die österreichischen Grenzen. Einen Tag später gab die nationalsozialistische Bundesregierung unter Arthur Seyß-Inquart das Bundesverfassungsgesetz über die Wiedervereinigung Österreichs mit dem Deutschen Reich (BGBl. Nr. 75/1938) aus.
2 Da es nach dem Stand der Forschung zum Zeitpunkt des „Anschlusses" keine Ziviltechnikerinnen gab (siehe S. 231), wird für die Zeit des Nationalsozialismus die männliche Form verwendet.
3 GBlÖ Nr. 136/1938, 17. 5. 1938.
4 Karl Breitenthaler (1879–1950) war ein oberösterreichischer Zivilingenieur für das Bauwesen und aktiver Nationalsozialist. Er war 1919 an der

Gründung der NSDAP in Österreich beteiligt und während der NS-Zeit Landesstatthalter bzw. Gauhauptmann im Gau Oberdonau und Leiter der Obersten Baudirektion.
URL: https://e-gov.ooe.gv.at/bgdfiles/p2529/Breitenthaler_Karl_DI.pdf (abgerufen 20. 9. 2022).

5 Schreiben (Abschrift) zu Schachermayr [sic] Hans, LHM OÖ an Schachermayr, 19. 3. 1938. SLA, LR 1920/38 XXXIII 925, 1938 III 12c 2007.

6 Die Enthebung erfolgte offiziell „im Auftrage des Herrn Landeshauptmannes", dessen Zustimmung wurde aber erst nachträglich eingeholt. Das eigenmächtige Handeln wurde damit begründet, dass „die sofortigen Verfügungen […] sich aus dringenden Gründen notwendig" erwiesen hätten. Siehe SLA, LR 1920/38 XXXIII 925, 1938 III 12c 2007.

7 Hans Arndt wurde am 23. 8. 1904 in Deutschlandsberg geboren und starb am 28. 8. 1971.

8 Zum Jahr, ab dem Hofmann Präsident war, gibt es in Akten des BMfHuV unterschiedliche Angaben. In seinem Ansuchen um die Verleihung der Befugnis eines Zivilingenieurs für Hochbau an das BMfHuV 1937 gibt er an, „seit drei Jahren Präsident der Ingenieurkammer für Steiermark und Kärnten" zu sein. Dies bezog sich aber möglicherweise darauf, dass er seit 1934 Vizepräsident war. Siehe Schreiben zur Verleihung der Befugnis eines Zivilingenieurs für Hochbau, Hofmann an BMfHuV, undatiert (eingegangen am 15. 7. 1937). ÖStA/AdR, BMfHuV, GZ 103, 70.595/37. Im Auszeichnungsantrag aus dem Jahr 1935 wiederum ist angegeben, dass er „Präsident der Ingenieur-Kammer in Graz" seit 1932 sei. Dies ist möglicherweise eine Verwechslung mit Karl Hoffmann, der zumindest 1933 Vizepräsident war. Siehe Auszeichnungsantrag Hofmann, Präs. der LHM Stmk, 7. 11. 1935. Ebd. Da der Posten des Präsidenten laut Gedenkschrift des Jahres 1935 „derzeit nicht besetzt" und laut Österreichischem Amtskalender auch 1936 noch unbesetzt war, dürfte Hofmann spätestens 1937 Präsident geworden sein. Siehe Beilage Kammer und Sektionsvorstände der österr. Ingenieurkammern, in: 75 Jahre Ziviltechniker; Österr. Amtskalender der Jahre 1933–1937.

9 Rundschreiben. An alle Kammermitglieder, IK Stmk/K, März 1946. ÖStA/AdR, BMfHuW, 31.221/I-1/46.

10 Säckelwart bezeichnet eine Person, die für die Finanzen eines Vereins zuständig ist.

11 Fragebogen des Stiko, IK Stmk/K, 4. 5. 1938. ÖStA/AdR, Stiko Wien/10A-15, Kt. 214, 62.

12 Schreiben (Abschrift), Einspruch gegen die Registrierung, Hofmann an Amt der LR Stmk, 27. 10. 1947. ÖStA/AdR, BMfHuW, 35.037-I/1-49.

13 Ebd.

14 Josef (Sepp) Heidinger wurde am 11. 2. 1888 in Graz geboren und starb am 14. 12. 1952 ebenda.

15 Pesditschek, Fritz Schachermeyr I, 30.

16 Ing. Hans Schachermeyr: der „Meister des Partensteinwerkes", ein Sechziger, in: Oberösterreichische Nachrichten, 7. 11. 1945, 1.

17 Siehe Geschäftliche Mitteilungen des Vereines, in: Zeitschrift des Österreichischen Ingenieur- und Architekten-Vereines 74 (1922) 23/24, 112: Schachermeyr hielt einen Vortrag „über die geplanten Wasserkraftanlagen ‚Untere Enns'".

18 Siehe beispielsweise: Hans Schachermeyr, Bemerkenswerte Ausführungen bei dem Kraftwerke Partenstein der Oberösterreichischen Wasserkraft- und Elektrizitäts-A.-G., in: Die Bautechnik, 9. 9. 1928, 119–122.

19 Siehe: Österr. Amtskalender 1923, 393. In den Amtskalendern vor 1923 sind die Mitglieder der Ingenieurkammer für Oberösterreich und Salzburg nicht gelistet.

20 Zur Herkunft Schachermeyrs siehe Pesditschek, Die Karriere, 41; Pesditschek, Fritz Schachermeyr I, 21.

21 Siehe Pesditschek, Barbar, 242.

22 Oskar von Englisch-Popparich (9. 6. 1879–10. 3. 1954) war ein österreichischer Offizier, der aus einer kaisertreuen Offiziers- und Beamtenfamilie in Lemberg (ukr. Lwiw) stammte. In der 1. Republik trat er ins österreichische Bundesheer ein, hielt aber als Vertreter des legitimistischen Lagers der ehemaligen Herrscherfamilie Habsburg die Treue. Er war entschiedener Gegner des Nationalsozialismus und war in der NS-Zeit im KZ Dachau inhaftiert. Er starb 1954 in Gmunden. Siehe: Feldmarschallleutnant Oskar von Englisch-Popparich, URL: https://www.richard-militaria.at/militaria-bis-1918/ausruestung-und-technik/49420/generalmajor-oskar-englisch-popparich-bild-im-silberrahmen-mit-widmung (abgerufen 1. 2. 2024).

23 Siehe Pesditschek, Barbar, 242.

24 Schreiben zu Schachermayr, Gauleitung OD an Partei-Kanzlei München, 28. 9. 1944. BArch, NS14/338.

25 Siehe: Verzeichnis der Mitglieder, IK OÖ/Sbg, Stand 4. 4. 1938. ÖStA/AdR, RK (Bürckel), Materie/2175-3.

26 Geschäftliche Mitteilungen. Generalversammlung der Oesterreichischen Kraftwerke-Aktiengesellschaft, in: Der österreichische Volkswirt, 7. 5. 1938, 599.

27 Schreiben (Abschrift) zu Berat. Ingenieur Schachermayr, Himmler an Padler, 12.11.1940. BArch, NS14/338.
28 Schreiben (Abschrift) zu Wiederaufnahme in den NSBDT Schachermayr, NSBDT München an NSBDT Gauwaltung OD, 22.1.1941. BArch, NS14/338.
29 OÖLA, Heeresstandortverwaltung, Sch. 5, Faszikel 5 (17.8.1942 bzw. 29.12.1942). Zitiert nach: Hermann Rafetseder, Zur Geschichte von Gelände und Umfeld der Johannes Kepler Universität Linz, unter besonderer Berücksichtigung der NS-Zeit im Raum Auhof–Dornach. Ein Beitrag zum 50-Jahr-Jubiläum der Johannes Kepler Universität Linz, Linz 2016, URL: https://www.jku.at/fileadmin/marketing/Presse_Savoy/News/2018/Maerz/JKU_Gelaendegeschichte.pdf (abgerufen 14.10.2022).
30 Neuordnung der Ingenieurkammern, in: Salzburger Volkszeitung, 17.12.1945, 2.
31 Österreichische Behörden, 183.
32 Siehe: Persönliches, in: Zeitschrift des Österreichischen Ingenieur- und Architekten-Vereines 93 (1948) 19/20, 158.
33 Das Amt des Präsidenten der IK W/NÖ/Bgld war im Österreichischen Amtskalender 1937 als „unbesetzt" angegeben, laut Österreichischem Amtskalender 1938 und Krakauer Schreibkalender 1938 war das Amt 1938 mit Franz Pongratz besetzt. Siehe: Österr. Amtskalender 1938, 805; Krakauer Schreibkalender 1938, 222.
34 Franz Pongratz wurde am 6.10.1896 in Wien geboren und starb am 21.3.1973 ebenda.
35 Siehe Schreiben (Abschrift) Pongratz an Amt für Technik der NSDAP, Landesleitung Österreich, 16.3.1938. BArch, R 3101/14298, Bl. 208. – Visintini wurde am 3.7.1974 in Wien geboren und starb am 13.5.1950 ebenda.
36 Felix Czeike, Historisches Lexikon Wien in 5 Bänden, Band 4, Le–Ro, Wien 1995, 575; ÖCV, Biografie Franz Pongratz, URL: https://oecv.at/Biolex/Detail/11600387 (abgerufen 28.9.2022).
37 Siehe Schreiben zur Bestellung Visintinis zum Präsidenten der Ingenieurkammer i. L. (in Liquidation), RStH Wien an RWM, 15.10.1942. BArch, R 3101/14298, Bl. 206.
38 Bestätigung Gürke an Visintini, 20.7.1938. BArch, R 3101/14298, Bl. 209. Visintini wurde in dieser Funktion am 16.3.1939 vom Stiko bestätigt. Siehe Rundschreiben an alle Kammermitglieder, Visintini, 21.4.1939. ÖStA/AdR, Stiko Wien/10A-15, Kt. 214, 60-63_I.
39 Bestätigung (Abschrift), Stiko, 17.12.1938. BArch, R 3101/14298, Bl. 210.
40 Albert Hoffmann, geboren am 24.10.1907 in Bremen, gestorben am 26.8.1972 in Heiligenrode bei Bremen, war bis zur nationalsozialistischen Machtübernahme in Deutschland Kaufmann, dann hauptberuflicher Parteifunktionär, als Reichsamtsleiter in der Parteikanzlei, stellvertretender Gauleiter im Gau Oberschlesien und Gauleiter für Westfalen-Süd. In seiner Heimatstadt war er Mitbegründer der SA und NSDAP, 1936 trat er der SS bei. Als Stillhaltekommissar in Österreich, im Reichsgau Sudetenland und im Protektorat Böhmen und Mähren zeichnete er unter anderem für vermögensrechtliche Fragen verantwortlich.
41 Die Dienststelle wurde am 30.11.1939 liquidiert, offene Fälle wurden nach diesem Zeitpunkt durch die im Jänner 1939 gegründete „Aufbaufonds"-Vermögensverwaltungsgesellschaft erledigt. Siehe GBlÖ Nr. 1424/1939, 16.11.1939; Pawlowsky, Die interne Struktur, 26–27.
42 Siehe Pawlowsky/Leisch-Prost/Klösch, Vereine im Nationalsozialismus, 14. Die Autor:innen schätzen, dass von den rund 70.000 bestehenden Vereinen und Organisationen etwa 42.000 aufgelöst wurden. Die übrigen wurden der NSDAP unterstellt. Ebd., 14–15.
43 Franz Schmidt, geboren am 7.8.1910 in Ems, Ostfriesland, wurde mit 17.3.1938 als Hoffmanns Stellvertreter und Vertrauensmann eingesetzt. Er leitete zudem die Abteilung IV Aa, in deren Wirkungsbereich u. a. die technischen Vereinigungen fielen. Sein Sterbedatum ist unbekannt.
44 Siehe Klösch, Personalstruktur, 83.
45 Schreiben (Abschrift) Stiko an IK W/NÖ/Bgld, 7.6.1938. ÖStA/AdR, Stiko Wien/10A-15, Kt. 214, 60a.
46 Voraussetzung war, dass der Verein keine „jüdischen" Mitglieder mehr hatte und dass die Satzungen mit nationalsozialistischen Grundsätzen vereinbar waren. Freigestellt wurden beispielsweise Freiwillige Feuerwehren und Rettungsvereine. Siehe Leisch-Prost, Abwicklung, 151–152.
47 Vgl. Leisch-Prost, Abwicklung, 151–152.
48 Verfügung, Stiko, 16.9.1938. ÖStA/AdR, Stiko Wien/10A-15, Kt. 212, Allg. 1.
49 Der deutsche Bauingenieur und SA-Obergruppenführer Fritz Todt (4.9.1891–8.2.1942) war unter anderem als Generalinspektor für das Deutsche Straßenwesen, Reichsminister für Bewaffnung und Munition (ab 1940) und Generalinspektor für Wasser und Energie (ab 1941) der wichtigste nationalsozialistische Funktionär für die Belange der Technik. Er leitete seit 1934 das Amt für Technik und den NSBDT,

auch der Vorsitz des Vereins deutscher Ingenieure (VDI) wurde ihm 1939 übertragen. Todt starb am 8. 2. 1942 bei einem Flugzeugabsturz, sein Nachfolger war Albert Speer.

50 Neuaufbau der Technik in der Ostmark, o. D. ÖStA/AdR, Stiko Wien/10A-15, Kt. 212, Allg. 1.
51 Anordnung des Hauptamtes für Technik der Reichsleitung der NSDAP zur Erfassung und zum organisatorischen Einsatz der beratenden Ingenieure, Himmler, 17. 3. 1939.
52 Schreiben zur Beschwerde von Zieritz, Visintini an Bürckel, 30. 8. 1918. ÖStA/AdR, RK (Bürckel) Materie/2175-3.
53 Schreiben (Abschrift) Bürckel an die Oberste Bauleitung der Reichsautobahnen Wien, 19. 9. 1938. ÖStA/AdR, RK (Bürckel), Materie/2175-3.
54 AV über die Besprechung betreffend Erfassung und organisatorischen Einsatz der beratenden Ingenieure bei der Abteilung Berufsfragen des NSBDT am 8. 3. 1939, Himmler, 10. 3. 1939. ÖStA/AdR, Stiko Wien/10A-15, Kt. 214, 60-63_I.
55 Schreiben zu Ingenieurkammer in der Ostmark, Hauptamt für Technik München an Schmidt, 18. 3. 1939. ÖStA/AdR, Stiko Wien/10A-15, Kt. 214, 60-63_I.
56 Schreiben zu Ingenieurkammer in der Ostmark, Stiko an Visintini, 16. 3. 1939. BArch, R 3101/14298, Bl. 211.
57 AN über die Besprechung vom 16. 3. 1939 über die Neuordnung der Ingenieurkammern in der Ostmark, 16. 3. 1939. ÖStA/AdR, Stiko Wien/10A-15, Kt. 212, Allg. 1.
58 Schreiben zu Ingenieurkammern in der Ostmark, Hauptamt für Technik München an Schmidt, 18. 3. 1939. ÖStA/AdR, Stiko Wien/10A-15, Kt. 214, 60-63_I.
59 Links Position ist nicht ganz klar. Offenbar war er 1938 Leiter der Überleitungsstelle Ostmark des NSBDT in Wien, später Beauftragter der Reichswaltung des NSBDT für die Organisation der Technik in der Ostmark und im Sudetengau. Siehe z. B. Schreiben zu sämtlichen Techniker-Organisationen der Ostmark, Neuburg an Link, 20. 9. 1938. ÖStA/AdR, Stiko Wien/10A-15, Kt. 212, Allg. 1; Schreiben Machomahl an Visintini, 16. 5. 1939. ÖStA/AdR, Stiko Wien/10A-15, Kt. 214, 60-63_I.
60 Gedächtnisnotiz über die Begegnung mit Link in Wien, Visintini, 17. 3. 1939. ÖStA/AdR, Stiko Wien/10A-15, Kt. 214, 60-63_I.
61 Schreiben zu Ingenieurkammern, Amt für Technik, Siedlungs- und Baureferat an Lukesch, 20. 3. 1938. ÖStA/AdR, Stiko Wien/10A-15, Kt. 214, 60-63_I.
62 Der Ingenieur Karl Miklauzhizh (21. 6. 1883–?) absolvierte die Bauingenieurfachschule und die TH Wien. Er war mindestens seit 1930 in der technischen Sektion (Personalabteilungen) des Bundesministeriums für Handel und Verkehr tätig und in der NS-Zeit Referent für Staatliche Bauverwaltung und deren Personalangelegenheiten sowie Referent für Technische Berufsausbildung und Zivilingenieurwesen in der Abteilung V (Technische Angelegenheiten), Gruppe 1 im Ministerium für Wirtschaft und Arbeit. Ab der Auflösung des Ministeriums im April 1940 leitete Miklauzhizh die Unterabteilung Vb (Sonstige technische Angelegenheiten) der Abteilung V (Bauwesen) beim Reichsstatthalter Wien bzw. das Referat Vb AT, in das die Zivilingenieurangelegenheiten nun fielen. Siehe Krakauer Schreibkalender 1930, 162; Ostmarkjahrbuch 1939, 197; Ostmarkjahrbuch 1941, 188.
63 Biografische Details, wenn nicht anders gekennzeichnet, aus: Visintini Franz Dr. Ing. (Lebenslauf zum Antrag auf Erteilung der Befugnis als Zivilingenieur für das Bauwesen), Visintini 1937. ÖStA/BMfHuV, GZ 103, 74.111-1/37.
64 Das Bausystem Visintini, in: Völkischer Beobachter, 28. 6. 1944, 6.
65 Lebenslauf Visintini, BArch, R 3101/14298, Bl. 214.
66 Schreiben zu Ingenieurkammer in der Ostmark, Stiko an Visintini, 16. 3. 1939. BArch, R 3101/14298, Bl. 211.
67 Goethe-Medaille für Dr. Visintini, in: Völkischer Beobachter, 9. 7. 1944, 8.
68 Präsident Dr. Ing. Visintini 70 Jahre alt, in: Völkischer Beobachter, 10. 7. 1944, 8.
69 Altmeister der Wiener Stahlbetonschule, in: Wiener Zeitung, 21. 5. 1950, 10.
70 Tagebuch aus dem Strafverfahren Dr. Visintini Franz, § 8 VG, Staatsanwaltschaft Linz, 23. 1. 1948.–5. 1. 1949. OÖLA, Vg 8 Vr 1255/48.
71 Personalfragebogen NSDAP, Miklauzhizh, 22. 5. 1938. ÖStA/AdR, Gauakt 331.563.
72 Personalblatt für das Volkssturmaufgebot, Miklauzhizh, ÖStA/AdR, Gauakt 331.563.
73 Verzeichnis der Anträge, o. D. ÖStA/AdR, BMfHuV, GZ 1, 16.411/38.
74 Denkschrift, o. D. ÖStA/AdR, Stiko Wien/10A-15, Kt. 214, 60-63_II.
75 Schreiben Miklauzhizh an IK W/NÖ/Bgld, 19. 4. 1939. Stiko Wien/10A-15, Kt. 214, 60-63_I.
76 Rundschreiben an alle Kammermitglieder, IK W/NÖ/Bgld, 21. 4. 1939. ÖStA/AdR, Stiko Wien/10A-15, Kt. 214, 60-63_I.
77 Schreiben Himmler an Visintini, 4. 4. 1939. ÖStA/AdR, Stiko Wien/10A-15, Kt. 214, 60-63_I.

78 Schreiben zu Ingenieurkammern in der Ostmark, Schmidt an Link, 13. 4. 1939. ÖStA/AdR, Stiko Wien/10A-15, Kt. 214, 60-63_I.
79 Siehe Schreiben Link an Visintini, 17. 4. 1939. ÖStA/AdR, Stiko Wien/10A-15, Kt. 214, 60-63_I.
80 Internes Schreiben (Abschrift) zu Ingenieurkammer in der Ostmark, Hoffmann an Jork, 2. 6. 1939. ÖStA/AdR, Stiko Wien/10A-15, Kt. 214, 60-63_I.
81 Schlußbericht zu Ingenieurkammern der Ostmark, 6. 6. 1939. ÖStA/AdR, Stiko Wien/10A-15, Kt. 214, 60-63_I.
82 Schreiben (Kopie) zu Schlussverfügung, Stiko an Visintini, 14. 6. 1939. ÖStA/AdR, Stiko Wien/10A-15, Kt. 214, 60a.
83 Schreiben Stiko an NSBDT München, 14. 6. 1939. ÖStA/AdR, Stiko Wien/10A-15, Kt. 214, 60a.
84 Siehe Mitteilung an die Buchhaltung über bevorstehende Geldeingänge der Ingenieurkammer für das Burgenland, Stiko, 14. 6. 1939 und Meldung über Geldeingang der IK Bgld, Stiko, 4. 9. 1939. ÖStA/AdR, Stiko Wien/10A-15, Kt. 214, 60-63-I.
85 Siehe Reinvermögen des Vereines, Spitzenverbandes bzw. der Dachorganisation, Stiko i. V. Hoffmann, 6. 6. 1939. ÖStA/AdR, Stiko Wien/10A-15, Kt. 214, 60-63-I. Der Betrag teilte sich folgendermaßen auf: 17.165,34 RM IK W/NÖ/Bgld, 4.911,60 RM IK OÖ/Sbg, 2.304,06 RM IK Stmk/K, 1.806,28 RM der IK T/Vlbg. Siehe Anlage 2 zum Schlussbericht.
86 Schreiben Hoffmann an Visintini, 30. 6. 1939. BArch, R 3101/14298, Bl. 212.
87 Schreiben Todt an Visintini, 5. 7. 1939. BArch, R 3101/14298, Bl. 213.
88 Zu den Vereinen von Technikern, die bis Juni 1939 in den NSBDT übernommen wurden, zählten etwa: Verein der Ingenieure in Oberösterreich; Verein der Ingenieure und Architekten im Lande Salzburg; Wiener Bautechnikerverein; Österreichischer Verein für Vermessungswesen, Bezirksverein Österreichs des Vereins deutscher Chemiker; Verband der Ingenieure der Wildbachverbauung Österreichs; Gesellschaft für Straßenwesen; Ingenieurverein für Kärnten (Klagenfurt); Österreichischer Verein Deutscher Ingenieure (Wien); Techniker Cercle (Wien); Verein Österreichischer Chemiker (Wien); Grazer Bautechnikerverein; Ortsgruppe Graz im Bezirksverein Österreich des Vereines Deutscher Chemiker e. V. (Graz); Elektrotechnischer Verein (Wien); Klub der Baumeister Österreichs; Verein der Ingenieure in Tirol und Vorarlberg (Innsbruck); Gesellschaft für Straßenwesen in Tirol (Innsbruck); Vorarlberger Technischer Verein (Bregenz); Gesellschaft für Straßenwesen in Salzburg; Gesellschaft für Straßenwesen im Burgenland; Gesellschaft für Straßenwesen in Steiermark; Gesellschaft für Straßenwesen in Oberösterreich; Steiermärkischer Ingenieur und Architektenverein (Graz). Internes Schreiben zu Einweisungsbilanzen des N.S.B.D.T., München, Stiko, 17. 6. 1939 und internes Schreiben zu Übernahmebilanzen des NSDT (sic!), 29. 6. 1939. ÖStA/AdR, Stiko Wien/10A-15, Kt. 212, Allg. 1.
89 In den zeitgenössischen Amts- und Adressbüchern stehen die Namen der Ingenieurkammer in Innsbruck und Linz ohne den Zusatz, siehe: Amtskalender Oberdonau 1939, 157; Amtskalender Oberdonau 1940, 173; Adreßbuch der Gau-Hauptstadt Innsbruck 1940, 107; Adreßbuch der Gau-Hauptstadt Innsbruck 1941, 75. Die Kammer in Wien hingegen ist im Lehmann ab 1940 als Kammer für Wien, Niederösterreich und Burgenland i. L. geführt, siehe: Lehmann 1939, 9; Lehmann 1940, 9; 1941, 26; Lehmann 1942, 28. In den Adressbüchern von Graz und Linz wurde hingegen gar kein Eintrag gefunden.
90 Siehe: Ziviltechniker. Klärung der Zuständigkeit (Reichsarbeitsministerium oder Reichswirtschaftsministerium). ÖStA/AdR, BMfHuV, GZ 441, 50038-3b/39.
91 Siehe: Angelegenheiten der Ziviltechniker. Durchführung des Ostmarkgesetzes. Übertragung der Zuständigkeit des RStH. ÖStA/AdR, BMfHuV, GZ 441, 50032-3b/39.
92 Schreiben zu Ingenieurkammern in der Ostmark, RAM an NSDAP Reichsleitung – Hauptamt für Technik (Hauptstelle Berufsfragen), München, 4. 12. 1939. ÖStA/AdR, BMfHuV, GZ 562, 118.783/39.
93 GBlÖ 154 vom 16. 6. 1939.
94 Schreiben zu Erteilung der Befugnis eines Architekten, Landesleiter der RdbK beim Landeskulturwalter Gau Wien an RMfWuA, Wien, 1. 12. 1939. ÖStA/AdR, BMfHuV, GZ 562, 118.783/39.
95 Schreiben zu Ingenieurkammern in der Ostmark, NSDAP, Reichsleitung Hauptamt für Technik, Hauptstelle Berufsfragen, München, an RAM, z. Hd. O.Reg.Rat Willert, 1. 12. 1939. ÖStA/AdR, BMfHuV, GZ 562, 118.783/39.
96 Schreiben (Entwurf), Reichenvater an RAM (am Wege des Reichskommissars, Wien), 18. 12. 1939. ÖStA/AdR, BMdHuV, GZ 562, V-123.354-1c/39.
97 Die Mehrheit der Ansuchen, nämlich 228, war von Architekten gestellt worden. Von diesen wurden 70 Ansuchen positiv, 86 negativ entschieden und 72 nicht behandelt. Siehe: Schreiben (Entwurf), Reichenvater an RAM (am

98 Die Akten des GZ 563 (Abteilung V/1), Ziviltechnikerwesen, Erteilung der Befugnis, der Jahre 1939–1940 sind zur Benützung wegen „schwerer Schäden (Bombentreffer)" gesperrt.
99 Schreiben zu Ziviltechniker, Allgemeines, Techn. Landesamt der LHM Stmk an MfWuA, 29.11.1938. ÖStA/AdR, BMfHuV, GZ 441, 50.107-III/3b/1939.
100 Benrhard (sic!) Franz, Ing. Zivilingenieur-Befugnis, 31.5.1939. ÖStA/AdR, BMfHuV, GZ 441, 51.417, III/3b/39.
101 Schreiben zu Ziviltechnikerangelegenheiten, LHM OD an MfWuA, 11.4.1939. ÖStA/AdR, BMfHuV, GZ 441, 50.032/39.
102 BMfHuV, 23a, 137.139-16-38_Ziviltechniker Staatsbürgerschaft.
103 Reichenvater spricht fälschlicherweise von der „Reichskulturkammer der bildenden Künste". Siehe: Schreiben (Entwurf), Reichenvater an RAM (am Wege des Reichskommissars, Wien), 18.12.1939. ÖStA/AdR, BMdHuV, GZ 562, V-123.354-1c/39
104 Gesetz über den Aufbau der Verwaltung in der Ostmark (Ostmarkgesetz), RGBl. I 1939, 777ff.
105 Kundmachung (2. Entwurf) des Reichskommissars, wodurch die Verordnung zur Durchführung des Ostmarkgesetzes vom 17.VII.1939 bekanntgemacht wird, o.D. ÖStA/AdR, BMfHuV, GZ 562, 12.0681/39.
106 Schreiben (Entwurf) BMfHuV an Reichskommissar, 22.9.1939. ÖStA/AdR, BMfHuV, GZ 562, 120681/39.
107 dRGBl. I, 2111ff.
108 dRGBl. I, 40.
109 dRGBl. I, 1940, 477.
110 Siehe: Schreiben (Abschrift) zu Angleichung der Studien- und Prüfungsordnungen, MfiukA, Abt. Erziehung, Kultus, Volksbildung an MfWuA, 23.12.1938. ÖStA/AdR, BMfHuV, Gesch.Z. 384, 139.140-16/38 (Angleichung der Studien- und Prüfungsordnungen an die reichsrechtlichen Vorschriften sowie Erwerbung des Titels Dipl. Ingenieur im Lande Österreich. (Vorläufige Regelung)).
111 AV MfWuA, 18.10.1938. ÖStA/AdR, BMfHuV, Gesch.Z. 384, 136.751-16/38.
112 dRGBl. 1942, I, 525.
113 Schreiben (Abschrift) zu Visintini Franz; Bestellung zum Präsidenten der Ingenieurkammer i. L., RStH in Wien an RWM BArch, NS14/379.
114 Schreiben zu Bestellung des Visintini Franz zum Präsidenten der Ingenieurkammer i. L. für Wien, Niederösterreich und Burgenland, RWM an Leiter der Partei-Kanzlei München, 24.11.1942. BArch, NS14/379.
115 Siehe Schreiben (Abschrift) Arndt an IK W/NÖ/Bgld, 5.3.1943. BArch, R3101/14297, Bl. 75.
116 Im Fall von Linz handelte es sich um 2.035,25 RM, von Graz um 1.622,28 RM und von Innsbruck um 1.692,35 RM. Siehe Schreiben zu Überführung der Ingenieurkammern in Linz, Graz und Innsbruck auf die Ingenieurkammer i. L. in Wien, RStH Wien, Miklauzhizh an RWM, 21.8.1943. BArch, R3101/14297.
117 In einem Bericht der Nachkriegszeit hielt die Kammer in Linz fest, dass ihre Akten nach Wien gebracht, aber dort verloren gegangen seien. Schreiben zu Feststellung der IK-Mitglieder in OÖ und Sbg, IK für OÖ/Sbg an BMfHuW, 1.3.1946. ÖStA/AdR, BMfHuW, 31.253-I/1/46.
118 Ostmarkjahrbuch 1942, 289; Wiener Zeit- und Wegweiser 1943, 53.
119 Bis 1936 Amt für Technik.
120 Siehe Schreiben (handschriftlich), Heine an Bürckel, 21.3.1938. ÖStA/AdR, Stiko Wien/10A-15, Kt. 212, Allg. 1.
121 Rundfunkverlautbarung zu Gründung des NSBDT in der Ostmark, Gürke, 16.7.1938. ÖStA/AdR, Stiko Wien/10A-15, Kt. 212, Allg. 1.
122 Neuaufbau der technischen Organisation in der Ostmark, Link, 1.8.1938. ÖStA/AdR, Stiko Wien/10A-15, Kt. 212, Allg. 1.
123 Siehe Schreiben VDE im NSBDT an NSBDT München, 7.1.1939. BArch, NS14/119.
124 AN zu Gaumitteilungsblatt Wien, Flemming an Führer, 1.9.1939. BArch, NS14/6-1.
125 AN zu Übernahme der Gaumitteilungsblätter, 4.11.1938. BArch, NS14/6-1.
126 Siehe die Listen der NSBDT-Mitglieder, alle Fachgruppen, Amt für Technik, NSBDT an Reichswaltung des NSBDT München, 5.1.1939. BArch, NS14/119.
127 Schmidt-Leonhardt, Die RKK, 4.
128 dRGBl. Nr. 105/1933, dRGBl. Nr. 123/1933.
129 Formular 1005 40Q/0696 von der RdbK, ausgestellt an Hoch Anton am 23. April 1941. ZV-Archiv, MAt A. Hoch.
130 Gast, Die rechtlichen Grundlagen RKK, 18.
131 Hinkel, Handbuch RKK, 26. dRGBl. Nr. 123/1933. Die Einrichtung der Reichsfilmkammer geschah bereits vor Erlass des Reichskulturkammergesetzes und wurde nun mit diesem Gesetz mit den anderen Einzelkammern zur RKK zusammengeschlossen.
132 Als Präsidenten der Einzelkammern wurden Richard Strauss für die Musikkammer, Eugen Hönig für die Kammer der bildenden Künste, Otto Laubinger für die Theaterkammer, Hans

Friedrich Blunck für die Schrifttumskammer, Max Amann für die Pressekammer, Horst Dressler für die Rundfunkkammer und Fritz Scheuermann für die Filmkammer ernannt. Siehe dazu: Dahm, Anfänge und Ideologie der Reichskulturkammer, 72.
133 Dahm, Anfänge RKK, 72.
134 Ebd., 57.
135 dRGBl. Nr. 123/1933, 797.
136 dRGBl. Nr. 123/1933, 797.
137 Dahm, Anfänge RKK, 78.
138 Ebd., 78. Siehe dazu auch: ebd., 80, FN 105, Rede Goebbels auf der Tagung der RKK am 7. 2. 1934.
139 Siehe dazu: Kubowitsch, Die RdbK.
140 Der Lyriker Hermann Stuppäck (1903–1988) stieg nach dem „Anschluss" zu einem der mächtigsten Kulturfunktionäre der NSDAP auf. Ab 22. 9. 1938 war er Sachberater für Schrifttum im Kulturamt und übernahm viele weitere Funktionen. Unter Baldur von Schirach erfolgte am 17. 12. 1940 die Ernennung zum Leiter der Kulturabteilung im Reichspropagandaamt. 1942 wurde er zum stellvertretenden und am 1. 1. 1944 zum Generalkulturreferenten im RPA – anstelle von Walter Thomas – ernannt. Angaben siehe: WStLA, GA Hermann Stuppäck.
141 Schreiner, NS-Kulturpolitik, 57.
142 Ebd., 58 und 59.
143 Schreiner, NS-Kulturpolitik, 58 und 59.
144 Ebd., 59.
145 Ebd., 58 und 59.
146 dRGBl. Nr. 90/1938.
147 Schreiben vom MfiukA an das Amt des RStH, 10. 1. 1939, ÖStA/AdR, BS Büro Mühlmann, 201.922, 1938; Gesetze siehe: GBlÖ Nr. 191/1938 und dRGBl. Nr. 90/1938, 624.
148 Schmidt-Leonhardt, Die RKK, 27.
149 Ebd., 28.
150 Ebd.
151 In einem eigenen Beiblatt des Aufnahmeaktes wurde die Bewertung des Mitglieds mit „künstl. Fähigkeit und charakterl. Eigenschaft soweit bekannt" übertitelt und vom jeweiligen Fachreferenten ausgefüllt. Die Bewertung erfolgte anhand der mit dem Fragebogen eingereichten Fotografien, die die künstlerischen Werke der Antragsteller:innen dokumentierten. Die schriftliche Beurteilung der Referenten war in „Leistungsgruppen" nach einem alphabetischen System mit den Buchstaben A bis C kategorisiert, wobei A die beste Leistungsgruppe darstellte. Siehe dazu: Holzschuh/Plakolm-Forsthuber, NS-Kunstpolitik, 69–80.

152 Das Archiv der ehemaligen RdbK wurde 2021 von Sabine Plakolm-Forsthuber und Ingrid Holzschuh erstmalig in einer Forschungsarbeit untersucht, die Einblick in die politischen Machtstrukturen, Abläufe, Netzwerke und die künstlerische Haltung des NS-Regimes in Wien gibt. Diese Erkenntnisse sind eine Matrix, die auf die Organisation der Landesleitungen in den anderen Gauen der Ostmark umgelegt werden kann. Siehe dazu: Holzschuh/Forsthuber-Plakolm, NS-Kunstpolitik.
153 Die Dienststelle wechselte 1939 in die Räume des Reichspropagandaamtes im Palais Epstein (Reisnerstraße 40, 3. Bezirk), übersiedelte im Sommer 1943 in den Trattnerhof (1. Bezirk) und nach dessen kriegsbedingter Zerstörung im Jänner 1945 wieder zurück ins Künstlerhaus.
154 Niederschrift Interview mit Kammerer, 1943. WStLA, BS 3.7.3.A1.103.11, Persönlichkeiten des Wiener Kultur- und Geisteslebens 1942–1943, M. Kammerer. Im Lebenslauf gibt Kammerer die NSDAP-Mitgl.-Nr. 1.613.302 an.
155 Niederschrift Lebenslauf Kammerer, 1943, 2. WStLA, BS 3.7.3.A1.103.11, Persönlichkeiten des Wiener Kultur- und Geisteslebens 1942–1943. Darin befindet sich eine Auflistung aller Projekte.
156 Schreiben Kammerer an das BmfHuV, 12. 4. 1937. ÖStA/AdR, BMfHuV, GZ 103, 66174-1/37, M. Kammerer.
157 Bescheid BmfHuV, 14. 6. 1937. ÖStA/AdR, BMfHuV, GZ 103, 66174-1/37, M. Kammerer.
158 Niederschrift Lebenslauf Kammerer, 1943, 2. WStLA, BS 3.7.3.A1.103.11, Persönlichkeiten des Wiener Kultur- und Geisteslebens 1942–1943. Darin befindet sich eine Auflistung sämtlicher Projekte.
159 Lebenslauf, Februar 1943. KH-Archiv, MAt M. Kammerer.
160 Niederschrift Interview mit Kammerer, 1943, 6. WStLA, BS 3.7.3.A1.103.11, Persönlichkeiten des Wiener Kultur- und Geisteslebens 1942–1943, M. Kammerer.
161 Brief von Leopold Blauensteiner an Marcel Kammerer, 1. 4. 1944. BV-Archiv, MAt M. Kammerer.
162 Schreiben IK an das BMfHuW vom 8. 3. 1946, ÖSTA/BMfHuW, 30963/46, M. Kammerer.
163 Örley, Lebenslauf, 20. 7. 1943, 6. WStLA, BS 3.7.3.A1.103.13, Persönlichkeiten des Wiener Kultur- und Geisteslebens 1942–1943, R. Örley. – Robert Örley wurde am 24. 8. 1876 in Wien geboren und starb am 15. 11. 1945 ebenda.
164 Schreiben IK an Örley, 30. 9. 1926. AKZT W/NÖ/Bgld, MAt R. Oerley.

165 Örley war ab Mai 1938 NSDAP-Mitglied, siehe: Bestätigungskarte NSDAP Gau Wien WStLA, GA A1-R. Örley 24.8.1876.
166 Holzschuh, Verlorene Stadtgeschichten.
167 WStLA, GA A1-R. Örley 24.8.1876.
168 Schreiben IK an Örley, 14.10.1943, Bestätigung der Kanzleiverlegung von Tuchlauben 13, 1. Bezirk, in die Alser Straße 21, 8. Bezirk. AKZT W/NÖ/Bgld, MAt R. Örley.
169 Robert Otto Stein (1880–1951) studierte Medizin an der Universität Wien und habilitierte sich 1915. Er war als Privatdozent bzw. ab 1926 als a. o. Professor für Dermatologie und Syphilidologie im Lehrkörper der Universität Wien tätig. Im April 1938 wurde ihm die Venia legendi entzogen, und er verlor seine Stellung als Abteilungsvorstand im Mariahilfer Ambulatorium. Danach war er als jüdischer Krankenbehandler zugelassen und im Rothschild-Spital tätig, wo er ab 1939 in der Nachfolge von Hans Königstein – der nach Palästina emigrierte – der Dermatologischen Abteilung vorstand. Durch seine Ehe mit Maria Jahn, die nicht jüdischer Herkunft war, konnte er in Wien überleben. Siehe: URL: https://www.oeaw.ac.at/fileadmin/NEWS/2011/pdf/biografien_juedische_aerzte.pdf (abgerufen 13.12.2022).
170 Schreiben Örley an IK, 30.10.1945. AKZT W/NÖ/Bgld, MAt R. Örley; Schreiben R. Stein an das Polizei-Amt Josefstadt, 5.7.1945. WStLA, GA A1-R. Örley 24.8.1876.
171 Ernst August von Mandelsoh, URL: https://de.wikipedia.org/wiki/Ernst_August_von_Mandelsloh (abgerufen 17.10.2022).
172 Reichsgau Oberdonau, Ostmarkjahrbuch 1942, 178.
173 Mitgliederliste der IK OÖ/Sbg, 4.4.1938. ÖStA/AdR, RK Materie 2100, 2175/3.
174 Lebenslauf Sturmberger, 8.12.1938. ÖStA/AdR, GA, 335.106, fol. 1-24, A. Sturmberger.
175 Ebd.
176 Fragebogen RdbK, 14.7.1938. ÖStA/AdR, GA, 335.106, fol. 1-24, A. Sturmberger.
177 Ebd.
178 Ebd.
179 Ebd.
180 Karte im GA mit dem Rundstempel Republik Österreich. ÖStA/Adr, GA, 335.106, fol. 1-24, A. Sturmberger.
181 Vermerk Registrierungsamt Linz, 12.4.1949. ÖStA/AdR, GA, 335.106, fol. 1-24, A. Sturmberger.
182 Bescheid Registrierungsamt, 1.6.1949. ÖStA/AdR, GA, 335.106, fol. 1-24, A. Sturmberger.
183 URL: https://stadtgeschichte.linz.at/denkmal/Default.asp?action=kuenstler&id=314 (abgerufen 30.1.2023).
184 Ostmarkjahrbuch 1941, 210.
185 Ostmarkjahrbuch 1942, 127.
186 Zur Biografie von Franz Zajicek siehe: URL: https://de.wikipedia.org/wiki/Franz_Zajicek_(Architekt) (abgerufen 14.10.1022).
187 Personal-Fragebogen NSDAP F. Zajicek, 7.12.1939. ÖStA/AdR, GA, 81.182, F. Zajicek.
188 Ebd.
189 Ebd.
190 Dienstzettel Registrierungsbehörde, 19.6.1947, ÖStA/AdR, GA, 81.182, F. Zajicek.
191 Schreiben der NSDAP Reichsleitung an Gauschatzmeister Erich Schulze, 31.5.1940. ÖStA/AdR, GA, 81.182, F. Zajicek.
192 Schreiben Bezirksamt für den XIII. Bezirk an das BMfI, 3.9.1946. ÖStA/AdR, GA, 81.182, F. Zajicek.
193 Krakauer Schreibkalender 1943.
194 Weihsmann, In Wien erbaut, 437.
195 Ansuchen zur Nachsicht der Studien, der ZT-Prüfung und der Verleihung der Befugnis eines Architekten. ÖStA/BMfHuW, ZivTech, 70.135, 37.105 und 28.904, F. Zajicek.
196 Hofinger, Karl Reisenbichler.
197 Ebd., 19-20.
198 Ursula Prokop, Siegfried Theiss, in: Az W, Architektenlexikon, URL: https://www.architektenlexikon.at/de/641.htm (abgerufen 23.2.2023).
199 Schreiben der RdbK an den Leiter der Fachgruppe Bauwesen im NSBDT, 18.6.1942. BArch, NS 18/1154.
200 Ebd.
201 dRGBl. I, 1942, 525–527.
202 dRGBl. I, 1942, 525–527, § 2, 525.
203 Schreiben Theiss, o. D. BArch, R 3101/14297.
204 Schreiben an den RMfPV, Anhang am Vermerk des RWM, 23.12.1942. BArch, R 3101/14297.
205 Schreiben Schmidt-Leonhardt an RWM, 9.3.1943. BArch, R 3101/14297.
206 Wie Theiss setzte sich auch Hans Jaksch (1879–1970) für die Interessen der freischaffenden Architekten ein. Er war wie Theiss ab 1910 Mitglied der ZV Österreich und ab 1936 deren Präsident. In der IK war er nicht Mitglied. In der Zeit unmittelbar nach dem „Anschluss" übernahm Jaksch als kommissarischer Leiter der ZV eine wichtige Rolle in der Überführung der Mitglieder der ZV in die Reichskammer der bildenden Künste. Jaksch war augenscheinlich ein Garant für die parteitreue Haltung des Vereins, wovon

Zeitungsberichte von März und April zeugen, welche die Euphorie widerspiegeln, mit der die Mitglieder der ZV den „Anschluss" an das Deutsche Reich und den neuen Machthaber Hitler in Österreich begrüßten. Holzschuh 2019, 13.

207 Schreiben MA Wien an Theiss, 28.12.1922. AKZT W/NÖ/Bgld, MAt S. Theiss.

208 Ebd. Der Antrag musste von den Architekten selbst bei der LHM eingebracht werden, und man musste dort melden, welche Art von Befugnis man ausüben wollte (Pkt. 14 im BGBl. Nr. 11/1925).

209 Siehe diverse Adressbücher von 1927 bis 1937.

210 Lebenslauf verfasst von Theiss, 15.5.1938, 2. TU-Archiv, PA S. Theiss, 1691 (PA 1938-1947).

211 Vermerk vom 23.1.1941, fernmündliche Mitteilung von Theiss, dass er am 1.6.1940 in die NSDAP aufgenommen wurde. AKZT W/NÖ/Bgld, MA S. Theiss.

212 Freyer, Biografische Skizzen, 220.

213 Gauführerschule Schwechat (1938), NSV-Müttererholungsheime in Wien und Hinterbrühl (1938/39), NSV-Kindertagesstätten (1939), NSV-Säuglingsheime (1939/40), NS-Wohnbauten in Wien 12 (1940–1942) oder die Südtiroler Siedlung in Gröbming, Steiermark (1941–1943). Siehe dazu: Freyer, Biografische Skizzen, 227.

214 Potocar, Österreicher bauen im „Neuen Osten", 113.

215 Schreiben Theiss an RMfWEV, 2.9.1942. TU-Archiv, PA S. Theiss, 1691 (PA 1938-1947).

216 Schreiben Theiss an TH-Rektor, 20.11.1941. TU-Archiv, PA S. Theiss, 1691 (PA 1938-1947). Siehe auch: Schreiben Leiter der Fachgruppe Bauwesen NSDAP Schönleben an S. Theiss, 11.11.1941. TU-Archiv, PA S. Theiss, 1691 (PA 1938-1947).

217 Holzschuh/Plakolm-Forsthuber, NS-Kunstpolitik, 125.

218 Schreiben Theiss an Rektorat TH Wien, 28.4.1944. TU-Archiv, PA S. Theiss, 1691 (PA 1938-1947).

219 Schreiben Theiss an Rektorat TH Wien, 13.2.1945. TU-Archiv, PA S. Theiss, 1691 (PA 1938-1947).

220 Schreiben Republik Österreich an Theiss, 16.5.1945. TU-Archiv, PA S. Theiss, 1691 (PA 1938-1947).

221 Adalbert Duschek (1895–1957) war Mathematiker und ab 1921 an der TH Wien als Assistent tätig. Im Mai 1938 wurde er zwangspensioniert und 1945 ordentlicher Professor an der TH Wien und Leiter des Ersten Mathematischen Instituts. Im Studienjahr 1945/46 bekleidete er außerdem die Funktion eines Rektors der Hochschule und war damit maßgeblich in die Entnazifizierung seines Lehrpersonals involviert. Aus URL: https://www.geschichtewiki.wien.gv.at/Adalbert_Duschek (abgerufen 6.11.2022).

222 Schreiben Rektor TH Wien an das SfUuE, 24.7.1945. TU-Archiv, PA S. Theiss, 1691 (PA 1938-1947).

223 Schreiben Theiss an SfUuE, 28.9.1945, 2. TU-Archiv, PA S. Theiss, 1691 (PA 1938-1947).

224 Erkenntnis Sonderkommission, 30.11.1945, 2. TU-Archiv, PA S. Theiss, 1691 (PA 1938-1947).

225 Schreiben Dekanat an Rektorat TH Wien, 9.4.1951, 2. TU-Archiv, PA S. Theiss, 1691 (PA 1938-1947).

226 Erkenntnis Kommission nach § 19, 20.9.1947. AKZT W/NÖ/Bgld, MAt S. Theiss.

227 Siehe: Schwarz, Die Härte, 11–13.

228 Merkblätter, in: Das Kleine Volksblatt, 15.3.1938, 16.

229 Schwarz erklärt die große Unterstützung des Nationalsozialismus durch Techniker damit, dass im deutschen Bildungsbürgertum Agrarromantik und Skepsis gegenüber Fortschritt und Technik vorgeherrscht hatten und das Selbst- und Fremdbild der Ingenieure mit der Technikgläubigkeit der Nationalsozialisten stark aufgewertet wurde. Siehe: Schwarz, Die Härte, 8–9.

230 Ebd., 15–16.

231 Die Rolle der Chemiker im Krieg wird beschworen, Neues Wiener Tagblatt, 21.5.1940, 9.

232 Niederschrift der Kommission zur politischen Beurteilung der Mitglieder, IK T/Vlbg, 13.5.1946. ÖStA/AdR, BMfHuW, GZ 1, 31.367/1946.

233 Ein blühendes Österreich ersteht, in: Illustrierte Kronen-Zeitung, 27.3.1938, 2.

234 Die 17 Punkte des Aufbauprogrammes, in: Salzburger Chronik für Stadt und Land, 28.3.1938, 4.

235 Perz/Hackl/Wachter, Wasserstraßen, 72–73.

236 NSDAP Personalfragebogen, Emmo Hildebrand, 13.2.1938. ÖStA/AdR, Gauakt 201.761. – Hildebrand wurde am 27.8.1890 in Waidhofen geboren und starb am 23.5.1942.

237 In der NS-Zeit wurden Zivilgeometer bzw. Ingenieurkonsulenten für Vermessungswesen aus den Ingenieurkammern ausgeschieden, sie konnten aber beantragen, als behördlich autorisierte Vermessungsingenieure zugelassen zu werden.

238 „Alte Kämpfer" war die NS-Bezeichnung für deutsche Parteimitglieder aus der Zeit vor 1933 mit einer Mitgliedsnummer unter 300.000 bzw. österreichische Parteimitglieder, die sich in der „Verbotszeit" illegal betätigt hatten.

239 Anklageschrift, Reya, Staatsanwaltschaft Linz, 31.3.1950. Obwohl die Bundespolizeidirektion

Salzburg bestätigte, dass Reya den Rang eines Obersturmführers bei der SA innegehabt hatte und 1939 Zahlungen erhalten hatte, die auf seinen „illegalen" Status hinwiesen, bestritt Reya, der als „minderbelastet" registriert war, die Angaben. OÖLA, VgVr 3549/48. – Friedrich Reya wurde am 7.7.1907 in Salzburg geboren, zu seinem Sterbedatum liegen keine Informationen vor.
240 Siehe zahlreiche Festpunkt-Verzeichnisse, Vermessungsbüro Ing. Reya und Meyer, 1938–1939. Unternehmensarchiv Asfinag, EK-E-2-4-6-9-0 A1 WAB-RAB.
241 SLA, Heeresbauamt XI.01.01 (Plan für RAD und NSKK von Vermessungsbüro Reya und Meyer); Heeresbauamt XI.03.01 (Katasterausschnitt der KG Elsbethen vom Juni 1939, auf dem die im Bau stehende Jägerkaserne Glasenbach eingezeichnet ist, Vermessungsbüro Reya und Meyer); Heeresbauamt XI.05.01
242 Siehe: Antrag auf Ausstellung eines Reisepasses, Reya, 6.7.1948. OÖLA, VgVr 3549/48.
243 Mitgliederliste IK OÖ/Sbg, 14.12.1946, 9. ÖStA/AdR, BMfHuW, 34.446/I-1/1946. – Zu Hans Winkler konnten keine Lebensdaten ermittelt werden.
244 Herbert Offenhauser starb am 10.8.1955, sein Geburtsdatum konnte nicht ermittelt werden.
245 Kreuzer, Tempo 130, 68–70.
246 Der Prototyp des treuen deutschen Technikers wurde verkörpert von dem Ingenieur Fritz Todt, der die Belange der Technik im Dienst des Nationalsozialismus unter anderem als Generalinspektor für das Deutsche Straßenwesen, Reichsminister für Bewaffnung und Munition (ab 1940) und Generalinspektor für Wasser und Energie (ab 1941) vorantrieb.
247 Karner, Im Strom der Zeit, 227. – Hermann Grengg wurde am 14.1.1891 in Judenburg geboren und starb am 25.10.1978 in Graz.
248 Personal-Fragebogen, 23.5.1938. BArch, R 9361-II, 31790, Grengg Hermann.
249 AV zu TH Wien, Grengg, 29.7.1947. ÖStA/AdR, BMU, 8351//Pr.III/47.
250 Karl Augustin wurde am 28.10.1888 in Gleisdorf geboren und starb am 15.11.1945.
251 Karner, Im Strom der Zeit, 53, FN 121.
252 Sarlay, Adolf Hitlers Linz.
253 Siehe beispielsweise: Weihsmann, Bauen unterm Hakenkreuz.
254 Otto Strohmayr wurde am 21.7.1900 in Hallein geboren und starb am 25.4.1945 ebenda.
255 Autorisierung als Zivilarchitekt, Otto Strohmayr. SLA, LR 1920/38 XIV 1-71 (60) (1936).
256 Holzschuh, Otto Strohmayr.
257 Autorisierung als Zivilingenieur für Hochbau, Otto Ponholzer. SLA, LR 1920/38 XIV 1-71 (59) (1935). Otto Ponholzer wurde am 2.2.1908 in Baiersdorf bei Murau geboren und starb am 1.1.1991.
258 Schreiben (Entwurf) Schlegel an Ponholzer, 11.5.1938. SLA, Prä 1938/06d-2083.
259 Chalupny, Deutsche Heimschule.
260 Salzburger Landeszeitung, 22.05.1939, 7. Siehe auch Briefwechsel zur Adaptierung der Schule, 1939. SLA, PRÄ 1939/0003p-19.
261 Die Partei VDU (Verband der Unabhängigen) wurde am 26.3.1949 in der Stadt Salzburg gegründet mit dem Ziel, den ehemaligen Nationalsozialisten, Heimatvertriebenen und Heimkehrern eine politische Partei zu öffnen. Das Ende der Partei ergab sich durch die Fusion der VDU und der Freiheitspartei, die sich zur Freiheitlichen Partei Österreichs (FPÖ) zusammenschlossen.
262 Höllbacher, Ideologie.
263 Bescheid, Amt der LR Sbg, 16.2.1965. BMfHuW, 28.113-Pr.III/65.
264 Schreiben MA 2 an MfHuV, 25.5.1938. ÖStA/AdR, BMfHuV, Privattechniker, Zl. 68.522-1, 1938, Matuschek Franz Hubert. – Matuschek wurde am 3.11.1902 geboren und starb am 10.7.1968.
265 Schreiben Matuschek und Proksch an Gemeindeverwaltung, 10.9.1940. WStLA, M.Abt. 350, Allg. Reg., A1-20, 1940; WM, Inv.-Nr. 76525 / 1–8 (F. H. Matuschek) und WM, Inv.-Nr. 76524 / 1–6 (J. Proksch).
266 Holzschuh/Platzer/Az W, Perle, 201.
267 Jutta Brandstetter, Hubert Matuschek, 2005, URL: https://www.architektenlexikon.at/de/741.htm (abgerufen 11.12.2022).
268 Schreiben Schönleben an Theiss, 11.11.1941. TU Archiv, Personalakt Siegfried Theiss, 1938-47, 1691.
269 Siehe Liste der Ziviltechniker der Ingenieurkammer für Oberösterreich und Salzburg, Beilage zur Eingabe vom 23.3.1950. SLA, PRÄS 1950/10.1.
270 Jutta Brandstetter, Hubert Matuschek, in: Az W, Architektenlexikon, URL: https://www.architektenlexikon.at/de/741.htm (abgerufen 11.12.2022).
271 Zur Biografie von Hermann Kutschera, geboren am 27.4.1903 in Wien, gestorben am 4.11.1991 ebenda, siehe: Holzschuh/Plakolm-Forsthuber, Auf Linie, 148, und Holzschuh/Platzer/Az W, Perle, 222.
272 Schreiben Gauamt für Technik, Gauamtsleiter an Jiretz, 27.7.1938. BArch, NS 14/349.
273 Anklageschrift gegen Scharmüller, Staatsanwaltschaft Linz, 21.7.1949. OÖLA, VgVr 4023/47.

274 Karl Breitenthaler wurde am 13. 5. 1879 in Linz geboren und starb am 10. 5. 1950 ebenda.
275 Bericht zu Ingenieure. Politischer Leumund, Bundespolizeidirektion Innsbruck, 17. 6. 1946, 5. ÖStA/AdR, BMfHuW, 33.624/I-1/1946. – Richard Eder wurde am 8. 9. 1902 in Kufstein geboren, zu seinem Sterbedatum liegen keine Informationen vor.
276 AV zu Eder, Zulässigkeit der Berufsausübung, 31. 7. 1947. ÖStA/AdR, BMfHuW, 25.729/I/1947.
277 Schreiben zu ZT, Durchführung des VG 1947, Bericht an den Alliierten Rat. ÖStA/AdR, BMfHuW, 30.991/I/1/1948. 177.042/I/1/47.
278 Schreiben (Abschrift) zu Dipl. Ing. Dr. Eder IK T/Vlbg an Amt der Tiroler LR, 31. 12. 1947. ÖStA/AdR, BMfHuW, 30.991/I/1/1948.
279 Amtliche Mitteilungen, in: Zeitschrift des Österr. Ingenieur- und Architekten-Vereines 47/48 (1928), 450. – Elmar Geiger wurde am 19. 5. 1902 in Bludenz geboren, zu seinem Sterbedatum liegen keine Informationen vor.
280 Siehe: Elmar Geiger, Registrierungsblatt zur Verzeichnung der Nationalsozialisten gemäß § 4 VG 1947, o. D.. VLA, BH Bludenz II, Abt. II, Geiger Elmar (Sch. 17).
281 Schreiben zu Überprüfung von Mitgliedern der Ing.Kammer, LHM Vorarlberg an IK T/Vlb., 12. 4. 1946. StA/AdR, BMfHuW, 33.624/I-1/1946.
282 Schreiben zu Ingenieurkonsulenten f. d. Vermessungswesen, Inspektorat f. d. Vermessungswesen Innsbruck an IK T/V, 12. 4. 1946. BMfHuW, 33.624/I-1/1946.
283 Kundmachungen. Befugnis von Ingenieurkonsulenten für Vermessungswesen, in: Wiener Zeitung, 20. 2. 1949, 9.
284 Johann Luger wurde am 20. 9. 1889 in Dornbirn geboren, zu seinem Sterbedatum liegen keine Informationen vor.
285 Schreiben zu Überprüfung von Mitgliedern der IK, LHM Vlbg an IK T/Vlbg, 12. 4. 1946. ÖStA/AdR, BMfHuW, 33.624/I-1/1946.
286 Personalfragebogen für die Kartei der goldenen Ehrenzeichenträger der Blutordensträger (Abschrift), 15. 11. 1947. OÖLA, VgVr 2784/47.
287 Personalfragebogen für die Kartei der goldenen Ehrenzeichenträger der Blutordensträger (Abschrift), 15. 11. 1947. OÖLA, VgVr 2784/47. In manchen Quellen ist auch von einem früheren Beitritt und der Mitgliedsnummer 1.300.000 die Rede, siehe: Vernehmungsprotokoll Reya, 2. 10. 1948. OÖLA, VgVr 2784/47.
288 Personalfragebogen für die Kartei der goldenen Ehrenzeichenträger der Blutordensträger (Abschrift), 15. 11. 1947. OÖLA, VgVr 2784/47.
289 Schmoeller August, URL: https://e-gov.ooe.gv.at/bgdfiles/p3935/Schmoeller_August_Dl.pdf (abgerufen 23. 2. 2023), 2.
290 Ebd.
291 Personalfragebogen für die Kartei der goldenen Ehrenzeichenträger der Blutordensträger (Abschrift), 15. 11. 1947. OÖLA, VgVr 2784/47.
292 Ebd.
293 Ebd.
294 Schreiben Schäcke (Gauhauptstellenleiter) an die Reichsleitung der NSDAP München, 8. 10. 1940. BArch, NS 14, 349, Schmoeller August.
295 Schriftverkehr zwischen Schmöller und der Deutschen Akademie für Städtebau, Reichs- und Landesplanung, 1942. BArch, NS 14, 349, Schmoeller August.
296 Abschrift Gendamarie-Postenkommandant an Staatsanwalt Linz, 15. 11. 1947. OÖLA, VgVr 2784/47.
297 Uebernahmsbericht Landesgerichtl. Gefangenenhaus, 25. 9. 1947. OÖLA, VgVr 2784/47.
298 Protokoll, Lg Linz, 16. 10. 1947. OÖLA, VgVr 2784/47.
299 Bundespräsident an Lg Linz, 19. 7. 1952. OÖLA, VgVr 2784/47.
300 Schmoeller August, URL: https://e-gov.ooe.gv.at/bgdfiles/p3935/Schmoeller_August_Dl.pdf (abgerufen 23. 2. 2023).
301 Zu Fritz Michael Müller, geboren 1892 in Groß-Ebersdorf, gestorben 1979 in Porto Alegre/Brasilien), siehe: Archiv für Bau.Kunst.Geschichte, Neuzugang: Nachlass Fritz Michael Müller, URL: https://www.uibk.ac.at/de/archiv-baukunstgeschichte/sammlung/neu-im-archiv/nachlass-fritz-michael-muller (abgerufen 1. 2. 2024).
302 Schreiben Winkler an BMfHuW, 12. 6. 1947. ÖStA/AdR, BMfHuV, GZ 1, 36.004/1947. – Leo Winkler wurde am 26. 11. 1887 in Steyr geboren und starb am 2. 11. 1970.
303 Im Adressbuch der Stadt Innsbruck und im Österreichischen Amtskalender scheint er ab 1932 als beh. aut. Zivilingenieur für das Bauwesen auf, den Eid legte er aber bereits 1931 ab. Siehe: Österr. Amtskalender 1932, 662; Adreßbuch der Stadt Innsbruck 1932, 379; Neue Zivilingenieure, in: Tiroler Anzeiger, 12. 12. 1931, 14.
304 AV zu Winkler, Zulässigkeit der Berufsausübung. ÖStA/AdR, BMfHuW, 36.004/I-1/47.
305 Schreiben zu Winkler Leo, Zulässigkeit der Berufsausübung, BMfHuW an Außensenat Innsbruck der Kommission beim BMfHuW für die Berufsgruppe der ZT, 30. 7. 1947. ÖStA/AdR, BMfHuW, GZ 1, 36.004/1947.

306 Niederschrift über die Verhandlung vor der Kommission am 24.9.1947. ÖStA/AdR, BMfHuW, 36.004/I-1//47.
307 Schreiben Winkler an BMfHuW, 12.6.1947. ÖStA/AdR, BMfHuW, 36.004/I-1/47.
308 Bescheinigung, Amt der Tiroler LR, 11.6.1947. ÖStA/AdR, BMfHuW, 36.004/I-1/47.
309 Beratungsprotokoll, Kommission nach § 19/2, BMfHuW, 24.9.1947. ÖStA/AdR, BMfHuW, 36.004/I-1//47.
310 AV, BMfHuW, 8.12.1947. ÖStA/AdR, BMfHuW, 36.004/I-1//47.
311 Schreiben BMfHuW an intern, 5.1.1948, und Äußerung der Sektion IV, BMfHuW, 13.1.1948. ÖStA/AdR, BMfHuW, 179.082/I/1/47.
312 Ing. Adolf Kunsek. Kreisleiter von Schwaz, in: Innsbrucker Nachrichten, 1.6.1938, 4. – Kunsek wurde am 13.6.1893 in Marburg an der Drau (slowen. Maribor) geboren, zu seinem Sterbedatum liegen keine Informationen vor.
313 Bericht zu Ingenieure. Politischer Leumund, Bundespolizeidirektion Innsbruck, 17.6.1946, 5. ÖStA/AdR, BMfHuW, 33.624/I-1/1946.
314 Siehe: Erinnerungen an die tragischen Ereignisse vor 75 Jahren, in: Rathausinfo Schwaz, März 2013, 24, URL: https://issuu.com/wexmedia/docs/rathausinfo_3_2013 (abgerufen 20.3.2023).
315 Die Kreiswahlleiter in Tirol, in: Innsbrucker Nachrichten, 23.3.1938, 5.
316 Ing. Adolf Kunsek. Kreisleiter von Schwaz, in: Innsbrucker Nachrichten, 1.6.1938, 4.
317 Pawlowsky/Leisch-Probst/Klösch, Vereine, 559–560.
318 Schreiben Aschberger und Ferraris-Occieppo an RK beim LG Innsbruck, 15.3.1948. TLA, RK 163/48.
319 Siehe: Schreiben zu Rückstellung, RA Stern an Rückstellungskommission beim Lg Innsbruck, Sept. 1950. TLA, RK 163/48.
320 Schreiben zu Ziviltechniker Eder, Pilz, Kunsek, Amt der Tiroler LR an BMfHuW, 20.4.1948. ÖStA/AdR, BMfHuW, 35.157/I/1/1948.
321 Bescheid zu Ing. Kunsek Adolf, Vermögensrechte gemäss Rückstellungsverfahren; Bestellung eines öffentlichen Verwalters, 7.8.1950. TLA, LG Innsbruck, Vr 624/54.
322 Ebd.
323 Beschwerde, RA Dengg an RK beim LG Innsbruck, 4.12.1950. TLA, RK 163/48.
324 Bescheid zu Ing. Kunsek Adolf, Vermögensrechte gemäss Rückstellungsverfahren; Bestellung eines öffentlichen Verwalters, 7.8.1950. TLA, LG Innsbruck, Vr 624/54.
325 Siehe: Beschluss, in: Bote für Tirol, 8.9.1950, 4.

III.
Ausschluss, Verfolgung und Widerstand

1 Da es zum Zeitpunkt des „Anschlusses" keine Ziviltechnikerinnen gab, wird in diesem Kapitel ausschließlich die männliche Form verwendet.
2 Schreiben (Abschrift) zu Verordnungen zur Neuordnung des österreichischen Berufsbeamtentums; Anwendbarkeit auf die österreichischen Ziviltechniker, RMI an RStH Ö, 22.1.1939. ÖStA/AdR, MfWuA, GZ 441, 52.380-III/3b/39.
3 Die „Verordnung zur Neuordnung des österreichischen Berufsbeamtentums" (BBV) trat am 31. Mai 1938 in Kraft, also vor Einführung des Deutschen Beamtengesetzes (DBG) vom 26. Januar 1937. dRGBl. I, 1937, 39; eingeführt in Österreich am 28.9.1938.
4 Vormals Bundesministerium für Handel und Verkehr.
5 Siehe: Schreiben (Entwurf) MfHuV an alle Landeshauptmänner und den Bürgermeister der Stadt Wien, 6.4.1938. ÖStA/AdR, BMfHuV, GZ 23a, 127.466-16/38; Schreiben (Entwurf) MfHuV an LHM Stmk, 4.4.1938. ÖStA/AdR, BMfHuV, GZ 23a, 127.331-16/38.
6 Die „Nürnberger Gesetze" wurden am 15.9.1935 im Deutschen Reich erlassen. Sie definierten, wer vor dem Gesetz als Jüdin oder Jude zu gelten hatte, und legten damit die Grundlage für die Ausgrenzung, Beraubung, Verfolgung und schließlich auch Ermordung von „jüdischen" Personen.
7 GBIÖ Nr. 3/1938, 13.
8 Mit der Einführung der „Nürnberger Gesetze" wurden über 24.000 Personen, die keiner oder einer anderen Religion angehörten, für „jüdisch" erklärt. Siehe: Freund/Safrian, Verfolgung, 789.
9 Der Diensteid für öffentliche Beamte lautete: „Ich schwöre: Ich werde dem Führer des deutschen Reiches und Volkes Adolf Hitler treu und gehorsam sein, die Gesetze beachten und meine Amtspflichten gewissenhaft erfüllen, so wahr mir Gott helfe." GBIÖ. Nr. 3/1938, 13.
10 Schreiben (Entwurf) MfHuV an alle Landeshauptmänner und den Bürgermeister der Stadt Wien, 6.4.1938. ÖStA/AdR, BMfHuV, GZ 23a, 127.466-16/38.
11 BGBl. Nr. 61/1937.
12 Siehe: Schreiben (Entwurf) zum Schnellbrief des Hauptamtes für Technik, 1.12.1939, MfHuV an Reichskommissar, 18.12.1939. ÖStA/AdR, BMfHuV, GZ 562, 118.783-1939.

13 Im Zuständigkeitsbereich der MA 2 lagen und liegen auch heute noch die Personalangelegenheiten der Stadt Wien. Sie war seitens der Stadt Wien auch für Ziviltechnikerangelegenheiten zuständig. Siehe Csendes, Geschichte der Magistratsabteilungen, 88–90.

14 Siehe zahlreiche Bescheide der MA 2 an MfWuA. ÖStA/AdR, BMfHuV, GZ 103, 1938, Kt. 582 und 583.

15 Schreiben zu Kafka Richard Ing., Befugnis eines ZI für Hochbau, MA 2 an MfHuV, 24. 5. 1938. ÖStA/AdR, BMfHuV, GZ 103, 68.525/1938 (Kt. 583).

16 Schreiben zu Ziviltechnikerangelegenheiten, LHM OD an MfWuA, 11. 4. 1939. ÖStA/AdR, BMfHuV, GZ 441, 50.032/1939.

17 AV MfHuV, 29. 4. 1938. ÖStA, AdR, BMfHuV, GZ 103, 67.067-1/1938.

18 Schreiben Blauensteiner an MfHuV, 4. 5. 1938. ÖStA, AdR, BMfHuV, GZ 103, 67.067-1-38.

19 AV MfWuA, 19. 7. 1938. ÖStA, AdR, BMfHuV, GZ 103, 67.067-1/38).

20 Clemens Holzmeister wurde am 27. 3. 1886 in Fulpmes geboren und starb am 12. 6. 1983 in Hallein.

21 Pawlowsky, Die Akademie, 72.

22 Die Mehrheit der Ansuchen, nämlich 228, war von Architekt:innen gestellt worden. Von diesen wurden 70 Ansuchen positiv, 86 negativ entschieden und 72 nicht behandelt. Siehe: Schreiben (Entwurf) BMfWuA, gez. Reichenvater an RAM (am Wege des Reichskommissars, Wien), 18. 12. 1939. ÖStA/AdR, BMfHuV, GZ 562, 118.783/1939.

23 GBlÖ Nr. 339/1938, 1621.

24 Gemeint war hier die Staatsministerialverordnung vom 11. 12. 1860, Zl. 36.413, in der Fassung der Verordnung BGBl. Nr. 61/1937.

25 GBlÖ Nr. 64/1938 sowie dRGBl. I, 353.

26 Verordnung des Handelsministers über Angelegenheiten der Ziviltechniker in Österreich vom 11. 4. 1938 (Entwurf). ÖStA/AdR, BMfHuV, GZ 23a, 127.143-16/38.

27 Ebd.

28 Schreiben (Zitat) RSthÖ, 9. 5. 1938. ÖStA/AdR, BMfHuV, GZ 23a, 127.143-16/38.

29 Gegenäußerung der Abteilung 16 (Entwurf), 21. 6. 1938. ÖStA/AdR, BMfHuV, GZ 23a, 127.143-16/38 (Vorläufige Untersagung der Ausübung der Befugnisse der Ziviltechniker; Verordnung).

30 „Gesetz über Angelegenheiten der Ziviltechniker in Österreich vom… 1938". ÖStA/AdR, BMfHuV, GZ 23a, 127.143-16/38 (Vorläufige Untersagung der Ausübung der Befugnisse der Ziviltechniker; Verordnung).

31 AN und Schreiben (Entwurf) MfHuV an MfiukA, 24. 8. 1938. ÖStA/AdR, GZ 23a, 135.014-16/38 (Gesetz über Angelegenheiten der Ziviltechniker in Österreich); Gegenäußerung der Abteilung 16 (Entwurf), 21. 6. 1938. ÖStA/AdR, BMfHuV, GZ 23a, 127.143-16/38 (Vorläufige Untersagung der Ausübung der Befugnisse der Ziviltechniker; Verordnung).

32 Erläuternde Bemerkungen zum Entwurf eines Gesetzes über Angelegenheiten der Ziviltechniker in Österreich vom… 1938 (Entwurf). ÖStA/AdR, BMfHuV, GZ 23a, 127.143-16/38.

33 AN und Schreiben (Entwurf) MfHuV an MfiukA, 24. 8. 1938. ÖStA/AdR, GZ 23a, 135.014-16/38.

34 ÖStA/AdR, RK Materie 2100, 2.175/3.

35 Mitgliederliste der Konsulentensektion der IK W/NÖ/Bgld (Stand vom 24. Juni 1938), 50. ÖStA/AdR, RK Materie 2100, 2.175/3.

36 Einige Schreiben in den Rückstellungsakten geben Somogyis Geburtsdatum mit 15. 2. 1892 an. Siehe: Schreiben (Entwurf) FLD Wien, Dienststelle für Vermögenssicherungs- und Rückstellungsangelegenheiten an BMF, 22. 11. 1961. ÖStA/AdR, E-uReang, FLD 18.758.

37 Siehe: AKZT W/NÖ/Bgld, MAt Oskar Schnabel.

38 Vermögensanmeldung Edwin Bächer, 10. 7. 1938. OÖLA, Vermögensanmeldungen, 22334 (Edwin N. Bächer).

39 Alfred Brüll wurde am 2. 9. 1867 in Wien geboren, sein Sterbedatum und -ort konnten nicht ermittelt werden.

40 Die Zurücklegung seiner Befugnis durch Karl Brandmayer am 6. 4. 1939, der von der Historikerkommission zitiert wird (Mejstrik/Garstenauer/Melichar/Prenninger/Putz/Wadauer, Berufsschädigungen, 238), hatte keinen rassenpolitischen Hintergrund, sondern war altersbedingt erfolgt. 1942 beantragte Brandmayer die Befugnis erneut „auf Kriegsdauer", sein Ansuchen wurde aber abgelehnt. Siehe: Schreiben Brandmayer an techn. Landesamt der LHM Stmk, 10. 6. 1942 und Schreiben (Abschrift) zu Wiederverleihung der Befugnis als IK für Vermessungswesen, RStH Stmk an Brandmayer, 28. 7. 1942. StmLA, LReg 457 Ba 6 1939.

41 In den Listen der Ingenieurkammern waren die Namen von 141 Personen durchgestrichen. Doch der Zivilingenieur für das Bauwesen Isidor Mueller hatte sich am 22. Juli 1936 nach Südafrika abgemeldet und schien in der Liste der Kammer für Wien, NÖ und Bgld fälschlicherweise auf, da er bereits am 27. 12. 1937 verstorben war. Er wird somit in der Statistik nicht berücksichtigt.

42 Dabei handelt es sich um Erwin Fliegel, Ernst Gmeyner, Richard Grann, Wilhelm Herzel, Hans

Koch, Egon Magyar und Richard Modern, denen die Befugnis aufgrund § 3 der BBV entzogen und deren jüdische Herkunft durch Recherchen bei der IKG Wien bestätigt wurde, sowie Hans Glas, der seine Befugnis am 16. 7. 1938 zurücklegte (siehe Schreiben Glas an IK W/NÖ/Bgld, 16. 7. 1938. AKZT W/NÖ/Bgld, MAt Hans Glas), Wilhelm Baumgarten, dessen jüdische Abstammung im Zuge der Überprüfung durch die Kammern im Sommer 1938 bekannt wurde, und Maximilian Sachs, der seine Befugnis am 27. 12. 1938 zurücklegte (siehe Schreiben Sachs an IK W/NÖ/Bgld, 27. 12. 1938. AKZT W/NÖ/Bgld, MAt Wilhelm Sachs).

43 Schreiben zu Niederlegung der ZI-Befugnis, LHM OÖ an MfWuA, 11. 7. 1938. ÖStA/AdR, BMfHuV, GZ 103, 71.401/38.

44 An der Adresse des Ehepaars Dub, Wien XVII., Braungasse 5, war auch eine Luise Dub, Beamtin, gemeldet, sie scheinen also bei Verwandten untergekommen zu sein. Zum Zeitpunkt seines Todes lebte seine Frau Stefanie Dub in IX., Alser Straße 26. Siehe: Lehmann 1939, 201; Schreiben Stefanie Dub an VVSt Wien, Dezember 1938. OÖLA, Vermögensanmeldungen, 22428 (Otto Dub). Der Zivilingenieur Otto Dub ist nicht zu verwechseln mit dem Ing. Otto Dub, der in einem Gemeindebau in Wien V., Margaretengürtel 22 lebte, im Juli 1938 von der Stadt Wien aus „rassischen" Gründen gekündigt und am 20. 5. 1942 nach Maly Trostinec deportiert wurde. Siehe Lehmann 1938, 203; Otto Dub, geb. 30. 1. 1887, in: DÖW, Opferdatenbank.

45 Schreiben Stefanie Dub an VVSt Wien, Dezember 1938. OÖLA, Vermögensanmeldungen, 22428 (Otto Dub).

46 Siehe https://www.friedhoefewien.at/verstorbenensuche-detail?fname=Otto+Dub&id=031C%3EKFKYL&fdate=1939-01-24&c=010&hist=false&initialId=031C%3EKFVWF (17. 11. 2022).

47 Das Geburtsdatum von Luise Dub in der Datenbank des Isle of Man Museums stimmt mit jenem der Vermögensanmeldung von Luise Dub überein. Siehe https://www.imuseum.im/search/collections/people/mnh-agent-98660.html (17. 11. 2022), Vermögensanmeldung Luise Dub, 10. 7. 1938. OÖLA, Vermögensanmeldungen, 22429 (Luise Dub). In der Vermögensanmeldung von Luise Dub wiederum ist die gleiche Wohnadresse angegeben wie in der Vermögensanmeldung von Otto Dub, siehe OÖLA, Vermögensanmeldungen, 22428 (Otto Dub).

48 Siehe: https://www.friedhoefewien.at/verstorbenensuche-detail?fname=Stefanie+Dub&id=031C%3EKFVWF&fdate=1972-10-06&c=010&hist=false&initialId=031C%3EKFVWF (17. 11. 2022).

49 Schreiben zu Steuerrückstand Fritz Friedmann, Finanzamt Brigittenau an Abwicklungsstelle VVSt, 26. 1. 1940. ÖStA/AdR, E-uReang, VVSt, VA 24.474 (Fritz Friedmann).

50 Die sogenannte „Schutzhaft" war ein Unrechtsinstrument des NS-Regimes zur Festsetzung politischer Gegner:innen durch die Gestapo – ohne konkreten Strafbestand, richterliche Anordnung, Kontrolle und rechtlichen Beistand.

51 Antrag an Hilfsfonds, Schwefel, 11. 6. 1956. ÖStA/AdR, E-uReang, AHF 1.113.

52 Schreiben Schwefel an IK W/NÖ/Bgld, 27. 7. 1938. AKZT W/NÖ/Bgld, MAt Paul Schwefel.

53 Oskar Georg Bellgrader wurde am 10. 12. 1888 in Wien geboren, zu seinem Sterbedatum und -ort liegen keine Informationen vor.

54 Schreiben (Abschrift) zu Bellgrader, Erteilung der Befugnis eines Zivilingenieurs für das Bauwesen, K. k. nö Statthalterei an Belgrader (sic!), 7. 4. 1914. AKZT W/NÖ/Bgld, MAt Bellgrader.

55 Schreiben zu Bestellung zum Sachverständigen, IK an Bellgrader, 23. 3. 1927. AKZT W/NÖ/Bgld, MAt Bellgrader.

56 „Fonds zur Hilfeleistung an politisch Verfolgte, die ihren Wohnsitz im ständigen Ausland haben".

57 HB steht für „Helvetischen Bekenntnisses", also die Reformierte Evangelische Kirche.

58 Siehe: Antrag an den Hilfsfonds, Bellgrader, 24. 5. 1957. ÖStA/AdR, AdR, E-uReang, AHF, 23.190, 5.

59 Siehe: Bescheid zu Bellgrader, Anzeige von der Zurücklegung der Zivilingenieurbefugnis, Magistrat Wien/MA 2, 7. 6. 1939. AKZT W/NÖ/Bgld, MAt Bellgrader.

60 Antrag an den Fonds zur Hilfeleistung an politisch Verfolgte, die ihren Wohnsitz und ständigen Aufenthalt im Ausland haben, Bellgrader, 24. 5. 1957. ÖStA/AdR, AdR, E-uReang, AHF, 23.190, 5.

61 Siehe: Zahlungsanweisung, Hilfsfonds an Bellgrader, 5. 9. 1958. ÖStA/AdR, E-uReang, AHF 23.190.

62 Schreiben Fröhlich an IK, 3. 12. 1938. AKZT W/NÖ/Bgld, MAt Friedrich Fröhlich.

63 Schreiben Fröhlich an VVSt zu Änderung des pro 27.4.1938 angemeldeten Vermögens, 9. 12. 1938. ÖStA/AdR, VVSt, VA 19.909 (Friedrich Fröhlich).

64 Siehe: AN und Schreiben (Entwurf) MfHuV an MfiukA, 24. 8. 1938. ÖStA/AdR, GZ 23a, 135.014-16/38.

65 Siehe: ebd.

66 Siehe: Schreiben Baumgarten an MfWuA, 21.10.1938. ÖStA/AdR, BMfHuV, GZ 103, 76.849/38 (Kt. 583).
67 Knöpfelmacher wurde am 8.8.1894 bei Prag geboren, es liegen keine Sterbedaten vor.
68 Schreiben zu Abmeldung, Knöpfelmacher an IK Wien, 1.12.1938. AKZT W/NÖ/Bgld, MAt Paul Knöpfelmacher.
69 Schreiben zu Austritt, Czeczowiczka an IK W/NÖ/Bgld, 17.11.1938. AKZT W/NÖ/Bgld, MAt Wilhelm Czeczowiczka.
70 Die in den Mitgliedsakten der Kammer enthaltenen Schreiben dürften nicht alle Fälle abdecken, es gibt deshalb einen gewissen Graubereich.
71 William (Wilhelm) Baumgarten wurde am 25.1.1885 in Mährisch-Schönberg (tschech. Šumperk) geboren und starb am 18.2.1959 in Raleigh, North Carolina.
72 Schreiben Baumgarten an MfWuA, 21.10.1938. ÖStA/AdR, BMfHuV, GZ 103, 76.849/38 (Kt. 583).
73 Karl Brunner wurde am 22.3.1879 in Přelouč bei Pardubice geboren, zu seinem Sterbedatum liegen keine Informationen vor.
74 Schreiben zu Brunner, Adressenänderung, MA 2 an IK W/NÖ/Bgld, 19.10.1938. AKZT W/NÖ/Bgld, MAt Karl Brunner.
75 Ebd.
76 Mejstrik/Garstenauer/Melichar/Prenninger/Putz/Wadauer, Berufsschädigungen, 135.
77 Ebd.
78 Ebd., 136.
79 dRGBl. I, 1938, 607–610.
80 Siehe: Wächter Otto, Dr., Staatskommissar – Betrauung mit der Durchführung der Vd. zur Neuordnung des österr. Berufsbeamtentums. ÖStA/AdR, MfWuA, Präs./„Personalangelegenheiten", 14.016/38. Der österreichische Jurist Otto Wächter trat 1923 der NSDAP bei und machte als Nationalsozialist politisch und als SS-Führer Karriere. Von Mai 1938 bis April 1939 war er als Staatssekretär für die Entfernung von Beamten aus dem österreichischen Behördenapparat zuständig. Ab 1939 war er Gouverneur im besetzten Distrikt Krakau, ab 1942 im Distrikt Galizien.
81 Im Zuständigkeitsbereich der MA 2 lagen und liegen auch heute noch die Personalangelegenheiten der Stadt Wien. Sie war auch seitens der Stadt Wien für Ziviltechnikerangelegenheiten zuständig. Siehe: Csendes, Geschichte der Magistratsabteilungen, 88–90.
82 Siehe Bescheide in: ÖStA/AdR, ZNsZ, MfiukA, BBV. Unser herzlicher Dank gilt Therese Garstenauer, die uns großzügig Daten ihrer Recherchearbeiten zu öffentlichen Bediensteten in Österreich, die enthoben wurden, zur Verfügung gestellt hat. Siehe dazu: Garstenauer, Life Courses.
83 Moritz Bernhard Gerbel wurde am 19.3.1879 in Jassy, Rumänien, geboren und starb am 15.3.1957.
84 Siehe Fragebogen der IK W/NÖ/Bgld, Gerbel, 26.11.1945. D. ÖStA/AdR, BMfHuW/ZivTech, 31.313.
85 Der sehr umfangeiche Bestand der BBV-Bescheide wurde im Rahmen der vorliegenden Forschung nicht gänzlich gesichtet, die Zahlen stützen sich auf Recherchen, die von Therese Garstenauer durchgeführt wurden. Da insbesondere Architekten in den Schreiben oft nicht als Ziviltechniker gekennzeichnet sind, ist die tatsächliche Zahl der entzogenen Befugnisse somit wohl höher anzusetzen. Bei drei Personen ist nur § 8 angegeben, bei zwei weiteren Personen ist der Paragraf gänzlich unklar. Die Historikerkommission kommt auf die Zahl von 71 Personen, diese Differenz lässt sich möglicherweise durch die drei Personen erklären, bei denen nur § 8 angegeben ist. Siehe: Mejstrik/Garstenauer/Melichar/Prenninger/Putz/Wadauer, Berufsschädigungen, 238.
86 Ursprünglich 55, aber bei einer Person wurde der Bescheid korrigiert, da er nachwies, keine jüdische Abstammung zu haben.
87 Die Historikerkommission ermittelte eine Zahl von 26 BBV-Bescheiden an „Arier", die sich auf die §§ 8 und 3 bezogen. Siehe: Mejstrik/Garstenauer/Melichar/Prenninger/Putz/Wadauer, Berufsschädigungen, 238.
88 Siehe: Holzschuh/Plakolm-Forsthuber, Auf Linie, 95; Prokop, 40. – Erich Boltenstern wurde am 21.6.1896 in Wien geboren und starb am 9.6.1991 ebenda.
89 Siehe: Prokop, Opfer und Emigranten, 38, 40–43. – Franz Gessner wurde am 15.9.1879 in Walachisch Klobouk (tschech. Valašské Klobouky) geboren und starb am 3.5.1975 in Wien.
90 Schreiben Seyß-Inquert an Prutscher, 22. März 1939. ÖStA/AdR, ZNsZ, MfiukA, BBV.
91 Schreiben Wächter an Prutscher, 1.10.1939. ÖStA/AdR, ZNsZ, MfiukA, BBV.
92 Siehe: Mejstrik/Garstenauer/Melichar/Prenninger/Putz/Wadauer, Berufsschädigungen, 240; Schreiben Wächter an Schinzel, 1.10.1939. ÖStA/AdR, ZNsZ, MfiukA, BBV. – Arnold Schinzel wurde am 21.7.1891 in Römerstadt (tschech. Rýmařov) geboren und starb am 22.9.1952.

93 Siehe Fragebogen der IK W/NÖ/Bgld, Grzywienski, 30.9.1945. ÖStA/AdR, BmfHuW, 30.943/I-1/1945. – Anton Grzywienski wurde am 3.10.1898 in Tyrnau (slowak. Trnava) geboren und starb am 8.4.1982 in Wien.
94 Curriculum vitae, Grzywienski, Nov. 1945. ÖStA/AdR, BMU, PA Anton Grzywienski.
95 Ebd.
96 Auszug aus dem Protokoll über die Sitzung des Professorenkollegiums, TH, 5.12.1945. ÖStA/AdR, BMU, PA Anton Grzywienski.
97 Ebner/Mikoletzky/Wieser, Abgelehnt, 84.
98 AV zu Grzywienski Anton, Dipl. Dr. techn.; Befugnis eines Zivilingenieurs für das Bauwesen. Beeidigung und Kundmachung, 7.2.1946. ÖStA/AdR, BMfHuW, 30.438/I-1/1946.
99 Todesanzeige Grzywienski, Rektor Nöbauer/TU Wien, 15.4.1982. ÖStA/AdR, BMU, PA Anton Gryzwienski.
100 Holzschuh/Plakolm-Forsthuber, Auf Linie, 95.
101 Siehe: § 4 (1). dRGBl. I, 1938, 608.
102 Siehe: Mejstrik/Garstenauer/Melichar/Prenninger/Putz/Wadauer, Berufsschädigungen, 238. Eine namentliche Erfassung ist hier nicht publiziert. Ob es sich durchwegs um Kammermitglieder handelte, konnte nicht verifiziert werden.
103 Dabei handelt es sich um Rudolf Schober, Franz Schrangl und Robert Rapatz.
104 Robert Rapatz wurde am 14.8.1890 geboren und starb am 17.12.1965.
105 Siehe Vernehmung des Beschuldigten, Strafsache gegen Robert Rapatz, Lg Klagenfurt, 24.1.1947. KLA, 23 Vr 142/47.
106 Siehe: Schreiben zu NS-Registrierung, Ing. Robert Rapatz, Magistrat Klagenfurt an Bürgermeister Klagenfurt, 27.3.1947. KLA, Lg Klagenfurt, 6586, VR 142/1947 (Sch. 290).)
107 TLA, AdTLR, Disziplinarakt, Disziplinarkommission, 1923–1929, Leo Winkler (1929).
108 ÖStA/AdR, BMfHuV, Präs./Auszeichnungsanträge, Schober Rudolf, 13569/1934.
109 ÖStA/AdR, BMfHuV, Präs./Auszeichnungsanträge, Schober Rudolf, 14423/1937.
110 Siehe: Mejstrik/Garstenauer/Melichar/Prenninger/Putz/Wadauer, Berufsschädigungen, 240.
111 Schobers Nachfolger als Direktor, Fritz Müller, wurde nach dem „Anschluss" beurlaubt. Siehe: Neuordnung des Österr. Berufsbeamtentums, Verzeichnis der nach dem 13. März 1938 enthobenen oder pensionierten Beamten. ÖStA/AdR, BMfHuV, GZ 4b, 13.715/38.
112 Die Katholische akademische Verbindung Norica, gegründet 1883 in Wien, ist eine nichtschlagende vollfarbentragende Verbindung des Österreichischen Cartellverbands (ÖCV).
113 Siehe: Mejstrik/Garstenauer/Melichar/Prenninger/Putz/Wadauer, Berufsschädigungen, 240.
114 Schreiben zu Fall Schrangl, unbekannt an Baldauf, 31.3.1938. ÖStA/AdR, BMU, PA Franz Schrangl.
115 Schreiben Schrangl an Landesschulrat für Vlbg., 16.3.1938. ÖStA/AdR, BMU, PA Franz Schrangl.
116 Schreiben Schrangl an MfHuV, 26.3.1938. ÖStA/AdR, BMU, PA Franz Schrangl.
117 Bescheid vom 16.3.1939, siehe: Mejstrik/Garstenauer/Melichar/Prenninger/Putz/Wadauer, Berufsschädigungen, 240.
118 Siehe: Vorarlberger Technischer Verein, Festschrift 100 Jahre VZT, undatiert, 23. URL: https://www.vtv.at/s/vtv_festschrift_100jahre_4c_31_7_08_lay__2_.pdf (abgerufen 1.2.2024).
119 Der Studienrat Dipl.-Ing. Wagner behauptete, „er habe in Wien von einer Verwandten erfahren", dass Schrangls Großvater mütterlicherseits ein gewisser Freiherr von Löwenthal jüdischer Abstammung sei. Siehe: Schreiben zu Abstammungsnachweis, RStH T/Vlbg an Schrangl, 3.5.1942. ÖStA/AdR, BMU, PA Franz Schrangl. Schrangl gab an, dass ihm die Gerüchte bekannt seien, und übermittelte seinen Abstammungsnachweis. Siehe: Schreiben (Abschrift) Schrangl an RStH T/Vlbg, 11.5.1942. ÖStA/AdR, BMU, PA Franz Schrangl.
120 Schreiben zu Dipl.-Ing. Franz Schrangl, RMfWEV an RStH T/Vlbg, 2.6.1943. ÖStA/AdR, BMU, PA Franz Schrangl.
121 Siehe Schreiben (Entwurf) zu Wiederaufnahme in den öffentlichen Schuldienst aus Wiedergutmachung, Landesschulrat für Vorarlberg oder MfU (unleserlich am Scan) an Schrangl, 6.2.1946. ÖStA/AdR, BMU, PA Franz Schrangl.
122 Eid, Franz Schrangl, Staatsamt für öffentliche Bauten, Übergangswirtschaft und Wiederaufbau, 12.12.1945. ÖStA/AdR, BMfHuW, 30.624/45.
123 AV Staatsamt für Volksaufklärung, für Unterricht und Erziehung und für Kultusangelegenheiten, 15.1.1946. ÖStA/AdR, BMU, PA Franz Schrangl.
124 dRGBl. I, 414.
125 Die Vermögensverkehrsstelle (VVSt) wurde am 18. Mai 1938 beim Ministerium für Handel und Verkehr (ab 18. August 1938 Ministerium für Wirtschaft und Arbeit) eingerichtet. Geleitet wurde sie von dem Wiener SS-Führer Walter Rafelsberger (1899–1989), Gauwirtschaftsberater der Wiener NSDAP und „Staatskommissar der Privatwirtschaft". „Arisierungen" durften nur mit Genehmigung der VVSt durchgeführt werden und wurden von dieser im Detail kontrolliert, z.B. setzte sie die „Verkaufspreise" fest.

126 Wilhelm Czeczowiczka wurde am 27.12.1880 in Rzikowitz (tschech. Říkovice) geboren und starb am 6.2.1942 in Wien.
127 Schreiben Takvorian an Gestapo Wien, 29.7.1940. ÖStA/AdR, E-uReang, VVSt, VA 66.420.
128 Bericht der Kriminalpolizeistelle Wien, 2.9.1940. ÖStA/AdR, E-uReang, VVSt, VA 66.420.
129 Schreiben zu Wilhelm Israel Czeczowiczka und Elsa Sara Goldschmied, Kriminalpolizeileitstelle Wien an VVSt, 1.10.1940. ÖStA/AdR, E-uReang, VVSt, VA 66.420.
130 DÖW/Opferdatenbank (Wilhelm Czeczowiczka, geb. 27.12.1880; Therese Czeczowiczka, geb. 23.2.1897).
131 Verzeichnis über das Vermögen von Juden, Alfred Johann Brüll, 29.6.1938. ÖStA/AdR, E-uReang, VVSt, VA 440.
132 Schreiben (Abschrift) zu Vermögensverzeichnis, VVSt an Eva Rosa Brüll, 7.10.1938 und Schreiben Eva Rosa Brüll an VVSt, 12.10.1938. ÖStA/AdR, E-uReang, VVSt, VA 439.
133 Witek, „Arisierungen", 799.
134 ÖStA/AdR, E-uReang, VVSt, VA 26.264.
135 Die rechtliche Lage war in den ersten Wochen unübersichtlich, es gibt keine Klarheit darüber, welche Werte abgegeben und welche geraubt wurden. Man bezog sich dabei auf eine „Durchführungsbestimmung zur Regelung der Personalfragen in der Privatwirtschaft", die am 30. März 1938 im „Völkischen Beobachter" veröffentlicht, aber nie offiziell in Kraft gesetzt wurde, und in Folge auf das am 13. April 1938 verlautbarte „Gesetz über die Bestellung von kommissarischen Verwaltern und kommissarischen Überwachungspersonen". Siehe: Bailer/Baumgartner/Herrman/Streibel, „Arisierung", 14–15.
136 Das Ansuchen erfolgte gemäß Art. 47 der Verordnung BGBl. Nr. 61/1937. Siehe: Ansuchen um Verleihung der Befugnis eines ZI für Hochbau (Art. 47), Biber. ÖStA/AdR, BMfHuV, GZ 103/78.631-1/37.
137 Schreiben Biber an IK W/NÖ/Bgld, 28.3.1938. AKZT W/NÖ/Bgld, MAt Artur Biber. – Anton Grenik wurde am 10.5.1887 geboren, sein Sterbedatum ist unbekannt.
138 Schreiben Biber an IK W/NÖ/Bgld, 1.4.1938. AKZT W/NÖ/Bgld, MAt Artur Biber. Er bezog sich dabei auf die „Durchführungsbestimmung zur Regelung der Personalfragen in der Privatwirtschaft", die am 30. März 1938 im „Völkischen Beobachter" veröffentlicht, aber nie in Kraft gesetzt wurde. Siehe: Bailer/Baumgartner/Herrman/Streibel, „Arisierung", 14–15. Am 13.4.1938 wurde das „Gesetz über die Bestellung von kommissarischen Verwaltern und kommissarischen Überwachungspersonen" verlautbart.
139 Schreiben Grenik an IK W/NÖ/Bgld, 2.5.1938. AKZT W/NÖ/Bgld, MAt Artur Biber.
140 Schreiben (Durchschrift) IK W/NÖ/Bgld an Amt für Technik, Landesleitung Ö, 6.5.1938. AKZT W/NÖ/Bgld, MAt Artur Biber.
141 Schreiben (Abschrift) zu Beschlagnahmeverfügung der Gestapo infolge Ausbürgerungsverfahren, VVSt, Arbeitsgruppe 9 Vermögensanmeldung an Arbeitsgruppe 4 Liegenschaft, 24.4.1941. ÖStA/AdR, E-uReang, VVSt, VA 41.023.
142 Schreiben Grenik an VG beim LG für Strafsachen W, 24.1.1948; Schreiben (Abschrift) 31.1.1949, VG beim LG für Strafsachen Wien an Leibenfrost, AKZT W/NÖ/Bgld, MAt Artur Biber.
143 RGBl. I 1938, 1579 und Durchführungsbestimmungen vom 21.11.1938 (RGBl. I 1938, 1638ff) und 19.10.1939 (RGBl. I 1939, 2059).
144 Siehe: 1. Verordnung zum Reichsbürgergesetz vom 14.11.1935, § 5.
145 RGBl. 1938 I, 1580.
146 RGBl. 1938 I, 1709.
147 dRGBl. I 1939, 90.
148 Siehe: Raggam-Blesch, „Sammelwohnungen", 88–89.
149 Siehe dazu: Raggam-Blesch, „Sammelwohnungen".
150 Siehe: Freund/Safrian, Die Verfolgung, 769.
151 Der deutsche SS-Obersturmbannführer Adolf Eichmann (1906–1962) war ein zentraler Organisator der Vertreibung, Deportation und systematischen Ermordung der europäischen Jüdinnen und Juden. Er arbeitete ab 1932 im Sicherheitsdienst und beschäftigte sich früh mit Fragen jüdischer Zwangsumsiedlung. Nach dem „Anschluss" Österreichs an das Deutsche Reich baute er in Wien die „Zentralstelle für jüdische Auswanderung" auf, die ausreisewilligen Jüdinnen und Juden Ausreisegenehmigungen ausstellte und sie im Zuge dessen beraubte. Ab 1939 war er in Berlin im Reichssicherheitshauptamt tätig, seit der Wannsee-Konferenz die zentrale Befehlsstätte für die Massenmorde. Nach dem Krieg gelang es ihm zunächst, unterzutauchen und 1950 nach Argentinien zu fliehen. 1960 wurde er von israelischen Agenten entführt, in Israel vor Gericht gestellt und 1962 hingerichtet.
152 Siehe: Freund/Safrian, Die Verfolgung, 767 und 770.
153 Jonny Moser errechnete die Zahl von 130.742 Jüdinnen und Juden, die Österreich verlassen

haben. Siehe: Schwarz/Ganglmair, Emigration, 818.
154 Siehe: Hilfsfonds Formular, Erhebungen nach § 3 a, b und c der Statuten zu Edwin N. Bächer, Bundes-Polizeidirektion Wien, Zentralmeldungsamt, 1956. ÖStA/AdR, E-uReang, AHF 3.720.
155 Antrag an Hilfsfonds, Bacher, 8. 8. 1956. ÖStA/AdR, E-uReang, AHF 3.720.
156 Siehe: Antrag an Hilfsfonds, Bacher, 8. 8. 1956. ÖStA/AdR, E-uReang, AHF 3.720.
157 Siehe die von Jonny Moser zitierten Zahlen in: Schwarz/Ganglmair, Emigration, 818 und 846–847. Danach flüchteten 69.390 Jüdinnen und Juden nach Europa, fast die Hälfte davon (31.050) nach Großbritannien und 29.942 Personen nach Nordamerika, davon 29.860 in die USA.
158 Schreiben Muller an IK, 20. 12. 1968. AKZT W/NÖ/Bgld, MAt Arthur Fürst. – Arthur Fürst wurde am 9. 11. 1875 geboren und starb 1941 in Kenia.
159 Meder, Sachen.
160 Inge Scheidl, Paul Fischel, in: Az W, Architektenlexikon, URL: https://www.architektenlexikon.at/de/137.htm (abgerufen 2. 2. 2023). – Paul Jacques Fischel (Finton) wurde am 17. 11. 1885 geboren und starb am 14. 10. 1942 in Melbourne.
161 Pryles, Once in Vienna, 202. – Siegmund Defris wurde am 2. 12. 1877 in Jägerndorf (tschech. Krnov) geboren und starb am 6. 7. 1946 in Melbourne.
162 Gespräch mit Michael Pryles, geführt von A.W., Wien, 16. 6. 2023.
163 Die biografischen Angaben zu Felix Augenfeld, geboren am 10. 1. 1893 in Wien, gestorben am 21. 7. 1984, sind entnommen: Inge Scheidl, Felix Augenfeld, in: Az W, Architektenlexikon, URL: http://www.architektenlexikon.at/de/12.htm (abgerufen 2. 3. 2023); Boeckl. Begrenzte Möglichkeiten, 134.
164 Referat zu Wilhelm Berger, IK W/NÖ/Bgld, 25. 5. 1951. AKZT W/NÖ/Bgld, MAt Wilhelm Berger. – Wilhelm Berger wurde am 26. 11. 1877 in Sedlnitz (tschech. Sedlnice) geboren und starb am. 23. 3. 1955 in Wien.
165 Schreiben Somogyi an IK W/NÖ/Bgld, 7. 12. 1951. AKZT W/NÖ/Bgld, MAt Alexander Somogyi.
166 Inge Scheidl, Bruno Bauer, in: Az W, Architektenlexikon, URL: http://www.architektenlexikon.at/de/20.htm (abgerufen 2. 3. 2023).
167 Zur Biografie von Franz Wallack (24. 8. 1887–31. 10. 1966), siehe: URL: https://www.stadt-salzburg.at/ns-projekt/ns-strassennamen/hofrat-dipl-ing-dr-franz-wallack/ (abgerufen 4. 1. 2023).
168 Gigantischer Skandal um die Glocknerstraße, in: Wiener Sonntags- und Montagszeitung, 11. 4. 1932, 5.
169 Siehe dazu Rede Bruno Bauer, Konsulentensektion, IK W/NÖ/Bgld, 9. 6. 1932, Pkt. 9. SLA, Nachlass Wallack, Kampf 1932 Wallack contra Bauer, Mappe: Ingenieurkammer (causa Bauer).
170 Rede Bruno Bauer, Konsulentensektion, IK W/NÖ/Bgld, 9. 6. 1932. Stellungnahme Wallack, 3. 7. 1932. SLA Nachlass Wallack, Kampf 1932 Wallack contra Bauer, Mappe: Ingenieurkammer (causa Bauer).
171 Wiener Ingenieurkammer (Hg.), 75 Jahre Ziviltechniker, Wien 1935.
172 Siehe AV, IK W/NÖ/Bgld, 9. 1. 1939. Archiv Kammer der Ziviltechniker:innen für W/NÖ/Bgld, MAt Bruno Bauer.
173 Da es unter den in Österreich gebliebenen Ziviltechnikern keine Frauen gab, wird nur die männliche Form der Berufsbezeichnung verwendet.
174 Zum „Niskoplan", siehe: Schindler, Nisko 1939.
175 Als „Generalgouvernement" wurden jene Teile des besetzten Polen verwaltet, die dem Deutschen Reich nicht als Reichsgaue eingegliedert wurden, 1941 kam nach dem deutschen Überfall auf die Sowjetunion das Gebiet Galiziens dazu. Das Gebiet wurde ausgeplündert und war zentraler Schauplatz der Ermordung von Jüdinnen und Juden aus ganz Europa.
176 Siehe: Freund/Safrian, Verfolgung, 772–774; Raggam-Blesch, „Sammelwohnungen", 90.
177 Die ehemaligen Schulen, die als „Sammellager" benutzt wurden, befanden sich in der Sperlgasse, in der Malzgasse und in der Castellezgasse.
178 Seit 2017 erinnert ein Mahnmal im Leon-Zelman-Park der 47.035 Menschen, die zwischen 1939 und 1942 in 47 Großtransporten vom Aspangbahnhof deportiert wurden. Nur 1.073 dieser Personen überlebten. Siehe: https://www.koer.or.at/projekte/mahnmal-aspangbahnhof (abgerufen 23. 2. 2023).
179 https://ausstellung.de.doew.at/m17sm146.html (abgerufen 2. 2. 2023).
180 Siehe z. B.: Camillo Resek, in: DÖW, Vienna Memento Wien, URL: https://www.memento.wien/person/31187 (abgerufen 12. 2. 2023)
181 Archiv der IKG Wien, Auswanderungsantrag Max Dutka.
182 https://ausstellung.de.doew.at/m17sm148.html (abgerufen 2. 2. 2023).
183 Siehe: https://ausstellung.de.doew.at/m17sm147.html (abgerufen 2. 2. 2023).
184 Schreiben Korn an IK W/NÖ/Bgld, 20. 9. 1928. AKZT W/NÖ/Bgld, MAt Otto Korn.
185 Zu Reitzers Tätigkeit als Architekt, siehe: Petra Schumann/Ursula Prokop, Jakob Reitzer, URL: https://www.architektenlexikon.at/de/499.htm (abgerufen 2. 2. 2023).

186 Interview mit Gertrude Mechner, Wien, Februar 2003, URL: https://www.centropa.org/de/biography/gertrude-mechner#Meine%20Familiengeschichte (abgerufen 2. 2. 2023). – Jakob Reitzer wurde am 14. 9. 1880 in Szeged geboren. Elise Reitzer, geb. Brüll, kam am 11. 7. 1886 zur Welt, ihr Todesdatum ist unbekannt.
187 Schreiben RA Timmeter & Zimmeter an FLD, 2. 2. 1959. ÖStA/AdR, E-uReang, FLD 23.908.
188 Auswanderungsantrag Jakob Reitzer, 23. 5. 1938. Archiv der IKG Wien.
189 Schriftliche Auskunft des Archivs der KZ-Gedenkstätte Dachau, 30. 1. 2024.
190 Geburts- und Taufbuch der Pfarre St. Elisabeth, 1040 Wien, 1. 1. 1905–31. 12. 1906, https://data.matricula-online.eu/de/oesterreich/wien/04-st-elisabeth/01-25/?pg=52 (abgerufen 30. 9. 2023)
191 Otto Breuer wurde am 26. 7. 1897 geboren und starb am 9. 11. 1938 in Rekawinkel.
192 Maximilian Sachs wurde am 14. 8. 1871 in Łódź, Polen geboren und starb am 5. 5. 1940 in Grenoble. – Für die Übermittlung der biografischen Daten gilt unser besonderer Dank Gabriele Ebmer.
193 21 nachweislich Ermordete stehen mindestens 95 Vertriebenen gegenüber. Allerdings konnte das Schicksal von 12 Ziviltechnikern nicht geklärt werden.
194 Die biografischen Daten sind entnommen aus: Meixner, Reitlinger (1877–1938), und Meixner, Reitlinger – Bruchstücke; https://www.jenba.ch/industrie/die-jenbacher-berg-und-huettenwerke/ (abgerufen 23. 2. 2023).
195 Amts-Kalender 1923, 521.
196 Standesangelegenheiten. Konstituierung der Ingenieurkammer für Tirol und Vorarlberg, in: Zeitschrift des österreichischen Ingenieur-Vereines (2013) 35, 592.
197 Zu den Details siehe: Meixner, Reitlinger – Bruchstücke, 89–101.
198 Siehe auch: Mayrhuber, „Jedenfalls bin ich ebenso unschuldig…".
199 Zum Begriff Alltagswiderstand, siehe: Frei/Gugglberger/Wachter, Widerstand, 52 ff.
200 Adolf Scharmüller wurde am 10. 3. 1896 in Linz geboren und starb am 10. 1. 1950 in Gmunden.
201 Zeugenvernehmungen v. Hosp, Bezirksgericht Gmunden, 5. 12. 1949. OÖLA, VgVr 4023/47.
202 Zeugenvernehmung Schachermayer, Kreisgericht Wels, 19. 1. 1950. OÖLA, VgVr 4023/47.
203 Zeugenvernehmung Schachermayer, Kreisgericht Wels, 19. 1. 1950; Beweisanträge zu Scharmüller wegen §§ 10, 11 Verb.G., Lg Linz als Vg, 22. 10. 1949. OÖLA, VgVr 4023/47.
204 Personal-Fragebogen Scharmüller, NSDAP, 14. 7. 1938. OÖLA, VgVr 4023/47.
205 Zeugenvernehmungen Nagl, Bezirksgericht Gmunden, 5. 12. 1949; Anklage Scharmüller, Staatsanwaltschaft Linz, 21. 7. 1949. OÖLA, VgVr 4023/47.
206 Schreiben Gauamt für Technik, Gauamtsleiter an Jiretz, 27. 7. 1938. BArch, NS 14/349.
207 Schreiben (Abschrift) Schmöller an Gaupersonalamt Linz, 4. 4. 1941. BArch, NS 14/349.
208 Anklageschrift gegen Scharmüller, Staatsanwaltschaft Linz, 21. 7. 1949. OÖLA, VgVr 4023/47.
209 Schreiben zu Scharmüller, Strafsache nach §§ 10 11 VG, BMfI an Lg als Vg in Linz, 27. 5. 1949. OÖLA, VgVr 4023/47.
210 Enthaftungsgesuch für Scharmüller, Maria Scharmüller an Vg Linz, 5. 6. 1947. OÖLA, VgVr 4023/47.
211 Schreiben zu Scharmüller, Sicherheitsdirektion OÖ an Staatsanwaltschaft beim Lg (Vg), 30. 5. 1947.
212 Anklageschrift Scharmüller, Staatsanwaltschaft Linz, 21. 7. 1949. OÖLA, VgVr 4023/47.
213 Schreiben (Abschrift) Scharmüller an Bundespräsidenten, 19. 7. 1948. OÖLA, VgVr 4023/47.
214 Eidesstattliche Erklärung (Abschrift) Kitten, 3. 9. 1947. OÖLA, VgVr 4023/47.
215 Erklärung (Abschrift) Kemptner, 12. 6. 1948. OÖLA, VgVr 4023/47.
216 Eidesstattliche Erklärung (Abschrift) Stadlbauer, 2. 6. 1948. OÖLA, VgVr 4023/47.
217 Telegramm Brunner an Traxlmayr, 27. 10. 1949; Protokoll der Hauptverhandlung Strafsache gegen Scharmüller, 28. 10. 1949. OÖLA, VgVr 4023/47.
218 Schreiben BMfI an Scharmüller, 10. 5. 1950. OÖLA, VgVr 4023/47.
219 Enthaftungsgesuch für Scharmüller, Maria Scharmüller an Vg Linz, 5. 6. 1947. OÖLA, VgVr 4023/47.
220 Die biografischen Daten sind übernommen aus: Senarclens de Grancy/Halbrainer, Totes Leben; Senarclens de Grancy, Margarete Schütte-Lihotzky; Halbrainer, Herbert Eichholzer; Neugebauer, Herbert Eichholzer; nextroom, Herbert Eichholzer, https://www.nextroom.at/actor.php?id=17820 (abgerufen 2. 2. 2023); Stadt Graz, Herbert Eichholzer, Architekt, https://www.graz.at/cms/beitrag/10096224/7773004/Herbert_Eichholzer_Architekt.html (abgerufen 2. 2. 2023); Universalmuseum Joanneum, Kunst im öffentlichen Raum Steiermark, Pavillon – Hommage à Herbert Eichholzer (1903–1943),

https://www.museum-joanneum.at/kioer/ projekte/temporaere-projekte/events/event/ 1918/pavillon-hommage-a-herbert-eichholzer- 1903-1943 (abgerufen 2.2.2023).

221 Siehe: Eichholzer Herbert, Ing. Ansuchen um Nachsicht der Prüfung für die Erlangung der Befugnis eines Architekten (Art. 40) und Nachsicht von den Fachstudien gem. Art. 41. ÖStA/AdR, BMfHuV, GZ 103, 65.485-I/37.

222 Zu Verhaftung, Haft, Urteil und Hinrichtung siehe: BArch, R3017/26248.

223 Margarete Schütte-Lihotzky veröffentlichte ihre Erinnerungen an ihre Widerstandstätigkeit 1985: Schütte-Lihotzky, Widerstand

224 Herbert Eichholzer, 1903–1943. Architektur und Widerstand. Katalog zur Ausstellung, Graz 1998.

225 Ecker, Herbert Eichholzer.

226 https://www.graz.at/cms/beitrag/10096224/ 7773004/Herbert_Eichholzer_Architekt.html (abgerufen 2.2.2023).

227 https://www.tugraz.at/fakultaeten/architektur/ aktuelles/veranstaltungsreihen/herbert- eichholzer-foerderungspreis/ (abgerufen 2.2.2023).

228 https://www.museum-joanneum.at/kioer/ projekte/temporaere-projekte/events/ event/1918/pavillon-hommage-a-herbert- eichholzer-1903-1943 (abgerufen 2.2.2023).

229 http://www.stolpersteine-graz.at/stolpersteine/ eichholzer-herbert/ (abgerufen 2.2.2023).

IV. Wiedererrichtung der Ingenieurkammern und Entnazifizierung nach 1945

1 StGBl. Nr. 1–3/1945 und StGBl. Nr. 4/1945.
2 Ein Beispiel dafür ist der Akt „Geltungsbereich der Verordnung Nr. 123" ex 1945. ÖStA/AdR, BMfHuW 31.398/1945, wo auf eine Überprüfung durch die alliierte Kommission Bezug genommen wird. Hier wird die Frage aufgeworfen, ob aufgrund der bisherigen Nichtanerkennung der Ausnahmeregelung für Ziviltechniker (StGBl. Nr. 123/1945) durch die alliierte Kommission Befugnisse rechtmäßig von den Landesregierungen erteilt wurden oder nicht.
3 StGBl. Nr. 94/1945.
4 StGBl. Nr. 111/1945.
5 Behörden-Überleitungsgesetz, Abschnitt II A, § 3 StGBl. Nr. 94/1945; Anfang 1946 wurden das Staatsamt für öffentliche Bauten, Übergangswirtschaft und Wiederaufbau und das Staatsamt für Industrie, Gewerbe, Handel und Verkehr zum Bundesministerium für Handel und Wiederaufbau zusammengelegt.
6 Bogen: Rundschreiben BMfHuW an die IK in Wien, Linz, Graz und Innsbruck, 7.12.1946. ÖStA/AdR, BMfHuW, 33.489-I/1-46.
7 Schreiben IK W/NÖ/Bgld an Staatsamt für öffentliche Bauten, Übergangswirtschaft und Wiederaufbau, 6.7.1945. ÖStA/AdR, BMfHuW 30.170/1945.
8 Die Gruppe „O5" (O5 steht für die Buchstaben O und E (= Ö), 5 als Zahl für den 5. Buchstaben im Alphabet) war eine gegen Ende des Krieges von bürgerlich-konservativen Kräften gebildete überparteiliche Widerstandsgruppe. Ihre wichtigsten Ziele waren die Beendigung verlustreicher Kämpfe und die Verhinderung von Zerstörung der Infrastruktur. Siehe URL: https:// ausstellung.de.doew.at/m18sm86.html (abgerufen 15.5.2023). Die Gruppe O5 stand in Verbindung mit der sowjetischen Besatzungsmacht und versuchte eine funktionierende Verwaltung aufzubauen. Sie stieß auf Widerstand der drei Parteien und letztlich auch der Sowjets, die sie verdächtigte, im Auftrag der West-Alliierten zu handeln. Siehe Stelzl-Marx, Stalins Soldaten, 116–121.
9 Schreiben Zentralkomitee 05, 20.4.1945, zitiert nach Meixner, Vom Geometer, 42.
10 Ingenieurkammer für Wien, Niederösterreich und Burgenland, in: Neues Österreich, 17.6.1945, 2.
11 Österr. Amtskalender 1929, 688; Krakauer Schreibkalender 1931 bis 1934; Österr. Amtskalender 1935, 798.
12 Egon Magyars Vater Julius Magyar (geb. 1845 in Budapest) trat laut Auskunft der IKG Wien vom 2.8.2023 1876 ledig aus der IKG Wien aus, zwei Jahre später heiratete er Maria Blümel. Somit galt Magyar nach den „Nürnberger Gesetzen" als jüdisch.
13 Schreiben Magyar an IK, 1.5.1945. ÖStA/AdR, BMfHuW 30498/I/1/1945.
14 AV, Staatsamt f. öffentl. Bauten, Übergangswirtschaft und Wiederaufbau. ÖStA/AdR, BMfHuW 30498/I/1/1945.
15 Biografie Egon Magyar siehe: URL: https://www.geschichtewiki.wien.gv.at/ Egon_Magyar (abgerufen 24.3.2023); https://www.arching.at/ueber_uns/ ehrenmitglieder.html (abgerufen 24.3.2023).
16 Schreiben LHM Stmk an Hofmann, 4.6.1945. ÖStA/AdR, BMfHuW, 32.775/1946.
17 Verfügung (Abschrift) LHM OÖ, 9.7.1945. ÖStA/AdR, BMfHuW, 31.113/I-1/1945.

18 Schreiben Toni Nowak (Ehefrau) an Regierungsdirektor, 31.7.1945. TLA, VIIc-1324/1/1945.
19 Bericht zu Ingenieure, politischer Leumund, Bundespolizeidirektion Innsbruck, 17.6.1946, Bl. 3. ÖStA/AdR, BMfHuW, 33.624/I-1/1946.
20 Schreiben LHM Tirol an BMfHuW, 18.6.1946. ÖStA/AdR, BMfHuW, 33.240-I/1946.
21 Dekret BMfHuW an Mitzka, 11.10.1946. ÖStA/AdR, BMfHuW 33.624/I-1/1946. – Philipp Mitzka wurde am 9.11.1870 in Böhmen, in Reichenau an der Knieschna (tschech. Rychnov nad Kněžnou) geboren und starb am 25.11.1949 in Innsbruck.
22 Verzeichnis der als Mitglieder der IK T/Vlbg in Betracht kommenden befugnisberechtigten Personen, Anmerkung zu 7 (Nowak), undatiert. ÖStA/AdR, BMfHuW, 33.240-I/1946.
23 Österr. Amtskalender 1949, 409; 1950, 437; 1951, 446; 1954, 493.
24 Siehe u. a.: Amtliche Bekanntmachungen, in: Grazer Volkszeitung, 4.8.1945, 4 und in: OÖN, 28.7.1945, 4.
25 Amtliche Bekanntmachung, Wiedererrichtung einer Ingenieurkammer in Linz, in: OÖN, 28.7.1945, 4.
26 Schreiben Kammerer an IK W/NÖ/Bgld, 19.2.1946. AKZT W/NÖ/Bgld, MAt Marcel Kammerer.
27 StGBl. Nr. 123/1945.
28 Siehe z. B. Eid Befugnis Egon Magyar, 30.10.1945. ÖStA/AdR, BMfHuW, 30.498/I/1-1945.
29 Rundschreiben IK Graz an alle Mitglieder, März 1946. ÖStA/AdR, BMfHuW, 32.790/1946.
30 Siehe z. B.: AV BMfHuW, 14.1.1946. BMfHuW, 31.314/I-1/1945.
31 StGBl. Nr. 134/1945.
32 Bogen: Verfügung BMfHuW Befugnis Goldberger v. 20.10.1948. ÖStA/AdR, BMfHuW, GZ. AE 44.184/I/1/1948.
33 Knight, „Ich bin dafür", 9.
34 Zeugnis, 30.5.1928. WSTLA, MD-BD_A21_Ziviltechnikerpruefung Bestand 1925 bis 1939, Prüfungsakt Leo Rott. – Leo Rott wurde am 25.12.1882 in Wien geboren, sein Sterbedatum ist unbekannt.
35 Beilage zum Antrag an den Hilfsfonds, 2.11.1956. ÖStA/AdR, BMfF/VVSt/VA/AHF 04367/1a/27 (Leo Rott).
36 Schreiben Österr. Konsulat Sydney an Leo Rott, 22.9.1951. ÖStA/AdR, BMfF/VVSt/VA/AHF 04367/1a/27, Leo Rott.
37 Antrag an den Hilfsfonds, 2.11.1956. ÖStA/AdR, BMfF/VVSt/VA/AHF 04367/1a/27, Leo Rott.
38 Zahlungsanweisung des Hilfsfonds, 5.2.1958, ÖStA/AdR, BMfF/VVSt/VA/AHF 04367/1a/27, Leo Rott.
39 Firmenanzeige, in: Güssinger Zeitung, 12.2.1922, 3.
40 Schreiben Rechtsanwälte Busson/Luschin/Neumann an Oberfinanzpräsidenten Berlin/„Vermögensverwertung" Aussenstelle, 23.5.1942. ÖStA/AdR, E-uReang FLD 17439, Rückstellungsakt, Alexander Somogyi.
41 Grundbuchauszug Abschrift, 5.9.1938. ÖStA/AdR, ÖStA/AdR E-uReang FLD 17439, Rückstellungsakt, Alexander Somogyi. Daraus geht hervor, dass am 6.8.1942 ein „Antrag auf Feststellung des Vermögensverfalles im Sinne des § 8 Abs. 1 der 11. Verordnung zum RGB. gestellt" wurde.
42 Bericht Regierungsrat Leonhardt an Reichsminister für Ernährung und Landwirtschaft, 3.7.1940. ÖStA/AdR, E-uReang, FLD 17439, Rückstellungsakt, Alexander Somogyi.
43 Ebd.
44 Schreiben Geheime Staatspolizei an Oberfinanzpräsident Graz, 3.4.1943. ÖStA/AdR, E-uReang FLD 17439, Rückstellungsakt, Alexander Somogyi.
45 Schreiben Bürgermeister St. Michael an Oberfinanzpräsident Graz, 15.5.1944. ÖStA/AdR, E-uReang FLD 17439, Rückstellungsakt, Alexander Somogyi.
46 BGBl. Nr. 156/1946.
47 Ansuchen von Alexander und Margarethe Somogyi an Finanzlandesdirektion W, NÖ und Bgld, Juni 1951. ÖStA/AdR, E-uReang FLD 17439, Rückstellungsakt, Alexander Somogyi.
48 Bescheid Finanzlandesdirektion für W, NÖ und Bgld, Dienststelle für Vermögenssicherungs- und Rückstellungsangelegenheiten, 30.8.1951. ÖStA/AdR, E-uReang FLD 17439, Rückstellungsakt, Alexander Somogyi.
49 Schreiben Somogyi an IK W/NÖ/Bgld, 7.12.1951. AKZT W/NÖ/Bgld, MAt Alexander Somogyi.
50 Schreiben IK W/NÖ/Bgld an Somogyi, 12.12.1951. AKZT W/NÖ/Bgld, MAt Alexander Somogyi.
51 Personaldaten und Lebenslauf verfasst von Roth (vom 24.6.1938) mit Bestätigung des Vorstands des österr. Betonvereins, 29.6.1938. AKZT W/NÖ/Bgld, MAt Emil Roth. Hier gibt Roth als „Religion: evangelisch A.B." an. Dieses Schreiben liegt auch in englischer Übersetzung dem Akt bei.
52 Schreiben Deutsche Ansiedlungsgesellschaft an Oberfinanzpräsidenten Wien und Niederdonau Vermögensverwertungsstelle vom 19.11.1942. ÖStA/AdR, E-uReang FLD 9262 (Emil Roth).

53 Schreiben Finanzamt Innere Stadt an Oberfinanzpräsidenten ND, 7.9.1944. ÖSTA/AdR E-uReang FLD 9262 (Emil Roth).
54 AV am Schreiben Roth an IK W/NÖ/Bgld, 17.1.1957. AKZT W/NÖ/Bgld, MAt Emil Roth.
55 Personaldatenblatt, 27.7.1957. AKZT W/NÖ/Bgld, MAt Emil Roth.
56 Schreiben RA Hunner u. a. an Emil Roth, 14.1.1956. ÖStA/AdR E-uReang ABGF 300 (Emil Roth).
57 Schreiben Roth an IK W/NÖ/Bgld, 17.1.1957. AKZT W/NÖ/Bgld, MAt Emil Roth.
58 Kundmachung Amt der LR NÖ, 15.7.1958. AKZT W/NÖ/Bgld, MAt Emil Roth.
59 Schreiben Roth an IK W/NÖ/Bgld, 14.4.1965. AKZT W/NÖ/Bgld, MAt Emil Roth.
60 Schreiben Roth an IK W/NÖ/Bgld, 23.4.1968. AKZT W/NÖ/Bgld, MAt Emil Roth.
61 Schreiben IK Wien an Gelbwachs (Martins), 9.4.1926. AKZT W/NÖ/Bgld, MAt Martin Martins.
62 Schreiben Martins an IK Wien, 19.9.1933. AKZT W/NÖ/Bgld, MAt Martin Martins.
63 Schreiben Martins an IK Wien, 24.9.1938. AKZT W/NÖ/Bgld, MAt Martin Martins.
64 Siehe: https://www.hohenemsgenealogie.at/gen/getperson.php?personID=I33121&tree=Hohenems (abgerufen 1.5.2023).
65 Telefonat mit Martins' Enkel, geführt von A. W. am 5.5.2023.
66 Schreiben Martins an Staatsamt, 2.7.1945. ÖStA/AdR, BMfHuW 31.247/I-1/1945.
67 Schreiben Martins an IK W, 31.12.1946. AKZT W/NÖ/Bgld, MAt Martin Martins.
68 Siehe Hohenems Genealogie, Martin Gelbwachs (Martins), URL: https://www.hohenemsgenealogie.at/gen/getperson.php?personID=I33121&tree=Hohenems (abgerufen 5.5.2023).
69 Schuster/Weber, Entnazifizierung, 29.
70 StGBl. Nr. 13/1945.
71 StGBl. Nr. 13/1945, Art. I.
72 StGBl. Nr. 13/1945, Art. II, § 4.
73 StGBl. Nr. 13/1945, Art. III.
74 StGBl. Nr. 32/1945.
75 Siehe: Schreiben zu IK W/NÖ/Bgld, Überprüfung der Mitglieder in politischer Hinsicht, BKA an BMfHuW, 5.6.1946. ÖStA/AdR.
76 BGBl. Nr. 39/1946, Nr. 41/1946 und Nr. 80/1946.
77 Äußerung der Sektion IV, BMfHuW, 20.6.1946. ÖStA/AdR, BMfHuW, 33.250/I-1/1946.
78 Siehe z. B.: Schreiben (Entwurf) BMfHuW an Amt der LR OÖ, 8.11.1946. ÖStA/AdR, BMfHuW, 34.446/I-1/1946.
79 STEWEAG = Steirischen Wasserkraft- und Elektrizitäts-Aktiengesellschaft.
80 Karl Augustin wurde am 28.10.1888 in Gleisdorf geboren und starb am 15.11.1945.
81 Karner, Im Strom der Zeit, 53, FN 121.
82 Ebd.
83 Ebd., 97.
84 Hermann Grengg wurde am 14.1.1891 in Judenburg geboren und starb am 25.10.1978 in Graz.
85 Karner, Im Strom der Zeit, 98.
86 Personal-Fragebogen, 23.5.1938. BArch, R 9361-II, 31790, Grengg Hermann.
87 Karner, Im Strom der Zeit, 227.
88 Ebd., 98.
89 AV BMfHuW, 8.8.1946. ÖStA/AdR, BMfHuW, 33.240-I/1946.
90 Dies betraf beispielsweise den ehemaligen Präsidenten der IK OÖ/Sbg Hans Schachermeyr und den Ingenieurkonsulenten für Elektrotechnik Gustav Gustenau. Siehe: Verzeichnis der Mitglieder, Stand 1.3.1946, IK OÖ/Sbg, Bl. 3 und 5. ÖStA/AdR, BMfHuW, 31.253-I/1/1946.
91 Schreiben zu Ingenieurkonsulenten f. d. Vermessungswesen, Inspektorat f. d. Vermessungswesen T/Vlbg an IK T/Vlbg, 12.4.1946. ÖStA/AdR, BMfHuW, 33.624/I-1/1946.
92 Schreiben zu Feststellung der IK-Mitglieder in den Bundesländern OÖ und Sbg, IK OÖ/Sbg, 1.3.1946. ÖStA/AdR, BMfHuW, 31.253-I/1/1946.
93 Schreiben IK Linz an BMfHuW, 1.3.1946. ÖStA/AdR, BMfHuW 31.253/I-1/1946.
94 Schreiben BMfHuW an IK Linz, 7.5.1946. ÖStA/AdR, BMfHuW 31.253/I-1/1946.
95 Siehe beispielsweise: Schreiben (Entwurf) BMfHuW an Amt der LR OÖ, 8.11.1946. ÖStA/AdR, BMfHuW, 34.446/I-1/1946.
96 Schreiben (Entwurf) BMfHuW an LHM Tirol, 8.8.1946. ÖStA/AdR, BMfHuW, 33.240-I/1946.
97 Schreiben (Entwurf) BMfHuW an Amt der LR Tirol, 22.1.1947. ÖStA/AdR, BMfHuW, 30.647/I-1/1947.
98 Schreiben LHM Tirol/Landesbauamt an BMfHuW, 18.6.1946. ÖStA/AdR, BMfHuW 33.240/1946.
99 Schreiben Mitzka an BMfHuW, 8.1.1947. ÖStA/AdR, BMfHuW, 30.074/I-1/1947.
100 Schreiben Baumgartner an BMfHuW, 9.6.1946. ÖStA/AdR, BMfHuW 32.725/1946.
101 Schreiben BMfHuW an LHM Stmk, 28.6.1946. ÖStA/AdR, BMfHuW 32.775/1946.
102 Wadl, Entnazifizierung, 257.
103 StGBl. Nr. 13/1945, § 7.
104 StGBl. Nr. 13/1945, Art. VI: Ausnahmebestimmungen, § 27.
105 Schreiben Landesregierung an die Schriftleitung des Landesamtsblattes, 4.5.1937. AKZT W/NÖ/Bgld, MAt Franz Siegl.

106 Schreiben Siegl an IK W/NÖ/Bgld, 31.5.1939. AKZT W/NÖ/Bgld, MAt Franz Siegl.
107 Niederschrift über die Vereidigung von Franz Sigl, 15.7.1941. BArch, R 1501/129648, Siegl Franz.
108 Schreiben Siegl an IK W/NÖ/Bgld, 27.1.1946. AKZT W/NÖ/Bgld, MAt Franz Siegl.
109 Entscheidung Beschwerdekommission i.S. Franz Siegl, 11.10.1949. ÖStA/AdR, BMI, BK, 3895/48.
110 Ebd.
111 Ebd.
112 Schreiben BMfHuW an LHM Bgld, 9.1.1950. AKZT W/NÖ/Bgld, MAt Franz Siegl.
113 Schreiben IK W/NÖ/Bgld an LR Bgld, 16.5.1950. AKZT W/NÖ/Bgld, MAt Franz Siegl.
114 Schreiben BMfHuW an LHM Bgld, 9.1.1950. AKZT W/NÖ/Bgld, MAt Franz Siegl.
115 StGBl. Nr. 25/1947, § 27(1).
116 Schreiben Heidinger an Stadtgemeinde Graz, 5.9.1945. Stadtarchiv Graz, H 982/48.
117 Politische Beurteilung Krim.Pol., o. D. Stadtarchiv Graz, H 982/48.
118 Tagebuch in dem Strafverfahren, 27.6.1947. StLA, Lg Graz, 14 St 5939/47.
119 Schreiben (Abschrift), Amt der LR Stmk an IK Stmk/K, Heidinger, Wiederverleihung Befugnis ZI f. Bauwesen, 9.2.1950. ÖStA/AdR, BMfHuW, GZ 1, 33.189/1950, Heidinger Josef Julius Thomas.
120 Antrag auf Nachsicht der Sühnefolgen, BMfI an Präsidentschaftskanzlei, 25.8.1949. ÖStA/AdR, BMfHuW, PK 2Rep AR A-H 14/11.921/1949.
121 Resolution, Bundespräsident Renner, 27.8.1949. ÖStA/AdR, PK 2Rep AR A-H 14/11.921/1949.
122 Jerabek, Entnazifizierungsakten, 543.
123 Ansuchen um Verleihung der Befugnis eines Zivilingenieurs für Bauwesen, Kundmachung Wiener Zeitung, 27.6.1950. ÖStA/AdR, BMfHuW 33.189/1950.
124 BGBl. Nr. 25/1947.
125 StGBl. Nr. 25/1947, Art. IV: Bestimmungen über sühnepflichtige Personen, 280–285.
126 StGBl. Nr. 25/1947, IX. Hauptstück, Bestimmungen über die Sühneabgabe, 292–293.
127 Siehe: Äußerung der Sektion IV, BMfHuW, 4.2.1948. ÖStA/AdR, BMfHuW, 176.746/I/1/1947.
128 BGBl. Nr. 25/1947, Art. IV: Bestimmungen über sühnepflichtige Personen, § 19, 280–284.
129 „Kommission nach § 19 Abs. 2 VG 1947 im BMfHuW über die Ausübung des Berufes eines behördlich autorisierten und beeideten Ziviltechnikers". Im weiteren Text verkürzt auf: „Kommission nach § 19". BGBl. Nr. 25/1947, § 19 (2), 284.
130 BGBl. Nr. 25/1947, § 19 (2), 284.
131 BGBl. Nr. 25/1947, § 19 (2); siehe: Äußerung der Sektion IV, BMfHuW, 4.2.1948. ÖStA/AdR, BMfHuW, 176.746/I/1/1947.
132 Übersicht über den Stand der Entnazifizierungsmaßnahmen, Stand anfangs November 1947, Beilage zu: Schreiben zu Durchführung des VG 1947, Bericht an den Alliierten Rat, BMfHuW 175.849/I-1/1947 BMfHuW, 12.11.1947. ÖStA/AdR.
133 Hermann Kutschera wurde am 27.4.1903 in Wien geboren und starb am 4.11.1991 ebenda.
134 Holzschuh/Plakolm-Forsthuber, NS-Kunstpolitik, 148.
135 Erkenntnis, Kommission nach § 19, Abs. 2 VG 1947 im BMfHuW, 25.11.1947. AKZT W/NÖ/Bgld, MAt Hermann Kutschera.
136 Roman Grengg wurde am 1.12.1884 in Stein an der Donau geboren und starb am 27.9.1972 in Wien. Verleihung der ZI-Befugnis: Kundmachung vom 17.5.1919. AKZT W/NÖ/Bgld, MAt Roman Grengg.
137 A. Schmölzer, Nachruf Roman Grengg, in: Mitteilungen der Geologischen Gesellschaft in Wien, 65. Band, 1972, URL: https://www.zobodat.at/biografien/Grengg_Roman_MittGeolGes_065_221-225.pdf (abgerufen 11.4.2023).
138 Diverse Schreiben in den Akten: BArch, R 73, 11324: Grengg, Roman, sowie BArch, R 9361-IV, 916: Grengg, Roman.
139 Schreiben IK OÖ/Sbg an BMfHuW, 26.11.1946. AKZT W/NÖ/Bgld, MAt Roman Grengg.
140 Schreiben BMfHuW IK OÖ/Sbg, 11.2.1947. AKZT W/NÖ/Bgld, MAt Roman Grengg.
141 Schreiben BMfHuW an IK OÖ/Sbg, 11.2.1947. AKZT W/NÖ/Bgld, MAt Roman Grengg.
142 Bestätigung Bürgermeister Kallham, 2.5.1947. ÖStA/AdR, BMU, 58351/Pr III/47.
143 Schreiben Amt der LR OÖ an BMfHuW, 28.5.1947. ÖStA/AdR, BMfHuW, 35.310/I-1/1947.
144 IK Linz, ZI für Technische Chemie, in: Österr. Amtskalender 1953, 288.
145 Bescheid Amt der LR OÖ, 10.6.1962. ÖStA/AdR, BMfHuW, 35.097 Präs. III/1962.
146 Personalakt Roman Grengg. ÖStA/AdR, BMU PA Sign. 10.
147 Eine genaue Zahl wird hier nicht genannt, einige Markierungen sind nicht eindeutig. ÖStA/AdR, BMHuW, 30.200/1947.
148 Schreiben IK Wien an BMfHuW, 5.11.1947. ÖStA/AdR, BMfHuW, 178.359/I-1/1947.
149 Schreiben IK Graz an BMfHuW, 4.12.1947. ÖStA/AdR, BMfHuW, 178.359/I-1/1947.
150 Schreiben IK Linz an BMfHuW, 4.12.1947. ÖStA/AdR, BMfHuW, 178.359/I-1/1947.

151 Schreiben IK Innsbruck an BMfHuW, 6.12.1947. ÖStA/AdR, BMfHuW, 178.359/I-1/1947.
152 StGBl. Nr. 32/1945.
153 Bescheid, Amt der LR Stmk, 28.2.1967. ÖStA/AdR, BMfHuW, 30.352-Präs/VI67. – Karl Lipp wurde am 4.2.1888 in Graz geboren und starb am 28.2.1967.
154 Vernehmungsprotokoll, 3.7.1946. StLA, LGS Graz, Vr 3227/1946 (Karl Lipp).
155 Erkenntnis, Kommission nach § 19 Abs. 2 V.G. 1947 im BMfHuW über die Ausübung des Berufes eines behördlich autorisierten und beeideten Ziviltechnikers, Aussensenat für Stmk. und K in Graz, 25.9.1947. Stadtarchiv Graz, L 491/48.
156 Robert Oedl wurde am 27.9.1898 in Salzburg geboren und starb am 10.1.1978 ebenda.
157 Schreiben Wirtschaftsgruppe Steine und Erden an Reichsgruppe Industrie Berlin, 2.12.1943. BArch, NS 14/302, Oedl Robert.
158 Schreiben Wirtschaftsgruppe Steine und Erden, 20.6.1944. BArch, NS 14/302, Oedl Robert.
159 Schreiben BPDir. Sbg an Staatsanwaltschaft beim Lg Sbg, 26.3.1947. OÖLA, Lg Linz Vg 11 Vr 1399/1947 (Robert Oedl).
160 Schreiben Staatsanwaltschaft Linz an Untersuchungsrichter, 30.5.1949. OÖLA, Lg Linz Vg 11 Vr 1399/1947 (Robert Oedl).
161 Tagebuch in dem Strafverfahren, 23.9.1948. OÖLA, Lg Linz Vg 8 Vr 1255/48 (Franz Visintini).
162 Biografie Karl Breitenthaler, URL: https://e-gov.ooe.gv.at/biografien/Start.jsp?param=ooe&personId=2529 (abgerufen 16.5.2023).
163 Volksgerichtsakt Karl Breitenthaler. OÖLA, Vg 8 Vr 3084/47.
164 Volksgerichtsakt August Schmöller. OÖLA, Vg 8 Vr 2784/47.
165 BGBl. Nr. 99/1948.
166 Stiefel, Forschungen zur Entnazifizierung, 47.
167 BGBl. Nr. 82/1957.
168 Schuster/Weber, Entnazifizierung im regionalen Vergleich, 39 und 637ff.
169 „Zwischen 1945 und 1955 wurde gegen 136.829 Personen Verfahren wegen des Verdachts auf Verbrechen nach dem KVG bzw. dem VG eingeleitet (davon mehr als zwei Drittel von den Volksgerichten in Wien und Graz). Gegen 28.148 Personen (= 21 Prozent) wurde Anklage erhoben, 13.607 (= zehn Prozent) wurden verurteilt. 341 Angeklagte erhielten Strafen in der oberen Strafskala (Todesstrafe oder Freiheitsentzug von mehr als 10 Jahren), 30 der 43 Todesurteile wurden vollstreckt." Schuster/Weber, Entnazifizierung im regionalen Vergleich, 39.
170 BGBl. Nr. 107/1947; BGBl. Nr. 108/1947; BGBl. Nr. 122/1947; BGBl. Nr. 147/1947.
171 Provisorischer Vorstand der IK W/NÖ/Bgld, in: Österreichischer Schreibkalender 1947, 18.
172 Vorstand der IK W/NÖ/Bgld, Ingenieurkammern für die Bundesländer, in: Österreichischer Schreibkalender 1948, 23.
173 Protokoll Besprechung, 5.7.1945. ÖStA/AdR, BMfHuW 30.169/I-1/1945.
174 BGBl. Nr. 65/1951.
175 BGBl. Nr. 65/1951.
176 BGBl. Nr. 90/1954.
177 BGBl. Nr. 225/1960.
178 BGBl. Nr. 146/1957.
179 BGBl. Nr. 146/1957, § 2.
180 Horak, Die österreichischen Ingenieurkammern, 16.
181 BGBl. Nr. 71/1969.
182 BGBl. I Nr. 29/2019.

V.
Ziviltechnikerinnen und deren erste Sichtbarmachung 1982

1 Forkl/Koffmann, Frauenstudium und akademische Frauenarbeit in Österreich, 16.
2 Zur Geschichte des Frauenstudiums an der Technischen Hochschule Wien, siehe: Mikoletzky/Georgeacopol-Winischhofer/Pohl, Dem Zuge der Zeit entsprechend.
3 Edith Lassmann, geb. Jurecka (12.2.1920 in Ebenfurth–20.2.2007 in Wien) war selbst Architektin und die Erste, die sich mit dem Thema Frauenstudium an den Technischen Hochschulen in Wien und Graz befasste. Biografie siehe: Plakolm-Forsthuber, Edith Lassmann (1920–2007).
4 Lassmann, Frauenstudium an den Technischen Hochschulen Wien und Graz, 43.
5 Schreiben Pietsch an die Wiener Landesregierung, o. D. (eingelangt am 14.8.1931). WStLA, MD-BD-A21-Ziviltechnikerpruefung BS 1925 bis 1939, L. Pietsch. – Lucia Pietsch, geb. Rappos, kam am 11.12.1904 in Oderfurt (Přívoz/Tschechien) zur Welt und starb am 7.4.1951 in Innsbruck.
6 Formblatt, 14.8.1931. WStLA, MD-BD-A21-Ziviltechnikerpruefung BS 1925 bis 1939, L. Pietsch.
7 Schreiben Pietsch an die Wiener Landesregierung, 6.5.1932. WStLA, MD-BD-A21-Ziviltechnikerpruefung BS 1925 bis 1939, L. Pietsch.
8 Adreßbuch Innsbruck 1934, URL: https://www.innsbruckerinnen.at/bild.php

?seite=74&buch=1935&back=1&meta1= (abgerufen 13. 3. 2023).
9 Adreßbuch Innsbruck 1933, URL: https://www.innsbruckerinnen.at/bild.php?seite=183&buch=1933&&back=1&meta1=711,210,582,61 (abgerufen 13. 3. 2023).
10 Die Wohnhäusertypen für die Hörtnagl-Siedlung bei den Allerheiligenhöfen, Innsbrucker Nachrichten, 9. 8. 1935, 2.
11 Adreßbuch Innsbruck 1939, URL: https://www.innsbruckerinnen.at/bild.php?seite=107&buch=1939&back=1&meta1= (abgerufen 13. 3. 2023).
12 Adressbücher Innsbruck 1934–1941, URL: https://www.innsbruckerinnen.at (abgerufen 13. 3. 2023).
13 Friedhöfe Innsbruck, URL: https://city-map.innsbruck.gv.at/stadtplan/synserver?project=Friedhof_Ibk&client=flex (abgerufen 5. 4. 2023).
14 Ansuchen Zulassung zur Prüfung, 15. 8. 1931 (eingelangt am 9. 9. 1931). WStLA, MD-BD-A21-Ziviltechnikerpruefung BS 1925 bis 1939, L. Zimbler.
15 Zur Biografie von Liane (Juliane) Zimbler, geb. Fischer (31. 5. 1892 in Přerov/Prerau–11. 11. 1987 in Los Angeles) siehe: Plakolm-Forsthuber, Die Architektin Liane Zimbler.
16 Carmen Trifina, Liane Zimbler, URL: https://architekturpionierinnen.at/pionierinnen/liane-zimbler/ (abgerufen 27. 2. 2023); Prüfungsblatt Zimbler. WStLA, MD-BD-A21-Ziviltechnikerpruefung BS 1925 bis 1939, L. Zimbler.
17 Ansuchen Zulassung zur Prüfung, 15. 8. 1931 (eingelangt am 9. 9. 1931), AV auf der Rückseite. WStLA, MD-BD-A21-Ziviltechnikerpruefung BS 1925 bis 1939, L. Zimbler.
18 BGBl. Nr. 61/1937.
19 Ansuchen Verleihung der Befugnis eines Architekten gem. Artikel 20, 18. 3. 1937. ÖStA/AdR, BMfHuV, GZ 103, 65.161-1/1937-103, J. Zimbler.
20 Ansuchen Zulassung zur Prüfung, 9.8.1937. WStLA, MD-BD-A21-Ziviltechnikerpruefung BS 1925 bis 1939, L. Zimbler.
21 Carmen Trifina, Liane Zimbler, URL: https://architekturpionierinnen.at/pionierinnen/liane-zimbler/#Abbildung (abgerufen 27. 2. 2023)
22 BGBl. Nr. 61/1937, Artikel 20, 300.
23 Hilda Döring, geb. Kuras, kam am 11. 10. 1910 in Radkersburg zur Welt und starb am 19. 12. 1996 in Wels.
24 Lebenslauf, April 1937. ÖStA/AdR, BMfHuV, GZ 103, 67331/1937-103, H. Kuras.
25 AV am Lebenslauf, 29. 5. 1937. ÖStA/AdR, BMfHuV, GZ 103, 67331/1937-103, H. Kuras. Der Grund der Ablehnung geht aus dem AV nicht hervor.
26 Anmerkungen am Formblatt. ÖStA/AdR, BMfHuW, ZivTech, 30.800/49, H. Döring.
27 Zur Biografie von Rosa Weiser, geboren am 25. 8. 1897 in Salzburg, gestorben am 11. 1. 1982 in Oberalm, siehe: Christine Oertel, Rosa Weiser, URL: https://architekturpionierinnen.at/pionierinnen/rosa-weiser (abgerufen 28. 2. 2023).
28 Tätigkeitsbericht, 1937. ÖStA/AdR, BMfHuV, GZ 103, 68800/1937-103, R. Weiser.
29 Gutachten Beirat, 6. 11. 1939. ÖStA/AdR, BMfHuV, GZ 103, 68800/1937-103, R. Weiser.
30 Begründung am Einlageblatt, 14. 11. 1939. ÖStA/AdR, BMfHuV, GZ 103, 68800/1937, R. Weiser.
31 Diverse Unterlagen im PA R. Weiser, ab 1948, AKZT W/NÖ/Bgld, MAt R. Weiser.
32 Gertrud Nagel wurde am 24. 4. 1901 in Feldkirch geboren, ihr Sterbedatum und -ort sind nicht bekannt.
33 Lebenslauf, 8. 11. 1938. ÖStA/AdR, BMfHuV, GZ 103, 62414/1938, G. Nagel.
34 Bescheid BMfHuV an Nagel, 10. 11. 1938. ÖStA/AdR, BMfHuV, GZ 103, 62414/1938, G. Nagel.
35 Renée Vago, verh. Heymann (23. 10. 1911 in Budapest–27. 6. 2008 in New York) wurde gemeinsam mit ihrem Mann Ernest Heymann (24. 12. 1887 in Mühlheim/Ruhr–10. 2. 1965 in New York) am Greenwood Union Cemetery in New York bestattet, URL: https://de.findagrave.com/cemetery/64721/memorial-search?firstname=&middlename=&lastname=heymann&cemeteryName=Greenwood+Union+Cemetery&birthyear=&birthyearfilter=&deathyear=&deathyearfilter=&memorialid=&mcid=&linkedToName=&datefilter=&orderby=r&plot= (abgerufen 5. 4. 2023).
36 Dank an Sabine Plakolm-Forsthuber, die uns die Information ihrer Recherche im Archiv der Akademie der bildenden Künste weitergab. Siehe: Archiv AdbK, Akt 1113, Vago Renée.
37 Abschrift des Zeugnisses der Kunstgewerbeschule, 26. 7. 1937. ÖStA/AdR, BMfHuV, GZ 103, 71458/1937, R. Vago.
38 Vermerk auf Ansuchen, 26. 10. 1939. ÖStA/AdR, BMfHuV, GZ 103, 71458/1937, R. Vago.
39 Hepp, Die Ausbürgerung deutscher Staatsangehöriger.
40 Liste (U.S. Census) 1940 mit den Namen Heymann, Renée, geb. Vago, und Heymann, Ernst, URL: https://www.ancestry.com/discoveryui-content/view/11476984:2442 (abgerufen 28. 2. 2023).
41 dRGBl. I, 1942, 525–527.

42 Zur Biografie von Martha Bolldorf-Reitstätter, geboren am 19.2.1919 in Innsbruck, gestorben am 13.6.2001 in Eisenstadt, siehe: Plakolm-Forsthuber, Martha Bolldorf-Reitstätter (1919–2001).
43 Der Organisation Todt (OT) stand ihr Namensgeber Fritz Todt (1891–1942) vor, ab März 1940 bis zu seinem Tod Reichsminister für Bewaffnung und Munition, sie war für den Bau und die Entwicklung von Verteidigungs- und Rüstungsanlagen verantwortlich.
44 Schreiben BMfHuW an IK W/NÖ/Bgld, 9.12.1947. AKZT W/NÖ/Bgld, MAt M. Bolldorf-Reitstätter. Zur gesetzlichen Lage siehe auch Kapitel III.
45 Erkenntnis der Kommission § 19, 18.11.1947. AKZT W/NÖ/Bgld, MAt M. Bolldorf-Reitstätter.
46 Schreiben BMfHuW an IK W/NÖ/Bgld, 9.12.1947. AKZT W/NÖ/Bgld, MAt M. Bolldorf-Reitstätter.
47 Ausschnitt der Verlautbarung in der Wiener Zeitung Nr. 241, 9.1.1948. AKZT W/NÖ/Bgld, MAt M. Bolldorf-Reitstätter.
48 Zur Biografie von Herta Rottleuthner-Frauneder, geboren am 11.12.1912 in Bruck/Mur, gestorben am 21.4.1999 ebenda, siehe: Helga Eberwein, Herta Frauneder-Rottleuthner, in: URL: http://biografia.sabiado.at/frauneder-herta/ (abgerufen 27.2.2023).
49 Mitgliederliste der IK Stmk/K, Stand 1.12.1947. ÖStA/AdR, GZ 179.246/I-1-1947.
50 Zur Biografie von Helene Koller-Buchwieser (1. Ehename Kitschelt-Buchwieser), geboren am 26.11.1912 in Wien, gestorben am 13.3.2008 in Hinterbrühl, siehe: Christina Zessner-Spitzenberg, Helene Koller-Buchwieser (1912–2008); Christine Oertel, H. Koller-Buchwieser, URL: https://architekturpionierinnen.at/pionierinnen/helene-koller-buchwieser (abgerufen 24.5.2023).
51 Ansuchen Zulassung zur Ziviltechnikerprüfung, 6.7.1946. AKZT W/NÖ/Bgld, MAt H. Koller-Buchwieser.
52 Schreiben BMfHuW an IK W/NÖ/Bgld, 20.9.1946. AKZT W/NÖ/Bgld, MAt H. Koller-Buchwieser; Kundmachungen der ZT-Befugnisse, Wiener Zeitung, 20.11.1945, 4.
53 Ansuchen Zulassung zur Ziviltechnikerprüfung, 6.7.1946. AKZT W/NÖ/Bgld, MAt H. Koller-Buchwieser.
54 Zur Biografie von Lionore Regnier, geboren am 27.2.1912 in Wien, gestorben am 19.10.1970 ebenda, siehe: Carmen Trifina, Lionore Regnier-Perin, URL: https://architekturpionierinnen.at/pionierinnen/leonore-regnier-perin (abgerufen 24.5.2023).

55 Ansuchen Verleihung der Befugnis, 27.7.1946. AKZT W/NÖ/Bgld, MAt L. Regnier.
56 Ansuchen um Zulassung zur Ziviltechnikerprüfung, 15.2.1946. AKZT W/NÖ/Bgld, MAt L. Regnier.
57 Schreiben BMfHuW an die IK W/NÖ/Bgld, 26.7.1946. AKZT W/NÖ/Bgld, MAt L. Regnier.
58 Zur Biografie von Maria Petter, geb. Cerny (26.10.1908 in Wien–12.6.1988 ebenda) siehe: Georgeacopol-Winischhofer, „Sich-bewähren am Objektiven", 224–225.
59 Ebd., 225.
60 Elisabeth Hofbauer-Lachner wurde am 5.7.1913 in Wien geboren und starb am 20.8.1977 ebenda.
61 Plakolm, ZV-Frauen bauen mit!, 53.
62 Erkenntnis Kommission nach § 19, 20.4.1948. AKZT W/NÖ/Bgld, MAt E. Hofbauer.
63 Schreiben BMfHuW an Aussensenat Wien der Kommission nach § 19, Abs. 2, VG. 1947, 18.3.1948. AKZT W/NÖ/Bgld, MAt E. Hofbauer.
64 Zur Biografie von Adelheid Gnaiger, geboren am 8.8.1916 in Feldkirch, gestorben am 10.5.1991 ebenda, siehe: Holzschuh, Adelheid Gnaiger (1916–1991). Eine Vorarlberger Pionierin, 13.
65 „Vorführungsnote" der Gestapo, 22.1.1941, sowie weitere Protokolle zur Verhaftung siehe: BArch, R3017/17434.
66 Marcel Bois/Bernadette Reinhold (Hg.), Margarete Schütte-Lihotzky. Architektur. Politik. Geschlecht, Basel 2019, 344.
67 Ansuchen von Schütte-Lihotzky, 29.5.1948, AKZT W/NÖ/Bgld, MAt M. Schütte-Lihotzky.
68 Führungszeugnis, 8.4.1948, AKZT W/NÖ/Bgld, MAt M. Schütte-Lihotzky.
69 Schreiben BMfHuW an IK W/NÖ/Bgld, 28.12.1948, AKZT W/NÖ/Bgld, MAt M. Schütte-Lihotzky.
70 Rundschreiben BMfHuW, 15.9.1949, AKZT W/NÖ/Bgld, MAt M. Schütte-Lihotzky; Bekanntgabe der Befugnis, in: Wiener Zeitung (Nr. 211), 10.9.1949, 7.
71 Schreiben Schütte-Lihotzky an LHM Wien über IK W/NÖ/Bgld, 15.7.1957, AKZT W/NÖ/Bgld, MAt M. Schütte-Lihotzky. Für kurze Zeit wurde ihre Büroadresse auf die Adresse 2., Taborstraße 46A umgemeldet.
72 Aussage MSL über dieses Thema.
73 Schreiben Schütte-Lihotzky an IK W/NÖ/Bgld, 10.2.1958 und 11.6.1958, AKZT W/NÖ/Bgld, MAt M. Schütte-Lihotzky.
74 Schreiben Schütte-Lihotzky an LHM Wien, 24.2.1961, AKZT W/NÖ/Bgld, MAt M. Schütte-Lihotzky.
75 Schreiben Schütte-Lihotzky an LHM Wien, 18.1.1961, AKZT W/NÖ/Bgld, MAt M. Schütte-Lihotzky.

76 Schreiben Schütte-Lihotzky an IK W/NÖ/Bgld, 15. 8. 1975, AKZT W/NÖ/Bgld, MAt M. Schütte-Lihotzky.
77 Marcel Bois/Bernadette Reinhold (Hg.), Margarete Schütte-Lihotzky. Architektur. Politik. Geschlecht, Basel 2019, 345.
78 Margarete Schütte-Lihotzky-Zentrum (MSL-Zentrum), siehe: https://www.schuette-lihotzky.at/de (Zugriff: 18. 1. 2024).
79 Sundt, Die Frau als Ziviltechniker.
80 Bescheid, 26. 10. 1957. AKZT W/NÖ/Bgld, MAt E. Sundt.
81 Sundt/Klenovec et al., Ziviltechnikerinnen.
82 Sundt, Die Frau als Ziviltechniker, 69. – Elise Sundt, geb. Eckert, kam am 11. 3. 1928 in Wien zur Welt und starb am 20. 8. 2005 ebenda.
83 Ebd., 71.
84 Ebd., 72: „[…] Eine Architektin ist in den Kammertag gewählt, gleichzeitig ist sie langjährige Vorsitzende des Schlichtungsausschusses der Architekten der vorerwähnten Länderkammer und ebenso wie die einzige österreichische Ziviltechnikerin aus technischer Physik Mitglied der Prüfungskommission für die Ziviltechnikerprüfung aus ihren Fachrichtungen. Die Physikerin ist auch im österreichischen Fachnormenausschuß für Strahlenschutz mittätig, die Chemikerin war im Fachnormenausschuß für Qualitätssicherung, manche Ingenieurin ist Sachverständige vor Gericht, eine ist Vizepräsident der AFÖB, der Vereinigung Arbeitsgemeinschaft zur Förderung der österreichischen Bauwirtschaft."
85 Ebd., 71.
86 Bundeskanzleramt (Hg.), Frauen und Männer in Österreich. Zahlen, Daten, Fakten 2020, URL: https://www.bundeskanzleramt.gv.at/agenda/frauen-und-gleichstellung/gender-mainstreaming-und-budgeting/gender-daten-index.html (abgerufen 31. 1. 2024).
87 Zahlen und Fakten TU Wien, URL: https://www.tuwien.at/tu-wien/ueber-die-tuw/zahlen-und-fakten#c9039 (abgerufen 3. 3. 2023).
88 Daten von Bundeskammer der Ziviltechniker:innen vom 15. 3. 2023.

Abkürzungsverzeichnis

AN	Aktennotiz
AV	Aktenvermerk
BGBl.	Bundesgesetzblatt (für die Republik Österreich)
Bgld	Burgenland
BMfHuV	Bundesministerium für Handel und Verkehr
BMfHuW	Bundesministerium für Handel und Wiederaufbau
BMfWuA	Bundesministerium für Wirtschaft und Arbeit
BMU	Bundesministerium für Unterricht
BPDir.	Bundespolizeidirektion
BS	Bestand
DBG	Deutsches Beamtengesetz
dRGBl.	Deutsches Reichsgesetzblatt
E-uReang	Entschädigungs- und Restitutionsangelegenheiten
FLD	Finanzlandesdirektion
GA	Gauakt
GBlÖ	Gesetzblatt für das Land Österreich
GZ	Geschäftszeichen
HF	Hilfsfonds
IK	Ingenieurkammer(n)
IKG	Israelitische Kultusgemeinde
K	Kärnten
Lg	Landesgericht
LGBl.	Landesgesetzblatt (der Bundesländer Österreichs)
LGVBl.	Landesgesetz- und Verordnungsblatt
LHM	Landeshauptmann(schaft)
LR	Landesregierung
MA	Magistratsabteilung
MAt	Mitgliedsakt
MdI	Ministerium des Inneren
MfHuV	Ministerium für Handel und Verkehr
MfiukA	Ministerium für innere und kulturelle Angelegenheiten
MfWuA	Ministerium für Wirtschaft und Arbeit
ND	Niederdonau
NÖ	Niederösterreich
NSBDT	Nationalsozialistischer Bund Deutscher Technik
NSDAP	Nationalsozialistische Deutsche Arbeiterpartei
Ö	Österreich
OBR	Oberste Bauleitung der Reichsautobahnen
OD	Oberdonau
OÖ	Oberösterreich
OÖN	Oberösterreichische Nachrichten
öS	österreichische Schilling
PA	Personalakt
Pg.	Parteigenosse
PTech	Privattechniker:in
RAM	Reichsarbeitsministerium
RdbK	Reichskammer der bildenden Künste
RGBl.	Reichsgesetzblatt
RM	Reichsmark
RMI	Reichsministerium des Inneren
RMfPV	Reichsministerium für Propaganda und Volksaufklärung
RMfWEV	Reichsminister(ium) für Wissenschaft, Erziehung und Volksbildung
RStH	Reichsstatthalter
RWM	Reichswirtschaftsministerium
Sbg	Salzburg
SfUuE	Staatsamt für Unterricht und Erziehung
StGBl.	Staatsgesetzblatt für den Staat Deutschösterreich (15. 11. 1918–23. 10. 1919) Staatsgesetzblatt für die Republik Österreich (23. 10. 1919–9. 11. 1920)
Stiko	Stillhaltekommissar
Stmk	Steiermark
T	Tirol
TH	Technische Hochschule
VA	Vermögensanmeldung
VDE	Verband deutscher Elektrotechniker e. V.
VG	Verbotsgesetz
Vg	Volksgericht
Vlbg	Vorarlberg
VVSt	Vermögensverkehrsstelle
W	Wien
ZI	Zivilingenieur:in
ZNsZ	Zivilakten der NS-Zeit
ZT	Ziviltechniker:in

Archivverzeichnis

AKZT W/ NÖ/Bgld	Archiv der Kammer der Ziviltechniker:innen für Wien, Niederösterreich und Burgenland
AdR	Archiv der Republik
ASt	Architekturarchiv Steiermark
AUaKW	Kunstsammlung und Archiv, Universität für angewandte Kunst Wien
Az W	Sammlung, Architekturzentrum Wien
BArch	Bundesarchiv Berlin
BV-Archiv	Archiv der Berufsvereinigung der bildenden Künstler Österreichs
DÖW	Dokumentationsarchiv des österreichischen Widerstandes
HHStA	Haus-, Hof- und Staatsarchiv
IKG	Archiv der Israelitischen Kulturgemeinde Wien
ISA	Israel State Archives
KH-Archiv	Künstlerhaus-Archiv
KLA	Kärntner Landesarchiv
NAA	National Archives of Australia
NARA	U. S. National Archives and Records Administration
NÖLA	Niederösterreichisches Landesarchiv
OÖLA	Oberösterreichisches Landesarchiv
ÖStA	Österreichisches Staatsarchiv
SLA	Salzburger Landesarchiv
StLA	Steiermärkisches Landesarchiv
TLA	Tiroler Landesarchiv
TU-Archiv	Archiv der Technischen Universität Wien
VLA	Vorarlberger Landesarchiv
WStLA	Wiener Stadt- und Landesarchiv
ZV-Archiv	Archiv der Zentralvereinigung der Architekt:innen Österreichs (Landesverband W, NÖ, Bgld)

Archiv der KZ-Gedenkstätte Dachau
Arquivo Nacional (Nationalarchiv Brasilien)
Nationalarchiv der Tschechischen Republik, Prag
Stadtarchiv Bludenz
Stadtarchiv Bregenz
Stadtarchiv Dornbirn
Stadtarchiv Graz
Stadtarchiv Innsbruck
Stadtarchiv Neusiedl am See
Stadtarchiv Salzburg
Stadtarchiv Wels

Literatur- und Quellenverzeichnis

Brigitte Bailer/Gerhard Baumgartner/Bernhard Herrman/Robert Streibel, „Arisierung" und Restitution der Kremser Weingüter der Familie Robitschek, DÖW 2020,
URL: https://www.doew.at/cms/download/2ga03/winzer_krems.pdf (abgerufen 23. 2. 2023).

Matthias Boeckl, Begrenzte Möglichkeiten. Österreichische Architekten in den USA 1938–45, in: Jahrbuch des Dokumentationsarchivs des österreichischen Widerstandes, Wien 1992.

Gerhard Botz, Die Eingliederung Österreichs in das deutsche Reich. Planung und Verwirklichung des politisch-administrativen Anschlusses (1938–1940), Linz 1972.

Ernst Bruckmüller, Sozialgeschichte Österreichs, Wien 1985.

Gertrude Chalupny, Deutsche Heimschule Kreuzberg bei Bischofshofen: Erziehung zur NS-Elite in Salzburg, Dipl.-Arb., Universität Salzburg 2020.

Volker Dahm, Anfänge und Ideologie der Reichskulturkammer, in: Karl Dietrich Bracher/Hans-Peter Schwarz, Vierteljahreshefte für Zeitgeschichte, 34. Jg., 1986, 53–82.

Der österreichische Ziviltechniker, in: 100 Jahre im Dienste der Wirtschaft. Eine Festschrift, hg. vom Bundesministerium für Handel und Wiederaufbau, Wien 1961, 480–482.

Paulus Ebner/Juliane Mikoletzky/Alexandra Wieser, „Abgelehnt"… „Nicht tragbar". Verfolgte Studierende und Angehörige der TH Wien nach dem „Anschluß" 1938, Wien 2016.

Dietrich Ecker, Herbert Eichholzer. Architekt (Reihe Wissen aus dem Archiv/TU Graz), Graz 2004.

Gertrude Enderle-Burcel/Michaela Follner, Diener vieler Herren. Biographisches Handbuch der Sektionschefs der Ersten Republik und des Jahres 1945, hg. vom Dokumentationsarchiv des österreichischen Widerstandes/Österreichische Gesellschaft für historische Quellenstudien, Wien 1997.

Martha Forkl/Elisabeth Koffmann (Hg.), Frauenstudium und akademische Frauenarbeit in Österreich, Wien 1968.

Elisa Frei/Martina Gugglberger/Alexandra Wachter, Widerstand und Zivilcourage. Frauen in Oberösterreich gegen das NS-Regime 1938–1945, Linz 2021.

Florian Freund/Hans Safrian, Die Verfolgung der österreichischen Juden 1938–1945. Vertreibung und Deportation, in: Emmerich Tálos/Ernst Hanisch/Wolfgang Neugebauer/Reinhard Sieder, NS-Herrschaft in Österreich. Ein Handbuch, Wien 2001, 765–794.

Christoph Freyer, Biografische Skizzen, in: Ingrid Holzschuh/Monika Platzer/Architekturzentrum Wien (Hg.), „Wien. Die Perle des Reiches". Planen für Hitler (Ausstellungskatalog Architekturzentrum Wien), Zürich 2015, 217–227.

Therese Garstenauer, The Life Courses and Careers of Public Employees in Interwar Austria, in: Josef Ehmer/Carola Lentz (Hg.), Life Course, Work, and Labour in Global History, Berlin 2023, 153–178.

Peter Gast, Die rechtlichen Grundlagen der Reichskulturkammer, in: Hans Hinkel (Hg.), Handbuch der Reichskulturkammer, Berlin 1937, 17–23.

Ute Georgeacopol-Winischhofer, „Sich-bewähren am Objektiven": Bildung und Ausbildung der Architektin an der Technischen Hochschule in Wien 1919/20 bis 1944/45, in: Juliane Mikoletzky/Ute Georgeacopol-Winischhofer/Margit Pohl (Hg.), „Dem Zuge der Zeit entsprechend…": Zur Geschichte des Frauenstudiums in Österreich am Beispiel der Technischen Universität Wien, Wien 1997, 185–245.

Ute Georgeacopol-Winischhofer/Manfred Wehdorn, Geschichte des Ziviltechnikers in Österreich, in: Erich Schlöss (Hg.), Ziviltechniker & Wirtschaft. Gestalter der Umwelt, Wien 1983, 37–47.

Carl Grünhut-Bartoletti, Der Ingenieur im Ständestaat, Wien 1934.

Heimo Halbrainer, Herbert Eichholzer – Architektur und Widerstand, in: Mitteilungen der Alfred Klahr Gesellschaft, 2017 (2), 20–25.

Michael Hepp, Die Ausbürgerung deutscher Staatsangehöriger 1933–45 nach den im Reichsanzeiger veröffentlichten Listen, München/New York/London 2011.

Hans Hinkel (Hg.), Handbuch der Reichskulturkammer, Berlin 1937.

Johannes Hofinger, Karl Reisenbichler, in: Die Stadt Salzburg im Nationalsozialismus. Biografische Recherchen zu NS-belasteten Straßennamen der Stadt Salzburg, URL:
https://www.stadt-salzburg.at/fileadmin/landingpages/stadtgeschichte/nsprojekt/strassennamen/biografien/reisenbichler_karl_v2.pdf (abgerufen 17. 10. 2022).

Ingrid Holzschuh (Hg.), Adelheid Gnaiger 1916–1991. Die erste Architektin Vorarlbergs, Zürich 2014.

Ingrid Holzschuh, Adelheid Gnaiger (1916–1991). Eine Vorarlberger Pionierin, in: Ingrid Holzschuh (Hg.), Adelheid Gnaiger 1916–1991. Die erste Architektin Vorarlbergs, Zürich 2014, 9–21.

Ingrid Holzschuh (Hg.), BauKultur in Wien 1938–1939. Das Archiv der Zentralvereinigung der ArchitektInnen Österreichs (ZV), Basel 2019.

Ingrid Holzschuh, Der Neubeginn, in: Ingrid Holzschuh (Hg.), BauKultur in Wien 1938–1959, Basel 2019, 64–78.

Ingrid Holzschuh, Otto Strohmayr (1900–1945). Hitlers Architekt für die Neugestaltung der Stadt Salzburg im Nationalsozialismus, Wien 2015.

Ingrid Holzschuh, Otto Strohmayr (1900–1945). Hitlers Architekt für die Neugestaltung der Stadt Salzburg im Nationalsozialismus, Diss., Universität Wien 2011.

Ingrid Holzschuh: Verlorene Stadtgeschichten. Hitlers Blick auf Wien, in: dies./Monika Platzer/Architekturzentrum Wien (Hg.), „Wien. Die Perle des Reiches". Planen für Hitler (Ausstellungskatalog Architekturzentrum Wien), Zürich 2015, 28–45.

Ingrid Holzschuh, Wiener Stadtplanung im Nationalsozialismus von 1938 bis 1942. Das Neugestaltungsprojekt von Architekt Hanns Dustmann, Wien 2011.

Ingrid Holzschuh/Sabine Plakolm-Forsthuber, Auf Linie. NS-Kunstpolitik in Wien. Die Reichskammer der bildenden Künste, Basel 2021.

Ingrid Holzschuh/Sabine Plakolm-Forsthuber (Hg.), Pionierinnen der Wiener Architektur, Basel 2022.

Ingrid Holzschuh/Monika Platzer/Architekturzentrum Wien (Hg.), „Wien. Die Perle des Reiches". Planen für Hitler (Ausstellungskatalog Architekturzentrum Wien), Zürich 2015.

Gottfried Horak, Die österreichischen Ingenieurkammern, Dipl.-Arb., Universität Wien 1977.

Rudolf Jerabek, Entnazifizierungsakten im Staatsarchiv, in: Walter Schuster/Wolfgang Weber (Hg.), Entnazifizierung im regionalen Vergleich, Linz 2004, 529–550.

Erich Jiresch, Übersichten, in: K.K. Polytechnisches Institut. Technische Hochschule. Technische Universität, hg. vom Universitätsarchiv der TU Wien, Wien 1997, 69–95.

Emil Jung, Die Entwicklung der Ingenieurberufsfragen in der Ostmark und im Sudetenland, in: Mitteilungen des Hauptamtes für Technik und des NSBDT, Dez. 1938, 593–597.

Stefan Karner, Im Strom der Zeit. 100 Jahre Energie der Steiermark, Graz 2021.

Richard H. Kastner, Die Geschichte der Technischen Hochschule in Wien, Wien 1965.

Christian Klösch, Die Personalstruktur des Stillhaltekommissars, in: Verena Pawlowsky/Edith Leisch-Prost/Christian Klösch, Vereine im Nationalsozialismus. Vermögensentzug durch den Stillhaltekommissar für Vereine, Organisationen und Verbände und Aspekte der Restitution in Österreich nach 1945, Wien/München 2004, 82–137.

Robert Knight (Hg.), „Ich bin dafür, die Sache in die Länge zu ziehen", Wien 2000.

Bernd Kreuzer, Tempo 130. Kultur- und Planungsgeschichte der Autobahnen in Oberösterreich, Linz 2005.

Nina Kubowitsch, Die Reichskammer der bildenden Künste. Grenzsetzungen in der künstlerischen Freiheit, in: Wolfgang Ruppert (Hg.), Künstler im Nationalsozialismus. Die ‚Deutsche Kunst', die Kunstpolitik und die Berliner Kunsthochschule, Köln/Weimar/Wien 2015, 75–96.

Edith Lassmann, Das Frauenstudium an den Technischen Hochschulen Wien und Graz, in: Martha Forkl/Elisabeth Koffmann (Hg.), Frauenstudium und akademische Frauenarbeit in Österreich, Wien 1968, 43–46.

Edith Leisch-Prost, Die Abwicklung der Vereine, in: Verena Pawlowsky/Edith Leisch-Prost/Christian Klösch, Vereine im Nationalsozialismus. Vermögensentzug durch den Stillhaltekommissar für Vereine, Organisationen und Verbände und Aspekte der Restitution in Österreich nach 1945, Wien/München 2004, 138–173.

Karl-Heinz Ludwig, Technik und Ingenieure im Dritten Reich, Düsseldorf 1979.

Jasmin Mäser, Gestern, heute, morgen, Villa Bachmann – Bürgerliches Wohnen der Zwischenkriegszeit, Dipl.-Arb., Technische Universität Wien 2016.

Lukas Mayrhuber, „Jedenfalls bin ich ebenso unschuldig wie es der einzelne Jude damals war". Rasche „Arisierung" und langwierige Restitution in Tirol, Dipl.-Arb., Universität Innsbruck 2010.

Brigitte Mazohl, Die Habsburgermonarchie 1848–1918, in: Thomas Winkelbauer (Hg.), Geschichte Österreichs, Stuttgart 2018.

Iris Meder, „Sachen, wie sie eben geworden sind", in: DAVID – Jüdische Kulturzeitschrift 83 (2009), URL: https://davidkultur.at/artikel/8222sachen-wie-sie-eben-geworden-sind8220 (abgerufen 2.4.2023).

Erich Meixner, Vom Geometer zum Ingenieurkonsulenten für Vermessungswesen, in: Österreichische Zeitschrift für Vermessungswesen und Photogrammetrie 74/1 (1986), 26–46.

Wolfgang Meixner, Ing. Friedrich Reitlinger (1877–1938). Industrieller und Wirtschaftsfunktionär in Tirol zwischen Heimwehr und Nationalsozialismus, in: Zeitgeschichte 29/4 (2002), 191–201.

Wolfgang Meixner, Ing. Friedrich Reitlinger – Bruchstücke einer verdrängten Biografie, in: Thomas Albrich (Hg.), „Wir lebten wie sie …". Jüdische Lebensgeschichten aus Tirol und Vorarlberg, Innsbruck 1999, 85–110.

Alexander Mejstrik/Therese Garstenauer/Peter Melichar/Alexander Prenninger/Christa Putz/Sigrid Wadauer, Berufsschädigungen in der nationalsozialistischen Neuordnung der Arbeit.

Vom österreichischen Berufsleben 1934 zum völkischen Schaffen 1938–1940 (Veröffentlichungen der Österreichischen Historikerkommission. Vermögensentzug während der NS-Zeit sowie Rückstellungen und Entschädigungen seit 1945 in Österreich), Wien 2004.

Juliane Mikoletzky, Frauenstudium an der TH in Wien 1918–1945, in: Juliane Mikoletzky/Ute Georgeacopol-Winischhofer/Margit Pohl (Hg.), „Dem Zuge der Zeit entsprechend…": Zur Geschichte des Frauenstudiums in Österreich am Beispiel der Technischen Universität Wien, Wien 1997, 109–177.

Juliane Mikoletzky, Geschichtliche Entwicklung, in: Universitätsarchiv der TU Wien (Hg.), K.K. Polytechnisches Institut. Technische Hochschule. Technische Universität, Wien, 1997, 5–60.

Juliane Mikoletzky, „Mit ihm erkämpft und mit ihm baut deutsche Technik ein neues Abendland". Die Technische Hochschule in Wien in der NS-Zeit, in: Österreichische Zeitschrift für Geschichtswissenschaften 10/1 (1999), 51–70.

Juliane Mikoletzky/Paulus Ebner, Die Geschichte der Technischen Hochschule in Wien 1914–1955, Wien 2016.

Juliane Mikoletzky/Ute Georgeacopol-Winischhofer/Margit Pohl (Hg.), „Dem Zuge der Zeit entsprechend…": Zur Geschichte des Frauenstudiums in Österreich am Beispiel der Technischen Universität Wien, Wien 1997.

Wolfgang Neugebauer, Herbert Eichholzer, Architekt, Widerstandskämpfer (Vortrag anlässlich der Eröffnung der Ausstellung „Herbert Eichholzer 1903–1943. Architektur und Widerstand", Wien, 11. November 1998 (gekürzt)), URL: https://www.doew.at/cms/download/30c06/wn_eichholzer.pdf (abgerufen 2. 2. 2023).

Wolfgang Neugebauer, Der österreichische Widerstand 1938–1945, Wien 2015.

Waltraud Neuhauser-Pfeiffer/Karl Ramsmaier, Vergessene Spuren. Die Geschichte der Juden in Steyr, Linz 1993.

Österreichische Ingenieurkammern (Hg.), 100 Jahre österreichische Ziviltechniker. 1860–1960, Wien 1960.

Verena Pawlowsky, Die Akademie der bildenden Künste Wien im Nationalsozialismus. Lehrende, Studierende und Verwaltungspersonal, Wien 2015.

Verena Pawlowsky, Die interne Struktur des Stillhaltekommissars, in: Verena Pawlowsky/Edith Leisch-Prost/Christian Klösch, Vereine im Nationalsozialismus. Vermögensentzug durch den Stillhaltekommissar für Vereine, Organisationen und Verbände und Aspekte der Restitution in Österreich nach 1945, Wien/München 2004, 26–81.

Verena Pawlowsky/Edith Leisch-Prost/Christian Klösch, Vereine im Nationalsozialismus. Vermögensentzug durch den Stillhaltekommissar für Vereine, Organisationen und Verbände und Aspekte der Restitution in Österreich nach 1945, Wien/München 2004.

Bertrand Perz/Gabriele Hackl/Alexandra Wachter, Wasserstraßen. Die Verwaltung von Donau und March 1918–1955, Wien 2020.

Martina Pesditschek, Barbar, Kreter, Arier. Leben und Werk des Althistorikers Fritz Schachermeyr, Band 1 und 2, Saarbrücken 2009.

Martina Pesditschek, Fritz Schachermeyr. Ein Leben zwischen Wissenschaft und Politik, Diss., Universität Wien 2005.

Martina Pesditschek, Die Karriere des Althistorikers Fritz Schachermeyr im Dritten Reich und in der Zweiten Republik, in: Mensch. Wissenschaft. Magie. Mitteilungen 25, hg. von der Österreichischen Gesellschaft für Wissenschaftsgeschichte, Wien 2007, 41–71.

Sabine Plakolm-Forsthuber, Edith Lassmann (1920–2007), in: Ingrid Holzschuh/Sabine Plakolm-Forsthuber (Hg.), Pionierinnen der Wiener Architektur, Basel 2022, 70–84.

Sabine Plakolm-Forsthuber, Ein Leben, zwei Karrieren. Die Architektin Liane Zimbler, in: Matthias Boeckl (Hg.), Visionäre & Vertriebene. Österreichische Spuren in der modernen amerikanischen Architektur, Berlin 1995, 295–309.

Sabine Plakolm-Forsthuber, Martha Bolldorf-Reitstätter (1919–2001), in: Ingrid Holzschuh/Sabine Plakolm-Forsthuber (Hg.), Pionierinnen der Wiener Architektur, Basel 2022, 14–28.

Sabine Plakolm-Forsthuber, ZV-Frauen bauen mit!, in: Ingrid Holzschuh (Hg.), BauKultur in Wien 1938–1939. Das Archiv der Zentralvereinigung der ArchitektInnen Österreichs (ZV), Basel 2019, 48–61.

Marian Potocar, Österreicher bauen im „Neuen Osten", in: Ingrid Holzschuh/Monika Platzer, Architekturzentrum Wien (Hg.), „Wien. Die Perle des Reiches". Planen für Hitler (Ausstellungskatalog Architekturzentrum Wien), Zürich 2015, 103–120.

Ursula Prokop, Opfer und Emigranten. Jüdische und politisch verfolgte Architekten der ZV, in: Ingrid Holzschuh (Hg.), BauKultur in Wien 1938–1939. Das Archiv der Zentralvereinigung der ArchitektInnen Österreichs (ZV), Basel 2019, 36–47.

Ursula Prokop, Zum jüdischen Erbe in der Wiener Architektur. Der Beitrag jüdischer ArchitektInnen am Wiener Baugeschehen 1868–1938, Wien 2016.

Michael Pryles, Once in Vienna. The Remarkable Life of Dr Siegmund Defris, Glen Waverley 2020.

Hermann Rafetseder, Zur Geschichte von Gelände und Umfeld der Johannes Kepler Universität Linz, unter besonderer Berücksichtigung der NS-Zeit im Raum Auhof – Dornach. Ein Beitrag zum 50-Jahr-Jubiläum der Johannes Kepler Universität Linz Linz 2016, URL: https://www.jku.at/fileadmin/marketing/Presse_Savoy/News/2018/Maerz/JKU_Gelaendegeschichte.pdf (abgerufen 14. 10. 2022).

Michaela Raggam-Blesch, „Sammelwohnungen" für Jüdinnen und Juden als Zwischenstation vor der Deportation, Wien 1938–1942, in: Dokumentationsarchiv des österreichischen Widerstandes (Hg.), Forschungen zu Vertreibung und Holocaust, Wien 2018 (= Jahrbuch 2018).

Oliver Rathkolb, Erste Republik, Austrofaschismus, Nationalsozialismus (1918–1945), in: Thomas Winkelbauer (Hg.), Geschichte Österreichs, Stuttgart 2018, 476–524.

Georg Rigele, Die Großglockner-Hochalpenstraße. Zur Geschichte eines österreichischen Monuments, Wien 1998, 95–103.

Gertrude Rothkappl, Die Zerschlagung österreichischer Vereine, Organisationen, Verbände, Stiftungen und Fonds. Die Tätigkeit des Stillhaltekommissars in den Jahren 1938–1939, phil. Diss., Universität Wien 1996.

Rudolf Saliger/Franz Visintini, Eisenbeton-Gitterträger „System Visintini" im Hoch- und Brückenbau, Wien 1911.

Ingo Sarlay, Adolf Hitlers Linz, Architektonische Visionen einer Stadt, in: Birgit Kirchmayr (Hg.), „Kulturhauptstadt des Führers". Kunst und Nationalsozialismus in Linz und Oberösterreich, Weitra 2008, 65–78.

Christine Schindler (Hg., im Auftrag des DÖW), Nisko 1939. Die Schicksale der Juden aus Wien, Wien 2020 (= Jahrbuch 2020).

Erich Schlöss (Hg.), Ziviltechniker & Wirtschaft. Gestalter der Umwelt, Wien 1983.

Hans Schmidt-Leonhardt, Die Reichskulturkammer, Berlin 1938.

A. Schmölzer, Nachruf Roman Grengg, in: Mitteilungen der Geologischen Gesellschaft in Wien 65 (1972), URL: https://www.zobodat.at/biografien/Grengg_Roman_MittGeolGes_065_221-225.pdf (abgerufen 11. 4. 2023).

Bärbel Schrader, „Jederzeit widerruflich". Die Reichskulturkammer und die Sondergenehmigungen in Theater und Film des NS-Staates, Berlin 2009.

Horst Schreiber (Hg.), 1938. Der Anschluss in den Bezirken Tirols, Innsbruck 2018.

Evelyn Schreiner, Nationalsozialistische Kulturpolitik in Wien 1938–1945 unter spezieller Berücksichtigung der Wiener Theaterszene, phil. Diss., Universität Wien 1980.

Walter Schuster/Wolfgang Weber (Hg.), Entnazifizierung im regionalen Vergleich, Linz 2004.

Margarete Schütte-Lihotzky, Erinnerungen aus dem Widerstand. Das kämpferische Leben einer Architektin von 1938–1945, Wien 1985.

Martin Schwarz, „Die Härte des Krieges verlangt stählerne Herzen". Selbst- und Fremdbilder deutscher Ingenieure in der Zeit des Nationalsozialismus, in: Dresdener Beiträge zur Geschichte der Technikwissenschaften 33 (2012), 7–27.

Peter Schwarz/Siegwald Ganglmair, Emigration und Exil 1938–1945, in: Emmerich Tálos/Ernst Hanisch/Wolfgang Neugebauer/Reinhard Sieder, NS-Herrschaft in Österreich. Ein Handbuch, Wien 2001, 917–849.

Antje Senarclens de Grancy, Margarete Schütte-Lihotzky und Herbert Eichholzer. Ein Beziehungsnetz und seine Bedeutungen, in: Marcel Bois/Bernadette Reinhold, Margarete Schütte-Lihotzky. Architektur. Politik. Geschlecht. Neue Perspektiven auf Leben und Werk, Basel 2019, 196–207.

Antje Senarclens de Grancy/Heimo Halbrainer, Totes Leben gibt es nicht. Herbert Eichholzer 1903–1943, Wien 2004.

Barbara Stelzl-Marx, Stalins Soldaten in Österreich. Die Innensicht der sowjetischen Besatzung 1945–1955, Wien/München 2012.

Dieter Stiefel, Forschungen zur Entnazifizierung in Österreich. Leistungen, Defizite, Perspektiven, in: Walter Schuster/Wolfgang Weber (Hg.), Entnazifizierung im regionalen Vergleich, Linz 2004, 43–59.

Elise Sundt, Die Frau als Ziviltechniker, in: Erich Schlöss (Hg.), Ziviltechniker & Wirtschaft. Gestalter der Umwelt, Wien 1983, 69–74.

Elise Sundt/Monika Klenovec et al. (Hg.), Ziviltechnikerinnen, Wien 1982.

Emmerich Tálos/Ernst Hanisch/Wolfgang Neugebauer/Reinhard Sieder, NS-Herrschaft in Österreich. Ein Handbuch, Wien 2001.

Siegfried Theiss, Was wollen die Architekten?, in: 75 Jahre Ziviltechniker, hg. von der Wiener Ingenieurkammer, Wien 1935, 55–57.

Vorarlberger Technischer Verein (Hg.), Festschrift 100 Jahre VTV, Bregenz 2008.

Wilhelm Wadl, Entnazifizierung in Kärnten, in: Walter Schuster/Wolfgang Weber (Hg.), Entnazifizierung im regionalen Vergleich, Linz 2004, 251–266.

Helmut Weihsmann, Bauen unterm Hakenkreuz. Architektur des Untergangs, Wien 1998.

Helmut Weihsmann, In Wien erbaut. Lexikon der Wiener Architekten des 20. Jahrhunderts, Wien 2005.

Hans-Peter Weingand, Die Technische Hochschule Graz im Dritten Reich. Vorgeschichte, Geschichte und Nachgeschichte des Nationalsozialismus an einer Institution, Graz 1995.

Wiener Ingenieurkammer (Hg.), 75 Jahre Ziviltechniker, Wien 1935.

Hans Witek, „Arisierungen" in Wien. Aspekte nationalsozialistischer Enteignungspolitik 1938–1945, in: Emmerich Tálos/Ernst Hanisch/Wolfgang Neugebauer/Reinhard Sieder, NS-Herrschaft in Österreich. Ein Handbuch, Wien 2001, 795–817.

Zentralvereinigung der Architekten Österreichs (Hg.), 100 Jahre ZV. 40 Jahre Bauherrenpreis, Wien 2007.

Christina Zessner-Spitzenberg, Helene Koller-Buchwieser (1912–2008), in: Ingrid Holzschuh/Sabine Plakolm-Forsthuber (Hg.), Pionierinnen der Wiener Architektur, Basel 2022, 56–69.

Gesetze, Verordnungen und Erlässe

RGBl. Nr. 227/1859, Kaiserliches Patent vom 20. December 1859 (ausgegeben am 27. 12. 1859).

RGBl. Nr. 268/1860, Verordnung des Staatsministeriums vom 8. December 1860, wirksam für Böhmen, Galizien und die Bukowina, Niederösterreich, Oberösterreich, Salzburg, Steiermark, Kärnthen, Krain, das Küstenland, Mähren, Schlesien, Tirol und Vorarlberg, dann für das lombardisch-venetianische Königreich, womit die, mit Allerhöchster Entschließung vom 6. October 1860 genehmigten Grundzüge für die Organisirung des Staatsbaudienstes kundgemacht werden (ausgegeben am 13. 12. 1860).

Staatsministerialverordnung vom 11. Dezember 1860, Z. 36.413.

LGBl. Nr. 93/1860, Kundmachung der k. k. Statthalterei für Tirol und Vorarlberg vom 18. Dezember 1860 über Einführung von behördlich autorisirten Privattechnikern.

LGVBl. Nr. 8/1861 (k. k. niederösterreichische Statthalterei), LGVBl. für das Erzherzogtum Österreich unter der Enns Nr. 8, 27. 8. 1861, Kundmachung der k. k. niederösterreichischen Statthalterei vom 27. August 1861, Z. 11446-Pr., in Betreff der Bestellung behördlich autorisirter Privat-Techniker und der denselben im Falle ihrer Verwendung für die Zwecke der Behörden zustehenden Gebühren.

RGBl. Nr. 145/1884, Verordnung des Ministers für Cultus und Unterricht im Einvernehmen mit dem Ackerbauminister vom 20. August 1884 betreffend die Einführung theoretischer Staatsprüfungen für das culturtechnische Studium an der k. k. Hochschule für Bodencultur in Wien (ausgegeben am 13. 9. 1884).

Verordnung des Ministeriums des Innern im Einvernehmen mit dem Ministerium für Cultus und Unterricht, dann Justiz-, Finanz-, Handels- und Ackerbauministeriuim vom 8. November 1886, Z. 8152, mit welcher die Bestimmungen der Ministerialverordnung vom 11. December 1860, Z. 36413, über die Eintheilung der behördlich autorisierten Privattechniker und die von den Bewerbern um solche Befugnisse beizubringenden Nachweise in einigen Punkten abgeändert werden.

LGVBl. Nr. 54/1886, Kundmachung des k. k. Statthalters im Erzherzogthume Oesterreich unter der Enns vom 2. December 1886, Z. 6447/Pr., betreffend die Abänderung einiger Bestimmungen der Kundmachung vom 27. August 1861, Z. 1446/Pr. über Grundzüge zur Einführung von behördlich autorisirten Privattechnikern (ausgegeben am 11. 12. 1886).

RGBl. Nr. 37/1901, Erlaß des Ministeriums für Cultus und Unterricht vom 13. April 1901, betreffend die Verleihung des Promotionsrechtes an die technischen Hochschulen der im Reichsrathe vertretenen Königreiche und Länder (ausgegeben am 14. 4. 1901).

RGBl. Nr. 3/1913, Gesetz vom 2. Jänner 1913, betreffend die Errichtung von Ingenieurkammern (ausgegeben am 10. 1. 1913).

RGBl. Nr. 77/1913, Verordnung des Ministeriums für öffentliche Arbeiten im Einvernehmen mit dem Ministerium des Innern, dem Ministerium für Kultus und Unterricht, dann dem Justiz-, Finanz-, Handels-, Eisenbahn- und Ackerbauministerium vom 7. Mai 1913, betreffend die Ziviltechniker (Zivilingenieure und Zivilgeometer) (ausgegeben am 10. 5. 1913).

RGBl. Nr. 83/1913, Verordnung des Ministeriums für öffentliche Arbeiten im Einvernehmen mit dem Ministerium des Inneren, wirksam für das Erzherzogtum Österreich unter der Enns, womit Durchführungsbestimmungen zum Gesetze vom 2. Jänner 1913, R.G.Bl. Nr. 3, betreffend die Errichtung von Ingenieurkammern, erlassen werden (ausgegeben am 21. 5. 1913).

RGBl. Nr. 84/1913, Verordnung des Ministeriums für öffentliche Arbeiten im Einvernehmen mit dem Ministerium des Inneren, wirksam für die Markgrafschaft Mähren, womit Durchführungsbestimmungen zum Gesetze vom 2. Jänner 1913, R.G.Bl. Nr. 3, betreffend die Errichtung von Ingenieurkammern, erlassen werden (ausgegeben am 21. 5. 1913).

RGBl. Nr. 85/1913, Verordnung des Ministeriums für öffentliche Arbeiten im Einvernehmen mit dem Ministerium des Inneren, wirksam für das Erzherzogtum Österreich ob der Enns und das Herzogtum Salzburg, womit Durchführungsbestimmungen zum Gesetze vom 2. Jänner 1913, R.G.Bl. Nr. 3, betreffend die Errichtung von Ingenieurkammern, erlassen werden (ausgegeben am 21.5.1913).

RGBl. Nr. 86/1913, Verordnung des Ministeriums für öffentliche Arbeiten im Einvernehmen mit dem Ministerium des Inneren, wirksam für die gefürstete Grafschaft Tirol und das Land Vorarlberg, womit Durchführungsbestimmungen zum Gesetze vom 2. Jänner 1913, R.G.Bl. Nr. 3, betreffend die Errichtung von Ingenieurkammern, erlassen werden (ausgegeben am 21.5.1913).

RGBl. Nr. 87/1913, Verordnung des Ministeriums für öffentliche Arbeiten im Einvernehmen mit dem Ministerium des Inneren, wirksam für das Königreich Dalmatien, das Herzogtum Krain, die Markgrafschaft Istrien, die gefürstete Grafschaft Görz und Gradiska und die Stadt Triest mit ihrem Gebiete, womit Durchführungsbestimmungen zum Gesetze vom 2. Jänner 1913, R.G.Bl. Nr. 3, betreffend die Errichtung von Ingenieurkammern, erlassen werden (ausgegeben am 21.5.1913).

RGBl. Nr. 146/1913, Verordnung des Ministeriums für öffentliche Arbeiten im Einvernehmen mit dem Ministerium des Inneren, wirksam für das Königreich Galizien und Lodomerien mit dem Großherzogtume Krakau, womit Durchführungsbestimmungen zum Gesetze vom 2. Jänner 1913, R.G.Bl. Nr. 3, betreffend die Errichtung von Ingenieurkammern, erlassen werden (ausgegeben am 26.7.1913).

RGBl. Nr. 147/1913, Verordnung des Ministeriums für öffentliche Arbeiten im Einvernehmen mit dem Ministerium des Inneren, wirksam für das Herzogtum Bukowina, womit Durchführungsbestimmungen zum Gesetze vom 2. Jänner 1913, R.G.Bl. Nr. 3, betreffend die Errichtung von Ingenieurkammern, erlassen werden (ausgegeben am 26.7.1913).

RGBl. Nr. 148/1913, Verordnung des Ministeriums für öffentliche Arbeiten im Einvernehmen mit dem Ministerium des Inneren, wirksam für das Herzogtum Schlesien, womit Durchführungsbestimmungen zum Gesetze vom 2. Jänner 1913, R.G.Bl. Nr. 3, betreffend die Errichtung von Ingenieurkammern, erlassen werden (ausgegeben am 26.7.1913).

RGBl. Nr. 149/1913, Verordnung des Ministeriums für öffentliche Arbeiten im Einvernehmen mit dem Ministerium des Inneren, wirksam für die Herzogtümer Steiermark und Kärnten, womit Durchführungsbestimmungen zum Gesetze vom 2. Jänner 1913, R.G.Bl. Nr. 3, betreffend die Errichtung von Ingenieurkammern, erlassen werden (ausgegeben am 26.7.1913).

RGBl. Nr. 5/1914, Verordnung des Ministeriums für öffentliche Arbeiten im Einvernehmen mit dem Ministerium des Inneren, wirksam für das Königreich Böhmen, womit Durchführungsbestimmungen zum Gesetze vom 2. Jänner 1913, R.G.Bl. Nr. 3, betreffend die Errichtung von Ingenieurkammern, erlassen werden (ausgegeben am 17.1.1914).

RGBl. Nr. 127/1914, Kundmachung des Ministeriums für öffentl. Arbeiten, betreffend die Abhaltung der Prüfungen für Bewerber um die Befugnis eines Ziviltechnikers (Zivilingenieurs, Zivilgeometers) (ausgegeben am 13.6.1914).

RGBl. Nr. 130/1917, Kaiserliche Verordnung vom 14. März 1917, womit die Berechtigung zur Führung der Standesbezeichnung „Ingenieur" festgelegt wird (ausgegeben am 28.03.1917).

BGBl. Nr. 21/1925, Verordnung des Bundesministeriums für Handel und Verkehr vom 27. Dezember 1924, betreffend die Abänderung der Ziviltechnikerverordnung vom 7. Mai 1913, R.G.Bl. Nr. 77 (ausgegeben am 13.1.1925).

BGBl. Nr. 128/1930, Verordnung des Bundesministers für Handel und Verkehr im Einvernehmen mit dem Bundeskanzler und dem Bundesminister für Justiz vom 16. April 1930, wirksam für die Länder Burgenland, Niederösterreich und Wien, betreffend die Einrichtung der Ingenieurkammer in Wien (ausgegeben am 29.04.1930).

BGBl. Nr. 239/1934, Verordnung: Verfassung des Bundesstaates Österreich (ausgegeben am 30.4.1934).

BGBl. Nr. 61/1937, Verordnung des Bundesministers für Handel und Verkehr über die Abänderung der Verordnung, betreffend die Ziviltechniker, R.G.Bl. Nr. 77/1913, in der derzeit geltenden Fassung (ausgegeben am 2.3.1937).

BGBl. Nr. 75/1938, Bundesverfassungsgesetz über die Wiedervereinigung Österreichs mit dem Deutschen Reich (ausgegeben am 13.3.1938).

GBlÖ Nr. 3/1938, 13, Kundmachung des Reichsstatthalters für Österreich, wodurch der Erlaß des Führers und Reichskanzlers über die Vereidigung der öffentlichen Beamten des Landes Österreich bekannt gemacht wird (ausgegeben am 15.3.1938).

GBlÖ Nr. 64/1938, 113–114, Kundmachung des Reichsstatthalters in Österreich, wodurch die Verordnung über Angelegenheiten der Rechtsanwälte, Verteidiger, Notare und Patentanwälte in Österreich vom 31. März 1938 bekanntgemacht wird (ausgegeben am 4.4.1938).

GBlÖ Nr. 136/1938, Gesetz über die Überleitung und Eingliederung von Vereinen, Organisationen und Verbänden (ausgegeben am 14.5.1938).

GBlÖ Nr. 1424/1939, Kundmachung, betreffend die Außerkraftsetzung des Gesetzes über die Überleitung und Eingliederung von Vereinen, Organisationen und Verbänden (ausgegeben am 16.11.1939).

GBlÖ Nr. 339/1938, 1621, Erlaß über die Zuständigkeiten des Ministeriums für Wirtschaft und Arbeit vom 11. August 1938.

dRGBl. I, 1937, 39, Deutsches Beamtengesetz (DBG) vom 26. Januar 1937.

dRGBl. I, 1938, 607, Verordnung zur Neuordnung des österreichischen Berufsbeamtentums vom 31. Mai 1938.

dRGBl. I, 1940, 477, Verordnung über die Berufsordnung der Öffentlich bestellten Vermessungsingenieure in der Ostmark und im Reichsgau Sudetenland vom 1. März 1940.

dRGBl. I, 1942, 525–527, Verordnung über die Ziviltechniker in den Alpen- und Donau-Reichsgauen vom 30. Juli 1942.

StGBl. Nr. 1–3/1945, (1) Proklamation über die Selbstständigkeit Österreichs, (2) Kundmachung über die Errichtung einer provisorischen Staatsregierung und (3) Regierungserklärung (ausgegeben am 1.5.1945).

StGBl. Nr. 4/1945, Verfassungs-Überleitungsgesetz (ausgegeben am 1.5.1945).

StGBl. Nr. 13/1945, Verfassungsgesetz vom 8. Mai 1945 über das Verbot der NSDAP (Verbotsgesetz) (ausgegeben am 6.6.1945).

StGBl. Nr. 32/1945, Verfassungsgesetz vom 26. Juni 1945 über Kriegsverbrechen und andere nationalsozialistische Untaten (Kriegsverbrechergesetz).

StGBl. Nr. 94/1945, Gesetz vom 20. Juli 1945 über die Überleitung der Verwaltungs- und Justizeinrichtungen des Deutschen Reiches in die Rechtsordnung der Republik Österreich (Behörden-Überleitungsgesetz; Behörden Ü.G.) (ausgegeben am 28.7.1945).

StGBl. Nr. 111/1945, Kundmachung der Provisorischen Staatsregierung vom 27. Juli 1945 über die Aufhebung der deutschen Rechtsvorschriften auf dem Gebiete des Ziviltechnikerwesens (ausgegeben am 8.8.1945).

StGBl. Nr. 123/1945, Verordnung des Staatsamtes für öffentliche Bauten, Übergangswirtschaft und Wiederaufbau vom 10. August 1945, betreffend Ausnahmebestimmungen für die Ziviltechniker (ausgegeben am 17.8.1945).

BGBl. Nr. 25/1947, Bundesverfassungsgesetz vom 6. Februar 1947 über die Behandlung der Nationalsozialisten (Nationalsozialistengesetz) (ausgegeben am 17.2.1947).

BGBl. Nr. 107/1947, Verordnung: Ingenieurkammer für Wien, Niederösterreich und Burgenland in Wien (Kammerstatut) (ausgegeben am 18.6.1947).

BGBl. Nr. 108/1947, Verordnung: Ingenieurkammer für Kärnten und Steiermark in Graz (Kammerstatut) (ausgegeben am 18.6.1947).

BGBl. Nr. 122/1947, Verordnung: Ingenieurkammer für Oberösterreich und Salzburg in Linz (Kammerstatut) (ausgegeben am 12.7.1947).

BGBl. Nr. 147/1947, Verordnung: Ingenieurkammer für Tirol und Vorarlberg in Innsbruck (Kammerstatut) (ausgegeben am 8.8.1947).

BGBl Nr. 99/1948, Bundesverfassungsgesetz vom 21. April 1948, über die vorzeitige Beendigung der im Nationalsozialistengesetz vorgesehenen Sühnefolgen für minderbelastete Personen.

BGBl. Nr. 57/1950, Bundesgesetz vom 25. Jänner 1950, betreffend Ausnahmebestimmungen für Ziviltechniker (ausgegeben am 18.3.1950).

BGBl. Nr. 146/1957, Bundesgesetz vom 18. Juni 1957 über die staatlich befugten und beeideten Architekten, Ingenieurkonsulenten und Zivilingenieure (Ziviltechnikergesetz) (ausgegeben am 8.7.1957).

BGBl Nr. 82/1957, Bundesverfassungsgesetz vom 14. März 1957, womit Bestimmungen des Nationalsozialistengesetzes, BGBl. Nr. 25/1947, abgeändert oder aufgehoben werden (NS-Amnestie 1957).

BGBl. Nr. 155/1958, Bundesgesetz vom 9. Juli 1958, mit dem das Ziviltechnikergesetz abgeändert und ergänzt wird (ausgegeben am 21.7.1958).

BGBl. Nr. 71/1969, Bundesgesetz vom 22. Jänner 1969 über die Ingenieurkammern (Ingenieurkammergesetz) (ausgegeben am 26.2.1969).

Gesetzesblätter

1848–1918

RGBl. Allg. Reichs-Gesetz- und Regierungsblatt für das Kaiserthum Österreich (2.12.1848–31.12.1852)
Reichs-Gesetz-Blatt für das Kaiserthum Österreich (4.1.1853–28.12.1869)
Reichsgesetzblatt für die im Reichsrathe vertretenen Königreiche und Länder (1.1.1870–12.11.1918)

1918–1920

StGBl. Staatsgesetzblatt für den Staat Deutschösterreich (15.11.1918–23.10.1919)
Staatsgesetzblatt für die Republik Österreich (23.10.1919–9.11.1920)

1920–1938

BGBl. Bundesgesetzblatt für die Republik Österreich (10.11.1920–30.4.1934)
Bundesgesetzblatt für den Bundesstaat Österreich (1.5.1034–13.3.1938)

1938–1940

GBlÖ Gesetzblatt für das Land Österreich (15.3.1938–31.3.1940)

1919–1945

dRGBl. I Deutsches Reichsgesetzblatt I. (Deutsches Reich, Inneres)

ab 1945

BGBl. Bundesgesetzblatt für die Republik Österreich
LGBl. Landesgesetzblätter der Bundesländer Österreichs
LGVBl. Landesgesetz- und Verordnungsblatt

Adressverzeichnisse

Adolph Lehmann's allgemeiner Wohnungs-Anzeiger, Wien 1932–1943
Adreßbuch Innsbruck, Innsbruck 1933–1941
Amtskalender Oberdonau 1939, 1940
Krakauer Schreibkalender 1930–1934, 1938, 1943
Österreichischer Schreibkalender 1947, 1948
Österreichischer Amtskalender 1923, 1929, 1932–1938, 1949, 1953
Ostmarkjahrbuch 1939–1942
Tiroler Anzeiger 1931
Wiener Zeit- und Wegweiser 1943

Zeitschriften

Amtsblatt der Wiener Zeitung
Allgemeine Bauzeitung
Arbeitersturm
Central-Organ der behördlich autorisirten Civiltechniker in Oesterreich (ab Juli 1902: Zentral-Organ der behördlich autorisierten Ziviltechniker in Österreich)
Der Civil-Techniker. Central-Organ der behördlich autorisirten Civil-Techniker in Österreich (1879–1894)
Freie Stimmen
Grazer Tagblatt
Grazer Volkszeitung
Güssinger Zeitung
Illustrierte Kronenzeitung
Kärntner Tagblatt
Mitteilungen der österr. Ingenieurkammern
Neues Österreich
Neues Wiener Tagblatt
Oberösterreichische Nachrichten
Salzburger Volkszeitung
Völkischer Beobachter
Wiener Sonntags- und Montagszeitung
Wiener Zeitung
Zeitschrift des österreichischen Ingenieur- und Architekten-Vereines

Abbildungsverzeichnis

Abb. I/1:	ÖStA/HHStA, KA KK Vorträge, Karton 13-1860.
Abb. I/2:	Verordnung des Staatsministeriums vom 8. December 1860, RGBl. Nr. 268/1860.
Abb. I/3:	Privat Techniker Kundmachung 1860, 12. SLA, Landesausschussakten III, Sonderfaszikel 06/04/01–06/04/05.
Abb. I/4:	Eid Mathias Schattauer, 25.7.1903. SLA, Landesausschussakten III, Sonderfaszikel 06/04/01–06/04/05.
Abb. I/5:	Privat Techniker Aktenverzeichnis 1866–1922. SLA, Landesausschussakten III, Sonderfaszikel 06/04/01–06/04/05.
Abb. I/6:	Inserat, in: Wiener Zeitung, 24.5.1868, 689.
Abb. I/7:	Titelseite, in: Der Civil-Techniker 1 (1879) 1.
Abb. I/8:	Stempel und Siegel Leo Steinitz, in: Zentral-Organ XXXIII (1911) 1, 3.
Abb. I/9:	Gesetz zur Errichtung der Ingenieurkammern, RGBl. Nr. 3/1913.
Abb. I/10:	AdKdZT W/NÖ/Bgld, MAt Viktor Beer.
Abb. I/11:	Durchführungsbestimmungen, in: Zentral-Organ XXXV (1913) 7, 77.
Abb. I/12:	Porträt Rudolf Mayreder, in: Ingenieure Mayreder, Kraus und Co., Baugesellschaft mbH, Linz (Hg.), 100 Jahre Mayreder, Linz u. a. 1970, o. S.
Abb. I/13:	Zeitungsausschnitt, in: unbekannt, 1929. Stadtarchiv Innsbruck, Div-1834.
Abb. I/14:	Porträt Siegmund Defris. Foto: Privatarchiv Nachlass Familie Defris.
Abb. I/15:	Mitgliederzahlen der Ingenieurkammern 1927, in: Mitteilungen der österr. Ingenieurkammern, 1.6.1927, 13.
Abb. I/16–I/17:	Ingenieurkammer für Tirol und Vorarlberg mit dem Verzeichnis der Kammermitglieder nach dem Stande Februar 1933. Stadtarchiv Innsbruck, FI-339.
Abb. II/1:	Ing. Hans Schachermeyr, der „Meister des Partensteinwerkes", ein Sechziger, in: Oberösterreichische Nachrichten, 7.11.1945, 1.
Abb. II/2:	Schreiben IK W/NÖ/Bgld an Amt für Technik der NSDAP, 16.3.1938. BArch, R3101/14298, Bl. 208.
Abb. II/3:	Verfügung, Stiko, 16.9.1938. ÖStA/AdR, Stiko Wien, 10A-15, Ktn. 212, Allg. 1.
Abb. II/4:	Gedächtnisnotiz über die Begegnung mit Link in Wien, Visintini, 17.3.1939. ÖStA/AdR, Stiko Wien, 10A-15, Kt. 214, 60-63_I.
Abb. II/5:	Altmeister der Wiener Stahlbetonschule, in: Wiener Zeitung, 21.5.1950, 10.
Abb. II/6:	Saliger/Visintini, Eisenbeton-Gitterträger, 1.
Abb. II/7:	Schlußbericht zu IK Stmk/K, Stiko, undatiert. ÖStA/AdR, Stiko Wien, 10A-15, Kt. 214, 62.
Abb. II/8:	Amtlicher Teil, Bekanntmachungen, in: Wiener Zeitung Nr. 147, 22.6.1939, 6.
Abb. II/9:	Niederschrift über die Vereidigung von Franz Siegl, 15.7.1941. BArch, R 1501/129648.
Abb. II/10:	Anordnung zur Durchführung der Verordnung über die Ziviltechniker in den Alpen- und Donau-Reichsgauen, RWM, 15.7.1944. BArch, R3101/14.297, Bl. 57.
Abb. II/11:	Politische Beurteilung Visintini, Gaupersonalamt Wien, 23.2.1943. BArch NS14/379, Bl. 8.
Abb. II/12:	Rundschreiben Nr. 61, IK T/Vlbg, 8.2.1943. Stadtarchiv Innsbruck, VO-1461.
Abb. II/13–II/14:	Schreiben zu Überführung der Ingenieurkammern in Linz, Graz und Innsbruck auf die Ingenieurkammer i. L. in Wien, RStH Wien an RWM, 21.8.1943. BArch, R3101/14.297, Bl. 79.
Abb. II/15:	Neuaufbau der technischen Organisation in der Ostmark, Link, 1.8.1938. ÖStA/AdR, Stiko Wien, 10A-15, Ktn. 212, Allg. 1.
Abb. II/16:	Organigramm NSBDT. ÖStA/AdR, Stiko Wien, 10A-15, Ktn. 212, Allg. 1.
Abb. II/17:	Die Reichskulturkammer, in: Max Eichler, Du bist sofort im Bilde. Lebendig-anschauliches Reichsbürger-Handbuch, 1938, 144–145.
Abb. II/18:	RdbK-Mitgliedsbuch Otto Strohmayr, ausgefertigt am 1.7.1938. Stadtarchiv Salzburg, PA 26 Nachlass Otto Strohmayr.
Abb. II/19:	Porträt Marcel Kammerer. Foto: WStLA, BS 3.7.3.A1.103.11, Persönlichkeiten des Wiener Kultur- und Geisteslebens 1942–1943 (Marcel Kammerer).
Abb. II/20:	Porträt Robert Örley. Foto: WStLA, BS 3.7.3.A1.103.13, Persönlichkeiten des Wiener Kultur- und Geisteslebens 1942–1943 (Robert Örley).

Abb. II/21:	Porträt A. Sturmberger, Fragebogen RdbK, 14. 7. 1938. ÖStA/AdR, GA 335.106 (Armin Sturmberger).	Abb. III/7:	Verzeichnis der Kammermitglieder nach dem Stande 1. Juni 1938, 1. ÖStA/AdR, RK Materie 2100, 2.175/3.
Abb. II/22:	Porträt Franz Zajicek, in: Helmut Weihsmann, In Wien erbaut. Lexikon der Wiener Architekten des 20. Jahrhunderts, Wien 2005, 437.	Abb. III/8:	Schreiben Dub an VVSt, o. D. OÖLA, VA, 22.428.
Abb. II/23:	Porträt Siegfried Theiss. Foto: KH-Archiv, Wien.	Abb. III/9:	Antrag Hilfsfonds Oskar Georg Bellgrader, 24. 5. 1957. ÖStA/AdR, E-uReang, AHF, 23.190, 5.
Abb. II/24:	Göring verkündet das Wiederaufbauprogramm für Oesterreich, in: Illustrierte Kronen Zeitung, 27. 3. 1938, 1.	Abb. III/10:	Schreiben Fröhlich an IK, 3. 12. 1938. AKZT W/NÖ/Bgld, MAt Friedrich Fröhlich.
Abb. II/25:	Oesterreichs Ingenieure und Techniker feiern den Anschluß, in: Völkischer Beobachter, 24. 3. 1938. ÖStA/AdR, Stiko, 10A-15, Allgemeiner Briefwechsel.	Abb. III/11–III/12:	Fragebogen William Baumgarten, 19. 10. 1938. ÖStA/AdR, BMfHuV, GZ 103, 76.849/1938 (Kt. 583).
Abb. II/26:	Volkswirtschaft. Unsichtbare Waffen. Chemiker kämpfen für Deutschland, in: Neues Wiener Tagblatt, 21. 5. 1940, 9.	Abb. III/13:	Verordnung zur Neuordnung des österreichischen Berufsbeamtentums vom 31. 5. 1938. dRGBl. I, 1938, 607–610.
Abb. II/27:	Werdet Techniker! – Techniker haben die besten Zukunftsaussichten, in: Illustrierte Kronenzeitung, 17. 6. 1938, 3.	Abb. III/14:	Bescheid MA 2. ZV-Archiv, MAt Franz Gessner.
Abb. II/28:	Architekten, Ingenieure, Bauleiter und Techniker gesucht, in: Arbeitersturm, 10. 5. 1938, 7.	Abb. III/15:	Schreiben zu Maßnahmen auf Grund der Verordnung zur Neuordnung des österreichischen Berufsbeamtentums, Wächter an Dutka, 1. 10. 1939. ÖStA/AdR, ZNsZ, MfiukA, BBV, Kt. 1/Dra-DZ, Max Dutka.
Abb. II/29:	Schreiben Winkler, 27. 12. 1940. Unternehmensarchiv Asfinag, EK-E-2-4-6-8-0 A1 WAB-RAB.	Abb. III/16:	Traueranzeige Grzywienski, TU Wien, 15. 4. 1982. ÖStA/AdR, BMU, PA Anton Grzywienski.
Abb. II/30:	Modell Neugestaltung Salzburg, 1942. Foto: Privatarchiv Ingrid Holzschuh.	Abb. III/17:	Porträt Robert Rapatz. Foto: Parlamentsdirektion.
Abb. II/31:	OÖLA, LReg Pers nach 1900, Schmöller August.	Abb. III/18:	Enderle-Burcel/Follner, Diener, 419.
Abb. III/1:	Schreiben zu Hirschmann Heinrich Ing., Befugnis eines ZI f. Hochbau, MA 2 an MfHuV, 4. 5. 1938. ÖStA/AdR, GZ 103, 67.448-1/1938.	Abb. III/19:	Porträt Franz Schrangl, in: Broschüre Bundesgewerbeschule Bregenz, 11. ÖStA/AdR, BMU, PA Franz Schrangl.
Abb. III/2:	Schreiben Popp an MfHuV, 30. 7. 1938. ÖStA, AdR, BMfHuV, GZ 103, 67.067-1/38.	Abb. III/20:	Anzeigen für den Verkauf von Teppichen und Einrichtungsgegenständen. ÖStA/AdR, E-uReang, VVSt, VA 66.420.
Abb. III/3:	Retournierter Brief, MfWuA an Soffer, 25. 10. 1939. ÖStA/AdR, BMfHuV, GZ 103, Zl. 62.056-1/1938.	Abb. III/21:	Anzeige des Händlers Takvorian, 29. 7. 1940. ÖStA/AdR, E-uReang, VVSt, VA 66.420.
Abb. III/4:	Verordnung des Handelsministers über Angelegenheiten der Ziviltechniker in Österreich vom 11. 4. 1938 (Entwurf). ÖStA/AdR, BMfHuV, GZ 23a, 127.143-16/38.	Abb. III/22:	Vermögensveränderungsanzeige Samuel Bauer, Nov. 1938. ÖStA/AdR, E-uReang, VVSt, VA 26.264.
		Abb. III/23:	Reisepass Fischel (Auszug), Deutsches Reich, 9. 5. 1939. NAA, MP56/10, FISCHEL P I.
Abb. III/5–III/6:	Mitgliederliste der Ingenieurkammer für Wien, N.Oe. und Burgenland (Stand vom 24. Juni 1938), 50 und 57. ÖStA/AdR, RK Materie 2100, 2.175/3.	Abb. III/24:	Passagierliste, Conte di Savoia, Genua–New York, 20. 4. 1940. NARA, Records of the Immigration and Naturalization Service, Record Group 85, Passenger and Crew Lists of Vessels Arriving at New York, 1897–1957 (Microfilm Publication T715, roll 6447).

Abb. III/25:	Report on Prisoner of War/Internee, Engel Theodor, 15. 9. 1940. NAA, MP1103/2, E39393	Abb. IV/1:	Schreiben Zentralkomitee O5, 20. 4. 1945, in: Österreichische Zeitschrift für Vermessungswesen und Photogrammetrie 74 (1986) 1, 42.
Abb. III/26:	Einreisevisum Paul Ludwig Geiringer, Republik der Vereinigten Staaten von Brasilien, 22. 5. 1947. Arquivo Nacional, Brasilien, Cartões de Imigração, 1900–1965. Foto: Maritime, Air and Border Police Division Association: Consular records – Level 3 BR_RJANRIO_OL_0_FCN_TMP_026405035.	Abb. IV/2:	Schreiben prov. Landesregierung Stmk an Hofmann, 4. 6. 1945. ÖStA/AdR, BMfHuW, 32.775/1946.
		Abb. IV/3:	Ansuchen um Verleihung (Kitschelt-Buchwieser), IK W/NÖ/Bgld, 6. 9. 1945. AKZT W/NÖ/Bgld, MAt Helene Koller-Buchwieser.
		Abb. IV/4:	Schreiben Somogyi an IK W/NÖ/Bgld, 7. 12. 1951. AKZT W/NÖ/Bgld, MAt Alexander Somogyi.
Abb. III/27:	Certificate of Naturalization, Paul Franz Lengsfelder, Government of Palestine, 24. 2. 1941. ISA, 6781-29-M.	Abb. IV/5:	Personalienblatt Roth, IK W/NÖ/Bgld, 27. 5. 1957. AKZT W/NÖ/Bgld, MAt Emil A. Roth.
Abb. III/28:	Siegmund Defris mit seiner Tochter in Australien. Foto: Privatarchiv Erben Familie Defris.	Abb. IV/6:	Porträt Martin Martins. Foto: Privatarchiv Nachlass Martin Martins.
Abb. III/29:	Oscar Friedmann (Hg.): Prominenten-Almanach, 1930, 13.	Abb. IV/7:	Schreiben Martins an IK W/NÖ/Bgld, 1. 6. 1945. AKZT W/NÖ/Bgld, MAt Martin Martins.
Abb. III/30:	Gigantischer Skandal um die Glocknerstraße, in: Wiener Sonn- und Montagszeitung, 11. 4. 1932, 4.	Abb. IV/8:	Fragebogen (Martins), IK W/NÖ/Bgld, 26. 9. 1945. ÖStA/AdR, BMfHuW 30.708/I-1/1945.
Abb. III/31:	Bestätigung zur Abmeldung von Freund, Polizeidirektion Wien, Zentralmeldungsamt, 29. 7. 1947. ÖStA/AdR, E-uReang, FLD 17.079.	Abb. IV/9:	Verleihung Goldenes Ingenieurdiplom an Martins, 2. 7. 1954. Foto: Privatarchiv Nachlass Martin Martins.
Abb. III/32:	Friedrich Fröhlich, Todesfallanzeige Ghetto Theresienstadt, 27. 1. 1943. Nationalarchiv, Prag, Registers of Jewish religious communities in the Czech regions (1735) 1784–1949 (2011), Death certificates, Ghetto Terezín, volume 73.	Abb. IV/10:	Entscheidung zu Franz Siegl, Beschwerdekommission nach § 7 VG, 11. 10. 1949. ÖStA/AdR, BMI, BK, 3.895/48 (Franz Siegl).
		Abb. IV/11:	Antrag auf Nachsicht der Sühnefolgen (Josef Heidinger), BMI an Präsidentschaftskanzlei, 25. 8. 1949. ÖStA/AdR, BMHuW, PK 2Rep AR A-H 14/11.921/1949.
Abb. III/33:	5. Transport von alten und siechen Juden nach Theresienstadt am 22. 7. 1942, Bl.1. ÖStA/AdR, FLD, Transportliste Nr. 33/22. 7. 1942.	Abb. IV/12:	Schreiben zu Hermann Kutschera, Unzulässigkeit der Ausübung der Befugnis als Architekt, Amt der Landesregierung Salzburg, 13. 3. 1948. ÖStA/AdR, BMfHuW, 175.554/I/1/1947 (Hermann Kutschera).
Abb. III/34:	Transport von Juden nach Theresienstadt, 1. 10. 1942. ÖStA/AdR, FLD, Transportliste Nr. 43/1. 10. 1942.		
Abb. III/35:	Porträt Maximilian Sachs. Foto: Familienarchiv Nachfahren Familie Sachs.	Abb. IV/13:	Ziviltechniker, Durchführung des VG 1947, Bericht an den Alliierten Rat, 12. 11. 1947. ÖStA/AdR, BMfHuW, 175.849/I-1/1947.
Abb. III/36:	Porträt Friedrich Reitlinger. Foto: Nachlass Franz Pirchner, Bestand Jenbacher Museum.		
Abb. III/37–III/38:	Jenbacher Berg- und Hüttenwerke. Foto: Nachlass Franz Pirchner, Bestand Jenbacher Museum.	Abb. IV/14:	Bundesgesetz vom 18. Juni 1957 über die staatlich befugten und beeideten Architekten, Ingenieurkonsulenten und Zivilingenieure (Ziviltechnikergesetz). BGBl. Nr. 146/1957.
Abb. III/39:	Porträt Herbert Eichholzer. Foto: ASt.		
Abb. III/40:	Gestapo-Foto Eichholzer. BArch Berlin, R 3017/22667.		

Abb. V/1:	Ansuchen Pietsch an Wiener Landesregierung, eingelangt am 14. 8. 1931. WStLA, MD-BD-A21-Ziviltechnikerpruefung, BS 1925–1939 (Lucia Pietsch).
Abb. V/2:	Prüfungszeugnis Zimbler, Wiener Magistrat, 21. 2. 1938. Privatarchiv Sabine Plakolm-Forsthuber.
Abb. V/3:	Liane Zimbler auf der Baustelle. Foto: Privatarchiv Sabine Plakolm-Forsthuber.
Abb. V/4:	Porträt Hilda Döring-Kuras. Foto: Stadtarchiv Wels, Nachlässe, Döring Hilda.
Abb. V/5:	Brief BMfWuA an Vago, 24. 10. 1939. ÖStA/BMfHuV_Gz. 103_1933-1938 (Renée Vago).
Abb. V/6:	Porträt Herta Rottleuthner-Frauneder. Foto: ASt.
Abb. V/7:	Erkenntnis der Kommission §19/2, VG 1947, Elisabeth Lachner, 20. 4. 1948. AdKdZT W/NÖ/Bgld, MAt Elisabeth Lachner.
Abb. V/8:	Adelheid Gnaiger. Foto: Vorarlberg Museum, Nachlass Adelheid Gnaiger.
Abb. V/9:	Planen und Bauen. Euch Frauen geht es an, in: Stimme der Frau, Nr. 6, 7. 2. 1953, 5 (Ausschnitt).
Abb. V/10:	AUaKW, Inv. Nr. Txt/382.
Abb. V/11:	Führungszeugnis, Margarete Schütte-Lihotzky, 1948. AdKdZT W/NÖ/Bgld, MAt M. Schütte-Lihotzky.
Abb. V/12:	Cover von: Elise Sundt/Monika Klenovec et al. (Hg.), Ziviltechnikerinnen, Wien 1982.
Abb. V/13:	Namensliste, in: Elise Sundt/Monika Klenovec et al. (Hg.), Ziviltechnikerinnen, Wien 1982.

Personenregister

Albala, Michael 173, 176
Altschul, Max 176
Amann, Max 262
Arndt, Hans 57, 75, 101, 216, 253
Augenfeld, Felix 148, 176
Augustin, Karl 93, 214
Bächer (Bacher), Edwin 113, 140, 176
Bächer, Friederike 140
Bächer, Ingeborg 140
Bauer, Bruno 148, 150, 176, 253
Bauer, Samuel 137, 139, 160, 176
Bauer, Gittel Breine, geb. Goldstein 160
Baumann, Franz 236
Baumgarten, William (Wilhelm) 111, 122, 125, 176, 268
Baumgartner, Richard 216, 217
Beer, Viktor 37, 253
Behrens, Peter 42
Bellgrader, Oskar Georg 118, 219, 144, 176
Bellgrader, Rosa Gertrude 121
Berger, Wilhelm 148, 176
Bernhard, Franz 69
Biber, Artur 137, 138, 176
Blauensteiner, Leopold 85, 86, 111
Bleich, Felix 176
Blitz, Felix 173, 176
Bloch, Franz 178
Blümel, Maria 275
Blunck, Hans Friedrich 262
Bolldorf-Reitstätter, Martha 238, 240
Boltenstern, Erich 128, 131
Bradaczek, Max 86, 88
Brandmayer, Karl 268
Breitenthaler, Karl 57, 101, 225
Breuer, Otto 173
Briggs, Ella 231
Bronneck, Hugo (Goldreich Edler von) 178
Bruckner (Brukner), Erich 178
Brüll, Alfred 113, 137
Brüll, Eva Rosa, geb. Thiel 113, 137
Brunner, Karl 125, 178
Buchwieser, Bruno 240
Bürckel, Josef 60, 62, 80, 84
Czeczowiczka, Therese 137
Czeczowiczka, Wilhelm 121, 134, 137, 178
Defris, Gerty 148
Defris, Siegmund 41, 148, 178
Dirnböck, Hans 39, 253
Dollfuß, Engelbert 15, 44, 45, 60, 90, 133, 174
Döring-Kuras, Hilda 235
Döry, Iwan 178
Dressler, Horst 262
Dub, Luise 118, 269
Dub, Otto (Ing.) 269
Dub, Otto (ZI) 113, 118, 140, 178, 269
Dub, Stefanie 118, 269
Duschek, Adalbert 91
Dustmann, Hanns 240
Dutka, Arnold 158
Dutka, Hedwig 158
Dutka, Johannes 158
Dutka, Max 127, 158, 178
Ecker, Dietrich 197
Eckhart, Ludwig 93
Eder, Richard 101
Ehrenfest-Egger, Friedrich (Frederick Ehrenfest-Eggar) 178
Ehrenzweig, Paul 178
Eichberg, Walter 178
Eichholzer, Herbert 194, 196–197, 242
Eichmann, Adolf 140, 152
Eigruber, August 101, 102, 195, 225
Eisler, Fritz 178
Eisler, Otto 180
Engel, Theodor 146, 180
Englisch-Popparich, Oskar von 58
Esterle, Max 88
Fehl, Eduard 180
Felberbaum, Simon 180
Fischel (Finton), Paul Jacques 140, 141
Fischer, Elvira 159
Fischer, Friedrich 159, 180
Fischer, Margarete, geb. Steinitz 167
Fischer, Otto 180
Flatscher, Josef 201
Fleischmann, Jakob (Jacques) 157, 180
Fliegel, Erwin 173, 180, 268
Frank, Josef 235
Franz Joseph I., Kaiser 15
Freund, Helene, geb. Baderle 155
Freund, Irma 155
Freund, Richard 152, 155, 180
Friedländer, Otto 210
Friedmann, Fritz (Siegfried) 118, 180
Friedmann, Helene 159
Friedmann, Robert 180
Fröhlich, Friedrich 120, 121, 162, 163, 180
Fürst, Arthur 140, 180
Geiger, Elmar 101
Geiringer, Marta 147
Geiringer, Paul Ludwig 147, 180
Geiringer, Siegmund 182
Gerbel, Moritz Bernhard 128, 182, 253
Gessner, Franz 126, 128
Glas, Hans 182, 269
Gmeyner, Ernst 182, 268
Gnaiger, Adelheid, geb. Spiegel 241
Goebbels, Joseph 80, 81, 91
Goldberger, Arnold 182
Goldemund, Heinrich 253

Göring, Hermann 93, 94
Grabscheid, Johann 182
Grann, Melitta, geb. Chusil 156
Grann, Richard 156, 182, 268
Grann, Sofie 156
Grengg, Hermann 93, 214
Grengg, Roman 222
Grenik, Anton 138, 201
Grünhut, Carl (Karl) 182
Grzywienski, Anton 128, 130, 131
Gürke, Benno 60, 75, 80, 125
Gustenau, Gustav 204, 277
Guttmann, Otto 182
Handl, Hedwig 241
Handl, Leo 204, 253
Heidinger, Josef (Sepp) 57, 101, 217, 219, 220, 253
Heine, Rudolf 80, 92
Heinkel, Ernst 175
Heinl, Elisabeth 241
Heller, Trudy, geb. Sachs 173
Hellwig, Otto R. 182
Herzel, Wilhelm 182, 268
Heß, Rudolf 60
Hess, Josef 182
Heymann, Ernst 236
Hildebrand, Emmo 93
Hilferding, Margarethe (Margret),
    geb. Hönigsberg 161
Hiller, Heinrich 201
Hinkel, Hans 81
Hirschenhauser, Julius 182
Hirschmann, Heinrich 108, 182
Hitler, Adolf 64, 80, 85, 91, 98, 102, 107, 264, 267
Hofbauer-Lachner, Elisabeth 239, 240, 241
Hoffmann, Albert 60, 62, 67, 125
Hoffmann, Karl 102, 257
Hoffmann, Walter 182
Hofmann, Anton Stefan (Stephan) 57, 201, 203, 217,
    226, 253, 257
Hofmann, Karl 148, 182
Holey, Karl 39
Holzmeister, Clemens 111, 131, 196, 236
Hönig, Eugen 84, 262
Hönigsberg, Adele 161
Hönigsberg, Emma, geb. Breuer 161
Hönigsberg, Otto 161
Hönigsberg, Paul 161
Hoppe, Emil 85
Hoppe, Paul 253
Horowitz, Ludwig 184
Hubeny, Elfriede 241
Hurdes, Felix 214
Ilosvai, Ludwig 184
Ilz, Erwin 87
Islar, Ottilie, geb. Rudoll 164

Jahn, Maria 263
Jaksch, Hans 90, 263
Jeanneret, Pierre 196
Johann, Erzherzog 32
Kafka, Richard 107, 184
Kammerer, Marcel 85, 86, 101, 204
Kamper, Hans 240
Karplus, Arnold 184
Katz, Berta 154
Katz, Siegmund 152, 154, 184
Kauf, Leo 184
Keller, Leo 235
Kempf, Josef 39, 253
Kempler, Wilhelm 184
Kitschelt-Buchwieser, Helene 205
Kitten, Hans 195
Klaudy, Kurt 240
Klausner, Hubert 81
Klein, Marcell 184
Knöpfelmacher, Paul 121, 184
Koch, Hans 184, 269
Koditschek, Hugo 184
Koller-Buchwieser, Helene 240
Kollisch (Kolbisch), Otto 184
König, Heinz 234
Königstein, Hans 263
Korn, Otto 152, 172, 184
Krainer, Josef 214
Krischan, Kajetan 39
Kuba, Franz 75
Kunsek, Adolf 103, 104
Kupsky, Karl 240
Kutschera, Hermann 100, 220, 223
Lachs, Josef 184
Lassmann, Edith, geb. Jurecka 231
Laubinger, Otto 262
Lautner (Löwy), Felix 184
Le Corbusier 196
Lederberger, Karl (Carl) 184
Leitner, Franz 103
Lengauer, Rudolf 194
Lengsfelder, Hedwig 147
Lengsfelder, Paul Franz 147, 184
Lichtblau, Ernst 184
Lichtenstein, Gustav 184
Link 62, 63, 67, 78
Lipcowitz, Adolf 103
Lipcowitz, Ludwig 103
Lipp, Karl 225
Lippert, Georg 240
Loeb, Ernst 186
Loeb, Franziska 163
Loeb, Jacques 163, 186
Loeb, Mary 163
Loos, Adolf 148

Lüftl, Walter 15
Luger, Johann 101
Lutz, Heinrich 62
Magyar, Egon 186, 201, 220, 226, 253, 269
Magyar, Julius 275
Mahler, Friedrich (Frederick) 186
Mandelsloh, Ernst August Freiherr von 86, 87
Marbler, Hans 253
Martins, Martin 186, 210, 211, 212, 213
Matuschek, Franz Hubert 98, 100
Mauracher, Hans 86, 88
Mautner, Viktor 186
May, Ernst 196, 242
Mayer, Theodor 186
Mayreder, Rudolf 35, 39, 253
Mechner, Gertrude 173
Meinong, Rafael (Ritter von) 40, 253
Meyer, Hans H. 93
Miklauzhizh, Karl 62, 67, 68, 75, 76
Mitzka, Philipp 204, 216, 226, 253
Modern, Richard 186, 269
Moertinger, Franz 201
Moller, Max 186
Mond, Jonas 186
Mondolfo, Elisabeth 170
Mondolfo, Georg 152, 170, 186
Mondolfo, Hermine 170
Mondolfo, Sebastian 170
Moser, Richard 204
Müller, Fritz Michael 103, 271
Müller, Isidor 192
Müller, Siegmund (Sigmund) 186
Nadel, Otto 201
Nagel, Gertrud 236
Nagel, Leo 186
Nepo, Ernst 86, 88
Neumann, Alexander 186
Neumann, Friedrich (Fred Newman) 186
Neumann, Oskar 186
Nowak, Karl Emmerich 45, 60, 101, 204, 253
Oedl, Robert 225
Offenhauser, Herbert 93
Ohmann, Friedrich 90
Olexinger, Ignaz 186
Örley, Robert 85, 86, 87, 101
Ornig, Josef 253
Osers, Emil 173, 186
Payer, Oskar 101
Payer, Peter 101
Petter, Maria, geb. Cerny 240
Pietsch, Eduard 234
Pietsch-Rappos, Lucia 231, 232, 234
Poech, Walter 201
Pollak, Hans Wolfgang 171
Pollak, Moritz Leopold 140, 152, 171, 186

Pollak, Valerie (Wally) 171
Pongratz, Franz 59, 60, 201, 253, 258
Ponholzer, Otto 98
Ponzen, Leopold 188
Popp, Alexander 109, 111
Proksch, Josef 98
Prutscher, Otto 128, 131
Pulzer, Felix 188
Rafelsberger, Walter 271
Rainer, Friedrich 98
Rapatz, Robert 131, 194
Rath, Ernst von 138
Regnier, Lionore 240
Rehrl, Franz 150
Reichl, Fritz (Friedrich, Frederick) 188
Reichenvater, Karl 68
Reisenbichler, Karl 86, 88
Reiser, Ignaz (Nathan) 188
Reitlinger, Friedrich 113, 116, 173, 174–175, 188
Reitlinger, Friedrich Franz 175
Reitlinger, Jolantha, verw. Jakobits 174
Reitter, Otto 100
Reitzer, Elise, geb. Brüll 173
Reitzer, Jakob 173, 188
Renner, Karl 220
Reschl, Franz 201
Resek, Camillo (Kamillo) 159, 188
Resek, Paula, geb. Friedmann 159
Resek, Pauline 159
Reya, Friedrich 93
Ribitsch, Andreas 44
Rindl, Max 188
Riss, Egon 188
Rosenberg, Karl (Carl) 188
Roth, Emil Alfred 188, 207, 209, 210
Rott, Leo 188, 207
Rottleuthner-Frauneder, Herta 238
Rottleuthner, Ernst 238
Rudoll, Emma Esther, geb. Faust 164
Rudoll, Edmund 164
Rudoll, Emil 164, 188
Rudoll, Leopold 164
Sachs, Jadwiga 173
Sachs, Maximilian 173, 188, 269
Sachs, Rudolph 173
Sachs, Bruno 173
Saliger, Rudolf 35, 39, 65
Schachermeyr, Fritz 58
Schachermeyr, Hans (Johann) 44, 57, 58, 204, 226, 253, 277
Scharmüller, Adolf 101, 194, 195
Schattauer, Mathias 25
Scheer, Josef 216
Schellnegger, Otto 253
Scherer-Hönigsberg, Klara 161

Scheuermann, Fritz 262
Schinzel, Arnold 128
Schirach, Baldur von 152, 262
Schlaefrig, Gustav 188
Schlesinger, Hans 171, 188
Schlögel, Franz 86
Schlöss, Erich 245
Schmahl, Rudolf 165, 188
Schmahl-Wolf, Grete 165
Schmidt, Franz 60, 62, 66
Schmidt-Leonhardt, Hans 89
Schmöller, August 93, 101, 102, 194, 225
Schnabel, Oskar 113, 190
Schober, Maria, geb. Ebenhoch 132
Schober, Rudolf 103, 131, 132, 133, 201
Schöngut, Josef 190
Schönthal, Otto 85
Schoszberger, Otto Felix 190
Schrangl, Franz 133, 194
Schreiber, Ernst 111
Schuloff, Walter (Walther) 190
Schulte, Julius 196
Schulz, Otto 190
Schuschnigg, Kurt 15, 45, 60, 90, 133
Schütte, Wilhelm 242
Schütte-Lihotzky, Margarete 18, 194, 196, 197, 231, 242–242
Schwartz (Schwarz), Walter Cäsar 190
Schwarz, Martin 92
Schwefel, Jacques 190
Schwefel, Paul 118, 190
Seyß-Inquart, Arthur 256
Siegl, Franz 71, 217, 218
Sing, Josef 216
Sobotka, Walter 190
Soffer, Ernst 110
Somogyi, Alexander 113, 148, 190, 207, 208
Somogyi, Margarethe 207
Speer, Albert 259
Spitz, Richard 86, 88
Stein, Robert Otto 87
Steiner, Albert 190
Steiner, Arnold 190
Steinitz, Arthur 167
Steinitz, Cäcilie 167
Steinitz, Clara, geb. Sternbach 166, 167
Steinitz, Leo 34, 166, 167, 190
Stern (Solvey-Stern), Ottokar 190
Strauss, Richard 262
Strnad, Oskar 88, 148, 235, 236, 242
Strohmayr, Otto 83, 98, 100
Stuppäck, Hermann 81
Sturmberger, Armin 86, 87, 101
Sundt, Elise 245, 246
Szendro, Arthur 190

Taussig, Oskar 190
Taut, Bruno 242
Takvorian, Georg 134, 135
Theiss, Siegfried 42, 44, 88, 89, 90–91, 100
Thomas, Walter 262
Ticho, Arnold 156, 192
Ticho, Rosalia, geb. Placzek 156
Todt, Fritz 60, 62, 67, 75, 80, 93
Toggenburg, Friedrich Graf von 39
Ubl, Anton 100
Ulrich, Kurt 201
Vago, Renée, verh. Heymann 236, 237
Visintini, Franz 15, 60, 62, 63, 64–65, 67, 73, 75, 101, 125, 225, 253
Vogl, Walter 192
Wächter, Otto 127, 128, 157, 161, 165, 170–172
Wadl, Wilhelm 217
Wagner, Otto 85
Wallack, Franz 150
Wallesz (Walles), Rudolf 192
Wassermann, Richard 140, 152, 171, 192
Wechsler, Norbert 192
Weiser, Rosa 235
Weiss, Eugen 168, 169, 192
Weiss, Franz Rudolf 192
Weiss, Helga Jeanette 168, 169
Weiss, Johanna, geb. Paschka 168, 169
Welzenbacher, Lois 236
Wenger, Leopold 57, 253
Wengritzki, Adolf 164
Weys, Elsa, geb. Goldschmied 157
Weys (Weiss), Siegmund Georg 157, 192
Winkler, Hans 93, 99
Winkler, Leo 103, 132
Winter, Ernst (Ernest) 192
Wlach, Oskar 235
Wolf, Wilhelm (William) 192
Zajicek, Franz 86–88, 101
Zaußner, Hermann 253
Zeisel, Otto 192
Ziegler, Adolf 84
Ziegler, Martin 192
Zieritz, Friedrich 253
Zimbler, Liane, geb. Fischer 231, 233, 234, 235
Zinner, Kunibert 86, 87
Zotter, Friedrich 196, 217
Zuckermann, Paul 192

Autorinnen

Ingrid Holzschuh

Studium der Kunstgeschichte an der Universität Wien, Promotion 2011. Seit 2010 als freie Kunsthistorikerin und selbstständige Ausstellungskuratorin sowie Museumsberaterin tätig. Lehrtätigkeit an der Universität Wien und der Technischen Universität Wien. Forschungen, Publikationen und Ausstellungen zur Kunst- und Architekturgeschichte des 20. Jahrhunderts mit den Schwerpunkten Architektur und Städtebau zwischen faschistischen Diktaturen und demokratischen Systemen, Kunst und Kunstpolitik im Nationalsozialismus, Nachkriegsarchitektur, Frauen in der Architektur sowie Geschichte von beruflichen Netzwerken in der Baukultur, u. a.: *Adelheid Gnaiger (1916–1991). Die erste Architektin Vorarlbergs* (2014), *„Wien. Die Perle des Reiches". Planen für Hitler* (2015), *BauKultur in Wien 1938–1959* (2018), *Ungebautes Graz. Architektur für das 20. Jahrhundert* (2020), *Auf Linie. NS-Kunstpolitik in Wien. Die Reichskammer der bildenden Künste* (2021), *C4 Architekten: Fohn + Pfanner + Sillaber + Wengler. Neues Bauen in Vorarlberg und Tirol 1960–1979* (2021) sowie *Pionierinnen der Wiener Architektur* (2022).

Inge Korneck

Studium der Geschichte an der Universität Wien. Öffentlichkeitsarbeit und Redaktion von Publikationen am Internationalen Forschungszentrum Kulturwissenschaften und Institut für Höhere Studien; freiberufliche journalistische Tätigkeiten, Recherchen und Texte für Buch- und Medienprojekte.

Alexandra Wachter

Studium der Geschichte und Russisch an den Universitäten Salzburg und Edinburgh, Promotion 2014 an der University of London, Queen Mary. Senior Research Fellow am Institut für Zeitgeschichte der Universität Wien. Forschungsschwerpunkte: Geschichtspolitik und Erinnerungskulturen in Österreich und Osteuropa, Organisationsgeschichte, Widerstand gegen Nationalsozialismus, Zwangsarbeit sowie Architektur und Stadtgeschichte. Mitwirkung an zahlreichen Ausstellungs- und Forschungsprojekten als Autorin, Herausgeberin und Kuratorin, u. a.: *Sowjetmoderne 1955–1991. Unbekannte Geschichten* (2012), *Wasserstraßen. Die Verwaltung von Donau und March 1918–1955* (2020), *Widerstand und Zivilcourage. Frauen in Oberösterreich gegen das NS-Regime 1938–1945* (2021) und *The Last Heroes of Leningrad. Coping strategies of Siege survivors in Soviet and post-Soviet society* (Zeitgeschichte im Kontext, Bd. 17, 2022).

Danksagung

Unser besonderer Dank gilt:

Allen Mitarbeiter:innen der Länderkammern sowie der Bundeskammer der Ziviltechniker:innen
Cornelia Albertani, Vorarlberger Landesarchiv
Maria Auböck, Zentralvereinigung der Architekt:innen Österreichs
Karin Bachschweller, Stadtarchiv Wels
Hanka Čadová, Institut Theresienstädter Initiative
Ute Denkenberger, Vorarlberg Museum
Gerda Dohle, Salzburger Landesarchiv
Nikolaus Domes, Künstlerhaus-Archiv, Wien
Gabriele Ebmer, Historikerin
Paulus Ebner, Archiv der Technischen Universität Wien
Stefan Eminger, Niederösterreichisches Landesarchiv
Raphael Einetter, Jüdisches Museum Hohenems
Florian Fichtinger, Niederösterreichisches Landesarchiv
Franz Gangelmayer, Wienbibliothek
Therese Garstenauer, Historikerin
Sepp Gmasz, Stadtarchiv Neusiedl am See
Gerhard Gonsa, Österreichisches Staatsarchiv, Abteilung Haus-, Hof- und Staatsarchiv
Maximilian Graf, Österreichisches Staatsarchiv, Archiv der Republik
Barbara Grün-Müller-Angerer, Österreichisches Staatsarchiv, Archiv der Republik
Florian Guggenberger, Stadtarchiv Bregenz
Gabriele Hackl-Schwind, Historikerin
Angela Hagendorfer, Österreichische Nationalbibliothek
Nikolaus Hofinger, Stadtarchiv Innsbruck
Beatrix Kroll, Österreichisches Staatsarchiv, Archiv der Republik
Christian Kucsera, Österreichisches Staatsarchiv, Archiv der Republik
Michaela Laichmann, Wiener Stadt- und Landesarchiv
Christian Lassmann
Stefan Mach, Österreichisches Staatsarchiv, Archiv der Republik
Beatrix Pirchner
Sabine Plakolm-Forsthuber, Kunsthistorikerin
Monika Platzer, Architekturzentrum Wien
Michael Pryles
Martin Rainer, Landeshauptstadt Bregenz, Meldeamt und Friedhöfe
Bernhard Reismann, Archiv der Technischen Universität Graz
Manfred Resch (2. 8. 1939–16. 11. 2022), Architekt
Harald Rhomberg, Stadtarchiv Dornbirn
Radana Rutová, Institut Theresienstädter Initiative
Liam Ryan, National Archives of Australia
Franz Scharf, Oberösterreichisches Landesarchiv
Wolfgang Schellenbacher, Dokumentationsarchiv des österreichischen Widerstandes
Peter Schintler, Stadtarchiv Graz
Fritz Schöffauer, Architekt
Elisabeth Schöggl-Ernst, Steiermärkisches Landesarchiv
Monika Singer, Jenbacher Museum
Anna-Lena Stabentheiner, Kärntner Landesarchiv
Stefan Stachniß, Stadtarchiv Bludenz
Roland Unterweger, Tiroler Landesarchiv
Milan Vojáček, Nationalarchiv Prag
Herbert Vopava, Österreichisches Staatsarchiv, Archiv der Republik
Irma Wulz, Archiv der Israelitischen Kultusgemeinde Wien

Impressum

Ingrid Holzschuh, Alexandra Wachter,
Bundeskammer der Ziviltechniker:innen (Hg.)

Autorinnen: Ingrid Holzschuh, Inge Korneck, Alexandra Wachter

Layout, Covergestaltung und Satz: Larissa Cerny, Martin Embacher
Lektorat: Fanny Esterházy
Content & Production Editor: Katharina Holas, Birkhäuser Verlag, A-Wien
Fotos: Paul Bauer
Lithografie: Pixelstorm Litho & Digital Imaging

Druck: Holzhausen, die Buchmarke der Gerin Druck GmbH, A-Wolkersdorf
Papier: Pergraphica Natural Rough 120 g/m^2

Library of Congress Control Number: 2023950997

Bibliografische Information der Deutschen Nationalbibliothek
Die Deutsche Nationalbibliothek verzeichnet diese Publikation in der
Deutschen Nationalbibliografie; detaillierte bibliografische Daten sind
im Internet über http://dnb.dnb.de abrufbar.

Dieses Werk ist urheberrechtlich geschützt. Die dadurch begründeten Rechte, insbesondere die der Übersetzung, des Nachdrucks, des Vortrags, der Entnahme von Abbildungen und Tabellen, der Funksendung, der Mikroverfilmung oder der Vervielfältigung auf anderen Wegen und der Speicherung in Datenverarbeitungsanlagen, bleiben, auch bei nur auszugsweiser Verwertung, vorbehalten. Eine Vervielfältigung dieses Werkes oder von Teilen dieses Werkes ist auch im Einzelfall nur in den Grenzen der gesetzlichen Bestimmungen des Urheberrechtsgesetzes in der jeweils geltenden Fassung zulässig. Sie ist grundsätzlich vergütungspflichtig. Zuwiderhandlungen unterliegen den Strafbestimmungen des Urheberrechts.

ISBN 978-3-0356-2850-0
e-ISBN (PDF) 978-3-0356-2852-4

© 2024 Birkhäuser Verlag GmbH, Basel
Im Westfeld 8, 4055 Basel, Schweiz
Ein Unternehmen der Walter de Gruyter GmbH,
Berlin/Boston

9 8 7 6 5 4 3 2 1   www.birkhauser.com

Mit finanzieller Unterstützung von: